आपदा प्रबंधन एवं पंचायती राज सशक्तिकरण

लेखक की अन्य पुस्तकें

Marketing the Unorganised Sector: Issues, Perspectives and Strategies
Sustainable Human Development: Issues and Challenges
Rural Industrialisation Planning for Future (Revised and Enlarged Edition)
People's Participation in Sustainable Human Development
Disaster Management Through Panchayati Raj

लेखक परिचय

डॉ. कमल टावरी उत्तर प्रदेश कैडर (1968) के भारतीय प्रशासनिक सेवा के अधिकारी हैं। इससे पहले आप भारतीय सेना में भी रह चुके हैं। आप ग्रामीण उद्यमता (Rural Entrepreneurship) में डॉक्टरेट हैं। आप लगभग 12 वर्ष खादी एवं ग्रामोद्योग क्षेत्र में कार्यरत रहे जहाँ आपको गाँधी, विनोबा और कुमारप्पा को गहराई से समझने का मौका मिला।

डॉ. टावरी यू.एन.डी.पी. से भी जुड़े रहे। आप एक जाने-माने समाज शास्त्री हैं। सामाजिक एवं आर्थिक मुद्दों पर आपकी कई पुस्तकें और शोध-पत्र प्रकाशित हो चुके हैं। आप विभिन्न सेमिनारों और कार्यशालाओं में भी भाग लेते रहे हैं। आप अंतर्राज्यीय परिषद् (Inter-State Council) और योजना आयोग में सलाहकार, नार्थ ईस्टर्न काउंसिल में सचिव और कपार्ट में महानिदेशक के रूप में कार्य कर चुके हैं। वर्तमान में आप राष्ट्रीय उत्पादकता परिषद् के महानिदेशक के पद पर आसीन हैं।

आपदा प्रबंधन
एवं
पंचायती राज सशक्तिकरण

डा. कमल टावरी, (विद्यार्थी) *आई.ए.एस.*
महानिदेशक, नई दिल्ली

CONCEPT PUBLISHING COMPANY, NEW DELHI-110059

Cataloging in Publication Data—DK
Courtesy: D.K. Agencies (P) Ltd. <docinfo@dkagencies.com>

Taori, Kamal, 1946-
Āpadā prabandhana evaṃ pañcāyatī rāja saśaktikaraṇa / Kamala Ṭāvarī (Vidyārthī).
p. cm.
In Hindi.
Study on disaster management and panchayati raj strengthening.
Includes bibliographical references (p.)
ISBN 8180692787

1. Emergency management—India—Citizen participation. 2. Panchayat—India. I. Title.

DDC 320.840 954 22

ISBN 81-8069-278-7

First Published 2006

Published and Printed by
Ashok Kumar Mittal
Concept Publishing Company
A/15-16, Commercial Block, Mohan Garden
New Delhi-110059 (INDIA)

Phones: 25351460, 25351794
Fax : 091-11-25357103
Email : publishing@conceptpub.com

प्राक्कथन

भारी मात्रा में दिखाई देने वाले और प्रयोग न किए गए स्थानीय स्त्रोतों, समय परीक्षित ज्ञान, वैज्ञानिक रूप से सत्यापित किए जाने वाले कार्यों और बहुत-सी सक्रिय और कम लागत पर कार्य कर रही संस्थाओं के होते हुए, जो सतत् मानव विकास के मुद्दे को उठा सकती हैं, कर सकती हैं, उनके संबंध में कार्यवाही करने पर कोई ध्यान नहीं दिया गया है। दस्तावेजों के रूप में और आम लोगों द्वारा स्वीकार की जाने वाली दोनों तरह की पर्याप्त सामग्री उपलब्ध है, जिससे हम शीघ्र कार्यवाही और कार्यान्वयन की अपेक्षा वाले मुद्दों पर स्पष्ट रूप से और सूक्ष्मता से ध्यान दे सकते हैं। लोगों को सशक्त बनाने के लिए और मुश्किल से हासिल की गई स्वतंत्रता के परिणामों का लाभ उठाने योग्य बनाने के लिए संवैधानिक उद्देश्य प्राप्त करने हेतु, सरकारी मशीनरी खंडों में हुए, भ्रमित रूप से विकेन्द्रित और पश्चगामी दृष्टिकोण का, समग्र रूप से अध्ययन किया जाना चाहिए।

आत्म संतुष्टि की भावना से हम, विशेषकर उन्हें जो सत्ता के छलकपट में लगे हुए हैं, घिरे हुए हैं। आम आदमी काम कर रहा है, सरकार में ड्राईवर काम कर रहा है, कार्यालय का चपरासी काम कर रहा है, बस स्टैण्ड के फुटपाथ पर बैठा मोची अपना काम कर रहा है, परन्तु चुने हुए कुछ लोग, जो सत्ता संपन्न हैं, उन्होंने काम करना छोड़ दिया है, वो "उपहार में मिली हुई" रैंक और पद के जोर पर इससे प्राप्त प्राधिकारों का निर्लज्जता से लाभ उठा रहे हैं। एक विद्यार्थी और अनुसंधानकर्ता के रूप में, यदि मैंने कहीं अनजाने में कुछ कटु शब्दों का प्रयोग किया हो तो उसके लिए मैं क्षमा के योग्य हूँ और उसके लिए मेरी निन्दा नहीं की जानी चाहिए। कोई व्यक्ति कैसे एक दर्शक बनकर चारों तरफ से आ रही आपदाओं को देख सकता है? एक व्यवसायिक के रूप में या एकमात्र लक्षित लाभग्रही के रूप में आम आदमी के लिए, सुविचारित, परीक्षित और निष्ठापूर्ण कार्यान्वयन के लिए किए जाने वाले कार्य की सुधार संबंधी योजना में मुझे भाग लेना चाहिए। हम माया की दुनिया में खोए हुए हैं, जो हमें अपनी सच्चाई को देखने नहीं देती और जिससे हम हर प्रकार की गंभीर आपदाओं से घिरते जा रहे हैं।

हमें, नीचे दी गई भारत के संविधान में की गई घोषणा पर विचार करना चाहिए:

"हम, भारत के लोग, भारत को एक संपूर्ण प्रभुत्व-सम्पन्न समाजवादी, धर्म निरपेक्ष लोकतांत्रिक गणराज्य बनाने के लिए, तथा उसके समस्त नागरिकों को—

सामाजिक, आर्थिक और राजनैतिक न्याय, विचार, अभिव्यक्ति, विश्वास, धर्म और उपासना की स्वतंत्रता, प्रतिष्ठा और अवसर में समता प्राप्त करने के लिए तथा उन सब में व्यक्ति की गरिमा और राष्ट्र की एकता और अखंडता, सुनिश्चित करने वाला बंधुत्व बढ़ाने के लिए दृढ़ संकल्प लेकर अपनी इस संविधान सभा में आज तारीख 26 नवम्बर, 1949 ई. एतद् द्वारा इस संविधान को अंगीकृत, अधिनियमित और आत्मार्जित करते हैं।"

ताजी हवा, जैव-विविधता, वास्तविक सम्पदा, जीवन की पुरानी पद्धतियों और ग्रामीण आजीविका की प्रचुरता और सुलभता होते हुए, यह आपदा दिखाई देती है कि प्रत्येक चीज के होते हुए, बहुत से लोगों को लगता है कि कहीं किसी चीज की कमी है।

उन खोए हुए तत्वों का पुनः पता लगाने के लिए प्रयास करने और खोज की इस प्रकिया ने मुझे इस विषय पर विचार करने के लिए अध्ययन हेतु अवकाश लेने के लिए प्रेरित किया।

इस अध्ययन से मुझे अन्वेषित पहलुओं की खोज करने और जिन पहलुओं पर संभवतः अनुसंधान नहीं हुआ था, उनके संबंध में अनुसंधान करने के लिए स्वतंत्रता से और निर्भयता से अपने समय का पूर्ण सदुपयोग करने का अवसर प्राप्त हुआ। यह मेरे जीवन का स्वर्णिम अवसर था। अंतर्राज्यीय परिषद सचिवालय जैसी संस्था से विचार करने, खोज करने, मंथन करने और उनके दस्तावेजीकरण का ऐसा अवसर प्राप्त हुआ, जो बहुतों को नहीं मिल पाता है। आपदा कम करने, उसके शमन, प्रबंधन और निचले स्तर पर पंचायती राज, सशक्तिकरण के मुद्दे ने डा. कमल टावरी को प्रभावित करने वाली मैं, हम, वे आदि से जुड़ी हुई अहम् संबंधी संकल्पनाओं की पूर्णतः जाँच करने का उत्कृष्ट अवसर दिया। प्रणालियां, सामुदायिक संगठन, नीतियाँ, ढांचा स्वशासी संस्थाएँ, नियम और विनियम आदि कुछ ऐसे क्षेत्र थे, जिनकी गहन समीक्षा और जांच की जानी थी। माननीय न्यायमूर्ति श्री गुमानमलजी लोढ़ा के पत्र और विश्व लघु एवं मध्यम उद्यम संघ (वर्ल्ड एसोसिएशन आफ स्माल एंड मीडियम एंटरप्राइजेज) ने बेरोजगारी के दृष्टिकोण से मेरे अध्ययन को और अधिक सुविधाजनक बनाया। गाय के संदर्भ में परम्परागत कार्यों की भूमिका ने श्री स्वामी जैसे वरिष्ठ नौकरशाहों के साथ चर्चा की उपयोगिता को और अधिक बढ़ाया। श्री स्वामी, सरकार में आपदा प्रबंधन और समाज में गाय के प्रति प्रेम, दोनों ही के लिए सक्रिय रूप से कार्य कर रहे हैं। यहाँ इन सबका उल्लेख सम्पूर्ण अध्ययन के साथ-साथ आपदा प्रबंधन और पंचायती राज सशक्तिकरण के क्षेत्र को व्यापक बनाने की तत्काल आवश्यकता के लिए किया जा रहा है। आपदा संबंधी तैयारी, उसके शमन, राहत और बचाव, पुनर्वास आदि के लिए व्यापक, लागत प्रभावी प्रणालियों के मुद्दों पर उचित और केन्द्रित ध्यान दिया जाना चाहिए, क्योंकि ये परस्पर संबंधित मुद्दों के ही भाग हैं।

मैं चिंतन के लिए, निम्नलिखित कुछ उद्धरणों को सामने रखना चाहूंगा।

भारत, संसार की दृष्टि में

धर्म एवं संस्कृति के क्षेत्र में एक भारत ही अमीर है, एक भारत ही है जो सपनों एवं रोमांस का देश है, एक ऐसी भूमि है जिसे सभी देखना चाहते हैं और एक बार देखने पर, उसकी एक ही झलक शेष सारी दुनिया को मिलाकर एक करके दिखाई देने जैसी है।

> "भारत धर्म और कल्पनात्मक साहित्य में चीन का गुरु था और त्रिकोणमिति, द्विघातिक समीकरण, व्याकरण, स्वर विज्ञान, अरेबियन नाइट्स, पशु कथाओं, शतरंज और दर्शन-शास्त्र में दुनिया का गुरु था और बोकेशियो, गेटे, शोपेनहॉयर और इमर्सन को इसने प्रेरित किया।" —*मार्क ट्वैन*

> "ईसा से कई शताब्दी पूर्व, जब इंग्लैंड के लोग, अपने पेंट किए गए शरीरों पर अपरिष्कृत खाल पहनते थे और जंगलों में जंगलियों की तरह घुमते थे, इतने समय पहले भी, भारतीयों की सभ्यता अपने चरम को प्राप्त कर चुकी थी।"
>
> —*लिन युनतांग*

> "भारत, हमारी जाति की मातृभूमि और यूरोपीय भाषाओं की जननी संस्कृत है। यह हमारे दर्शन शास्त्र का जनक है, जो हमारे अधिकांश गणित का, अरबों के द्वारा जनक बना जिसने बुद्ध के माध्यम से ईसाई धर्म में अपनाए गए आदर्शों को जन्म दिया, ग्रामीण समुदाय द्वारा, स्व-शासन और लोकतंत्र को जन्म दिया। भारत माता, अनेक रूपों में हम सबकी माँ है।" —*लार्ड मैकाले*

> "यदि मैं ऐसी सम्पदा, शक्ति और सुंदरता सम्पन्न देश को पूरी दुनिया में देखना चाहूं, जहां प्रकृति की छटा है, जिसके कुछ हिस्सों में पृथ्वी पर स्वर्ग है, तो मैं भारत का उल्लेख करना चाहूंगा।" —*विल दुरांत*

> "भारत सांस्कृतिक रूप से जापान का जनक है। शताब्दियों से, यह अपनी विशेषताओं से जापान के विचार और संस्कृति को प्रभावित कर रहा है।" —*मैक्स मुलर*

> "फारस से लेकर चीनी समुद्र तक, साईबेरिया से लेकर जावा और बोर्नियों द्वीप तक, ओशोनिया से साकोत्रा तक, भारत ने अपने मत, अपनी कथाओं और अपनी सभ्यता का प्रचार-प्रसार किया है। उसने विश्व की एक चौथाई मानवता पर अपनी अमिट छाप छोड़ी है। उसे विश्व इतिहास में, राष्ट्रों में अपने स्थान को बनाए रखने,

मानवता की भावना को सम्मोहित करने और उनका प्रतीक होने का दावा करने का अधिकार है।" —*एच. नाकामुरा*

"उन प्राचीन दिनों में, जब चीन भी इस सबको व्यवहारिक नहीं बना पाया था और मिस्र को भी अपना बहुत सा पवित्र ज्ञान भारत से विरासत में प्राप्त हुआ था, बाद में जिसे इसने यूनान को दिया और यूरोप, जब अंधकार में डूबा हुआ था, भारत के पास सभ्यता का केन्द्र था और जल्द ही उसके चारों तरफ फैल गया।"

—*सिलवियन लेवी*

"यदि पृथ्वी पर कोई एक ऐसा स्थान है, जहां प्राचीन काल से ही मनुष्य ने अपने अस्तित्व का स्वप्न देखना प्रारंभ किया, उसे सभी स्वप्नों को एक स्थान मिला, वह स्थान भारत है।" —*जे. मिलर*

"अन्य देशों में, मैं एक पर्यटक के रूप में जा सकता हूँ, परन्तु भारत, में एक तीर्थयात्री के रूप में आता हूं। ऐसा इसलिए है क्योंकि मेरे लिए भारत का अर्थ महात्मा गांधी है, जो एक सच्चे महान युग-पुरुष हैं। इसके अतिरिक्त, भारत वह भूमि है जहां अहिंसात्मक सामाजिक परिवर्तन के तरीके विकसित किए गए, जिन्हें मेरे लोगों ने और गुमरी, अलबामा और अमरीकी दक्षिण में प्रयोग किया।"

—*रोमेन रॉलैंड*

"विचारशील और गहरे आत्म निरीक्षण में लगे हुए छात्र के रूप में, मुझे जटिलता, लालफीताशाही और दिखावे से भरे हुए पुराने रास्ते से हटकर चलने की इच्छा होती है। मैं ऐसे कंटीले मार्ग पर चलना पसंद करूंगा, जिसमें कुछ नया हो, संगत हो, प्रासंगिक और समय के अनुरूप हो और जो मिशन के रूप में हमारे 10 करोड़ से अधिक जनसंख्या वाले इस महान राष्ट्र के 'स्वभाव' और 'स्वरूप' के लिए उपयुक्त हो। अनेक व्यक्तियों के लिए, दिशा और निष्कर्ष, गैर-परम्परागत, अस्वीकार्य और आपत्तिजनक हो सकते हैं परन्तु, चूँकि सम्पूर्ण, खुले हुए और प्रचलित मुद्दे लिए गए हैं, यह अध्ययन अत्यधिक रोचक और सामायिक हो गया है। अभिमुखीकरण का क्षेत्र, कार्य बढ़ाने की संभावना, लागत प्रभाविता और सतत् कार्यवाही करने की आशा उत्पन्न की है।" —*मार्टिन लूथर किंग जूनियर*

पुराने और परम्परागत दिखाई देने वाले और बहुत से प्रयोगों की असंगत परिभाषाओं को पुन: परिभाषित करने के मुद्दे को समग्र विश्लेषण के लिए उठाए जाने की आवश्यकता है। यह स्पष्ट करने के लिए कि किस प्रकार संकीर्ण और अलग-अलग खंडों में बंटी हुई नीति बनाने की प्रणाली, निधिकरण की विधि, प्रशिक्षण, अनुसंधान, दस्तावेजीकरण आदि

वैज्ञानिक, प्रकृति और खोज की भावना को व्यवस्थित रूप से दबा देते हैं, 'शब्दों' के उद्भव के मूल की खोज की जानी चाहिए।

मुझे उम्मीद है कि यह अध्ययन बहुत से लोगों की स्वेच्छा से कुछ असुविधा उठाकर और अपने आसन्न अधिकार और कर्तव्यों से हटकर, चुनौतियों का सामना करते हुए यह देखने के लिए प्रेरित करेगा कि किस प्रकार पंचायती राज सशक्तिकरण की आपदाओं और अपरिहार्यता के मुद्दे का समग्र रूप से दस्तावेजीकरण किया जा सकता है और उन्हें लागत प्रभावी प्रणाली विकसित करके कार्यान्वित किया जा सकता है।

परिस्थिति संबंधी आपदाएं और उन्हें दूर करने की आवश्यकता

यहाँ कुछ महत्वपूर्ण पुस्तकों और मुद्दों पर बात की गई जैसे *'इण्डिया 2020—ए विजन फार दी न्यू मिलेनियम'* लेखक डा. ए.पी.जे. अब्दुल कलाम और वाई.एस. राजन। इसने मुझे अत्यधिक प्रभावित किया। जैसा कि डा. ए.पी.जे. अब्दुल कलाम (अब माननीय राष्ट्रपति) ने कहा, इस पुस्तक का निम्नलिखित उद्धरण मेरे लिए मार्गनिर्देश बन गया:

> "2020 तक या इससे पहले विकसित भारत एक स्वप्न नहीं है। यह भी आवश्यक नहीं है कि यह अनेक भारतीयों के मस्तिष्क में दृश्य मात्र हो। यह एक मिशन है, जिसे हम सब शुरू कर सकते हैं और सफल होंगे।"

यह कहने की आवश्यकता नहीं है कि समस्त अध्ययन, समस्या के समग्र विश्लेषण के चारों तरफ घूमता है। यह अध्ययन आपदा की परिभाषा के स्वीकृत पैटर्न द्वारा बंधा हुआ नहीं है, या यह भारत सरकार में कार्य वितरण तक सीमित नहीं है। इसमें आधारभूत शासन, सूचना प्रौद्योगिकी की चुनौतियाँ, स्व-शासन, ग्रामीण उद्यमों के विकास संबंधी संकल्पना और पूरे स्थानीय नेतृत्व के मुद्दों का विश्लेषण करने का प्रयास किया गया है। महिलाओं, जनजातियों, अनुसूचित जाति/अनुसूचित जनजातियों, विकलांगों, भूतपूर्व सैनिकों आदि पर विशेष ध्यान देते हुए संगठित और गैर-संगठित क्षेत्रों के लिए पर्यावरण के अनुकूल और आर्थिक रूप से सशक्त बनाने वाली नीतियाँ अपनाने की आवश्यकता और विचार पर विशेष ध्यान दिया गया।

आने वाली आपदा के लक्षण

अलग-अलग और समान वर्गों के साथ चर्चा के दौरान, आपदा जैसी स्थितियों के लक्षणों के मुद्दे पर अत्यधिक रुचि दिखाई। आतंक, दिशाहीनता, विश्वासहीनता, प्रकृति का अत्यधिक शोषण और इसके डर, कमजोर को अलग करने के मुद्दे और संवेदनशीलता पर ध्यान न देना, हृदयहीनता और अल्प सहिष्णुता के स्तर को पूर्णत: समझना होगा। संकल्पना और

पद्धति के बीच अंतराल, सरकारी और गैर-सरकारी दोनों ही तरह की सरकारों की राज्य पर अत्यधिक निर्भरता, बहुत से कार्यक्रमों आदि का निरंतर असफल होने आदि सभी मुद्दों को पूर्णतः समझने के लिए विचार किया गया है।

कार्यवाही के लिए आवश्यक योजना

शिक्षा, प्रशिक्षण, अनुसंधान, निधीयन आदि सहित शासन की मौजूदा संरचना में अंतर्निहित कमजोरियों को ध्यान में रखते हुए, अपेक्षित विभिन्न पहल कार्यों को संबद्ध करने के प्रयास किए गए हैं। यह एक समग्र प्रयास होना चाहिए। कार्य की आवश्यक योजना में विश्व परिप्रेक्ष्य और स्थानीय कार्यवाही (जी.वी.ए.एल.ए.) की विभिन्न विशेषताओं का संगम होना चाहिए। लोगों में व्यापक जागरूकता और अच्छे शासन के माध्यम के रूप में सूचना प्रौद्योगिकी के उद्भव से इस स्वप्न को साकार किया जा सकता है। नीतियों का आपस में संबद्ध न होना और शासन के मूल-भूत तंत्र के साथ उपयुक्त समझ की कमी, सबसे बड़े गत्यावरोध हैं। ज्ञान के स्तर और समझ के बेहतर और उच्चतर होने से, यह संभव है कि हम कार्यवाही की कार्यान्वयन योग्य योजना को ठीक कर सकें। कार्य में भागीदारी का नेटवर्क स्थापित करके हम व्यक्तियों को एकता के सूत्र में बांध सकते हैं।

अपनी पत्नी और गाईड डा. शीला टावरी का निरंतर समर्थन और प्रोत्साहन के लिए आभारी हूँ, और इसके लिए वे विशेष रूप से धन्यवाद की पात्र हैं। 30 वर्ष तक अध्यापन कार्य करने के बाद, उन्होंने भारत के बीचों-बीच (महाराष्ट्र में) नैतिक मूल्यों और भारतीय सभ्यता को बढ़ावा देने के उद्देश्य से एक शैक्षणिक संस्थान प्रारम्भ करके, एक उद्यमी के रूप में कार्य शुरू किया है। पुराने और बेकार नियमों और विनियमों के साथ-साथ, संवेदनहीन और खराब व्यवहार की घटनाएं सबसे बड़ी रुकावटें हैं। उदारीकरण और विश्वव्यापीकरण के इस युग में भी, स्वरोजगार प्राप्त करने और उद्यमी विकास के अवसरों के लिए प्रोत्साहन में कमी दिखाई देती है, यह आशा की जाती है कि पुराने नियम और विनियम भी परिवर्तन और प्रगति के अग्रदूत के रूप में परिवर्तित हों।

इन सभी बड़ी-बड़ी उम्मीदों के साथ, उन सभी लोगों में, जो प्रभावी हैं, विचार क्षमता की समग्र भावना पैदा हो, ऐसी प्रार्थना करता हूँ। ये सभी स्वप्न शीघ्र ही साकार हों।

डा. कमल टावरी
(विद्यार्थी)

आभार

सर्वप्रथम मैं भारतीय लोक प्रशासन संस्थान और इसके तत्कालीन निदेशक श्री एम.सी. गुप्ता का आभारी हूँ, जिन्होंने मुझे कुछ नया कार्य करने में सहायता की। पंचायती राज संस्थान की भूमिका और आपदा प्रबंधन के संबंध में मेरी अध्ययन-अवकाश की सिफारिश करते हुए उन्होंने सचिव, कार्मिक एवं प्रशासनिक सुधार मंत्रालय को निम्नलिखित उल्लेख किया–

> "पंचायती राज संस्थान के कार्यक्रम और आपदा प्रबंधन को सफल एवं प्रभावी बनाने पर, पिछले कुछ वर्षों में काफी बल मिला है। डा. कमल टावरी से जब मैं पहली बार मिला, वे पिछले कुछ वर्षों से खादी और ग्रामोद्योग के मुख्य कार्यकारी अधिकारी थे। इस रूप में उनकी व्यावसायिक पृष्ठभूमि और अनुभव से और जब मैं बाद में उनसे मिला, वे उत्तर प्रदेश ग्रामीण विकास संस्थान के अध्यक्ष थे, उस रूप में उनकी व्यावसायिक पृष्ठभूमि और अनुभव से हमने महसूस किया कि इस विषय पर उनके प्रस्तावित पहल-कार्य का समर्थन किया जाना चाहिए।"

यह 26 नवम्बर, 2001 की बात है। मेरी अवकाश मंजूर हो गई थी। 27 दिसम्बर, 2002 को मैंने निदेशक, भारतीय लोक प्रशासन संस्थान को उन कार्य क्षेत्रों और रूपरेखा (फ्रेमवर्क) के बारे में लिखा, जिस पर मैं अपनी अध्ययन-अवकाश के दौरान कार्य करना चाहूँगा। जब वे चले गए तब डा. एस.पी. संजीव रेड्डी ने न केवल मेरे अध्ययन को पूर्ण समर्थन और मार्ग निर्देशन दिया, बल्कि मुझे भारतीय लोक प्रशासन संस्थान की फैकल्टी के समक्ष उन्होंने अपनी महान अनुकरणीय और अनुवर्ती क्षमता द्वारा, मुझे विभिन्न ग्रुपों से मिलने के लिए प्रेरित किया और तीन माह में ही अध्ययन अवकाश प्रदान करने के लिए काफी उत्साहवर्धक पत्र लिखा, जिससे मैं पंचायती राज सशक्तिकरण और प्रशिक्षकों के प्रशिक्षण पर नियम पुस्तिका तैयार कर सकूं।

मैं भारतीय प्रशासनिक सेवा के भूतपूर्व एवं वर्तमान दोनों अधिकारियों, भारतीय लोक प्रशासन संस्थान के निदेशकों का, जिन्होंने मेरे अध्ययन को पूर्णत: सुविधाजनक बनाया और प्रोत्साहित किया, अत्यधिक आभारी हूँ। जैसा कि मैंने अपनी पुस्तक *'ग्रीन एंड ग्रामीण'* स्टोरी आफ इंडियन हैंड मेड पेपर के प्राक्कथन में श्री एस.ए.टी रिजवी के संबंध

में लिखा है, जो उत्तर प्रदेश सरकार में लघु उद्योगों के तत्कालीन सचिव थे, और उन्होंने किस प्रकार मुझे सर्वाधिक उपेक्षित और ग्रामीण क्षेत्र के तथाकथित अनुपयोगी क्षेत्र पर कार्य करने के लिए प्रोत्साहित किया। इसी प्रकार, मैं इन दोनों वरिष्ठ अधिकारियों को हृदय से धन्यवाद देना चाहूँगा।

मैं नहीं जानता कि मैं भारतीय लोक प्रशासन संस्थान के श्री विनोद शर्मा का किस प्रकार आभार प्रकट करूं। इनके मार्गनिर्देशन, दृढ़ता, दस्तावेजों और समय-समय पर अनुभवों के आदान-प्रदान के बिना मैं आपदाओं के समग्र आयामों के संबंध में अध्ययन नहीं कर पाता। स्व-शासन के केन्द्र के रूप में पंचायती राज संस्थान का विकास करने, निचले स्तरों से बनाने और इससे सम्बद्ध विभिन्न मुद्दों का भी प्रभावी रूप से उनके अथक सहयोग के बिना अध्ययन नहीं कर पाता। उन्होंने न केवल शांति कुंज हरिद्वार में विचार-विमर्श के लिए प्रेरित किया बल्कि मुद्दों को पूर्णतः समझने में बहुत सी सामग्री, स्रोत, अप्राप्त संपर्क भी उपलब्ध करवाएं।

श्री पी.के. बनर्जी, अंतर्राज्यीय परिषद् के तत्कालीन सचिव ने मुझे राज्य और देश के भविष्य निर्माण पर प्रभाव डालने वाले विभिन्न प्रकार के आयामों के संबंध में अध्ययन-अवकाश देकर, अपने समय का सदुपयोग करने के लिए प्रोत्साहित किया। देश और विदेश दोनों ही स्थानों में उनके तीस साल के अनुभव ने विभिन्न मुद्दों को बेहतर रूप से समझने में मेरी सहायता की।

अंतर्राज्यीय परिषद् के मौजूदा सचिव श्री एल.एन. लखनपाल को दृढ़ ईमानदार, प्रभावी व्यक्तित्व वाले व्यक्ति के रूप में जाना जाता है। अंतर्राज्यीय परिषद में अपनी सेवा के अंतिम दिनों में, उन्होंने जो परिवर्तन, प्रणाली, प्रकिया और दृष्टिकोण को अपनाया, उसका अनुकरण किए जाने की आवश्यकता है। संगठन के पुनर्गठन और निर्माण को संगत बनाने में व्यवसायिकों की स्वप्रेरणा और दृढ़ पक्ष के लिए दस्तावेजीकरण की आवश्यकता होती है। उसी तंत्र, प्रणालियों, नियमों एवं विनियमों में, बेहतर नेतृत्व और प्रेरित करने की क्षमता से, आपदाओं को कम करना संभव है। मेरी अध्ययन अवकाश को भी प्रक्रियाओं में परिवर्तन करके काफी कम कर दिया गया।

स्व-चिंतन की प्रकिया को प्रारंभ करने और एक साथ मिलकर काम करना सीखकर, टीम के रूप में काम करने के लिए मैं उनका किस प्रकार धन्यवाद करूं।

श्री अनिल सिन्हा, श्री सत्येन्द्र और राष्ट्रीय, अंतर्राष्ट्रीय और ग्रामीण समुदायों के बहुत से लोगों के सक्रिय सहयोग के बिना, यह अध्ययन अधूरा रह गया होता। मेरा सबसे ज्यादा आभार उन लोगों के प्रति रहेगा, जो अपने उत्पादों को सक्रिय रूप से नहीं बेच पाते हैं। सर्वोत्तम स्त्रोतों के होते हुए, इस देश में हर तरफ खराब विपणन, खराब पैकेजिंग, गलत दिशा में अभिमुखीकरण और पूरी की जाने वाली आवश्यकताओं और प्राथमिकताओं को ठीक से न समझ पाना दिखाई देता है। पंचायती राज संस्थाओं में ऐसे बहुत से प्रश्नों के उत्तर देने का सामर्थ्य है, जिनके बारे में लगता है कि उत्तर नहीं दिया जा सकता। ऐसी स्थिति में,

जब बहुत से अन्य संवैधानिक संस्थाएं बुरी तरह से असफल हो रही हैं और खुले तौर पर, प्रभावी और संतोषजनक रूप से काम न कर पाने में अपनी अयोग्यता को स्पष्ट रूप से स्वीकार कर रही हैं, फिर भी कार्यवाही के लिए आशा की किरणें दिखाई दे रही हैं।

यही सही समय है जब हम शासन की लोकतांत्रिक प्रणाली के आधार पर ज्ञान के अंग के रूप में आपदा प्रबंधन और पंचायती राज संस्थाओं की बेहतर प्रणाली का पता लगाएं। सुझावों और निष्कर्षों पर विचार करने और उन्हें कार्यान्वित करने के लिए, निम्नलिखित योजना का प्रस्ताव दिया गया है:-

1. अधोहस्ताक्षरी द्वारा, कार्यवाही की सुविचारित योजना बनाने और उसके प्रसार के लिए अलग-अलग विषयों के भागीदारों के ग्रुपों को प्रस्तुत करना चाहिए। यह न केवल प्रशिक्षण संस्थाओं में ही आयोजित किया जाना चाहिए, बल्कि इन्हें चुने हुए मंत्रालयों, विभागों, अंतर्राज्यीय परिषद्, गैर-सरकारी संगठनों, पंचायत राज्य संगठनों और समुदाय आधारित संगठनों में भी किया जाना चाहिए।
2. बहुत से महत्वपूर्ण मंत्रालयों और विभागों को अपनी नीति, निधीयन, प्रशिक्षण, अनुसंधान एवं विकास और अपने निगरानी (मॉनीटर) तंत्र पर भी पुनर्विचार करना होगा। ऐसी लागत प्रभावी, पारदर्शी, विश्वसनीय और व्यवहार्य नीति, जो लोगों के निकट हो, उसके लिए, विभिन्न स्तरों पर परिवर्तन करने होंगे। इस प्रकार आपदा और पंचायती राज सशक्तिकरण की चुनौतियों का सामना करने के लिए, केन्द्रित विभाग-वार अपेक्षित परिवर्तनों का अभिनिर्धारण किया जाना चाहिए।
3. चुने हुए मामलों का अध्ययन, आशा जागृत करने वाले मॉडल, नीति संबंधी गत्यावरोध, लॉबी के मुद्दे, प्रणाली तंत्र को प्रभावी बनाने वाली अभिमुखी और विश्वसनीय परियोजना के लिए विकास संबंधी सोच विकसित करने की आवश्यकता है। बीमा के साथ स्व-रोजगार और ग्रामीण निवेश उन्मुख विश्वसनीय स्कीमों द्वारा, आपदाओं के विभिन्न क्षेत्रों पर प्रभावी रूप से काम करना संभव है, बशर्ते कि सही और उपयुक्त नीतिगत समर्थन जुटाया गया हो और उसे उपलब्ध करवाया गया हो।
4. निरुत्साहित व्यक्तियों और संस्थाओं को जाग्रत और प्रेरित करने के लिए, मिशन शुरू किए जाने चालिए। इन मिशनों द्वारा व्यापार जैसे विकास पर्यावरण के अनुकूल, विकास को प्रोत्साहित करेंगे और असरकारी मंच द्वारा रोजगार-उन्मुख नीतिगत विकास होगा।
5. आध्यात्मिक संस्थाओं, समुदाय आधारित संगठनों, पंचायती राज संस्थाओं, प्रशिक्षण केन्द्रों, अनिवासी भारतीयों और भारतीय मूल के व्यक्तियों, सेवानिवृत्त सिविल और सैन्य पेंशनभोगियों की भूमिका, कम प्रयोगवाली और पूर्णतः

अपेक्षित अवसंरचना एवं ग्रामीण स्रोतों आदि के लिए अलग विचार और कार्य के तरीके की आवश्यकता है। इसलिए, पहले के दस्तावेजों के रूप में उपलब्ध पाठों और अपने समय की बाध्यता से जो चीजें कम प्रयोग में हैं, उनके प्रयोग को बढ़ाना चाहिए।

6. पंचायत और स्वशासन के लिए बताए गए 29 विषयों के लिए महत्वपूर्ण नीति और कार्यवाही की आवश्यकता है ताकि आपदा के विभिन्न प्रकारों को बताने के लिए समुदाय और व्यक्ति की समग्र क्षमता का विकास किया जा सके। यहाँ अदृश्य पहचानी न जाने वाली, दिखाई न देने वाले हाथ या भाग्य की भूमिका भी दिखाई देती है।
7. यदि वास्तविक भारत का वास्तविक रूप से सशक्तिकरण किया जाना है, तो प्रत्येक मंत्रालय को, उसे जो कार्य करना है और उसका जो मिशन है, उसके बारे में स्पष्ट होना चाहिए। अर्थात गृह मंत्रालय को अल्पकालिक और दीर्घकालिक, मध्यकालिक, उद्देश्यों का स्पष्ट अभिनिर्धारण कर लेना चाहिए और उन्हें आसानी से पूरे किए जाने वाले, असंभव और प्राप्त करने में कठिन तथा उप-लक्ष्यों में विभाजित कर दिया जाए। उत्तरदायी व्यक्तियों के अतिरिक्त, उन सभी के संबंध में दस्तावेज तैयार किए जाने चाहिए, जो इन लक्ष्यों को पूरा करने में सहायता कर सकते हैं या बाधा डाल सकते हैं। यहाँ अनिवासी भारतीयों, गैर सरकारी संगठनों आदि की भूमिका का लागत और लक्ष्य प्राप्त करने की विधि के साथ दस्तावेजीकरण किया जाना चाहिए।
8. अंततः गावों, शहरों, समुदायों और ग्रामीण स्रोतों का प्रयोग किया जाना है। इसलिए, गैर-सरकारी संगठनों और समुदाय आधारित संगठनों के साथ एक अलग पंचायती राज मंत्रालय, बेहतर और प्रभावी नीति तैयार करने के लिए बनाया जा सकता है, जिससे सद्भाव के स्थान पर सृजनशीलता, क्षमता और विश्वास जगाने के उद्देश्य को पूरा किया जा सके। उद्यमशीलता से विकसित की गई प्रक्रियाओं पर समग्र रूप से जोर देकर सरकार के बहुत से दायित्वों को शासन की मूलभूत संस्थाओं के साथ आसानी से पूरा किया जा सकता है। इसी प्रकार, व्यय की बहुत सी मदों को लोगों और समुदायों की पहल से, प्रभावी रूप से खत्म किया जा सकता है। यह लोगों की अभी तक जकड़ी हुई उस अत्यधिक ऊर्जा के प्रयोग का सर्वोत्तम तरीका होगा, जिसका अभी बिल्कुल प्रयोग नहीं किया जा रहा है। विश्वव्यापी दृष्टिकोण और स्थानीय कार्यवाही के अनिवार्य दबावों और चुनौतियों का हम आसानी से सामना कर सकते हैं, यदि हम सूचना प्रौद्योगिकी और कम्प्यूटरों को सही उद्देश्यों और सही प्रकार की नीतियों के साथ शामिल करें। यह कहने की आवश्यकता नहीं है कि प्रत्येक मंत्रालय और

> विभाग में ऐसे बहुत से निवेश योग्य प्रस्ताव हैं, जिनमें उद्यमी सरकार से किसी प्रकार की निधि नहीं मागेंगे। बस, उन्हें केवल नीति और बाधामुक्त कार्यविधि संबंधी समर्थन चाहिए। वैसे भी किसी भी सरकार को लोगों को, सरकार की निधियों पर निर्भर किए बिना अपनी पूर्ण संभावनाओं का प्रयोग करने देने में कोई आपत्ति नहीं होनी चाहिए।

मुझे यह विश्वास है कि जब तक हम असंगठित को संगठित नहीं कर लेते, बिक्री न किए जा रहे उत्पादों की बिक्री नहीं कर देते हैं, समग्र आपदा प्रबंधन की संकल्पना केवल एक सिद्धान्त ही रहेगी। जब तक निचले स्तर की संस्थाओं को उनकी सामर्थ्य को समझाने और अपनी स्वयं की पहल से अपनी पूर्ण शक्ति को महसूस करने, अपने अच्छे इरादों और स्थानीय स्रोतों को जानने का मौका नहीं मिलता है, ऊपर दिए गए दृष्टिकोण की बात करने का कोई लाभ नहीं होगा। यह पंचायती राज संस्था पर ध्यान देने और गौरवान्वित और संगठित भारत के रूप में सामने आने का सही समय है। इस प्रकिया में सभी की भूमिका है। अन्तर्राज्यीय परिषद सचिवालय के श्री अश्विनी जी, श्री नारंग जी, एम.ई. कुट्टीजी, बनारस के श्री जालान जी, आचार्यकुल के साधक जी, कानपुर के तोशनीवाल जी, पंचायती राज संगठन के गौड़ जी, वृंदावन के श्री सेवक सरनजी, सभी का मैं हृदय से आभारी हूँ और सिफारिशों को कार्यान्वित करने में, मैं उनका सहयोग आगे भी चाहूँगा।

योजना आयोग के सदस्यगण, श्री एस.पी. गुप्ता, श्री डी.एन. तिवारी और श्री सोमपाल जी मेरे लिए महान प्रेरणा स्रोत रहे। अप्राप्त महत्वपूर्ण संपर्कों और कार्य क्षेत्रों के मुद्दों पर अधोहस्ताक्षरी के साथ, इनकी निरंतर और सार्थक चर्चा हुई।

इस अध्ययन काल के दौरान, बहुत सी संस्थाओं के सदस्यों और व्यक्तित्वों के साथ सम्पर्क हुआ। मेरी जन्मभूमि से लेकर, पहले कभी न देखे गए स्थानों तक, यह एक महान अनुभव था। न केवल मेरे पुराने मित्रों ने, बल्कि ज्ञान के संस्थानों ने भी मुझे समय की भूमिका समझने के लिए प्रेरित किया।

मैं यू.एन.डी.पी. के श्री गगन को भी विशेष रूप से धन्यवाद देना चाहता हूँ, जो हमेशा मेरे लिए ज्ञान और अनुभव के स्रोत रहे।

आगे की कार्य योजना को विकसित किए जाने की आवश्यकता है, जिसमें निचले स्तर की प्रक्रियाओं, को सुदृढ़ बनाने के कार्य में यू.एन. एजेंसियाँ महत्वपूर्ण भूमिका अदा करेंगी। वैश्वीकरण के युग में, निचले स्तर की क्षमताओं और विश्वास उत्पन्न करने वाली प्रकिया की आवश्यकता पर ज्यादा जोर देने की आवश्यकता नहीं है।

डा. कमल टावरी
(विद्यार्थी)

विषय सूची

अनुबंध

1

परिचय

इस विषय पर भारतीय लोक प्रशासन संस्थान के साथ अध्ययन करने के लिए क्यों चुना। बहुत से विशेषज्ञ, आपदाओं की संरचना, पहले की सीख और विभिन्न प्रकार से उन्नति करने के बावजूद आपदाओं के विभिन्न पक्ष क्यों बढ़ते जा रहे हैं, इस पर विचार करने की बार-बार आवश्यकता महसूस कर रहे हैं।

आपदा प्रबंधन को पूर्णतः और निचले स्तर पर पंचायत सशक्तिकरण को प्रशासनिक संरचना के दो सिरे माना जाता था। सर्वप्रथम, कृषि मंत्रालय को यह विषय दिया गया और अब कृषि मंत्रालय और गृह मंत्रालय दोनों इस विषय को देख रहे हैं। सशक्तिकरण के अप्राप्त आयामों को फिर से प्राप्त करना और लोगों में विश्वास जागृत करने का औचित्य है, इससे सद्भाव और अनुदान के स्थान पर सृजनशीलता, क्षमता और विश्वास का भाव पुनः जागृत होता है।

पंचायती राज संस्थाओं के संवैधानिक दायित्वों को उठाने के योग्य या सक्षम ही समझा जाता है। उपयुक्त जाँच और सुविधाजनक परिवेश के बिना, उनकी सामर्थ्य को कम करने पर जोर दिया जा रहा है। सूचना प्रौद्योगिकी, अत्यधिक बेरोजगारी, गैर-सरकारी संगठनों की भूमिका जैसे सुविधाकारक कारणों से, और बाजार आधारित प्रतियोगी अर्थव्यवस्था में भी पहले की सीखों का अनुसरण नहीं किया जा सकता है। इन सबके लिए विकास संबंधी नीतियों के मुद्दों के प्रति पूर्ण दृष्टिकोण अपनाया जाना चाहिए।

अंतर्राज्यीय परिषद की स्थापना, भारत के संविधान के अनुच्छेद 263 के अंतर्गत, सामान्य और आम हितों के मुद्दों पर विचार करने के लिए की गई। केवल न्यायमूर्ति सरकारिया आयोग ने ही नहीं, बल्कि परिषद और इसकी स्थायी समितियों की बहुत सी उच्च स्तरीय बैठकों में एक ऐसी संस्था के महत्व को महसूस किया गया जो ज्वलंत मुद्दों को उठाने के लिए एक आम मंच बन सके। इस प्रकार के बहुत से मुद्दे आक्सीजन की तरह हैं, जिनकी सभी को आवश्यकता पड़ती है, परन्तु उन पर विचार नहीं किया गया है। यह अध्ययन निचले तबके के लोगों के विश्वास और क्षमता निर्माण में अप्राप्त संबद्धों और मुद्दों को सामने लाने में मदद कर सकता है और संस्थाएं और मौजूदा आपदा प्रबंधन नीतियों की क्षमता, समाज को घेरने वाली आपदाओं को जहाँ तक संभव होगा, रोकेंगी।

इस निराशाजनक स्थिति में, जब बहुत से विभाग और मंत्रालय अधिक कर्मचारियों, उदारीकरण और वैश्वीकरण की समस्याओं से पीड़ित हैं, इससे पर्यावरण और बेरोजगारी, शहरों में भीड़ के बढ़ने आदि जैसी समस्याओं पर काफी समय से ध्यान नहीं दिया जा रहा है और इसके परिणामस्वरूप कार्य की खराब संस्कृति और लोगों के बीच दूरी बढ़ती जा रही है।

मुद्दों के विश्वव्यापी दृष्टिकोण के संदर्भ में देखते हुए और सम्पूर्ण दृष्टिकोण के साथ स्थानीय कार्यवाही से, कुछ व्यवहारिक, यर्थाथवादी, अनुसरणीय समाधान और निर्देश सामने आएंगे।

भारतीय लोक प्रशासन संस्थान नीति निर्माताओं के प्रशिक्षण में प्रमुख संस्था रही है। अनुसंधान, मामला अध्ययनों, कार्यशालाओं-प्रशिक्षण, दस्तावेजीकरण आदि द्वारा, ये लोक प्रशासन के विभिन्न पक्षों पर सराहनीय कार्य कर रहे हैं। परन्तु बेरोजगारी, पारिस्थितिकीय, नैतिक ह्रास, राज्य द्वारा वित्त पोषित स्कीमों का खराब कार्य निष्पादन, विश्वास की कमी और निराशा के वातावरण आदि उनके अध्ययन के विषय नहीं रहे हैं। इसके लिए आपदा प्रबंधन में विभिन्न आयामों को समग्र रूप से देखने के साधनों, प्रत्युत्तर तंत्रों, पहले की सीख और किस प्रकार समग्र, अल्प और दीर्घ-कालिक रूप से अपने आपको बहुमुखी आपदाओं का सामना करने के लिए तैयार कर सकता है, इस पर विचार करने की भी आवश्यकता है।

राज्य क्षीणप्राय स्रोतों और समाज की समस्याओं को दूर करने की इसकी क्षमता पर कम होते विश्वास से एक और चुनौती सामने आती है। यह आपदा प्रबंधन के विषय से संबंधित विभिन्न परिभाषाओं को पुनः परिभाषित करने से संबंधित है।

वे आपदा, विकास, जीवन की गुणवत्ता, प्रकृति, लालच बनाम आवश्यकता, सकल घरेलू उत्पाद (जी.डी.पी.), पी.सी.आई. संकल्पनाओं आदि को शामिल कर सकते हैं। भारत, जो कि शताब्दियों पुराना समाज है, यहाँ गैर-सरकारी संगठनों आध्यात्मिक संस्थाओं, प्रशिक्षकों, बैंकरों और प्रशासनिक अधिकारियों और विधि निर्माताओं के लिए पहले के तंत्र से सीखने के लिए बहुत कुछ है, क्या प्रकृति के पास देने के लिए बहुत कुछ है? क्या हम प्रकृति के साथ रहने और उसके प्रबंधन की पुरानी पद्धतियों पर ध्यान नहीं दे रहे हैं?

इस प्रश्न का उत्तर देने से पहले, अध्ययन से जुड़े हुए लोगों की महत्वपूर्ण भूमिका और ऐसी स्थितियों को समझना चाहिए जो विषय का पूर्ण विश्लेषण करने के अनुकूल हों। इस प्रकार इस विषय को भारतीय लोक प्रशासन संस्थान, अपने समय की चुनौतियों और डा. कमल टावरी के विचार, व्यक्तित्व और दृष्टिकोण से देखा जाना चाहिए। वह सतही संस्थाओं के साथ लम्बे समय से जुड़े हुए एक भूतपूर्व सैन्य अधिकारी हैं, उनकी वर्धा की पृष्ठभूमि, उनका विश्लेषणात्मक मस्तिष्क, और खराब शासन, गैर व्यवहारिकता की चिन्ता, संगठित संस्थाओं आदि की अत्यधिक शोषण की

प्रवृत्तियाँ, चिन्ता के कुछ विषय रहे हैं। सभ्यता के प्रकार, विकास के प्रभाव, व्यवसायिकों की भूमिका, अत्यधिक यांत्रिकीकरण का प्रभाव, राज्य के घटते हुए स्रोत, अप्रबंधकीय और अनावश्यक रूप से, जंगलों, नदियों, भू-जल और सतही जल दोनों का विनाश सहित प्रकृति का विनाश, विश्वास की कमी, लालच से भरा हुआ व्यापार तंत्र और समाज को शासित करने वाले समग्र कारक और आपसी संबंध आदि के लिए समग्र विश्लेषण की आवश्यकता है। आपदा प्रबंधन पर उच्च अधिकार प्राप्त समिति की रिपोर्ट में यथा उल्लिखित, आपदा की निम्नलिखित परिभाषा से हम सहमत हो या नहीं, ऐसा लगता है कि परिभाषा में बहुत से महत्वपूर्ण विषयों को छोड़ दिया गया है:

आपदा: ऐसी गम्भीर और बड़ी घटना जिसके कारण मृत्यु हुई हों, चोट लगी हो और सम्पत्ति की हानि हुई हो, और जिसे सरकार की नियमित प्रक्रिया और स्रोतों द्वारा व्यवस्थित नहीं किया जा सकता हो। यह सामान्यत: अचानक ही आती हैं और इसमें मानवीय आवश्यकताओं को पूरा करने के लिए और शीघ्र सुधार करने के लिए बहुविधि सरकारी, स्वैच्छिक और निजी क्षेत्र के संगठनों की तत्काल, समन्वित और प्रभावी प्रतिक्रिया की आवश्यकता होती है।

आपदा प्रबंधन: एक ऐसा सामूहिक दल जो आपदा से संबंधित योजना के सभी पक्षों, जिसमें आपदा से पहले और बाद के कार्य शामिल हैं, सभी को देखता हो। यह आपदाओं के जोखिम और परिणामों दोनों के प्रबंधन को देखता है।

मुझे विरोधी दिखाई देने वाले, गैर-संगठित और उपेक्षित क्षेत्रों में काम करने का अवसर प्राप्त हुआ। एक व्यवसायिक व्यक्ति संवेदनशील एवं मानवीय दृष्टिकोण के रूप में, इसके लिए योजना, कार्यवाही, अनुसंधान संहिताकरण और विस्तृत पहल कार्यों की आवश्यकता पड़ती है। समय की चुनौतियाँ, लोगों की व्यापक जागरूकता को सद्भाव से सृजनशीलता, क्षमता और विश्वास में बदलने की आवश्यकता है। व्यक्तियों की निर्माण प्रक्रिया और समाज का राज्य और शासन संस्थाओं को आदेश देने की प्रक्रिया को क्रांतिकारी परिवर्तन के लिए तैयार रहना चाहिए। परन्तु मैं एक चेतावनी दे दूं, क्रांतिकारी परिवर्तनों की दिशा सम्पूर्ण, पहले की सीख पर आधारित, पहले की ऐसी गलतियों और आपदाओं को दोहराने वाली नहीं होनी चाहिए जिसने न केवल व्यक्तियों, समुदायों को ही प्रभावित नहीं किया होगा, बल्कि पूरी सभ्यता को ही नष्ट कर दिया होगा। अध्ययन का विषय सभ्यता नहीं है, लेकिन जब हम आपदा की बात समग्र रूप से करते हैं और आपदा शब्द के मूल की ओर देखते हैं, तो निश्चित रूप से हम भारत सरकार या उच्च अधिकार प्राप्त समिति के विभाजित कार्य वितरण द्वारा मार्ग निर्देशित नहीं हो सकते हैं। यह कहने की आवश्यकता नहीं है कि आपदा काफी व्यापक होती है और यह समाज के सभी पक्षों और समुदायों को शासित करने वाली सभी विधियों को प्रभावित करती है। अंतत:, इस प्रश्न की खोज की जानी चाहिए कि जीवन का उद्देश्य क्या है और हमें अच्छे शासन, संवेदनशील समाज, स्व-सहायता, भाईचारे, विचार, दृष्टिकोण और जो विपत्ति में है उनकी सहायता

करने की इच्छा किस प्रकार सामुदायिक शक्ति और दृष्टिकोण के उच्चतर स्तर को सभी की बेहतरी के लिए कार्यवाही में लाएं, आपदा के कुछ अन्य आयाम हैं। संकीर्ण और विभाजित नीतियों के अनर्थकारी प्रभाव को उपेक्षित करके, व्यक्तियों और समुदाय के सर्वोत्तम कार्यकर्ताओं के समग्र प्रभाव के बारे में सोचे बिना, प्रकृति और मानवता और पूर्वजों के प्राकृतिक धर्मदाय को उपेक्षित करके आपदा के समग्र मुद्दों को कैसे उचित रूप से समझा जा सकता है, उनका दस्तावेजीकरण किया जा सकता है और कार्यान्वित किए जाने वाले कार्य की योजना के रूप में सही तरीके से परिभाषित किया जा सकता है? समुदाय की भूमिका, गैर-सरकारी संगठनों, समुदाय आधारित संगठनों, निचले स्तर पर नेताओं, चाहे वे चुने हुए हों या नहीं, मूलभूत स्तर पर स्थानीय संरचना, स्थानीय कार्यों, स्थानीय कौशल, स्थानीय आदतों, स्थानीय परम्पराओं, स्थानीय ज्ञानांतरण की प्रक्रिया और प्रणाली एवं सामुदायिक भाव तथा विकास प्रक्रिया कुछ ऐसे क्षेत्र हैं, जो हमारे शासन के तथाकथित तंत्र में उपेक्षित हैं। क्या आपदा प्रबंधन के अंग के रूप में धर्म की कोई भूमिका है? क्या हम आध्यात्मिक संस्थाओं को, चाहे वे धार्मिक हों या नहीं, उपेक्षित कर सकते हैं? समाजों को जोड़ने और तोड़ने वाली शक्तियाँ कौन सी हैं? पुलिस, सेना, सिविल सेवकों, कानूनों की सीमाएं क्या हैं, और, क्या वे हमारे चारों तरफ विद्यमान आपदाओं को वास्तव में ठीक कर सकते हैं? क्या हम अधिक जनसंख्या, गरीबी, बेरोजगारी, प्राकृतिक स्रोतों के द्वारा, विश्वास की कमी, बढ़ते हुए अविश्वास, लालच पर आधारित विकास, बच्चों विशेषकर बालिकाओं और महिलाओं की उपेक्षा, गैर-संगठित, विकेन्द्रित और ऐसे व्यक्तियों की उपेक्षा जिनके पास अपनी बात करने के लिए कोई संगठित लॉबी नहीं है, महत्वपूर्ण पक्षियों, जानवरों, पौधों, बीजों, पुरानी और परम्परागत स्वस्थ प्रणालियों, खाने की आदतों, परम्पराओं, सांस्कृतिक मूल्यों, कला, हस्तकला, नाटक आदि के समाप्त होने संबंधी समस्याओं को हल कर सके हैं? शासन के प्राकृतिक तंत्र के अंग के रूप में सभी को स्थानीय व्यक्तियों, ग्रामीण व्यक्तियों में विश्वास और क्षमता को बनाने में लाभ है। क्या नीतियाँ, कानून, प्रशिक्षण प्रणाली, निगरानी, निधियन, प्रौद्योगिकी, उन्नयन, चुनाव, अनुदान, छूट सहायिकी आदि उपरोक्त ऐसी कुछ आपदाओं को ध्यान में रख रही हैं, जो समाज और व्यक्तियों की खुशी और संतोष को प्रभावित कर रही हैं? इनमें से बहुत से मुद्दे, तथाकथित सरकार और सरकार द्वारा वित्त पोषित आपदा प्रबंधकों की चिन्ता का विषय नहीं हो सकते हैं, परन्तु जब पंचायती राज सशक्तिकरण, संविधान के 73वें और 74वें संशोधन के आशय में बात उठती है, तो इनमें से बहुत से मुद्दे संगत, आवश्यक बन जाते हैं और सभ्यता और अच्छे शासन के प्रश्न को समझने में प्रत्यक्ष रूप से सहायक होते हैं। अर्थव्यवस्था और शासन की ज्ञान आधारित संकल्पना के आने से सतत् मानव विकास के मुद्दे, सभी के लिए पारदर्शिता, रोजगार, ग्रामीण स्रोतों और ज्ञान आदि का प्रयोग और पोषण, अपरिहार्य और प्राप्त करने योग्य बन जाता है। प्रभावी, गैर-शोषणात्मक, लाभदायी निचले सतह का नेतृत्व स्पष्ट, अल्पकालिक और शीघ्र प्रक्रिया द्वारा सही दिशा उपलब्ध करवाकर और अधिक

महत्व प्राप्त कर लेता है। इन मुद्दों को समग्र रूप से समझने के लिए, सिविल सेवा से अधिक से अधिक स्वैच्छिक कार्यकर्ताओं को प्रोत्साहित करने की आवश्यकता है, वे अपने सामान्य नियमित जीवन से बाहर निकलें और अपना कुछ समय संस्थाओं और व्यक्तियों के साथ व्यतीत करें। प्रारम्भ में छः माह का अध्ययन अवकाश लेने और बाद में इसे बढ़वाने का यही औचित्य था।

स्व-शासन की संस्थाओं के रूप में, पंचायतों द्वारा देखे जाने के लिए निर्धारित किए गए 29 विषयों के अनुसरण के मुद्दे भी काफी महत्वपूर्ण हो जाते हैं। संविधान का संशोधन हुए एक दशक से ज्यादा हो गए हैं। प्रत्येक पांच वर्षों में चुनाव का स्पष्ट प्रावधान, वित्त आयोग, कुछ वर्गों के लिए आरक्षण, अधिकार और प्राधिकार आदि का विकेन्द्रीकरण इस (73वें) संशोधन की कुछ मुख्य विशेषताएं हैं। संशोधन के बावजूद, संतुलन और नई नीतियों को शामिल करना आदि, ऐसे बहुत से प्रश्न हैं, जो अभी उसी तरह से हैं। इनमें से कुछ हैं—

- किस हद तक उन्होंने आधार स्तर पर असर डाला है और स्थानीय स्व-शासन के उद्देश्य को प्राप्त करके कोई दिखाई देने वाला प्रभाव डाला है?
- किस प्रकार उच्चपदस्थ, विधि निर्माताओं, प्रशिक्षकों आदि में विचारों ने सदभाव को स्व-शासन के लिए सृजनशीलता, क्षमता और विश्वास जागृत करने में बदला है?
- क्या व्यापक अर्थ में आपदा के मुद्दों या विभाजित व्याख्या में, प्रभाव और किफायत से समाज को बनाने की चुनौती के रूप में माना गया है या सहायता और अन्य समर्थन को सत्ता सम्पन्न लोगों द्वारा एक तरफ कर दिया गया है?
- क्या राजनीति तथाकथित आपदा प्रबंधन और सहायता कार्यों में, अविश्वास के भाव और राजनैतिक फायदों को बढ़ाने में अपनी भूमिका तो अदा नहीं कर रही हैं?
- किस प्रकार कम्प्यूटर का प्रयोग अपनी अत्यधिक संभावनाओं से, पारदर्शी एवं विश्वसनीय प्रक्रियाओं द्वारा उल्लिखित चुनौतियों का सामना करने के लिए मूल स्तर की संस्थाओं की क्षमता को बढ़ाने के लिए किया जा सकता है।

भारतीय लोक प्रशासन संस्थान में अध्ययन क्यों किया?

भारतीय लोक प्रशासन संस्थान, लोक प्रशासन, प्रशिक्षण अनुसंधान, दस्तावेजीकरण की एक प्रमुख संस्था है, जिसके पास अत्यधिक स्रोत हैं तथा इसमें राष्ट्रीय आपदा प्रबंधन केन्द्र (एन.सी.डी.एम.) नामक एक केन्द्र है, जिसमें विभिन्न विषयों में विशेष कार्य कर रहे हैं। केन्द्र के मुख्य उद्देश्य हैं—

- विभिन्न प्रकार की प्राकृतिक आपदाओं के लिए सहायता कार्य और इनका शमन करने के कार्यों पर व्यय किए गए स्रोतों और उनसे हुई हानि के आधार पर व्यापक सूचनाएं तैयार करना।
- आपदा के क्षेत्र में लगी हुई विभिन्न राज्य प्रशिक्षण संस्थाओं और प्राकृतिक आपदा मंत्रालय के बीच संपर्क स्थापित करना।
- प्राकृतिक आपदा प्रबंधन पर कार्यक्रमों के लिए तकनीकी सहायता एवं सेवाएं उपलब्ध करवाना और दक्षिण-पूर्व एशिया और सार्क देशों को, आपदा प्रबंधन के सभी पक्षों में उनकी क्षमता का विकास करने और नीतियाँ बनाने में सहायता करना।

केन्द्र आपदा प्रबंधन के विभिन्न पहलुओं अर्थात तैयारी, शमन करना, तैयारी की योजना आदि के लागत-लाभ विश्लेषण के संबंध में अनुसंधान करता है। यह विभिन्न प्राकृतिक खतरों के प्रभाव (समाज आर्थिक एवं पर्यावरणीय दोनों) के संबंध में, अनुसंधान और सर्वेक्षण भी करता है। एन.सी.डी.एम. आपदाओं के प्रभाव, आपदाओं के प्रभाव के संबंध में तैयारी, तैयार योजना की अर्थव्यवस्था, पुनर्वास एवं पुनर्स्थापन, प्रभावी सहायता कार्यक्रमों, आपदाओं पर पर्यावरणीय ह्रास के प्रभाव, आपदा प्रबंधन के विभिन्न चरणों में समुदाय की भागीदारी, आपदा का शमन करने में गैर-सरकारी संस्थाओं की भूमिका आदि के बारे में विभिन्न प्रकार की सूचना एकत्रित करने में लगा हुआ है।

संयुक्त राष्ट्र संघ ने भी 1990-2000 के दशक को प्राकृतिक आपदा कम करने के लिए अंतर्राष्ट्रीय दशक घोषित किया है। आपदा संभावित प्रत्येक देश में उनकी एक स्थायी संयुक्त राष्ट्र आपदा प्रबंधन टीम वाला एक मूलभूत ढाँचा है। परन्तु, यहाँ भी सबके लिए इक्विटी के मुद्दों की उपेक्षा की गई है।

भारतीय लोक प्रशासन संस्थान में अध्ययन क्यों किया जाए?

भारतीय लोक प्रशासन संस्थान में नियमित रूप से विभिन्न कार्यशालाएं, विचार-विमर्श सत्र, मूलभूत स्तर के मुद्दों पर दस्तावेजीकरण और चर्चा होती रहती है। विकास और आपदाएं, विचार और कार्यवाही, पारदर्शिता की नीतियाँ और विचार, अच्छा शासन और कार्यक्रम की सफलता आदि ऐसे मुद्दे हैं, जिनपर नियमित रूप से विचार-विमर्श चलता रहता है। इस प्रकार, आपदा प्रबंधन और पंचायती राज सशक्तिकरण के प्रत्यक्षतः विरोधी दिखाई देने वाले क्षेत्र उत्कृष्ट, ठीक समय पर और सर्वाधिक संगत अवसर, शक्ति और सभी अप्राप्त सम्पर्कों को देखने के लिए उपलब्ध करवाते हैं। अंतर्राज्यीय परिषद सचिवालय और अंतर्राज्यीय परिषद का संवैधानिक निकाय भी इनमें से बहुत से क्षेत्रों को महत्वपूर्ण क्षेत्र के रूप में देखने का चुनौतीपूर्ण अवसर प्रदान करता है। कार्य संस्कृति के बदलते हुए

प्रतिमानों, अपेक्षित उत्तरदायित्व, कार्य स्तर और सुशासन के मानदण्डों को परिभाषित करते समय उपरोक्त प्रकृति के मुद्दों को उपयुक्त स्थान मिलना चाहिए। आपदा प्रबंधन की समस्याओं को मूल रूप से देखने के दृष्टिकोण की उपेक्षा करने से अत्यधिक हानि हो रही है। यह एक दयनीय स्थिति है कि उच्च अधिकार प्राप्त समिति ने भी निचले स्तर पर कार्य कर रही संस्थाओं की भूमिका और जो कमियाँ हैं, उनका उल्लेख करने की जरूरत नहीं समझी। कुछ क्षेत्र, जिनके संबंध में समय बर्बाद किए बिना गंभीर रूप से कार्यान्वयन किया जाना चाहिए, उनमें निम्नलिखित क्षेत्र शामिल हैं–

(क) मूलभूत स्तर की संस्थाओं, सदभाव के स्थान पर विश्वास और क्षमता जागृत करने, सृजनशीलता लाने के मुद्दों का पूर्णतः विश्लेषण करना। इसका अर्थ है–नीतियों की भूमिका, निधिकरण, प्रशिक्षण, प्रौद्योगिकी, प्रोत्साहन, पुरस्कार, प्रतिकूल विचार, दृष्टिकोण और समानता एवं न्याय के स्तरों को बनाने और प्रभावी विचारधारा के लिए प्रसारण और निगरानी तंत्र।

(ख) आत्मनिर्भर, स्व-रोजगार उपलब्ध करानेवाले संस्थानों को बनाना, ऐसी व्यवहार्यता का सृजन और विकास करना जहां ऐसे विपणन के सिद्धांत बने जिससे लोगों के विचार और सपनों को आसानी से साकार किया जा सके। यह प्रतिनिधान, विकेन्द्रीकरण, समन्वयन, अनुसरण आदि से हो सकता है, जो तब ही संभव होगा, जब ज्ञान आधारित अर्थव्यवस्था के सिद्धांतों का पालन किया जाए, जो अब सही नीतियों और कम्प्यूटर की सहायता से संभव और आवश्यक हो गया है।

(ग) राज्य पर निर्भर किए बिना, उद्यम विकास केन्द्रों के छोटे व्यापार स्थापित करके, समग्र प्रबंधन के लिए निम्न लागत के व्यवहारिक परामर्शदाताओं, संगठनों या स्व-रोजगार में लगे हुए ग्रामीण जनता के कैडर बनाकर।

(घ) ग्रामीण निवेश को प्रोत्साहित करने वाली सेवाओं और पारदर्शिता और विपणन वाली नीतियों पर आधारित बहुत से मिशन लोगों और आधारभूत संस्थाओं की सही संभावना को पूरा करने को सुविधाजनक बना सकती है।

(ङ) ग्रामीण सक्रियता या ग्रामीण औद्योगिकीकरण या ग्रामीण विकास को आधारभूत स्तर पर एक दो जगह से किया जाए, तो यह अत्यधिक उपयोगी हो सकता है। सुशासन के सिद्धांतों वाली और सूचना प्रौद्योगिकी का पूरा उपयोग करने वाली पंचायतें इस प्रक्रिया को, राज्य पर कोई बोझ डाले बिना आसान बना सकती हैं।

(च) आपदा को अल्पकालिक और दीर्घकालिक या सीमित या व्यापक दोनों ही पैरामीटरों में स्वीकार किया जा सकता है। शासन के ढाँचे, विषय-आवंटन के बारे में संयुक्त सचिव-संलक्षण, उत्तरदायित्व की कमी, परिभाषित उद्देश्यों

> को प्राप्त करने की उपेक्षा या स्थायी मानदण्ड पर अत्यधिक जोर या बजट प्रयोग का मानदण्ड, आंतरिक स्रोत सृजन की उपेक्षा ने बेहतर परिणामों के लिए कार्य करने की पहल को खत्म कर दिया है। अड़ियल रवैया, गोपनीयता, लालफीताशाही, विश्वास की कमी, अनुदान छूट सहायिकी पर अत्यधिक निर्भरता ने, रुकावटों को दूर करने की व्यक्तिगत पहल को दबा दिया है।

आसन्न आपदाओं के अन्य लक्षणों में प्रश्नों और उठने वाले संदेहों को निरुत्साहित करना और दबाना, कठोर वास्तविकताओं को स्वीकार न करना और इस सिद्धांत पर जोर डालना कि अधिकार संपन्न लोगों द्वारा कुछ भी गलत नहीं किया गया है। इसलिए पिछली नीतियों का वास्तविक और ग्रामीण भारत पर, लम्बे समय में जो दुष्प्रभाव पड़ा है उसका पूर्णतः मंथन किया जाना चाहिए और उसके संबंध में लिखा जाना चाहिए। साथ ही आशा जाग्रत करने वाले मॉडलों और मुद्दों का, जहां लोग और समुदाय संकीर्णता से ऊपर उठें, प्रचार किया जाना चाहिए। आपदाओं में भी अंततः लोग ही प्राकृतिक या मानव सृजित आपदा के प्रतिकूल प्रभाव के कारण कष्ट उठाते हैं। इसलिए मानव शक्ति, राज्य, जनता आदि के सभी स्रोतों का, इन प्रतिकूल प्रभावों को दूर करने के एकमात्र उद्देश्य के साथ मिशन जैसे भाव से, तेजी से प्रयोग किया जाना चाहिए। सततृता और सतत् विकास के लिए नीति बनाने के साथ-साथ, स्वेच्छा, पारदर्शिता सभी के लाभ के लिए विचार आदि की भूमिका को उपेक्षित नहीं किया जा सकता है। सौभाग्य से, हम एक ऐसे युग में रह रहे हैं, जहां लोकतांत्रिक प्रणाली ने लोगों को पहले ही जागरूक बना दिया है और वे सभी समाज में अपने सही स्थान की माँग करते हैं। जीविका और अच्छे संवेदनशील शासन के मुद्दों को अलग नहीं किया जा सकता है।

असंगति, सभी विसंगतियाँ, असामान्यता, और समग्र आपदाओं के बाबजूद, बहुत-से आशाएं और सकारात्मक चिह्न हैं। सूचना प्रौद्योगिकी के उपयुक्त प्रयोग सकारात्मक भाव जाग्रत करके और सुशासन के पारदर्शी तंत्र द्वारा निरंतर प्रेरणा, अनुसरण सहित बेहतर नेतृत्व के लिए प्रेरक नीतियों से लोगों में निष्क्रियता की जगह सक्रियता लाई जा सकती है। संविधान में इन सभी को पूरा करने और बनाए रखने के उपायों को सुविधाजनक बनाया गया है। इसमें केवल अनुसरण, उत्तरदायित्व की कमी है, इसके लिए किसे उत्तरदायी माना जाए और आर्थिक और समग्र विकास के मॉडल, लालच की जगह आवश्यकता पर आधारित करके, प्राकृतिक स्रोतों के साथ स्वैच्छिक कार्यकर्ताओं को जमा किया जाए। प्रभाव और प्रोत्साहन के स्तर को बढ़ाकर, स्थायी नौकरशाही, अखिल भारतीय सेवाओं, उनकी संवेदनशीलता और कार्य के स्तर, लोगों के प्रति कर्तव्यनिष्ठ और संविधान के प्रति जिम्मेदार व्यवसायिकों के रूप में उनके कार्य को बढ़ावा दिया जाना चाहिए। नौकरशाही का संकीर्ण या अलग-अलग खण्डों में विभाजित संवेदनहीन, सख्त, जालनुमा जो मॉडल है, उससे विनियामक सरकार के मुद्दों को पूरा किया जा सकता है, परन्तु जब विकासात्मक और व्यवसायिक एवं व्यापारिक सरकार की बात आती है, तो यह पूर्णतः असफल है।

इसलिए, यह सही समय है, जब लोगों और उनकी ऊर्जाओं को पूर्णतः समझा जाए, उद्दीप्त किया जाए और स्व-शासन और पारदर्शिता द्वारा सतत् मानव विकास के मुद्दे को बढ़ाया जाए। नियमों और हानियों को कम करने, लोगों के विश्वास को बढ़ाने, गरीबों को न्याय दिलाने और अपराध को बढ़ाने वालों को दण्ड देने के लिए और बहुत से प्रेरक तत्व हो सकते हैं, परन्तु इस सबके लिए स्थानीय स्तर पर समग्र और प्रभावी शासन की आवश्यकता होगी। सफलता के पैरामीटर, नीतियों की भूमिका, विश्वसनीयता, और व्यवहार्यता बढ़ाने को, बेहतर जिम्मेवार, व्यापार की तरह प्रभावी और परिणाम उन्मुखी तंत्र को बनाने के लिए उपयुक्त प्रकार से चिह्नित किया जाएगा। यह सब तब ही संभव है जब अपने मस्तिष्क को, अपना आधार खोए बिना सभी दिशाओं से आने वाले ज्ञान और जानकारी के लिए खुला रखा जाए। विश्वव्यापी दृष्टिकोण और स्थानीय कार्यवाही (जी.वी.ए.एल.ए.), विचार, संकल्पना और विकास और विनाश के मुद्दों की पुनःपरिभाषा, आपदा या शांति और प्रसन्नता, सतत्ता और अस्थिरता और वह सब कुछ जो लोगों, समाज, राज्य और प्रकृति को महान और शक्तिशाली बनाता है, इन सबसे संबंधित मुद्दों को पूरा करके, इनकी प्राप्ति को आसान बना सकती है। संकल्पना और कार्य के बीच जो अंतराल है उसे अच्छी नीतियों से समर्थित पारदर्शिता और सूचना प्रौद्योगिकी को लाकर खत्म किया जा सकता है।

अध्ययन के उद्देश्य

इस अध्ययन के निम्नलिखित उद्देश्य थे।

(i) पिछले अनुभवों में पंचायतों को किस प्रकार के अनुभव हुए, उनके विश्लेषण के लिए चुने हुए राज्यों, जिलों और पंचायतों में जाना।

(ii) कुछ आपदा संबंधित कार्यक्रमों, कार्यशालाओं और विचार-विमर्श के सत्रों में भाग लेना और उन्हें आयोजित करना।

(iii) गैर सरकारी संगठनों, निगमित क्षेत्र, सूचना प्रौद्योगिकी और भारत सरकार, राज्य और पंचायतों दोनों के सेवानिवृत्त अधिकारियों से यह जानने के लिए संपर्क करना कि किस प्रकार पंचायतों में क्षमता और विश्वास जागृत करने का कार्य सुनिश्चित किया जा सकता है।

(iv) नौकरशाही और सिविल सेवकों को पंचायती राज संस्थानों को संवेदनशील बनाने में अत्यधिक महत्वपूर्ण भूमिका अदा करनी है। उनके प्रशिक्षण को आपदा का सामना करने की क्षमता में महत्वपूर्ण भूमिका अदा करने वाले के रूप में अनुवर्ती कार्यवाही के मूल्यांकन की आवश्यकता है और उनके क्षमता निर्माण के अध्ययन की भी आवश्यकता है।

(v) आपदा निवारण प्रबंधन और इससे संबंधित मुद्दों के लिए गांधीवादी मॉडल के

अनुसार संप्रेषण और सूचना के आदान–प्रदान की भूमिका का अध्ययन किए जांने की आवश्यकता है।

(vi) प्राकृतिक और मानवीय आपदाओं के प्रबंधनों के अनुभवों के आधार पर मैं और अन्य संकाय सदस्य भारतीय लोक प्रशासन संस्थान के डा. विनोद शर्मा और श्री जे.सी. पंत आदि के साथ नियमित रूप से सम्पर्क में रहते हैं।

(vii) बाद में, लघु एवं मध्यम उद्यमों के संघ ने निदेशक, भारतीय लोक प्रशासन संस्थान को, आपदा प्रबंधन एवं पंचायती राज सशक्तिकरण में डब्ल्यू.ए.एस.एम.ई. की संभावित भूमिका का पता लगाने के लिए लिखा। इसी प्रकार, अध्यक्ष, भारतीय पशु कल्याण बोर्ड, न्यायमूर्ति गुमानमल लोढ़ा ने भी आपदा आने पर और इसके बढ़ने पर किस प्रकार गोशालाओं, स्थानीय नेतृत्व, सूचना का प्रयोग किया जाए, इसे अध्ययन क्षेत्र में शामिल किए जाने के लिए लिखा।

मेरी श्री एम.सी. गुप्ता, निदेशक, लोक प्रशासन संस्थान और वहीं के श्री विनोद शर्मा से मौजूदा आपदा प्रबंधन पैकेजों के अनदेखे रह गए पक्ष के संबंध में विस्तृत चर्चा हुई। चूंकि, मेरे अध्ययन में जिस दृष्टिकोण को अपनाया जाना था, वह प्रचलित परिभाषा और सरकारी संरचना से अलग था, इसलिए यह तय किया गया कि एक गैर–अनुरूपी दृष्टिकोण किसी भी अध्ययन विश्लेषण संबंध परियोजना का अंग होता है।

कार्य-विधि

अध्ययन के दौरान, मुझे पंचायती राज संस्थानों और आपदा प्रबंधन के विभिन्न पक्षों की जांच करने का सम्पूर्ण अनुभव प्राप्त हुआ। मैंने इसके लिए यह तरीका अपनाया कि जितना अधिक से अधिक हो सकता था, मैंने बैठकों, कार्यशालाओं, कांफ्रेंसों में भाग लिया और अधिकतम लोगों और संस्थाओं से सम्पर्क किया। मैंने विभिन्न ग्रुपों से सम्पर्क करके, विभिन्न क्षेत्रों और स्रोतों से अधिक से अधिक साहित्य और समाचारपत्रों की कतरनें एकत्रित कीं। इनसे काफी विपरीत दिखाई देने वाली संकल्पनाएं और अपेक्षाएं सामने आईं। अधिकांश लोग यह मानते हैं कि मूलभूत स्तर की संस्थाओं को इसमें शामिल किया जाए और उनमें विपदा के सभी पक्षों का सामना करने की क्षमता विकसित की जाए, परन्तु कुछ लोगों का यह मानना है कि केन्द्र–राज्य और बाहरी शक्तियों को बचाव और सहायता के लिए आना चाहिए। उन्हें आपदा और बचाव की परिभाषा पर कोई आपत्ति नहीं है, परन्तु जब हम पंचायत और समुदाय सहित स्थानीय संस्थाओं के क्षमता निर्माण के प्रश्न से आगे बढ़ते हैं तब बहुत से लुप्त संपर्क दिखाई देते हैं, जिन पर रिपोर्ट के विभिन्न अध्यायों में चर्चा की गई।

मौजूदा अध्ययन के लिए, विभिन्न स्रोतों से प्राथमिक और सहायक आंकड़े एकत्र किए गए। मूल प्राथमिक आंकड़े निम्नलिखित पर आधारित थे:

– क्षेत्रीय भ्रमण
– विभिन्न स्टेक होल्डर के साथ चर्चा
– क्षेत्रीय विशेषज्ञों से साक्षात्कार

सहायक आंकड़े, अनुसंधान पत्रों, लेखों, पुस्तकों और प्रशासन में लेखकों के अपने अनुभवों से लिए गए।

तब और अब : सुधारात्मक कार्य योजना विकास के लिए तात्कालिक आवश्यकता

इससे पहले कि मैं अपनी बात खत्म करूं, मैं प्रथम पंचवर्षीय योजना अध्याय से निम्नलिखित उद्धृत करना चाहूँगा:

विकास की समस्या

पिछले चार या पांच दशकों में, भारत में काफी औद्योगिक विकास हुआ है, जिसके साथ शहरों और वाणिज्य का भी विस्तार हुआ है। बड़े-बड़े नगर और शहर बन गए हैं और परिवहन और संचार का भी अत्यधिक विकास हुआ है। शहर का अलग-थलग रहना अब खत्म हो चुका है और औसत नागरिक उस परिवेश से काफी अलग परिवेश में रहता है, जो पचास या साठ वर्ष पहले था। भारतीय उद्यम ने भी काफी प्रगति की है, और अब देश को आधुनिक व्यापार, उद्योग और वित्त के क्षेत्र में काफी अनुभव प्राप्त हो गया है। नए आर्थिक और सामाजिक संबंध सामने आए हैं, जिसके कारण अधिक तेजी से परिवर्तन की सामान्य इच्छा बढ़ी है। यह जारी है, परन्तु जो विकास हुआ है, उसे जब देश की आवश्यकताओं और संभावनाओं की दृष्टि से देखा जाता है, तो वह आंशिक और सीमित लगता है। औद्योगिकीकरण और आधुनिक तकनीकों के प्रयोग ने अर्थव्यवस्था के केवल सीमित क्षेत्रों को ही प्रभावित किया है। जनसंख्या का लगभग 70 प्रतिशत अभी भी कृषि पर निर्भर है और इस क्षेत्र की उत्पादकता अत्यधिक कम है। कृषि जोत का आकार धीरे-धीरे कम हो रहा है, सहायक संस्कृति और लघु उद्योग घट रहे हैं और ग्रामीण जनसंख्या, जो कुल जनसंख्या का 83 प्रतिशत है, लम्बी बेरोजगारी और निम्न आय से पीड़ित है। जनसंख्या, पिछले पचास वर्षों में पचास प्रतिशत से ज्यादा बढ़ गई है, परन्तु वैकल्पिक व्यवसायों की वृद्धि, ग्रामीण और शहरी, दोनों क्षेत्रों में इतनी नहीं हुई है, कि इस बढ़ती हुई जनसंख्या को उसमें रोजगार मिल सके। सीमित क्षेत्रों में, जिनमें विस्तार देखा गया है, उत्पादकता का स्तर और आय का स्तर

स्वाभाविक रूप से अधिक रहा है। परन्तु, पूरे समुदाय के रूप में, पिछले कुछ दशकों के आर्थिक विकास से जीवन के स्तर और रोजगार के अवसरों में कोई उन्नति नहीं हुई है और शायद इससे आय और धन की असमानता कुछ हद तक बढ़ी है।

एक विश्लेषण

यह जानकर आश्चर्य होगा कि उपरोक्त उद्धरण प्रथम पंचवर्षीय योजना दस्तावेज से लिया गया है। इसमें विकास की समस्या की बात की गई है। 50 वर्ष की विकासात्मक योजना के बाद, यही प्रश्न उठाया जा सकता है। बहुत सी दिशाओं में विकास और उन्नति हुई है, परन्तु वे क्षेत्र भी कम महत्वपूर्ण नहीं हैं, जिनमें संतोषजनक या अपेक्षित कार्य नहीं हुआ है। मेरा विचार आलोचना करने का नहीं है, बस मैं भूतकाल से सबक लेना चाहता हूँ और ऐसे विकल्प सामने रखना चाहता हूँ, जो क्षेत्र के अनुसार, लोगों की आशाओं, उनकी क्षमता और निर्णय लेने के स्तर के अनुसार बेहतर योजना प्रक्रिया को आसान बनाएं। यदि स्व-रोजगार विकल्प नहीं है या ग्रामीण क्षेत्र प्राथमिकता वाले क्षेत्र नहीं हैं, तो निश्चित रूप से इन कुछ प्रश्नों को सबके समक्ष रखा जाना चाहिए। स्व-रोजगार आकर्षक क्यों नहीं है? ग्रामीण क्षेत्र पर्याप्त रूप से आकर्षक क्यों नहीं है? यह कहने की आवश्यकता नहीं है कि 2002 में, 21वीं शताब्दी में बहुत से प्रश्नों को अनेक आयामों से देखा जाना चाहिए। राष्ट्रपिता ने 1909 में *हिंद स्वराज* समाचार में जैसा लिखा था, यह कुछ मूल प्रश्न प्रस्तुत करता है। यह हिंसा, सभ्यता, व्यवसायों, आयात-निर्यात, गांवों और जिन पर विचार किए जाने की आवश्यकता है, उनके संबंध में बहुत से प्रश्न प्रस्तुत करता है।

कुछ महत्वपूर्ण क्षेत्रों के संबंध में सभी नीति निर्माताओं और संबंधित ग्रुपों को पता है, परन्तु, हम किस प्रकार लम्बी अवधि तक उस पर सम्पूर्ण रूप से ध्यान दे सकते हैं? क्या समाजवाद और पूंजीवाद या मानवतावाद स्पष्टता और लघुता के कुछ मुद्दे प्रस्तुत करता है? क्या हमारे पास दीर्घकालिक विकास में मुद्दों को समझने के लिए ज्ञान का बेहतर स्तर है?

बजट और नीति बनाने की क्या भूमिका है? क्या बजट राज्य की प्राप्तियों और व्ययों का वार्षिक अभ्यास मात्र है? क्या बजट से संबंधित बहुत से अभ्यासों का नीति बनाने, विपणन, मॉनिटरिंग, निधियन, सहकर्मियों और विभिन्न विभागों के लिए स्रोत निर्धारित करने पर प्रभाव पड़ता है? क्या बजट में कभी अल्प प्रयोग में लाई गई संभावनाओं, मूलभूत ढांचों, नीतियों की कमजोरी, वास्तविक भारत के विकास के मुद्दों, आयात स्थानापन्न, अभिमुखीकरण, देश और क्षेत्रों की प्रतिभा के अनुकूल मानव स्रोत विकास आदि को ध्यान में रखा जाता है? संस्थानों की बहुत सी ऐसी छिपी हुई संभावित शक्तियां हैं, जिनका पता लगाना चाहिए। एक बार इनका पता लग जाता है, तो ये निवेश योग्य संभावित शक्तियाँ बन जाती हैं, फिर इन्हें कार्यों में बदल दिया जाना चाहिए अन्यथा ये आशंकापूर्ण निवेश

योग्य स्रोत बन जाएंगे। इसका अर्थ है कि लोगों, संस्थाओं, गैर-सरकारी संस्थानों, व्यवहारिक प्रशिक्षकों को सार्थक रूप से पूर्णतः उद्यमी पहल-कार्य विकसित करने में लगाया जाना चाहिए, जो क्षेत्रीय और स्थानीय हों। यह एक चुनौती है। क्या पैट्रोलियम उत्पादों के 81,000 करोड़ के आयात के लिए स्थानीय निकायों और उपयुक्त सहायक नीतियों में लगाने पर विचार किया जाना चाहिए? क्या स्थानापन्न स्रोतों के संरक्षण पर भी कुछ ध्यान दिया जाना चाहिए? इसका यह अर्थ नहीं है कि पेट्रोलियम उत्पादों के संरक्षण की संस्था को इस विषय पर एकमात्र प्राधिकार सम्पन्न संस्था बना दिया जाए। यह पंचायती राज संस्थानों द्वारा लोगों को शामिल करने का प्रश्न है, जिससे स्थानीय पहल कार्य को प्रोत्साहन द्वारा उपयुक्त स्वीकृति प्राप्त हो सके।

अन्य बात, जिस पर ध्यान दिए जाने की आवश्यकता है, वह दीर्घकालिक पहल करने और सततृता के लिए विभागवार और क्षेत्रवार सम्पर्क हैं। बुद्धिवादिता और विविधता हमें अभी तक अज्ञात या उपेक्षित या गैर-संगठित क्षेत्रों और गतिविधियों पर ध्यान देने के लिए मजबूर करती है। स्पष्टतः कहा जाए तो ग्रामीण क्षेत्रों की इस संबंध में हमेशा उपेक्षा की गई है कि उनमें यह क्षमता और विश्वास पैदा किया जाए जिससे कि वे अपनी समस्याओं का स्वयं हल कर सकें। बहुतों का विश्वास है कि उनकी वह क्षमता और विश्वास कम हो गया है, जिसने उन्हें समर्थ बना रखा था। ऐसा सरकार और उसके विभिन्न विभागों पर अत्यधिक निर्भर रहने के कारण हुआ है। यह खेद का विषय है कि क्षमता निर्माण और अभिमुखीकरण पर इतना धन व्यय करने के बावजूद, भारत सरकार के स्तर पर उपयुक्त नीति के परिवर्तित होने के कारण ये सभी प्रयास असफल हो रहे हैं। इसलिए प्रत्येक विभाग द्वारा ग्रामीण स्तर पर विश्वास जागृत करने और स्व-रोजगार की प्रक्रियाओं को किफायती आधार पर देखा जाना चाहिए। इसके लिए बैंकरों के साथ, पंचायतों, गैर-सरकारी संगठनों, सूचना प्रौद्योगिकीय कम्पनियों को, स्व-रोजगार के क्षेत्रों का पता लगाने और स्थानीय स्रोतों, जानकारियों और प्रौद्योगिकी के आधार पर पारिस्थितिकीय अनुकूलन ग्रामीण निवेश की प्रक्रिया और कार्यों में शामिल किया जाना चाहिए। यह एक कठिन कार्य है परन्तु समय और इसकी चुनौतियाँ हमें बाध्य करती हैं कि हम अभिमुखीकरण और ग्रामीण विश्वास जागृत करने की प्रक्रियाओं के उपेक्षित क्षेत्रों को देखें।

यहां बजट और संबंधित अभ्यास, प्रक्रिया को तेज कर सकता है, जिससे सभी संस्थाओं, संगठनों-व्यक्तियों और समाजों को पूर्णतः नए दृष्टिकोण से देखने के लिए प्रेरित और बाध्य किया जा सके। 1909 के *हिंद स्वराज्य* ने कुछ मूल प्रश्न प्रस्तुत किए थे, पर पुनः विचार किए जाने की आवश्यकता है। यदि इस देश की सभ्यता और अद्वितीयता को समझना है और भारत की अच्छाई बनाए रखने के लिए उपयुक्त नीतिगत परिवर्तन किए जाने हैं, तो इस चुनौती को स्वीकार करना होगा। इसी उद्देश्य से, विभिन्न नीति निर्माताओं, लोक नीति निर्माताओं, अध्यापकों, अनुभवी नागरिकों और उसूलों को आत्म निरीक्षण के

इस मिशन में शामिल होने के लिए प्रेरित किया जाए। दूसरों को यह सलाह देने से पहले कि क्या किया जाए, आत्म-शुद्धि और सभी के लाभ के लिए तत्काल सुधार किए जाने वाले क्षेत्र को देखना चाहिए। हमारी संस्थाओं को भविष्य में संगतता के क्षेत्रों का पता लगाने के लिए, आत्मनिरीक्षण प्रारम्भ कर देना चाहिए। यह एक चुनौती है और हम ईश्वर से प्रार्थना करते हैं कि वह हमें एक साथ मिलकर कार्य करने के लिए पर्याप्त ज्ञान, सहिष्णुता और एकता प्रदान करें जिससे निर्णय लेने की प्रक्रिया में उच्चतर स्तर की समझ और जानकारी हासिल हो। वास्तविकीकरण, समझ, निरीक्षण और अनुवर्ती कार्यवाही, शब्दों की व्यापकता, महानता एवं अर्थ और अधिक बढ़ जाएगा यदि एक बार यह प्रक्रिया शुरू कर दी जाती है और इसे व्यापक और विविध वर्ग के लिए बनाए रखा जाता है। इसलिए, ईश्वर हमें शक्ति दे कि हम अपने बुद्धिमत्ता पूर्ण आशयों को बनाए रखें और पंचायती राज सशक्तिकरण एवं आपदा प्रबंधन के संदर्भ में उपेक्षित क्षेत्रों का पता लगाने के लिए ज्ञान प्रदान करें, जिससे इतिहास हम पर हमारी आंखों के सामने जो कुछ हो रहा था, उसके प्रति गैर-व्यवसायिक होने, तटस्थ रहने, असंवेदनशीलता और कदाचार के आरोप न लगाए।

2

चर्चाएं, दौरे, विचार-मंथन और अप्राप्त कड़ियाँ

चर्चाएं एवं दौरे

व्यापक क्षेत्र तथा परस्पर बातचीत

इस अध्ययन के दौरान मुझे विविध तथा कई बार परस्पर विरोधी समूहों के साथ परस्पर बातचीत करने, उनके साथ रहने तथा उनसे साक्षात्कार करने का अवसर मिला। इनमें सेवानिवृत्त तथा सेवारत, रोजगार वाले तथा बेरोजगार, संगठित तथा असंगठित संस्थानों के, ग्रामीण तथा शहरी, विदेशी तथा देशी व्यवसाय करने वाले तथा शैक्षिक वर्ग, पुरुष एवं महिलाएं, शिक्षक एवं छात्र, शोषित तथा शोषक, कानून बनाने वाले एवं कानून तोड़ने वाले आदि लोग शामिल हैं।

न्यायमूर्ति गुमानमलजी लोढा, अध्यक्ष, भारतीय जीव-जंतु कल्याण बोर्ड ने जीव संपदा तथा पारम्परिक सुविज्ञता के प्रति विभिन्न अवसरों पर अपनी चिंता, अनुभव तथा दृष्टिकोण व्यक्त किया: स्व-रोजगार, ग्रामीण निवेश, जैविक खाद, स्वास्थ्य, भोजन, प्रशिक्षण, अनुसंधान एवं विकास, निधियन, नियति तथा अतीत, वर्तमान और भविष्य के संदर्भ सहित सभी विभागों तथा मंत्रालयों की भूमिका से संबंधित मामलों पर भी विचार किया गया।

सकल घरेलू उत्पाद, प्रति व्यक्ति आय, ग्रामीण औद्योगिकीकरण, ग्रामीण उपयोगी निवेश पर पुन: विचार करने की आवश्यकता पर तथा कार्य की समग्र आयोजना के एक भाग के रूप में प्रभावी एवं समय पर मॉनीटर करने के लिए नीतियों के सही सम्मिश्रण पर विचार किया गया। यहाँ सेवानिवृत्त सिविल एवं सैन्य अधिकारियों के साथ चर्चाएं काफी उपयोगी रही।

अनिवासी भारतीयों के सहयोग से तथा बैंकों से बड़ी निधियों को लगाकर स्व-रोजगार, ग्रामीण कार्यान्वयन योग्य योजना की अत्यावश्यकता के लिए सतत् मानव विकास की विभिन्न समस्याओं पर धैर्यपूर्वक एवं गंभीर रूप से विचार करने की आवश्यकता है।

सेवानिवृत्त सिविल एवं सैन्य अधिकारियों और उनके संगठनों के पास देने के लिए

जानकारी है और कई अप्राप्त कड़ियां (मिसिंग लिंक्स) हैं। सेवानिवृत्त होने के बाद, विशेषाधिकार न मिलने तथा बढ़िया सेवा ढाँचे में न रहने पर जिंदगी की कटु वास्तविकताओं से उनका परिचय आंखे खोल देने वाला है।

कई प्रशिक्षण, अनुसंधान, निधि, अनुदान वितरण तथा मॉनिटरिंग संस्थानों की भी कार्यकुशलता में कमी तथा उनका संगत न रह पाना चिंता का विषय बन गया है। कार्ययोजना कैसे तैयार की जाए कि स्वायत्तता एवं जिम्मेदारी से स्वचालित अनिवार्यताओं एवं बाजार से संचालित ढांचों के माध्यम से वे काम करने वाले तथ स्वावलंबी संस्थान बन सकें। ऐसे कई उदाहरण प्रस्तुत हैं जिनमें नीति तथा बजटीय सहायता से ऐसी स्थिति उत्पन्न की जाएगी जहां संस्थान सुस्ती हटाकर जीवंत बनेंगे। संगत और लागत प्रभावी बनकर नया जीवन प्राप्त करेंगे।

शासन की कंपार्टमेंटलाइज तथा आत्म केन्द्रित प्रणालियों को अपनाने से निम्नकोटि के कार्य निष्पादन और गैर जिम्मेदारी को बल मिला है। इसके अलावा, पारदर्शिता, व्यवहारिकता, अभिमुखीकरण तथा जन केन्द्रित योजनाओं के अग्रणी कार्यान्वयन से बेहतर परिणाम प्राप्त किए जा सकते हैं। आपदा प्रबंधन की बेहतर नीतियां बनाने के लिए यह अनिवार्य होगा।

पंचायतों को अपने कार्यों का प्रबंध करने देने तथा उन्हें वित्तीय, स्टाफ, बजट संबंधी तथा प्रोत्साहन पैकेज देने की संवैधानिक बाध्यता के लिए एक मानसिकता तथा सहयोगशील रुख अपेक्षित है। यहाँ कार्य करने वालों को पुरस्कृत किया जाना चाहिए, प्रोत्साहित किया जाना चाहिए और इसकी प्रतिकृति के लिए उपयुक्त नीति संबंधी वातावरण बनाया जाना चाहिए।

अधिक लचीलेपन,.जिम्मेदारी तथा स्वायत्तता से ग्राम स्तर पर अभिमुखीकरण संभव है। किंतु संवैधानिक बाध्यताओं का सशक्त ढंग से अनुसरण किया जाना चाहिए और इसका कार्यान्वयन किया जाना चाहिए। इसके लिए लॉबी प्रचार, विपणन-उन्मुख दृष्टिकोण, अंतर्राज्यीय परिषद जैसे मंचों में चर्चा के स्तर को बढ़ाना तथा अपेक्षित क्षेत्रों पर ध्यान देना अपेक्षित होगा।

राष्ट्रीय ग्रामीण विकास संस्थान का दौरा

हैदराबाद में राष्ट्रीय ग्रामीण विकास संस्थान के विभिन्न अधिकारियों, चैम्बर आफ कॉमर्स, बैंकर्स के साथ की गई विस्तृत चर्चा तथा मेरे अपने संबंध काफी उपयोगी रहे। इस अवधि में उठाए गए कुछ प्रश्न इस प्रकार हैं–

1. मैं क्या कर रहा हूँ?
2. मेरे मिशन का पहला कदम, कार्य क्या है और किस प्रयोजन के लिए है?
3. मेरी अगली कार्य योजना क्या है?

4. किस सीमा तक मैं अपने प्रश्न का उत्तर ढूंढने तथा तहकीकात करने में सफल रहा हूं?
5. उत्तर खोजने में मेरा सहयोगी कौन है तथा कुछ अन्य जिज्ञासु तथा खोजी व्यक्ति मेरे साथ कार्य कर सकते हैं—यदि हाँ तो कैसे, क्यों और वो कब तक मेरे साथ काम कर सकते हैं?
6. जनता तथा समुदाय अथवा पंचायत का सम्पूर्ण सशक्तिकरण के मुद्दों की अत्यधिक धैर्य, सत्यनिष्ठा एवं विश्लेषण सहित जाँच की जानी चाहिए। अति प्राचीन काल से हमारे ऋषियों और संतों ने इन प्रश्नों के उत्तर खोजने के लिए काफी समय लगाया। धर्म के लिए जीवन अथवा समाज के एक भाग के रूप में जीवन के लिए धर्म जैसे प्रश्न प्राय: चिंता का विषय रहे हैं। किंतु किस सीमा तक अलग-अलग रूप में (कंपार्टमेंटलाइज ढंग से) उत्तर खोजे जा सकते हैं। अध्ययन के एक भाग के रूप में डा. कमल टावरी किस प्रकार से अपने पिछले अनुभवों, वर्तमान की बाध्यताओं को बताएंगे और उन्हें सफलता के पैरामीटरों तथा कार्य की भावी योजना तैयार करने के लिए कार्य की भली प्रकार तैयार योजना से कैसे जोड़ेंगे? उनके अध्ययन एवं निष्कर्षों का भावी घटनाओं पर कोई प्रभाव पड़ेगा? क्या इससे समय और ऊर्जा की बर्बादी नहीं होगी? वास्तव में, उनके मिशन का कार्यान्वयन कम नहीं होगा? यदि जीवन का अर्थ वर्तमान को सुधारने के लिए निरंतर प्रयासरत रहना है तो हम अपनी उपलब्धियों और सीख को कैसे प्रचारित कर पाएंगे। क्या प्रभावी परीक्षण शक्ति के बिना कोई त्याग, धैर्य, परीक्षा, उपयोग और जीवन के सम्पूर्ण उद्देश्यों की बात कर सकता है? सम्पूर्ण मंथन की इस प्रक्रिया में आपदा को कैसे पुन: परिभाषित किया जा सकता है? क्या स्वभाव अथवा स्वयं के महत्व का पक्ष किसी की समझी-बूझी प्राथमिकताओं तथा जीवन के मिशन पर केन्द्रित करने के लिए बेहतर विकल्प दे सकता है? क्या मंजिल पर पहुंचने की अपेक्षा चलते रहना बेहतर है? परीक्षा, व्यवहार कौशल तथा पश्चाताप् के क्षेत्र कैसे सुख, दुख तथा मध्यम मार्ग के मुद्दों पर विचार कर सकते हैं?

उपर्युक्त कई प्रश्नों पर विभिन्न समय पर विभिन्न विशेषज्ञों के साथ चर्चा की गई। मेरे कुछ पुराने मित्रों, जो अब सेवानिवृत्त हो चुके हैं, ने भी जीवन के प्रति अपने बोध के बारे में बताया। पंचायतों और उसके सशक्तिकरण के मामले किसी भी दीर्घकालिक वैकल्पिक विकास अध्ययन में नियमित रूप से रखे गए हैं। विभिन्न समूहों द्वारा व्यक्त कुछ विचारों का सार निम्नलिखित ढंग से दिया जा सकता है।

1. व्यक्तियों द्वारा स्वेच्छा से सेवा करने की ही आवश्यकता नहीं है अपितु समुदाय

द्वारा भी स्वेच्छा से सेवा करने की आवश्यकता है जिससे जीवन को सार्थक बनाया जा सके और आपदाओं का धैर्य एवं बहादुरी से सामना किया जा सके।

2. पिछले समय को ध्यान में रखते हुए समुदाय को आपदाओं के क्षेत्रों को देखने और तदनुसार कार्य करने के लिए पूर्णत: एवं समग्र रूप से लैस होने की आवश्यकता है।
3. स्वावलंबन के क्षेत्रों, राज्य से सहायता, बाह्य-सहायता का उचित रूप से विश्लेषण किया जाना चाहिए। जहां आत्म-निर्भरता संभव है, उसको हमेशा सभी प्रोत्साहित करें।
4. आवश्यकताओं को कम करने की और सहज एवं सादा जीवन व्यतीत करने तथा जीवन की मूल आवश्यकताओं को पूरा करने के लिए सामान्य रास्ते अपनाने की आवश्यकता है। भीख मांगने की संकल्पना कभी भी समाज में विश्वास नहीं जगा सकती। अत: प्रभावी शिक्षा, आदर की भावना, स्थानीय संसाधनों का प्रयोग तथा बाह्य-निर्भरता के बिना प्रबंधन करने की मानसिकता से अंतत: जीवन वास्तव में समृद्ध, सम्पूर्ण, संतोषजनक बन सकेगा। किंतु क्या हमारा समाज इस प्रकार के लोकतंत्र, जिसकी हम आकांक्षा कर रहे हैं, के लिए वास्तव में परिपक्व हैं? शासन की प्रगति में बाधा डालने वाली संकल्पनाएं, आशा और आत्म-विश्वास उत्पन्न नहीं कर सकती। अत: सभी संसाधनों को, चाहे वे समाज के सरकारी अथवा निजी क्षेत्र मे हों, हमारे समय की चुनौतियों का प्रभावी रूप से सामना करने के लिए प्रेरित किया जाना चाहिए। जब प्रभावी आपदा प्रबंधन की बात आती है तो अवलोकन वित्त, आत्म-विश्वास उत्पन्न करने वाली प्रणालियों तथा हैदराबाद के आस-पास किए गए नवीन कार्यों सहित स्थानीय संसाधनों के चारों ओर केन्द्रित रहता है। मुझे डा. आर.के. शास्त्री तथा श्री थपलियाल जी द्वारा श्री नागशेषन और माधव राव के ग्राम सचिवालय पहलू के बारे में बताया गया था। प्रभावी रूप से नेतृत्व करके, इनमें से कुछ पंचायत नेताओं ने जिम्मेदारी, कमांड, पारदर्शिता और उस सबका अद्वितीय नमूना प्रस्तुत किया है जो शासन की इकाई को वास्तव में आत्म विश्वास जागृत करने में प्रेरक बनाता है। डा. ए.वी.एस. रेड्डी यह बताते हुए काफी मुखर थे कि सत्तारूढ़ दल ने राहत के नाम पर ड्रामा किया है। उन्होंने विश्व आपदा प्रबंधन में प्रकाशित अपनी उपलब्धियों को, जो उन्होंने श्री के. आर. शास्त्री के साथ मिलकर लिखी थी, के बारे में उल्लेख किया। ग्राम स्तर पर केवल, स्थानीय संसाधनों के अभिमुखीकरण तथा शांति पूर्ण समय में प्रशिक्षण से ही आपदा प्रबंधन का बेहतर नमूना प्रस्तुत किया जा सकता है। उन्होंने सामन्ती मानसिकता, असंवेदनशीलता, व्यापक रूप से फैली अज्ञानता की अत्यधिक आलोचना की जो लोगों को वास्तविकताओं का सामना करने में

अशक्त करती हैं। उन्होंने कहा कि क्षेत्र–वार योजना एवं जागरूकता के प्रसार से विशिष्ट दृष्टिकोण अपनाया जाए जिससे बुरे वक्त में संसाधनों का समुचित उपयोग किया जा सके। डा. थपलियाल इस समय आपदा प्रबंधन एवं ग्रामीण पुनर्निमाण केन्द्र के अध्यक्ष हैं। उनका योगदान और अनुभव अध्ययन के लिए बेहतरीन सामग्री है। यहां से शुरू होती है अच्छे गैर सरकारी संगठनों, अच्छे पंचायती राज नेताओं, अच्छे बैंकरों, प्रशिक्षकों, ग्रामीण नेताओं की भूमिका–जिस पर अभी चर्चा की जाएगी। सबसे बड़ी चिंता का विषय है–आधारभूत स्तर पर नेतृत्वहीनता। माननीय संसद सदस्यों, विधानसभा सदस्यों, दफ्तरशाही के टकराव से केन्द्रीकरण बढ़ा है और समस्याओं को सुलझाने के लिए विकेन्द्रीकृत क्षमता निर्माण की उपेक्षा हुई है। हैदराबाद में रिपोर्ट किए गए कुछ अन्य उत्कृष्ट कार्य करने वालों में निम्नलिखित लोग शामिल हैं–

(क) गुजरात में श्री मिहिर भट्ट
(ख) प्रिया राजेश टंडन

जहां भी अच्छा कार्य किया गया है, मैंने उसका पर्यवेक्षण किया और नीतिगत समर्थन के मामलों को ढूंढा।

हैदराबाद दौरे में मैंने कुछ ग्रामीण क्षेत्रों के आपदा प्रबंधन का अध्ययन किया। क्षेत्र की वास्तविक समस्याओं, खराब शासन की समस्याओं, अत्यधिक जनसंख्या और जीवन प्रणालियों की गुणवत्ता का निर्धारण करने पर चर्चा की गई। असंगठित समाज को संगठित होने की तथा राष्ट्रीय पुनर्निमाण आंदोलन के लिए अपने आपको तैयार करने की सीमाओं से पता चलता है कि काफी कुछ विचार किए जाने के लिए शेष रह गया है।

इंडिया इंटरनेशनल सेंटर में एक दिन

इंडिया इंटरनेशनल सेंटर में चर्चा काफी रोचक रही, जहां प्रोफेसर कपूर और श्री सतीश चन्द्र ने हमारे समाज का निम्न प्रकार से विश्लेषण किया। प्रस्तुतीकरण एवं प्रश्नों से जो महत्वपूर्ण बातें सामने आईं, वे निम्नलिखित हैं–

(क) पूरे विश्व में विद्रोह करना अच्छा है।
(ख) पुनःस्थितियन तथा स्वयं को गंभीरता से लेने की आवश्यकता है।
(ग) उच्च प्रभाव डालने वाली घटनाओं की हमेशा प्राथमिकता पुनः निर्धारित की जानी चाहिए।
(घ) ज्यादा बातें और कम काम से काम नहीं चलेगा।

(ङ) संयुक्त राष्ट्र संघ बातों का कारखाना है और कोई भी हमलावर प्रभाव डालकर लाभ उठा ले जाता है।

(च) हमें अपने आपको बदलना होगा और पुनः विचार करना होगा—वैयक्तिक रूप से भी और संगठित रूप से भी।

श्री सतीश चंद्र ने अनिश्चितताओं, शक्ति की विषमताओं, सामाजिक, विधिक एवं सार्थक परिवर्तनों की बाध्यताएं, सभी को प्रभावित करने वाली आपदाएं, कमजोर का उत्पीड़न, स्वायत्तता का ह्रास, चुनौती के रूप में उभरता चीन, समग्र परिप्रेक्ष्य के एक भाग के रूप में भारत के अस्थिरीकरण की संभावना के बारे में उल्लेख किया तथा बेहतर शासन और दृष्टिकोण संबंधी सुधारों की अनिवार्यताओं के बारे में बताया।

इस पूरे दिन की गहन चिंतन में प्रचार माध्यमों की भूमिका, सही बोध, क्षमता, उपयोग किए गए संसाधन, शासन के मसले, वित्त पोषण, कार्यान्वयन नीतियों तथा व्यावसायिकता की आवश्यकता पर विशेष ध्यान दिया गया। चर्चा से उत्पन्न अन्य मसले इस प्रकार हैं—

1. पंचायती राज के लिए पृथक मंत्रालय।
2. पुरस्कारों एवं प्रोत्साहनों की प्रणालियां।
3. बैंक ग्राह्यता एवं ऋण जमा अनुपातों की ओर ध्यान देना।
4. बाजारोन्मुख बाध्यताएं।
5. 29 विषयों का अभिमुखीकरण तथा दीर्घकालीन उत्तर प्राप्त करने के लिए शासन की विकेन्द्रीकृत प्रणालियों का प्रयोग करके निरक्षरता एवं अत्यधिक जनसंख्या के मामलों को सक्षम रूप से परिभाषित करने की आवश्यकता है।

पी.आर.आई.ए. ने समानांतर नियमों एवं पंचायती राज संस्थानों-राज्यों के अनुभवों पर एक सेमिनार आयोजित किया। वरिष्ठ सेवानिवृत्त आई.ए.एस. अधिकारी श्री एन.सी सक्सेना ने विचारार्थ निम्नलिखित मुद्दों का उल्लेख किया।

1. पंचायती राज संस्थानों को कोई खास अवसर नहीं दिया गया है।
2. ब्लाक आयोजन समिति की भूमिकाएं खराब रही हैं।
3. अनुरक्षण की संस्कृति की उपेक्षा की गई है।
4. तत्काल चिंता के विषयों को प्राथमिकता मिली है।
5. बैंकों की आवृत्ति से संबंधित बात, नेतृत्व की गुणवत्ता, पारदर्शिता, साक्षरता तथा असंवेदनशीलता सहित मतभेद।

नोट: 29 विषयों का सारांश अध्याय 5 के अन्त में दिया गया है।

6. लेखा परीक्षा एवं नेतृत्व के मामलों सहित वाद-विवाद की गुणवत्ता तथा समय पर धन देना।
7. नेतृत्व क्षमता का ठीक से उपयोग न कर पाना।
8. उच्च स्तर से कोई नीति-सहायता नहीं।
9. व्यावसायिकों की भूमिका की उपेक्षा की गई।

पी.आर.आई.ए. ने ग्राम-स्वराज के संबंध में सराहनीय कार्य किया और आगे कार्य करने के लिए लॉबी बनाई। उनके कुछ सुझावों का, आपदाओं का सामना करने के लिए लोगों में क्षमता के विकास पर सीधा प्रभाव पड़ा है। उन्होंने सक्रिय समन्वयन एवं सफलता के पैरामीटरों की पुनः परिभाषा सहित पंचायत को सशक्त बनाने के गंभीर विषय की जोरदार मांग की। पंचायती राज को सशक्त बनाने के नियमों में परिवर्तन किया गया है और शासन के निम्न स्तर की संस्था को अत्यधिक शक्तिशाली केन्द्र बनाने के लिए नीतिगत समर्थन दिया जाए।

भारतीय लोक प्रशासन संस्थान (आई.आई.पी.ए.) के पुस्तकालय में विभिन्न साहित्यिक दस्तावेज एवं रिपोर्ट प्राप्त हुई हैं। ये पंचायतों को अधिकार देने के कारक में वृद्धि करेंगी। कॉरपोरेट सैक्टर के क्षेत्र में ऐसोशिएट चैम्बर ऑफ कामर्स एंड इंडस्ट्री ऑफ इंडिया ने *ऐक्सेलरेटिंग सोशियो-इकोनॉमिक रूरल डेवलपमेंट* नामक बुकलेट भी निकाली है। 1991 के प्रकाशन में केस अध्ययन की विस्तृत प्रस्तुतीकरण के बाद निम्नलिखित नीति-निर्धारण एवं कार्यान्वयन के बारे में बताया गया है।

लक्ष्य एवं उद्देश्य

पर्यावरणीय संदर्भ

- समुदाय के भीतर जात-पांत के आधार पर खंडित समूह।
- विकास प्रक्रियाओं सहित समूहों की बदलती हुई आवश्यकताएं तथा आकांक्षाएं।

वांछनीय उद्देश्य

- संसाधन की आवश्यकताओं एवं पर्यावरणीय वास्तविकताओं का मूल्यांकन
- कार्यक्रम एवं एजेंसी कार्मिकों की विश्वसनीयता।

विशेष प्रबंधन कार्य

- कार्यक्रमों एवं एजेंसी की विश्वसनीयता को सुनिश्चित करते हुए प्रबंधन योग्य केन्द्रित एवं कम जोखिम वाले प्रारम्भिक प्वाइंट।

– लाभभोगी समूहों की महसूस की जाने वाली समस्याओं के अनुकूल कार्यक्रम।
– सामाजिक आर्थिक एवं सांस्कृतिक क्षेत्रों को शामिल करने के लिए अन्य कार्यक्रमों की बढ़ोतरी।
– अधिशेष सर्जन के अनुरूप मांग को प्रवृत्त करना।
– लक्ष्यों एवं उद्देश्यों के बीच क्रमवार अनुरुपता सुनिश्चित करना।

संसाधन आधिग्रहण आवंटन

पर्यावरणीय संदर्भ

– पूरी तरह उपयोग न किए गए संसाधनों एवं कौशलों का पूरक न होना तथा/अथवा अपर्याप्तता (गुणवत्ता/मात्रा)।

वांछनीय उद्देश्य

– पर्याप्त एवं अनुपूरक का अधिग्रहण।
– एजेंसी एवं लाभभोगी प्राथमिकताओं के लिए संसाधनों का समान आवंटन।

विशेष प्रबंधन कार्य

– विभिन्न स्रोतों–संस्थागत और साथ ही साथ स्थानीय समुदाय से पूरक संसाधनों (वित्तीय, संगठनात्मक एवं तकनीकी) का उपयोग करना।

विपणन संभावना

पर्यावरणीय संदर्भ में

– समुदाय के भीतर जात-पांत के आधार पर अलग-अलग समूह।
– समय के अनुसार बदलते लाभभोगी समूह के प्रोफाइल।

वांछनीय उद्देश्य

– लाभभोगी समूह की संबद्धता को सुनिश्चित करना है तथा विकास प्रक्रिया की वचनबद्धता के साथ समय के अनुसार उसे मजबूत बनाना है।
– विरोधी प्रतिकूल तत्वों को निष्प्रभावित करता है तथा/अथवा उनसे बचाव करता है।

विशेष प्रबंधन कार्य

– सामाजिक-आर्थिक आवश्यकताओं, हितों एवं आकांक्षाओं में लाभभोगी समूहों की एकरूपता को सुनिश्चित करना।

कोऑलिशन बिल्डिंग

पर्यावरणीय संदर्भ

– आर्थिक संबंधों में संस्थागत तंत्रों को शामिल नहीं एवं लाभभोगी समूहों को उन्हें प्रयोग करने की असमर्थता, यदि उपलब्ध हों।
– लाभभोगी समूह समुपयोजन दबावों के अधीन।

वांछनीय उद्देश्य

– लाभभोगी समूहों की समस्या सुलझाने की क्षमता को बढ़ाने के लिए उनकी संबद्धता सुनिश्चित करना।
– एजेंसी तथा लाभकारी कार्यों के लिए संसाधनों का समान आवंटन तथ इष्टतम उपयोग।

विशेष प्रबंध कार्य

– संस्थागत सम्मेलन: प्रयासों एवं संसाधनों को पूरक बनाने के लिए अन्य संस्थानों के साथ संबंध स्थापित करना।
– सामाजिक सम्मेलन: समूहों को एकत्र करना तथा अंतर समूहों में परस्पर विनिमय करना।

जोखिम प्रबंधन हिस्सेदारी

पर्यावरणीय संदर्भ

"एजेंसी—ए डोनर" आश्रितोन्मुखी बोध।
"एजेंसी—ए डुअर" असम्बद्ध या शामिल न होने का रुख।
– समाज का बड़ा हिस्सा गरीबी की चपेट में है और उसका जोखिम उठाने की क्षमता कम है।

वांछनीय उद्देश्य

- स्वयंसेवा की संकल्पना को उद्‌घाटित करना।
- जोखिम उठाने के माध्यम से वचनबद्धता में वृद्धि।

विशेष प्रबंधन कार्य

- लाभभोगी समूह का योगदान तथा जोखिम उठाने में सहयोग।

श्री डी.एस. गुप्ता (आई.ए.एस.) के साथ चर्चा

श्री डी.एस. गुप्ता (आई.ए.एस.) एवं रूरल डेवलपमेंट सिस्टम्स—पालिसी इश्यूज इंस्टीट्यूशनल डेवलपमेंट एवं मैनेजमेंट ऑफ रूरल डेवलपमेंट—के साथ चर्चा उत्साहपूर्ण और अनुकूल रही। श्री गुप्ता पहले एन.आई.आर.डी. में काम कर चुके हैं तथा उन्होंने ग्रामीण योजनाओं, ग्रामीण प्रबंधन प्रणालियों के लिए प्रभावी नेतृत्व किया है तथा सिस्टम्स एप्रोच के साथ उन्होंने हार्डवेयर एवं सॉफ्टवेयर तथा पंचायती राज संस्थानों का क्षमता निर्माण किस प्रकार किया जा सकता है, इसके बारे में "पैरडाइम शिफ्ट" की आवश्यकता पर सिफारिशें प्रस्तुत की। श्री गुप्ता का पंचायत की क्षमता में दृढ़ विश्वास है और यह विश्वास न केवल ग्रामीण विकास कार्यक्रम की प्रबंधन में अपितु आपदाओं का सामना करने के लिए क्षमता निर्माण सामग्री प्रदान करने में भी है। उन्होंने स्पष्टता और निर्भीकता से नीति बनाने, कार्यक्रम डिजाइन, आयोजना, सुपुर्दगी प्रणालियों, पी.आर.आई. प्रबंधन, मूल्यांकन एवं फीडबैक आदि के संबंध में विस्तार से बताया।

उनके साथ हुई चर्चा में आगे जांच के लिए निम्नलिखित मामले सामने आए—

1. ग्रामीण क्षेत्रों के मानव संसाधन विकास को कैसे बढ़ाया जा सकता है?
2. स्व-रोजगार विस्तार प्रणाली विकास की भूमिका क्या होगी?
3. मौजूदा आधारभूत संरचना तथा लोगों की उद्यमशीलता को अभिमुखी कैसे किया जा सकता है?
4. ग्रामीणों को सक्रियता, जन जागरूकता तथा व्यावसायिक सेवाओं के मामलों पर बैंक ग्राह्य एवं व्यवहार्य परियोजनाओं के साथ कैसे कार्य किया जाएगा?
5. 29 विषयों में सरकारी विस्तार प्रणालियों के गुणवत्ता, लागत तथा सार्थकता के पहलू को सेवा प्रदान करने की बेहतर, पारदर्शी तथा अधिक उपयोग प्रणाली से कैसे स्थापित किया जा सकता है?
6. ज्ञान आधारित अर्थव्यवस्था अथवा अभिमुखीकरण, अनुकूल एवं विश्वसनीय डाटा की आई.टी. आधारित क्षमता, संस्थागत सहायता, काम करने का बेहतर

वातावरण तथा सेवा प्रदान करने की बढ़ाई गई क्षमता को कैसे विकसित किया जा सकता है?

7. गरीबी के पीछे मूल समस्याएं अथवा कारक, समग्र विश्लेषण की आवश्यकता प्रबंधकीय क्षमताओं का निर्माण तथा ग्रामीण क्षेत्रों में दीर्घकालीन वित्त के प्रवाह को बढ़ाने के मुद्दों को आत्मनिर्भर व्यवसाय तथा रोजगार प्रदान करने की प्रक्रिया के रूप में कैसे विकसित किया जा सकता है।

प्रशिक्षण अनुसंधान, प्रशासनिक सुधारों आदि, ग्रामीण विकास के विषयों के अनुभवों को बताने में हर्ष का अनुभव हो रहा है। यह तथ्य है कि ग्रामीण विकास तथा क्रियाशीलता कार्यक्रमों के प्रबंधन में अत्यधिक अक्षमता पाई गई है। उन्होंने पिछले फील्ड सर्वेक्षण की निम्नलिखित उपलब्धियाँ प्रस्तुत की–

– कार्यक्रमों की योजना और कार्यान्वयन में व्यक्तियों की भागीदारी की कमी।
– विभिन्न कार्यक्रमों के लिए ब्लॉक एवं ग्रामीण स्तरों पर अपूर्ण योजना और स्कीम।
– खराब सुपुर्दगी तंत्र के कारण कार्यक्रमों का अप्रभावी कार्यान्वयन।
– संरचनात्मक और संगठनात्मक समर्थन की कमी के कारण पी.आर.आई. की निम्न क्षमताएं, जन सम्पर्क पदाधिकारियों की क्षमता में कमी और अपर्याप्त स्रोत।
– लोगों के लिए संरचनात्मक और संगठनात्मक समर्थन की कमी के कारण, स्थिर जीविका हेतु आर्थिक अवसरों में कमी, जन सम्पर्क पदाधिकारियों की क्षमता का कम होना और अपर्याप्त स्रोत।
– संरचना (जैसे सिंचाई, संचार विपणन नेटवर्क) और मानव क्षमताओं (ज्ञान और कार्य संबंधी कौशलों) की कमी के कारण, वे अपनी सामर्थ्य को बढ़ा नहीं पाते हैं और इसका गरीब लोगों में अपनी आय को बढ़ाने की क्षमता पर प्रभाव पड़ता है।
– साहित्य पढ़ने पर, जून 1993 का *कुरूक्षेत्र* का 'मेकिंग पीपुल्स पार्टिसिपेशन इन रूरल डेवलपमेंट : ए रियल्टी थ्रू कंस्टीट्यूशन" (73वें एमेंडमेंट) एक्ट, 1992 नामक लेख और भूतपूर्व केन्द्रीय केबिनेट सचिव श्री निर्मल मुखर्जी का 'मेकिंग थर्ड स्ट्रेट्स वारब्रेंट डायनेमिक" नामक लेख पढ़ने पर, निम्नलिखित बातें हमें विशेष रुचि की लगी–

"राष्ट्रीय जीवन की सरिता के किनारों पर अत्यधिक सकेन्द्रित हमारा राष्ट्र भारत है, जिसमें केन्द्र में शासकीय भद्रलोग और कुछ तथाकथित राजनैतिक दल हैं" ये स्वयंभू (मुख्यधार) हैं जो कांटों को अपने में जुड़ने के लिए उकसाते नहीं थकते।

> नदी के दूसरे किनारों पर भारत के आम लोग हैं, उनमें ऐसे असंख्य वर्ग हैं, जो हमें विविधता सम्पन्न बनाते हैं। स्पष्टत: इन दोनों किनारों को जोड़ने के लिए सेतु होना चाहिए, परन्तु नदी चौड़ी है और इसके लिए बहुत सी सीढ़ियों की आवश्यकता है। जिन्होंने संविधान लिखा, उन्होंने केन्द्र को मध्य भाग से जोड़ते हुए केवल एक सीढ़ी बनाई, जहां राज्यों का समूह था, इससे आगे की यात्रा को नौकरशाही की नौकाओं पर छोड़ दिया गया। यह पहली सीढ़ी, दुरुपयोग के कारण बुरी तरह क्षतिग्रस्त हो गई है, भारत राष्ट्र एवं किनारों पर, जो दूसरे किनारों के लोगों की पहुंच से बाहर है। इस सीढ़ी की मरम्मत किए बिना, 73वें संशोधन ने राज्यों और लोगों के बीच के हिस्से पर निर्माण प्रारंभ कर दिया है। परियोजना का आशय अच्छा है, परन्तु यह ठीक नहीं है। पूरी नदी को ही सेतु की आवश्यकता होती है, न कि इसके किसी एक हिस्से को।"

सामाजिक कार्य और सहभागी संगठनों के लिए चर्च के सहयोगियों द्वारा आयोजित स्वैच्छिक संगठनों के राष्ट्रीय अधिवेशन–"भागीदारी द्वारा चुनौतियाँ" की बैठक के साहित्य के अध्ययन से, गरीबी, जनसंख्या, संवेदनशीलता, समुदाय आधारित पहल कार्यों द्वारा आपदा का शमन आदि की चुनौतियों का सामना करने के लिए विभिन्न दृष्टिकोण सामने आए। स्वैच्छिक संगठनों की भूमिका को भी प्रभावी रूप से उजागर किया गया है।

भारतीय लोक प्रशासन संस्थान में श्री हलाल के साथ चर्चा

श्री हलाल, डा. एम.सी. गुप्ता, श्री जुनेजा, न्यायमूर्ति वेंकटचलैया और श्री वी.सी. माथुर के साथ चर्चा हुई। श्री हलाल ने आज के जटिल संसार का सामना करने के लिए शासन में व्यापारिक संकल्पना की आवश्यकता का उल्लेख किया। राज्य के कार्यों, मानसिकता, परिवर्तन अनिवार्यता, टी.क्यू.एम. और जवाबदेही को परिभाषित करते हुए, सरकार की संरचनाओं में गति की आवश्यकता पर बात की। न्यायमूर्ति वेंकटचलैया ने प्रभावी शासन पर बल दिया और सच बोलने की आवश्यकता और क्षमता के बारे में उल्लेख किया। समाज में परिवर्तन करने, कानून को बदलने, विकल्पों का अध्ययन करने और मौजूदा समय से संबंधित सीख को लेखबद्ध करने के लिए सभी कदम उठाने के लिए समाज को किस प्रकार तैयार किया जाए। तेजी से बदलते समाज में, मानव विकास के सभी पक्षों पर विशेष ध्यान दिया जाना चाहिए। अन्य ने विपणन अपर्याप्तता, भूमंडलीकरण और आत्म-निर्भरता, मजबूत और कमजोर कड़ियां और विपणन ज्ञान द्वारा गरीबी कम करने की बेहतर संस्था के रूप में विपणन अध्ययन के अन्य पक्षों को उजागर किया। संक्षेप में, मैंने स्थानीय क्षमता के, स्थानीय शासन, स्थानीय विश्वसनीयता, स्वशासन, जिन्हें जानकारी से चल रही अर्थव्यवस्था का समर्थन प्राप्त हो, के मुद्दों को उठाया। चूंकि, बातचीत करने से ज्ञान बढ़ता

है, इसलिए सुग्राह्यता, उच्च स्तरीय सम्मेलनों, वैज्ञानिक परीक्षण और संपूर्णता के बेहतर विश्लेषणों की आवश्यकता है। श्री हलाल ने मक्खियों और शासन के उनके तंत्रों से सीखने की आवश्यकता के संबंध में उल्लेख किया। इस प्रकार, भारतीय मानवीय स्रोतों, साधारण लोगों की उपलब्धियों, सकारात्मकता की अत्यधिक संभावनाओं को बढ़ाया जा सकता है और इन्हें सबके कल्याण के लिए प्रयोग किया जा सकता है। न्यायमूर्ति वेंकटचलैया ने सच्चाई और वास्तविकता के मुद्दों को स्पष्ट रूप से और निडरता से उठाया। ज्ञान साधनों के योगदान और पुराने विचार के मुद्दों ने मुझे नए दृष्टिकोण और विचार प्रदान किए।

भारतीय लोक प्रशासन संस्थान में प्रस्तुति

भारतीय लोक प्रशासन संस्थान में मेरी प्रस्तुति के दौरान विभिन्न लोगों द्वारा उठाए गए मुद्दे—

1. पिछले अनुभवों के क्षेत्रों पर विचार किया जाए।
2. आधात प्रबंधन के क्षेत्र को विकसित किए जाने की आवश्यकता।
3. समुदाय और पंचायत को प्रभावी रूप से शामिल करके ही शासकों (प्लेअर) के दोहरापन को खत्म किया जा सकता है और स्कीमों का अनुसरण किया जा सकता है।
4. संसाधनों को एकत्रित करना होगा।
5. लोगों को स्वयं इस बात पर जोर देना होगा और देखना होगा कि किस प्रकार सबसे अच्छी तरह से आपदा प्रबंधन को विकास प्रबंधन तंत्र में बदला जा सकता है।
6. आंतरिक प्रत्युत्तर तंत्र को सभी तरह से मजबूत किया जाना चाहिए।
7. बाह्य स्वास्थ्य की सीमा को सभी को मानना चाहिए। इस प्रकार स्व-शासन में 29 विषय प्रभावी तरीके हो सकते हैं।
8. आपदा प्रबंधन अधिनियम का प्रस्ताव किया गया है। सभी स्थानीय निकायों को और अधिक शामिल किया जाएगा और उनकी दक्षता को इष्टतम स्तर तक पहुंचने का अवसर दिया जाना चाहिए।

श्री गिरी, कर्नल कृष्णामूर्ति, श्री नायक, श्री रंजन, श्री विनोद शर्मा, श्री अनिल सिन्हा द्वारा उठाए गए मुद्दों का सारांश (कर्नल कृष्णामूर्ति का विस्तृत पर्चा संलग्न है)।

श्री विनोद शर्मा के विचार

1. सभी क्षमता निर्माण प्रक्रियाओं में पंचायती राज को शामिल किए जाने की आवश्यकता है।

2. यह फैशन से कार्य की ओर बदलाव करके ही किया जा सकता है।
3. प्रत्येक गांव को कार्य बल वाला केन्द्र बनाना होगा।
4. आपदा और विकास को स्व-समर्थन के आधार पर विकसित किए जाने की आवश्यकता है।
5. गांव और क्षेत्र स्तर पर स्वयं सेवकों के कैडर आपदा को कम करने और संवेदनशीलता का पता लगाने में सहायता कर सकता है।
6. स्थानीय क्षेत्रों में दानकर्ताओं की सूची अद्यतन की जानी चाहिए।
7. बाध्यता का दृष्टिकोण—एक एक पैसे का उपयुक्त प्रयोग।
8. सक्रिय कार्यक्रमों के अभिनिर्धारण की आवश्यकता।
9. पंचायतों द्वारा सेवानिवृत्त विशेषज्ञ लोगों को शामिल करना।
10. ऐसी विविध संस्थाओं से संपर्क, जिनके बाह्य स्रोत हैं, ताकि कार्यक्रम सार्थक आधार पर केन्द्रित किए जा सके।
11. सफल मामलों का दस्तावेजीकरण किए जाने की आवश्यकता है।
12. आपदा संभावित क्षेत्रों, राज्यों, समुदायों को उचित प्रकार से संगठित किए जाने की आवश्यकता है।
13. स्थानीय लोगों की सामर्थ्य के मुद्दों और स्थानीय भाषाओं को लोकप्रिय बनाया जाए।
14. स्थानीय नेताओं, स्थानीय रिपोर्टरों और स्थानीय संरचना की भूमिका को बताया जाए।
15. संयुक्त राष्ट्र एजेंसियां, केन्द्र सरकार, राज्य सरकारों आदि की नीतियों का अनुसरण किया जाए और लोगों को उनकी सामर्थ्य जानने योग्य बनाया जाए।
16. ऐसे सभी लोगों को जो जानकार है, शामिल करके अंतर्राज्यीय परिषद की भूमिका अभिनिर्धारित करने की आवश्यकता है।
17. स्थानीय स्रोतों के विचारों को सभी विकास प्रक्रियाओं में महत्वपूर्ण स्थान मिलना चाहिए, जिससे बाहरी व्यक्तियों पर निर्भरता कम हो जाए।
18. अगला क्या और सर्वोत्तम कैसे के प्रश्नों पर निरंतर विचार किया जाना चाहिए और उन्हें दोहराया जाना चाहिए।
19. आपदा का शमन करने और तेज विकास के लिए, आध्यात्मिक संस्थाओं, सूचना प्रौद्योगिकी और शैक्षणिक संस्थाओं की भूमिका को अधिक प्रभावी ढंग से प्रेरित किया जाना चाहिए।

राष्ट्रीय आपदा प्रबंधन केन्द्र से संबद्ध श्री सत्येन्द्र के साथ चर्चा

अध्ययन अवकाश पर उनका विषय आपदा शमन के लिए सतत् ग्रामीण विकास है। वे

अपने अध्ययन अवकाश के दौरान निम्न पहलुओं का अध्ययन कर रहे हैं–

1. देश में, विशेषकर ग्रामीण क्षेत्रों में आपदा की गंभीरता।
2. राष्ट्रीय और मानव प्रेरित आपदा से ग्रामीण समाज की संवेदनशीलता।
3. ग्रामीण समाज की बढ़ी हुई संवेदनशीलता के कारण–
   (क) प्राकृतिक कारण
   (ख) मानव प्रेरित कारण
4. आपदा प्रबंधन में मौजूदा परिप्रेक्ष्य और इसके प्रभाव।
5. मौजूदा तंत्र की कमियां, कमजोरियां।
6. इस क्षेत्र में ऐसे अवसर, जिन पर और अनुसंधान, विश्लेषण और कार्य योजना के विकास की आवश्यकता है।
7. विकास और आपदा प्रबंधन के बीच संबंध।
8. किस प्रकार सतत् ग्रामीण विकास, ग्रामीण क्षेत्रों में आपदाओं का शमन करेगा।

डा. सत्येन्द्र ग्रामीण विकास और वन प्रबंधन क्षेत्र पर लम्बे समय से कार्य कर रहे हैं। उन्होंने आपदा प्रबंधन पर विशेष प्रोजेक्ट के साथ एम.बी.ए. पूरा किया है। ग्रामीण विकास मंत्रालय में कार्यकाल के दौरान उन्होंने अपने कौशल को बढ़ाया ताकि गरीबी उन्मूलन और सतत् एवं पारिस्थितिकीय अनुकूल ग्रामीण विकास के लिए अर्जित ज्ञान और अनुभव का प्रयोग किया जा सके। वे उन केन्द्रीय दलों के भी सक्रिय सदस्य रहे, जो देश के विभिन्न भागों के आपदा प्रभावित क्षेत्रों में गए। उन्होंने, बहुत से अनुसंधान पत्र, लेख और पुस्तकें प्रकाशित कीं जो बेहतर आपदा प्रबंधन नीतियों के मुद्दों पर बहुमुखी तरीके से प्रकाश डालती हैं।

मैंने अपने अध्ययन अर्थात संविधान के 73वें और 74वें संशोधनों पर विशेष ध्यान देते हुए आपदा प्रबंधन एवं पंचायती राज सशक्तिकरण के मुद्दों पर चर्चा की। यह देखने योग्य है कि 1992 संशोधन को पूरे क्षेत्र में ग्रामीण लोगों को सशक्तिकरण पर कैसा प्रभाव पड़ा है। अपने अध्ययन के भाग के रूप में डा. सत्येन्द्र द्वारा उल्लिखित ग्रामीण विकास की संकल्पना तथा अन्य क्षेत्र और अधिक विचार मंथन एवं अन्वेषण करने के लिए निम्नलिखित मुद्दों को प्रस्तुत करते हैं।

1. यदि हम *डिजास्टर मैनेजमेंट इन दि हिल्स* नामक उनकी पुस्तक में उल्लिखित आपदा की परिभाषा स्वीकार करें–

"डिजास्टर" शब्द की उत्पत्ति फ्रांसीसी भाषा के शब्द डिजास्टर से हुई है, जो डेज और *अस्टर* से मिलकर बना है। डेज शब्द का अर्थ है बुरा और *अस्टर* का अर्थ है सितारा। इस प्रकार डिजास्टर का अर्थ है बुरा या खराब सितारा। प्राचीन काल में डिजास्टर को कुछ प्रतिकूल सितारों का परिणाम माना जाता था।

आदर्श रूप में, डिजास्टर को एक ऐसी घटना के रूप में परिभाषित किया जा सकता है, जो किसी एक समय और स्थान पर केन्द्रित हो, जिससे समाज को खतरा हो या समाज में किसी स्वावलंबी उपप्रभाव को ऐसी सावधानी न बरतने के कारण अत्यधिक अनचाही घटनाओं का सामना करना पड़े, जिन्हें पहले सांस्कृतिक रूप से पर्याप्त माना गया हो (टर्नर, 1976)।

आपदाएं ऐसी उग्र घटनाएं हैं, जो जीवन और संपत्ति को अत्यधिक क्षति पहुंचाती हैं। वे सामान्य जीवन और विकास की प्रक्रिया को गंभीर खतरा पहुंचाती हैं और इससे अचानक हिंसा, क्षत-विक्षत शव, नष्ट होते जीवन और ढहते मकान तथा परिवार बिछुड़ने के दृश्य सामने आते हैं। प्राकृतिक आपदा, जो अकस्मात और शक्तिशाली होती है, राष्ट्रीय अर्थव्यवस्था को क्षतिग्रस्त करती है और जनसंख्या के बड़े भाग के लिए कठिनाइयां पैदा करती हैं। वे अधिकांश राष्ट्रों के लिए अकेले ही चिन्ता का बड़ा विषय बन जाती हैं, क्योंकि ये मानव जीवन को अत्यधिक प्रभावित करती हैं, सामान और इमारतों को नष्ट कर देती हैं और इनसे समुदायों को आर्थिक और सामाजिक दूरगामी परिणाम भुगतने पड़ते हैं। इस प्रकार मानव जीवन पर आपदाओं का प्रभाव बहुमुखी होता है, यह इसके सभी पक्षों—घरेलू, सामाजिक, आर्थिक आदि को प्रभावित करता है।

चर्चा के दौरान यह बात सामने आई कि यह पता लगाए जाने की आवश्यकता है कि किस प्रकार आपदा की समग्र प्रकृति को प्रभावी रूप से रोका जा सकता है। चर्चा के दौरान पुराने साहित्य में *पर्यावरण संरक्षण* नामक नंजला राठौर द्वारा लिखित और डीसेंट बुक्स, नई दिल्ली द्वारा प्रकाशित पुस्तक का संदर्भ दिया गया। यह पुस्तक पर्यावरण संरक्षण, पृथ्वी के प्रति आदरभाव और दिन-प्रति-दिन की जीवन शैली तथा दृष्टिकोण किस प्रकार पर्यावरण संरक्षण को आपदा निवारण के लिए सुविधाजनक बनाती है, इसके विभिन्न आयामों को सामने लाती है। उन्होंने विभिन्न पुराणों और उप-पुराणों में दी गई पर्यावरण, भू-मृदा, शुद्धीकरण के महत्व, जल संरक्षण, वायु संरक्षण, पौधों और जड़ी बूटियां, पशु एवं पक्षियों आदि की परिभाषाओं का विविध अध्यायों में उल्लेख किया है। चूंकि इन सभी का उन सभी कारकों के स्वास्थ्य पर चिरकालीन और समग्र प्रभाव पड़ता है, जिनके कारण आपदा आ सकती है, या उत्प्रेरित हो सकती है। दिन-प्रति-दिन के जीवन में खतरनाक रसायनों के गहन और व्यापक प्रयोग के संदर्भ से इनका अध्ययन किया जाना चाहिए। अत्यधिक यांत्रिक प्रक्रियाओं द्वारा अत्यधिक उत्पादन, श्रम की उपेक्षा, प्रदूषण फैलाने वाले उद्योग, ऊर्जा के कुछ पाकेट में अत्यधिक खपत, जल और अन्य प्राकृतिक स्रोतों से तंत्र प्रबंधन की प्राकृतिक प्रक्रियाओं और परिवेश में असंतुलन पैदा होता है। इसका समग्र रूप से अध्ययन किया जाना चाहिए और हमारी सरकार की मौजूदा संरचना और कार्य के बंटवारों के नियमों, केन्द्र सरकार और राज्यों में, ऐसा लगता है कि केवल योजना आयोग या वित्त मंत्रालय या केबिनेट ही ऐसे निकाय हैं, जो न्याय करने की स्थिति में हैं। चीजों को स्पष्ट बनाने के लिए, यह कहकर अपनी बात खत्म करना आवश्यक होगा कि संयुक्त सचिव

सिंड्रोम, जिसके अंतर्गत भारत सरकार कार्य करती है, सम्भवत: मुद्दे के पूर्ण अध्ययन को प्रोत्साहित नहीं करते। मेरा अनुभव यह है कि यह देश के शासन में सबसे बड़ी आपदा है।

दौरे और विभिन्न स्टेक होल्डरों के साथ चर्चा के आधार पर चिंता का जो अन्य क्षेत्र सामने आया वह आपदा प्रबंधन दृष्टिकोण में समन्वयन की कमी है।

समस्याएं एवं कमियां

आपदा प्रबंधन के संबंध में मूल एवं सहायक आंकड़ों के विस्तृत विश्लेषण से पता चलता है कि आपदा प्रबंधन कार्यों के परिणाम संतोषजनक नहीं हैं। अध्ययन से पता चलता है कि आपदा प्रबंधन के दौरान सामने आने वाली मुख्य समस्याएं निम्नलिखित हैं–

(क) खराब पुनर्वास प्रयास
(ख) सहायता एवं बचाव में विलम्ब
(ग) गैर सरकारी संगठनों का कम प्रतिनिधित्व
(घ) सहायता का दुरुपयोग
(ङ) बनाए गए घरों का उपयुक्त न होना
(च) खराब प्रशिक्षण
(छ) खराब प्रौद्योगिकी
(ज) रोजगार के अवसर न होना
(झ) स्थानीय आवश्यकताओं की जानकारी न होना
(ञ) दोषपूर्ण एवं उपेक्षित विकास संबंधी स्कीमें
(ट) खराब प्रतिनिधित्व और गैर-सरकारी संगठनों की भागीदारी
(ठ) विभागों के बीच समन्वयन की कमी
(ड) मनोवैज्ञानिक उपचार का न होना

डा. सत्येन्द्र का 30 अप्रैल, 2001 को *डाउन टू अर्थ* नामक पत्रिका में "डीलिंग विद डिजास्टर" शीर्षक का लेख भी छपा। उन्होंने उल्लेख किया कि उपयुक्त आपदा प्रबंधन के लिए, यह आवश्यक है कि राजनैतिक, सामाजिक, आर्थिक और पर्यावरणीय पक्षों को महत्व दिया जाए। इनमें से किसी को भी अनदेखा करने से संकट बढ़ता है। इस लेख में उन्होंने निष्कर्ष निकाला कि आपदा प्रबंधन के क्षेत्र में मुख्य समस्या स्रोतों की कमी है। केन्द्र और राज्य सरकारें पुनर्वास कार्य में अत्यधिक व्यय के बोझ को उठा नहीं पाती हैं। बार-बार आपदाओं वाले और निरंतर खतरे वाले क्षेत्रों में–आपदा शमन गतिविधियों को विकासात्मक गतिविधियों के रूप में माना जाना चाहिए या विकासात्मक गतिविधियों को आपदा शमन गतिविधियां माना जाना चाहिए। विभिन्न मंत्रालयों द्वारा चलाए जा रहे विभिन्न

विकास संबंधी स्कीमों और कार्यक्रमों को, थोड़े से परिवर्तन करके आपदा प्रबंधन में शामिल किया जाना चाहिए। स्कीमों को थोड़ा सा समायोजित करके या थोड़ा सा बदलकर, आपदा शमन कार्यों को न्यूनतम लागत पर किया जा सकता है। परन्तु साथ ही, यह आवश्यक है कि सभी विकास या पुनर्वास संबंधी कार्यों की संवेदनशीलता घटाने, जीवन और सुधार की मूल आवश्यकताओं को पूरा करने के लिए तैयार किया जाए।

डा. सत्येन्द्र ने कनसेप्ट पब्लिशिंग कंपनी द्वारा प्रकाशित अपनी प्रसिद्ध पुस्तक *डिजास्टर मैनेजमेंट* के पृष्ठ 180–181 में निम्नलिखित कठिन विश्लेषण किया है।

> "मौजूदा आपदा प्रबंधन प्रक्रिया की सबसे खराब बात यह है कि आपदा प्रबंधन के मुख्य मुद्दों पर राष्ट्रीय स्तर पर स्पष्टतः विचार नहीं किया गया है। परिणामतः, संविधानिक क्षमता पर कम बल दिया गया है और आपातकालीन कार्यों और प्रक्रियाओं को विकसित करने और उनका अध्ययन करने पर अधिक बल दिया गया है। इस प्रकार, हमारे देश में आपदा शमन को अभी भी सिविल प्रतिरक्षा कार्य के रूप में देखा जाता है।"

मौजूदा नीतियों और अन्य सहायक आंकड़ों के कठिन विश्लेषण से पता चलता है कि देश में आपदा प्रबंधन में बहुत सी कमियां हैं और बहुत से महत्वपूर्ण क्षेत्रों पर बिल्कुल ध्यान नहीं दिया गया है। आंकड़ों से स्पष्टतः पता चलता है कि मौजूदा नीतियां और उनका कार्यान्वयन, तत्काल सहायता और बचाव कार्यों के बारे में ही है। आपदा प्रबंधन के अन्य महत्वपूर्ण पक्ष जैसे तैयारी, शमन और पुनर्वास को उपयुक्त महत्व नहीं दिया गया है। कुछ महत्वपूर्ण पक्षों को पूर्णतः अनदेखा कर दिया गया है। आपदा प्रबंधन की गंभीर समीक्षा से पता चलता है कि मुख्य रूप से मौजूदा आपदा प्रबंधन नीति और इसके कार्यान्वयन में दो पक्षों अर्थात् आर्थिक एवं राजनैतिक प्रशासनिक और आंशिक तौर पर सामाजिक पक्ष पर व्यापक विचार किया जाता है।

राजनैतिक–प्रशासनिक पक्ष में आपदा प्रबंधन नीतियों के कार्यान्वयन और उन्हें तैयार करने की राजनैतिक इच्छा शक्ति और प्रशासनिक क्षमताएं आती हैं। आर्थिक पक्ष में आपदा के दौरान आर्थिक हानियाँ जैसे जीवन, घर, कृषि, पशु आदि की क्षतिपूर्ति के लिए सहायता शामिल हैं। सामाजिक पक्ष जिस पर अभी काफी कम ध्यान दिया जाता है, उसमें समाज की स्थिति और सामाजिक संगठन, में जो बचाव, सहायता और पुनर्वास प्रक्रियाओं के दौरान उनकी आवश्यकताएं और अपेक्षाएं दर्शाता है, शामिल हैं।

सर्वाधिक महत्वपूर्ण पक्ष, जिसे आपदा प्रबंधन के दौरान पूर्णतः अनदेखा कर दिया जाता है, वह है पर्यावरणीय पक्ष। इस पक्ष में ऐसा पारिस्थितिकीय अनुकूल विकास और अन्य संबंधित कार्य शामिल हैं, जिनसे ऐसी पर्यावरणीय परिस्थितियों को खराब होने से रोकना, शामिल है। जिससे अंततः आपदा को कम किया जा सकता है। उत्तरांचल जैसे अस्थिर और नाजुक क्षेत्रों में यह पक्ष और अधिक महत्वपूर्ण हो जाता है।

उन्होंने आगे और अधिक गहन विश्लेषण किया और प्रशासन के विभिन्न स्तरों पर पाई गई आपदा प्रबंधन पद्धतियों की निम्नलिखित विशेषताओं का उल्लेख किया—

बल

- निर्मित प्रशासनिक ढांचा
- विभिन्न विभागों में समन्वयन के लिए व्यवस्था
- निधि के लिए पर्याप्त व्यवस्था
- तत्काल सहायता एवं बचाव कार्य के लिए व्यवस्था
- सार्वजनिक एवं निजी क्षेत्र को शामिल करने की व्यवस्था
- अंतर्राष्ट्रीय सहयोग एवं समर्थन के लिए व्यवस्था
- योग्य विशेषज्ञों की टीम आदि

कमियां

- स्थानीय लोगों एवं निकायों की नगण्य भागीदारी
- पुनर्वास पर बल नगण्य
- नगण्य सामाजिक एवं मनोवैज्ञानिक उपचार
- निगरानी एवं मूल्यांकन के लिए नगण्य अवसर
- आपदा प्रबंधन एवं विकास के बीच कोई संपर्क न होना
- आपदा से निपटने के लिए स्थानीय समुदायों और अधिकारियों के प्रशिक्षण पर नगण्य जोर
- केन्द्रीकृत होने के कारण ऑपरेशन अधूरा रहता है
- अनुसंधान संस्थाओं, विश्वविद्यालयों आदि की भागीदारी नगण्य

अवसर

- अनुसंधान और विकास के अत्यधिक अवसर
- आपदा शमन के लिए विशेषज्ञों को शामिल किया जाना
- पहले और बाद के आपदा प्रबंधन में गैर सरकारी संगठनों को शामिल करना
- विभिन्न विभागों से गांवों और जिला मुख्यालय के बीच नेटवर्किंग
- कार्य कर रहे और सेवानिवृत्त सैन्य कार्मिकों द्वारा उपलब्ध संगठित कार्यबल को आपदा कम करने के लिए प्राकृतिक स्रोतों का पता लगाने की व्यवस्था

खतरा

— अनुभवी एवं विश्वसनीय गैर सरकारी संगठनों का अभिनिर्धारण
— विकेन्द्रीकरण से भ्रष्टाचार हों सकता है
— कुप्रबंध एवं खराब नियंत्रण आदि
— विकेन्द्रित कार्यान्वयन से निगरनी में असुविधा हो सकती है
— निधियों पर नियंत्रण और प्रगति
— विश्वविद्यालयों एवं अनुसंधान के फीडबैक
— संस्थान शैक्षणिक हो सकते हैं
— बताए गए मॉडल सैद्धांतिक या गैर व्यवहारिक हो सकते हैं।

यह बहुत दुखद बात है कि डा. सत्येन्द्र ने जो निष्कर्ष निकाले हैं, उनकी जानकारी सरकार के ऐसे बहुत से उच्च पदाधिकारयों को है, जिनके साथ मुझे बात करने का अवसर प्राप्त हुआ। वे अपने आपको असहाय महसूस करते हैं। चूंकि हमारी संरचना ऐसी है, जो उच्च स्तर पर कोई कार्यवाही करने की अनुमति नहीं देती है और उच्च अधिकार प्राप्त समिति की रिपोर्ट ने भी इन पक्षों पर कोई ध्यान नहीं दिया है, इसलिए जिन बातों की हमें जानकारी है, वे भी कार्यान्वित नहीं हो पाते हैं। श्री ससेन्द्र ने, इस विषय पर भी काम किया है कि किस प्रकार ग्रामीण क्षेत्रों में जनसंख्या के बढ़ने से आपदा और संवेदनशीलता पर प्रभाव पड़ा है:

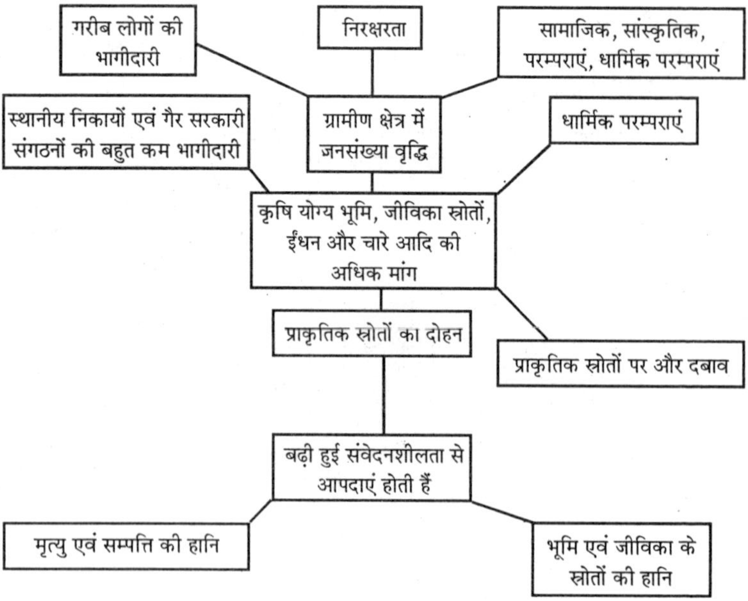

जनसंख्या वृद्धि—इसके कारण और संवेदनशीलता पर प्रभाव

मैं डा. सत्येन्द्र की सराहना करता हूँ, क्योंकि इस विषय पर उन्होंने अत्यधिक परिश्रम से जो विश्लेषण किया था, उसके कारण मेरा काम काफी आसान हो गया। अपनी चर्चा के दौरान मैंने दिल्ली में सिविल सेवक के रूप में कार्य करते हुए ग्रामीण सामान्य ज्ञान को भी महसूस किया, और इस बात की तत्काल आवश्यकता महसूस की, कि इस संबंध में समय रहते हस्तक्षेप किया जाए। उन्होंने पंचायती आपदा प्रबंधन की भूमिका पर लिखे अपने लेख में निम्नलिखित बात कही:

> "अपनी भौगोलिक स्थिति, मौसम और भौगोलिक सेटिंग के कारण भारत दुनिया के सर्वाधिक आपदा संभावित देशों में से एक है और इसे प्रत्येक वर्ष प्राकृतिक आपदाओं का सामना करना पड़ रहा है। देश, सूखे, बाढ़, चक्रवात, ज्वालामुखी, जंगल में लगी आग, भू-स्खलन के कारण अत्यधिक संवेदनशील है। यद्यपि पूरा देश ही ऐसी सामान्य आपदाओं से थोड़ा बहुत प्रभावित होता रहता है, परन्तु ग्रामीण जनसंख्या पर इसका प्रभाव, उनकी खराब समाज आर्थिक स्थिति और विनिर्दिष्ट सामाजिक सांस्कृतिक स्थिति के कारण, अधिक लम्बे समय तक के लिए पड़ता है। संवेदनशीलता को उस हद तक परिभाषित किया जा सकता है, जिस हद तक व्यक्ति, समुदाय, उप-वर्ग, संरचना, सेवा या भौगोलिक क्षेत्र को क्षति पहुंचने की या किसी विशेष आपदा द्वारा बाधा पड़ने की संभावना हो, देश का ग्रामीण समाज, अपने शहरी समाज की तुलना में काफी अधिक है और इसलिए ग्रामीण समाज को प्राकृतिक आपदाओं का जोखिम अधिक होता है। संवेदनशीलता मूलतः मानव कार्य और व्यवहार का एक कार्य है और यह निम्नलिखित विभिन्न कारकों द्वारा निर्धारित होता है:
>
> (क) आवास और संरचना की स्थिति
> (ख) निम्नलिखित संदर्भों से समाज की सामाजिक-आर्थिक स्थिति
> —शिक्षा और समाज में जानकारी का स्तर
> —समाज की आर्थिक स्थिति, और
> —समाज में उपलब्ध मूल सुविधाएं
> (ग) समाज के सांस्कृतिक एवं परम्परागत मूल्यों के संदर्भ से सामाजिक सांस्कृतिक मूल्य
> (घ) सार्वजनिक नीतियां एवं प्रशासन
> (ड.) संगठनात्मक ढांचा और युगों से चला आ रहा समाज का विकास संबंधी पैटर्न
>
> चूंकि, प्राकृतिक खतरों के कारण समाज के लिए जोखिम या हानि, संवेदनशीलता और खतरों के प्रकार का कार्य है, इसलिए प्रभावी आपदा प्रबंधन का उद्देश्य समाज

की संवेदनशीलता और आपदा की भूमि को कम करना होना चाहिए। संवेदनशीलता को प्रभावित करने वाले मुख्य कारकों का ऊपर उल्लेख किया गया है। पिछले दिनों में, परिवर्तनशील समाज और भौतिक स्थितियों ने इन कारकों को प्रभावित किया है और ग्रामीण समाज एवं प्राकृतिक आपदाओं के लिए भूमि की संवेदनशीलता बढ़ी है। बढ़ते हुए जनसंख्या दबाव, पर्यावरणीय ह्रास और समाज का परिवर्तनशील सामाजिक सांस्कृतिक पैटर्न ऐसे प्रमुख कारक हैं, जो ग्रामीण जनसंख्या और आपदाओं को भूमि पर बढ़ती हुई संवेदनशीलता के लिए उत्तरदायी हैं। गरीबी और संवेदनशीलता ऐसे जुड़े हुए हैं और एक दूसरे पर इतना प्रभाव डालते हैं कि ग्रामीण निर्धन व्यक्तियों पर प्राकृतिक खतरों का प्रतिकूल प्रभाव पड़ता है।"

उपरोक्त समस्त विश्लेषक हमें इसके अतिरिक्त देखने के लिए बाध्य करता है। सभी स्टाक होल्डरों, कार्य करने वालों, नीति निर्माताओं, मूलभूत कार्यान्वयनकर्ताओं, अखिल भारतीय सेवाओं के सदस्य, सेवानिवृत्त नौकरशाह, सक्रिय और सेवा निवृत्त नेता के साथ चर्चा से हमने जो सीखा है उससे हमें आने वाली गंभीर आपदाओं के बारे में चेतावनी मिल जाती है। आपदाओं से कानून एवं व्यवस्था की स्थिति, शांति एवं सौहार्द में कमी आ सकती है और बेरोजगारी हो सकती है। स्वास्थ्य की स्थिति खराब हो सकती है और समाज की आत्मनिर्भरता और स्व-गरीवा की पूर्णत: हानि हो सकती है। लोगों के अतिरिक्त चिन्ता के कुछ अन्य विषय, पशुधन, जल के प्राकृतिक स्रोत, पौधे एवं जड़ी बूटियां आदि हैं। इसके बाद जैसा कि डा. सत्येन्द्र ने मुझसे कहा, ग्रामीण शिल्पकार, कुशल श्रमिक और छोटे व्यापारी भारी औद्योगिकीकरण और प्रदूषण फैलाने वाले उद्योगों से आने वाली आपदाओं के वास्तविक शिकार होते हैं। इसमें कोई आश्चर्य नहीं है कि नदियों को इन बड़ी विनिर्माण इकाइयों से निकलने वाले प्रदूषित रसायनों को ले जाना होता है। समाज के बदलते हुए सामाजिक-सांस्कृतिक पैटर्न ग्रामीण समुदाय के लिए, सभी तरफ से गंभीर खतरा पैदा करते हैं। चाहे यह बेरोजगारी हो या राज्य पर जरूरत से ज्यादा निर्भरता हो या शैक्षिणक कार्यों की असंगतता हो, सरकारी प्रयास समान रूप से उपयोगी नहीं रहे हैं। सरकारी निधियों के आबंटन ने आपदाओं को और बढ़ाने में संगठित और बड़े लोगों की सहायता की है। हम पॉलीथिन बैग उद्योग का उदाहरण ले सकते हैं। पर्यावरणीय दृष्टिकोण से खतरनाक इस उत्पाद के आने से पहले बहुत से गरीब लोग पुराने समाचारपत्रों एवं अन्य रद्दी कागजों का प्रयोग करके थैली बनाने में लगे रहते थे।

ये परिवार इस लघु उद्योग से अतिरिक्त आय प्राप्त कर रहे थे और इसका पर्यावरण पर कोई प्रतिकूल प्रभाव नहीं पड़ता था। परन्तु पॉलीथिन बैग का प्रयोग शुरू होने से सारी स्थिति ही बदल गई। गरीबी रेखा के नीचे के परिवारों की आय के अतिरिक्त स्रोत छिन जाने के अलावा इसमें पर्यावरण पर भी प्रतिकूल प्रभाव पड़ा है और यह मौजूदा प्रशासन के लिए गंभीर समस्या बन गया है। यह सब नीति-निर्माताओं और कार्यान्वयन प्राधिकारियों में

दूरदर्शिता के अभाव के कारण हुआ। इसी प्रकार का एक और खतरा प्लास्टिक/सिंथेटिक गिलासों और प्लेटों का प्रयोग है, जो रेलवे, होटलों, शीतलपेयों के स्टालों आदि में अत्यधिक प्रचलित है, इसका भी दुष्प्रभाव बहुत जल्दी सामने आने वाला है। यह उद्योग भी गांवों के कुम्हारों के जीविका के स्रोत पर धीरे-धीरे हावी हो रहा है और इससे पर्यावरणीय ह्रास भी हो रहा है, क्योंकि इसमें प्रयोग की जाने वाली अधिकांश सामग्री अपक्षीण होने वाली नहीं है।

सरकार की नीतियों की एक बहुत बड़ी कमी, क्षेत्र में कार्य कर रहे विभिन्न विभागों के बीच समन्वयन की व्यवस्था का न होना है। अंततः इन सबके परिणामस्वरूप गरीबों, कमजोरों और असंगठित लोगों का शोषण होता है। यह स्व-सहायता की समस्या को और अधिक बढ़ा देता है, जिसके कारण आपदा आती है और समुदाय को अपनी सहायता करने का विश्वास भी खत्म होता है।

स्थानीय कौशलों, ग्रामीण प्रौद्योगिकी संबंधी कार्यों और स्रोत निर्माण प्रक्रियाओं की उपेक्षा चिन्ता का गंभीर विषय है। ऐसे बहुत से अनौपचारिक ग्रुप हैं, जो लाखों उद्यमियों के लिए स्व-रोजगार सृजित करते हैं। बिना किसी अनुदान, छूट सहायिकी या अनौपचारिक प्रशिक्षण के, स्व-सहायता वाले ये उद्यमी अनौपचारिक व्यापार शुरू करने का सबसे बड़ा जोखिम उठा रहे हैं। यह प्रमाणित करने के लिए हजारों उदाहरण दिए जा सकते हैं कि किस प्रकार आक्रामक, संगठित, निर्दयी विपणन नीतियाँ, जिन्हें राज्य के कानून और नियमों का समर्थन प्राप्त है और कार्यान्वयन एजेंसियों के भ्रष्टाचार ने, इन गैर संगठित उद्यमियों से उनकी जीविका छीन ली है। चाहे गन्ने का रस बेचने वाला हो या पानी बेचने वाला हो या असंगठित सेवा उपलब्ध करने वाले क्षेत्र के कर्मकार हैं, ये सभी बेरोजगार हो गए हैं। ग्रामीण क्षेत्रों में, विशेषकर बेरोजगार युवकों के लिए स्थिति और भी ज्यादा खराब है। उन्हें स्व-रोजगार और जोखिम उठाने वाले व्यापार के अवसरों के लिए प्रशिक्षित नहीं किया गया है। जीवन की चुनौतियों का सामना करने के लिए तैयार न होने से उनकी पहल और जोखिम उठाने की क्षमता को खत्म कर दिया है। वे केवल सरकारी बाबू बन सकते हैं, जिससे आपदाओं में और अधिक वृद्धि होती है।

उच्च अधिकार प्राप्त समिति और आपदा प्रबंधन

आपदा प्रबंधन संबंधी उच्च अधिकार प्राप्त समिति ने अक्तूबर, 2001 में प्रकाशित अपनी रिपोर्ट में आपदा प्रबंधन की नई संस्कृति लाने के संबंध में उल्लेख किया। उन्होंने निम्नलिखित बातें कहीं—

1. तैयार रहने की संस्कृति
2. शीघ्र प्रतिक्रिया की संस्कृति

3. नीतिगत सोच की संस्कृति
4. निवारण की संस्कृति

रिपोर्ट में संचालन संबंधी ढांचा भी दिया गया है। इसमें निम्न ढांचों की बात कही गई है—

1. संवैधानिक ढांचा
2. विधिक ढांचा
3. केन्द्रीय, राज्य और जिला स्तर पर संगठनात्मक ढांचा।

इसमें यह भी उल्लेख है कि जिला प्रशासन सरकारी योजनाओं और गतिविधियों के कार्यान्वयन का केन्द्र बिंदु है। अल्पतम संभव समय में सहायता कार्य करने के लिए जिला कलेक्टर को काफी अधिकार दिए गए हैं। रिपोर्ट में यह भी कहा गया है कि निधियों के कम होने पर, उसे आपातकालीन अधिकार के अंतर्गत जिला राजकोष से धन निकालने का भी अधिकार है।

यद्यपि रिपोर्ट में पंचायती राज संस्थाओं, स्वास्थ्य और चिकित्सा सुविधा, क्षमता निर्माण, शिक्षा और युवा अभियान, मानचित्र, बीमा, अंतर्राष्ट्रीय और क्षेत्रीय सहयोग द्वारा सरकार के कार्य की बात कही गई है और इसमें कार्य करने वालों और योजना प्रक्रियाओं का भी व्यापक उल्लेख है, परन्तु इसमें काफी गैर-वास्तविक और गैर-व्यवहारिक विचार प्रस्तुत किए गए हैं। यदि हमें आधारभूत सच्चाइयों की जानकारी हो, तब आपदा प्रबंधन योजना के शासन के निचले और सर्वाधिक निम्नतम स्तर से प्रारंभ होना चाहिए।

यह कहने की आवश्यकता नहीं है कि योजना की मूल इकाई को ग्रामीणों, उनकी संस्थाओं, पंचायतों, उनके ढांचों, कौशल और अपनी सहायता के लिए प्रेरणा जैसे क्षमता निर्माण और सशक्तिकरण से प्रारंभ होना चाहिए। ग्रामीण योजना और इसके कार्यान्वयन की प्रक्रिया को इस तरह बनाया जाना चाहिए कि ग्रामीण अपनी शक्ति और संभावनाओं को महसूस कर सकें। फिर ज्ञान पर आधारित अर्थव्यवस्था या सूचना प्रौद्योगिकी का अभिमुखीकरण और उपयुक्त नेतृत्व विकास प्रक्रिया वास्तव में कार्यान्वित हो सकेगी।

डिजास्टर मैनेजमेंट इन द हिल्स पुस्तक के डिजास्टर मैनेजमेंट अध्याय के पृष्ठ 153-155 में जो प्रकाशित किया गया है वह संक्षेप में इस प्रकार है—

"पिछले दशक का अनुभव बताता है कि विभिन्न प्राकृतिक आपदाओं के कारण जो स्थितियां पैदा हुईं, उनसे निपटने के लिए उत्कृष्ट प्रयास करने के बावजूद, देश में आपदा प्रबंधन के क्षेत्र में बहुत से नीतिगत मुद्दों में अभी भी दक्षता की कमी है और इसलिए इसके कार्यान्वयन के तरीके और मौजूदा नीतियों की समीक्षा किए जाने और इनमें परिवर्तन किए जाने की अत्यधिक आवश्यकता है। यह महसूस किया गया कि संगठनात्मक ढांचे को

मजबूत बनाने और आपदा प्रभाव को कम करने के लिए प्रभावी आपदा प्रबंधन नीति की आवश्यकता है। इसके साथ-साथ प्रौद्योगिकीय विकास और प्राप्त अनुभवों के आधार पर राज्य की संहिताओं/नियम पुस्तकों/आपदा योजनाओं को नियमित रूप से अद्यतन किए जाने की आवश्यकता है।

इस महत्वपूर्ण मुद्दे पर विचार करते हुए, अभी हाल में, आपदा प्रबंधन योजना पर राष्ट्रीय स्तर की एक उच्च अधिकार प्राप्त समिति गठित की गई। इस समिति के मुख्य उद्देश्य निम्नलिखित थे–

1. औद्योगिक, आणविक, जैविक और रसायनिक आपदाओं सहित प्राकृतिक एवं मानव निर्मित आपदाओं को कम करना और तैयारी की मौजूदा व्यवस्था की समीक्षा करना।
2. संगठनात्मक संरचनाओं को मजबूत बनाने के लिए उपायों की सिफारिश करना।
3. राष्ट्रीय, राज्य और जिला स्तरों पर, इन आपदाओं के प्रबंधन के लिए व्यापक मॉडल योजना की सिफारिश करना।

समिति ने 30 प्रकार के खतरों को पहचाना है और उनको आगे पांच उप-वर्गों में श्रेणीकृत किया है–

उप-वर्ग-1—जल एवं मौसम संबंधी खतरे

बाढ़ एवं नालों का प्रबंधन/सूचना/चक्रवात/बवंडर/तूफान/ओलावृष्टि/बादल फटना/हिमधाव/शीत एवं ग्रीष्म लहर/समुद्री क्षय/बादल गरजना तथा बिजली गिरना।

उप-वर्ग-2—भू-विज्ञान संबंधी खतरे

भूकंप/भू-स्खलन/मिट्टी का प्रवाह/समुद्रीक्षय/बांध का फटना और बांध टूटना/खान में आग लगना।

उप-वर्ग-3—रासायनिक, औद्योगिक और आणविक खतरे

रासायनिक, औद्योगिक और आणविक खतरे

उप-वर्ग-4—दुर्घटना संबंधी खतरे

जल मार्ग (नाव पलटना) सहित सड़क, रेल और अन्य परिवहन दुर्घटनाएं/खान में बाढ़

आना/बड़े भवनों का गिरना/क्रमिक बम विस्फोट/त्यौहार से संबंधित आपदाएं/विद्युत आपदाएं और आग/जंगल में आग/शहरी आग/तेल फैलना/गांव में आग लगना।

उप-वर्ग-5—जैविक आपदाएं

जैविक आपदाएं/महामारी/पशुओं में महामारी/कीटों का आक्रमण/खाद्य विष

उच्च अधिकार प्राप्त समिति ने, आपदाओं के मामले में तेजी से कार्य करने की आवश्यकता पर विचार करते हुए, डिगर तंत्र का विचार विकसित किया और इसे आपातकालीन, शीघ्र कार्य तंत्र के रूप में शामिल किया इसे तैयारी योजना के रूप में देखा गया जिससे आसन्न आपदा का संकेत प्राप्त होते ही यह महत्वपूर्ण समय खोए बिना जवाबी कार्य करने और आपदा शमन के लिए तंत्र को सक्रिय बनाएगा और साथ ही इसको स्फूर्ति प्रदान करेगा। इसके अलावा उच्च अधिकार प्राप्त समिति ने आपदा प्रबंधन योजनाओं को राज्य स्तर और जिला स्तर पर तैयार रहने पर बल दिया।

भारत जैसे लोकतंत्र देश में स्वयंसेवी संगठनों की महत्वपूर्ण भूमिका को ध्यान में रखते हुए समिति ने गैर सरकारी संगठनों का एक राष्ट्रव्यापी नेटवर्क तैयार किया है अर्थात वासुदेवा—गैर-सरकारी संगठनों और सरकारी क्षेत्र और आपदा प्रबंधन के क्षेत्र में कार्यरत गैर-सरकारी संगठन के बीच एक सेतु के तौर पर सतत् सार्वभौमिक विकास एवं आपात काल में स्वैच्छिक क्रियाकलाप के लिए स्वयंसेवी एजेंसी इस संबंध में समिति ने छः नोडल गैर सरकारी संगठनों का भी अभिनिर्धारण किया गया है। किसी प्रकार की आपदा से निपटने के लिए आपदा के विभिन्न नाजुक क्षेत्रों को निर्धारित करने के लिए भी एक समिति गठित की गई है। जानकारी और किसी प्रकार की वास्तविक सूचना का प्रसार किसी प्रकार की आपदा के मामले में अत्यन्त महत्वपूर्ण होता है। इस संबंध में आपदा के दौरान मीडिया की भूमिका बहुत महत्वपूर्ण होती है। समिति ने अपनी सिफारिशों में इस मुद्दे पर बहुत अधिक बल दिया है।

आपदा से प्रभावी ढंग से निपटने के लिए जानकारी का नेटवर्क बहुत अनिवार्य है। आपदा के तीन रूपों उदाहरणार्थ प्राकृतिक, मानवीय और जैविक आपदा में वर्गीकृत जानकारी आधारित संस्था के नेटवर्क के लिए एक समिति का गठन किया गया है। किसी प्रकार की आपदा की स्थिति में उससे प्रभावशाली ढंग से निपटने में जागरूकता पर समुचित ध्यान देते हुए, समिति ने स्कूलों के पाठ्यक्रम में आपदा प्रबंधन जैसे विषय को शामिल करने की सिफारिश की है। इस संबंध में, स्कूल शिक्षा बोर्ड परिषद, दिल्ली के सचिव की अध्यक्षता में एक समिति गठित की गई है।

पूरे देश में अपनाई जाने वाली मॉडल जिला प्रबंध योजना तैयार करने के लिए भी एक समिति गठित की गई है। आपदा प्रबंधन पर एक स्रोत पुस्तक भी तैयार की गई है। ताकि आपदा के प्रभावों को कम करने के लिए आपदा प्रबंधकों एवं जिला प्रशासन को

उनके प्रयासों में किसी प्रकार की सहायता मिल सके। उच्च अधिकार प्राप्त समिति (एच.पी.सी.) द्वारा गठित एक समिति द्वारा आपदा प्रबंधन के लिए राष्ट्रीय अधिनियम का भी प्रारूप तैयार किया गया है और उसे राज्यों एवं संबंधित मंत्रालयों एवं विभागों में उनकी टिप्पणी के लिए परिचालित किया गया था।

उच्च अधिकार प्राप्त समिति की प्रमुख सिफारिशें संक्षेप में निम्नलिखित है–

1. उप समूह गठित करने के लिए प्रत्येक राज्य एवं संघ राज्य क्षेत्र।
2. विभिन्न मंत्रालयों, विभागों और गैर–सरकारी संगठनों को शामिल करने के लिए और एक विधान बनाने के लिए उपयुक्त उपाय किए जाए।
3. जिला आपदा प्रबंधन योजना पर स्रोत पुस्तक का परिचालन व्यापक रूप से किया जाए और उस पर विचार–विमर्श किया जाए।
4. सामुदायिक जागरूकता, तैयारी और शमन प्रयासों के लिए "आपदा ह्रास व राष्ट्रीय दशक" मनाया जाए।
5. भागीदारी दृष्टिकोण के जरिए सामुदायिक नेतृत्व एवं प्रशिक्षित सामुदायिक संबंध बनाकर किसी प्रकार की आपदा और साथ ही साथ उसे कम करने के प्रयासों में समुदाय की शक्ति और कार्य–कौशल को काम में ले सकते हैं।
6. अन्य राष्ट्रीय और राज्य स्तरीय संस्थानों के साथ प्रतीकात्मक रूप से जुड़े राष्ट्रीय स्तरीय आपदा प्रबंधन द्वारा प्रशिक्षण संस्थानों का नेटवर्क स्थापित किए जाने और उसे विकसित्त किए जाने की आवश्यकता है।
7. आपदा शमन के लिए एक राष्ट्रीय नीति भी मानव संसाधन विकास के अंतर्गत सृजित की जा सकती है।
8. आपदा प्रबंधन के लिए राष्ट्रीय अधिनियम का प्रारूप तैयार किया गया।
9. जैसा कि ग्यारहवें वित्त आयोग द्वारा सुझाव दिया गया था, उच्च अधिकार प्राप्त समिति द्वारा, राष्ट्रीय आपदा प्रबंधन प्रणाली एवं राष्ट्रीय आपदा प्रबंधन केन्द्र (एन.सी.ए.एम.) का एक ढांचा तैयार किया गया।
10. जिला मजिस्ट्रेट द्वारा स्थानीय रूप से एकत्रित किए गए जिला स्तरीय "आपदा राहत निधि" को संस्थागत रूप दिए जाने की आवश्यकता है।
11. मानव संसाधन विकास के अंतर्गत आपदा ह्रास के लिए 500 करोड़ रुपये की एक राष्ट्रीय निधि के बारे में उच्च अधिकार प्राप्त समिति द्वारा सुझाव दिया गया।
12. राष्ट्रीय, राज्य और जिला स्तरीय योजनाओं से भिन्न, उच्च अधिकार प्राप्त समिति ने सभी नाजुक क्षेत्रों में ग्रामीण स्तरीय योजनाओं का सुझाव दिया है। आपदा प्रबंधन के क्षेत्र में सामुदायिक भागीदारी पर अधिक बल दिया है।
13. योजनाओं को वार्षिक रूप से अद्यतन बनाए रखने और उनके पूर्वाभ्यास की भी उच्च अधिकार प्राप्त समिति द्वारा सिफारिश की गई है।

मिश्रा जी और राजन जी से चर्चा

प्रारम्भिक विवरण के बाद विचार-विमर्श गांधी और आपदा प्रबंधन की परंपरागत प्रणाली, अच्छे शासन, नीति और वैश्वीकरण के युग में पंचायती राज और स्व-रोजगार की अनिवार्यता पर केन्द्रित रहा।

श्री राजन के विचार

शुरूआत स्वत: अनुभूति और स्वत: बोध से होगी जहां व्यक्ति किसी प्रकार की कार्यवाही की आवश्यकता को अपनी ओर से महसूस करता है। परिवर्तन कारक का प्रश्न यह होगा कि आप स्वयं में स्वत: अनुभूति की प्रक्रिया को कैसे प्रदीप्त करेंगे। यह प्रश्न सभी सार्थक विचारधारा के लोगों के लिए मूल रूप से महत्वपूर्ण है क्योंकि यदि व्यक्ति किसी प्रकार की अनुभूति करता है और यह महसूस करता है कि उसे अपने सामर्थ्य की अनुभूति की जरूरत है और परिस्थिति तथा आपदा की स्थिति पर वह कैसे प्रभावी ढंग से नियंत्रण रखता है तो एक प्रकार से समस्या आसान हो जाती है। इसका अर्थ यह है कि बाह्य परिवर्तन कारकों की भूमिका को कम से कम रखा जाना है और उद्धार, राहत, निधि तथा औषधियों इत्यादि के मामले में किसी प्रकार के हस्तक्षेप को कम से कम किया जाता है। यदि इन सिद्धांतों को नीति निर्माताओं और प्रशिक्षकों एवं उन सभी लोगों द्वारा दृष्टिगत रखा जाए जो सामाजिक व्यवस्था को सरल बनाते और किसी प्रकार के कार्य के बारे में भविष्य में किसी प्रकार की योजना को प्रतिपादित करते, तो इससे एक प्रकार का लाभ मिलेगा। जागरूकता एवं समझ की क्षमता एवं इच्छाशक्ति के संदर्भ में यह बहुत महत्वपूर्ण है कि बाहरी लोगों पर किसी प्रकार की निर्भरता कम से कम रखी जाए।

श्री मिश्रा जी के विचार

हमें यह समझना चाहिए कि जब कभी हम प्राकृतिक विधानों को तोड़ते हैं, उसी समय आपदा शुरू हो जाती है। हमें कारणों के मूल में जाना होगा। हम हमेशा इसके हल को ही ढूंढने की कोशिश करते रहे और इसके आगे हमने कुछ नहीं किया। गांधी जी और भारतीय चिंतन की प्रक्रिया और भारतीय संस्कृति ने किसी प्रकार का हल ही निकाला है। पहले इसे धर्म के सिद्धांतों द्वारा नियंत्रित और मार्ग-निर्देशित किया गया। इस समय प्रत्येक चीज अर्थव्यवस्था के द्वारा गतिमान होती हुई प्रतीत होती है। इस समय प्रत्येक चीज का बाजारीकरण हो गया है और यहां तक कि धर्म भी बाजारी ताकतों द्वारा नियंत्रित प्रतीत होता है। हमें लोगों की, नीति निर्माताओं, विधानमंडलों, न्यायपालिका, प्रैस और उन सभी की मानसिकता को बदलना होगा जो इससे जुड़े हैं और जिनकी इसमें कुछ न कुछ भूमिका अवश्य है। कुछ को

धर्म पर आपत्ति हो सकती है लेकिन हमें मैकाले का सिद्धांत याद रखना होगा जिसने कहा था कि किसी भी तंत्र में परिणाम ही साधन का औचित्य साबित करता है। यद्यपि गांधीजी ने कहा कि साधन ही परिणाम के औचित्य को सिद्ध करता है। कार्यदर्शन में अपने धर्म के माध्यम से गांधी जी ने न सिर्फ नीति-निर्माताओं के दृष्टिकोण को परिवर्तित किया बल्कि बिल्कुल निचले स्तर पर कार्यान्वयनकर्ताओं के दृष्टिकोण में भी परिवर्तन किया है। अशिक्षित और अनपढ़ों को प्रेरित किया। एलबर्ट आइन्स्टाइन ने यह निष्कर्ष निकाला और कहा था कि भावी पीढ़ी यह विश्वास नहीं करेगी और इस बात पर आश्चर्य व्यक्त करेगी कि ऐसा मनुष्य कभी इस पृथ्वी पर रहा करता था। यह सिद्धांत चिरस्थायी है और इनमें किसी प्रकार का कभी भी विरोधाभास नहीं हो सकता। हमें सफलताओं और परिभाषाओं के पैरामीटर को पुनः परिभाषित करना होगा। ऐसे कई उदाहरणों को उद्धत किया जा सकता है जो कार्यरूप में नीति की समझ को आसान बना सकते हैं।

विचार विमर्श के दौरान सर्व-सम्मत रूप में निम्नलिखित विचार प्रकट हुए-

1. अनेक कार्य योजना में अथवा निदान विज्ञान सिर्फ तत्क्षण होता है, तत्काल और अल्पकालिक उपायों की जरूरत रोगों के लिए होती है। समय परीक्षित अथवा पुराने समय में जन साधारण के लिए उपयुक्त निदान विज्ञान जैसे कि आयुर्वेद में राहत मूल कारण के उपचार और समस्या को जड़ से समाप्त करने पर आधारित होती थी। स्वाभाविक रूप से इसमें समय लगेगा। वास्तविक चुनौती यह है कि हम इसे अन्यथा "क्विक फिक्स" समाधान के दौर में अधिक से अधिक आकर्षक कैसे बना सकते, हैं।
2. जब प्रत्येक व्यक्ति जागरूक, उत्सुक और जल्दी जल्दी किसी समाधान के बारे में कोशिश करता हुआ प्रतीत होता है तो ऐसे समय में किसी प्रकार के परिवर्तनशील कारक को पुनः अग्रता दी जानी होगी और उसकी कार्य योजना को सरल करना होगा ताकि उसे प्रभावशाली, व्यापक रूप से स्वीकार्य, प्रोत्साहनकारी एवं स्थायी बनाया जा सके। इसका अर्थ यह है कि अधिक से अधिक विचार विमर्श, मुद्दों का मंथन, विश्लेषण से बेहतर अग्रता हासिल की जा सकेगी। इससे उन बातों में भी सरलीकरण उत्पन्न होगा जब किसी प्रकार का प्रादुर्भाव शुरू होगा और संस्था अथवा पहले से अनुप्रयुक्त संरचना की उपयोगिता के दोहरेकरण के बिना उसे सुनिश्चित किया जा सकेगा।समझ और समझ के आंतरिकीकरण की समग्र प्रक्रिया में स्पष्टतः परस्पर विरोधी अथवा शीर्ष से निचले स्तर एवं वामपंथ से दाक्षिण पंथ तक की विचारधारा की भागीदारी का आह्वान किया जाता है। सुझाव के तौर पर ऐसा करना बेहतर होगा यदि भविष्य में किसी प्रकार की बैठक में सिर्फ उस विशेष क्षेत्र अथवा विषय अथवा समस्या के विशेषज्ञों को ही तथाकथित रूप से समीक्षा करने के लिए न कहा जाए। कम से कम कुछ

मुद्दों पर तो व्यापक विचार विमर्श की जरूरत है। इसका कार्यान्वयन कठिन तो हो सकता है लेकिन शुरूआत तो करनी ही होगी।

3. तथ्य यह है कि शासन का विकेन्द्रित संस्थाकरण, चाहे वह संविधानिक हो या सामाजिक, वास्तव में उचित नहीं माना गया है। प्राधिकार (शक्ति), ज्ञान, बुद्धि, अनुभव, संसाधनों और अवसरों का प्रयोग करने वालों व्यक्तियों की सहभागिता वास्तव में उन लोगों के साथ नहीं हो सकती जिन्हें असंगठित, विकेन्द्रित और अक्षम कहा जाता है। इसका अर्थ यह है कि संवेदनशीलता, अच्छे शासन, पारदर्शिता, अभिमुखीकरण, स्पष्टता और प्रभावी संसूचकों का विकास करते हुए आंतरिक संसाधन और परिवर्तनशील कारकों जैसे मुद्दे को सुनिश्चित किया जाए। सूचना प्रौद्योगिकी एवं विपणन की अनिवायर्ता के साथ-साथ शासन की विकेन्द्रित संस्थाओं के संदर्भ में किसी प्रकार की गैर विपणनशीलता में बेहतर कार्यनीति लागू करना और लोगों की उसमें भागीदारी वांछनीय हो जाती है।
4. उन संसूचकों के अभिप्राय लगाकर, जो स्वत: स्पष्ट हैं, और इन अभिप्रायों से सीखते हुए किसी प्रकार के क्रियाकलाप के आधार पर संवेदनशीलता के साथ-साथ संप्रेषण और लागत प्रभावी दृढ़ता जैसी एक बेहतर प्रणाली हमारे सामने उभर कर आती है। एक उदाहरण के तौर पर जब किन्हीं चिरस्थायी सूखाग्रस्त क्षेत्रों में जब कोई व्यक्ति भूखमरी के कगार पर होता है और जीवनयापन की सभी चीजें क्षीण हो जाती हैं तो व्यक्ति पेयजल की तलाश में बहुत दूर तक जाता है। इसका अर्थ यह है कि वह क्षेत्र आपदा प्रभावित प्रतीत होता है। यहां पर ऐसे सूखे के लिए सरकार से किसी प्रकार की औपचारिक घोषणा का इंतजार करना आवश्यक नहीं है। स्वत: ही शासन की स्थानीय संस्थाएं, वहां की जनता और समुदाय आधारित संगठन एक गैर-सरकारी संगठनों को आपस में एक दूसरे को प्रेरित करना चाहिए और आवश्यक राहत एवं निवारक कार्यों में पहल करनी चाहिए। यह तभी संभव है कि जब लोग समर्थ हों और स्थानीय संस्थाएं इसी प्रकार की बेहतरी और राहत की दिशा में प्रेरित हों। मिश्राजी और हम सभी दृढ़ता से यह महसूस करते हैं कि किसी प्रकार की आपदा के लिए हमें उपयुक्त समय में भली-भांति अपने आपको तैयार करना होगा। इससे जन साधारण की भूमिका भी स्पष्ट हो जाती है जो स्वावलम्बन और आपदा प्रबंधन जैसे विषय के अर्थ को समझने के लिए किसी प्रकार की नियति पर आश्रित नहीं हैं।
5. विचार-विमर्श के दौरान किसी प्रकार की आपदा की स्थिति में बाहरी और राज्य के ऊपर किसी प्रकार की सहायता के लिए निर्भर रहने के औचित्य पर भी विचार-विमर्श किया गया। यद्यपि दूसरों से यह अपेक्षा की जाती है कि आपातकालीन स्थिति में वे सामने आएं और आपदा की स्थिति में राहत पहुंचाने

के लिए उसमें मदद करें किंतु तथ्य यह है कि समाज, समुदाय और यहां तक कि व्यक्ति भी हमेशा अपने को कठिन समय के लिए तैयार करता है। ऐसी बहुत सी आपदाएं हैं जिसे उपलब्ध संसाधनों, जानकारियों, विशेषरूपता और पिछले कार्यों के बेहतर अनुभव के आधार पर समाज द्वारा आसानी से नियंत्रित किया जा सकता है। गांधीजी और वयोवृद्ध व्यक्तियों अथवा अनुभवी लोगों की बौद्धिक समझ, घरेलू जानकारी और तालाब, कुंए जैसे संसाधन, स्वास्थ्य प्रणाली से संबंधित चिकित्सा और वरिष्ठ से कनिष्ठ को जानकारी देने जैसे संप्रेषण प्रणाली को शासन प्रणाली के एक भाग और शिक्षा के तौर पर प्रोत्साहित किए जाने की आवश्यकता है। यह तभी संभव है जब पंचायती राज को हर संभव तरीके से प्रोत्साहित किया जाए और उसे स्थानीय संसाधनों के भरसक उपयोग करने की जानकारी दी जाए। इस चुनौती को तभी स्वीकार किया जा सकता है जब राज्य आम जनता के लिए समान संवेदनशीलता, दायित्व और जवाबदेही एवं पारदर्शिता आदि के साथ कार्य करें और यह सभी बातें तभी हो सकती हैं जब राज का मूल स्वरूप अनुचित लाभ उठाने वाला या शोषण करने वाला न होकर किसी कार्य को सरल बनाने, उसमें दक्षता लाने, सौहार्द्र स्थापित करने वाला हो। राज्य के इस तरह के कार्य को सुगम बनाने वाले और उत्तरदायी उत्प्रेरकों के लिए इस तरह के प्रोत्साहित करने वाले लक्षण लगभग समाप्त से हो गए हैं।

6. शासन की संवैधानिक प्रणाली बहुत अधिक सख्त हो गई है और उसमें कोई लचीलापन नहीं है। ऐसा लगता है कि उसका जनता से सरोकार नहीं है, वह बहुत अधिक लागत वाली तथा कम प्रभाव डालने वाली बन गई है। स्वतः शासन के अधिकारिता एवं संस्थाओं के विकास के लिए इसी संविधान को 73वीं और 74वीं बार संशोधित करके अधिनियमित किया गया। यह लगभग एक दशक पहले की बात है। यह भी तथ्य है कि स्थानीय शासन की संस्थाएं भारत में लगभग 100 वर्ष पुरानी हैं। लेकिन कुछ हद तक अनेक कारणों से इस तरह की संस्थाओं में शक्ति, विशेषाधिकार व भाई-भतीजावाद, अल्प दक्षता, कम अभिमुखीकरण, कम जवाबदेही, कम पारदर्शिता और गलतियों के बार-बार दोहराए जाने से गिरावट आई है और इसने उन लोगों के विश्वास को झकझोड़ दिया है जिन्होंने इसे प्रोत्साहित किया था। अतः कम्प्यूटर, सूचना एवं प्रौद्योगिकी, जानकारी आधारित अर्थव्यवस्था, कार्य निष्पादकों को प्रोत्साहित करते हुए लोगों में आत्म-विश्वास जागृत करने, नीतियां, जिनमें समुदाय और लोगों से बेहतर कार्य क्षमता प्रेरित करना शामिल है, पारदर्शी और आदर्श विकास मॉडल, जो बेहतर उत्तरजीविता अथवा सबकी उत्तरजीविता जैसे ऐतिहासिक तथ्य पर आधारित हो, इत्यादि को कार्यान्वित किया जाना होगा। यह समय निचले तबके

के लोगों को सुदृढ़ बनाते हुए इस तरह के अभिमुखीकरण के लिए हर प्रकार से उपयुक्त समय है। इसलिए प्रभावी प्रशिक्षण, न्यून लागत वाली सेवा प्रणाली, स्वरोजगार और व्यापक ग्रामीण निवेश, लागत में कमी और यहां तक कि उसमें सरलता लाने, स्वप्रबंध, स्वत: अनुभूति और अधिमानत: स्थानीय रूप से उपलब्ध एवं विकास योग्य संसाधनों के अंतर्गत प्रबंध संबंधी शिक्षा इत्यादि की आवश्यकता है।

निस्संदेह आत्मनिर्भरता और आत्म सम्मान जैसे मुद्दे कभी भी बाहरी अथवा बाह्य निर्भरता से जोड़े नहीं जा सकते हैं। सभी तरह की प्रणाली निश्चित रूप से जनसमूह, आम जनता और शासन की स्थानीय प्रणाली की क्षमता को विकसित करने वाली होनी चाहिए ताकि बेहतर और पारदर्शी स्थानीय संसाधनों को अनुकूल बनाते हुए उपयुक्तता के अर्थ को विकसित किया जा सके। बेहतर कार्यनीति तैयार करके और लोगों तथा सार्थक संस्थाओं को शामिल करके उनमे सामंजस्य स्थापित करके इसे हासिल किया जा सकता है। यह एक बहुत बड़ी सम्भावना है।

कमियां

आपदा प्रबंधन में कमियां—अनुदेश एवं भविष्य में तैयार की जाने वाली कार्यनीतियां

भारत सरकार के स्तर पर

आपदा प्रबंधन के बारे में विभिन्न मंचों से व्यापक चर्चा की गई है। भारत सरकार ने भी 1999 में एक उच्च अधिकार प्राप्त समिति का गठन किया था जिसे बाद में अप्राकृतिक और मानवीय आपदाओं के संदर्भ में और अधिक व्यापक बनाया गया था। उच्च स्तरीय समिति को सौंपे गए मौजूदा कार्य निम्नलिखित थे—तारीख 17 अप्रैल, 2000 के आदेश को देखें—

1. औद्योगिक, आणविक, जैविक एवं रासायनिक आपदा सहित प्राकृतिक एवं मानव जनित आपदा से निपटने और उसमें कमी लाने के लिए मौजूदा व्यवस्था की समीक्षा करना।
2. संगठनात्मक ढांचे को सुदृढ़ करना।
3. राष्ट्रीय, राज्य एवं जिला स्तर पर, ऐसी किसी प्रकार की आपदा के प्रबंध के लिए व्यापक मॉडल योजना के बारे में सिफारिश करना।

सिफारिशों के साथ-साथ उच्च स्तरीय समिति निम्नलिखित पहलुओं पर भी विचार करेगी।

(क) प्रभावी पूर्वानुमान और चेतावनी प्रणाली के लिए उपाय।

(ख) किसी प्रकार की आपदा से निबटने के लिए सरकार के सभी स्तरों पर आपदा संबंधी प्रबंधतंत्र की मौजूदा प्रणाली और प्रभावी संसूचना के माध्यम से लगने वाले समय में कमी लाने के उपाय करना और पर्याप्त राहत कार्यों को सुनिश्चित करने का उपाय करना।

(ग) विभिन्न क्षेत्रों में आपदा का शमन करने के लिए विकास कार्यक्रम तैयार करना और कार्यरत योजनाओं/गैर योजनागत स्कीमों के अंतर्गत आपदा संबंधी घटकों को शामिल करने के लिए कार्यनीति तैयार करना और उसे अग्रता प्रदान करना।

(घ) सफल आपदा प्रबंधन के लिए कार्यक्षमता में सुधार लाने के लिए मानव संसाधनों के विकास के गहन प्रशिक्षण जैसे उपाय।

(ङ) प्राकृतिक और मानवीय आपदाओं से निबटने के लिए समाज में जागरूकता लाने के लिए लोक जागरूकता संबंधी कार्यक्रम।

(च) आपदाओं से निबटने और उसके उन्मूलन के प्रभावी उपायों के साथ-साथ आपदा प्रबंधन की प्रणाली को अनुकूल बनाना (प्रशासनिक, वित्तीय, विधायी एवं प्रौद्योगिकी)।

(छ) प्रभावी और आधुनिक संचार नेटवर्क गठित करने के लिए आधुनिकतम सूचना एवं प्रौद्योगिकी का उपाय और उसके बारे में कार्यक्रम तैयार करना।

(ज) आपदा उन्मूलन संबंधी कार्यक्रम में नेटवर्क और समन्वय का एक तंत्र स्थापित करना और देश में विभिन्न सरकारी एवं गैर सरकारी एजेंसियों/संस्थाओं द्वारा प्रयास किया जाना।

(झ) विभिन्न प्रकार की आपदाओं, राहत कार्यों और सहायता के मानदंडों के लिए राज्य सरकार की नियम पुस्तकें, कोड एवं आपदा प्रबंधन संबंधी योजनाओं को समय समय पर अद्यतन बनाने के लिए एक तंत्र स्थापित करना।

(ञ) विभिन्न क्षेत्रों में मौजूदा पद्धति और अपनाए गए कोडों को आशोधित करना और जोखिम वाले क्षेत्र को वर्गीगृत करते हुए उनका सर्वेक्षण किया जाना ताकि प्रौद्योगिकी की अपेक्षा के साथ-साथ उसे एक गति दी जा सके और किसी प्रकार की आपदा से निबटा जा सके।

(ट) आपदा उन्मूलन और उससे निबटने के लिए संरचनात्मक उपाय तथा उनके विभिन्न प्रकारों के बारे में विवरण तैयार करना तथा बाढ़ से पहले उससे निबटने के लिए पूर्वाभ्यास करना।

(ठ) राष्ट्रीय, राज्य एवं जिला स्तर पर अत्याधुनिक नियंत्रण कक्ष स्थापित करना ताकि आपदा संबंधी प्रबंध और आपदा उन्मूलन संबंधी कार्यनीति, राहत व बचाव कार्यक्रमों एवं पुनर्वास संबंधी कार्यक्रमों को प्रभावी रूप से समन्वित किया जा सके, और

(ड) देश में प्राकृतिक अथवा मानवीय आपदा, उसके उन्मूलन और उससे निबटने जैसे विषय से संबंधित अन्य सामग्री।

उपयुक्त सभी तथ्यों से यह स्पष्ट है कि आपदा प्रबंधन का क्षेत्र एक ऐसा क्षेत्र है जिस पर समग्र समझ और कार्यवाही की जरूरत है। भारत में आपदा प्रबंधन के विषय पर योजना तैयार करने में ऐसा पहली बार हुआ है कि एक समग्र दृष्टिकोण अपनाया गया है। हमें देखना है कि इन उच्च स्तरीय सिफारिशों और उनके विश्लेषणों को वास्तव में कार्यान्वित कैसे किया जाए। एक बात जिसका यहां उल्लेख किया जाना जरूरी नहीं है वह "भारत की एक बहुत बड़ी समस्या है" इस प्रकार की और भौतिक रिपोर्ट देना ही काफी नहीं है बल्कि उसके वास्तविक रूप से कार्यान्वयन, अभिमुखीकरण, पारदर्शिता और शासन की स्थानीय समस्याओं को शामिल करके सबके लिए कल्याणकारी स्थिति तैयार करना है।

कुछ प्रश्न

1. स्वशासन की ग्रामीण स्तरीय संस्थाओं को शामिल किए बिना और लोगों में पंचायत और संस्थाओं के पास उपलब्ध संसाधनों का प्रयोग किए बिना क्या कार्यान्वयन की कोई प्रभावी योजना तैयार की जा सकती है और उसे कार्यान्वित किया जा सकता है?
2. 73वें और 74वें संशोधन के जरिए प्रश्न में संशोधन द्वारा पंचायतों को 29 विषय को अंतरित किए जाने का उल्लेख किया गया है। क्या इन्हें आपदा संबंधी समग्र प्रबंधन के साथ जोड़ा जा सकता है?
3. प्राकृतिक और मानवीय आपदा के प्रभाव और जिसके परिणामस्वरूप जीवनयापन के तरीकों और सम्पत्ति का नुकसान हुआ तथा इन सबके परिणामस्वरूप तकलीफ और कष्ट उभरकर सामने आया हो, क्या इसका निवारण किया जा सकता है और उससे संबंधित सभी लोगों को शामिल करते हुए क्या उसमें सुधार लाया जा सकता है? इसका अर्थ यह है कि किसी प्रकार का विश्लेषण न सिर्फ निधि के मुद्दे का बल्कि मानव-शक्ति, उपयोग न हो पाने वाली आधारभूत संरचना, लोगों की सद् इच्छा और पारदर्शिता के संबंध में और इसमें सूचना एवं प्रौद्योगिकी को भी जोड़े जाने की आवश्यकता है।
4. आपदा प्रबंधन की समस्या कुछ अन्य आयामों से भी है जैसे कि अन्ततः कार्य,

मॉनिटरिंग, पारदर्शिता और भ्रष्टाचार नियंत्रण तथा पिछले निवेश की समग्र उपयोगिता में नया क्या है? क्या हम आपदा संबंधी नई योजना तैयार करते समय उन सभी बातों पर पर्याप्त एहतियात बरत रहे हैं?

5. पंचायत राज संस्थाओं की भूमिका को कभी भी कम करके नहीं देखा जा सकता। क्या पंचायत सामुदायिक, गैर-सरकारी संगठन और अन्य संबंधित संस्थाएं पूरी तरह से शामिल की गई हैं। पारितोषिक पुरस्कार, प्रोत्साहन और निधि संबंधी प्रोत्साहन सहित कार्यान्वित की जाने वाली किसी प्रकार की कार्य योजना तैयार की गई है?
6. अपने विचार प्रकट न करने वाली जनता और उन लोगों की भूमिका में, जिन्हें आपदा प्रबंधन के क्षेत्र में अपेक्षाकृत कम अधिकार प्राप्त हैं, एक नए तरीके से संवेदनशील दृष्टिकोण जागृत करने की आवश्यकता है। नौकरशाही, राजनीतिज्ञ और सेवारत प्रणाली सामान्य तौर पर ऐसे अमुखर समुदाय की उपेक्षा करते हैं। यदि हम जानवरों की बात छोड़ दें तो बच्चे और महिलाएं, जो सबसे अधिक पीड़ित होते हैं, कमजोर और अशक्त हो जाते हैं। क्या यह सच है कि सिर्फ पंचायत ही है जो ऐसे सभी वर्गों की सेवा के लिए जिम्मेदार ठहराई जा सकती है?
7. नौकरशाही, ग्रामीण नेतृत्व, आध्यात्मिक संस्थाओं, बैंकों, स्वनियोजित ग्रामीण प्रबंधकों आदि को संवेदनशील बनाए जाने का प्रश्न पिछले अनुभवों के नजरिए से देखे जाने की जरूरत है। स्पष्ट जवाबदेही के द्वारा क्या स्वयंसेवकों का स्वनियोजित ग्रामीण आपदा प्रबंधन तैयार किया जा सकता है? उन्हें संस्थाओं के द्वारा उपयोग में न लाए जाने वाली आधारभूत संरचनाओं का उपयोग करते हुए आपदा संभावित क्षेत्रों में पर्याप्त सेवा कार्य करने होंगे, जिससे कि ये पंचायतों/गैर सरकारी संगठनों के साथ् कार्य कर सकें। इसका अर्थ यह है कि आपदा प्रबंधन जैसी समस्या का समाधान करने के लिए कुल मिलाकर एक नए दृष्टिकोण की जरूरत है।
8. अनिवासियों, सेवानिवृत्त कार्मिकों, धार्मिक संस्थाओं को शामिल किया जाना और पंचायती राज संस्थाओं के माध्यम से उन्हें प्रशिक्षित किया जाना न सिर्फ प्रशिक्षण की गुणवत्ता में वृद्धि करेगा बल्कि मिलकर काम करने की भावना के साथ एक कार्यनीति तैयार करेगा। अब तक के हमारे अनुभवों से यह पता चला है कि आपदा प्रबंधन की समस्याओं का समाधान करने में एक प्रकार से गोपनीय, भिन्न-भिन्न और एकमात्र दृष्टिकोण अपनाया गया।
9. सफलता के कुछ नए निर्णायक पैरामीटरों को ग्रामीण स्थानीय संसाधनों, स्थानीय लोगों और स्थानीय रूप से जुड़े लोगों को शामिल करके प्रोत्साहित किया जाए। भारत में और पूरे विश्व में अंग्रेजी में बेहतरीन और बहुत ही प्रतिष्ठित साहित्य उपलब्ध है। क्या कमी है— यह विषय सही नीति कार्यान्वित करने की दिशा में

एक लक्ष्य अथवा नियति है। यदि नियति अथवा भाग्य अथवा किसी प्रकार का परिणाम नगण्य अथवा अनर्थकारी है तो इसका कारण मूलतः किसी प्रकार की पारदर्शिता, जवाबदेही, अभिमुखीकरण और अच्छे उद्देश्यों का अभाव होना है। इसे शासन में सिर्फ पंचायत और स्थानीय संस्थाओं को शामिल करके हासिल किया जा सकता है।

10. मीडिया और भौतिकवादी समाज और वित्त आयोग, स्थानीय संस्थाओं और समुदायों तथा प्रशिक्षण केन्द्रों एवं विभिन्न सरकारी विभागों को मिलाकर बहुत सारे सम्मेलन तथा बौद्धिक स्तर की कार्यशालाएं आयोजित की गई लेकिन क्या वे लागत प्रभावी घटकों को शामिल करते हुए अपेक्षित उद्देश्य हासिल करने के लिए सही दिशा में चल पाईं और आपदा प्रबंध प्राधिकरणों, संस्थाओं, केन्द्र/राज्य/स्थानीय ग्रामीण स्तर के निकायों को प्रोत्साहित कर पाईं?
11. मुख्य प्रश्न लागत प्रभावी और दीर्घावधि आपदा उन्मूलन के संबंध में कार्यरूप में समग्र आपदा प्रबंध नीति को वैज्ञानिक, तार्किक तथा विश्लेषणात्मक तरीके से देखे जाने के लिए ज्यादातर लोग यह महसूस करते हैं कि आपदा प्रबंध अंतर्राष्ट्रीय संस्थाओं से लेकर ग्रामीण स्तर तक इससे जुड़े लोगों के लिए एक बड़ा व्यवसाय हो गया है। आपदा उन्मूलन के विषय पर व्यापक दृष्टिकोण अपनाए जाने को लेकर बहुत कुछ लिखा जा चुका है लेकिन अंततोगत्वा कहीं कुछ कमी हो रही है जिससे आपदा प्रबंधन एक फलने फूलने वाले व्यवसाय और प्रत्येक स्तर पर कुछ संगठित लोगों के लिए उद्योग के रूप में तैयार हो रहा है।

नोट: संक्षेप में, एक बात मैं यह कहना चाहूँगा कि आपदा प्रबंधन की तैयारी के लिए उच्च स्तरीय समिति को संवेदनशील बनाया जाए ताकि राजनीति और कार्यकारी तंत्र में विधायी अधिनियम को लागू करने के लिए अधिक से अधिक जागरूकता लाई जा सके, जिससे कि स्थानीय शासन की संस्थाएं अन्ततोगत्वा आपदा के क्षेत्र में सामने आने वाली चुनौतियों का पूरी तरह से सामना कर सकें। कहने की आवश्यकता नहीं है कि आपदा प्रबंधन के क्षेत्र में किसी प्रकार का समग्र दृष्टिकोण मानव व्यवहार से जुड़ी कोई भी ऐसी बात नहीं हैं जो छूट जाती है। कुछ लोग महसूस करते हैं कि सम्पूर्ण समाज और शासन की सभी संस्थाएं आपदा प्रबंधन के क्षेत्र में समग्र दृष्टिकोण की अवस्था से गुजर रहे हैं। कोई भी व्यक्ति प्रसन्न नहीं दिखाई देता। ऐसा प्रतीत होता है कि आपदा जीवन के समस्त पहलुओं को निगल गई हो और उसने जीवन को पूरी तरह से प्रभावित किया हो। इस प्रक्रिया में आपदा प्रबंधन पर बनी उच्च स्तरीय समिति को दूरदर्शी तरीके से देखना होगा और किसी प्रकार की राष्ट्रीय आपदा की स्थिति में मैं, हम और उनकी भूमिका को प्रेरित करना होगा। जब तक की संवेदनशीलता, सहानुभूति, स्वनियोजन, ग्रामीण निवेश और ग्रामीण अभिप्रेरणा जैसे मुद्दे की लागत प्रभावशीलता और व्यावसायिकता तथा विकास के

समग्र मुद्दों, टीम कार्य और एक साथ मिलकर कार्य करने की प्रवृत्ति पर ध्यान नहीं दिया जाएगा तब तक इतिहास में ऐसी गलतियों की पुनरावृत्ति होती रहेगी। भारतीय इस मामले में प्रसिद्ध हैं कि वे इतिहास अथवा पिछली गलतियों से नहीं सीखते। राज्य के क्षीण संसाधन, विकृत कार्य संस्कृति, शासन की असंवेदनशील प्रणाली और जनसमूह की व्यापक जागरूकता से काफी कुछ उम्मीद की जा सकती है क्योंकि इनसे परिवर्तन होना बाध्यकारी हो जाएगा। सूचना एवं प्रौद्योगिकी के आने से और आपदा प्रबंधन की लागत प्रभावी प्रणाली के आधार पर समग्र अनुभूति और अभीमुखीकरण साथ ही साथ यह मानना कि विकास के तथाकथित बड़े, शहरीकृत और पूंजीगत गहन मॉडल असफल हो गए हैं। लेकिन हमारे पास आशावादी और रचनात्मक बनने के पर्याप्त कारण हैं।

आपदा प्रबंधन और पंचायती राज सशक्तिकरण के मोर्चे में क्या कमियां हैं?

अंतर्राष्ट्रीय स्तर पर

आपदा प्रबंधन की यथार्थ परिभाषा में निकटदर्शी और संकीर्ण दृष्टिकोण को अपनाया गया है। यद्यपि अंतर्राष्ट्रीय आपदा के अनुभवों से यह स्पष्ट होता है कि सामुदायिक क्षमता और स्थानीय निकाय की क्षमता आपदा प्रबंधन की स्थिति में बेहतर समाधान है किंतु आपदा की स्थिति में बरती जाने वाली सावधानी काफी सीमित स्तर पर है। विशेषज्ञता, संसाधन, कुशलता आदि की बेहतरी के बावजूद ऐसा प्रतीत होता है कि आपदा प्रबंधन का कार्य बाद में होता है और उसकी तैयारी भी बाद में की जाती है।

भारत सरकार के स्तर पर

आपदा प्रबंधन का विषय कृषि मंत्रालय और गृह मंत्रालय, दोनों के अंतर्गत आता है। इस संबंध में समग्र कार्य योजना, स्पष्टता, अभिमुखीकरण, बेहतर समन्वय की आवश्यकता है ताकि किसी तरह की आपातकालीन स्थिति से पहले और उसके बाद उससे प्रभावी ढंग से निबटा जा सके। हाल ही में उच्चतम न्यायालय में बेहतर समन्वय की आवश्यकता पर बल दिया गया। भारत सरकार के सभी विभाग और मंत्रालय सामुदायिक क्षमता के गठन में अपनी अपनी भूमिका निभा रहे हैं और लोगो को इसी प्रकार की आपदा से जुड़ी संभावना के लिए तैयार कर रहे हैं लेकिन जैसा कि उच्चतम न्यायालय ने बताया, इस दिशा में अभी काफी कार्य किया जाना है।

योजना आयोग के स्तर पर

संभवत: भारत सरकार की योजना के इतिहास में पहली बार ऐसा हुआ है कि योजना आयोग ने आपदा प्रबंधन पर एक अध्याय तैयार किया है। दसवीं पंचवर्षीय योजना के खण्ड-I में

आपदा प्रबंधन के परिप्रेक्ष्य में "विकास आयाम और उसकी कार्यनीति" नामक संलग्नक में यह रिपोर्ट संलग्न है तथापि संसाधन, विनिधानकर्ता, कार्यक्रमों और अग्रताओं को निर्धारित करने वालों, प्रेक्षक और कार्यनीति एवं युक्तकर्ता के तौर पर यह समुचित समय है कि आपदा प्रबंधन के मुद्दे और निचले स्तर पर किसी प्रकार के सशक्तिकरण के विषय को अलग-अलग न माना जाए। नीतिगत मुद्दों की अपरिहार्यता और धन का बेहतर मूल्य अनेक ऐसी कड़ियों से जुड़े है जिसमें और जवाबदेही प्रणाली में कहीं न कहीं कमी अवश्य है। चूंकि भारत सरकार के पास संसाधनों की कमी है इसलिए विभिन्न परिवर्तनशील नीतिगत विकल्पों को राज्य और केन्द्र सरकार को प्रस्तावित करना होगा। तथ्य यह है कि जैसा कि बताया गया है कि रूढ़िगत मानसिकता की समस्या और दण्ड की अवधारणा से वास्तव में किसी प्रकार के बेहतर परिणामों की उम्मीद नहीं की जा सकती। इस स्थिति में यही समय है कि हम यह देखें कि अभिमुखीकरण के लिए और खर्च किए जाने वाले धन के अनुकूलतम उपयोग और किए जाने वाले प्रयासों में एक बेहतर प्रणाली कैसे विकसित की जाए। यद्यपि आवंटित संसाधनों की मॉनिटरिंग दिनों-दिन क्षीण होती जा रही है और अधिकांश विभाग प्रत्येक वर्ष दिसम्बर के बाद धन खर्च करते रहे हैं। शासन में आपदा प्रबंधन के कई क्षेत्र, जिनमें लोगों के लिए कुछ बेहतर कार्य किया जा सकता है और इन सभी कार्यों में योजना आयोग द्वारा पहल किए जाने की आवश्यकता है।

राज्य सरकार के स्तर पर

चूंकि राज्य अधिकांशतः भारत सरकार द्वारा स्थापित पैटर्न पर कार्य करते हैं, इसलिए इसमें किसी प्रकार की मौलिकता, जन भावना, सामुदायिकता, पंचायती राज, जो लागत प्रभावी, मार्गदर्शी कार्य योजना के रूप में हों, मुश्किल से ही होता है। उत्तरांचल जैसे राज्य में आपदा प्रबंधन के लिए अलग से विभाग है। लेकिन अलग से मंत्रालय कैसे बनाया जाए जो आपदा प्रबंधन की स्थिति में बेहतर तैयारी और प्रबंधन के कार्य को सरल बना सके, इस बात पर समग्र रूप से अध्ययन किए जाने की आवश्यकता है।

जिला स्तर

राजस्व, पुलिस और अन्य विभागों द्वारा एक अहम भूमिका, अभिवृत्ति-निर्माण और समन्वित प्रयास की आवश्यकता है। परंपरागत मानसिकता के लोग आर्थिक अनुदान की बात पर अधिक बल देते हैं। कुछ जिलों में सरकारी मशीनरी नियमित रूप से सूखा अथवा बाढ़ की स्थिति की प्रतीक्षा करते हैं।

ब्लाक और गांव

यह खेद का विषय है कि इस तथ्य की स्पष्ट जानकारी होने के बावजूद कि किसी प्रकार

की सेवा और उसे प्रभावी बनाने के लिए स्थानीय शासन और समुदाय आधारित संगठन के निचले स्तर की संस्था ग्राम एवं ब्लाक स्तर की मानी जाती है। लेकिन आपदा की स्थिति से पूरी तरह से निपटने के लिए किसी तरह की योजना, स्पष्ट दृष्टिकोण और तैयारी का प्रायः यहां अभाव मिलता है। श्री जे.सी. पंत, श्री विनोद शर्मा और ऐसे बहुत से लोग, जो आपदा प्रबंधन के क्षेत्र में राष्ट्रीय और अंतर्राष्ट्रीय विशेषज्ञता से सम्बद्ध हैं, उन्होंने गांव के लिए योजना तैयार करने और उनको समर्थ बनाने के लिए तत्काल आवश्यकता पर ध्यान दिए जाने का उल्लेख किया है। लेकिन ऐसा लगता है कि इस विषय पर तत्काल कदम उठाए जाने की आवश्यकता को सच्चे मन से स्वीकार किए जाने के बावजूद कुछ अथवा अन्य दूसरे कारणों से निचले स्तर पर इसकी उपेक्षा कर दी जाती है। अभिमुखीकरण, समन्वय, सहयोग, लागत प्रभावशीलता और लोगों को प्रत्यक्ष रूप से उसमें शामिल करना, बैंक, बीमा, युवाओं और इस दिशा में कार्य करने वाले ऐसी सभी संस्थाओं में ऐसे क्षेत्र हैं जिस पर बहुत अधिक ध्यान दिए जाने की आवश्यकता है। वास्तव में जहां असली भारत है, वहीं पर चूक हो रही है।

समुदाय आधारित संगठन, गैर सरकारी संगठनों, सूचना प्रौद्योगिकी कंपनियों, निगमित क्षेत्र, आध्यात्मिक संस्थाओं इत्यादि ने इस दिशा में एक बड़ी भूमिका तो निभाई है लेकिन ऐसा लगता है कि हर एक की भूमिका में किसी प्रकार के अभिमुखीकरण और मूल्यांकन का पूर्णतया अभाव है। कभी कभी वे अत्यधिक भ्रम और उद्देश्यों के प्रति आशंका की स्थिति में कार्य करते हैं।

कुछ प्रश्नों और पंचायती राज संस्था को मजबूत करके दीर्घकालिक स्थिरता और क्षमता में वृद्धि को कैसे बढ़ाया जा सकता है?

1. भारत जैसे विशाल और विविधताओं वाले देश में केन्द्र द्वारा और राज्यों द्वारा किसी प्रकार का केन्द्रीकृत शासन वांछित रूप से बहुआयामी विकास नहीं कर पाता। समस्त प्रकार के अच्छे पहलुओं के साथ असंतुलित विकास के अनेकानेक नाकारात्मक पहलुओं की ही अनदेखी नहीं का जा सकती। गलत क्या है यदि छोटे–छोटे समुदाय स्वशासन की संस्था के तौर पर विकसित किए जाएं?
2. क्या पहली बार केन्द्रीकृत करने के लिए तथाकथित पंचायत अधिकारिता वाले राज्यों में इस प्रकार की अभिवृत्ति उत्पन्न की गई है तथा कथित रूप से विकसित राज्यों में भी अपनी अपनी समस्याएं हैं जो अच्छे शासन के अभाव, लोगों की उसमें कम भागीदारी, व्याप्त भ्रष्टाचार, असंवेदनशीलता, नीतियों की उपेक्षा और समग्र विकास के लिए स्थानीय संसाधनों की उपेक्षा के परिणामस्वरूप हैं।
3. क्या हमने ऐसे अनेक मोर्चों पर अपनी पिछली गलतियों से कुछ सीखा है? क्या किसी तरह की सुधार प्रणाली स्थिति में सुधार ला सकती है? क्या प्रणाली

जनसमूह को प्रेरित करने में असफल साबित हुई है? क्या सामाजिक प्रणाली में परस्पर संघर्ष ने सामाजिक व्यवस्था को पूरी तरह से समाप्त कर दिया है? क्या आपदा की स्थिति ने अन्य दूसरे शांत क्षेत्रों को प्रभावित किया है?

ग्राम्य जीवन और ग्रामीणों की भागीदारी के लिए ग्रामीण निवेश को बढ़ाना

राष्ट्रीय लघु उद्योग एवं उद्यम विकास संस्थान, हैदराबाद इस दिशा में प्रशंसनीय कार्य कर रहा है। हाल ही में इसने अपने आप को घाटा उत्पन्न करने वाली संस्था से लाभप्रद संस्था, सामाजिक रूप से उपादेय और बहुमुखी विकासशील संस्था के रूप में परिवर्तित किया है। ग्रामीण निवेश में वृद्धि की संभावना की तलाश करने के लिए "नाबार्ड" के सहयोग से "एन.आई.एस.आई.ई.डी." के द्वारा एक आधे दिन की कार्यशाला आयोजित की गई। विद्यार्थी के रूप में मैं अपने दृष्टिकोण और निष्कर्ष प्रस्तुत करने के लिए पंचायत सशक्तिकरण और आपदा प्रबंधन की जांच के लिए गया और वहां पर मैंने अन्य लोगों से अर्थात चुनिंदा भागीदारों से परस्पर अपने विचार भी व्यक्त किए।

न केवल आंध्र प्रदेश बल्कि सभी राज्यों ने ग्रामीण निवेश को प्रेरित करने और उसमें किसी प्रकार की वृद्धि पर शायद ही ध्यान दिया हो। किसी प्रकार के आर्थिक सहायता अनुदान पर निर्भर हुए बिना ग्रामीण क्षेत्रों में अनेक कार्यक्रम चलाए जा रहे हैं। वे ही उसकी व्यवस्था करते हैं और उनको विशेषज्ञता हासिल है तथा सरकार एवं बैंकों के अलावा अन्य स्रोतों से भी अपने संसाधन जुटाते हैं। इन्हें अनौपचारिक संभरणकर्ता कहा जा सकता है। लेकिन ग्रामीण क्षेत्रों में ऋण लेने और विकास की प्रक्रिया पर अध्ययन किए जाने की आवश्यकता है। जब हम ग्रामीण निवेश, लोगों की क्षमता और उन्हें किसी प्रकार की आपदा की चुनौतियों से निपटने के लिए अपनाई जाने वाली कार्यनीति के एक भाग के रूप में देखते हैं तो बहुत सारे सवाल हमारे मस्तिष्क में उठते हैं। भारत में सभी जिलों के लिए "नाबार्ड" द्वारा तैयार की गई "पोटेंशियल लिंक्ड क्रेडिट प्लान" (पी.एल.सी.पी.) भी कुछ त्रुटियों से ग्रस्त रहा है। यद्यपि इसमें जिलों के लिंक्ड क्रेडिट प्लान की संभाव्यता पर बात की जाती है लेकिन यह सरकारी अनुदानों और आर्थिक सहायता की स्कीमों और कार्यक्रमों के इर्द-गिर्द ही घूमता है। अतः इसमें वास्तविक पहलुओं पर ध्यान नहीं दिया जाता है। बल्कि ज्यादातर यह समुदाय और व्यक्ति की पहल के रूप में होता है। यह बहुत ही निम्न तरीके से हमारी योजनाओं और अध्ययन प्रक्रिया को दर्शाता है। गुजरात में भुज, आंध्र प्रदेश में खमाम, उत्तर प्रदेश में आजमगढ़, गाजीपुर, जौनपुर, बुलंदशहर आदि विभिन्न जिलों में विचार-विमर्श के दौरान इस तरह की विसंगतियां उभरकर सामने आईं। जब क्रेडिट जमा अनुपात और क्षेत्रवार आवंटन के भाग के रूप में ऋण के साथ-साथ गांवों और जनसंख्या की गणना की गई तो ऐसा प्रतीत हुआ कि अक्षम्य गलती हुई है। कलेक्टरों, मुख्य विकास अधिकारियों, बैंकरों और खंड विकास अधिकारियों से विचार-विमर्श के

दौरान यह तथ्य उभरकर सामने आया कि हमारी योजना प्रक्रिया वास्तव में वित्तीय क्रेडिट सीमा की संभावना और लोगों की क्षमता को नहीं दर्शाती। ये सारी चीजें उन सभी स्कीमों पर लागू की जा सकती हैं जहां लोगों के योगदान की कोई संभावना न हो और किसी प्रकार का बड़ा नुकसान होने वाला हो।

ग्रामीण निवेश बढ़ाने के लिए कार्ययोजना

सभी मौजूदा पद्धतियों की पुन: जांच करने का समय आ गया है। ज्यादातर यह उन क्षेत्रों पर लागू होता है जो निवेश की संभावना के साथ उभर कर सामने आ रहे हैं। वास्तविक भारत अर्थात ग्रामीण भारत में गलत निवेश और विपणन के कारण मुश्किलों का सामना करना पड़ रहा है। पिछले समय में ऐसी कई विभिन्न नीतियों ने ग्रामीण क्षेत्रों में व्यवहार्य निवेश की पहल को बुरी तरह से प्रभावित किया। अत: निम्नलिखित कुछ ऐसे कार्यक्षेत्र हैं जहां ग्रामीण निवेश को बढ़ाए जाने की आवश्यकता है–

(क) उद्योग, सेवा और व्यवसाय के क्षेत्र में परम्परागत और गैर परम्परागत, ब्लॉक स्तर की संभावना को स्थानीय लोगों के साथ मिलकर विचार-विमर्श किए जाने की आवश्यकता है। यहां यह कहना जरूरी नहीं है कि वर्तमान व्यवस्था लोगों की भागीदारी को सुनिश्चित नहीं करती।

(ख) क्षेत्र, जहां पर वृद्धि और व्यवहार्य, रोजगार की अधिक से अधिक संभावना है, उसका अभिनिर्धारण किए जाने की आवश्यकता है। यह माना जाता है कि ऐसे क्षेत्र में, जिसमें विपणन और वापसी की संभावना बहुत ही निम्न स्तर की हो, उस पर अपेक्षाकृत कम अग्रता की जरूरत है। ऐसा संभावित रूप से अच्छे, व्यवहार्य और पारदर्शी उधारकर्ता को अभिनिर्धारित करके ब्लाक में प्रत्येक शाखा के सेवा क्षेत्र को अभिनिर्धारित करके संभव है। ये वही लोग हैं जो विपणन, वसूली, गुणवत्ता और यहां तक कि दिनों दिन बढ़ती प्रतिस्पर्धा जैसे समस्या का प्रभावी ढंग से मुकाबला कर सकते हैं।

(ग) निम्न लागत व्यवहार्य परामर्शदाता अथवा सुलभ चिकित्सक अथवा कम लागत और अधिक प्रभावी सेवातंत्र प्रत्येक गांव में बनाए जाने की आवश्यकता है। सूचना प्रौद्योगिकी, स्थानीय योजना, बीमा, विपणन, विशेषज्ञता और स्व-रोजगार के आधार पर न केवल पंचायत के स्तर पर वृद्धि की जा सकती है बल्कि पंचायत स्तर पर लोगों को मजबूत करने के लिए पर्याप्त व्यवसाय का भी सृजन किया जा सकता है। इन्हें बैंकों और बीमा कंपनियों का विस्तार माना जा सकता है। आने वाले कल में और यहां तक कि सरकार भी सामाजिक और आर्थिक क्षेत्र में इनकी सेवाओं पर विचार कर सकती है, ये कार्यक्रम अब तक प्राय: सफल नहीं हुए।

(घ) संगठित संस्थाओं, गैर सरकारी संगठनों पंचायती राज संस्थाओं, व्यापार एवं वाणिज्यिक चैनलों की भूमिका, पी.एल.सी.पी. अथवा अन्य योजनागत दस्तावेजों में उपयुक्त रूप से निर्धारित नहीं हो पाई है। इनको उचित तरीके से प्रोत्साहित करते हुए न केवल निधि की योजना के लिए तैयार किया जा सकता है बल्कि इन्हें विपणन और वसूली के क्षेत्र में शामिल किया जा सकता है। चैम्बर ऑफ कॉमर्स, रोटरी एवं लायन्स क्लब, ट्रेड एसोसिएशन और गैर सरकारी संगठन व्यवहार्य बैंक योग्य निवेश में वृद्धि की इस प्रक्रिया में बहुत महत्वपूर्ण भूमिका निभा सकते हैं।

(ङ) समुदाय और समूहों में प्रशिक्षण एवं शिक्षण केन्द्रों की भूमिका पर पर्याप्त रूप से ध्यान नहीं दिया गया। प्रशिक्षक, शिक्षक, उद्यमी और यहां तक कि समुदाय निवेश एवं नियोजन वृद्धि के लिए एक बड़ी भूमिका निभा सकते हैं। निधि और वसूली के साथ प्रशिक्षण को जोड़कर बेहतर परिणाम हासिल किए जा सकते हैं। संस्थाएं स्वावलंबी और संवेदनशील हो सकती हैं। निवेश के अवसरों को तलाशने की अभिवृत्ति में उस समय भी वृद्धि की जा सकती है यदि उन्हें हमेशा लाभप्रद आधार पर स्थापित किया जाए।

(च) सूचना प्रौद्योगिकी के द्वारा व्यवहार्य निवेश के क्षेत्र में अत्यधिक वृद्धि की संभावना है और उनसे कार्यान्वयन की योजना से तैयार की जा सकती है। पुरानी और नई सम्बद्ध सेवाएं उपलब्ध करने के लिए प्रत्येक जिले और ब्लॉक में एक प्रसिद्ध सूचना एवं प्रौद्योगिकी कंपनी स्थापित की जा सकती है। इन्हें संविदा अथवा स्वनियोजन के आधार पर कार्य दिया जा सकता है। पुनः यह स्पष्ट किया जाता है कि वह बेरोजगारों को उचित प्रशिक्षण की सुविधा प्रदान करें, बैंकिंग प्रणाली को विकसित करें, ग्रामीण क्षेत्रों में स्वनियोजन के लिए लोगों को प्रशिक्षित करें और अन्य प्रकार की गतिविधियों के लिए बैंकों के साथ समन्वय स्थापित करें। कार्य के लिए ऐसे क्षेत्रों को साधारण क्षेत्र के रूप में नहीं माना जा सकता बल्कि निश्चित तौर पर इस दिशा में कुछ मॉडल तैयार किए जा सकते हैं।

(छ) ग्रामीण निवेश के क्षेत्र में वृद्धि के लिए सेवानिवृत्त सिविल, सैन्य अधिकारियों की भूमिका को प्रेरित करने और उन्हें उपयोग में लाए जाने की आवश्यकता है। बेहतर स्थापन और अभिप्रेरणा से इन्हें बहुत सक्रिय और लागत प्रभावी बनाया जा सकता है। इनके अनुभवों को परस्पर बांटा जा सकता है और इनमें वृद्धि भी की जा सकती है। विभिन्न व्यावसायिक अवसर, चाहे वे भूमि, शुष्क भूमि, परती भूमि एवं कृषि तथा गैर कृषि के क्षेत्र में हों, बीमा और बैंकिंग के क्षेत्र में हो, गोदाम एवं आधारभूत संरचना के क्षेत्र में हों, ग्रामीण क्षेत्रों में इनसे रोजगार के काफी अवसर सुलभ कराए जा सकते हैं।

(ज) ग्रामीण निवेश के क्षेत्र में सुरक्षा आयाम् कुल मिलाकर ग्रामीण सुरक्षा से सम्बद्ध किए जा सकते हैं। चाहे वह खाद्य, सुरक्षा, स्वास्थ्य, जल, नियोजन के क्षेत्र में हों अथवा यहां तक कि अंतिम क्रिया के क्षेत्र में हों, आर्थिक और आध्यात्मिक प्रकार की अनेक संस्थाएं अति महत्वपूर्ण भूमिका निभा सकती हैं। किसी प्रकार की असुरक्षा की भावना को सदाशय लोगों के साथ मिलकर बांटा जा सकता है। इन बातों में उपयुक्त नीति और कार्य पहल की अपेक्षा होगी। गैर सरकारी संगठनों की भूमिका में जिला स्तर पर अधिक कार्य हो सकते हैं।

(झ) चैंबर ऑफ कॉमर्स, छोटे व्यापारियों के एसोसिएशन, खुदरा विक्रेताओं, शासन की स्थानीय स्तर की संस्थाएं आदि एक साझे मंच पर लाई जाएं, ताकि जीवन यापन के मुद्दे को कारगर ढंग से नियंत्रित किया जा सके। अनेक कार्य निष्पादन करने वाली और सक्रिय संस्थाएं हैं जो मामला अध्ययन किए जाने की व्यवस्था कर सकती हैं। हमारे बीच सक्रिय भूमिका निभाने वालों के सहयोग से परंपरागत विशेषज्ञता का उपयोग करके बेहतर परिणाम हासिल किया जा सकता है।

(ञ) विकास अथवा विनाश, निम्न लागत अथवा उच्च लागत, टिकाऊपन, सुलभ, कारगर अथवा अन्यथा, लाभ ही लाभ अथवा हमेशा हानि की स्थिति के सिद्धान्त को सदैव ध्यान में रखना होगा। अतः पूर्व में विकास, जनसमूह की अभिवृत्ति, एकत्र करने की प्रणाली और वसूली आदि को ग्रामीण-वार तैयार किया जाए। महिला विकास, बुनियादी शिक्षा, ग्रामीण उद्योग, पशुधन, बाल विकास, वरिष्ठ नागरिकों, वनरोपण, पशुधन जैव विविधता के क्षेत्र में पिछले 10-15 वर्षों के पहल कार्यों के संदर्भ में गरीबी की रेखा से नीचे का विश्लेषण भी किया जाना आवश्यक है। निवेश की संभावना का भी दस्तावेजीकरण किया जाना आवश्यक है।

निवेश की संभावना वाले क्षेत्रों के संदर्भ में उपर्युक्त विश्लेषण हमारे लिए एक मूल विषय की व्यवस्था कर सकते हैं। इन्हें स्वनियोजित ग्रामीण उत्प्रेरक द्वारा प्रमाणित किया जा सकता है और कार्यान्वित किया जा सकता है।

शत-प्रति-शत वसूली और सुरक्षा के लिए बरती जाने वाली सावधानियां

(क) उक्त क्षेत्र में पिछले अनुभव
(ख) स्वनियोजित ग्रामीण उत्प्रेरकों की विश्वसनीयता
(ग) पंचायत संस्था की भूमिका

(घ) विपणन सहयोग
(ङ) महिलाओं को वरीयता
(च) नेतृत्व एवं पारदर्शिता की संरचना
(छ) कम्प्यूटर से जोड़ना
(ज) दैनिक/साप्ताहिक वसूली
(झ) बीमा सहयोग
(ञ) सक्रिय ग्रुप और दस्तावेजीकरण
(ट) गैर सरकारी संगठनों की भूमिका
(ठ) स्थानीय प्रेस

उपर्युक्त कुछ संस्थाओं में गतिरोध दूर करने के लिए बहुत अधिक ध्यान दिए जाने और विचार किए जाने की जरूरत होगी–

प्रथम क्षेत्र	*द्वितीय क्षेत्र*	*तृतीय क्षेत्र*
सूचना प्रौद्योगिकी + एस.ई.आर.एम. + विपणन मुखी नीतियां	सफल प्रत्याशा मॉडल अथवा पिछले अनुभव	सफलता और प्रतिक्रिया के लिए अनिवार्य बातें

ग्राम, परम्परागत संसाधन, गाय, ग्रामीण उद्योग, स्वरोजगार, आत्म सम्मान

चौथा क्षेत्र	*पांचवां क्षेत्र*	*छठा क्षेत्र*
स्थानीय संसाधनों और स्थानीय मांग के आधार पर ग्रामीण क्षेत्रों द्वारा सुरक्षा, स्वास्थ्य, खाद्यान्न, जल, दुग्ध, और नियोजन के विभिन्न पहलुओं को तलाशा जा सकता है।	क्या ग्रामीण योजना, ग्रामीण कौशल, प्रशिक्षण और मानव संसाधन विकास को अधिक से अधिक ग्रामीण आत्मनिर्भरता के लिए प्रेरित किया जा सकता है।	मैं/हम/उनकी भूमिका वैश्विक दृष्टिकोण की भूमिका एवं स्थानीय कार्य (जी.वी.ए.एल.ए.), समृद्धि के आयाम और अपेक्षा की सीमा।

उपर्युक्त विश्लेषण से यह स्पष्ट हो जाएगा कि मानव संसाधन विकास और विचार-विमर्श के स्तर को बढ़ाने में सक्रिय भूमिका निभाने वालों को साथ लेकर चलते हुए गहन परिश्रम और नेटवर्क की आवश्यकता होगी। निष्पादनकर्ताओं द्वारा किए गए अनुसंधान, कार्य के दूसरे क्षेत्र के रूप में होंगे। बजट का स्तर, विभाग के अनुसार क्षमता का विश्लेषण, कराधान एवं बजट संबंधी नीति में किसी प्रकार की कमी और अवसर में आश्चर्यजनक परिवर्तन किए जा सकते हैं।

हिन्द स्वराज का पाठ

इस पुस्तक में विभिन्न प्रकार के विकास, व्यवसायियों की भूमिका, प्रौद्योगिकी की दिशा और समृद्धि की संपूर्ण तलाश जैसे विभिन्न प्रश्न 1908 में उठाए गए थे। यह एक उपयुक्त समय था, जब हम इनमें से कुछ प्रश्नों को लोकतांत्रिक देश के रूप में देखें। वैज्ञानिक, तार्किक, विश्लेषणात्मक प्रश्न एवं उत्तर शृंखला के द्वारा स्थायी विकास और ग्रामीण निवेश के अनेक मुद्दों की जांच की जा सकती है। पंचायती राज संस्थाओं और शासन प्रणाली के माध्यम से ग्रामीण व्यवस्था एवं 29 विषयों के अभिमुखीकरण पर प्रभावी ढंग से विचार किया जा सकता है।

वर्तमान समय की विभिन्न चुनौतियों के आधार पर ऐसे कुछ तथ्य, जो इसके बाद की विचार-विमर्श के लिए उभरकर हमारे सामने आते हैं, निम्नलिखित हैं–

(क) विकेन्द्रीकरण/प्रभावी शासन के मुद्दे
(ख) जवाबदेही एवं प्रतिमान सहित विकेन्द्रीकरण
(ग) धन का मूल्य एवं ऑक्सीजन के तौर पर नई नीति
(घ) व्यावसायिकों, उपयोगकर्ताओं एवं शिक्षकों की भूमिका
(ङ) आपदाग्रस्त क्षेत्र एवं वास्तविकता
(च) उदारीकरण, अभिमुखीकरण और आत्म प्रतिष्ठा के मुद्दे
(छ) समुदाय एवं संस्था की शक्ति
(ज) लॉबी की भूमिका एवं उनमें जन भावना कैसे समाहित की जाए
(झ) असंगठित, विकेन्द्रित तथा पारिस्थितिकी अनुकूल क्षेत्रों की भूमिका
(ञ) जानकारी आधारित अर्थव्यवस्था के क्षेत्र में जिस प्रकार से जागरूकता और न्यूनतम लागत सेवा प्रणाली को प्रेरित किया जा सकता है, जिससे सभी के लिए लाभप्रद स्थिति तैयार हो।

नाबार्ड सरोकार

राष्ट्रीय एंव अंतर्राष्ट्रीय रूप से जुड़े होने के अलावा इनके पास कृषि एवं ग्रामीण विकास का भी दायित्व है। अतः ग्रामीण क्षेत्रों में निवेश वृद्धि इनका प्रमुख उद्देश्य है। जिलों, राज्यों एवं शासन की केन्द्रीय संस्थाओं के लिए उपयुक्त पॉलिसी पैकेज एवं सुझाव देते हुए इनके द्वारा विपणन संस्थाओं को भी प्रेरित किया जा सकता है।

उत्पादन प्रशिक्षण केन्द्रों और ट्रिप एवं इसी प्रकार के अन्य क्षेत्रों में पिछली असफलताओं को ध्यान में रखते हुए समग्र विश्लेषण किए जाने की आवश्यकता है।

निवेश के अवसर प्रकट होने वाले क्षेत्र में स्थानीय परियोजना तैयार करने वाली

संस्थाओं द्वारा लगातार अनुसंधान किया जाना चाहिए। इन्हें परिणाम के आधार पर प्रोत्साहन भी दिया जा सकता है।

योजना प्रक्रिया, गांवों और पंचायतों में शुरू करना होगा।

स्थानीय कार्य कौशलता और संसाधनों के साथ स्थानीय विपणन के क्षेत्र में आत्म-निर्भरता के पहलू को सदैव अत्यधिक महत्व दिया जाना होगा और उसे प्रोत्साहित करना होगा।

केन्द्र, राज्य और यहां तक कि स्थानीय निकायों की कार्यरत स्थायी संस्थाओं की भूमिका को भी प्रतिस्पर्धात्मक सेवा के ढांचे के तौर पर विकसित करना होगा। लागत प्रभावशीलता और धन-मूल्य सर्वोपरि होगा।

लोकतांत्रिक नेतृत्व की गुणवत्ता में वृद्धि, विशेषत: मूल स्तर पर, ध्यान दिए जाने वाले अन्य क्षेत्र हैं। सीमा और विपणन सहयोग से प्रतिस्पर्धात्मक प्रणाली विकसित की जानी चाहिए।

कार्य निष्पादकों को प्रोत्साहित करते हुए और एक प्रकार की पारदर्शी कार्यप्रणाली का माहौल बनाकर बेहतर परिणाम प्राप्त किया जा सकता है।

समाज, समुदाय और ग्रामीण विकास आदि के क्षेत्र में बहुआयामी चुनौतियों का सामना व्यापक रूप से सभी कार्यकर्ताओं (स्टेक होल्डर) के सहयोग से किया जाना चाहिए। अत: निम्नलिखित क्षेत्र में कुछ नवीन प्रक्रिया की आवश्यकता है–

(1) वित्तीय प्रणाली
(2) पुरस्कार प्रणाली
(3) योजना प्रणाली
(4) प्रशिक्षण प्रणाली
 –मैं, हम, वे प्रणाली में सुधार
 –आधार स्तर पर सूचना प्रौद्योगिकी का विकास

जागरूकता लाने और बेहतर परिणाम के प्रश्न उठाने जैसे मुद्दों पर शायद ही ध्यान दिया गया है, इसलिए यह स्पष्ट है कि तथाकथित रूप से अव्यवहार्य किंतु निवेश के क्षेत्र में पर्याप्त रूप से ऐसे व्यवहार्य क्षेत्र हैं जिन पर ध्यान दिए जाने की आवश्यकता है। गौशाला इनमें से एक क्षेत्र है अत: किसी प्रकार के बोध, गैर जानकारी, मूल्यवर्धन अनुसंधान और विकास आदि जैसे कुछ ऐसे क्षेत्र हैं जिन पर ध्यान दिए जाने की आवश्यकता है।

पद्मभूषण श्री अन्ना हजारे के विचार

पद्मभूषण श्री अन्ना हजारे ने विभिन्न मंचों से संबंधित कुछ ऐसे ही क्षेत्रों पर प्रश्न उठाए

और उन पर तत्काल कार्यवाही की मांग की है। सभ्यता का प्रकार, कमजोर और अशक्त लोगों के लिए चिंता, कई क्षेत्रों में असंगतता, प्रत्याशा के मॉडल और प्रेरक पहल, कार्य निष्पादकों की उपेक्षा, कम निवेश और ग्रामीण क्षेत्रों में प्रशिक्षण की स्थिति ठीक न होना, प्रकृति की उपेक्षा, प्रेम और स्नेह तथा अपेक्षा की सीमा कुछ इसी तरह के महत्वपूर्ण विषय थे। यहां सार्थक लोगों के साथ मिलकर और एक व्यापक नेटवर्क तैयार करके वास्तविक रूप से तथा ग्रामीण भारत के जीवन स्तर में वृद्धि की जा सकती है। दूसरों पर परावलम्बन अथवा निर्भरता से लेकर स्वावलम्बन अथवा आत्मनिर्भरता श्री हजारे के अनुसार सब कुछ संभव था। कार्य रूप में इस सोच को परिवर्तित करने के लिए संघर्ष करना पड़ा। 1942 के भारत छोड़ो आन्दोलन की तरह 2002 में निर्भरता छोड़ो आन्दोलन शुरू किए जाने की आवश्यकता है।

अनुसंधान, निधि प्रदान करना, विपणन, लोगों को प्रेरित करना और शासन पर आपदा

1. ऐसी कुछ कटु वास्तविकताओं और कटु सत्य को स्वीकार करना होगा। किसी प्रकार की नियत (अभिप्रेरणा) अथवा नीति (पॉलिसी) के बिना बार-बार इसकी पुनरावृत्ति से नियति का परिणाम तकलीफदेह, आपदा संभावित हो सकता है और कुछ ऐसी घटनाएं भी हो सकती हैं जो कुल मिलाकर विचलित कर देने वाली हों।
2. जीवन-स्तर अथवा समृद्धता अथवा नैतिक मूल्य अथवा समग्र रूप से आपदा प्रबंधन के पहलू को परिभाषित करना और पुनः परिभाषित करना कुछ ऐसे मुद्दे हैं जिन पर समाज के प्रेरक क्षेत्रों में ध्यान दिए जाने की आवश्यकता है, चाहे वह प्लास्टिक, पॉलिश, यूरिया, मानसिक प्रदूषण, सस्ते तरीके से और शीघ्रता से धन हासिल करने के लिए किसी प्रकार के तंत्र मंत्र, फिजूलखर्ची, शासन के सामाजिक और व्यक्तिगत स्तर में गलत तरीके से अग्रता निर्धारित करना, समान अनुभूति की कमी और दमनकारी प्रणाली में बढ़ते अंतर आदि का क्षेत्र हो। ये कुछ ऐसी समस्याएं हैं जिन पर समग्र दृष्टिकोण की आवश्यकता है।
3. स्थायी सिविल सेवकों, संवैधानिक संस्थाओं की भूमिका, जवाबदेही, कार्य निष्पादन का स्तर, बाजारोन्मुखी नीति और प्रचालन एवं दायित्व के स्पष्ट दायरे में संविदा के आधार पर व्यावसायिकों और कार्य-निष्पादकों को शामिल किए जाने की आवश्यकता और इन सभी को प्रोत्साहित किए जाने की आवश्यकता है। केन्द्र और राज्य स्तर पर यह आसानी से संभव नहीं है। अतः न्यूनतम स्तर पर यह किया जा सकता है कि मूल स्तर पर कार्यप्रणाली को समझा जाए, उनकी समस्याओं को निर्धारित किया जाए और अधिकारों व उत्तरदायित्वों को

दृढ़ता से निर्धारित किया जाए तथा बेहतर कार्य निष्पादन के लिए लॉबी बनाई जाए। इन सभी चीजों से स्थानीय संसाधनों के अनुकूलतम उपयोग और राज्य के संसाधनों में धीरे-धीरे कमी करके विकास को और नीति स्पष्टीकरण का एक बेहतर मॉडल तैयार किया जा सकेगा।

4. ऐसे अनेक मॉडल, समुदाय, क्षेत्रीय कार्यक्रम आदि हैं जो समाज को उनकी किसी प्रकार की समस्या अथवा आपदा की स्थिति में प्रबंधन के लिए दक्षता और लघुतम प्रभावशीलता को प्रमाणित कर सकते हैं। ऐसे अनेक उदाहरण है जिन्हें ऐसी नीति एवं व्यावहारिक सहायक प्रणाली के माध्यम से लोडीकृत, उन पर विचार-विमर्श एवं विकसित किया जाना चाहिए, ताकि अन्य स्वयंसेवक और बड़े स्तर के जागरूक अग्रणी व्यक्ति अपने प्रभाव क्षेत्र में उन्हें कार्यान्वित कर सकें।
5. सरकार में बहुत से ऐसे स्वयंसेवक हैं जो सक्षम, समर्थ एवं इच्छुक हैं किंतु प्रणाली में इनका उपयोग कम ही हो पाता है। चूंकि प्रणाली स्वयं में अक्षम और एक रूढ़िगत तरीके से कार्य कर रही है, इसलिए इस तरह के सक्रिय स्वयंसेवक अपनी उपयोगिता साबित नहीं कर पाते। यदि सरकार क्षेत्रवार, अंचलवार और कार्यक्रम के अनुसार संबंधित मुद्दों और कार्यक्रमों को ठीक से निर्धारित करती है तो ऐसा हो सकता है कि स्वयंसेवक सामने आएं और इन बातों को ठीक करने के लिए अपनी एक कार्ययोजना प्रस्तुत करें। आई.आई.पी.ए. और इसी प्रकार की अनेक संस्थाएं चाहे वे संवैधारिक हों या अन्यथा, उन्हें अपनी एक वार्षिक रिपोर्ट प्रकाशित करनी चाहिए और आपदा जैसी स्थिति से निपटने के लिए सुझान देना चाहिए।
6. जनसंख्या, बुनियादी शिक्षा, स्वास्थ्य और पोषण, घटिया आधारभूत संरचना, ग्राह्य निवेश, स्वरोजगार, सामुदायिक भागीदारी, शिक्षा, पेयजल, आसमान हरियाली और वायुमंडलीय परिवर्तन, वातावरणीय जोखिम, इत्यादि जैसे ऐसे अनेक क्षेत्र हैं जहां पर कुल मिलाकर जन केन्द्रित और जनोन्मुखी योजना की आवश्यकता है। यह केवल तभी संभव हो सकता है जब समुदाय और पंचायतों को अधिकार दिए जाते हैं। स्वाभाविक रूप से सरकार और विकास के लिए अनुदान से आगे बढ़ने वाली प्रणाली पर बहुत अधिक बल देने की बात में जनोन्मुखी पहल द्वारा उपयुक्त रूप से सुधार किया गया है।
7. धैर्य और विश्वास को बढ़ाना आपदा की स्थिति में स्वयं एक बहुत बड़ा मुद्दा है। शक्ति प्रदान करना एक अलग बात है और पारदर्शिता एवं व्यवहार्यता के साथ उसका उपयोग करना, इसमें एक अलग ही मानसिकता और प्रशिक्षण की जरूरत होती है। लोग, समुदाय और शासन की न्यूनतम स्तर की संस्थाएं अधिक से अधिक व्यावसायिक एवं पारदर्शी हों, इस बात को प्रेरित एवं प्रोत्साहित करने

के लिए प्रबंधन कार्यों के प्रति एक भिन्न अभिवृत्ति की आवश्यकता होती है। संरक्षणवादी दृष्टिकोण की बजाय समय आ चुका है कि शासन में भागीदारी की प्रणाली विकसित करके एक व्यावसायिक और व्यवसाय संबंधी दृष्टिकोण अपनाया जाए।

सूचना प्रौद्योगिकी किस प्रकार सहायता कर सकती है?

पिछले समय के पाठ से नि:संदेह हमें यह स्वीकार करना पड़ता है कि पिछली भयंकर भूलों से हमने शायद ही कुछ सीखा है। यह सिर्फ अभिमुखीकरण एवं सरकारी बनाम असरकारी-(प्रभावी एवं गैर सरकारी) पहल द्वारा ही संभव है जिससे कि सामुदायिक क्षमता का गठन किया जा सकता है।

हमारे समय के विभिन्न विकास और विकास के लिए मिलने वाली चुनौतियां हमें आत्म विश्लेषणों, विगत की ओर देखने और समग्र कार्य योजना तथा विकल्पों की ओर देखने को बाध्य कर देता है। यहां उपयोग में न लाए गए, बाद में पूरी तरह से उपेक्षित विभिन्न संसाधन, स्थानीय प्रबंध की प्रणाली, उपयोग में न लाए गए परंपरागत संसाधन और हिप्पो (संगठन की गुप्त निवेश क्षमता), किप्पो (संगठन की ज्ञात निवेश क्षमता), रिप्पो (संगठन की संवर्जक निवेश क्षमता) एवं फिप्पो (संगठन की निष्प्रयोज्य निवेश क्षमता) की जांच की जाएगी।

विपणन क्षमता में वृद्धि पर बल देते हुए, ग्रामीण निवेश स्वरोजगार, निम्न लागत वितरण प्रणाली, सह क्रियाशील पारदर्शी नीतियों आदि पर समग्र रूप से कम्प्यूटराईज्ड कार्य योजना की आवश्यकता है। चार्टर्ड एकाउंटेंट आदि की भूमिका में आमूल चूल परिवर्तन लाना होगा।

गैर सरकारी संगठनों के अलावा ऐसे अनेक सक्रिय लोग हैं और भूमिका निभाने वाले लोग हैं जो न केवल सरकार पर किसी प्रकार के संकट के समय कारगर भूमिका निभा सकते हैं बल्कि अभिवृत्ति मूलक और नैतिक कार्य संस्कृति का माहौल भी बना सकते हैं ताकि शासन की संवेदनहीन प्रणाली आदि ऐसे कथित "असरकारी" जैसा कि विनोबाजी उन्हें कहते थे, लोगों को शामिल करके चुस्त दुरुस्त की जा सके।

विभिन्न प्राधिकारियों द्वारा उठाए जाने वाले मुद्दे

डा. पी.एल. संजीव रेड्डी, भारतीय लोक प्रशासन संस्थान

1. उत्पादकता और लोगों में विश्वास का भाव जागृत करने की दृष्टि से संसाधनों के बेहतर प्रबंध के मुद्दे को देखने की कोशिश करना।

2 आपदा प्रबंधन के विश्वव्यापी खर्च को बेहतर नीति और उपयोगी पहल के जरिए अधिक से अधिक लाभप्रद कैसे बनाया जा सकता है।
3. भारत की विशिष्ट भौगोलिक परिस्थिति क्या है, और जनसंख्या, वनों की कटाई, औद्योगिकीकरण, अति रासायनिकीकरण आदि हमसे जुड़े क्षेत्र हमारे सुचारू जीवन को कैसे प्रभावित कर सकते हैं?
4. नीति कैसे परिवर्तित होती है और निवारण की संस्कृति और उपयुक्त प्रशिक्षण एवं मैनुअल के साथ शीघ्र प्रतिक्रिया आपदा प्रबंधन को बेहतर बनाने में कैसे मदद कर सकता है?

आपदाओं के संबंध में बोध

विभिन्न रिपोर्टरों, मीडिया के लोगों, अध्यापकों, सामुदायिक नेताओं, आध्यात्मिक पुरुषों, गृहणियों ने आपदा और उससे निपटने के बारे में सरकार द्वारा घोर उपेक्षा बरते जाने का उल्लेख किया है। हमारी बातचीत का सारांश नीचे दिया जा रहा है–

1. हम भारत सरकार के प्रत्येक विभाग और मंत्रालय की ओर से आपदा प्रबंधन कैसे करते हैं? क्या इस प्रकार के मंत्रालय, संसद को दी जाने वाली अपनी वार्षिक रिपोर्ट में संबंधित क्षेत्रों को दर्शाते हैं और किस प्रकार से लोग एवं गैर सरकारी संगठन, पंचायती राज संस्थाएं तथा समुदाय आधारित संगठन, राज्य की सहायता से या उसकी सहायता के बिना उस पर कारगर ढंग से काबू पा सकते हैं? क्या वे उत्कृष्ट सफलता के क्षेत्र, शामिल लागत, प्रतिक्रिया के क्षेत्र को भी स्पष्ट करते हैं और बेहतर संचार माध्यम एवं सूचना प्रौद्योगिकी के साथ लोगों को कैसे जोड़ा जा सकता है?
2. क्या लोगों द्वारा कुछ ऐसी सफल पहल को लेखबद्ध किया गया है जहां आशा का मॉडल उभरकर सामने आया हो? क्या उसे हरेक विभाग द्वारा विश्वास जागृत जो आशा उत्पन्न करने वाले पहल के भाग के रूप में सभी विभागों द्वारा लेखबद्ध किया जा सकता है?
3. क्या लोगों द्वारा नव प्रवर्तन कारी ठोस सुझाव देने की दिशा में पहल करने का अनुरोध किया गया है, ताकि शासन खर्च में कमी की जा सके और नीतियों का बेहतर प्रभाव देखा जा सके? क्या ये सभी तथ्य किसी प्रकार की आपदा से समग्र रूप से निपटने के लिए लोगों के विश्वास जागृत करने के लिए अनिवार्य हैं।
4. भारत जैसे देश की शासन प्रणाली मूलतः ब्रिटिश राज के संचालन और नियंत्रण का माध्यम थी। यहां तक कि आज भी अनेकों विधियां, प्रणाली, प्रचलन नीति और मॉनिटरिंग के सिद्धांत, स्थानीय संसाधनों और जन क्षति को स्पष्ट नहीं

करते। इस बात पर कोई आश्चर्य नहीं होना चाहिए कि आपदा के बारे में किसी प्रकार की अवधारणा अधिक से अधिक गंभीर होती जा रही है। *इंडिया टुडे* जैसे कुछ पत्रिकाओं ने भी आपदा की गंभीरता को स्पष्ट किया है। उदाहरणार्थ 2 सितम्बर, 2002 के उनके अंक में निम्नलिखित तथ्य दिए गए हैं–

वास्तविकता

1. वायु

– वायु प्रदूषण मौत का एक बड़ा कारण है, प्रत्येक वर्ष लगभग तीन मिलियन लोग इसके कारण काल-कवलित हो रहे हैं।
– तीन दशकों के दौरान कार्बन उत्सर्जन में दुगुनी वृद्धि हुई है। इस समय "ग्लोबल वार्मिंग" का गंभीर संकट उत्पन्न हो रहा है।
– 1990 के स्तर की तुलना में यू.एस. में कार्बन उत्सर्जन में 16 प्रतिशत वृद्धि हुई है, जिससे वह प्रदूषण फैलाने वाला एक प्रमुख देश है।

2. जल

– विश्व में लगभग चालीस प्रतिशत आबादी इस समय दैनिक आवश्यकता के लिए ताजे जल के गंभीर संकट से जूझ रही है।
– विश्व की आधी नमी वाली जमीन समाप्त हो गई है और अलवणीय जल की 10,000 किस्में लुप्त हो रही हैं
– प्रदूषित जल से प्रतिवर्ष 2.2 मिलियन लोगों की मौत हो रही है।

3. भूमि

– 1990 से विश्व में लगभग 24 प्रतिशत वन नष्ट हो चुके हैं। इस समय हानि दर प्रतिवर्ष 90,000 वर्ग कि.मी. है।
– कृषि योग्य दो तिहाई भूमि में मृदा अपरदन का संकट है।
– पूरे विश्व में आधे से अधिक चारागाह समाप्त हो चुके हैं। भारत में इस समय 25 प्रतिशत चारे की कमी है।

4. वन्यजीव

– 800 प्रजातियां लुप्त हो चुकी हैं और लगभग 11,000 प्रजातियों के लुप्त होने की आशंका है।

– समुद्र में लगभग 75 प्रतिशत कब्जे की स्थिति ने मात्सिकी को नुकसान पहुंचाया है। जिसमें 75 प्रतिशत हिस्से का पूर्णतया उपयोग किया जा रहा है। उत्तरी अमेरिका में, 1990 के दौरान 10 मत्स्य प्रजातियां लुप्त हो गई हैं।
– पक्षियों की 9,946 ज्ञात प्रजातियों में लगभग 70 प्रतिशत नष्ट होने की स्थिति में हैं।

5. लोग

– 1990 से लेकर विश्व में 800 मिलियन जन संख्या वृद्धि हुई है। पूरे विश्व की जनसंख्या 1950 में 2.5 बिलियन से बढ़कर अब तक 2000 में 6 बिलियन तक हो गई है।
– 10 वर्षों में विश्व को और अधिक बिलियन जनसंख्या को खाद्यान्न एवं आवास की व्यवस्था करनी होगी।

एक अन्य प्रेरणात्मक पुस्तक *पॉलिटिकल इकॉनामी ऑफ डब्ल्यू टी ओ रीजिम*– में उसके प्राक्कथन–"वैश्वीकरण एवं शासन के कुछ पहलू" में निम्नलिखित तथ्य स्पष्ट किए गए हैं–

> "यह महसूस किया जाता है कि किसी भी संगठन में कुछ ऐसी बातों की आवश्यकता होती है जो ऐसे लोगों को साथ लेकर चले जो व्यक्तिगत अनुशासन जिसमें वे औपचारिक रूप से प्रशिक्षित होते हैं, के अधिक प्रभाव में आए बिना सहज एकता में सामाजिक प्रक्रियाओं को समझने की कोशिश कर रहे है। यह इसलिए है कि वास्तविक जीवन में मुद्दों और समस्याओं का ऐसी कोई सीमा नहीं है जो कुछ अंश तक शैक्षिक कारणों से हो और कुछ अंश तक बेकार के नियंत्रण के प्रभाव से हो। विशेष तौर पर भारत जैसे देश में, जो ऐसी चुनौतियों का सामना कर रहा हो, समाज सुधार की दिशा में कार्य करने वाले व्यक्तियों से केवल सामाजिक प्रक्रिया की गहन समझ और सामूहिक प्रयास के माध्यम से केवल चुनौतियों से निपटने की अपेक्षा की जा सकती है।"

इस पुस्तक के निष्कर्ष वाले भाग में, गंभीर संकट की स्थिति में वैश्विक पूंजीवाद प्रणाली के मुद्दों को बड़े ही सूझ–बूझ के साथ स्पष्ट किया गया है। इसके अंत में विश्वसनीयता, वित्त बाजार की अस्थिरता, वैश्विक पूंजीवाद प्रणाली का समाप्त होना, निम्नलिखित तरीके से स्पष्ट किया गया है–

"वित्त बाजार स्वाभाविक रूप से अस्थिरता के दौर में है। वैश्विक पूंजीवाद प्रणाली

इस अवधारणा पर आधारित है कि वित्तीय बाजार, यदि उसमें अपने संसाधनों को छोड़ दें तो, संतुलित प्रतीत होता है। इस प्रकार का विश्वास या ऐसी अवधारणा गलत है। वित्तीय बाजार असंयमित है और यदि कतिपय प्वाइंट के बाद बहुत अधिक तेजी आती है तो पुनः शुरू होने के स्तर पर आना मुश्किल होगा (सोरस 1998) "लोकतांत्रिक संदर्भ में अधिकार एवं जवाबदेही के मुद्दे पर तृतीय विश्व की अवगम्यता अर्थात शक्ति के क्षेत्र में सक्रियता हमें इस निष्कर्ष पर ले जाती है कि लोगों को स्वयं नियंत्रण पर छोड़ देना चाहिए। इस प्रकार की समस्त बुद्धिमतापूर्ण बातें हमें जनजीवन के उस वास्तविक तथ्य की ओर ले जाती हैं कि स्व-शासन प्रणाली में पंचायत व्यवस्था को प्रोत्साहित करना चाहिए और उन्हें विकास के वास्तविक मुद्दों की गवेषणा करनी चाहिए। जहां उन्हें कुछ दिया जा सकता हो, दिया जाए और तत्पश्चात स्वयं ऐसी स्थिति में छोड़ दिया जाए जहां वे कुछ महसूस करें।"

स्वामी मुक्तानंद जी की भूमिका और मानवता का आध्यात्मिक आयाम

स्वामी मुक्तानंदजी लोगों की अधिकारिता, सर्वोदय और लोगों की बेहतरी के लिए लगभग 50 वर्षों से कार्य कर रहे हैं। यहां तक कि लगभग 70 वर्ष की आयु में भी वह लोगों के लिए बेहतर नीति और भागीदारी के लिए लगातार संघर्ष कर रहे हैं। बेहतर शासन के मुद्दे, संसद द्वारा कार्य निष्पादन, अखिल भारतीय सेवाओं का दायित्व, बजट बनाना और नीति तैयार करना, पारदर्शिता और व्यावसायिकीकरण इससे सम्बद्ध कुछ महत्वपूर्ण क्षेत्र हैं। एक निष्ठावान व्यक्ति, ग्रामीण आधारित टिकाऊ अर्थव्यवस्था के मॉडल का समर्थन करता है वह बेहतर नीति तैयार करने में उद्योगपतियों को भी शामिल करने की कोशिश करता है। चेतना अथवा जागृति, व्यवहार में अहंकार, सफलता का मानदंड और विश्वास जागृत करने की प्रक्रिया के साथ परिवर्तन का अध्ययन इससे सम्बद्ध कुछ महत्वपूर्ण क्षेत्र हो सकते हैं। समन्वय सम्पर्क, पारदर्शिता, जवाबदेही के साथ लोक शक्ति की भूमिका और लोगों द्वारा उनकी अपनी समस्याओं को हल करने के लिए क्षमता तैयार करने पर समृद्ध कार्यवाही की आवश्यकता है। अभिवृत्ति, मानसिकता और किसी के कार्य निष्पादन की झलक जैसे मुद्दों में एक नई मानसिकता की अपेक्षा है।

सरकार द्वारा दिए जाने वाले वेतन और स्थायी कार्य के बजाय अवैतनिक एवं स्वयंसेवी विषयों पर ध्यान संकेद्रित किया जाना चाहिए। गांवों को मानवीयता एवं उत्कृष्ट मानवता का केन्द्र बनाकर आपदा की विभिन्न समस्या का हल किया जा सकता है।

श्री मुक्तानंदजी ने छाया संसद और असरकारी योजना के माध्यम से बेहतर नीति निर्धारित किए जाने की आवश्यकता पर बल दिया। ये ऐसे मुद्दे हैं जिनका न केवल एक दीर्घावधि प्रभाव है बल्कि ये निश्चित रूप से अल्पकालिक प्रभाव भी डाल सकते हैं। यह

कहना आवश्यक नहीं है कि शासन की लोकतांत्रिक प्रणाली में जागरूक और हरेक स्तर पर लगातार प्रश्न किए जाने की आवश्यकता है। आपसी नेकनीयती से आपदा को नियंत्रित किया जा सकता है।

स्वामी मुक्तानंदजी ने यह भी स्पष्ट किया कि गांवों को अपना भविष्य स्वयं निर्धारित करने के लिए शक्ति प्रदान की जानी चाहिए। इसका अर्थ यह है कि योग्य नेतृत्व एवं क्षमता वृद्धि से स्थानीय विशेषज्ञता एवं कौशलता को प्रेरित किया जा सकता है। उन्होंने महसूस किया कि जब तक कि इसमें युवा, महिलाएं, साधु और अन्य धार्मिक नेता शामिल नहीं होंगे समृद्धता के सारे दावे एवं आपदा रहित भारत का सभी दावा सिर्फ कागजों तक ही सीमित रह जाएगा। उनके विचार का एक अन्य क्षेत्र जिस पर कापार्ट के यादवराज जी देशमुख भी सहमत थे, वह यह था कि 5 प्रतिशत की गैर सरकारी संगठन ठीक नहीं हैं। हमें समग्र रूप से इस बात पर विचार करना चाहिए कि गंभीर आपदा की स्थिति में किस प्रकार से देश में अच्छे लोगों, अच्छे गैर सरकारी संगठनों, अच्छे समुदाय और अच्छे नेतृत्व को सामने लाया जा सकता है।

मुक्तानंद जी एक डाक्टर रह चुके हैं और उन्होंने न केवल संतों के संगठन में कार्य किया है बल्कि वह गांधीवादी विचारधारा के भी है और अनेक समस्याओं एवं अवसरों पर सामने आ चुके हैं।

आपदा प्रबंधन और पंचायती राज सशक्तिकरण—गायत्री परिवार, हरिद्वार की अनुभूति

गायत्री परिवार के विचार

मैं गायत्री परिवार से पिछले लगभग 20 वर्षों से जुड़ा हूं। इस अवधि के दौरान बिना किसी प्रकार के शुल्क के लोगों की कल्याणकारी योजनाओं से सम्बंधित इनके कार्यों ने मुझे बहुत अधिक वशीभूत किया है। श्री परिहार जी, श्री उपाध्याय जी, श्री गौड़ जी, पूजनीय डा. पांडेय एवं बहिनजी ने अनुशासन संबंधी अनेकानेक कार्य किए। गुजरात, उड़ीसा, उत्तरांचल में राहत कार्यों के उनके अनुभव ने मुझे इस बात से कायल किया कि आपदा प्रबंधन की हमारी योजनाओं में कहीं न कहीं अधिक गड़बड़ी है, जिसे प्रतिपादित, कार्य रूप में विकसित, कार्यान्वित और मॉनीटर यहां तक कि लेखा परीक्षा किया जा रहा है। बहुत से लोग महसूस करते हैं कि आपदा प्रबंधन एवं पंचायती राज सशक्तिकरण के लिए 50 प्रतिशत से अधिक संसाधन और बजट का उपयोग नहीं हो पाता है। गायत्री परिवार के अनुभव और उनके सुझाव निश्चित रूप से बेहतर गुणवत्ता के प्रबंध, योजना और आशा उत्पन्न करने वाले मॉडल में मदद करेंगे। इनमें से कुछ सुझाव नीचे दिए गए हैं। लेकिन मैं यह जरूर मानता हूँ कि सहयोग जो बिना किसी अपेक्षा के दिया गया हो—उसकी अवश्य

प्रशंसा की जानी चाहिए। नौकरशाही, योजनाकार और सभी सम्बद्ध व्यक्ति अपने अनुभवों से काफी कुछ सीख सकते हैं और अपनी संगठनात्मक क्षमता में शीघ्रता से वृद्धि कर सकते हैं। हाल ही में उत्तरांचल सरकार ने बहुत ही महत्वाकांक्षी मानित विश्वविद्यालय की योजना स्वीकृत की है जो समग्र रूप से जन कल्याण में लगे व्यक्तियों (प्रबंधन संभालने वाले) को प्रशिक्षित करेगा। पिछले अनुभवों से मिले सबक के आधार पर यह टीम निश्चित रूप से न केवल मौजूदा संसाधनों का कारगर उपयोग करेगी बल्कि लोगों की स्वयं प्रबंध करने की क्षमता को भी विकसित करेगी। इस समय हमें जिस बात की सबसे अधिक आवश्यकता है, वह यह है कि हम ऐसे सभी उपाय करें जिसमें नीति, प्रशिक्षण, निधि-प्रबंध, मानसिक रूप से तैयार रहना आदि शामिल हों, जो लोगों की क्षमता में वृद्धि करेगी और समुदाय के लिए बेहतर आपदा प्रबंधन नीति होगी। उनके द्वारा निम्नलिखित कुछ सुझाव दिए गए हैं—

1. लोगों में विश्वास
2. गलतियों से सीख लेना
3. स्वैच्छिक सेवा का महत्व
4. स्थानीय संसाधनों का इस्तेमाल
5. बेहतर कार्य की प्रतिक्रिया
6. सरकारी पहल की मदद
7. ग्रामीण उद्यम विकसित करना
8. समग्र रूप से खाद्यान्न, जल, कानून एवं व्यवस्था, जीवनयापन, स्वास्थ्य, आय, बीमा, जैव विविधता जैसे क्षेत्र में सुरक्षा एवं ऐसे उपाय करना जहां स्थानीय नेतृत्व महत्वपूर्ण भूमिका निभा सकता हो।
9. धोखाधड़ी वाले क्षेत्रों की पहचान करना
10. अनिच्छुक कामगारों को बढ़ावा न देना
11. ज्ञात समस्याओं को सुलझाना
12. अच्छे मॉडल में वृद्धि करना और उसकी प्रतिक्रिया देखना
13. नीति पर ध्यान देना
14. अखिल भारतीय सेवाएं महत्वपूर्ण भूमिका निभाएं
15. अनिश्चितताओं में कमी लाना
16. सुरक्षात्मक विकास
17. धर्म का स्थान महत्वपूर्ण हो
18. अपने समय की चुनौतियों को समझना
19. विपरीत क्षेत्रों को समझते हुए और अनुत्तरित प्रश्नों की जांच करके हरेक प्रकार से ठोस आधार तैयार करना।
20. युवा एवं महिलाओं को शामिल करना

21. स्थानीय संसाधनों के अनुकूलतम प्रयोग और नीति समर्थन को प्रेरित करना ताकि वे अल्प एवं दीर्घावधि दोनों स्थिति में स्वयं पर निर्भर रहना सीख लें।

मैं, पूज्य श्री गौरीशंकर जी के नेतृत्व में उनके उत्कृष्ट कार्य और दृष्टिकोण को स्वीकार करता हूँ। मैं उनका आभारी हूं कि उन्होंने मुझे अपने दृष्टिकोण को उदार बनाने में मदद की और आपदा प्रबंधन के समय शासन की हठीभूत संस्थाओं के साथ प्रतिष्ठित गैर सरकारी संगठनों की कटु वास्तविकताओं को विस्तार से हमारे सामने रखा। तथापि, उनके अनुभव बहुत अधिक सकारात्मक हैं और ऐसे कार्य में सक्रिय लोगों से उन्हें हमेशा जिस प्रकार का सहयोग मिलता रहा है उसमें ऐसे लोगों को शामिल किए जाने की आवश्यकता है जो आपदा प्रबंधन और पंचायती राज सशक्तिकरण के क्षेत्र में कार्य कर रहे हैं। उन्होंने पंचायत नेताओं के लिए विशेष कार्यक्रम भी आयोजित किए, जिसमें उन्हें अपार सफलता भी मिली। उत्तरांचल प्रदेश के मुख्यमंत्री श्री नारायण दत्त तिवारी ने भी उन्हें हर प्रकार की और नीतिगत संसाधन मुहैया कराने का आश्वासन दिया। मैं अपेक्षा करता हूँ कि भारतीय लोक प्रशासन संस्थान, अपनी कार्य कुशलता, जानकारी और आपदा प्रबंध के क्षेत्र में विशेषज्ञता की स्थिति को सुधारने के लिए शांतिकुज परिवार से निश्चित अंतराल पर परस्पर विचार-विमर्श करें।

3

आपदा शमन में गैर सरकारी संगठनों और पंचायतों की भूमिका

विकास उत्प्रेरक के रूप में गैर सरकारी संगठनों की भूमिका

भूमिका, "गैर सरकारी संगठन और विकास" शब्दों की परिभाषा को अलग-अलग संदर्भ में परिभाषित करना जरूरी है, इसके लिए शब्दकोश में वर्तमान समय (सी.ओ.ओ.टी.) की चुनौतियों के संदर्भ में सही अर्थ और सीमित तथा सांप्रदायिक परिभाषाओं के अर्थ खोजे जा सकते हैं। इससे अनवरत, मानवीय, कारगर, उचित, प्रसन्नता, प्रशिक्षण, विपणन, अनुसंधान, स्वभाव, विपणनोन्मुखी बनाम अनुदानोन्मुखी विकास प्रक्रियाएं सदभाव से सजृनात्मकता, क्षमता और विश्वास उत्पन्न करने वाली प्रक्रियाएं भारत की विशिष्टता और संबंधित मुद्दों की विभिन्न मूलभूत संकल्पनाओं को पुनः परिभाषित करना भी जरूरी हो गया है तथा इन परिभाषाओं को शीघ्र समझने के लिए उनका स्पष्ट और संक्षिप्त होना अपेक्षित है।

यदि हम वर्तमान स्थिति को देखें तो कुछ क्षेत्र ऐसे हैं जिन पर ध्यान देना जरूरी होगा, इसमें निम्नलिखित क्षेत्र शामिल हैं—

(क) मानवीय कार्यकलापों के प्रत्येक क्षेत्र में सरकार की व्यापक भूमिका होती है, चाहे वे कार्यकलाप सामाजिक हों, सांस्कृतिक, आर्थिक, धार्मिक, शैक्षिक, व्यापारिक या वाणिज्यिक हों। इसका अभिप्राय यह है कि प्रत्येक विभाग ने गैर सरकारी संगठनों को निधि प्रदान करने संबंधी विभिन्न कार्यक्रम भी शुरू किए हैं। जिसके परिणामस्वरूप समाज के सभी क्षेत्रों में गैर सरकारी संगठनों का उद्‌भव हुआ है तथा निधि एकत्र करना इनका मुख्य उद्देश्य है। लेकिन ऐसे भी बहुत से गैर सरकारी संगठन हैं जो आम जनता और उनके संसाधनों के सहयोग से पूरी वचनबद्धता, समर्पण और पारदर्शिता के साथ काम कर रहे हैं। किंतु वस्तुस्थिति यह है कि अभी भी बहुत से गैर सरकारी संगठन केवल बहकाते हैं।

(ख) विकास के व्यापक क्षेत्र (स्पेक्ट्रम) में कार्यरत गैर सरकारी संगठनों का क्षेत्रवार विश्लेषण इस प्रकार है–

(i) आध्यात्मिक विकास
(ii) आर्थिक और अर्ध आर्थिक विकास
(iii) सांस्कृतिक विकास
(iv) स्वास्थ्य और विकास
(v) व्यावसायिक विकास
(vi) शैक्षिक विकास
(vii) शारीरिक विकास
(viii) प्रशिक्षण अनुसंधान
(ix) सरकार द्वारा प्रचारित गैर सरकारी संगठन
(x) ग्रामीण/ब्लॉक विकास
(xi) उद्यमकर्ता–महिला सशक्तिकरण

गैर सरकारी संगठन और विश्वव्यापी दृष्टिकोण और स्थानीय कार्यवाही (जी.वी.ए.एल.ए.)

विश्वव्यापी दृष्टिकोण और स्थानीय कार्यवाही संबंधी बाध्यता से यह अनिवार्य हो जाता है कि गैर सरकारी संगठन विश्वव्यापी दृष्टिकोण के संदर्भ में स्थानीय कार्यवाही के उद्देश्य को पूरा करने के लिए अपने काम में विविधता लाएं और अलग-अलग क्षेत्र में काम करने की शुरूआत करें। यह कहने की आवश्यकता नहीं कि समाज का वास्तविक निर्माण करना कठिन प्रक्रिया है। स्थानीय कार्यवाही के समग्र प्रभाव और अनिवार्यताओं को समझे बिना पहले जो प्रयास किए गए थे, उनका वांछित परिणाम प्राप्त नहीं हुआ है, ये मूलतः निधि एकत्र करने अथवा प्रशिक्षण तक ही सीमित थे। स्थानीय संसाधन, स्थानीय योजना बनाने, स्थानीय उद्यम विकास और अतिरिक्त उत्पादन सहित विपणन तथा अभिमुखीकरण की अनिवार्यता संबंधी मुद्दों की उपेक्षा की गई। इसका परिणाम यह हुआ कि प्राथमिकता दिए जाने संबंधी और विभिन्न प्रकार की पहल जैसी कार्यवाही समन्वित रूप से नहीं हो पाई।

हमारे समय की चुनौतियां

वर्तमान समय की चुनौतियां निम्नलिखित हैं–

– व्यापक स्तर पर जागरूकता
– पूर्व विकास मॉडलों का विफल होना
– समाजवाद का पतन, पूंजीवाद पर संदेह और मानववाद की अनिवार्यता का पतन

- सुस्थापित संस्थाओं का बाहुल्य
- हर क्षेत्र में विश्वास की कमी और निराशावादी दृष्टिकोण
- राज्य के क्षीण होते संसाधन
- राज्य संगठनों में अतिरिक्त स्टाफ और विकृत कार्य संस्कृति
- सामुदायिक उपेक्षा और पारम्परिक वंशानुगत प्रक्रियाएं
- इस बात की अनुभूति कि राज्य को धार्मिक और शस्त्र जैसे कारकों के संबंध में एकजुट नहीं किया जा सकता
- असफलता और सफलता के उदाहरणों का विस्तृत वर्गीकरण (कोडिफिकेशन)
- मानवता और मानवाधिकारों को सर्वोच्च स्थान पर लाना
- वैश्विक दृष्टिकोण और स्थानीय कार्यवाही की बाध्यता (जी.वी.ए.एल.ए.)
- महिलाओं एवं अतिसमृद्धता के रूप में धन के लिए प्रेरित करना
- जिम्मेदारी उठाने के लिए और पारदर्शिता एवं व्यावहारिकता के साथ उनकी युक्तिसंगत भूमिका के लिए क्षेत्रीय एवं स्थानीय प्राधिकरणों की आवश्यकता
- निम्न आधारिक संरचना एवं असंगठित, अव्यवस्थित एवं विकेन्द्रित क्षेत्रों पर किसी प्रकार ध्यान न दिया जाना तथा उसकी कटु वास्तविकता को स्वीकार न करना
- जनता, समुदाय और भूमिका निभाने वाले सभी लोगों को शामिल किए जाने की आवश्यकता

यह स्पष्ट तौर पर होगा कि इनमें से अधिकांश चुनौतियां विशिष्ट और असामान्य होंगी। इसका काई पूर्वाभास नहीं है, अत: विकास संबंधी सभी संभावनाओं के इस्तेमाल के लिए, कारगर तरीके से कार्य करने, समय पर सुधार और स्वावलंबी योजना एवं अनुसंधान प्रणाली के क्षेत्र में नए-नए मॉडलों को देखना होगा।

गैर सरकारी संगठन ऐसी स्थिति में हों जहां वे न केवल स्थानीय क्षेत्रों की पहचान करने और वहां की चुनौतियों को निर्धारित करने की महत्वपूर्ण भूमिका निभाएं बल्कि कार्य करने के तरीके की भी कारगर ढंग से जांच कर सकें और उसे प्रसारित कर सकें।

प्रबंधन सूचना प्रणाली और गैर सरकारी संगठन

हमारे शासन तंत्र में प्रबंधन सूचना प्रणाली अत्यंत कमजोर हो गई है। इसके विकेन्द्रीकृत अव्यवस्थित और भिन्न-भिन्न कार्यक्रमों से अल्पकालिक और दीर्घकालिक बहुत अधिक नुकसान हुआ है। इससे नदी, बागान, वन, पशु, पारम्परिक ज्ञान, संप्रेषण की पारम्परिक पद्धतियां, कला, शिल्प और संपूर्णत: जीवन शैली बहुत अधिक प्रभावित हुई हैं। जिससे प्रबंधन सूचना तंत्र संपूर्ण आपदा और विनाश के कगार पर पहुंच गया है। भविष्य में इस बात का पता चलेगा कि अदूरदर्शी नीतियों के कारण ऐसा कितना नुकसान हुआ है जिसकी

पूर्ति नहीं की जा सकती। ऐसा नहीं है कि शासन को इस बात की जानकारी नहीं थी, यह मात्र अनुचित मॉनिटरिंग और गलत योजना के कारण हुआ है जिससे नुकसान हो रहा है। जनता, समाज और परिवेश आदि के समीप होने के कारण गैर सरकारी संगठन सफलता के विभिन्न पैरामीटरों को उचित मॉनिटरिंग करने हेतु कारगर उपाय करने के लिए बेहतर स्थिति में हैं।

गैर सरकारी संगठनों के लिए सफलता के पैरामीटर

सफलता के पैरामीटरों को परिभाषित करते समय कतिपय नाजुक मुद्दों की उपेक्षा नहीं की जा सकती। सफलता के कुछ महत्वपूर्ण पैरामीटरों मे समय परीक्षण, बैंक को स्वीकार्य परीक्षण, प्रतिकृति योग्यता परीक्षण, पारदर्शिता परीक्षण और कुल मिलाकर लागत प्रभाविता शामिल होगी। क्या इसमें अनिवासी भारतीयों, उपेक्षित वर्ग के लोगों और महिलाओं को शामिल किया जा सकता है? क्या राष्ट्रपिता महात्मा गांधी के निम्नलिखित कथन की उपेक्षा की जा सकती है–

> "पूरा विश्व कुछ हद तक यह जानता है कि मेरी तथाकथित महानता, मूक, प्रतिबद्ध, योग्य और शुद्ध कामगार, चाहे वह महिला हो या पुरुष, के निरंतर कठिन कार्य गहरे श्रम पर निर्भर करती है।"

सफलता के पैरामीटरों को परिभाषित करते समय सभी के लिए स्व–रोजगार, ग्रामीण निवेश और लाभप्रद स्थिति के अन्य सभी परीक्षणों जैसे मुद्दों पर ध्यान देना होगा। सूचना प्रौद्योगिकी में आई क्रांति से एक ओर तो सभी को लाभ हुआ है और दूसरी ओर नीतियों के प्रभावी कार्यान्वयन के लिए परिस्थितियां बनी हैं। इससे पता चलता है कि समय पर कार्यवाही करने और उसके परिणाम प्राप्त करने के लिए इस प्रणाली को और सुग्राही बनाना होगा।

गैर सरकारी संगठनों के कार्यकलापों में संगठनात्मक और संरचनात्मक परिवर्तन

जब हम बहुविध और मस्तिष्क को झकझोरने वाली चुनौतियों के बारे में जानकारी हासिल कर लेते हैं और यह जान लेते हैं कि इन चुनौतियों का दमन करने के लिए गैर सरकारी संगठनों की अतिरिक्त और सहयोगात्मक भूमिका की क्या आवश्यकता होगी तो गैर सरकारी संगठनों के लिए आवश्यक संगठनात्मक और संरचनात्मक परिवर्तनों को समझाने में कठिनाई नहीं होगी। यह कहने की आवश्यकता नहीं कि ये परिवर्तन निम्नलिखित क्षेत्र में होंगे–

(क) सामाजिक क्षेत्र,
(ख) आर्थिक क्षेत्र, और
(ग) सांस्कृतिक तथा संबद्ध क्षेत्र।

हम इन आवश्यक परिवर्तनों को पुनः क्षेत्रवार, लिंगवार और वर्ग तथा जातिवार वर्गीकृत कर सकते हैं। मानवजाति के भाग्य निर्माण में धर्म की भी महत्वपूर्ण भूमिका है। संयुक्त राष्ट्र और उसकी बहुत सी संस्थाएं भी अब इस तथ्य को स्वीकार कर रही हैं कि न केवल जनसंख्या नियंत्रण में बल्कि आज के समय की बहुत सी गंभीर समस्याओं के समाधान में धर्म की महत्वपूर्ण भूमिका हो सकती है। सतत् मानव विकास में गैर सरकारी संगठन निश्चित रूप से सहायक हो सकते हैं। अतएव संगठनात्मक और संरचनात्मक परिवर्तनों के संबंध में निम्नलिखित मुद्दों पर विचार किया जा सकता है–

(i) लागत प्रभावी अध्ययन करना
(ii) गैर सरकारी संगठन के भागीदारों के लिए भुगतान संरचना
(iii) अभिमुखीकरण, आशावादी दृष्टिकोण
(iv) सूचना प्रौद्योगिकी, पंचायती राज, गैर सरकारी संगठन समुदाय और बाजार संबंधी बाध्यताएं–समग्र रूप से हमारी मानसिकता, संगठनात्मक और संरचनात्मक परिवर्तनों को कैसे प्रभावित करते हैं।
(v) स्व-रोजगार और ग्रामीण निवेश के माध्यम से ग्रामीण संसाधनों की व्यवस्था करना, योजना बनाना, कार्यान्वयन करना और दस्तावेजीकरण में निम्न लागत कैसे आएगी।
(vi) गैर अनुकूल कार्य शैली और व्यावसायिकता के कारण कैसे अव्यवस्थित और छिन्न भिन्न वर्गों के लिए विभिन्न कार्यकलाप उत्पन्न हो जाते हैं।
(vii) ग्रामीण लोगों को संवेदनशील सेवाएं प्रदान करने के लिए निधीकरण प्रणाली और संबद्ध नीतियों में मूलभूत परिवर्तन करना होगा।
(viii) बाजारोन्मुख अर्थव्यवस्था की चुनौतियों का सामना करने के लिए पारदर्शिता, सूचना प्राधिकार, परिवहन, बुनियादी संरचना, लाभ मार्जिन, ग्रामीण क्षेत्रों आदि की क्षमता का विकास जैसे अनेक मुद्दों को नियमित रूप से अपग्रेड करना होगा।

सूचना प्रौद्योगिकी और वैश्वीकरण की चुनौतियां

गैर सरकारी संगठनों का स्थानीयकरण और भूमिका

अंततोगत्वा कुल मिलाकर वैश्वीकरण, स्थानीयकरण, लोकतांत्रिकरण लोगों को अथवा उपभोक्ताओं को निर्णायक कारक के तौर पर अंतिम प्रयोक्ता के रूप में सामने लाता है। दूसरो शब्दों में, अधिकार मिल जाने से अथवा मांग के अनुसार आपूर्ति न हो पाने के कारण खरीदा जाने वाला माल और सेवाएं अभिमुखीकरण और कार्यवाही के महत्वपूर्ण क्षेत्र हैं। यहां पर यह बात उल्लेखनीय है कि वर्तमान समय की चुनौतियों के साथ-साथ सूचना प्रौद्योगिकी तथा ग्रामीण क्षेत्रों को आकर्षक बनाने की बाध्यता ने एक बड़े ही चुनौतीपूर्ण परिदृश्य को सामने रखा है। जो लोग इस तरह के विभिन्न मूलभूत परिवर्तनों को समझने,

उसका अध्ययन करने और समग्र रूप से उसका विश्लेषण नहीं कर पाते, उन्हीं लोगों को कष्ट झेलना पड़ता है। नेता, चाहे वह राजनीति, प्रशासन, विज्ञान, अर्थव्यवस्था, उद्योग, बैंक, बीमा, वित्त, विपणन आदि के क्षेत्र में हों, उसे अपने संसाधनों और जानकारियों, विशेषज्ञता, अनुभव का भरपूर उपयोग करना होगा और भविष्य को ध्यान में रखकर अपनी योजना तैयार करनी होगी। यह कहना जरूरी नहीं है कि ये चुनौतियां हरेक को प्रभावित करती हैं।

गांव को समझना

यदि हम ग्रामीण अथवा देहाती नजरिए से देखते हैं तो उसमें अलग-अलग दृष्टिकोण से किसी प्रकार की मदद नहीं मिलेगी। ग्रामीण क्षेत्र किसी प्रकार की सक्रियता के केन्द्र बिन्दु के रूप में होते हैं। विद्युत, राजनीति, अर्थव्यवस्था, परंपरा, संबंधों का ह्रास प्रेरणा, निर्भरता, लिंग, सामाजिक एवं आर्थिक कारक, संस्कृति आदि का सम्पूर्ण अध्ययन किए जाने की आवश्यकता है। भारत में लगभग 5 लाख गांव हैं और यदि किसी तरह की समर्थन प्रणाली उन्हें अपनी क्षमताओं को विकसित करने का अवसर दें तो सुधार और स्थानीयकरण में तेजी लाई जा सकती है। यहाँ सूचना प्रौद्योगिकी, समग्र विकास और स्व-नियोजित ग्रामीण प्रबंधकों के क्षेत्र में निम्नलिखित आयामों की जांच किए जाने की जरूरत है।

सूचना प्रौद्योगिकी, स्व-रोजगार, ग्रामीण निवेश और गांव

यदि शक्तियों के संवैधानिक बंटवारे के साथ-साथ गांव, ब्लॉक, जिला, डिवीजन, राज्य (राज्यों) और केन्द्र सरकार को देखा जाए तो हम समुदाय और धर्म तथा उन सभी बातों की उपेक्षा नहीं कर सकते जो व्यक्तियों और समुदाय के व्यावहारिक पैटर्न को नियंत्रित और विनियमित करते हैं। पिछले अनुभवों ने हमें इसके आगे भी सोचने के लिए बाध्य कर दिया है अतः इस मुद्दे पर आगे विचार करने के लिए निम्नलिखित तथ्य सहायक होंगे।

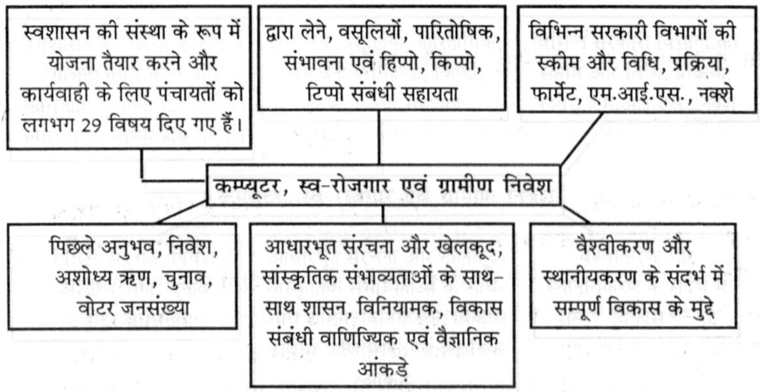

उपर्युक्त सारणी जागरूकता के विभिन्न क्षेत्रों सदभाव के स्थान पर सृजनात्मकता, क्षमता एवं विश्वास जागृत करना साथ ही साथ महिलाओं के लिए कुछ शक्तियां, प्रौद्योगिकी, नीति, अर्थव्यवस्था और मानव संसाधन विकास के साथ-साथ आध्यात्मिक आयाम तथा लोगों की क्षमता के बारे में स्पष्ट करती है।

स्व-नियोजित ग्रामीण प्रबंधक संवर्ग के माध्यम से यह संभव हो जाता है कि उन सभी स्थितियों को नियंत्रित किया जाए जो ग्रामीण परिवेश में उनका भाग्य निर्माता बन जाती है। कुछ महत्वपूर्ण अप्राप्त कड़ी निम्नलिखित हैं–

1. स्पष्टता, संक्षिप्तता, बाजारोन्मुखी विकास अथवा सद्भाव/सुरक्षित विकास।
2. राज्य में अति विश्वास।
3. नौकरशाही की संवेदनहीनता।
4. उन मूलभूत बातों की उपेक्षा करना जो लोगों में एक विश्वास पैदा करती हैं और उन्हें समर्थ बनाती हैं।

विश्वास न हो पाने की प्रक्रिया में स्थानीय संसाधनों की व्यवस्था, स्थानीय योजना, विपणन और अन्य संबद्ध मुद्दों पर संगतता, संक्षिप्तता और लागत प्रभाविता के जरिए विचार करना होगा। नीचे कुछ ऐसी उपेक्षित शक्तियों का उल्लेख किया गया है, जो काफी लाभदायक सिद्ध हो सकती है–

1. गैर सरकारी संगठन एवं सेवानिवृत्त व्यक्ति
2. स्व-नियोजित लेखक
3. स्थानीय परंपरागत विशेषज्ञ
4. अन्य उपेक्षित क्षेत्र

वैश्विक दृष्टिकोण और स्थानीय कार्यवाही की बाध्यता

1. वास्तविकताओं का सामना
2. लागत में कमी
3. प्रत्युत्तर
4. समयबद्धता एवं संगतता
5. मॉनिटर करना
6. सभी के लिए लाभप्रद स्थिति
7. पारदर्शिता
8. अधिकतम लोकतंत्र
9. जानकारी, कार्यकुशलता और संवेदनशीलता में वृद्धि

10. साक्षरता के अधिकार को समझना और समृद्धता के उच्चतम स्तर को हासिल करने के लिए शासन, उत्पादन, कानून बनाने, नीति आदि बुनियादी मुद्दों तक पहुंचना।
11. क्या यह बहुत जटिल कार्य है? जब हम इसे खर्चीला, अत्यधिक व्यापक, अपेक्षाकृत कम प्रभावशील और अत्यधिक जटिल प्रणाली के तौर पर देखते हैं तो हमें लगता है कि विकेन्द्रीकरण अवश्य होना चाहिए।
12. छोटे राज्यों में सभ्य शासन की बाध्यता और मानवाधिकारों एवं समानता की बेहतर सामंजस्यता, शासन, अर्थव्यवस्था को परिभाषित करने के मुद्दे, कानून, सामाजिक सांस्कृतिक प्रचलन, संचार और पूरी प्रणाली की समग्र क्षमता इत्यादि की जांच की जानी होगी।
13. उन लोगों के विस्थापन और किसी प्रकार के वंचित होने के मुद्दे, जो कार्यक्रमों, संस्थाओं, आपदा और पारम्परिक विशेषज्ञता में किसी प्रकार की गति दे सकें और स्थानीय विक्रेताओं स्वनियोजित उद्यमों तथा सामाजिक प्रणाली से जुड़े लोगों आदि की जांच की जानी होगी।
14. विस्थापन बनाम पारिस्थितिकीय अनुकूल विकास के मुद्दों में निश्चायक नीतियों के सह–अस्तित्व, संसाधनों को सकत्र करने की आवश्यकता है और अन्ततोगत्वा किसी प्रकार की संगतता और असंगतता को भी देखे जाने की आवश्यकता है। बड़ी परियोजनाओं, बड़ी संस्थाओं, बड़े शहरों और व्यापक स्तर पर निर्यात आयात से जुड़े व्यवहार कुशल लोगों की भूमिका हमारे द्वारा वास्तविक भारत के मुद्दों पर विचार किए जाने में एक तरह से बाधक हैं।

ग्राम स्वराज्य से संबंधित मुद्दे

संवैधानिक और सूचना प्रदान करने के माध्यम से लोकतांत्रिक शासन में अपेक्षाकृत धीमी और तीव्र गति के आंदोलन को शुरू करना होगा। अधिकांश लोग यह महसूस करते हैं कि विरोधी पक्ष के पास कहने का अधिकार होना चाहिए और सरकार के पास उसका तरीका होना चाहिए। अनुभवों से यह पता चलता है कि यह बात असंगत और अप्रचालित हो गई है। यहां पर यह देखना होगा कि तेजी से बदलती हुई प्रणाली में किसी प्रकार का दाकियानूसी विचार असंगत है। यदि हम संचार विकास में विभिन्न अवस्थाओं को देखते हैं तो सबसे पहले हम हाव–भाव फिर भाषा तत्पश्चात लेखन को पाते हैं और अब संचार का यह चौथा क्रम है जो अब डिजीटल हो गया है, जिससे हमें सूचना प्रौद्योगिकी की ताकत का पता चलता है। चयन और अवसर की अब कोई बात नहीं रह गई। इसी कारण वैश्विक स्तर और उसकी सीमा अब कम हो गई है और हमें इस तथ्य को स्वीकार करना होगा कि अब शासन, प्रशिक्षण, मॉनिटरिंग, प्रौद्योगिकी, धन कमाना, सर्वलाभप्रदता और समग्र मूल्य

प्रणाली बुनियादी रूप से परिवर्तन की स्थिति में है। यह सूचना और प्रौद्योगिकी के कारण ही संभव हो सका है कि सुख-शांति और संतोषप्रद एवं स्वच्छंदता तथा लोकतांत्रिक भावना फली-फूली है और सुविधाएं बढ़ी हैं। इससे हमें किंचित समृद्धता हासिल हुई है।

खुशहाली, शांति और संतोष के लक्ष्य से जुड़े मुद्दे

1. क्या हम मैं, हम और वे से आगे बढ़कर कुछ सोचते हैं और उन सभी लोगों को शामिल करते हैं जो हमें किसी तरह से प्रभावित नहीं करते?
2. क्या हमें सिर्फ धन एवं भौतिक सुख-सुविधाएं ही सुखी रख सकता है?
3. क्या नए नेतृत्व और उच्च स्तर की जानकारी की चुनौतियां लोकतांत्रिक एवं पारदर्शी नेतृत्व के लिए बाध्य करेंगी?
4. वास्तविक शक्ति किनके पास है?
5. क्या हम कटुता के स्थान पर आशावादिता ला सकते हैं और स्थानीय बाजार, अर्थव्यवस्था, प्रणाली, निर्णय लेने और शासन में बदलाव लाकर उच्च स्तर की संवेदनशीलता प्राप्त कर सकते हैं?

ग्राम स्वराज से संबंधित मुद्दे

उपयुक्त विश्लेषण से हम ऐसे अनेक आयामों की समग्र जांच कर सकेंगे जो सूचना प्रौद्योगिकी की भागीदारी वाली जनतांत्रिक प्रणाली, वैश्वीकरण के माध्यम से और राज्य नियंत्रण भी खत्म हो जाने की वजह से शुरू हुई है। यह कहना जरूरी नहीं है कि समय सबसे बलवान होता है और वह प्रेरक बल के रूप में होता है जिससे हमारे पास सीमित विकल्प होते हैं। नीचे कुछ तथ्य दिए जा रहे हैं जो हमारी स्थिति को लाभप्रद बना सकते हैं—

1. स्वनियोजित ग्रामीण प्रबंधकों का एक ऐसा संवर्ग तैयार करना जो परियोजना निर्माण, विपणन, नीति-निर्माण और विभिन्न डाटा परियोजनाओं के कोडीकरण में कम्प्यूटर की और हिप्पो, किप्पो, टिप्पो की पूरी क्षमता का उपयोग करने में सक्षम हों।
2. जन समुदाय को सस्ती दरों पर ऐसे नए औजार उपलब्ध कराना जो लागत प्रभावी, विश्वसनीय, संगत और आसानी से प्राप्त हो सकें।
3. ऐसी नीति बनाना, जिसमें लोगों और जनसमुदाय को अपनी विशेषज्ञता हासिल हो तथा उन्हें बाहरी लोगों पर निर्भर न रहना पड़े।
4. ऐसे विभिन्न उपाय करना जिसमें लोगों में न केवल अच्छे से अच्छा करने बल्कि प्रतिस्पर्धा करने, सुरक्षा, संरक्षा, बहु-विकास, उन्नति और विस्तार करने के लिए विश्वास बढ़े और उनकी पूरी क्षमता का विकास हो।

5. समग्र उन्नति के लिए कम खर्च पर व्यवहारिक परामर्श प्रदान करने हेतु बैंकरों, बीमा कंपनियों, लेखकों और समाज के अन्य वर्गों को शामिल करना।
6. भारत जैसे विशाल देश के लिए अन्तर्राज्यीय संबंधों, शांति, बाजार, अभिमुखीकरण और आपस में अनुभव बांटना जैसे मुद्दों को एक मिशन के तौर पर लेना।
7. सावधानी, प्रेरणा, प्रतिक्रियाशील और सकारात्मक भूमिका, सभ्यता की अनिवार्यता और अत्यधिक असमान विश्व में किसी प्रकार की मुफ्त सुविधा न दिए जाने जैसे वास्तविक विषय पर उचित ढंग से विचार किया जाना होगा।
8. अनुकूल अभिवृत्ति तथा सबके लिए अवसर प्रदान किए जाने जैसे मुद्दों को सफलतापूर्वक सिर्फ तभी हल किया जा सकता है जब मानव विकास के साथ-साथ सूचना प्रौद्योगिकी को भी समग्र रूप से एक साथ लाया जाए। हमें स्वयं और लोगों को तथा संसाधनों को मिलने वाली चुनौतियों के लिए तैयार रहना होगा। हम सभी लोगों के समक्ष यह एक बड़ी चुनौती है।

स्व-रोजगार के लिए प्रेरणा और अवसर

इसके तीन निम्नलिखित बुनियादी सिद्धांत हैं। जैसे कि–

(क) धर्मार्थ सिद्धांत
(ख) विकासात्मक सिद्धांत
(ग) भादीगारी का सिद्धांत

इसके लिए उन्हें कुछ मूलभूत अपेक्षाओं को पूरा करना होगा, उदाहरण के तौर पर–

(1) उन्हें स्वयं लोगों के संगठन के रूप में होना चाहिए।
(2) उन्हें मौलिक संगठनों के विकास में सहायता करनी चाहिए जिससे कि वे स्थानीय नेतृत्व के जरिए आत्मनिर्भर हो सकें।
(3) उन्हें परियोजनाओं को सीधे ही परिचालित करने का प्रयास नहीं करना चाहिए;
(4) उन्हें लोगों के बीच अभिप्रेरणा और स्वरोजगार के अवसर उत्पन्न करने में सक्षम होना चाहिए।
(5) उन्हें राष्ट्रीय विकास नीतियों का संपूर्ण अध्ययन करना चाहिए और लोगों के बीच उसे प्रोत्साहित करने की कोशिश करनी चाहिए।
(6) उन्हें सामाजिक, आर्थिक विकास के लिए एक अनिवार्य शक्ति के रूप में सरकार द्वारा मान्यता मिलनी चाहिए।

(7) उनके बीच संपूर्ण समन्वय होना चाहिए ताकि किसी प्रकार के दोहरेकरण और नुकसान को टाला जा सके।

स्वयंसेवी संगठन और संसाधन आधारित विकास पहल

स्वयंसेवी संगठनों और एसोसिएशनों से यह अपेक्षा की जाती है कि वे निचले स्तर पर संपर्क में रहें। चूंकि विकास एक ऐसी प्रक्रिया होती है जिससे सभी की बुनियादी आवश्यकताएं पूरी की जाती हैं और बेहतर जीवन स्तर की आंकाक्षा हासिल करने के अवसर के रूप में होती है। इसलिए स्वयंसेवी एसोसिएशन इन बातों को पूरा करने के लिए बेहतर स्थिति में होनी चाहिए।

स्वयंसेवी एसोसिएशनों को बाहरी लोगों से वित्तीय सहायता लेकर किसी प्रकार की निर्भरता को दूर किए जाने की आवश्यकता पर भी ध्यान देना चाहिए। अभिवृत्तिमूलक परिवर्तन में आत्मनिर्भर बनाने संबंधी कार्यक्रम और नीतियों को बनाने संबंधी कार्यवाही शामिल करना होगा।

लेकिन इसमें प्रमुख परिवर्तनों को शामिल करना होगा। अंततोगत्वा यह वाणिज्य, उद्योग, व्यवसाय और अधिक उत्पादन के माध्यम से हो, इसी से वास्तविक स्व-निर्भरता को प्रोत्साहित किया जा सकता है। अभिवृत्तिमूलक इस प्रकार के परिवर्तनों का उद्देश्य ग्राही की क्षमता में विकास करना होता है, जिससे कि वह आंतरिक संसाधन उत्पन्न कर सके। तत्पश्चात् इससे स्वावलंबन और निर्भरता में कमी को सुनिश्चित किया जा सकेगा। इसमें समाज के प्रत्येक स्तर पर स्थानीय पहल के साथ-साथ आधारभूत परिवर्तनों की भी आवश्यकता होती है।

स्वयंसेवी एसोसिएशनों के लिए विकासशील अवसर और संगठन अनिवार्य हैं। विकासशील अवसर में वह स्थिति शामिल है, जहां जन समुदाय की आकांक्षा और सामर्थ्य की परिस्थितिवश विभाजन के कारण अनदेखी न की गई हो। मानव निर्मित इस तरह की विसंगतियों को सख्ती से दूर किए जाने की आवश्यकता है, जिससे साम्यता और न्याय को सुनिश्चित किया जा सके। यह सिर्फ तभी संभव है जब साथ ही साथ उपयुक्त संगठनात्मक ढांचे का सृजन किया गया हो और उसे प्रोत्साहित तथा प्रसारित किया गया हो। परिवर्तन के अनुकूल न चलने वाले अनुपयुक्त संगठनों को धीरे-धीरे छांटना होगा, जिससे कि समाज को दीर्घवधि लाभ पहुंच सके।

समय पर परखी गई संस्थाओं को अपनी प्राथमिकताओं को पुनः अनुकूल बनाने की आवश्यकता पर ध्यान देना होगा। ऐसा करना इस प्रकार के अप्रतिरोध्य परिवर्तनों के लिए अपेक्षित प्रणाली में किसी प्रकार कि परिवर्तन के अनुरूप होगा। समान विचारधारा वाले संगठनों को आपस में जोड़ना और उनमें किसी प्रकार का सामंजस्य आवश्यक है, क्योंकि यह औपचारिक एवं अनौपचारिक संबंधों के विकास में सहायक है। समान

विचारधारा वाले संगठनों का आपस में सामंजस्य एवं उन्हें जोड़ने से आवश्यकता आधारित अभिज्ञान के आधार पर परियोजना सहायता के क्षेत्र में भी मदद मिल सकती है। परियोजना सहायता में स्वयंसेवी मूल अनुभव की भागीदारी और सामुहिक निरीक्षण, दौरे के लिए निधि भी शामिल है। निम्न लागत अधिक प्रभावशीलता से विशेष तौर पर योजनाबद्ध दौरे द्वारा उपर्युक्त प्रयासों की शक्ति, संबंधों में स्थायित्व ला सकती है।

पिछले अनुभवों के आधार पर इन स्कीमों को तकनीकी, प्रशासनिक और वित्तीय प्रोन्नयन के बेहतर इस्तेमाल के लिए और भी अधिक विकसित किया जा सकता है। दूसरे अन्य क्षेत्र जहां किसी प्रकार के सम्पर्क और सामंजस्य का लाभदायक उपयोग किया जा सकता है वह समग्र बेहतरी की दिशा में उपयुक्त विनियम, नीति विकास और प्रणाली के लिए अभियान और संपर्क बढ़ाने का क्षेत्र है। सहायता के प्रश्न और उसकी सीमा के बारे में भी उपयुक्त संबंधों के विकास के लिए ध्यान दिया जा सकता है। इस तरह से स्थानीय लोकतंत्र और निचले स्तर द्वारा की जाने वाली पहल के माध्यम से स्वयंसेवी संगठनों के लिए यह संभव होना चाहिए कि वे मुख्य सुधारों के माध्यक से सतत् विकास के कारणों का प्रचार करने में मुख्य भूमिका निभाएं। असंगठित ग्रामीण उद्योगों की दीर्घकालिक सफलता को समग्र विकास प्रक्रिया से अलग नहीं किया जा सकता। स्वयंसेवी एसोसिएशनों को अपने दृष्टिकोण और अभिवृत्ति में उपयुक्त परिवर्तन के साथ साथ समग्र विकास को भी दीर्घकालिक रूप से सुनिश्चित करना होगा।

स्वयंसेवी संगठनों के लिए प्रशिक्षण संबंधी आवश्यकताएं

सातवीं योजना के दस्तावेज में स्वयंसेवी एजेंसियों को विभिन्न कार्यक्रमों में शामिल किए जाने की आवश्यकता पर व्यापक और गहन चर्चा की गई है। इसकी चर्चा अध्याय 2.11.5 निम्न प्रकार से है–

"2.11.5 स्वयंसेवी एजेंसियां अनिवार्यतः अलाभप्रद और गैर–समर्थक संगठन के रूप में हैं। ग्रामीण विकास कार्यक्रम के संबंध में किसी प्रकार की सहायता के लिए स्वयंसेवी एजेंसियों की पहचान का मानदंड निम्न प्रकार से हो सकता है–

(i) संगठन विधिक रूप से मान्य होना चाहिए।
(ii) इसे ग्रामीण क्षेत्र आधारित होना चाहिए और वहां कम से कम 3 वर्षों से कार्यरत हो।
(iii) कुल मिलाकर इसे समुदाय की मुख्यतः कमजोर वर्गों की सामाजिक एवं आर्थिक दृष्टि से व्यापक उद्देश्य की पूर्ति वाला होना चाहिए। इसे लाभ के लिए कार्य नहीं करना चाहिए। बल्कि "लाभ हानि रहित" आधार पर कार्य करना चाहिए।
(iv) इसके क्रियाकलाप, धर्म, जाति, पंथ, लिंग और वंश पर ध्यान दिए बिना भारत के सभी नागरिकों के लिए होना चाहिए।

(v) कार्यक्रमों के क्रियान्वयन के लिए इसमें लचीलापन व्यावसायिक क्षमता और संगठनात्मक कार्यकुशलता होना चाहिए।

(vi) इसके पदाधिकारी किसी राजनीतिक पार्टी के चुने हुए सदस्य नहीं होने चाहिए।

(vii) यह घोषणा की जाती है कि इसमें ग्रामीण विकास प्रयोजनों के लिए संवैधानिक और अहिंसक तरीकों को अपनाया जाएगा।

(viii) इसमें धर्मनिरपेक्ष और लोकतांत्रिक अवधारणा और कार्यविधि की अपेक्षा की जाती है।

उपर्युक्त से यह स्पष्ट है कि मानदंड और अपेक्षाएं व्यापक हैं। इसलिए कार्यक्रम के कार्यान्वयन के लिए प्रशिक्षण अनिवार्य है। यह खेद का विषय है कि सातवीं पंचवर्षीय योजना के दस्तावेज में बहुत अधिक ध्यान दिए जाने के बावजूद इसके कार्यान्वयन में मुश्किल से ही कोई अंतर आया हो। हम वहीं पर हैं जहां हम थे, और यह न केवल प्रशिक्षण में बल्कि प्रशिक्षण के प्रभाव के मूल्यांकन में भी। हालांकि आठवीं योजना के दस्तावेज में स्वयंसेवी संगठनों के प्रशिक्षण और उन्हें शामिल किए जाने की आवश्यकता पर समान बल दिया गया है, फिर भी वास्तविक तौर पर यह है कि इसे और भी अधिक महत्व दिया जाना होगा। क्योंकि निजी और इसी प्रकार के क्षेत्र में स्व-रोजगार के अवसरों को बढ़ाए जाने की आवश्यकता है। संभवतः समय आ चुका है कि न केवल स्वयंसेवी संगठनों के प्रशिक्षण के तरीकों के संबंध में व्यापक जांच की जाए बल्कि अन्य दूसरों संगठनों में भी इसकी आवश्यकता है।

अपने प्रशिक्षणों में हम यह मानने की एक भद्दी भूल कर बैठते हैं कि प्रशिक्षण सबसे बाद का विषय है, और जब यही भयंकर भूल हम विश्वविद्यालय और व्यावसायिक पाठ्यक्रम प्रशिक्षण के क्षेत्र में भी करते हैं तो यह बात बड़ी तेजी से उभरकर सामने आती है कि जब तक संयोजन को सुनिश्चित न किया जा सके और प्रशिक्षण को विद्यार्थियों द्वारा कुछ अर्जन किए जाने की कार्यनीति के रूप में न बनाया जाए तब तक यह कभी भी लाभदायक माध्यम नहीं हो सकता। कई संगठन आज इस बात को बड़ी तेजी से महसूस कर रहे हैं और यह सिर्फ एक पहल और सरकारी विभागों द्वारा इस बात के लिए जोर देने से होगी कि इससे यह व्यापक रूप से स्वीकार्य होगा। समय आ चुका है कि उत्पादन, विपणन और प्रशिक्षण को ब्रह्मा, विष्णु और महेश के रूप में लेकर कार्य किया जाए क्योंकि इन तीनों कार्यों की अभिन्नता को स्पष्ट रूप से समझना चाहिए।

योजना आयोग के दस्तावेजों में हमारे प्रशासन के निचले स्तर को सक्रिय रूप से शामिल किए जाने के लिए निम्नलिखित कार्यक्रमों और क्षेत्रों की पहचान की गई है–

(i) समन्वित ग्रामीण विकास/ग्रामीण भूमिहीन रोजगार गारंटी कार्यक्रम/ट्राइसेम,

(ii) भूमि परिसीमन का कार्यान्वयन एवं अधिशेष भूमि का वितरण,

(iii) कृषि मजदूरों के लिए न्यूनतम मजदूरी की दर लागू करना,
(iv) बंधुआ श्रमिकों की पहचान और पुनर्वास,
(v) अनुसूचित जाति एवं अनुसूचित जनजाति का विकास,
(vi) सुरक्षित पेयजल की आपूर्ति और सामुदायिक प्रोत्साहन से पेयजल प्रणाली का अनुरक्षण,
(vii) वनरोपण, सामाजिक वन खंड, बायोगैस एवं अन्य वैकल्पिक ऊर्जा स्रोत का विकास (सौर एवं पवन उर्जा, उन्नत चूल्हा आदि),
(viii) परिवार नियोजन को प्रोत्साहन,
(ix) प्राथमिक स्वास्थ्य देखभाल, कुष्ठ नियंत्रण, क्षय रोग एवं अंधता, ग्रामीण संसाधनों का इस्तेमाल करते हुए निवारक स्वास्थ्य कार्यक्रम,
(x) ग्रामीण क्षेत्रों में महिला एवं बाल कार्यक्रम,
(xi) बच्चों के लिए प्रारंभिक, प्राथमिक एवं माध्यमिक स्कूली शिक्षा में, प्रौढ़ शिक्षा एवं अनौपचारिक शिक्षा में नवीन एवं निम्न लागत वैकल्पिक विधि,
(xii) उपभोक्ता संरक्षण, सहकारिता को प्रोत्साहन,
(xiii) हस्तशिल्प एवं ग्रामीण तथा कुटीर उद्योगों को प्रोत्साहन,
(xiv) विज्ञान एवं प्रौद्योगिकी को प्रोत्साहन,
(xv) विधिक शिक्षा,
(xvi) ग्रामीण आवाज एवं ग्रामीण झुग्गी बस्तियों में सुधार,
(xvii) पर्यावरणीय एवं पारिस्थितिकीय सुधार, तथा
(xviii) सूचना प्रसार के लिए परंपरागत मीडिया को बढ़ावा देना तथा प्रोत्साहित करना।

प्रशिक्षण विषय (प्रस्तावित पाठ्यक्रम)

कार्यक्रमों, क्षेत्रों और उस भूमिका को सावधानीपूर्वक अध्ययन किया जाएगा जिसकी अपेक्षा स्वयंसेवी संगठनों से ग्रामीण स्तर पर निभाने के लिए की जाती है और विषयवस्तु को उपर्युक्त उद्देश्यों की पूर्ति करने के लिए उचित तरीके से तैयार किया जाएगा। पाठ्यक्रम के लिए निम्नलिखित मार्गनिर्देश सिर्फ सुझाव के रूप में हैं। कार्यविधि और विषयवस्तु प्रशिक्षण में भाग लेने वालों के अनुसार अलग-अलग हो सकती है। मानव संसाधन और स्वयं सेवी संगठनों के लिए किसी प्रकार की आचार संहिता, विषयवस्तु के आधार के रूप में होगी। तथापि, निम्नलिखित बिंदुओं पर सावधानीपूर्वक ध्यान दिए जाने की आवश्यकता है—

1. जनसमूह के जीवन यापन के स्तर में सुधार लाने के लिए इच्छा शक्ति और कार्य निपुणता में वृद्धि लाने की आवश्यकता। इसमें सामूहिक अभिप्रेरणा और भारत

में संगठनों की सफलता और असफलता के अनुभव पर ध्यान आकर्षित करना भी शामिल है।

2. गतिविधि का वित्तीय पहलू। इसमें विभिन्न प्रयोजनों, लेखाओं के अनुरक्षण, रिपोर्ट एवं विवरणियों को समय पर प्रस्तुत करने, लेखा परीक्षा और अन्य संबंधित मुद्दों के लिए वित्त और निधि को उपयोग में लाए जाने के तरीके शामिल हैं।
3. स्वयंसेवी संगठनों द्वारा किए जाने वाले क्रियाकलाप का स्वरूप, संयोजकों के अधिकार तथा दायित्व।
4. कार्यक्रम, क्षेत्र एवं लक्ष्य समूह, परियोजना सफल होने के लिए समय सीमा, नियंत्रण एवं संतुलन और उस कार्यक्रम में कार्यरत अन्य एजेंसियों के साथ समन्वय एवं तकनीकी विशेषज्ञता के चयन के समय सावधानी बरती जानी चाहिए।
5. स्थानीय शासन से प्रभावशाली तरीके से समन्वय स्थापित करने की आवश्यकता और स्वैच्छिक गतिविधि से जुड़े संगठनों की तुलना में सरकारी संगठनों की क्षमता और कमजोरियों को ध्यान में रखना।
6. स्वत: और स्वपोषित आधार पर कार्यक्रमों के प्रभाव को प्रसारित करने की आवश्यकता, सरकारी वित्तीय सहायता के बिना कार्यक्रमों की दीर्घकालिकता।

प्रशिक्षकों के प्रशिक्षण (टी.ओ.टी.) के लिए प्रशिक्षण मॉड्यूल, अनुबंध III में दिया गया है–

स्वयंसेवी संगठन–आत्म विश्लेषण की आवश्यकता

आज गैर सरकारी संगठन, स्वास्थ्य, परिवार नियोजन, ग्रामीण विकास, शिक्षा, समाज कल्याण, पेयजल, वन एवं वनरोपण आदि जैसे विविध क्षेत्रों में कार्यरत हैं। ये संगठन, समाज के मूल स्तर पर कार्य कर रहे हैं और लोगों में घुल-मिल गए हैं। एक और स्वयंसेवी संगठन जिसकी व्यवस्था समर्पित लोगों के हाथों में है, यह माना जाता है कि इस प्रकार के संगठन में अपेक्षाकृत लागत कम होती है। अत: ये संगठन अधिक प्रभावी और सफल हैं। लेकिन दूसरी ओर, पिछले पचास वर्ष के अनुभवों ने उनकी उपलब्धताओं और उस पर किसी प्रकार की प्रतिक्रिया को संदेह के घेरों में खड़ा कर दिया है। ऐसे अनेक लोग हैं जो यह महसूस करते हैं कि सरकारी विभागों जैसे स्वयंसेवी संगठन गैर जवाबदेह बजट उपयोग के मामले में विशेषज्ञ हो गए हैं और बिना किसी संपर्क के कार्य कर रहे हैं। कुछ समर्पित स्वयंसेवी प्रयासों को यदि छोड़ दें तो अन्य दूसरे संगठन ऐसे नहीं है जिनमें सफलता दिखाई दे रही हो।

ऐसे बहुत से कारण हैं जिसकी वजह से वे अपेक्षाएं पूरी नहीं कर पा रही हैं। विशेष तौर पर प्रणाली में, जहां इनपुट न कि आउटपुट अथवा स्थिरता, कार्यक्रम की सफलता निर्धारित करती है। यह सारा दोष हम सिर्फ गैर सरकारी संगठनों पर ही नहीं दे सकते। बल्कि इस तथ्य को स्वीकार करना होगा कि हमारी सभी राष्ट्रीय योजनाओं में—योजनाओं, अवधारणाओं, प्रौद्योगिकी, विचार आदि के क्षेत्र में आर्थिक दृष्टि से व्यवहार्य दृष्टिकोण को ध्यान में नहीं रखा गया है। संगठन की आंतरिक संसाधन क्षमता में वृद्धि लाने का शायद ही कोई प्रयास हुआ हो। यद्यपि कोई व्यक्ति विस्तार एजेंसियों के लिए ऐसे किसी दृष्टिकोण से पूर्णतया सहायक नहीं हो सकता, लेकिन ध्यान देने वाली महत्वपूर्ण बात यह है कि कोई भी संगठन सिर्फ सहायता अनुदान, रियायत धर्मार्थ अथवा सब्सिडी से ही किस प्रकार से दीर्घकालिक कार्य कर सकता है। रोगों एवं अन्य प्राकृतिक आपदाओं आदि के लिए राहत कार्यक्रम में अनुदान दिया जा सकता है, क्योंकि वे स्व-रोजगार अथवा आंतरिक राजस्व उत्पन्न करने में सक्षम नहीं है। लेकिन खादी एवं ग्रामीण उद्योग, पौधारोपण, नर्सरी परिवार नियोजन, शिक्षा अथवा यहां तक कि समाज कल्याण जैसे अनेक ऐसे कार्यक्रम हैं जो एक निश्चित अवधि के पश्चात् और भी निधि की आवश्यकता की पूर्ति कर सकते हैं। विकासात्मक और वाणिज्यिक कार्यक्रमों के प्रति समग्र अभिवृत्ति, विनियामक कार्यक्रमों से अलग होनी चाहिए। हालांकि सरकार के अधीन विभिन्न वाणिज्यिक क्रियाकलाप सामाजिक सेवा के बहाने निम्नतम दक्षता में निष्पादित हो रहे हैं। यह खेद का विषय है कि कार्य संस्कृति का लोप न केवल सरकारी विभागों से ही हुआ है बल्कि इसका अभाव अनेक स्वयंसेवी संगठनों में भी देखने में आया है। जब किसी संगठन पर ऐसी विकृति का दोष मढ़ा जाता है तो चाहे कुछ कार्यक्रम तैयार किए जाएं, वहां एक बात की अवश्य जांच की जानी चाहिए कि किसी प्रकार की निधि, वाणिज्यिक आधार पर दी जाए। स्पष्टतः संसाधनों के अभाव के कारण इसकी आवश्यकता हो सकती है। यहां तक कि विदेशी निधि में अभिवृत्तिमूलक परिवर्तन की आवश्यकता है, बल्कि अनेक सरकारी विभागों में भी इस बात की आवश्यकता है कि प्रत्येक पेनी खर्च के बारे में एक जवाबदेही सुनिश्चित की जाए।

विश्व बैंक और गैर सरकारी संगठन

पिछले दशकों में, विश्व बैंक ने गैर सरकारी संगठनों की क्षमता का पूरे तरह से उपयोग किया है। विश्व बैंक यह महसूस करता है कि सरकार के साथ-साथ गैर सरकारी संगठन भी राष्ट्र के समग्र विकास में अपना योगदान दे सकते हैं। इन्होंने अन्य दूसरे संगठनों के साथ संयुक्त रूप से कार्य करने के लिए ग्रामीण एवं शहरी विकास, परिवार नियोजन, स्वास्थ्य, पर्यावरण, खाद्यान्न अभाव, महिलाओं के विकास, लघु उद्यम, उपयुक्त प्रौद्योगिकी, आवास, शिक्षा, व्यावसायिक शिक्षण एवं पोषाहार जैसे विभिन्न क्षेत्रों की पहचान भी की है। विश्व

बैंक ने यह भी महसूस किया कि इन्हें नीतिगत योजना तैयार करने और डिजाइन मूल्यांकन के क्षेत्र में भी शामिल किए जाने की आवश्यकता है। चूकि गैर सरकारी संगठन, निम्न आय के समुदाय के निकट संपर्क में कार्य करते हैं इसलिए माना जाता है कि इनके पास सूचना और जानकारी का बेहतर आधार होगा। स्थायी विकास के प्रति इस प्रकार का नजरिया इसे अनिवार्य भी बना देता है ताकि जनसमूह को शामिल करने के लिए एक प्रभावी प्रणाली विकसित की जा सके। विश्व बैंक का एक नीतिगत विवरण निम्न प्रकार से है–

"विश्व बैंक, अपने कार्य में एक भाग के तौर पर राष्ट्रीय और अंतर्राष्ट्रीय स्तर पर पिछली आर्थिक नीतियों पर अधिक ध्यान केन्द्रित कर रहा है और साथ ही साथ निर्धनता और पर्यावरण से जुड़े पहलू पर भी ध्यान दे रहा है। विश्व बैंक, वैश्विक नीति के व्यापक मुद्दों पर अधिक से अधिक गैर सरकारी संगठनों के शामिल होने का भी स्वागत करता है। अपने संक्रियात्मक कार्य में बैंक, गरीबी से जुड़े मुद्दों पर संगठनों और अन्य गैर सरकारी संगठनों की भागीदारी को सक्रिय देखना चाहता है ताकि गरीबों को मदद मिल सके और बैंक से सहायता प्राप्त क्रियाकलाप में परिवेश पर पड़ने वाले प्रभाव को बल मिल सके।"

गैर सरकारी संगठनों के साथ अधिक से अधिक व्यावसायिक कार्य करने के लिए समय आ चुका है। विश्व बैंक और अन्य जुड़े संगठनों के साथ उचित संबंध बढ़ाए जाएं। बेहतर संवेदनशीलता, स्थानीय कार्यकौशल और प्रौद्योगिकी के उन्नयन एवं आत्म-निर्भरता के साथ-साथ यह भी संभव हो सकता है कि अधिकाधिक प्रतिस्पर्धात्मक लाभ के लिए बेहतर पैकेज सामने लाए जाएं।

गैर सरकारी संगठन और अपेक्षाकृत कम उपयोग किए गए संसाधन

जब हम उपेक्षाकृत कम उपयोग किए गए संसाधनों के बारे में बात करते हैं तो हमें इस शब्द की जांच, मानवशक्ति, नैसर्गिक निधि, प्रतिभा, कुशलता, परम्पर, प्रचलन, जीवनशैली, आदत और यहां तक कि कला-शिल्प आदि के संदर्भ में करनी होगी। इसी से जुड़ा एक क्षेत्र सेवानिवृत्त सिविल सेवकों और सैनिकों का है, जहां इनका लाभ उठाने के बारे में शायद ही किसी प्रकार का व्यवस्थित प्रयास किया गया है। ये ऐसे ग्रुप हैं जिनकी अपेक्षाकृत राज्य, सरकार द्वारा विशेष देख-भाल की जाती है और यहां तक कि सेवानिवृत्ति के बाद भी इन्हें पेंशन और अन्य लाभ के रूप में अच्छी खासी राशि मुहैया कराई जाती है। यही समय है जब हम समाज की बेहतरी के लिए इनके अनुभवों, विशेषज्ञता और सद्इच्छाओं का भरपूर लाभ उठा सकते हैं। इनको शामिल किए जाने के लिए उपयुक्त योजना और कार्यनीति की आवश्यकता है। विभिन्न लुप्त प्राय आयामों की विशेष जांच के लिए राष्ट्रीय स्वयंसेवी मिशन और कार्य योजना तैयार की गई है। गैर सरकारी संगठन, असंगठित क्षेत्रों में मिलने वाली चुनौतियों का सामना करने के लिए इनकी सेवाओं का भरपूर उपयोग कर सकता है। अदायगी, सफलता के पैरामीटर, शर्तें आदि बहुत प्रतिस्पर्धात्मक हो सकता है बशर्ते कि स्वयंसेवक के लिए सही माहौल और सही लाभवृत्ति का सृजन किया गया हो।

कार्य निष्पादन के लिए गैर सरकारी संगठनों को पुरस्कृत करना

यह उपयुक्त समय है जब गैर सरकारी संगठनों को इस समय की समस्याओं का हल करने के लिए नवीन और सृजनात्मक विचार सामने लाने के लिए प्रोत्साहित किया जाए। गैर सरकारी संगठनों को पुरस्कृत करने का मानक उनके मानव संसाधन, प्रचालन के क्षेत्र, निधि प्रणाली सेवा की प्रति यूनिट लागत, लोगों की भागीदारी, सड़क के समीप होने आदि के आधार पर निर्धारित किया जा सकता है। बैंक ग्राह्य एवं व्यवहार्य परियोजनाओं के मुद्दों में विपणन तथा आंतरिक संसाधन उत्पन्न किए जाने के विषय को शामिल किया जाना आवश्यक है। बेहतर मानसिक स्थिति और अभिवृत्तिमूलक जुड़ाव के साथ-साथ यह भी संभव होना चाहिए कि बेहतर व्यावसायिक कार्य संस्कृति भी विकसित की जाए। प्रत्येक मंत्रालय और विभाग को यह भी सुझाव दिया जाता है कि वे महत्वपूर्ण अप्राप्त सम्पर्क (मिसिंग लिंकेज) के क्षेत्र में और किस प्रकार से समुदाय आधारित संगठन शामिल हो और उनकी लागत क्या हो, आदि बातों का निर्धारण करें। विशेष रूप से शेष कार्य निष्पादन का भी अभिनिर्धारण किया जाए और उनका निपटाए मामले के अध्ययन और लाभ निर्धारण की अन्य प्रणाली के माध्यम से किया जाए।

सारांश एवं निष्कर्ष

भारत जैसे विशाल देश में जहां बहुत अधिक विविधता, परस्पर विरोधी, विपरीत विचारधारा के लोगों का दबाव है, ऐसे समय में एक ऐसे समग्र दृष्टिकोण को अपनाए जाने की आवश्यकता है जिससे कुल मिलाकर देश हर तरह से लाभप्रद स्थिति में हो। पिछले समय के अनुभव और भविष्य की बाध्यता के आधार पर एक ऐसी कार्यनीति तैयार किए जाने की आवश्यकता है जो कार्यान्वयन योग्य और सम्पूर्ण दोनों हों। प्राथमिकता के आधार पर बहुत कुछ किया गया है। जनता समुदाय और गैर सरकारी संगठनों को शामिल करके पंचायती राज संस्थाओं, गैर सरकारी संगठनों के संयोजकों द्वारा महान सेवा की जा सकती है। "जब हम कोई अध्यवसाय करते हैं तो रास्ता स्वत: ही निकल आता है"। हमारे समय की चुनौतियों ने हमें संसाधनों के इस्तेमाल और प्रणाली विकास को प्रोत्साहित किया है। जिससे हम अधिकतम लाभप्रदता को सुनिश्चित कर सकते हैं। यह एक चुनौती है और गैर सरकारी संगठनों का अभिमुखीकरण इस प्रकार होना चाहिए कि वे कम लागत पर अनुकूलतम परिणाम दे सकें। इस चुनौती से सभ्यता के तरीके को ढूंढा जा सकेगा और यह उपयोगी भी हो सकता है और स्वत्व हरणात्मक भी।

विकास और गैर सरकारी संगठनों के विभिन्न मुद्दों की जांच करने पर यह पता चलता है कि विकास की प्रक्रिया के प्रशन में यह एक प्रमुख मुद्दा है कि लोगों को सामाजिक रूप से कैसे अभिप्रेरित किया जाए या उन्हें कैसे सक्षम तथा सशक्त बनाया

जाए। जिससे कि वे जो कुछ उनके लिए है, उसका पूर्णरूपेण और लाभदायक ढंग से उपयोग करें। सामाजिक अभिप्रेरणा, निम्न लागत अधिक कारगर प्रणाली, लागत प्रभावी स्थिर प्रणाली, किसी प्रकार की रचनात्मकता आदि नौकरशाही हस्तक्षेप के कारण कभी भी हासिल नहीं की जा सकती। लोगों की क्षमता जागृत करने के कार्य में विभिन्न नीतियों और समग्र दृष्टिकोण अपनाए जाने की आवश्यकता है जो अंततोगत्वा लोगों की समस्याओं के हल में उनकी कार्यकुशलता में वृद्धि करेगा। इस प्रकार की कार्यकुशलता जागृत करने में प्रशिक्षक, मॉनिटर, सक्रिय भागीदार एवं पथ-प्रदर्शक के रूप में गैर सरकारी संगठनों की भूमिका बहुत अधिक महत्वपूर्ण है। इस बात में कोई आश्चर्य नहीं होना चाहिए कि पिछले पांच दशकों में गैर सरकारी संगठनों की संख्या में सभी सरकारी विभागों में काफी वृद्धि हुई है। अंतर्राष्ट्रीय निकायों ने भी जिसमें विश्व बैंक भी शामिल है, सिविल सभ्य समाज के एक भाग के रूप में गैर सरकारी संगठनों के विकास की प्रक्रिया को प्रेरित किया है। इतना महत्व दिए जाने के बावजूद, सरकार ने अभी तक गैर सरकारी संगठनों की क्षमता में वृद्धि के लिए "सिंगल विंडो सिस्टम" नहीं शुरू किया है। यहां पंचायत और समुदाय जैसे स्तर पर गैर सरकारी संगठन स्वयंसेवी आधार पर महत्वपूर्ण भूमिका अदा कर सकते हैं।

स्वरोजगार, ग्रामीण निवेश, अभिप्रेरणात्मक पहल के माध्यम से यदि हम धर्मार्थ, विकासात्मक एवं वाणिज्यिक सिद्धांतों, आत्म-निर्भरता, नेतृत्वात्मक एवं नीतियों के बारे में देखें तो स्थिर एवं आश्चर्यजनक प्रभाव सामने आ सकता है।

इन सब बातों में गति के लिए जिस बात की आवश्यकता है वह है, समन्वय, स्पष्टता और संक्षिप्तता। इन क्षेत्रों को गंभीरता से लिए जाने की आवश्यकता है और गैर सरकारी संगठनों ने अपनी स्थिति व्यवहार्य, स्थिर और प्रतिक्रियाशील लागत प्रभावी समस्या हल करने वाले के रूप में बनाई है। दूसरे महत्वपूर्ण क्षेत्र लॉबी तैयार करने का है और यह न केवल पंचायतों की क्षमता में वृद्धि से संबंधित है, बल्कि यह विकेन्द्रित क्षेत्रों में भी होना चाहिए। विकेन्द्रित विकास के उद्देश्य को हासिल करने के लिए एक सहायक के अलावा वैकल्पिक क्षेत्र नेटवर्क, सुदृढ़ता, अभिमुखीकरण, संसाधनों के दोहन और कुल मिलाकर 29 विषय क्षेत्रों को देखने के लिए लोगों की क्षमता विकसित करते हुए एक भूमिका अदा कर सकते हैं। राजनीति में अब एक नई बात सामने आई है कि सामाजिक पूंजी के बदलते परिप्रेक्ष्य में किसी प्रकार के विकास और उद्यमिता के तौर पर पंचायती राज के विकास में कारगर तरीके की आवश्यकता है।

आपदा प्रबंधन के मुद्दे को काफी हद तक स्पष्ट किया जा चुका है और भारत जैसे देश में पंचायती राज सशक्तिकरण सिर्फ सरकारी पहल पर नहीं छोड़ा जा सकता। यह उपयुक्त समय है जब दूरदर्शिता के महत्व को सभी लोग महसूस करें और कठिन समय तथा प्रणाली में समस्या हल करने वाले के रूप में शामिल हों। गैर सरकारी संगठन, समग्र विकास की अपेक्षाओं को पूरा करते हुए इन चुनौतियों का सामना करने की बेहतर स्थिति में हैं।

4

आपदा प्रबंधन की चुनौतियाँ और सतत् मानव विकास के लिए गांधीवादी विकल्प

परिचय

यह लेख उस समग्र विचार मंथन और कार्य योजना का अंग है, जिसमें हमारे समय के कुछ मुद्दों को समझने का प्रयास किया गया है और यह विचार किया गया है कि किस प्रकार गांधीवाद सहित विभिन्न विकल्पों को सतत् मानव विकास के अंग के रूप में प्रभावी अध्ययन के लिए अपनाया जा सकता है। इस लेख में कुछ अज्ञात और बहुत से अज्ञात या अन्वेषित आयामों और हमारे समय की कटु वास्तविकताओं को उजागर करने का प्रयास किया गया है।

दोनों लेखक हमारे आस पास हो रही विभिन्न घटनाओं से अत्यधिक चिन्तित हैं और वे यह अपना कर्तव्य समझते हैं कि निडरता से और स्पष्ट रूप से अभी तक प्रयोग न किए गए संभावित विकल्पों को देखें। गांधी जी ने एक अत्यधिक रुचिकर, व्यवहार्य, विश्वसनीय, चलने वाला, प्रौद्योगिकीय रूप से स्थिर और पर्यावरण के अनुकूल जीवन शैली बताई है। यह कहने की आवश्यकता नहीं है कि इसकी वैज्ञानिक रूप से, तार्किक रूप से, विश्लेषणात्मक तरीके से और पारदर्शी रूप में व्यक्तियों और समुदाय की अपनी समस्याओं को हल करने की योग्यता के संदर्भ में जांच की जानी चाहिए। सदभाव से सृजनशीलता, सक्षम और विश्वास जागृत करने की प्रकिया में विभिन्न कठिन विकल्पों के जांच करने की आवश्यकता है।

अंततः व्यक्ति ही सर्वोत्तम निर्णायक है। जिस स्थिति में उसे रखा गया है, उसे अपने समय की समस्याओं के लिए अपने सर्वोत्तम समाधान स्वयं ही ढूंढना होगा।

हमारे समय की चुनौतियाँ

हमारे समय की चुनौतियां इतनी विविध, बहुमुखी, और विभाग को परेशान करने वाली हैं कि कोई स्पष्ट दिशा दिखाई नहीं देती है। हमारे समय की कुछ चुनौतियां अत्यधिक

प्रतिकूल और विरोधी दिशाएं देती हैं। अनेक लोग महसूस करते हैं कि मुद्दों को अलग-अलग हिस्से करके और पृथक्करण के तरीके से देखने के कारण यह पैटर्न भ्रमित हो सकता है। स्पष्टता के लिए, एक समग्र दृष्टिकोण लिया जाना चाहिए। सामान्य विवरण देने के स्थान पर और अधिक क्षेत्र आधारित और मुद्दा आधारित विश्लेषण किया जाना चाहिए। इसे भी समग्र पैटर्न में फिट होना चाहिए। चूंकि अत्यधिक विशेषज्ञता ने एक ऐसा दृष्टिकोण विकसित कर दिया है कि हम किसी मुद्दे का समग्र रूप से विश्लेषण् नहीं कर पाते हैं। इस सब कारणों से एक ऐसी स्थिति पैदा होती है, जिसमें द्वेष, कुंठा, निराशा और अंधकार अपरिहार्य लगते हैं, यहां आशा के संकेत या आशा के बीच या विकास के सकारात्मक विज्ञान का पता लगाया जाना चाहिए।

विरोधी और भ्रमित दिखाई दे रही स्थिति के आधार पर, हमारे समय की चुनौतियों को मोटे तौर पर राजनैतिक, आर्थिक, पर्यावरणीय, सामाजिक, वित्तीय और ऐतिहासिक प्रकृति में विभाजित किया जा सकता है। विज्ञान और प्रौद्योगिकीय विकास ने समग्र जांच के लिए ज्ञान के अज्ञात द्वारा खोल दिए हैं। हमारे समय में आस्था या अंध-स्वीकृति का कोई स्थान नहीं है। हमारे समय की चुनौतियों को सभी के लिए अनुकूल स्थिति तैयार करने और उसे प्राप्त करने के लिए अत्यधिक सकारात्मक विवशता के रूप में माना जा सकता है। प्रभावी प्रौद्योगिकी, महिला, नीति, अर्थव्यवस्था और आध्यात्मिक विकास शक्ति से स्थिति को समग्र दृष्टिकोण से उपयुक्त रूप में समझा जा सकता है।

विभिन्न चुनौतियों को विस्तार में दिया जाए, तो इसके लिए अलग से एक पुस्तक लिखनी होगी, इसलिए यह उचित होगा कि इनमें से केवल कुछ को ही उजागर किया जाए। इसलिए, हमें आतंकवाद का सामना करने के लिए शांति लाने के मुद्दे को देखना होगा और यह भी देखना होगा कि किस प्रकार सूचना प्रौद्योगिकी का अपने समय की चुनौतियों का सामना करने के लिए प्रयोग किया जा सकता है।

बाजारोन्मुख दृष्टिकोण अपनाने की आवश्यकता

यदि हम यह स्वीकार करते हैं कि गैर-सरकारी संगठन, सूचना प्रौद्योगिकी, सभी के लिए अनुकूल स्थिति, स्वैच्छिक एवं स्व-रोजगार और पर्यावरण अनुकूल विकास संबंधी नीतियों के साथ ग्रामीण निवेश आवश्यक है और इन सभी संस्थानों को महत्वपूर्ण भूमिका अदा करनी है, तो बाजार संबंधी नीतियों की जांच करनी होगी। चाहे शांति हो या युद्ध, विपणन संस्थान उनके कारणों का समर्थन करते हैं। इनमें उनका कुछ अपना स्वार्थ भी हो सकता है। उस कारण के समर्थन के लिए कोई ग्रुप या दल हो सकता है। विपणन में संकल्पना, आर्डर, उत्पाद और ग्राहक की संतुष्टि की प्रक्रिया को अच्छी तरह समझ लिया जाता है। इसके लिए पैकेजिंग और मूल्य भी होना चाहिए। वितरक और पूर्तिकार के लिए प्रशिक्षण भी होना चाहिए। इसे भंडारित किया जाना चाहिए और यह आसानी से ग्राहक को उपलब्ध होना चाहिए।

शांति की अनिवार्यता और दिशाएं

यदि हम अपने समय की चुनौतियों को स्वीकार करते हैं और सतत् शांति के लिए विभिन्न नीतियाँ और तरीकों को देखने की तात्कालिता को, न केवल दुनिया के कुछ हिस्सों में, बल्कि सभी हिस्सों में इसकी आवश्यकता महसूस करते हैं, तो स्पष्टत: व्यापक जागरुकता, व्यापक सूचना प्रौद्योगिकी और सूचना का स्वतंत्र प्रवाह, हमें शांति की विभिन्न दिशाओं और आवश्यकताओं की ओर देखने का प्रयास करने के लिए विवश करता है।

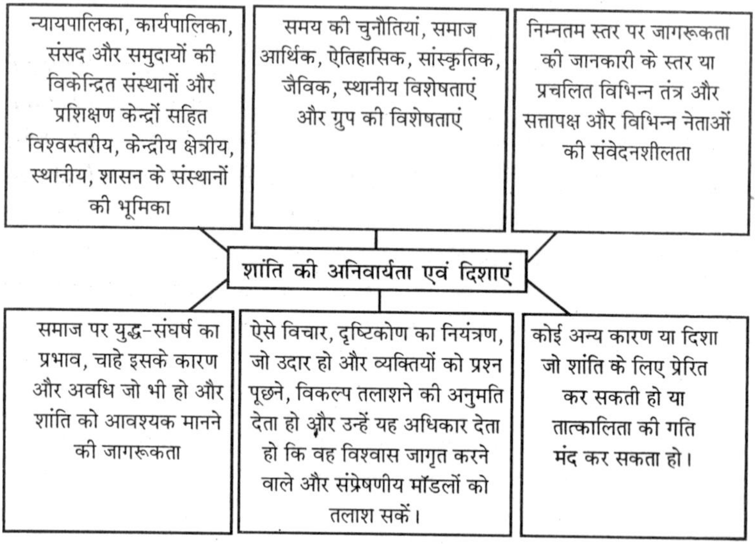

उपरोक्त विश्लेषण से, हम कुछ पैटर्न, अनिवार्यताओं, अपेक्षाओं और उन दिशाओं का पता लगा सकते हैं, जिससे हमें विवाद, शांति और सामाजिक परिवर्तन के विभिन्न कोणों को देख सकेंगे। इससे प्रमुख कर्ताओं और स्टेक होल्डरों की भी आसानी से पहचान की जा सकेगी। ताकि एक दीर्घकालिक और अल्पकालिक कार्य योजना बनाई जा सके, जिसमें कुछ पैरामीटर, या मील के पत्थर जैसे जांच एवं संतुलन हो और जिसमें जोखिम कारकों सहित सफलता के भी पैरामीटर हों।

प्रशिक्षण और अनुसंधान की भूमिका

अनुसंधान एवं प्रशिक्षण को अलग-अलग खंडों में करने से अत्यधिक हानि की गई है। इसने समझदार लोगों और समाज को हानि पहुंचाई है उसे तब ही ठीक किया जा सकता है, जब प्रशिक्षण और अनुसंधान के पक्षों को जिसमें संहिताकरण, योजना, विभिन्न कार्यकर्ताओं

(स्टेक होल्डरों) सहित अन्य लोगों से सबक लिया जाए और निरंतर सीखने और प्रशिक्षण की प्रक्रियाओं को चलाया जाए। इसका अर्थ विश्लेषण, संहिताकरण, अनुसंधान प्रशिक्षण के लिए बहुमुखी दृष्टिकोण और निष्कर्षों की गुणवत्ता को उन्नत बनाने के लिए निरंतर उपाय करना है। इस प्रकार हम निम्नलिखित दृष्टिकोणों से भी प्रशिक्षण और अनुसंधान के अन्य आयामों को भी देख सकते हैं।

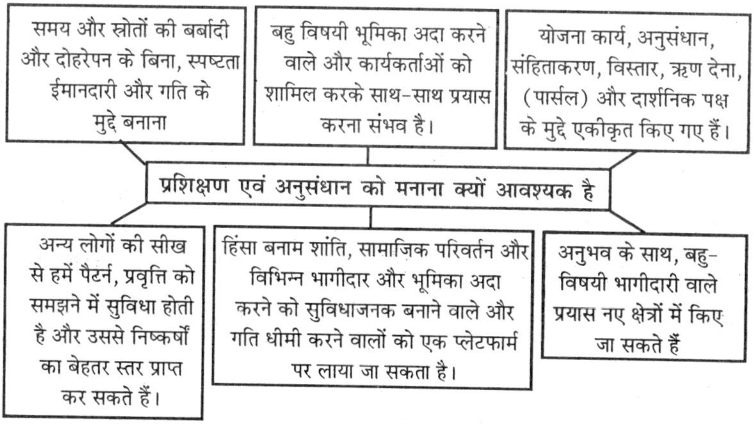

विभिन्न संस्थाओं द्वारा अलग-अलग दृष्टिकोण होने के कारण, व्यवसायिक, धार्मिक एवं मानवाधिकार निकाय या शांति निर्माता और अर्थशास्त्री, राष्ट्रवादी, वित्त देने वाले लोग एक प्लेटफार्म पर आने की और मुद्दों को समग्र रूप सें देखने की चिंता नहीं करते हैं। सतत्ता, नीति, विकास, जीवन की गुणवत्ता, सकल घरेलू उत्पाद तथ प्रतिव्यक्ति आय, संतोष एवं प्रसन्नता, समुदाय, राष्ट्रवाद, देश एवं अंतर्राज्यीय संबंध आदि शब्दों को अलग-अलग प्राथमिकताओं से पता लगाने की आवश्यकता है। चूंकि समय की चुनौतियां, क्षेत्र, धर्म, समझ और ज्ञान के स्तर, पर्यावरणीय और स्थानीय अनिवार्यताओं आदि के अनुसार बदलती रहती हैं, इसलिए स्पष्टता, ईमानदारी और गति के मुद्दों का व्यवहार, संतोष आदि जैसे कुछ मूलभूत मुद्दों के साथ मंथन किए जाने और समझे जाने की आवश्यकता है।

नए संदर्भ में काम करना

उन्नत कौशल, एक साथ काम करने, पिछले अनुभव को नए संदर्भ में आवश्यक मान सकते हैं। व्यक्ति और समाज के मुद्दों को, व्यक्तियों और संस्थाओं के साथ काम करने के मुद्दे को देखना होगा। नई पहचान, नए आंकड़े, नए सिद्धांत, या निष्कर्षों को व्यापक और गहन रूप से समृद्ध बनाने के लिए जांच के तरीकों या नई अनुसंधान निधियों को लोगों के बीच शांति की खोज के लिए और स्पष्ट बनाना होगा। नए संदर्भ में कार्य करने की

संकल्पना की भी बहुत से नई और अद्वितीय दिशाएं हैं। यह कहने की आवश्यकता नहीं हैं कि इस प्रयास की सफलता का पता लगाने के लिए कोई स्थिर पैरामीटर नहीं है। परन्तु, निम्नलिखित कुछ प्रश्न पूछ कर, इन प्रयासों की सफलता के लिए कुछ सार्थक (ऑक्सीजन जैसे) पैरामीटर बनाए जा सकते हैं।

1. जैव–विविधता, आकांक्षा और सम्पूर्ण जीविका के ज्ञान कच्चे स्तर के आधार पर किस प्रकार व्यक्ति और समाज विकास, शांति, प्रशिक्षण, उद्यम और नीति बनाने के माध्यम को देखते हैं?
2. समाज के प्रत्येक सदस्य के लिए बेहतर अवसर उपलब्ध करवाने के लिए, समुदाय एवं समाज में क्या तरीके हैं? ये अवसर, प्रशिक्षण, कौशल की उन्नति, रोजगार, कला एवं शिल्प, व्यापार एवं संस्कृति या सूचना प्रौद्योगिकी और स्व–रोजगार बढ़ाने वाले कैडर का प्रयोग करके प्राप्त किए गए हैं।
3. क्या संगठित और गैर संगठित, शहरी और ग्रामीण, अच्छे वेतन वाली नौकरी कर रहे लोगों और स्व–रोजगार क्षेत्रों में, अंतर्राष्ट्रीय निकायों में कार्य कर रहे और उन लोगों में, जिनके नाम पर यह संपर्क बनाए गए हैं, लिंग संबंधी मुद्दों से, बच्चों और बुजुर्गों के बीच जीवन की धार्मिक और आध्यात्मिक दिशाएं, समाज के व्यवहार को प्रभावित करती हैं?
4. व्यवसायी अपने व्यवसाय और अपने समाज के प्रति अपनी संगतता को किस प्रकार देखते हैं?
5. सूक्ष्म और वृहत दोनों स्तरों पर विद्वान, पत्रकार, संपादक, मीडिया और नीति बनाने वाले, समन्वय, सम्पर्क व्यापार, राजनीति, खेल कूद और जीवन की गुणवत्ता के उच्चतर स्तर के सम्पूर्ण स्थायित्व के मुद्दों को किस प्रकार देखते हैं?
6. वैश्वीकरण, स्वतंत्र व्यापार, सीमा रहित राज्य, लोगों की बढ़ती हुई आकांक्षाओं, अत्यधिक शीघ्र संप्रेषण और सूचना के आदान प्रदान के युग में सूचना प्रौद्योगिकी और नीति विकल्पों सहित शासन के विकेन्द्रित तंत्र, सतत् आधार पर लोगों के कल्याण के लिए योगदान दे पाएगा।

अपेक्षित लाभ

आपस में विरोधी दिखाई देने वाली भागीदारों को सक्रिय सहयोग और कार्य से और स्वरोजगार पर बल देने से और मिल चुके निवेश से, शांति, सामाजिक परिवर्तन और विवाद दूर करने, बचाव के मुद्दे निश्चित रूप से स्पष्ट हो जाएंगे।

स्पष्टता के बाद ही, प्रचार, प्रशिक्षण और बेहतर तंत्र विकास और प्रबंधन की उन्नति संभव है। प्रतिपूरक नागरिक संस्था के रूप में गैर सरकारी संगठन की भूमिका को

तीसरी दुनिया के देशों में बहुत कम प्रयोग किया गया है। गैर सरकारी संगठन, पुरानी निम्नतम स्तर की राजनैतिक संस्था को लोगों के सामाजिक एवं आर्थिक सशक्तिकरण की सक्रिय एजेंसियों में बदल सकते हैं। वैश्वीकरण और स्थानीयकरण के मुद्दों पर गैर सरकारी संगठनों की सक्रिय भागीदारी से काफी अच्छी तरह से कार्यवाही की जा सकती है। यहां नेटवर्किंग, विश्वव्यापी दृष्टिकोण और स्थानीय कार्यवाही सबके लिए ऐसी अनुकूल स्थिति बना सकती है, जिससे शांति, स्थिरता और विकास हो। यह भी तथ्य है कि गैर सरकारी संगठन और अन्य प्रशिक्षण संस्थान अलग-अलग कार्य कर रहे हैं। यह सही समय है, जब स्रोत कम हो रहे हैं और मांग बढ़ रही है, इन अवसरों का प्रयोग लागत प्रभावी स्व-रोजगार उन्मुख विस्तार और प्रत्युत्तर तंत्र के लिए किया जाए। यहां समुदाय के संगठनों, व्यवसायिकों और नौकरशाही के समाज को शीघ्र और प्रभावी रूप से ज्ञान और कौशल को पैदा करना, उस पर मंथन करना और उसका प्रचार करना सीखना चाहिए। यह कहने की आवश्यकता नहीं हैं, सेमिनार, कार्यशालाएं, विचार मंथन सत्र, मामलों का अध्ययन स्थानीय योजना और स्रोत एवं व्यवस्था, विवाद खत्म करने और शांति स्थापना के प्रयास अत्यधिक उपयोगी हो सकते हैं।

एक बार यह प्रयास सही रस्ते पर आ जाएं और व्यापक रूप से स्वीकर कर लिए जाएं तो कुछ अतिरिक्त प्रयासों से इन कार्यों को संपादित पुस्तकों, समाचार मीडिया, सम्मेलनों, वेबसाईटों, नीति संबंधी कार्यशालाओं द्वारा व्यापक रूप से प्रचारित किया जा सकेगा और विभिन्न स्तरों पर नीति बनाने वालों और नेताओं को इसके प्रति संवेदनशील भी बनाया जा सकेगा।

किस प्रकार प्रशिक्षण अनुसंधान, पहले कार्य योजना और मंथन प्रक्रियाओं में योगदान देती हैं

1. जैसा कि पहले बताया गया है, अलग अलग उपक्रमों को एक साथ लिया जाए और सामाजिक परिवर्तन, शांति और विवाद के मुद्दों को देखा जाए। इस प्रकार, ज्ञान के विभिन्न निकायों और अनुसंधानकर्ताओं द्वारा प्रस्तुत किए गए सिद्धांतों को मिलाया जाए और विभिन्न गैर सरकारी संगठनों और कार्य करने वालों को शामिल किया जाए।
2. हमें स्थानीय उपक्रमणों को मान्यता देकर और पुरस्कार से प्रेरित करके, कार्य निष्पादन को प्रोत्साहित करना चाहिए।
3. पारदर्शिता, व्यवहार्यता और अनुकूल स्थिति के साथ क्षेत्र आधार पर मिलकर कार्य करना सीखना।
4. पंचायत, सामुदायिक गैर सरकारी संगठन, सूचना प्रौद्योगिकी और विपणन संबंधित अनिवार्यताओं को शामिल किया जाना चाहिए।

5. शाकाहार, स्वास्थ्य के लिए मुफीद खाने को भूमिका, विचारों को उदार बनाने और दृष्टिकोण का विकास करने पर ध्यान दिया जाना चाहिए।
6. स्व रोजगार, ग्रामीण निवेश और अच्छे शासन में व्यापार जैसे सिद्धांत, जवाबदेही और पैसे का किफायत से प्रयोग के मुद्दे।
7. सरकारी और गैर सरकारी दोनों ही तरह की अधिकांश संस्थाओं में जरूरत से अधिक कर्मचारी हैं, कार्य संस्कृति बहुत ही खराब है, पारदर्शिता की कमी है। यहां तक कि निजी क्षेत्र भी बुरी तरह से असफल रहे हैं। इसलिए बेहतर कार्य निष्पादन उन्मुख प्रणालियों के लिए परिवेश या माहौल होना चाहिए और उस पर बल दिया जाना चाहिए।
8. प्रत्येक स्तर पर सबसे बड़ी समस्या नेतृत्व की है, चाहे यह स्थायी हो या अस्थायी, ग्रामीण या शहरी, आर्थिक या सामाजिक, विकासात्मक या विनियमकारी, मानव स्रोत विकास से संबंधित हो या किसी अन्य क्षेत्र का हो, प्रत्येक का सार ध्यान नेतृत्व पर ही रहता है उसके परिणाम की चिन्ता किसी को नहीं होती। ऐसा लगता है कि सार तंत्र तनावग्रस्त है और इसका परिणाम केवल आपदा ही है।
9. अत्यधिक कुंठा, द्वेष और निराशा और उद्देश्यहीनता और दिशाहीनता, जो चारों तरफ फैली हुई है, उसे चुनौति के रूप में स्वीकार करके, अवसर में बदलना चाहिए। छोटे–छोटे पहल कार्यों से नीति परिवर्तन किया जाना चाहिए। बेहतर लोक प्रशासन एवं शासन होना चाहिए।
10. रूढ़ कार्यशालाओं, सम्मेलनों, विचार विमर्श सत्रों को परिणामोन्मुख बनाना चाहिए जो विचार मंथन और पहले के व्यवास्थित ज्ञान के स्तर का हो। वस्तुओं की पूरी स्कीम, बजटीय उपयोगोन्मुखी लगती है। इसमें मेरे, हमारे, उनके प्रयासों से क्रांतिकारी परिवर्तन आएगा।
11. निर्देश और व्यवहार के बीच में अंतराल को कम करके उदाहरण बनाने की प्रक्रियाओं को प्रोत्साहित करने की आवश्यकता है।
12. विचार और कार्यान्वयन में नवीकरण को सभी विभागों की वार्षिक रिपोर्ट का अंग बनाएं जाने की आवश्यकता है। इसमें कमजोर क्षेत्र भी शामिल होने चाहिए और किस प्रकार समाज, गैर सरकारी संगठन, सूचना प्रौद्योगिकी, समुदाय और उद्यमी, आगे बढ़कर बाधाओं को दूर कर सकते हैं, इसका भी उल्लेख होना चाहिए।

स्वैच्छिक कार्य और हमारे समय की चुनौतियाँ

जब हम शासन, अनुसंधान, निधि एकत्र करने, मानव प्रबंधन और विभिन्न विषयों के समग्र विकास को देखते हैं, तो हमें स्वैच्छिक कार्य के लिए मिशन के रूप में बहुत अधिक

कार्य दिखाई देते हैं। कुछ धर्म अपने सदस्यों को स्वयं और बने हुए तंत्र के अंग के रूप में स्रोतों को भागीदारी के लिए विवश करते हैं। धर्म, अध्यात्म और स्वैच्छिक कार्य एक दूसरे में इस प्रकार मिल गए हैं कि इन्हें अलग नहीं किया जा सकता है। पूरी दुनिया की सरकारें भी स्वैच्छिक कार्य को बढ़ावा दे रही हैं। नियत, नीति और नियति के मुद्दों को देखने का प्रश्न है। इन मुद्दों के अध्ययन को नकारने से स्वैच्छिक कार्य एक व्यापार या अनुदान के उपयोग का तंत्र बन गया है। अनुवर्ती निगरानी, लागत प्रभावी विश्लेषण की व्यवस्था के बिना, स्वैच्छिक कार्य भी बदनाम हो गया है। यही वह समय है, जब अपने समय की चुनौतियों और स्वैच्छिक कार्य के लिए उपयुक्त भूमिका का पता लगाने के लिए निम्नलिखित मुद्दों की समग्र रूप से जांच की जाए। इस मूल्यांकन प्रक्रिया में गांधी के पास परामर्श देने के लिए ऐसे बहुत से विचार और नीतियां हैं, जिससे समग्र विश्लेषण संभव है। यहां पिछले अनुभवों और गांधी जी द्वारा शुरू किए बहुत से स्वैच्छिक कार्यों के बुरी तरह से असफल होने की गंभीरतापूर्वक जांच की जाए। बहुत सी संस्थाएं, जिन्हें गांधीजी, विनोबाजी और ऐसे बहुत से महापुरुषों ने स्थापित किया था, उनका भी अंततः स्वैच्छिक कार्य को सतत् सार्थकता प्रदान करने वाले तत्वों का अभाव होने के कारण यही हाल हुआ। विकास, मानवता, उपेक्षितों पर ध्यान, असंगठित के साथ संप्रेषण, तुलनात्मक लागत विश्लेषण, बाजार अनुरूपी विकास संबंधी नीतियां, सेवा और शासन के लागत प्रभावी तंत्र, लोगों और स्वरोजगार के लिए उद्यमी तंत्र प्रदान करना, कौशल सहित ज्ञान और स्थानीय स्रोतों पर ध्यान देने आदि पर पुनः विचार किया जाना चाहिए।

स्वैच्छिक कार्यों से उपेक्षित क्षेत्रों, ग्रुपों, कार्यक्रमों और लोगों के संबंध में बहुत से निवेश के अवसर उत्पन्न होंगे। हमारे समय की चुनौतियां हमें स्वैच्छिक कार्यकर्ताओं के समक्ष आने वाली निम्नलिखित चुनौतियों पर विचार करने के लिए प्रेरित करती है।

(1) किस प्रकार सरकार और इसकी संस्थाएं स्वैच्छिक क्षेत्र के अनुभवों, विशेषज्ञताओं और दृष्टिकोण से लाभ उठा सकती हैं?

(2) क्या सरकारों और सभी विभाग महत्वपूर्ण क्षेत्रों को सामने ला रहे हैं और नीतियों में उपयुक्त भागीदारी और स्वैच्छिक क्षेत्र से योगदान को प्रभावित कर रहे हैं।

(3) जहां कहीं सरकारें बुरी तरह असफल रही हैं, क्या उनमें इस बात को स्पष्टतः मानने की और मूलभूत संस्थाओं, समुदाय और लोगों को सूचना प्रौद्योगिकी और स्वयंसेवकों के साथ सम्पर्क करने की हिम्मत है?

(4) राज्य के स्रोत मूलतः लोगों के लिए होते हैं। सरकारी, गैरसरकारी और सामुदायिक स्तर पर संवेदनशील नीति बनाकर, स्वार्थ और शोषण के बढ़ते हुए केन्द्रों का मुकाबला किया जाना चाहिए। हम ऐसा किस प्रकार कर सकते हैं?

(5) उपेक्षित क्षेत्रों में निवेश के बढ़ते हुए अवसर, पारदर्शिता, सूचना के अधिकार, बैंक ग्राह्यता, विपणन आदि को पूर्णतः लागू करने से ही प्रभावी हो सकते हैं। इसका अर्थ है कि स्वयंसेवा के लिए नया उभरता हुआ दृश्य और विचार।

बेहतरी के लिए नीति

बहुत लोग महसूस करते हैं कि हम युद्ध जैसी स्थिति में हैं। जैसा कि युद्ध में नीति और स्रोतों को केन्द्रित करने की आवश्यकता होती है, उसी प्रकार शांति के लिए भी युद्ध नीति की आवश्यकता होती है। गांधीजी के अनुभवों के आधार पर स्वयं सेवा के लिए भी युद्ध जैसी नीति की आवश्यकता होती है। इसका अर्थ है कि समग्र प्रशिक्षण, निधि, तैयारी, वित्त पोषण, प्रेरक योजना और यहां तक कि भूमिका स्पष्टीकरण में भी महत्वपूर्ण परिवर्तन करना होगा। शासकों, दलों या कानून को बदलने के बजाय, सभ्यता के मूल मुद्दों को देखने की आवश्यकता है। जो लोग शासन के शोषक तंत्र के आदी हैं, उन्हें मानसिक और वैचारिक रूप से, अलग दृष्टिकोण से देखने के लिए प्रेरित किया जाना चाहिए। चुनौतीपूर्ण समय में समग्र जांच की भूमिका को व्यवहारिक क्षेत्रों में बदलने की आवश्यकता है। जहां कहीं सफलता का दावा किया गया है, उसकी फिर से समग्र रूप से जांच की जानी चाहिए। जांच के पैरामीटर समय के अनुरूप, लागत प्रभावी, सभी और अनेक लोगों के लिए अनुकूल होने चाहिए। यहां निम्नलिखित कार्य योजना पर समग्र योजना कार्य, अनुसंधान के लिए विचार किया जा सकता है।

अपने समय की चुनौतियों का सामना करने के लिए कार्य योजना

1. पूरे देश में बहुत से अच्छे मॉडल उपलब्ध हैं। उनकी समग्र रूप से जांच करने और उन्हें सुव्यवस्थित करने के प्रयास किए जाने चाहिए। अच्छी पहल की खोज के लिए एक राष्ट्रीय मिशन की तत्काल आवश्यकता है।
2. पंचायती राज संस्थाओं, समुदाय, गैर सरकारी संगठनों को, हमारे समय की चुनौतियों का सामना करने में महत्वपूर्ण भूमिका अदा करनी है। वरिष्ठ गांधीवादियों को जीवन के सभी स्तरों के नौजवानों और उभरते हुए नेताओं को नए क्षेत्रों में प्रयोग करने और उद्यम के लिए प्रोत्साहित करना चाहिए।
3. नीतियों, प्रशिक्षण दृष्टिकोण, विचार, विपणन, प्रौद्योगिकी विकास के मुद्दों और जानकारी के लिए भी बहुविषयी कार्य अनुसंधान की आवश्यकता है।
4. काफी अनुसंधान किए गए हैं, परन्तु इनकी बहुत कम संगतता है। इसलिए, क्षेत्रीय और स्थानीय प्राथमिकताओं के मुद्दों को इन सभी अनुसंधान में संगतता मिलनी चाहिए।
5. लगता है कि शासन का तंत्र असंगत बन गया है। लागत प्रभाविता, लोगों में विश्वास निर्माण, पारदर्शिता आदि के मुद्दों पर नए दृष्टिकोणों से विचार किया जाना चाहिए। पूरे देश में फैली हुई गांधीवादी संस्थाएं नए नेतृत्व को प्रोत्साहित कर सकती हैं और अच्छे शासन के लिए दृष्टिकोण विकसित कर सकती है।

6. छोटे-छोटे पुरस्कार, प्रत्यावर्तन प्रोत्साहन का प्रसार किया जाना चाहिए जिससे निचले स्तर पर जागरूकता बढ़े।
7. स्व-रोजगार और ग्रामीण निवेश मिशनों के लिए सभी संस्थाओं सहित जिन अवसरंचनाओं से लाभ नहीं उठाया गया, उन पर ध्यान दिया जाना चाहिए और उनका उपयुक्त रूप से उपयोग किया जाना चाहिए।
8. स्वावलम्बन, आत्म विश्वास, विचार के सभी मुद्दों और दृष्टिकोण के सभी मुद्दों पर निरंतर खोज और अनुसंधान की आवश्यकता है। वरिष्ठ गांधीवादियों को स्वतंत्रता के बाद की अच्छी और खराब दोनों तरह की बातों पर विचार करना चाहिए और व्यवहार्य, कार्यान्वयन योग्य सुझाव देने चाहिए।
9. निचले स्तर से ही योजना उपेक्षित रही है। प्रशिक्षण संस्थाओं, पंचायती राज संस्थाओं, गैर सरकारी संगठनों और स्वरोजगार में लगे हुए ग्रामीण लोगों के कैडर को स्रोत एकत्रित करने चाहिए। स्वयं सेवा और कार्य संबंधी राष्ट्रीय मिशन को विभिन्न गैर निष्पादन संस्थाओं के साथ एकीकृत किया जाना चाहिए। जीवन के सभी क्षेत्रों में स्वैच्छिक कार्य को व्यवस्थित किया जाना चाहिए। स्थानीय स्रोतों, कौशल, विशेषज्ञता का उपयोग मूलभूत विश्वास जागृत करने के लिए किया जाना चाहिए।
10. बाजार संबंधी सभी के कल्याण के उपेक्षित कार्यक्रमों को मुक्त कार्यक्रम बनाया जाना चाहिए।
11. आर्थिक विकास से समग्र विकास के लिए अत्यधिक प्रेरणा और प्रयास की आवश्यकता होगी। चाहे प्रशिक्षण हो, अनुसंधान हो, वित्तपोषण हो, चुनाव या मानव कार्य का कोई अन्य क्षेत्र हो, सृजनात्मक शक्तियों को उन्मुक्त करना होगा। प्राधिकार संपन्न लोकतांत्रिक नेतृत्व से अत्यधिक प्रयास की आवश्यकता है।
12. इतिहास की सीख को उपयुक्त रूप से व्यवस्थित किया जाना चाहिए। हिंद स्वराज्य के अंग के रूप में, समग्र प्रशिक्षण अनुसंधान और विकास के मुद्दों की नियमित रूप से जांच की जानी चाहिए।
13. नौजवान देश के भविष्य हैं। उन्हें प्रोत्साहित किया जाना चाहिए, उनका मार्गदर्शन किया जाना चाहिए और उन्हें उपयुक्त सलाह दी जानी चाहिए, जिससे उनके समय का सक्रिय उपयोग हो सके। गांधी के नाम, धैर्य, दृढ़ता, स्थिरता और प्रेरणा को जीवन का अंग बनाया जाना चाहिए। निर्देश और व्यवहार के बीच अंतराल को खत्म किया जाना चाहिए। उपयुक्त विश्लेषण और कार्यवाही द्वारा ही बेहतर कार्यकर्ता सामने आ सकते हैं। उत्तम साधन और उत्तम परिणाम के बीच संबंधों को पुनः स्थापित किया जाए।
14. व्यक्तिगत तौर पर और सामूहिक रूप से निरंतर विचार करना हमारे समय की आवश्यकता है। पंचायती राज संस्थाएं ग्रामीण सक्रियता केवल तब ही सफल होगी, जब कार्य निष्पादन के प्रति गंभीर निष्ठा सुनिश्चित की गई हो।

सारांश

हम कह सकते हैं कि हमारे समय की चुनौतियां हमें युवाओं और वृद्धों दोनों को एक मंच पर लाने के लिए बाध्य करती है। यही उपयुक्त समय है कि पिछले अनुभवों पर विचार किया जाए ताकि भविष्य में कार्य करने के लिए बेहतर मार्ग निर्देशक सिद्धांत और सार्थक मुद्दे तैयार किए जा सकें। अपने समय की चुनौतियों का सामना करने के लिए, हमें समुचित रूप से और स्वाभाविक रूप से संगठित होना होगा। प्रकृति को हमारी योजना और कार्यवाही का मार्गनिर्देशन करना होगा। अपने गृह की सीमाओं को हमें हमेशा ध्यान में रखना होगा। 21वीं शताब्दी के लिए गांधी एजेंडा हमें असली भारत अर्थात, ग्रामीण भारत के बारे में सोचने के लिए भी मजबूर करता है, यद्यपि यह एक कठिन कार्य है, परन्तु इसे पूरा करना है।

5

कार्यचालन संबंधी मार्गदर्शी सिद्धांत और कार्यवाही के लिए मुद्दे

आपदा नियंत्रण और प्रबंधन कार्यनीति के प्रभावी कार्यचालन के लिए आधार स्तरीय संगठनों के साथ-साथ पंचायती राज संस्थानों के लिए कार्यचालन संबंधी मार्गदर्शी सिद्धांत

1. उपर्युक्त विषय से संबंधित कुछ मुद्दे और परिभाषाएं—

(क) पंचायती राज और अन्य आधार स्तरीय संगठनों की भूमिका।

(ख) आपदा प्रबंधन के लिए तैयार रहने की संस्कृति विकसित करने और प्रभावी कार्यवाही करने से संबंधी मुद्दे।

(ग) किसी भी प्रकार की आपदा की स्थिति में प्रथम कार्यवाही कर्ता के रूप में स्थानीय समुदाय की भागीदारी को बढ़ावा देने के लिए इन संस्थानों को शामिल करने और इन्हें सशक्त बनाने संबंधी मुद्दे।

इस नियम पुस्तक (Manual) अथवा कार्य संचालन संबंधी मार्गदर्शी सिद्धांतों की आवश्यकता

यह अब पूर्णत: स्पष्ट है कि किसी भी आपदा का पहला और सर्वाधिक प्रभाव समाज और आधारस्तरीय संस्थानों पर पड़ता है। उच्च अधिकार प्राप्त समिति आई.आई.पी.ए. के अध्यक्ष श्री जे.सी. पंत, भारतीय प्रशासनिक सेवा (सेवानिवृत्त) सहित अनेक विद्धानों का यह मत है कि स्वतंत्रोत्तर भारत में आधार स्तर के सशक्तिकरण और आधार स्तरीय शासन संबंधी मुद्दों पर शायद ही कोई ध्यान दिया गया हो। हमारी शासन व्यवस्था ऐसी है कि जो लोग आधार स्तर पर प्रभावी नेतृत्व दे सकते थे, वे अवसर पाते ही ऊपरी स्तर पर पहुंच

गए। व्यवस्थापक को निर्देशन के रूप में अधिकारी तंत्र की भूमिका इस दिशा में स्पष्ट और अनन्य रूप से सामने आई। राजस्व सेवा से प्रारम्भ करने वाले भा. प्र. से. के अधिकारी अल्प अवधि के बाद ही पदोन्नत हो जाते हैं और शायद ही कभी अपने मूल सेवा में लौटते हैं। इसलिए यह महत्वपूर्ण है कि यह नियम पुस्तक अथवा कार्य चालन संबंधी मार्गदर्शी सिद्धांत उस शून्य को भरता है और निम्नलिखित मुद्दों पर ध्यान केन्द्रित करता है—

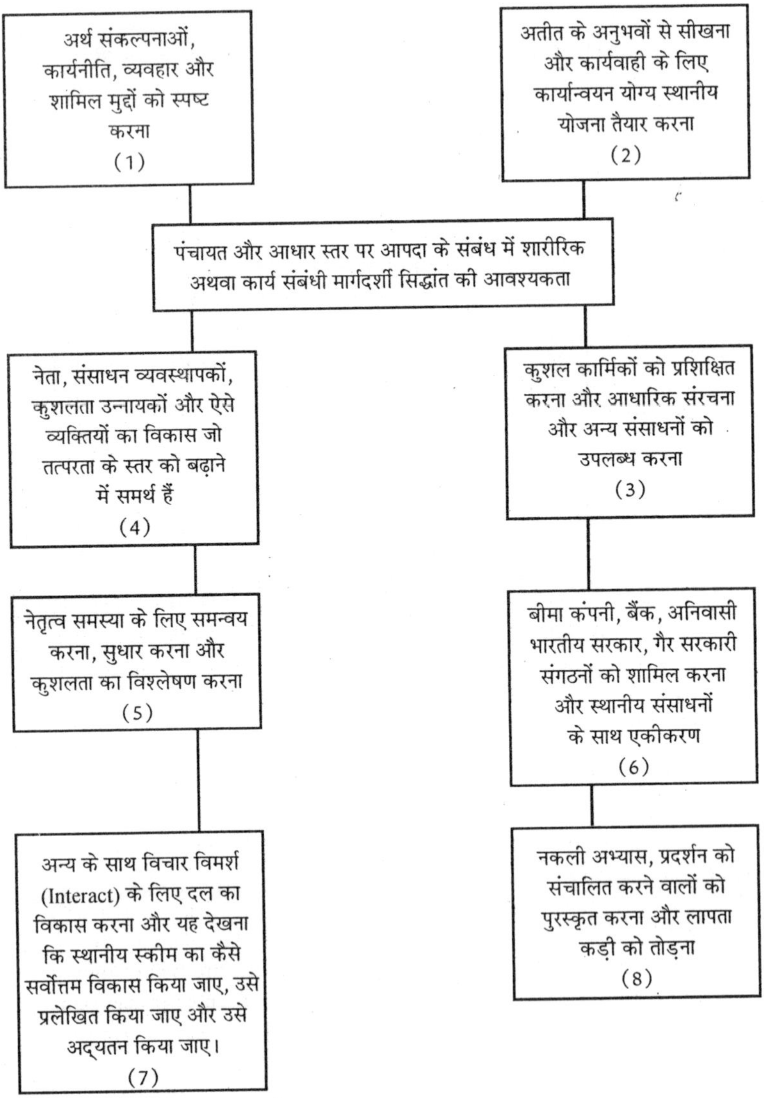

स्पष्टता संबंधी मुद्दे

किसी भी आपात स्थिति संबंधी किसी नियम पुस्तक और तत्पर रहने संबंधी मुद्दे स्पष्ट होने चाहिए। यह सर्वविदित है कि आपदा प्रबंधन बहुआयामी है। आपदा पूर्व, आपदा के दौरान और आपदा के पश्चात की स्थिति सर्वविदित है। किन्तु समुदाय, पंचायत अथवा ग्रामीण संस्थानों के सशक्तिकरण और उनमें विश्वास के सृजन के भी अन्य पहलू हैं। धर्मार्थ कार्य से सृजनशीलता, क्षमता और विश्वास निर्माण के कम कार्य में अंतरित होने की प्रक्रिया की खास विशेषता है। हमने प्रकृति से यह सीख पाया है कि प्रकृति में प्रत्येक को अपनी समस्याओं का समाधान करने का सामर्थ्य है। किंतु जब भी हमारे विकास, प्रशिक्षण, अनुकूलन और शासन के संपूर्ण तंत्र की बारी आती है, तब हम असहाय और पराश्रित हो जाते हैं। आत्म सहायता और सामर्थ्य वृद्धि की महिमा अक्सर उपेक्षित रहती है और दान और भिक्षा का दायरा बढ़ता रहता है। आपदाओं और राहत की पद्धतियों से यह तथ्य उभरकर सामने आया है कि आत्मविश्वास और मर्यादा बुरी तरह छिन्न-भिन्न हो चुकी है। जो भिक्षा या दान नहीं मांग सकते वे राहत से वंचित रहे। दूसरी ओर, जिन्होंने अपनी पूरी ताकत का उपयोग किया उन्हें अधिकतम राहत सहायता मिली। ऐसी अनेक विसंगतियां हैं जहां स्थानीय निकायों की उपेक्षा के कारण गंभीर स्थिति उत्पन्न हुई है। आपदा के दुष्प्रभाव से अधिक इन राहत कार्यों का दुष्प्रभाव रहा है। इसने व्यक्ति और समुदाय की क्षमता की वृद्धि की ओर प्रेरित किया है ताकि विश्वास और मर्यादा के साथ आपदा से निपट सकें। यहां पंचायतों को स्वशासन का अधिकार प्रदान करने संबंधी संविधान में 73वें और 74वें संशोधन के जरिए किए गए उपबंध महत्वपूर्ण हैं।

स्थानीय संसाधन, स्थानीय ज्ञान, स्थानीय कौशल, स्थानीय व्यवहार का उपयोग और संसाधनों के भंडारण की परम्परा अक्सर उपेक्षित रही है। इसके अतिरिक्त किसी भी प्रकार की आपदा से निपटने की तैयारी में इन बातों पर ध्यान ही नहीं दिया गया। अतः इस नियम पुस्तक में निम्नलिखित प्रश्नों को स्पष्ट किया गया–

1. समुदाय के पास किस प्रकार के स्थानीय संसाधन, ज्ञान, कौशल आदि उपलब्ध हैं।
2. इनका उपयोग करने के पीछे क्या कारण हैं?
3. जल, भोजन, स्वास्थ्य, नौकरी, शांति और अंत्येष्टि के लिए भी समुदाय की स्थानीय सुरक्षा के अनेक क्षेत्रों को निर्दिष्ट करना आवश्यक है। क्या उनके लिए स्थानीय विकल्प और विचार विद्यमान हैं। उन्हें कैसे कार्यान्वित और पुनर्जीवित किया जा सकता है?
4. पूर्व अनुभव के आधार पर समन्वय, नेतृत्व, लालच, प्रौद्योगिकी, वित्तपोषण, परिवहन, आधारिक संरचना, भाषा आदि की क्या समस्याएं हैं?
5. बेहतर नेतृत्व के विकास और सूचना प्रौद्योगिकी के उपयोग के माध्यम से वे

कैसे आपदा से निपटने के लिए बेहतर पारदर्शी और तत्परतापूरक कार्यनीति बना सकते हैं।

6. क्या सरकार की नीतियां व्यक्ति और समुदाय की क्षमता को पुनः स्थापित कर सकती हैं ताकि उनकी अपनी सुरक्षा में वृद्धि सुनिश्चित हो सके? उदाहरण के लिए क्या वे स्थानीय गोदाम, स्थानीय जल संग्रहण, स्थानीय स्वास्थ्य और जड़ी-बूटियों आदि का विकास, परिरक्षण, क्षमता में वृद्धि कर सकते हैं ताकि उनमें अपनी क्षमता और विश्वास को बढ़ाने में रुचि उत्पन्न हो।
7. क्या कुछ ऐसे मॉडल या समुदाय हैं जिन्होंने अपनी क्षमता को बढ़ाने के लिए बेहतर प्रयास किया है? वित्त पोषण, प्रशिक्षण, मॉनिटरिंग, विश्वास सृजन आदि के संबंध में उनकी नीतियों के संदर्भ में उनसे क्या सीखा जा सकता है?
8. पहचान, प्रोत्साहन और उन्नयन की आवश्यकता से प्रतिस्पर्धात्मक भावना के विकास का अंश बनाया जाए। सूचना प्रौद्योगिकी के साथ बेहतर पारदर्शी और बैंक ग्राह्य योजनाएं विकसित की जा सकती हैं। यह बेहतर रोजगार और बेहतर निवेश संभावनाओं का क्षेत्र है। बैंक ग्राह्य, व्यवहार्य,और विपणन योग्य प्रस्तावों के जरिए निवेश केन्द्रित योजनाओं का विकास संभव है। बैंक, सरकार, समाज के संपन्न वर्ग, व्यवहार्यता पर आधारित प्रोत्साहन योजनाएं और कार्यक्रम उपलब्ध कर सकते हैं। इसे स्पष्ट करने के लिए अनेक उदाहरण दिए जा सकते हैं। जैसे भुगतान और वसूली आधारित प्रोत्साहन सहित झीलों और कुओं के लिए ऋण मुहैया करना। इसी प्रकार बेहतर बैंक ग्राह्य योजनाओं के माध्यम से समुदाय और गावों को बेहतर प्रोत्साहन दिया जा सकता है।
9. आपदा के संबंध में प्रभावी तैयारी और समुदाय में क्षमता के साथ-साथ विश्वास का सृजन पृथक नहीं है। केवल ऐसे समुदाय ही आपदा से प्रभावी रूप से निपटने के लिए सक्षम होते हैं जिन्होंने पूर्ण रूप से और व्यवस्थित रूप से इसके लिए तैयारी की है। इसका अर्थ है नियमित रूप से मुद्दों पर विचार विमर्श करना और विचार विमर्श के स्तर को ऊपर उठाना।
10. सरकार की सीमाओं का उचित रूप से मूल्यांकन किया जाना चाहिए। सर्वोत्तम व्यावसायिकता में स्वेच्छाचारिता, तदर्थता, पारदर्शिता का अभाव, भ्रष्टाचार, भाई-भतीजावाद आदि के मुद्दों को नकारा नहीं जा सकता। अन्ततः शासन की स्थानीय संस्थाओं और समुदायों को बहुविध चुनौतियों का सामना करने के लिए अपनी क्षमता का विकास करना होगा। साथ ही इस कठोर तथ्य को भी महसूस करना होगा कि व्यक्ति और समाज को अपनी-अपनी समस्याओं का समाधान स्वयं करना होगा व प्रभावी रूप से संप्रेषित करना होगा।
11. नियम पुस्तक स्थानीय भाषा, चित्र, मामला अध्ययन, उदाहरण और सूचना, निर्भरता के विभिन्न आयाम, विश्वास सृजन, उचित योजना, संग्रहण और समग्र

सुरक्षा के माध्यम से भी इनका संप्रेषण किया जाना चाहिए। सभी समुदायों के पुरुष और महिलाओं को शामिल करते हुए स्वयंसेवक के स्थानीय कैडर के सृजन से क्षमता वृद्धि के क्षेत्र में दीर्घावधि का लाभ मिलेगा। इसी प्रकार युवा और महिलाएं वरिष्ठ और अनुभवी व्यक्तियों के अनुभवों से प्रभावी आपदा प्रबंधन के क्षेत्र को विस्तृत कर सकते हैं।

12. नियम पुस्तक में विशेषज्ञता और ज्ञान को भी शामिल किया जाना चाहिए जो सामान्यतः स्थानीय समुदाय के पास नहीं होता। पंचायती राज संस्थान संवैधानिक संरचनाओं में एक है। उन्हें शासन में प्रभावी भागीदार बनाया जाना चाहिए। इसके लिए बजटीय और नीति निर्माण संबंधी गतिविधियों के क्षेत्र में लॉबी बनाने व उचित स्थान दिए जाने की आवश्यकता है। पश्चिमी देशों में लॉबी बनाना और दबाव डालना अध्ययन और कार्यान्वयन का सुविकसित विषय है। आपदा से प्रभावित लोग अपने लिए लॉबी नहीं बना सकते हैं। किंतु आपदा संबंधी मामलों को व्यापक स्तर पर उठाकर व्यवहार्य प्रस्ताव तैयार किया जा सकता है। जनसंख्या, गरीबी, बेरोजगारी, कुपोषण, बालिकाओं, बुढ़ापा, खराब पेयजल, खराब स्वास्थ्य, स्वच्छता, पशु और पारंपरिक ज्ञान की उपेक्षा और समग्र रूप से राज्य और बाहरी संसाधन व्यवस्थापकों पर अत्यधिक रूप से निर्भरता आदि से संबंधित मामले अत्यधिक गंभीर हैं। इनकी गंभीरता की उपेक्षा करने से शांति, समृद्धि, सद्भाव और समग्र रूप से स्थायी मानव विकास के लिए, आपदा के कुप्रबंधन के क्षेत्र में हमें गंभीर रूप से प्रयास करने होंगे।

13. शासन और नीति निर्माण के विभाजित तंत्र इस समस्या को और अधिक गंभीर बनाते हैं। इन मामलों पर समग्र विचार विमर्श न होने के कारण समस्या की प्रकृति को पूर्ण रूप से समझ पाना संभव नहीं है। पंचायती राज में संवैधानिक और व्यावहारिक उम्मीद टिकी हुई है जिसमें अन्य अनेक विषय शामिल होंगे। यह उम्मीद की जाती है कि बेहतर नेतृत्व और प्रशिक्षकों की विश्लेषणात्मक सामर्थ्य से लागत प्रभावी, विश्वास सृजन प्रक्रिया सामने आएगी। यद्यपि यह कार्य कठिन है किंतु इस दिशा में लगातार प्रयास किए जाने चाहिए।

14. स्थानीय शिक्षक, सामुदायिक नेता, युवा और वरिष्ठ नागरिकों, आध्यात्मिक संस्थाओं की भूमिका और समग्र रूप से उन सभी को एकजुट करने की आवश्यकता है, जिनके पास समाज के लिए कुछ करने का संकल्प और कुशलता है। चूंकि नीति और बजटीय तंत्र स्थानीय क्षमता निर्माण को बढ़ावा देता है, इस सभी गुप्त निवेश योग्य संभाव्य शक्ति को ठोस बल और ताकत में बदला जा सकता है। इसलिए उच्चित नीति और नीति निर्माण संबंधी मामले का अध्ययन किया जाना चाहिए। यह कार्य संस्थान और गैर सरकारी संगठन, स्वयंसेवक और अंशदाताओं द्वारा अनुसंधान विश्लेषण और कार्यवाही के लिए मंच बनाया जाना चाहिए और उसे समर्थन दिया जाना चाहिए।

15. संविधान के कार्यक्रम की समीक्षा के लिए भारत के भूतपूर्व मुख्य न्यायमूर्ति श्री एम.एन. वेंकटचेलैया के अधीन आयोग का गठन किया गया था। आयोग ने आपदा प्रबंधन और पंचायतों दोनों के बारे में अत्यंत महत्वपूर्ण सिफारिश की है जिसके अनुसार इन्हें उन स्वशासन संस्था के रूप में विकसित करने और घोषित करने की बात कही गई है जिन्हें विशिष्ट कार्य सौंपे जाएंगे। आयोग ने स्पष्ट रूप सें अपनी चिन्ता निम्नलिखत पंक्तियों में व्यक्त की है।

    जिन राज्यों ने विकेन्द्रीकरण के लिए राजनैतिक इच्छाशक्ति दिखाई है, वहां केवल राज्य अथवा केन्द्र सरकार द्वारा प्रायोजित योजनाओं/परियोजनाओं के कार्यान्वयन की जिम्मेदारी पंचायतों को सौंपी गई है। इसके परिणामस्वरूप पंचायतें स्वशासन संस्थान के रूप में उभर नहीं पाई है। बल्कि वे एजेंसी के रूप में सीमित हो गई हैं।

16. ***आपदा प्रबंधन में बीमा*** की भूमिका सर्वस्वीकृत है किंतु वास्तव में शायद ही कोई व्यवस्थित और विश्लेषणात्मक प्रयास किया गया है। इससे व्यवहार्य निवेश नीतियां विकसित करने की अत्यावश्यकता प्रतीत हुई। चूंकि अब तक अनुदान अथवा सहायता केंद्रित नीतियों पर बल दिया गया है, इसलिए बीमा संबंधी दृष्टिकोण उपेक्षित रहा। यदि बेहतर नीति और बजटीय प्रावधान के साथ ग्रामीण क्षेत्रों में निवेश को प्राथमिकता दी जाए, तो बीमा पर अवश्य ही ध्यान दिया जाएगा। स्वरोजगार वाले ग्रामीण उद्धमियों अथवा निम्न लागत वाले व्यापहारिक परामर्शदाताओं के कैडर को प्रशिक्षण देकर ग्रामीण क्षेत्रों में निवेश के अवसर को बेहतर रूप से चिह्नित किया जा सकता है और उसे कार्यान्वित किया जा सकता है। इसका अर्थ यह है कि प्रशिक्षण संस्थान की भूमिका महत्वपूर्ण हो रही है।

17. ***महिलाओं की भूमिका:*** यह कहने की आवश्यकता नहीं है कि सारी आपदा अथवा कठिनाईयों में महिलाएं और बच्चे सर्वाधिक प्रभावित होते हैं। यह भी सच है कि महिलाओं की क्षमता और विश्वास के स्तर को बढ़ाकर बेहतर आपदा प्रबंधन संभव है। दुख की बात यह है कि महिलाओं की भूमिका का न तो पूर्ण रूप से समझा गया है और न ही इस संबंध में कुछ किया गया है। महिलाओं को आय के बेहतर अवसर, प्रशिक्षण, कुशलता और बेहतर निष्पादन के अवसर देकर समाज विश्वास के साथ कठिनाईयों और चुनौतियों को सामना करने की स्थिति में होगा।

18. चूंकि भारत विशाल और विविधतापूर्ण देश है, इसलिए स्थानीय स्तर पर योजना की भूमिका महत्वपूर्ण होती है। स्थानीय संसाधनों को एकत्रित कर उनके उपयोग के माध्यम से बेहतर योजना तैयार की जा सकती है। जब जनता की बढ़ती हुई आकांक्षाएं गांव और समुदाय के बदलते स्वरूप के साथ जुड़ेगी तब निस्संदेह ही

स्थानीय क्षमताएं स्थायी विकास के लिए कारगर सिद्ध होगी। इसका आशय यह है कि स्वयंसेवकों का ऐसा कैडर तैयार किया जाए जो अल्पकालीन सूचना पर उपलब्ध हो सकें।

19. ग्रामीण विकास विभाग की समिति द्वारा कुछ ऐसे विषयों का अध्ययन किया गया जिनके विस्तृत विश्लेषण आवश्यक हैं। संविधान में उल्लिखित 29 विषयों (अध्याय के अंत में) पर अनुसंधान किया गया और कार्यान्वयन के क्षेत्रों का सही ढंग से निरूपण किया गया। अब जिला योजना निकाय जैसे संगठनों का कार्य है कि इन्हें कैसे कार्यान्वित किया जाए। जब स्थानीय निकायों द्वारा इन 29 विषयों को प्रभावी रूप से कार्यान्वित किया जाएगा तभी ग्रामीण क्षेत्रों की क्षमता भी बढ़ सकती है। अनेक विद्वानों का मानना है कि दिल्ली में ऐसी लॉबी होनी चाहिए जो पंचायतों को इन कार्यों को प्रभावी रूप से अंतरित करने के लिए वकालत करे।

20. अच्छे निष्पादकों को पुरस्कृत किया जाना चाहिए और उनके बारे में प्रचार किया जाना चाहिए। अनेक पंचायतों ने सभी क्षेत्रों में उत्कृष्ट कार्य किया है। सीमित संसाधनों के बावजूद उनके प्रयास सराहनीय हैं। किंतु उन्हें शासन के सर्वाधिक भ्रष्ट और अकुशल निकाय के रूप में प्रस्तुत किया गया है। केवल बेहतर नेतृत्व के विकास और कार्य निष्पादन का प्रचार करके इसका विरोध किया जा सकता है। उपलब्धियों को प्रचारित करने के लिए न केवल सरकार बल्कि समुदाय, गैर सरकारी संगठनों, अनिवासी भारतीयों, विविध न्यासों और संस्थाओं को सामने आना पड़ेगा। प्रोत्साहन के लिए इन संस्थाओं को बजट भी दिया जा सकता है।

21. ***प्रभावी प्रौद्योगिकी की भूमिका:*** कार्यवाही के अन्य क्षेत्र में आपदा से निपटने की तैयारी के एक भाग के रूप में प्रभावी, उपयुक्त, वहन योग्य और अनुरक्षण योग्य प्रौद्योगिकी शामिल है। स्थानीय रूप से अनुपयुक्त अथवा अनुरक्षण में कठिनाई वाली विविध प्रौद्योगिकी मुहैया करवाकर अत्यधिक नुकसान पहुंचाया गया है, भले ही वह खाद्य संग्रहण, जल, स्वास्थ्य, ईंधन और जलावन की लकड़ी, परिवहन और औषधि आदि ही क्यों न हों। स्थानीय विशेषज्ञता की हमेशा उपेक्षा की गई है। प्रौद्योगिकी से जनता के प्रयास और विश्वास दोनों ही विफल हुए हैं। एक बार उचित नीति और स्थानीय योजना के प्रारंभ होने से अनिवार्य रूप से वहन योग्य प्रौद्योगिकी का विकास होगा और इसे समर्थन भी मिलेगा। इस क्षेत्र में प्रभावी कार्यवाही के लिए लक्ष्य निर्धारित करने और आंदोलन की जरूरत है। जब इन 29 विषयों को स्थानीय संसाधनों के साथ जोड़ा जाएगा तब समय पर खरी उतरी प्रौद्योगिकी अत्यंत उपयोगी सिद्ध होगी और स्थानीय रूप से उपलब्ध प्रौद्योगिकी उनके मुट्ठी में होगी। दुख की बात

यह है कि इस क्षेत्र में शायद ही कोई ठोस, अच्छा और लोक भावना से कार्य हुआ है। संपूर्ण झुकाव प्रौद्योगिकी को आयात करने की ओर है जो अक्सर स्थानीय परिस्थिति और संसाधनों के लिए उपयुक्त नहीं होती।

22. बैंकर, नाबार्ड, सिडबी और अनेक अन्य संस्थाओं को शामिल करना। आपदा प्रबंधन के एक अंश के रूप में शायद ही इन संस्थाओं की भूमिका की जांच के लिए कोई प्रयास किया गया है। जिला स्तर पर उनके पास सामर्थ्य से जुड़ी ऋण योजना, सेवा क्षेत्र उपागम और निवेश अवसर और वसूली। व्यवहार्य पहलुओं को नियमित रूप से देखने के लिए अनेक समितियां हैं। जिम्मेदारी की कमी और संवेदनशीलता के अभाव के कारण अनेक संस्थाओं का कार्य निष्पादन, क्षेत्र की व्यवहार्यता से कम रहा है। पंचायत और समुदाय को शामिल कर उपलब्ध निवेश योग्य संसाधनों के प्रवाह का प्रभावी रूप से उपयोग किया जा सकता है। अनेक जिलों का ऋण जमा अनुपात निस्संदेह रूप से यह प्रमाणित करता है कि लोगों की उद्यमी भावना का उपयोग न कर पाने के कारण संसाधनों को अन्यत्र अंतरित किया गया। यह जिला और ग्रामीण क्षेत्रों में उपलब्ध स्थानीय विधियों के बेहतर मूल्यांकन और उपयोग करने की मानसिकता की मांग करता है। अपने सशक्तिकरण के लिए पंचायतों को गैर सरकारी संगठनों और सूचना प्रौद्योगिकी के साथ मिलकर प्रयास करने चाहिए।

23. ***नवीकरणीय संसाधनों,*** प्राकृतिक निधि, समाज हितैषी पशु आदि की उपेक्षा कर अत्यधित क्षति पहुंचाई गई है। सस्ते और आर्थिक सहायता प्राप्त आयात ने पराश्रिता को बढ़ाया है। कठिन श्रम, शारीरिक श्रम, आत्म सहायता आदि को हतोत्साहित किया गया है। इससे लोभ और उपभोक्तावादी सभ्यता और संस्कृति का जन्म हुआ। प्रचुर मात्रा में और अधिकांशत: आसानी से उपलब्ध प्राकृतिक और नवीकरणीय संसाधनों को नष्ट होने दिया गया। इससे नष्ट करने और अपव्यय की संस्कृति पनपी है जिससे लोग अपने साधन के बिना जीने के लिए मजबूर हैं। इस सबका प्रभाव गंभीर आपदा के रूप में महसूस किया जा रहा है, यह कहने की जरूरत नहीं है कि समुदाय क्रमश: कमजोर बनते जा रहे हैं। आपदा से निपटने और इसके लिए तैयारी के लिए नियम पुस्तक में स्थानीय रूप से नवीकरणीय संसाधनों को महत्वपूर्ण स्थान देना पड़ेगा। इस पहलू को उजागर करने के लिए कुछ प्रश्नों पर इस प्रकार विचार किया जा सकता है–

(क) सूर्य, वायु, जल, उर्वर भूमि, जड़ी-बूटी, गाय आदि जानवरों जैसे प्राकृतिक संसाधन हैं जो समाज के पास उपलब्ध हैं।

(ख) बाहर से गांव में आयात की जाने वाली वस्तुएं कौन सी हैं? इन वस्तुओं में पेट्रोल, तेल, संवेदक, डीजल, गैस सिलिंडर, ट्रेक्टर, दवाई, उर्वरक, कीटनाशक आदि शामिल हो सकते हैं।

(ग) क्या बेहतर नीति, बजट और प्रोत्साहन योजना की सहायता से स्थानीय और नवीकरणीय संसाधनों पर निर्भरता बढ़ाई जा सकती है। यह देश और समुदाय की क्षमता को किस तरह बढ़ाएगा और आत्मनिर्भर बनाएगा। स्थानीय संसाधनों के पूर्ण उपयोग के लिए किस प्रकार के प्रशिक्षण, प्रौद्योगिकी, निधीयन और अन्य सहायता की आवश्यकता होगी।

(घ) क्या समुदाय के पास उपलब्ध प्राकृतिक संपदा के संदर्भ में निर्यात पर विचार किया गया ? अनेक लोग यह सोचते हैं कि निर्यात केन्द्रित विकास से समाज के अनेक प्राकृतिक सहयोगियों के विनाश को बढ़ावा मिलेगा। भले ही वह जड़ी–बूटी हो अथवा पेड़ हो अथवा समय पर खरी उतरी गाय की उत्तम नस्लें आदि ही क्यों न हों, आयात लागत की भरपाई के लिए इनमें से अनेक का निर्यात करना पड़ेगा। इसकी जांच करना महत्वपूर्ण है।

24. *संगत शिक्षा का सवाल जो छात्र की क्षमता को बढ़ाकर उसे पूर्ण मानव बनाएगा।* अनेक लोग यह सोचते हैं कि प्रचलित शिक्षा व्यवस्था छात्रों को सभी क्षमताएं प्रदान करने में सक्षम नहीं हैं जिसके आधार पर वह सर्वोत्तम पाठ्यक्रम के बारे में विश्लेषण कर सकें और निर्णय कर सकें। साहित्यिक और सैद्धांतिक ज्ञान पाकर वह केवल लिपिक बन सकता है। महान मैकाले शिक्षा पद्धति अधिक लोकप्रिय होती जा रही है। क्या समर्थ नेता और सक्षम मानव के निर्माण के लिए विद्यालयों की भरमार को बढ़ावा दिया जा सकता है? क्या अच्छे संस्थानों के विशेषाधिकार को बढ़ावा दिया जा सकता है ? क्या पंचायतें अपने विद्यार्थियों के लिए उपयोगी प्रशिक्षण के विकास में नेतृत्व कर सकती है ? क्या शिक्षकों का स्वनियोजित कैडर हो सकता है जो संगत और उपयुक्त शिक्षा देकर आय उपार्जन करेंगे ?

25. *भविष्य के बारे में सोचने और विचार करने के लिए आत्म विश्वास और क्षमता वृद्धि।* आपदा प्रबंधन अथवा जनता और समुदाय के सशक्तिकरण के लिए किसी भी कार्य योजना में आत्मविश्वास, समग्र विकास जैसे विषयों को शामिल किया जाना चाहिए। भावी योजना बनाने के लिए समग्र विश्लेषण आवश्यक है। अनुबोधक, विश्लेषणात्मक और सारे व्यापक मामलों को उचित रूप से सही परिप्रेक्ष्य में रखना होगा। यंत्रीकरण, राज्य पर अत्यधिक निर्भरता, शहरीकरण, केन्द्रीकरण और उधार पर ली गई निधि की सहायता से विकास आदि से संबंधित विषयों पर उच्च स्तर पर विचार और मंथन किया जाना चाहिए, इन विषयों पर राष्ट्रीय और अंतर्राष्ट्रीय स्तर पर विचार करना संभव नहीं है। किंतु आधार स्तर पर इसके प्रभाव के बारे में बेहतर रूप से विश्लेषण किया जा सकता है। आत्म विश्वास, प्रदूषण मुक्त विकास, जीवन को अनुशासित करने वाली प्राकृतिक पद्धतियों आदि पर बहुत ही कम ध्यान गया है। वास्तव में

गांधीजी द्वारा 1908 में लिखित *हिंद स्वराज* में विकास, सभ्यता, यंत्रीकरण, लोभ व्यावसायिकता, शासन, कानून आदि संबंधी इन विषयों को उठाया गया था। उन विषयों की उपेक्षा के कारण जनता की अपार क्षति हुई है। जहां एक वर्ग सर्वोत्तम जिंदगी जी रहा है वहीं जनता अपने प्राकृतिक और न्याय संगत मानवीय विकास से वंचित है, इन विषयों पर चर्चा से निश्चित रूप से आपदा से बेहतर ढंग से निपटने की तैयारी और आत्मविश्वास के लिए सामुदायिक जागरूकता की आवश्यकता उजागर होगी।

26. ***सकल घरेलू उत्पाद,*** प्रति व्यक्ति आय और मानव विकास सूचकांक। अर्थव्यवस्था के विकास के सूचक के रूप में सकल घरेलू उत्पाद की वृद्धि पर अधिक बल देने से अत्यधिक क्षति हुई है। इन गणनाओं में अनेक विसंगतियां हैं। विश्वव्यापी आर्थिक अनिश्चितता के कारण ग्रामीण सशक्तिकरण के लिए हमें योजनाएं बनानी होंगी और यदि ग्रामीण क्षेत्रों में मूल संवर्धक प्रक्रिया शुरू की जाए तो सकल घरेलू उत्पाद में काफी वृद्धि होगी। अर्थशास्त्री विकास के सूचक के रूप में वर्तमान घरेलू उत्पाद की कमी को अच्छी तरह जानते हैं। किंतु जब हम विकास के समता आधारित, स्थायी, मानवीकृत सूचक के बारे में सोचते हैं तब मानवीय विकास और ज्ञान के बढ़ते स्तर हमें आगे जाने के लिए बाध्य करते हैं। भ्रष्टाचार, नकली सामान बनाना, दुरुपयोग, फिजूलखर्ची, जनशक्ति सहित आधारित संरचना का न्यून उपयोग आदि हमें रुकने और समग्र विकास की अवधारणा की पुन: जांच करने के लिए बाध्य करते हैं। यह सच है कि गांधीजी द्वारा 1908 में लिखित *हिंद स्वराज* में व्यक्त विचारों को हम दर-किनार नहीं कर सकते। उनका निम्नलिखित दृष्टि से जांच के अवसर दिए जाने चाहिए—

1. विकास, सभ्यता के बारे में हमारी अवधारणा क्या है और इसे प्राप्त करने के उपाय क्या हैं?
2. ग्रामीण संसाधन, ग्रामीण क्षेत्रों में मूल्य संवर्धन संभावनाएं, स्वरोजगार और ग्रामीण निवेश, पर्यावरण हितैषी निवेशों के लिए नीतियां कौन सी भूमिका अदा कर सकेंगी।
3. बेहतर कार्य निष्पादन के क्षेत्र में हम महिला स्वरोजगार उद्यमियों और स्थानीय विशेषज्ञों को कैसे शामिल कर सकते हैं।
4. किस प्रकार व्यावसायिक और संगठित सेवा प्रदान करने वाले शासन की सामाग्रिक गुणता और जीवन के स्तर को सुधारने में महत्वपूर्ण भूमिका निभा सकते हैं?
5. शासन, प्रशासन, प्रशिक्षण और अनुसंधान के विकेन्द्रीकृत तंत्रों के माध्यम से बेहतर कार्य निष्पादकों को कैसे पुरस्कृत किया जा सकता है?

6. एकल खिड़की प्रणाली के माध्यम से गोपनीयता, पारदर्शिता और विश्वास निर्माण की प्रक्रिया को कैसे प्रारंभ किया जाए?

27. *गैर सरकारी संगठनों के समुदाय पर आधारित संगठनों और अन्य असरकारी संस्थानों की भूमिका*—यह एक स्वीकृत तथ्य है कि कार्य निष्पादक संस्थाओं की क्षमता को बढ़ाना होगा। जहां एक ओर राज्य और इसके संगठनों को कार्य करने की क्षमता को कम करना होगा वहीं दूसरी ओर जनता से जुड़ी संस्थाओं को तेजी से सक्रिय करना होगा। स्व-नियोजित और स्थानीय रूप से जिम्मेदार, उद्यमी संस्थाओं द्वारा संचालित उत्कृष्टता और विस्तार केन्द्रों की सहायता से परिवर्तन द्रुत हो सकता है। सभी दृष्टियों से यह उपयुक्त समय है। बहुआयामी, स्ववित्तपोषित, विपणन केन्द्रित दृष्टिकोण को अपनाकर ये संस्थान प्रभावी रूप से समुदाय की क्षमता और आत्म विश्वास के स्तर को बढ़ा सकते हैं। आपदा से प्रभावी रूप से निपटने और इसके लिए तैयारी करने का सर्वोत्तम उपाय यह है कि ये संस्थान अथवा उत्कृष्टता और विस्तार केन्द्र किस प्रकार से नियोजित और विकसित है। यह सबसे अधिक चुनौति भरा कार्य है। सरकार और समाज/समुदाय की नीतिगत और बजटीय सहायता से ये विश्वास सृजन के प्रभावी केन्द्र बन सकते हैं। पंचायतें सामने आ सकती हैं और अपने क्षेत्रों में इन केन्द्रों की स्थापना के लिए प्रोत्साहित कर सकती हैं। पंचायतें अपने क्षेत्रों में नेतृत्व और शिक्षा के स्तर को भी बढ़ा सकती है।

28. आपदा और सुरक्षा की समग्र परिभाषा सुरक्षा के निम्नलिखित पहलुओं की ओर हमारा ध्यान आकर्षित करती हैं।

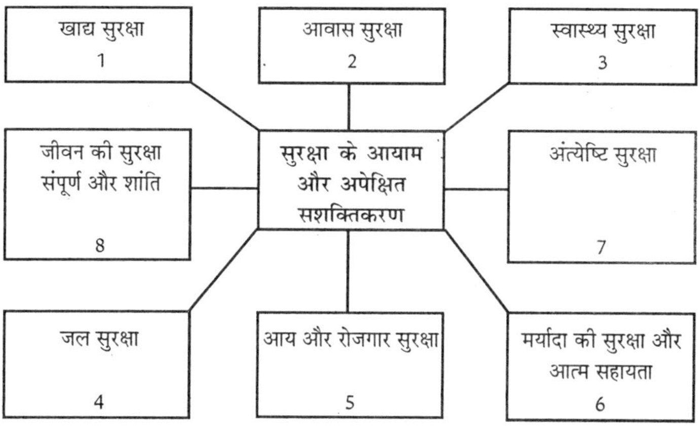

जब हम सुरक्षा के बारे में जांच प्रारंभ करते हैं तो यह निष्कर्ष निकलता है कि पंचायती राज के लिए संविधान में उल्लिखित 29 विषय सर्वोत्तम सुरक्षा के हैं बशर्ते गांवों को अपने सशक्तिकरण के लिए अवसर मिले। वैज्ञानिक और प्रौद्योगिक विकास के संदर्भ में पारंपरिक संसाधन, ज्ञान, कौशल, व्यवहार आदि की जांच की जानी चाहिए। बेहतर व्यवहार, पारदर्शिता, सूचना प्रौद्योगिकी, उद्यमिता केन्द्रित नीति आदि को शामिल करके बेहतर सफलता की स्थिति प्राप्त की जा सकती है।

29. इतिहास से सीख और हमारे समय की विशिष्टता

कार्य निष्पादन के स्तर को अनुकूलतम बनाने में इतिहास की सीख को कभी भुलाया नहीं जा सकता। यह सच है कि हमारा समय कई मायने में विशिष्ट है। इतनी कम अवधि में इतनी तेजी से प्रौद्योगिकी में विकास पहले कभी रिकार्ड नहीं किया गया था। इस दौरान जहां असाधारण विकास हुआ है, वहीं अवनति भी हुई है। यह प्रतीत होता है कि सारे कमजोर, असंगठित और प्राकृतिक समुदायों को लोभ कर संसाधनों के अत्यधिक दोहन के कारण काफी हानि उठानी पड़ी है। हमारे समय की अनेक चुनौतियों के लिए समग्र उपचार और स्थायी विश्लेषण की आवश्यकता है। यदि कार्यवाही हेतु कार्यान्वयन योग्य योजना के विकास के लिए अतीत के अनुभव का उचित रूप से विश्लेषण नहीं किया गया तो भविष्य में और अधिक आपदा का सामना करना पड़ सकता है। हमारे समय की विशिष्टता इस बात में भी है कि अधिक से अधिक सफलता प्राप्त की जाए। लालच पर काबू रखकर और पारदर्शी नीतियों को अपनाकर हम मानव विकास की गरिमामयी उच्चता को प्राप्त कर सकते हैं। महत्वपूर्ण बात यह है कि विकास की प्रकृति स्थायी होनी चाहिए।

30. सूचना प्रोद्योगिकी, यात्रा और पर्यटन की भूमिका और निम्न लागत वाली यात्राएं

क्षमता और विश्वास सृजन की प्रक्रिया में शामिल प्रदर्शन, ज्ञान, अनुभव और जोखिम की भूमिका महत्वपूर्ण होती है। विविध और अनजान लोगों के मिलने से और विविध स्थानों पर जाने से ज्ञान बढ़ता है। इससे प्रश्न और विश्लेषण करने की क्षमता बढ़ती है। बेहतर और नियमित विचार विमर्श से शक्ति, कमजोरी, अवसर और भय उचित रूप से दृष्टिगोचर और विकसित होते हैं। इस विश्लेषण से आत्मविश्वास बढ़ता है। कार्यक्रम और समय के बेहतर प्रबंधन से कम लागत और उच्च प्रभाव वाली यात्राएं आयोजित की जा सकती हैं।

31. असफल किंतु अनिवार्य कार्यक्रमों से सीख

भारत में अनेक सामाजिक, आर्थिक और पूर्णतावादी कार्यक्रम बुरी तरह असफल हुए हैं। यदि अतीत की गलतियों पर पर्याप्त और समय पर ध्यान दिया जाता और जैव गैस और

कार्बनिक उर्वरक वर्मि कंपोस्ट के उपयोग जैसे महत्वपूर्ण कार्यक्रमों के कार्यान्वयन पर गंभीरता से प्रयास किया जाता तो अनेक आपदाओं को टाला जा सकता था। केवल समुदाय, प्रबुद्ध वर्ग, जागरूक नागरिक और लोगों के समूह को शामिल करके अब इनमें से अनेक कार्यक्रमों को सफल बनाया जा सकता है। महिला हो या पंचायत कार्य निष्पादन आधारित प्रयास हो अथवा कम्प्यूटर द्वारा मॉनिटरिंग, उन्हें सफल होना ही पड़ेगा। आपदा के वास्तविक प्रबंधन और तत्संबंधी तैयार, स्थानीय क्षमता सृजन में निहित है।

32. यदि हम विकास की मानसिकता और विकास और विनाश के प्राकृतिक मार्ग को समझते हैं तो हम यह पाएंगे कि लक्ष्य, लालच को लोकतांत्रिक शासन के अंश के रूप में संतुलित करने की आवश्यकता है। अंकित मूल्य, बाह्य रूप का अभाव, बाह्य रूप संस्कार अथवा विश्व बाजार में कदम रखना जैसे विषयों को भीरू और कम आशावादी लोगों के लिए प्रतारणा, मूल्यांकन, वास्तविकता और न्याय के रूप में सामग्रिक जांच की आवश्यकता है। अच्छे निष्पादकों को प्रोत्साहित करने के लिए नेता और अनुगामियों की भूमिका, पवित्र प्रभाव और आपदा के प्रभाव का अध्ययन करना चाहिए इससे निश्चित रूप से बेहतर परिणाम सामने आएंगे।

33. पंचायत और समुदायों को भूमिका अदा करनी होगी। सूचना के अधिकार, उद्यमी विकास के उदारीकरण, सामानों और सेवाओं की मुक्त आवाजाही, ग्रामीण निवेश को प्रोत्साहन, ग्रामीण कच्चे माल के मूल्य संवर्धन पर बल आदि संबंधी नीति निर्माण कर के बेहतर परिणाम प्राप्त किए जा सकते हैं।

34. प्रशिक्षण नियम पुस्तक और प्रचालनात्मक मार्गदर्शी सिद्धांत में शासन तंत्र के अंश के रूप में पंचायती राज संस्थान और अन्य आधार स्तरीय संगठनों पर सामग्रिक रूप से विचार किया जाना चाहिए। भविष्य में इसे एक महत्वपूर्ण क्षेत्र के रूप में उभर कर आना होगा। यह सच है कि इस क्षेत्र में अधिक कार्य नहीं किया गया है। इसे आई.आई.पी.ए. और श्री जे.सी. पंत, सेवानिवृत्त, भा.प्र.से. द्वारा भी स्वीकार किया गया है। इसलिए भविष्य में इस क्षेत्र पर अधिकतम ध्यान देना होगा। केवल आई.आई.पी.ए. ही नहीं, बल्कि सभी संगठनों, विशेष रूप से जो 29 विषयों से संबद्ध हैं, को इस विषय पर ध्यान देना है। इसलिए, आई.आई.पी.ए. के निदेशक से अनुरोध है कि संलग्न पत्र को सभी विभागों को भेजें ताकि नियम पुस्तक का अध्ययन और प्रचालनात्मक मार्गदर्शी सिद्धांतों की तैयारी उचित रूप से पूर्ण हो सके।

35. भा.प्र.से. और अन्य अधिकारी तंत्र को राजी करना

पिछले पचास वर्षों के दौरान अनेक लोग इस बात से सहमत हैं कि अधिकारी तंत्र अधिक शक्तिशाली बन गए हैं। इसका कारण जो कुछ भी हो, उनका क्षतिकारी मूल्य संरचनात्मक और नीति निर्धारण के कारण बढ़ गया है। आपदा प्रबंधन और पंचायती राज सशक्तिकरण के लिए सुग्राहीकरण को प्रभावी प्रशिक्षण मद का हिस्सा बनाना समय की मांग है। अब

यह स्पष्ट है कि मामलों का अध्ययन क्षेत्र प्रदर्शन, सफल मॉडलों की प्रस्तुति आदि से स्थानीय शासन की समस्याओं का बेहतर मूल्यांकन संभव है। भारतीय प्रशासनिक सेवा के जिन वरिष्ठ अधिकारियों ने मामलों की जांच के लिए पूर्णतावादी दृष्टिकोण विकसित किया है उन्हें समस्याओं के पूर्णतावादी मंथन के लिए प्रोत्साहित किया जाता है। पंचायतों को भी बाजार में आना चाहिए क्योंकि अनेक ऐसे मॉडल हो सकते हैं जिसकी नकल करने की आवश्यकता है। कहने की आवश्यकता नहीं है कि गैर सरकारी संगठनों, सेवानिवृत्त व्यक्तियों और अंतर्राष्ट्रीय निकायों की भूमिका भी बहुत ही महत्वपूर्ण हैं।

36. पंचायत को समर्थन देना और उसका सशक्तिकरण

यह ऐसा क्षेत्र है जिस पर अत्यधिक ध्यान देने और सर्वाधिक प्रचार करने की आवश्यकता है। यह सच है कि पंचायतों का प्रभावी रूप से प्रचार नहीं किया गया है और शासन के किसी भी स्तर पर शायद ही उनके लिए कोई लॉबी हो। यह एक सार्वजनिक सत्य है कि असंगठित क्षेत्रों को मुश्किलों का सामना करना पड़ता है। प्रभावी जनसंपर्क के बिना, अहं पर बल देकर, प्रशिक्षण की निम्न गुणवत्ता के कारण पंचायतें भी प्रभावी रूप से प्रचार नहीं कर पाई हैं। नेतृत्व के स्वर को बढ़ाना और प्रदर्शन एकमात्र समाधान है।

37. ग्रामीण नेताओं को निलंबित करने की शक्ति की जांच की जानी चाहिए

कुछ बहाना लेकर ग्रामीण नेताओं को निलंबित करने की प्रवृत्ति देखी गई है। कुछ भ्रष्ट व्यक्ति हो सकते हैं किन्तु पंचायतों के संघ को अच्छे कार्य निष्पादन के लिए प्रोत्साहित करने और भ्रष्ट व्यक्तियों को हतोत्साहित करने के लिए आगे आना चाहिए। यहां संघों की भूमिका महत्वपूर्ण है।

38. केन्द्र सरकार की भूमिका

ग्रामीण विकास के विषयों में से एक विषय पंचायती राज भी है। अत्यधिक निधीयन और संयुक्त सचिव पद्धति के कारण भारत सरकार के ग्रामीण विकास विभाग के पास जनहित, स्पष्टता, व्यवहार्यता, बैंक योग्यता, विपणन, प्रशिक्षण, समन्वय आदि जैसी पंचायतों की पूर्ण संभावनाओं के उपयोग से संबंधित विषयों पर ध्यान देने के लिए शायद ही कोई समय होता होगा। एक संयुक्त सचिव के लिए अपने कार्य के प्रति न्याय कर पाना संभव नहीं है। उचित समर्थन के साथ पंचायती राज के लिए शक्तिशाली मंत्रालय की आवश्यकता है जो प्रभावी नीति, वित्तपोषण और प्रौद्योगिक नेतृत्व के साथ 29 विषयों पर ध्यान दे सके। बजटीय और अन्य नीतिगत समर्थन द्वारा वित्त मंत्रालय और योजना आयोग पंचायत की स्थिति को बेहतर करने के लिए महत्वपूर्ण भूमिका निभा सकते हैं। आंतरिक संसाधन सृजन के लिए प्रोत्साहन, स्थानीय संसाधनों के उपयोग, अनिवासी भारतीयों का योगदान,

खेल गतिविधियों में उत्कृष्टता, रक्षा, आत्मविश्वास और समग्र विकास आदि के लिए उपयुक्त रूप से पुरस्कृत किया जाना चाहिए। किन्तु शायद ही कोई लॉबी इस दिशा में काम कर रही है। प्रशिक्षण और अभिमुखिता के माध्यम से नीतिगत विचार देने के लिए बेहतर तंत्र का विकास किया जा सकता है।

39. सरकार, समुदाय, गैर सरकारी संगठनों द्वारा पुरस्कार

अनेक लोग यह समझते हैं कि हमारी व्यवस्था ने समाज के सभी वर्गों की सर्वोत्तम क्षमता के उपयोग के विषय में प्रोत्साहित नहीं किया है। शोषण की संस्कृति, गोपनीयता, भाई-भतीजावाद स्थायी बना दिया है। समय आ गया है कि संसाधनों की कमी के कारण सभी संसाधनों के उपयोग करने के बारे में विचार किया जाए। सभी स्तरों पर पुरस्कृत करने की प्रक्रिया को प्रोत्साहित किया जाना चाहिए। पारदर्शिता और नीतिगत समर्थन की सहायता से अनेक परोक्ष निवेश योग्य अंतर्निहित शक्ति संगठन (HIPPO) अवश्य सामने आएंगे। जनसंख्या, गरीबी, कम बचत, पर्यावरण, निम्नीकरण, स्थानीय संसाधनों के कम उपयोग, मूलभूत शिक्षा, स्वास्थ्य, पेयजल आदि जैसे राष्ट्रीय चिंता के क्षेत्रों में नीतिगत परिवर्तनों से उनके आत्मविश्वास में वृद्धि होगी।

कम उपयोग में लाए गए संसाधन

1. प्राचीन समय से भारत जैसे विशाल और ऐतिहासिक देश में जनता और शासक हमेशा निवेश करते रहे हैं। अचल संपत्ति और ज्ञान के क्षेत्र में इसी निवेश के कारण ही समय समय पर हुए विदेशी आक्रमणों और प्राकृतिक आपदाओं के बावजूद हमारा देश अप्रभावित रहा। साथ ही इससे जनता में विदेशी आक्रमणों और प्राकृतिक आपदाओं के बावजूद अस्तित्व बनाए रखने की क्षमता भी आई। अब यह देखने का समय आ गया है कि विविध आपदाओं से सफलतापूर्वक निपटने के लिए कम उपयोग में लाए गए इन सुप्त संसाधनों में से किस-किस का उपयोग किया जा सकता है।

2. हमें पहले कम उपयोग में लाए गए संसाधनों के बारे में जानना होगा। चाहे वह विशेषज्ञता, उन्नत भूमि, वैज्ञानिक और समय पर खरे उतरे व्यवहार और कौशल का क्षेत्र हो या भले ही वह जीवन शैली अथवा आंतरिक शासन की व्यवस्था आदि क्यों न हो, अब समय आ गया है कि हम प्रभावी रूप से इन सबका उपयोग कैसे करें।

3. एक बार कम उपयोग में लाए गए इन संसाधनों के उपयोग की जरूरत समझ में आ जाए। स्थानीय स्तर पर कार्यवाही योजना इस प्रकार होगी—

(क) कम उपयोग में लाए गए सभी संसाधनों के बारे में जानकारी एकत्रित करें और यह पता करें कि आज की समस्याओं से निपटने के लिए उनका किस तरह

उपयोग किया जा सकता है। चाहे गोदाम, गृह, झील, कुआं, भूमि, कौशल, जड़ी-बूटी, मंदिर, अनिवासी भारतीय हो अथवा वे लोग हों जो अन्य निवेश केन्द्रित व्यवसाय से जुड़े हैं।

(ख) क्षेत्र में ग्रामीण निवेश की प्राथमिकताओं और संभावनाओं की पहचान करें। इन विषयों पर लोगों के साथ चर्चा की जा सकती है और प्राथमिकताएं निर्धारित की जा सकती है। कुछ लोग ब्याज की उच्च दर वहन करने में सक्षम हो सकते हैं। जबकि अन्य लोगों को आर्थिक सहायता की आवश्यकता हो सकती है। यह जोखिम कारक और सेवा के लिए प्रभारित किए जाने वाले मूल्य को दर्शाएगा।

(ग) बैंक द्वारा स्वीकार्य योजनाओं के लिए बैंकर, बीमा और जोखिम उठाने वाले व्यक्तियों की भागीदारी की जरूरत है। जोखिम को न्यूनतम करने की आवश्यकता है। किन्तु बेहतर विपणन के माध्यम से अधिक व्यवहार्य निवेश संभव है।

(घ) दूसरों के अनुभव से सीखें। अतीत में अनेक लोग ऐसे हो सकते हैं जिन्होंने इस बारे में चिंतन किया है और मॉडल विकसित किया है। इनमें से कई असफल भी हो सकते हैं। इस क्षेत्र में नए प्रवेश करने वाले उक्त दोनों से ही सीख सकते है।

(ड.) इस क्षेत्र में पंचायतराज संस्थान, गैर सरकारी संगठन, सूचना प्रौद्योगिकी विशेषज्ञ और कारोबार में रुचि रखने वाले लोग अत्यंत महत्वपूर्ण भूमिका अदा कर सकते हैं।

(च) अंततः बाजार चालित निवेश नीतियां इस कार्यक्रम को सफल बना सकती है। यदि बाजार के साथ करार किया जाए तो सफलता अवश्य मिलेगी। इसलिए प्राथमिकता तय की जानी चाहिए।

(छ) अनेक कम उपयोग में लाई गई परिसंपत्तियों, आधारिक संरचनाएं हो सकती हैं जिन्हें केन्द्र, राज्य और स्थानीय निकायों से नीतिगत समर्थन की आवश्यकता होगी। नीति, बजटीय अथवा अन्य किसी समर्थन की पहचान की आवश्यकता है जो जघु और दीर्घ अवधि के लिए उपयोगी होंगे। नीतिगत समर्थन देने से यह किस तरह लाभकारी होगा, इस पर भी सम्यक रूप से विचार किया जाना चाहिए।

(ज) समर्थन (Lobbying) की भूमिका और स्वयंसेवक और समर्थक के संवर्ग के सृजन के लिए अत्यन्त सावधानीपूर्ण योजना बनाने और विपणन की आवश्यकता है। लाभकारी स्थिति विकसित करनी होगी और उसे प्रचारित करना होगा। निहित स्वार्थ वाले वर्ग की भूमिका का उचित रूप से मूल्यांकन किया जाना चाहिए। उनका प्रतिकार कैसे किया जाए अथवा क्या लंबे समय अंतराल में तथा बदलते परिवेश में क्या उन्हें भागीदार बनाया जा सकता है।

(झ) अतीत की नीतियों पर नियमित रूप से विचार करना अक्सर मॉनिटरिंग की उपेक्षित योजना रही हैं। सभी तेज गति से आगे बढ़ रहे हैं और शायद ही किसी के पास पीछे मुड़कर देखने का समय है। यह समस्या का मूल कारण है। कुछ

संस्थानों और व्यक्तियों को विशेषज्ञता प्राप्त करनी चाहिए और हमेशा ऐसे कार्य करने चाहिए जिन्हें अन्य लोग सामान्यत: नहीं करते। यही ऐसा क्षेत्र है जहां स्वयं सेवकों को अतीत की गलतियों के बारे में बातचीत करने के संबंध की निरंतर रूप से स्मरण दिलाते रहना चाहिए। इन्हें लेखबद्ध किया जाना चाहिए और सभी का इसके बारे में सूचित किया जाना चाहिए।

(ञ) किसी भी लंबी अवधि की स्थायी कार्य योजना में अक्सर महिलाओं की भूमिका उपेक्षित रहती है। उपयोग में न लाए गए संसाधनों, ज्ञान, कौशल, परिसम्पत्ति के क्षेत्र में भी उनकी सक्रिय भागीदारी उपयोगी हो सकती है। यह खेद की बात है कि अनेक उत्कृष्ट कार्यक्रमों में उन्हें हमेशा छोड़ दिया जाता है। हम संख्या, शिक्षा, जैवगैस, ईंधन और चारा, वानिकी, पेयजल, खाद्य भंडारण और सुरक्षा, स्वास्थ्य आदि को ही लें। इन सभी कार्यक्रमों का प्रबंधन कार्य महिलाओं से इतर दूसरों के हाथों में है। इनमें से अनेक कार्यक्रम असफल हो चुके हैं।

(ट) लागत प्रभावी योजना तैयार करने और उनके कार्यान्वयन से संबंधित चुनौतियों का सामना करने के लिए हमें अतीत के अनुभवों से सीखना होगा। अल्प अवधि और पूरक कार्यक्रमों को अपनाने से समाज को अत्यधिक हानि हुई है। अब समय आ गया है कि विरोधी उपागम अपनाया जाए और जनता और समाज को शामिल किया जाए।

निष्कर्षत: कोई बल देकर यह कहना पसंद करेगा कि आधार स्तर पर बेहतर जीवनस्तर और सुरक्षा उपलब्ध कराए जाने संबंधी हमारी कोशिश बुरी तरह असफल हो गई है। यह सभी दृष्टियों से आपदा ही है। दूसरों पर अत्यधिक निर्भरता के कारण स्थानीय संसाधनों और कौशलों का उपयोग उपेक्षित हो गया है। अब समय आ गया है कि आधार स्तरीय शासन संस्थानों को शामिल किया जाए और उन्हें समस्त नीतिगत समर्थन दिया जाए ताकि वे अपनी समस्याओं के समाधान के लिए पूर्ण रूप से अपनी सही, वास्तविक, प्राकृतिक संभावना की खोज कर सकें।

सभी पंचायतों के लिए वैचारिक मामले एक समान हैं और पंचायतों की प्रकृति, उनके प्राथमिक कार्य और सामुदायिक भागीदारी से संबंधित हैं, विशेष रूप से ये हैं–

- पंचायतों को स्व–शासन संस्थान के रूप में वैचारिक आधार प्रदान करना, न कि राज्य सरकार की कुछ योजनाओं के कार्यान्वयन के इकाई के रूप में।
- स्थानीय क्षेत्र के संबंध में आर्थिक विकास और सामाजिक न्याय के लिए योजनाओं के तैयार करने पर बल देना।
- ग्राम सभाओं की निर्णय प्रक्रिया में ग्रामीण समुदायों की भागीदारी के अधिकार की पहचान करना।

— पी.आर.आई. के विभिन्न स्तरों के मध्य उच्च संपर्कों की आवश्यकता प्रतिपादित करना क्योंकि प्रत्येक स्तर पंचायती राज के निर्माण में सहायक है।

इन अवधारणाओं में से प्रत्येक के अनेक अर्थ हैं। उदाहरण के लिए, स्वशासन की अवधारणा में पंचायत की स्वायत्तता भी निहित है।

गांधीजी और वर्धा के लिए कार्य योजना

1. क्या जमीन, जनशक्ति, अर्थ के संदर्भ में सारे संसाधन उपलब्ध हैं और क्या बैंक और अन्य संस्थाओं से ऋण लेने की सारी संभावनाएं विद्यमान हैं?
2. सामर्थ्य और क्षमता क्या है?
3. आवश्यकता और निवेश योग्य निवेश क्या है? चाहे यह बी.एड., व्यावसायिक शिक्षा, वरिष्ठ नागरिक, विद्यालय, जैव कृषि अथवा ग्रामीण क्षेत्रों में उद्यमों को शामिल करने का केन्द्र ही क्यों न हो—क्या इन क्षेत्रों में मांग और व्यवहार्यता परीक्षण संभव है? हम कुछ हितैषियों के साथ कार्यक्रमों की प्राथमिकताओं की पहचान के लिए चर्चा कर सकते हैं।
4. क्या निम्नानुसार कुछ तात्कालिक गतिविधि हो सकती है—

(क) वर्धा की कुछ सफलताओं को लेखबद्ध करना।
(स) वर्धा की समग्र स्थायी विकास योजना की लुप्त कड़ी की पहचान करना।
(ग) उन व्यवहार्य निवेश अवसरों के क्षेत्रों की खोज के लिए बैंकर और अन्य लोगों के साथ चर्चा करना जो उनके अनुभव में विद्यमान हैं?
(घ) क्या लघु अवधि और दीर्घ अवधि की आवश्यकता और निवेश के लिए निवेशक, व्यापारी वर्ग, युवा, वितरक, पंचायती राज संस्थानों के साथ संवाद हो सकता है?
(ड.) ग्रामीण रोजगार, ग्रामीण शिक्षा, ग्रामीण स्वास्थ्य के लिए भावी कार्यवाही की संभावना, रेल और बस स्टेशनों पर विपणन संभावनाओं, निर्यात संभावनाओं के कुछ क्षेत्र आदि को चिह्नित करने के लिए क्या सभी राजनैतिक दलों और पंचायती राज के नेताओं के साथ मिलकर कार्य योजना तैयार की जा सकती है।
(च) क्या सरकारी और संस्थागत क्षेत्रों में विद्यमान कम उपयोग में लाई गई आधारिक संरचना के उपयोग से कुछ गतिविधियां शुरू की जा सकती हैं। इनमें शिक्षा, व्यक्तित्व विकास, समूहों की बेहतरी, सामुदायिक संभावना की खोज, युवा समस्या विश्लेषण आदि शामिल हो सकते हैं।

(छ) चर्चा के समग्र स्तर को किस प्रकार उन्नत किया जा सकता है? यह समस्या केवल व्यक्ति या समुदाय के साथ नहीं है बल्कि सभी के साथ है। हम इसका निराकरण कैसे करें। किस प्रकार स्वयंसेवा की भावना और इसके कार्यान्वयन को मूर्त रूप दिया जाए।

(ज) महिलाओं के संसाधनों और कम उपयोग में लाए गए जमीन, जल, पशु, कौशल, गौशाला, विद्यालयों को व्यवहार्य निवेश अवसरों को किस तरह उपयोग में लाया जाए। किस प्रकार के प्रशिक्षण, विपणन, प्रौद्योगिकी, मॉनिटरिंग आदि से संबंधित सहायता की आवश्यकता होगी। इन्हें उपलब्ध करवाने के लिए कौन सक्षम होंगे? संभावित लागत क्या होगी?

(झ) वर्धा जिले के लिए पृथक योजना थी जो विकास के लिए गांधी, विनोबा मॉडल पर आधारित थी। यद्यपि इसे उचित रूप से कार्यान्वित नहीं किया गया और स्वाभाविक रूप से यह असफल विकास के लागत प्रभावी तंत्र और मॉडल व जनता की बेहतर भागीदारी के लिए किन पाठों को लेखबद्ध किया जा सकता है?

(ञ) वर्धा, नासिक, मथुरा संभावित व्यवहार्य निवेश और गतिविधि के क्षेत्र हैं, बाजार केन्द्रित नीतियों का निर्माण करना होगा। दलगत कार्य, स्वयंसेवक, खिलाड़ियों की भूमिका को चिह्नित करना होगा। इसका आशय यह भी है कि समय की मूल आवश्यकता की पहचान के लिए विरोधी समूहों के बीच चर्चा करनी होगी। नेता, प्रेरक, पथ प्रदर्शकों की संभावना को भी ध्यान में रखना होगा। दृढ़ विश्वास के साथ-साथ उनके सामर्थ्य और कमजोरी और अतीत के अनुभव क्या हैं? क्या वे सम्यक रूप से समग्र नेतृत्व दे सकते हैं? वे जिन क्षेत्रों में कार्य करने वाले हैं वे चुनौती भरे नए हो सकते हैं। किन्तु इसके लिए कठोर श्रम और विचार की स्पष्टता आवश्यक है। समाज में विद्यमान बहुआयामी आपदाएं भावी उद्यमियों से यह मांग करती हैं कि वे उचित सर्वेक्षण पर अधिकतम ध्यान दें। किसी ने सच ही कहा है कि सर्वेक्षण में लगाया गया समय कभी व्यर्थ नहीं जाता।

निष्कर्ष

कोई भी सिर्फ यह कहना चाहेगा कि चाहे श्री विजय टावरी, गोपाल, सेवक सरन हों अथवा आप अथवा हम, हमें इन मुद्दों पर समग्र रूप से विचार करना होगा। हमारी क्षमता, हमारी इच्छा, चारों ओर से मिलने वाली प्रेरणाएं और बाजार केन्द्रित अर्थ-व्यवस्था की चुनौतियों पर विचारमंथन करना आवश्यक है। सरकारी अनुदानों को भी चिह्नित करना होगा क्योंकि वे भी आसानी से उपलब्ध नहीं होंगे। अनुदान से संबंधित नियम और विनियम सभी

आसानी से स्वीकार्य नहीं होंगे। यद्यपि इस पर निष्ठा और सम्यक प्रेरणा से काम करना चाहिए किन्तु प्राथमिकताओं का उचित निर्धारण आवश्यक है। आपदा से बचने के लिए किसी भी उद्यम का इस बात पर ध्यान देना आवश्यक है।

आधार रूप में गांव

भारत जैसे देश के लिए संविधान में गांवों को स्वशासन की इकाई के रूप में स्वीकार किया गया है। पराक्रमी मानसिकता वाली विकेन्द्रीकृत जनता ने हमें जनता को जनता के लिए शासन व्यवस्था अपनाने के लिए बाध्य किया। चाहे वह प्राकृतिक अथवा मानव निर्मित संसाधन क्यों न हो, वे सर्वोत्तम निर्णायक हैं। नीति और अन्य सहयोगी आधारिक संरचना अवश्य ही उन्हें अपनी संभावनाओं को पूर्ण रूप से उजागर करने और विकास के पथ को प्रशस्त करने का अवसर देना चाहिए।

सद्भाव के साथ जीने के लिए उनके दृष्टिकोण, संसाधनों की प्राकृतिक अक्षय निधि और कौशल उन्हें व्यक्तगत और सामूहिक दोनों ही रूपों में अपनी सर्वोत्तम संभावनाओं को उजागर करने में समर्थ बनाएगा। नीतियाँ ऐसी होनी चाहिए कि उन्हें समता और मर्यादा के साथ अपने संसाधनों के इष्टतम उपयोग के लिए अवसर मिले। इस दृष्टि से सूचना प्रौद्योगिकी और उचित नेतृत्व के साथ गांव एक आदर्श आधार है। वास्तविक चुनौती यह है कि यथार्थ के धरातल पर इन्हें कैसे प्राप्त किया जाए?

जब हम अतीत के अनुभव, शासकों और आक्रमणकारियों के स्वभाव, अत्यधिक यंत्रीकरण की समस्या, बाजार केन्द्रित विकास की बाध्यताएं और प्रवृत्तियां, जीवन के अंतिम लक्ष्य आदि पर नजर डालते हैं तो कुछ प्रश्नों पर सामग्रिक और नियंत्रित रूप से विचार करना आवश्यक हो जाता है। सारी विधाओं और विज्ञान को अमल में लाया जाना चाहिए। सारी विधाओं के सार तत्व के लिए विरोधाभासी अवलोकनों पर विचारमंथन किया जाना चाहिए। यही वास्तविक चुनौती है। सूचना प्रौद्योगिकी आधार के रूप में पंचायती राज सहित इन सभी विषयों को आसानी से समझने में सहायता कर सकती है।

नीतियां और बजटीय तंत्र

प्रोत्साहन, जनता में विश्वास, पारदर्शिता, और ऐसी नीति और तंत्र जो जनता को उनके विवेक के अनुसार ईमानदार और निष्पादक बनने के लिए प्रेरित करते हैं, की भूमिका पर बल देने की आवश्यकता है। अंततः जनता अपनी जीवनशैली और व्यय पैटर्न के बारे में निर्णय लेने के लिए सर्वोत्तम निर्णायक है। राज्य और नीति को बेहतर शासन के लिए अवश्य सहायक होना चाहिए। जनता में विश्वास जगाकर और समुदाय और संस्थाओं की सक्रिय भागीदारी के माध्यम से राज्य अधिक संगत और उपयुक्त हो सकते हैं। समय की

सर्वाधिक मांग राज्य की पुनः स्थापना और अच्छे नागरिकों का विश्वास है। इसे जनता के संसाधनों के संग्रहण के साथ साथ संगत नीतियों के माध्यम से प्राप्त किया जा सकता है।

अतीत की गलतियों से सीखते समय सकारात्मक और रचनात्मक सुझाव देने की आवश्यकता है जो जनता को शामिल करने और उनसे बेहतर कार्य निष्पादन प्राप्त करने में प्रभावी हो सकता है। प्रत्येक विभाग को कहा जाना चाहिए कि कमी वाले क्षेत्रों की पहचान करें और यह देखें कि जनता किस प्रकार सहयोग दे सकती है। सरकारी और असरकारी क्षेत्रों के बीच के भेद को न्यूनतम किया जाना चाहिए। खर्च किए जाने वाले रुपये के इष्टतम मान के बारे में ज्ञान होना चाहिए। यह हमारे समय की महत्वपूर्ण चुनौतियों को सामना करने के लिए व्यावहारिक और सामग्रिक कार्य प्रणाली की मांग करता है जिसमें हमारे संसाधन और वचनबद्धता भी शामिल हैं। इन सारे लक्ष्यों को केवल ग्राम स्तर पर ही आसानी से प्राप्त किया जा सकता है। प्रबंधन, पारदर्शिता, व्यवहार्यता, अच्छे शासन बेहतर और प्रभावी नीति निर्माण आदि से संबंधित चुनौतियां हमें गांव को आधार के रूप में शामिल करने के लिए बाध्य करती हैं। इस समय अन्य कोई बेहतर विकल्प नहीं है।

जनता को शामिल करने के लिए नीतियां

अब यह स्पष्ट हो गया है कि भले ही सरकार के प्रयास सुस्पष्ट और दमदार न हों, उनका प्रभाव हमेशा सीमित होता है। जब तक जनता, समुदाय, जनता के संगठन, सेवानिवृत्त जनता आदि को शामिल नहीं किया जाता तब तक किसी अपराध, आपात स्थिति, आपदा आदि से प्रभावी रूप से नहीं निपटा जा सकता।

इस संदर्भ में हमें सामग्रिक दृष्टिकोण अपनाने और अतीत के अनुभवों से सीखने की आवश्यकता है। पिछले पचास वर्षों के दौरान अधिक से अधिक राज्य और उधार ली गई निधियों पर निर्भर रहने की प्रवृत्ति रही है। सभी संस्थाओं को बाह्य स्त्रोतों से प्राप्त होने वाले ऋण और अनुदानों पर निर्भर रहने के लिए प्रोत्साहित किया गया है। योजना, बजट और प्रशिक्षण के माध्यम से आत्म निर्भरता और अनुदान विहीन विकास की भावना को नष्ट करने के लिए व्यवस्थित प्रयास किए गए। जिन्होंने सरकारी सुविधाओं का लाभ नहीं लिया, उन्हें दोषी ठहराया गया। समाज ने भी किसी तरह आत्मनिर्भरता को हतोत्साहित किया।

अब समय आ गया है कि आपदा से प्रभावी रूप से निपटने के लिए जनता को समग्र रूप से शामिल होना होगा। राज्य, सभी राजनैतिक दल, अधिकारी तंत्र, गैर सरकारी संगठन, अनिवासी भारतीय, प्रेस आदि को जनता को शामिल करने में पारदर्शिता और बाजार केन्द्रित दृष्टिकोण के महत्व को समझाने के लिए सामने आना होगा। केवल पंचायती राज संस्थानों को ही नहीं बल्कि जनता को प्रेरित करने वाले अन्य शक्तिशाली निकायों को भी पूर्ण रूप से शामिल करना होगा।

इस प्रक्रिया में, नागरिक कोर अथवा स्थानीय समर्थनकारी निकायों के सृजन से

बेहतर शासन, पारदर्शिता और बेहतर आपदा प्रबंधन को बढ़ावा मिल सकता है। नीति और बजटीय तंत्र का उपयोग इस तरह किया जाना चाहिए ताकि जनता अपनी इष्टतम क्षमता का उपयोग करने के लिए प्रेरित हो सके। इसमें कोई आश्चर्य की बात नहीं है कि निम्नलिखित सुझाव जनता की शक्ति को दीर्घ अवधि तक चालित करने में मददगार साबित होंगे जैसा कि शासन के विविध स्थानीय निकायों के माध्यम से प्रतिफलित हुआ है।

स्वेच्छा और कार्य संबंधी राष्ट्रीय मिशन

(क) स्वयंसेवा संबंधी कार्यकलापों के लिए बजट में और अधिक सहायता की व्यवस्था होनी चाहिए। भूतपूर्व मुख्य न्यायमूर्ति एम.एन. वैंकटचलैया ने राष्ट्रीय स्वयंसेवा और कार्यवाही मिशन (एन.एम.ओ.पी.ए.) के लिए तहेदिल से वकालत की। इसे सारे विभागों को दिल्ली में स्थित संयुक्त राष्ट्र विकास कार्यक्रम स्वयंसेवा कोर के साथ मिलकर स्वयंसेवा के विविध कार्य के लिए प्रेरित करना था। आधार स्तर पर उपेक्षित समूह आदि को पुरस्कृत करने और उन्हें एकजुट करने के लिए भी सुझाव दिया गया था। स्वयंसेवा की भावना को बढ़ाने के लिए विद्यालय, विश्वविद्यालय, समुदाय आधारित संगठन, गैर सरकारी संगठन आदि की महत्वपूर्ण भूमिका आंकी गई थी।

(ख) जनसंख्या, वानिकी, गरीबी उन्मूलन, सफाई, दहेज, बेरोजगारी और समग्र प्राकृतिक विकास जैसे कठिन कार्यक्रमों के लिए स्वयंसेवा की महत्वपूर्ण भूमिका है। इसलिए, यह प्रस्ताव रखा गया है कि प्रत्येक मंत्रालय टूटी कड़ी की पहचान करें। सेवा की लागत का भी उल्लेख किया जाना चाहिए ताकि जनता हितैषी संस्थान लागत प्रभावी विकल्प प्रस्ताव दे सकें।

(ग) विद्यालय, महाविद्यालय और विश्वविद्यालय के पाठ्यक्रमों और परीक्षाओं में स्व-रोजगार, व्यवहार्य निवेश, बैंक ग्राह्य परियोजना, सामूहिक नेतृत्व, ग्रामीण संसाधन, विषय अध्ययन, ग्रामीण योजना, सूचना प्रौद्योगिकी और गैर सरकारी संगठन विकास के आध्यात्मिक पहलू, नेटवर्किंग, भूमंडलीकरण और आत्मविश्वास, गांधीजी की अर्थ व्यवस्था, पर्यावरणीय और प्रदूषण मुक्त विकास आदि से संबंधित अध्यायों को शामिल किया जाना चाहिए। जब इन अध्यायों की प्रतियोगी परीक्षाओं में शामिल किया जाएगा, तब इस विषय पर अध्ययन और हिसाब किताब रखने को बढ़ावा मिलेगा। जब तक उचित रूप से इनका अध्ययन नहीं किया जाता और इन पर अनुसंधान नहीं किया जाता, तब तक हमारे देश में इन महत्वपूर्ण विषयों पर ध्यान नहीं दिया जाएगा।

(घ) गैर सरकारी संगठन और उनके परिसंघों को सभी प्रकार का समर्थन दिया जाना चाहिए। परियोजना निर्माण, मॉनिटरिंग, प्रेरणा, विपणन में उनकी भूमिका पर नियमित रूप से ध्यान दिया जाना चाहिए। केवल कम लागत वाले आपूर्ति तंत्र, गैर सरकारी संगठन, उचित प्रशिक्षण के माध्यम से बेहतर परिणाम प्राप्त किया जा सकता है। सूचना प्रौद्योगिकी

के साथ प्रतिस्पर्धा की भावना की भी शुरूआत हो सकती है। पंचायती राज से जुड़े गैर-सरकारी संगठन उन क्षेत्रों के सृजन में काफी उपयोगी सिद्ध हो सकते हैं जो स्थायी मानव विकास के कार्य को बढ़ावा दें।

(ड.) यदि संबंध स्थापित किया जाए तो सेवा निवृत्त सिविल कर्मचारी, सेना के जवान, नानी-दानी आदि विकास के आध्यात्मिक पहलू के उद्देश्य को प्रेरित कर सकते हैं। स्वास्थ्य, सुरक्षा, ज्ञान के पारंपरिक स्रोतों के उपयोग से काफी लाभ अर्जित किया जा सकता है।

(च) *लोगों को शामिल करने के लिए विपणन का उपयोग करना चाहिए।* यह कहने की आवश्यकता नहीं है कि समूहों और कंपनियों को ऐसी लॉबी बनाने और वातावरण के सृजन के लिए प्रोत्साहित किया जाना चाहिए जहां सार्वजनिक कंपनियों को स्थानीय संसाधनों के उपयोग से जनता के कल्याण के लिए काम करने को बाध्य किया जा सके। अपनी आधारिक संरचना और ज्ञान उपलब्ध करवा कर प्रशिक्षण केन्द्र अपनी गतिविधियों को बढ़ा सकते हैं। स्थानीय स्थिति के आधार पर कम लागत वाले व्यावहारिक परामर्शदाता संवर्ग के माध्यम से रोजगार सृजन संबंधी नीति, स्थानीय कौशल आदि को बढ़ाया जा सकता है। स्वयंसेवक के संवर्ग का उपयोग का ज्ञानसंतरण तंत्र स्थायी मानव विकास को प्रेरित कर सकता है।

(छ) सरकार पर निर्भरता में कमी लाने की आवश्यकता और सामान्य ज्ञान के उपयोग को बढ़ाना। यह दुख की बात है कि हमारे अनेक विकासपरक गतिविधियों में हमने सामान्य ज्ञान की उपेक्षा की है। सामान्य ज्ञान के उपयोग से अधिक से अधिक योजनाओं को प्रोत्साहित कर विकास के लागत प्रभावी और प्रतिकृति योग्य मॉडल का विकास किया जा सकता है। आधार स्तर पर योजना बनाए जाने से निश्चित रूप से बेहतर परिणाम के लिए सामान्य ज्ञान और सर्वसम्मत उपागम के उपयोग को बढ़ावा मिलेगा।

(ज) मानव सभ्यता के लिए आपदा कोई नई बात नहीं है। समय-समय पर आने वाली आपदाओं से निपटने के लिए समाज और समुदायों के पास अपने अपने तरीके हैं। अतीत की गलतियों से सीखने और अतीत के अनुभवों को कोडीकृत करने का अब समय आ गया है। इससे कम लागत पर बेहतर तैयारी हो पायेगी। इस प्रक्रिया में जनता और संस्थाओं की पूर्ण भागीदारी आवश्यक है।

(झ) जनता को शामिल करने के लिए अनेक सुझाव दिए जा सकते है। नए साहसिक प्रयोग और उनके अनुसरण से निश्चित रूप से अधिक से अधिक जनता आगे आने के लिए प्रोत्साहित होगी और जनता की भागीदारी में सुधार आएगा।

(ञ) उत्तर प्रदेश के अध्ययन के अनुभव का विस्तृत अध्ययन आवश्यक है जहां डा. कमल टावरी ने सर्वाधिक अपराध वाले क्षेत्रों में कई गांवों को चिह्नित किया था। गृह मंत्रालय से सहायता लेकर जीवन के हर क्षेत्र में जनता की गुणतामूलक भागीदारी में सुधार लाया जा सकता है। इससे निश्चित रूप से बेहतर शासन, लागत प्रभावी तंत्र का विकास और आपदा प्रबंधन को बढ़ावा मिलेगा।

राष्ट्रीय पुनर्निर्माण कार्य

विविध चर्चाओं के दौरान यह बात उभर कर सामने आई है कि राष्ट्रीय पुनर्गठन के कार्य में स्वनियोजित स्वयंसेवकों की आवश्यकता है। पिछले दो वर्षों के दौरान मंत्रालय ने 120 परियोजना अधिकारी और 12,000 एन.आर.सी. स्वयंसेवकों का चयन किया है। उनकी नियुक्ति ठेके पर की गई है और 2 वर्षों के बाद उनकी सेवा समाप्त कर दी जाएगी। मूल रूप से उनका कार्य युवाओं को राष्ट्रीय पुनर्गठन के लिए प्रेरित करना है। उन्हें गैर सरकारी संगठनों, पंचायती राज संस्थानों के साथ मिलकर काम करना होता है।

आपदा प्रबंधन और पंचायत सशक्तिकरण के अनुभव के आधार पर निम्नलिखित कार्यक्रमों के लिए राष्ट्रीय पुनर्गठन कोर का उपयोग किया जा सकता है और उन्हें प्रशिक्षित किया जा सकता है–

(1) ऐसी सभी गतिविधियों में जहां ग्रामीण क्षेत्र निवेश योग्य, बैंक ग्राह्य, स्व-रोजगार केन्द्रित कार्यक्रम का सृजन कर सकते हैं। वहां स्व-नियोजित ग्रामीण प्रेरकों अथवा कम लागत वाले व्यावहारिक सलाहकारों अथवा नग्न पाद चिकित्सकों के रूप में उनका विकास।

(2) उन्हें निश्चित अवधि तक सूचना प्रौद्योगिकी और ग्रामीण योजना विशेषज्ञता का प्रशिक्षण देकर ग्रामीण प्रबंधक बनाया जा सकता है। अनिवासी भारतीय आदि समूह सहित पंचायती राज संस्थानों और गैर सरकारी संगठनों के साथ कार्य करते हुए सेवा परामर्श दे सकते हैं, परियोजना तैयार कर सकते हैं और बैंक, ग्रामीण आयोजना और विपणन संस्थानों के साथ संबंध विकसित कर सकते हैं। वे कम उपयोग में लाए गए ग्रामीण संसाधनों का पता कर सकते हैं और उन्हें बैंक ग्राह्य परियोजना के रूप में विकसित कर सकते हैं।

(3) ग्रामीण निवेश की सबसे बड़ी समस्या वसूली और ग्रामीण संसाधनों और मूल्य संवर्धित उत्पादों का विपणन है। बेहतर समन्वय और पारदर्शी परियोजना तैयार करने की आवश्यकता भी है/अच्छे नेटवर्क के साथ ये स्वयंसेवक उत्कृष्ट विकास एजेंट और ग्रामीण प्रेरक बन सकते हैं।

(4) इन स्व-नियोजित ग्रामीण प्रेरकों द्वारा बीमा, ज्ञान और विपणन की समस्या की ओर भी ध्यान दिया जा सकता है। उन्हें विकास के कुछ मॉडल दिखाए जा सकते हैं ताकि वे क्षेत्र के समग्र विकास के अवसर का उपयोग कर सकें।

उन्हें किस प्रकार के प्रशिक्षण की आवश्यकता है?

चूंकि समग्र, ग्रामीण विकास, स्वरोजगार, सूचना, प्रौद्योगिकी, गैर सरकारी संगठन, पंचायती राज, विपणन, प्रभावी प्रौद्योगिकी आदि पर बल दिया जा रहा है, इसलिए उन्हें सैद्धांतिक

ज्ञान और क्षेत्र कार्य के माध्यम से वास्तविक जीवन की परिस्थितियों से निपटने के लिए प्रशिक्षित किया जाना चाहिए। सफल मॉडल और बाजार केन्द्रित निवेश की बाध्यताएं उनके विश्वास और बेहतर संप्रेषण को बढ़ाएंगी। संस्थानों को संसाधनों को एकत्रित करने और सेवा की लागत को कम करने के लिए प्रेरित करती हैं। ऐसे संभावना युक्त क्षेत्रों की निरंतर रूप से क्षेत्रवार पहचान की आवश्यकता है जहां कम लागत और उच्चं प्रभावयुक्त सेवाओं में वृद्धि की जा सकती है, इसलिए प्रशिक्षकों को चाहिए कि वे उन्हें इस तरह कुशल बनाएं कि वे उभरते निवेश और रोजगार अवसरों की पहचान करने में समर्थ हों।

सबसे बड़ी चुनौती जनता और पंचायती राज संस्थानों के साथ मिलकर काम करने में है। सरकारी संस्थानों को पंचायत नेताओं के साथ मिलकर काम करने की अत्यावश्यकता के बारे में बताया जाना चाहिए। प्रतिस्पर्धात्मक भावना के लिए केन्द्र और राज्य सरकारों से बजटीय और नीतिगत समर्थन की आवश्यकता होगी। इसका आशय उचित नीतिगत समर्थन के लिए वकालत करना और उचित नीतिगत दस्तावेज प्रस्तुत करना भी है। इसका अर्थ है नियमित चर्चा और बेहतर कार्य निष्पादन के लिए समस्याओं को लेखबद्ध करना। इस प्रक्रिया में प्रशिक्षकों की भूमिका और प्रशिक्षकों का प्रशिक्षण महत्वपूर्ण कारक है।

इस योजना का उपयोग कैसे हो?

यदि आने वाले दिनों में ग्रामीण क्षेत्रों को विकास का केन्द्र माना जाता है तो योजना को न केवल पंचायतों के लिए संविधान द्वारा प्रदत्त 29 विषयों पर है बल्कि बैंकर, बीमा कंपनियों और नेतृत्व के विभिन्न स्तरों पर भी लागू किया जाना है। इसका अर्थ यह है कि सभी शेयर धारकों और भागीदारों के लिए पारदर्शिता और सूचनाओं का प्रभावी आदान प्रदान। पारदर्शिता के साथ साथ नियमित चर्चा और सफल मॉडलों की प्रस्तुति आवश्यक है। इसके लिए समस्याओं को लेखबद्ध करना और बेहतर और प्रभावी परिणाम के लिए नीतिगत समर्थन आवश्यक है।

कुछ क्षेत्रों में युवाओं की भूमिका महत्वपूर्ण है। इनमें पशु पालन, लघु सिंचाई, ग्रामीण उद्योग, कृषि व्यापार, परियोजना निर्माण, वित्त पोषण, प्रौद्योगिकी स्थानांतरण, शिक्षा और वे सभी क्षेत्र शामिल हैं जो गांव को शासन और समस्या निराकरण के लिए आत्म निर्भर यूनिट के रूप में स्थापित करने में सहायक होते हैं।

इसके लिए अनेक सफल मॉडल हैं। चाहे सरकारी अथवा आध्यात्मिक अथवा वाणिज्यिक संस्थान क्यों न हो, बेरोजगार युवाओं को पूर्ण न्याय दिलवाने के लिए इन सभी संस्थाओं को एकजुट करना होगा।

प्रशिक्षण केन्द्र, विद्यालय और महाविद्यालय, कम उपयोग में लाई गई आधारिक संरचना और सेवानिवृत्त लोगों का पूर्ण उपयोग आवश्यक है। इसका आशय है उन संस्थाओं/व्यक्तियों को पूर्ण रूप से शामिल करना जिनके दिल में गांव के लिए प्यार है।

इसे कैसे अंजाम दें?

आपदा प्रबंधन और पंचायत सशक्तिकरण के अनेक आयाम हैं। निम्नलिखित दोनों दस्तावेजों में कार्य योजना के कुछ अन्य पहलुओं पर विचार किया गया है। केवल स्पष्टता, संक्षिप्तता और गति से इस उम्मीद को बल मिलेगा।

निष्कर्ष

1. आपदा प्रबंधन की पारंपरिक पद्धतियों का अध्ययन और खाद्य, स्वास्थ्य, जल, वन संसाधनों के संदर्भ में सुरक्षा व्यवस्था करना और सुधार के लिए व्यवस्थित विकास करना और उन्हें अगली पीढ़ी को सौंप देना।

2. पंचायती राज समुदाय, गैर सरकारी संगठन, सूचना प्रौद्योगिकी, प्रशिक्षण संस्थान और अनेक अन्य शेयर धारकों के साथ सम्पर्क।

3. ग्रामीण निवेश योग्यता, स्वरोजगार और जैव विविधता के उपयोग को बढ़ाने के लिए "स्व" के दायरों से निकलकर संपूर्ण समाज को शामिल करना।

4. कम लागत पर स्थायी मानवीय विकास के लिए पंचायती राज के पास संभावना है, उसे समझने के लिए संयुक्त राष्ट्र विकास कार्यक्रम की भूमिका महत्वपूर्ण है। इसका आशय है पारंपरिक सलाहकार के स्थान पर व्यावहारिक कार्यकर्ता बनना।

5. टूटी कड़ी के बारे में विशेषज्ञों से मुक्त विचार के लिए आग्रह करना ताकि समग्र रूप से आपदा प्रबंधन और सामुदायिक सशक्तिकरण संभव हो सके।

6. लागत प्रभावी तंत्र के विकास के लिए स्वयंसेवकों से विचार प्राप्त करने के लिए आग्रह करना।

7. अविलंब सरकारी संस्था की गंभीरता, भारी मात्रा में ऋण, कमजोर लागत उत्पादन अनुपात और अंतर उत्पादन इक्विटी पर कार्यवाही की जानी चाहिए। इसका आशय आसन्न आपदा के विविध पहलुओं, अतीत के अनुभवों, नीतियों पर लोगों से नियमित रूप से चर्चा करना और हो रहे नीतिगत परिवर्तनों से उन्हें जोड़ना।

8. किसी भी प्रकार की शुरुआत के लिए समग्र निश्चयन और व्यापक दृष्टिकोण आवश्यक है। यदि हम आपदा से पहले की तरह ही निपटना चाहते हैं तो हमें दुष्परिणाम झेलने होंगे। उपयुक्त नेतृत्व के साथ साथ आध्यात्मिक और समग्र विकास का तत्व, विश्वास, नीति, समर्थन और सबके योगदान के लिए सभी की भागीदारी आवश्यक है।

9. क्षेत्रीय आपदा प्रबंधन संस्था को चाहिए कि वे उन्हें पुरस्कार दें और प्रोत्साहित करें जिन्होंने अपनी समस्याओं के समाधान के लिए निजी क्षमता विकसित की है। इसलिए कार्यनीति और कौशल ऐसे होने चाहिए कि लोग आपदाओं से निपटने के लिए स्वयं सक्षम बन सकें।

10. अपनी समस्याओं के समाधान के लिए लोगों के विश्वास का कोई विकल्प नहीं है। इसके लिए कोई सरल समाधान नहीं है और इसलिए कठोर श्रम आवश्यक है।

कम्प्यूटर के माध्यम से ग्रामीण विकास योजना तैयार करने में सनदी लेखाकार की भूमिका – सूचना प्रौद्योगिकी – वैश्वीकरण औरं स्थानीयकरण – व्यवहार्यता – रवैया – पारदर्शिता – सबके लिए सफलता स्थायित्व – स्व-रोजगार, कम लागत वाले विस्तार तंत्र के साथ सुनिश्चित वसूली तंत्र – ग्रामीण निवेश को प्रेरित करने के लिए समान रूप से बल देना – अंततः ग्राम स्वराज की प्राप्ति।

सनदी लेखाकारों/अंग्रेजी को शामिल करना क्या आवश्यक है?

वे व्यावसायिक हैं और लेखा कार्य, परियोजना निर्माण, व्यवहार्यता अध्ययन, बाजार का रुख आदि पर कार्य करते हैं और उन्हें बैंकरों, बीमा कंपनी, निगमित क्षेत्रों और निवेश और विपणन केन्द्रित व्यापार/उद्योग के बारे में विधिक जानकारी होती है और वे स्वीकार्य होते हैं। जिस तरह इन व्यावसायिकों की सेवा अब तक ली गई है वह वास्तव में व्यावसायिक नहीं थी।

किन्तु यह एक अलग मुद्दा है क्योंकि अन्य सारे संगठित, भली-भांति वित्त पोषित, स्वायत्त संस्थान और व्यावसायिक, यथा, एम.बी.बी.एस., आई.आई.टी., आई.आई.एम., लागत लेखाकार, वकील आदि शायद ही अर्हता प्राप्त करने के बाद ली गई शपथ के अनुसार कार्य करते हैं। इसमें कोई आश्चर्य की बात नहीं है कि सनदी लेखाकार भी बड़े बजट वाली परियोजनाओं पर काम करते हैं ताकि बड़ी मात्रा में वित्तीय सहायता और कर छूट का दावा किया जा सके, आयकर 80 प्रतिशत तक होने के कारण आयकर में बचत आदि क्षेत्र में उनकी विशेषज्ञता होती है। अब आर्थिक उदारीकरण, प्रोत्साहन, कर प्रतिशतता में कमी आई है जिसके कारण सनदी लेखाकारों की उपलब्धता बढ़ गई है क्योंकि उनका पूर्ववर्ती कार्यक्षेत्र काफी सीमित हो गया है। इसलिए अब वे आय के अन्य अवसर खोज रहे हैं। इससे ग्रामीण निवेश, व्यवहार्यता, कार्यान्वयन, वसूली, मूल्य निर्धारण, नीति निर्धारण जैसे क्षेत्रों की खोज को बढ़ावा मिलेगा ताकि बेहतर निवेश के मूल सिद्धांतों के आधार पर परियोजना और कार्यक्रमों का विकास किया जा सके। यह कहने की आवश्यकता नहीं है कि पंचायती राज की जिन 29 गतिविधियों और कार्यक्रमों पर ध्यान देने/उनका प्रबंध करने/उन पर योजना बनाने/उनका समन्वय करने आदि की आवश्यकता है वहां सनदी लेखाकारों को व्यक्तिगत और सामूहिक स्तर पर स्थायी मानवीय विकास के लिए सफलता का क्षेत्र खोजना है। यह इसलिए महत्वपूर्ण हो गया है कि विश्व व्यापार संगठन, उदारीकरण और अन्य चुनौतियों के लिए न केवल केन्द्र और राज्य स्तर पर बल्कि आधार स्तर पर भी भिन्न प्रकार के नेतृत्व की आवश्यकता है ताकि पूर्ववर्ती त्रुटियों को दोहराए बिना रोजगार उपलब्ध करने के लिए पारदर्शी मॉडल का विकास किया जा सके और जनता के लिए व्यवहार्य निवेश किया जा सके।

किस तरह सनदी लेखाकार ग्रामीण निवेश, सव-रोजगार, पारदर्शिता, व्यवहार्यता,

बाजार विश्लेषण के कार्य को बढ़ावा दे सकता है और किस तरह कंप्यूटरयुक्त स्व-नियोजित ग्रामीण प्रेरक संवर्ग सहायता कर सकता है?

1. सरकार से प्राप्त होने वाले अनुदान से केवल कार्य प्रारंभ किया जा सकता है। कृषि, पशुपालन, वानिकी आधारिक संरचना, प्रौद्योगिकी का उन्नयन, प्रशिक्षण, शिक्षा, परिवहन, मत्स्य पालन आदि क्षेत्र में ग्रामीण निवेश केवल विभागीय निधि अथवा सांसद निधि अथवा अनिवासी भारतीय से प्राप्त होने वाले अनुदान अथवा सामुदायिक अनुदान से संभव नहीं है। इसके लिए ऋण, विपणन, पैकेजिंग, मानकीकरण और अत्यधिक प्रचार और शोध की भी आवश्यकता है।

2. अधिकांश पिछड़े राज्यों में उधार जमा अनुपात की स्थिति बिगड़ी हुई है। इससे यह पता चलता है कि वास्तविक समस्या ग्रामीण निवेश के लिए निधि का अभाव नहीं बल्कि उद्यमी भावना, परियोजना निर्माण, समन्वय का अभाव है और यह सोच कि ग्रामीण निवेश केवल सरकारी अनुदान से ही संभव है और ऋण दिए जाने पर उसकी वसूली संभव नहीं है। निम्नलिखित सवालों के जरिए इन मामलों को निपटाया जा सकता है।

(i) क्या सभी ग्रामीण क्षेत्र अथवा सभी ग्रामीण कार्यक्रम अथवा सभी ग्रामीण शाखाएं अथवा सभी ग्रामीण परियोजनाएं अव्यवहार्य हो गई हैं। क्या कुछ क्षेत्र अथवा कुछ परियोजनाएं अथवा कुछ कार्यक्रम ऐसे हैं जिनकी व्यवहार्यता बेहतर है और क्षेत्रवार वे व्यवहार्य हैं, स्थायी हैं अथवा क्या बेहतर परियोजना निर्माण संभव है? समग्र ग्रामीण विकास के लिए प्रतिबद्ध पंजीकृत गैर सरकारी संगठन स्वाभिमान जागरण मंच ने माननीय वित्त राज्यमंत्री श्री बाला साहिब विखे पाटिल को इन क्षेत्रों में ध्यान देने के लिए अर्जी दी है। इसके पीछे यह विचार है कि बेहतर कार्यान्वयन, पारदर्शिता, प्रशिक्षण और नीति निर्माण के जरिए जनता द्वारा संचालित पोषण तंत्र को सुनिश्चित करना। स्व सहायता वर्ग के अतिरिक्त उन स्व-नियोजित उद्यमियों को शामिल करने की आवश्यकता है जो पहले से ही सरकार अथवा सरकारी संस्थानों पर निर्भर किए बिना अपने संसाधनों के जरिए कुछ कर रहे हैं। इस वर्ग की संख्या काफी है और सरकार के प्रत्यक्ष आर्थिक सहायता कार्यक्रम से शायद ही इन्होंने कभी लाभ उठाया है। यदि वसूली गारंटी से समझौता किए बिना इन वर्गों को उपयुक्त निधि व्यवस्था के अंतर्गत सहायता दी जाए तो वास्तविक ग्रामीण, व्यवहार्य निवेश सुनिश्चित हो सकता है।

(ii) कम लागत वाले व्यावहारिक सलाहकार अथवा स्व-नियोजित ग्रामीण प्रेरक संवर्ग अथवा स्व-नियोजन के सिद्धांत पर आधारित कम लागत वाले उच्च प्रभाव तंत्र और इस प्रयास के दीर्घावधि स्थायित्व की आवश्यकता है। पंचायती राज व्यवस्था को कार्यात्मक, प्रभावी, पारदर्शी और व्यवहार्य होना चाहिए और जिन क्षेत्रों में उन्हें प्रतिस्पर्धात्मक लाभ प्राप्त हो वहां कार्यान्वयन और बल देने की आवश्यकता है। यह कहने की आवश्यकता नहीं है कि सभी को कठोर श्रम करना होगा और सुधार करना होगा और इसके लिए उन्हें पहुंच योग्य क्षेत्रों में व्यवहार्य, सुलभ, खर्च वहन करने योग्य, विश्वसनीय और पारदर्शी सेवा

प्रदान करने वालों को ढूंढना होगा। इसके लिए शीर्ष से नीति परिवर्तन की आवश्यकता होगी, पर मौजूदा व्यवस्था के अंतर्गत ही सब कुछ करना होगा। निश्चित रूप से इसके लिए योजना तैयार करनी होगी और उन्हें सनदी लेखाकारों और उन्हें कम लागत वाले ग्रामीण विस्तार स्व-नियोजन कार्यकर्ताओं के माध्यम से कार्यान्वित करना होगा।

(3) ग्रामीण संसाधन, ग्रामीण कौशल, ग्रामीण बाजार और ग्रामीण प्रेरणा पर आधारित ग्रामीण योजना का शायद ही गंभीर रूप से कार्यान्वयन किया गया है। जब भी इस संबंध में प्रयास किए गए, सरकार नियोजित कार्यकर्ताओं की सहायता से प्रयास किए गए। प्रत्येक विभाग ग्रामीण कार्य के लिए निजी गांव अथवा ब्लॉक स्तरीय पदाधिकारी तैनात करता है। किन्तु दीर्घावधि में प्रेरणा के अभाव और स्वरोजगार की बाध्यताओं के कारण ये पदाधिकारी केवल सरकारी अनुदान अथवा सरकारी निधि से ही कार्य करते हैं। यह कहने की आवश्यकता नहीं है कि व्यवस्था और अधिक चल नहीं सकती। इसलिए स्व नियोजित ग्रामीण प्रेरक से निम्नलिखित कार्यों की अपेक्षा की जाती है–

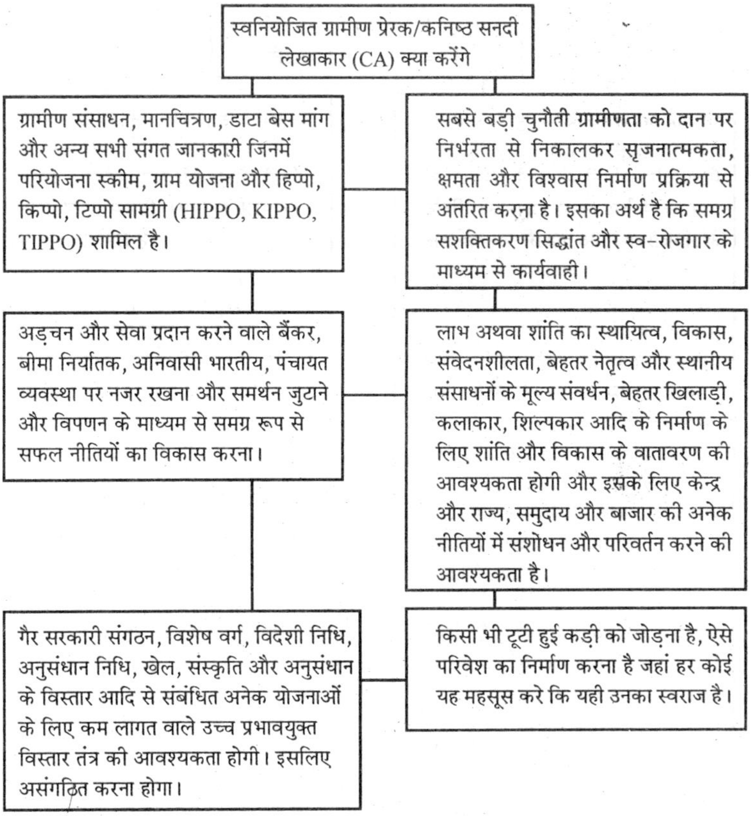

हमारे समय की सबसे बड़ी मांग

अब समय आ गया है कि हम अतीत के अनुभवों पर नजर डालें, वर्तमान परिस्थिति की विवेचना करें और भविष्य में आने वाली चुनौतियों के आधार पर हम अपनी योजना, कार्यवाही, अनुसंधान, कोडीकरण, विस्तार और ऋण तंत्र का पुनर्विन्यास करें ताकि विकास के भिन्न मॉडल प्राप्त किया जा सके। ये सारे मानवता पर आधारित होना चाहिए। दर्शन, आयोजन क्षमता, विपणन और प्रबंधन, उत्पादन और विपणन, प्रशिक्षण और प्रौद्योगिकी विस्तार और कोडीकरण को अंततः हमारे जीवन और व्यवस्था का मार्गदर्शन करना होगा। सभी स्तरों पर नीतियों में मूलभूत परिवर्तन करना होगा। समाज में उपयुक्त स्थान और कार्य कुशलता की क्षमता के आधार पर संगठित लोग सत्ता को नहीं हड़प पाएंगे। असंगठित, विकेन्द्रीकृत ग्रामीण और वे सारे लोग जो स्वयं को न्याय से वंचित समझते हैं उन्हें स्वरोजगार, ग्रामीण निवेश, पारदर्शी और व्यवहार्य नीतियों के माध्यम से अपने विचार प्रस्तुत करने का अधिकार होगा। इससे असंगठितों के मध्य संगठन बनाने की भावना जागृत होगी। इसके लिए पंचायती राज संस्थानों के माध्यम से समर्थन केन्द्र विकसित करने होंगे। भारत को पृथक रास्ता अपनाना होगा। इसके लिए विशिष्ट होना होगा, पहचान बनानी होगी, कोडीकृत करना होगा और उसके बाद विपणन करना होगा। यह असंभव प्रतीत हो सकता है। किन्तु यदि बेहतर विकल्प और आशाप्रद मॉडल हो तो उन्हें प्रस्तुत किया जाना चाहिए और उनकी जांच की जानी चाहिए। यदि बेहतर मॉडल विद्यमान न हो तो परवर्ती बेहतर मॉडल की जांच की जानी चाहिए। ऐसे अनेक संवैधानिक निकाय हैं जो निष्क्रिय हैं, कार्य नहीं कर रहे हैं, अपने सृजन के प्रयोजन को पूरा नहीं कर रहे हैं, उनकी समीक्षा की जानी चाहिए। सांविधानिक निकाय के रूप में अंतर्राज्यीय परिषद् को भी अनेक हिप्पो (HIPPO), किप्पो (KIPPO) और टिप्पो (TIPPO) क्षेत्रों को एकजुट करने और उनकी पहचान करने में महत्वपूर्ण भूमिका निभानी है। हमेशा के लिए हमारी यह सोच होनी चाहिए कि भारत हमेशा एकताबद्ध रहेगा, गतिशील रहेगा और शांतिपूर्ण सह-अस्तित्व के लिए आशावादी मॉडल बना रहेगा। किन्तु इसके लिए भिन्न दृष्टिकोण अपनाना होगा। हमें आशावादी होना चाहिए। किन्तु इसके लिए निराशावाद के संभावित कारणों पर ध्यान देना आवश्यक है। जो स्वयं को असंतुष्ट और उपेक्षित महसूस करते हैं और जहां संसाधनों का उपयोग कम हुआ है, संसाधनों की मांग नहीं है, संसाधनों का विपणन कम हुआ है, उन्हें आगे आने दें। संभवतः समय की मांग यह है कि पूर्वाग्रह को त्यागकर हम अपने से परे देखें। यही वह मुद्दा है जहां सनदी लेखाकारों और अनेक संस्थाओं को अपने कार्यक्रम प्राथमिकताओं को नए सिरे से निर्धारित करना होगा और व्यापार और निवेश के संभावित क्षेत्रों पर भी ध्यान देना होगा। खेद की बात यह है कि जिनमें दीर्घावधि के लिए स्थायित्य और व्यवहार्यता देने की क्षमता है उन्हें प्रतियोगी बनने के लिए स्थायित्व और व्यवहार्यता देने की क्षमता है उन्हें प्रतियोगी बनने के लिए शायद ही कोई अवसर दिया गया हो इसीलिए बहुआयामी योजनाओं में निम्नलिखित मुद्दों को शामिल किया जाएगा।

सनदी लेखाकार द्वारा तैयार की जाने वाली बहुआयामी योजना

1. कम लागत और उच्च प्रभाव पर आधारित बैंक ग्राह्य व्यवहार्य मॉडल विकसित करना।
2. वित्तीय सहायता, आरक्षण, विपणन और प्रशिक्षण और समग्र स्थायित्व संबंधी नीतियों की रूपरेखा तैयार करना।
3. पंचायती राज और राजनैतिक, प्रशासनिक, शैक्षिक, विपणन, नेतृत्व आदि अन्य स्तरों पर मानसिकता का परिवर्तन और बेहतर नेतृत्व के विकास को बढ़ावा देना।
4. सफल मॉडलों को कोडीकृत करना और मॉडलों की नकल विकास करना।
5. सामाजिक संरचना और आर्थिक स्थिति की रक्षा के लिए समय-समय पर अध्ययन कार्य का संचालन करना।
6. चुनौतियों और आशंकाओं पर निरंतर रूप से नजर रखना और उचित लॉबीईंग और संसाधनों को एकत्रित करके उपयुक्त सुधारक, रक्षात्मक कार्यनीति तैयार करना।

निष्कर्ष

आज हमारे सामने जो चुनौतियां हैं उसका कोई आसान समाधान नहीं है। स्थायी मानव विकास के स्पष्ट और लघु मामलों के लिए भी सारे संसाधनों को समग्र रूप से एकजुट करना आवश्यक है। भारत की संपूर्ण संभावना के दोहन के लिए समूह के रूप में और संस्था के रूप में सनदी लेखाकारों की महत्वपूर्ण भूमिका है।

इसके लिए ग्रामीण क्षेत्रों की संभावनाओं को समग्र रूप से जांच करने की आवश्यकता है। यह आसान कार्य नहीं है। सफलता की स्थिति, स्व रोजगार, संसाधनों का एकत्रीकरण और उदारीकरण के युग में प्रतिस्पर्धा की अनिवार्यता और विश्व व्यापार संगठन और आज की अन्य अनेक चुनौतियों को सामना करने के लिए सामूहिक चिंतन की आवश्यकता है। कम्प्यूटर और सूचना प्रौद्योगिकी ने निश्चित रूप से न केवल भारतीयों के लिए बल्कि समग्र विश्व के लिए भारत की एकता और सामग्रिक प्रस्तुति को बढ़ावा दिया है।

श्री स्वामी, निदेशक, आपदा प्रबंधन, गृह मंत्रालय, श्री सत्येन्द्र, अध्येता और अध्ययन अवकाश पर, निदेशक, ग्रामीण विकास मंत्रालय और डा. कमल टावरी, अध्येता के बीच हुई चर्चाओं का सारांश जिसमें बाद में श्री के.बी. बक्शी, विख्यात मानव प्रेमी और भूतपूर्व संयुक्त मुख्य कार्यकारी अधिकारी, खादी और ग्रामीण उद्योग आयोग (उम्र 73) और श्री अनुराग डबलिश, मेरठ, मवाना ने भाग लिया।

समग्र कार्य योजना विकसित करने की आवश्यकता है

गाय और पारंपरिक संसाधन अथवा पारंपरिक विशेषज्ञता अथवा समय पर खरी उतरी जीवन पद्धतियों को अमल में लाना होगा। इसका आशय यह है कि अब तक जिन बातों की

उपेक्षा की गई है उन पर अनुसंधान करने और उन्हें अमल में लाने की आवश्यकता है। पंचायतों और स्थानीय संस्थाओं के सशक्तिकरण के द्वारा 29 विषयों के माध्यम से संसाधनों के एकत्रीकरण और सशक्तिकरण के मामले को गंभीरतापूर्वक लेना होगा जिसे सरकारी विभाग के भरोसे नहीं छोड़ जा सकता। इसलिए सूखा, बाढ़, और समग्र आपदा प्रबंधन कार्यनीति को जनता की क्षमता निर्माण पर केन्द्रित करना होगा।

हमें अतीत की गलतियों से सीखना होगा और सारे विभागों को अपने वार्षिक प्रतिवेदन में सारी समस्याओं और विशेष रूप से ऐसी समस्या जिसके कारण आपदा हो सकती है, के बारे में लिखने के लिए कहा जाना चाहिए।

श्री जे.सी. पंत ने इस क्षेत्र में काफी योगदान दिया है किन्तु उन्होंने यथार्थ भारत की उपेक्षा के लिए जिन बातों का उल्लेख किया है उसके लिए समुदाय आधारित कार्य योजना विकसित करने की आवश्यकता है। इसका केन्द्र बिंदु ग्रामीण संसाधन और ग्रामीण खपत होगी जिसके द्वारा वैश्वीकरण की चुनौतियों का सामना करने के लिए प्रतिरोधी व्यवस्था विकसित होगी। इसका आशय यह है कि बाजार चालित अर्थव्यवस्था के दबाव का सामना करने के लिए जनता की क्षमता विकसित करनी होगी।

संक्षेप में, आपदा के अन्य अनेक आयाम हैं। यथा बाजार सृजित बाध्यताएं, स्थानीय उत्पादों के मानकीकरण, क्षमता निर्माण और मानसिकता परिवर्तन, महिलाओं की भागीदारी, उपदेश के स्थान पर कार्यवाही पर बल आदि, जिसके लिए भिन्न मानसिकता की आवश्यकता होगी। अपार आधारिक संरचना से सम्पन्न अनेक निष्क्रिय संस्थाओं को सक्रिय करने की आवश्यकता है ताकि आज की अनेक कठिन समस्याओं से प्रभावी रूप से निपटा जा सके।

श्री बक्शी ने इस बात पर बल दिया है कि वानप्रस्थ व्यवस्था अथवा सेवानिवृत्त के पश्चात कार्यों को पुनर्जीवित करने और इसे नीतिगत और बजटीय सहायता के जरिए समर्थन देने की आवश्यकता है। न केवल सरकार बल्कि समुदाय और व्यक्ति को समाज में स्वयंसेवा के कार्य को प्रोत्साहित करने के लिए अपने संसाधनों में से कुछ हिस्से को सौंप देना चाहिए।

चूंकि उपभोक्तावाद निरंतर रूप से बढ़ रहा है और अनेक समस्याओं को जन्म दे रहा है। अब समय आ गया है इससे निपटने के लिए ठोस कार्य योजना बनाई जाए। इसका आशय यह है कि त्याग की भावना को व्यवहार्य सीमा तक पुरस्कृत करने और प्रोत्साहित करने की आवश्यकता है।

इससे यह निष्कर्ष निकलता है कि लंबी अवधि में अंततः छोटी चीजें ही स्वीकार्य, व्यवहार्य और स्थायी होंगी क्योंकि ये सुदर हैं।

आपदा प्रबंधन के उपर्युक्त सारे मामलों पर ध्यान देना आवश्यक होगा ताकि जनता पर केन्द्रित, स्थायी, उच्च रूप से प्रभावी तंत्र का विकास किया जा सके। इसमें आश्चर्य की बात नहीं है कि लंबी अवधि में अच्छा और पारदर्शी शासन केवल तब संभव होगा जब सभी प्रकार के प्रोत्साहन और समर्थन के माध्यम से विकेन्द्रीकृत व्यवस्था को प्रोत्साहित,

कार्यान्वित और प्रभावी रूप से उसका विपणन किया जाएगा। इस परिवर्तन को स्वीकार करने के लिए कदम उठाने होंगे जिससे व्यक्ति और समुदाय में आत्म विश्वास बढ़ेगा और क्षमता का विकास होगा।

समुदाय और समाज सुधार के अतिरिक्त व्यक्तियों को स्वयं को सुधारने के लिए प्रेरित करने के उद्देश्य से कठोर प्रयास करने होंगे। इसका आशय है चिंतन, आत्म विश्लेषण, व्यक्ति की संभावना और हिप्पो, किप्पो, टिप्पो, फिप्पो के अंजान क्षेत्रों की निरंतर खोज।

ग्राम स्वराज क्रांति मिशन (गांधीजी द्वारा 1908 में प्रस्तुत हिंद स्वराज पर आधारित) के लिए कुछ प्रश्न

1. क्या बेहतर नीति, प्रशिक्षण और आचरण पैटर्न के विकास की सहायता से ग्रामीण क्षेत्रों में जीवन की 70–80 प्रतिशत आवश्यकताएं पूरी की जा सकती हैं?

2. यदि हाँ, तो क्या ग्राम को समग्र विकास की आत्मनिर्भर इकाई माना जा सकता है? अर्थात, जन्मपूर्व से लेकर मृत्यु पश्चात के सारे कार्य अथवा रोजगार, संसाधन सृजन, आधारिक संरचना से संबंधित सारी गतिविधियाँ और संक्षेप में संविधान में उल्लिखित 29 विषयों से संबंधित गतिविधियाँ।

3. क्या सूचना प्रौद्योगिकी के माध्यम से ज्ञान आधारित अर्थव्यवस्था युक्त वैश्विक दृष्टि और स्थानीय कार्यवाही अवधारणा सहित पारंपरिक कार्यप्रणाली और स्वनियोजित ग्रामीण प्रबंधक संवर्ग ग्राम स्वराज के सपने को साकार कर पाएगा?

4. क्या हम बुजुर्ग और बच्चों के साथ मिलकर स्थानीय मांग, स्थानीय आपूर्ति, नीति, नए सिरे से परिभाषा गढ़ना जैसे विषयों का अध्ययन कर सकते हैं?

5. किस प्रकार उदारीकरण और आत्ममर्यादा युक्त अस्तित्व का प्रश्न हमें समग्र विकास पर भिन्न दृष्टिकोण अपनाने के लिए बाध्य करता है। 1982 में स्वर्गीय श्री चौधरी चरण सिंह ने भारत की संकटपूर्ण आर्थिक स्थिति के बारे में लिखा था। इनमें से अनेक विषय अत्यधिक संगत और प्रासंगिक है।

6. भारत जैसे देश में स्वरोजगार और ग्रामीण निवेश के मामलों से किस प्रकार निपटा जाए। क्या हम असरकारी अथवा प्रभावी कार्य योजना की उपेक्षा कर सकते हैं?

7. किस प्रकार स्वयंसेवक का संवर्ग दान पर निर्भरशीलता को सृजनशीलता, क्षमता और विश्वास निर्माण की ओर मोड़ सकता है।

8. किस प्रकार विविध नीतिगत मामलों को ग्राम स्वराज क्रांति मिशन प्रभावी रूप से अमल में ला सकते हैं?

9. यह ग्राम स्वराज क्रांति मिशन न्यास लोगों की भलाई के लिए मूल रूप से योग्य लोगों को एक मंच पर लाने, कमजोर क्षेत्रों की पहचान करने और नीति बनाने और समर्थन प्राप्त करने की कोशिश करोगा। यह न्यास समग्र विकास के मामलों को देखेगा जहां

2.5 लाख पंचायतें समस्याओं के समाधान के बारे में अपनी राय दे सकेंगी। इस प्रकार शासन के आधारभूत संस्थान स्थायी मानव विकास के लिए कार्य कर सकेंगे। सभी समस्याओं को पहले इस स्तर पर निपटाया जाएगा। मॉनिटरिंग और कार्यान्वयन के सूचना प्रौद्योगिकी आधारित तंत्रों के माध्यम से सत्ता के लोभ को नियंत्रित करना होगा। यहां सुशासन, पारदर्शिता, मानसिकता, परिणाम केन्द्रित तंत्र और कार्यान्वयन से संबंधित मामलों को व्यक्ति की वास्तविक क्षमता के आधार पर निपटाया जाएगा। स्वयंसेवा प्रयासों के माध्यम से सफल मॉडलों का प्रलेखन और परिणामोन्मुख क्षेत्र आधारित स्थायी योजना के विकास ऐसे क्षेत्र हैं जिन पर बल दिया जाना है।

आपदा प्रबंधन—सूखा और पंचायत सशक्तिकरण

यद्यपि विलंबित मानसून के कारण सूखे की गंभीरता आंशिक रूप से कम हुई है, किंतु कुछ क्षेत्र ऐसे हैं जहां सूखे की समस्या स्थायी है।

सूखे की समस्या के समाधान के लिए प्रभावी सूखा प्रबंधन के प्रयोजन से लघु और दीर्घावधि कार्यनीति बनाते समय और जनता की क्षमता और विश्वास का निर्माण करते समय निम्नलिखित बातों पर ध्यान देना महत्वपूर्ण है—

1. सूखे से निपटने के लिए पारंपरिक तरीका क्या रहा है? किस तरह समुदाय, आध्यात्मिक संस्थाएं, राज्य और धार्मिक व्यवहार बेहतर सूखा प्रबंधन के लिए उपाय करते रहे हैं?
2. जल संग्रहण, जल संरक्षण, बेहतर गुणता की वृद्धि और उनके प्रबंधन को आपस में बांटने और उनकी पुनरावृत्ति की आवश्यकता है।
3. राज्य अथवा किसी अन्य अनुदान देने वाले पर अत्यधिक निर्भरता से समुदाय का विश्वास और स्वाभिमान समाप्त होता है। किस तरह आपदा से संबंधित कार्यवाही, अनुसंधान और अध्ययन के माध्यम से निर्भरता, बैंक ग्राह्यता, सुशासन, नीतिगत समर्थन, बजट निर्माण, संसाधन जुटाना, सूचना प्रौद्योगिकी का उपयोग, पर्यावरण सुरक्षा, स्थानीय उद्यमशीलता से जुड़े क्षेत्रों को विज्ञान और कला के रूप में विकसित किया जा सकता है?
4. आधार स्तर के नेताओं को बेहतर नेतृत्व का प्रशिक्षण देकर और उनकी गुणवत्ता में सुधार करके सुसमन्वित लागत प्रभावी नीति विकसित की जा सकती है। किस तरह चिंतन, आत्म विश्लेषण, विश्लेषण की क्षमता बढ़ाने के लिए प्रशिक्षण पद्धति और मापदंड का विकास किया जाए और सफलता पैरामीटर के साथ व्यापक रूप से स्वीकार्य कार्य योजना का विकास किया जाए। प्रशिक्षकों के लिए प्रशिक्षण और नियम पुस्तक के घटक क्या होंगे?

5. छिड़काव सिंचाई, टपकन, सिंचाई, जल भरन/नमीकरण, बेहतर जल संग्रहण, शस्य पैटर्न आदि जैसी प्रौद्योगिकी के लिए पर्याप्त ज्ञान और विस्तार तंत्र के जरिए प्रभावी स्वयंसेवा की आवश्यकता है। भारत की विविधता के अनुकूल लागत प्रभावी कार्यनीति और अवरोध विहीन तंत्र का विकास किया जा सकता है। मुक्त व्यापार और उदारीकृत अर्थव्यवस्था में किस तरह वस्तुओं और सेवाओं की मुक्त आवाजाही ज्ञान और व्यवहार, सफलता में आने वाली बाधाओं और अवरोध आदि से मुक्त हो सकते हैं?
6. संवेदनशील, सक्षम, प्रभावी और सार्थक निष्पादन संस्थाओं का विकास भारत की शासन व्यवस्था की मांग है। कैसे उनकी क्षमता का उपयोग आज की चुनौतियों से निपटने के लिए किया जाए।
7. राज्यों के घटते संसाधन और जनता की बढ़ती आकांक्षाओं के कारण पंचायती राज संस्थाओं द्वारा लॉबी बनाने की आवश्यकता है। विभागों के प्रयोजन और आवश्यकताएं और अंतर्राज्यीय परिषद जैसी संस्थाओं के सामर्थ्य, रुचि, प्रवृत्ति और क्षमता के कारण बेहतर नीति निर्माण और कार्यान्वयन के लिए समर्थन जुटाने संबंधी मामले उभर सकते हैं।

सूखे को अन्वेषण और चर्चा के लिए कार्यवाही क्षेत्र के रूप में स्वीकार किया जा सकता है ताकि नीति और निष्पादन में बेहतर समन्वय हो सके। सामान्य हित के क्षेत्रों के लिए आगे भी खोज की आवश्यकता है। पंचायतों को आर्थिक और सामाजिक विकास के लिए अपनी योजना तैयार करनी चाहिए। अब समय आ गया है कि 29 विषयों पर विचार किया जाए। इसका आशय यह है कि ये क्षेत्र ग्रामीण समाज की कमियों को दूर करने में सक्षम हैं जिसे इस प्रकार कहा जा सकता है–

ग्रामीण समाज की कमियां

– कमजोर कृषि पद्धति
– अज्ञानता
– राज्यों पर निर्भरशीलता
– वैश्वीकरण
– कमजोर आधारिक संरचना
– वित्तीयन का अभाव
– पारंपरिक अच्छी पद्धतियों की उपेक्षा
– जनसांख्यिकीय और लोकतांत्रिक दबाव
– बदलते सामाजिक-सांस्कृतिक पैटर्न
– प्रभावी नेतृत्व की उपेक्षा

मामला अध्ययन के रूप में सूखे के माध्यम से उक्त विश्लेषण की आगे भी जांच की जानी चाहिए।

भारत सरकार के ग्रामीण विकास और पंचायती राज मंत्रालय ग्रामीण क्षेत्रों की बेहतरी के लिए क्या कर सकते हैं?

1. अतीत के अनुभवों से सीखने की आवश्यकता है। पिछले 30 वर्षों में ग्रामीण विकास अथवा ग्रामीण रोजगार के लिए प्रशिक्षण निधि की व्यवस्था, प्रौद्योगिकी अंतरण, विपणन, गैर सरकारी संगठन के समर्थन, अनिवासी भारतीय, अनुदान, छूट, वित्तीय सहायता आदि आदि के माध्यम से बनाए गए विभिन्न कार्यक्रम किस तरह असफल हुए अथवा सफल हुए। बड़े आयोजनों और प्रचार के जरिए प्रारंभ किए जाने वाले विविध कार्यक्रमों के परिणामों पर पूर्ण रूप से चिंतन करने के लिए कंपनी सेक्टर, बैंकर, प्रशिक्षक, अनिवासी भारतीय, प्रेस, राजनेता और राष्ट्रीय और क्षेत्रीय राजनैतिक दलों को शामिल किए जाने की आवश्यकता है।
2. पारंपरिक संसाधन, व्यवहार, जलाशय, आधारिक संरचना की भूमिका पर नए सिरे से विचार करने की आवश्यकता है जो अत्यंत वैज्ञानिक और स्थायी थे। इन सारे उपायों को तथाकथित व्यापहारिक और उन्नत प्रगतिवादी विचारधारा के कारण त्याग दिया गया था। यह तभी संभव है जब स्थानीय लोगों द्वारा स्थानीय योजनाएं बनाई जाएंगी।
3. कम्प्यूटर और सूचना प्रौद्योगिकी की भूमिका को स्वीकार करना होगा। जो लोग कार्यक्रमों की गुणता को बढ़ाने के लिए पारदर्शिता और व्यवहार्यता को अपनाते हैं उन्हें ऐसे सभी प्रोत्साहन दिए जाने चाहिए जिससे वे बेहतर कार्यक्रम निर्माण और कार्यान्वयन के लिए सूचना प्रौद्योगिकी का उपयोग कर सकें।
4. लेखा कार्य और मॉनिटरिंग की आधुनिक वैज्ञानिक विधियों की सहायता से ग्रामीण क्षेत्रों को सीधे ही संसाधन, निधि, ज्ञान देना संभव है। राज्य सरकार के माध्यम से भेजने की कोई आवश्यकता नहीं है। राज्य सरकार को अवश्य मॉनीटर करना चाहिए और स्थानीय निकायों को पर्याप्त रूप से प्रोत्साहन दिया जाना चाहिए ताकि वे व्यवहार्य और आकर्षक बन सकें।
5. केन्द्र द्वारा स्थानीय विपणन व्यवस्था को सहायता दी जानी चाहिए ताकि ग्रामीण उत्पाद और उनका मूल्य संवर्धन व्यवहार्य, स्थायी, स्थानीय रोजगार का सर्जक हो सके जिससे लोगों की भलाई होगी। इसका आशय है आधार स्तर पर कार्यक्रम, नीति, प्रयास और संसाधनों का एकीकरण और समन्वय।
6. केन्द्र को राज्यों का विरोध नहीं करना चाहिए। केन्द्र द्वारा राज्य सरकारों को अवश्य आवश्यक नियंत्रण और संतुलन के साथ अनेक कार्यक्रम, नीति और

उनके कायान्र्वयन की जिम्मेदारी भी दी जानी चाहिए। इससे राज्य सरकार का विश्वास और सामर्थ्य बढ़ेगा अथवा जिससे आगे चलकर पंचायत और स्थानीय निकायों को प्रभावी रूप से जिम्मेदारी सौंपी जा सकेगी।

7. सारे राष्ट्रीय कार्यक्रमों में पंचायती राज संस्थानों के पूर्ण उपयोग और सक्रियता को सुनिश्चित करने के लिए प्रभाग आयुक्त के कार्यालयों को अपने प्रशासनिक कौशल और हैसियत का पूर्ण उपयोग करना चाहिए। इसका आशय है पारदर्शिता और विश्वास के साथ पंचायती राज पदाधिकारियों और आयुक्तों के बीच नियमित रूप से चर्चा होना।
8. आयुक्तों, पंयायत राज पदाधारियों आदि जैसे पदाधारियों और भूमिका निभाने वालों की पदावधि निश्चित होनी चाहिए और उनके कार्य निष्पादन की जांच के लिए स्पष्ट पैरामीटर होना चाहिए। यह अत्यंत महत्वपूर्ण है क्योंकि 29 विभागों/विषयों की भिन्न संस्कृति के बीच समन्वय कोई आसान काम नहीं है।
9. इन सारे प्रयासों के लिए विस्तार और स्थायी कार्य संस्कृति के लिए किसी तंत्र की आवश्यकता होगी। स्व-रोजगार के साथ यह निरंतरता सुनिश्चित होगी।
10. पंचायती राज विभाग के लिए अवश्य ही पृथक मंत्रालय होना चाहिए और उसे 29 विषयों के कार्यान्वयन पर ध्यान केन्द्रित करना चाहिए। यह आयोग के रूप में हो सकता है जिसके पास निधि के साथ-साथ पर्याप्त शक्ति हो। इससे आधार स्तरीय संस्थानों का कार्य निष्पादन बेहतर होगा।
11. अनेक लोग यह सोचते हैं कि लोकतांत्रिक जिम्मेदारी के विकास के लिए बार बार चुनाव करने की आवश्यकता पड़ेगी। उदाहरण के लिए यदि ग्राम स्तर पर प्रत्येक 2 वर्षों में या प्रत्येक एक वर्ष में चुनाव कराया जाता है तो बेहतर मंथन के अवसर होंगे और अनेक बुराइयों में से अमृत की प्राप्ति होगी।
12. ज्ञान आधारित अर्थ व्यवस्था के साथ अधिक से अधिक बैंक ग्राह्य योजनाओं के विकास के लिए गैर सरकारी संगठन, समुदाय आधारित संगठन, स्व-सहायता समूह की भूमिका को विस्तृत करने की आवश्यकता है। बैंक ग्राह्य प्रस्ताव के रूप में निवेश लोने वाले पंचायतों को पुरस्कृत किया जाना चाहिए।
13. मंत्रालय को चाहिए कि वह अपनी वार्षिक रिपोर्ट में राज्यवार समस्या के क्षेत्रों और अच्छे निष्पादन का उल्लेख करें। निष्पादन रिपोर्ट के भाग के रूप में गैर सरकारी संगठनों को किए गए भुगतानों की सूची भी संलग्न की जा सकती है।
14. केवल शासन के क्षेत्र में ही नहीं बल्कि नीति निर्माण और प्रशासन के सारे मामलों में भी लागत को कम किया जाना चाहिए। जो पंचायतें विकास अथवा नियामक तंत्र की लागत को कम करके आधारिक संरचना का निर्माण कर सकती हैं उन्हें बेहतर निधीयन और पुरस्कार देकर प्रोत्साहित किया जाना चाहिए।

15. ग्रामीण उद्यमी न केवल निधि के मामले में बल्कि निरीक्षकों की ओर से भी विविध समस्याओं का सामना कर रहे हैं। यदि पंचायत एकल खिड़की सेवा प्रदान कर सकती है और अग्रिम वसूली भी सुनिश्चित कर सकती है तो कम लागत वाली व्यावहारिक परामर्श सेवा एक बड़ा व्यवसाय बन सकती है। सूचना प्रौद्योगिकी के कारण ग्राम अथवा ब्लाक स्तर के लघु व्यापार विकास केन्द्र महत्वपूर्ण संस्था बन सकते हैं।
16. अत्यधिक जनसंख्या, गरीबी, बैंक निधियों की कमजोर वसूली, बेरोजगारी, बच्चों और महिलाओं और अनुसूचित जाति/अनुसूचित जनजातियों की उपेक्षा, निरक्षरता घटते जंगल, कुपोषण आदि जैसी सर्वाधिक गंभीर समस्याएं मूलभूत कमजोरी हैं। उपयुक्त पुरस्कार व्यवस्था के माध्यम से पंचायत को इन कार्यों में शामिल किया जा सकता है और चुनौतियों का सामना करने के लिए प्रेरित किया जा सकता है।
17. आधार स्तरीय नेतृत्व के लिए प्रशिक्षण और इसका विकास सर्वाधिक चुनौती भरे क्षेत्रों में से एक है। पारदर्शिता और बेहतर मॉनिटरिंग तंत्र के जरिए निजी संस्थाओं, गैर सरकारी संगठनों, सी.बी.ओ., अनिवासी भारतीय, सेवानिवृत्त लोग आदि को उद्यमिता और नितृत्व के लिए ग्रामीण प्रशिक्षण केन्द्र प्रारंभ करने के लिए आमंत्रित किया जा सकता है।
18. सभी के लिए नेतृत्व विकास कार्यक्रम आयोजित करने के लिए सारे राजनैतिक दलों, भूतपूर्व सांसदों, भूतपूर्व अधिकारी वर्ग और राज्यसभा और लोकसभा सचिवालय को अनुरोध किया जाना चाहिए।

छिपी हुई संभावना, ज्ञान संभावना और अनिष्टकारी संभावना की खोज में सहायता कर सकने वाले और उसे बढ़ावा दे सकने वाले कारकों के संदर्भ में समग्र कार्य अनुसंधान विश्लेषण के लिए प्रस्ताव जो पंचायती राज के विकास और समन्वय के विशेष संदर्भ में 21वीं सदी में अंतर्राज्यीय संबंधों के लिए उपयोगी होगा।

राष्ट्रीय उत्पादकता परिषद् (एन.पी.सी.) के बारे में

एन.पी.सी. के माध्यम से इस परियोजना की आवश्यकता

यदि हम समग्र रूप से देखें तो यथार्थ भारत अर्थात ग्रामीण भारत के संदर्भ में राष्ट्रीय उत्पादकता का आकलन किया जाना चाहिए। किन्तु इतिहास के विविध कारकों, प्रशासन, नीति, अज्ञानता और संगठित शहरी लॉबियों के कारण यथार्थ भारत का आकलन कभी भी सम्भव नहीं हो सका है।

अब समय आ गया है कि आज की चुनौती, राज्यों के घटते संसाधन, असमान कार्य संस्कृति, जरूरत से ज्यादा कर्मचारियों का नियोजन और वैश्वीकरण के प्रभाव के कारण हम शासन के विकेन्द्रीकरण और ग्रामीण क्षेत्रों के सभी संदर्भों में उत्पादकता के समानीकरण की ओर ध्यान दे रहे हैं।

संविधान के 73वें और 74वें संशोधन ने भारत की पूर्ण संभावना की खोज के लिए अनेक चुनौतीपूर्ण क्षेत्र सामने ला दिए हैं। "क" पर स्थित 11वीं अनुसूची के अनुसार 29 विभागों की सेवा पंचायती राज संस्थान द्वारा की जानी है। आज भी पंचायती राज संस्थान हमारे समय की विविध समस्याओं के समाधान में पूर्ण रूप से शामिल नहीं है। इसका कारण यह है कि ग्रामीण क्षेत्रों के उत्पादकता पहलू और अंतर राज्य संबंध के मामलों की खोज कभी भी संयुक्त रूप से करने की कोशिश नहीं की गई। 29 विभागों में भारत सरकार के 10-15 सचिव पदस्थ होने चाहिए जो योजना निर्माण, निधीयन, नीति निर्माण, मॉनिटरिंग और स्थानीय संभावनाओं के साथ राष्ट्रीय प्राथमिकताओं के समन्वय को स्पष्ट रूप से परिभाषित करेंगे। ताकि विभिन्न विभाग एक दूसरे के प्रयोजन को क्षति पहुंचाए बिना संयुक्त रूप से अपनी संपूर्ण क्षमता के उपयोग के लिए सक्षम हों। संविधान का 73वां संशोधन 1992 में किया गया था। तब से अनेक सम्मेलन, कार्यशालाएं, विचार विमर्श अवश्य हुए होंगे। आई.एल.ओ., यू.एन.डी.पी., यूनिसेफ जैसे राष्ट्रीय और अंतरराष्ट्रीय संस्थानों ने इस मामले पर अवश्य ही सूक्ष्म रूप से चिंतन किया होगा। किन्तु यदि संविधान में उक्त संशोधन का समग्र लक्ष्य समग्र विकास और ऐसी स्थिति का सृजन करना है जिससे जनता अपनी संपूर्ण संभावना का दोहन करने में समर्थ हो तो छिपी हुई निवेश योग्य शक्ति संभावना संगठन (HIPPO) ज्ञान निवेश योग्य शक्ति संभावना संगठन (KIPPO) अनिष्टकारी निवेश योग्य शक्ति संभावना क्षेत्र संगठन (TIPPO) की खोज के प्रश्न को भी अमान्य नहीं ठहरा सकते। कम लागत और उच्च प्रभाव युक्त कार्य की संभावना से परिस्थितिकी हितैषी विकास संभव हो पाएगा। यदि व्यवस्थित कार्यशाला मॉडल की खोज, बहुविद्यायुक्त समूह कार्य और स्पष्ट कार्य योजना के लिए विविध भूमिका निभाने वालों को एकत्रित करने की बात समझ में आ जाए तो कम उपयोग में लाये गए संसाधनों का उपयोग और कुल संभावना की वृद्धि संभव हो पाएगी। यह आसान कार्य नहीं है। हम यह प्रस्ताव करते हो कि निम्नलिखित व्यक्तियों को सक्रिय रूप से शामिल कर एक वर्ष की अवधि में बहुविद्यायुक्त, अत्यंत प्रभावी, कार्यान्वयन योग्य कार्य अनुसंधान सर्वेक्षण संभव हो पाएगा।

1. श्री एस.एल. कपूर, सेवानिवृत्त आई.ए.एस., भूतपूर्व सचिव, भारत सरकार
2. श्री शर्मा, भूतपूर्व निदेशक, एन.पी.सी.
3. श्री लक्ष्मीदास

अपेक्षित परिणाम

1. रोजगार, निवेश, समन्वय और प्रच्छन्न क्षेत्रों के विशेष संदर्भ में पंचायती राज की संभावनाओं पर विशेष बल देते हुए प्रभावी कार्य योजना।
2. स्वास्थ्य, पशुपालन, लघु सिंचाई, कृषि, बुनियादी शिक्षा, मानव संसाधन विकास और सूचना प्रौद्योगिकी को शामिल करते हुए नीति, योजना निर्माण, विधिक प्रशिक्षण, मानव संसाधन विकास आदि मामलों पर भी ध्यान देना।
3. आत्म सहायता के आधार पर सारे प्रयासों में मदद के लिए संवर्ग का गठन करना।
4. वैश्वीकरण और विश्व व्यापार संगठन के इस युग में उत्पादकता के क्षेत्रों की पहचान करना।
5. ग्रामीण निवेश और बैंक ग्राह्य परियोजनाओं के संदर्भ में जी.डी.पी., पी.सी.आई., एच.डी.आई. के मामले।
6. सनदी लेखाकार, कार्यक्रम निष्पादक, लागत लेखाकार और सूचना प्रौद्योगिकी की भूमिका की अधिक व्यवस्थित तरीके से पहचान करना।
7. जहां एम.पी.एल.ए.डी. योजना आदि के साथ समन्वय सुनिश्चित हो सके वहां प्रशिक्षण मॉडल विकसित करना।
8. महिला और उपेक्षित वर्गों के विशेष संदर्भ में उत्पादकता और उदारीकरण की चुनौतियाँ।

अध्ययन पद्धति

यह प्रस्ताव है कि राष्ट्रीय उत्पादकता परिषद्, सलाहकारों के एक समूह के साथ मिलकर यह पता करने के लिए एक-वर्षीय कार्य अनुसंधान अध्ययन करे कि पंचायती राज संस्थान्नों की सक्रिय भागीदारी की सहायता से समग्र मानवीय विकास की पूर्ण संभावनाओं की खोज के लिए क्या किया जाना चाहिए। अध्ययन के दौरान चयनित प्रतिनिधियों को तुलनात्मक अध्ययन के लिए केरल, कर्नाटक, महाराष्ट्र और उत्तर प्रदेश-बिहार की सीमाओं में भेजा जाएगा। यह भी प्रस्ताव है कि अंतर-राज्य, अंतर-क्षेत्रीय निर्भरता पर भी स्पष्ट रूप से अध्ययन किया जाएगा।

उत्पादकता और आवश्यकता के मामलों पर सक्षम और समर्थ व्यक्तियों को अतिरिक्त प्रयास करने होंगे। अनेक अच्छे निष्पादकों को अपने निकट संबंधियों द्वारा यह सलाह दी जाती है कि वे केवल अपेक्षित स्तर तक ही कार्य निष्पादन को सीमित रखें। अतिरिक्त कार्य करके उन्हें अतिरिक्त क्या मिलेगा? यह भी सच है कि अतिरिक्त काम करने वालों को केवल आत्म संतोष के सहारे जीना पड़ता है। यह धन, नाम और ख्याति का प्रश्न नहीं है बल्कि यह अतिरिक्त प्राप्ति अंततः बेहतर और स्थायी तौर पर कुछ करने के लिए प्रेरित करेगा और इच्छा शक्ति प्रदान करेगा। यह सच है कि तंत्र हमारे अतिरिक्त कार्य को

प्रोत्साहित नहीं करना और इसलिए यह जांच करना महत्वपूर्ण है कि संतुष्टि के अतिरिक्त और क्या कारक हो सकते हैं जो बेहतर कार्य निष्पादन के लिए सहायता कर सकता है।

ऐसे क्षेत्र जिन पर परियोजना में विशेष बल दिया जाएगा

1. ग्रामीण औद्योगिकीकरण, कृषि के साथ संबंध, ग्रामीण विकास, स्वास्थ्य, लघु सिंचाई, वानिकी, मत्स्य पालन, शिक्षा, आधारिक संरचना, सूचना प्रौद्योगिकी और अनुसंधान और विकास आदि के संदर्भ में पंचायत सशक्तिकरण के आयाम।
2. संगठनात्मक ढांचा जो वैश्वीकरण और विश्व व्यापार संगठन के संदर्भ में कुल संभावनाओं की समग्र खोज में सहायता करेगा।
3. पश्च और अग्र दोनों ही दृष्टियों से विपणन संबंधी मामलों आधारिक संरचना, आरक्षण की व्यवस्था, मूल्य संवर्धन, बैडिंग पर विशेष बल दिया जाएगा।
4. बैंकरों की समस्याओं के समाधान पर विशेष बल देते हुए पंचायतों और ग्रामों के पूर्ण सशक्तिकरण के लिए वित्त व्यवस्था। साथ ही व्यवहार्य परियोजना, नीतिगत समर्थन और पोषण केन्द्रित कृषि को स्थायी मानव विकास में बदलने के लिए निधि की व्यवस्था। कहने की आवश्यकता नहीं है कि डा. कमल टावरी और सुरेन्द्र सिंह द्वारा लिखित पुस्तक में *रूरल इन्डस्ट्रियलाइजेशन प्लानिंग फौर फ्युचर (रिवाइज्ड एंड एनलार्ज एडिशन)* उल्लिखित ग्राफ अनेक मुद्दों को स्पष्ट करता है।
5. उद्यमिता और प्रशिक्षण की भूमिका, प्रशिक्षण केन्द्र और नीति अत्यंत महत्वपूर्ण है, इसलिए इस पहलू पर भी विशेष बल दिया जाएगा।
6. ग्रामीण विकास के लिए औद्योगिक घरानों अथवा कंपनी क्षेत्र अथवा कृषि व्यापार की अवधारणा को बेहतर स्पष्ट और त्वरित गति से कार्यान्वित करने की आवश्यकता है। इसलिए अतीत के अनुभव और भविष्य के लिए कार्य योजना पर भी अवश्य ध्यान दिया जाएगा।
7. किसी भी सुधारक कार्य योजना में लाभ अथवा एक साथ काम करने अथवा एक साथ रहने की बात भी शामिल हो सकती है। यू.एस.एस.आर., कोरिया, ताईवान, जर्मनी निश्चित रूप से पंचायतों के सशक्तिकरण के लिए उचित संदर्भ की पहचान में मदद करेंगे।
8. स्व रोजगार, गैर सरकारी संगठनों को संगत परिवर्तन एजेंट में बदलना और स्थानीय शासन के एजेंटों द्वारा दृष्टिकोण परिवर्तन के अनेक क्षेत्रों को भी उचित रूप से प्रस्तुत करना आवश्यक है।

समाज को लाभ पहुंचाने के लिए ग्रामीण क्षेत्र का समग्र विकास

हम स्थायी मानव विकास के लक्ष्य तक पहुंचने के लिए विभिन्न दिशाओं से प्रयास कर रहे

हैं। वास्तव में नीति, योजना, कार्यनीति और व्यवहार, विज्ञान और प्रौद्योगिकी के साथ समन्वय न करके हमने अनेक नुकसान उठाए हैं। इसलिए, इस परियोजना में आरंभ से ही उन क्षेत्रों में ध्यान दिया जाएगा जहां आम तौर पर ध्यान नहीं दिया जाता है। इस परियोजना में उन विशेषज्ञों की सहायता ली जाएगी जिन्हें प्रशासन विपणन, निधीयन, प्रौद्योगिकी, संचार और संपूर्ण मानव विकास के विविध आयामों में विशेषज्ञता हासिल है।

इस कार्य योजना को विभिन्न विभागों के समक्ष प्रस्तुत करने के लिए एन.पी.सी. निम्नलिखित मुद्दों पर विचार कर सकता है–

1. इस परियोजना की संभावना पर चयनित समान भागीदारों के साथ चिंतन।
2. यह जानने के लिए कि इस परियोजना के माध्यम से किसे लाभ मिलेगा ग्रामीण विकास, पंचायती राज, स्वास्थ्य, जल संग्रहण, वाणिज्य, बैंकिंग, मानव संसाधन विकास, गृह जैसे विभागों की सूची तैयार करना।
3. इस प्रकार बहुविधायुक्त ग्रामीण उद्योगीकरण परियोजना में एन.पी.सी. को पंचायती राज संस्थाओं के साथ मिलकर अग्रणी भूमिका निभानी है।
4. अंतराष्ट्रीय निधीयन संस्थान इस परियोजना में रुचि ले सकता है क्योंकि चालू प्राथमिकताओं की अनेक गुम कड़ियों को इसमें शामिल किया गया है।

निष्कर्ष

यद्यपि एक वर्ष की अल्पावधि इस प्रकार की महत्वाकांक्षी परियोजना के लिए कम हो सकती है किंतु चूंकि इस पर अनेक संस्थान पहले से ही काम कर रहे हैं, इसलिए बहुविधायुक्त कार्य योजना का निर्माण कोई समस्या नहीं होगी।

गांधीवादियों के लिए कार्य योजना

1. सारे देश में अनेक अच्छे मॉडल उपलब्ध हैं। उन्हें कोडीकृत करने और समग्र रूप से जांच करने के लिए प्रयास करने होंगे। ऐसे प्रयासों के अन्वेषण के लिए राष्ट्रीय मिशन की तत्काल आवश्यकता है।
2. आज की चुनौतियों को सामना करने के लिए पंचायती राज संस्थानों, समुदायों और गैर सरकारी संगठनों की महत्वपूर्ण भूमिका है। वरिष्ठ गांधीवादियों को चाहिए कि वे अनछुए क्षेत्रों में प्रयोग और कार्य करने के लिए जीवन के हर क्षेत्रों से युवाओं और उभरते नेताओं को प्रोत्साहित करें।
3. नीति, प्रशिक्षण, मानसिकता विकास, विपणन, प्रौद्योगिकी विस्तार और समन्वय के लिए बहुविधायुक्त कार्य अनुसंधान की आवश्यकता है। अब समय आ गया है कि क्षेत्रीय पारदर्शी मॉडलों को अपनाया जाए।

4. अनेक शोध कार्य किए जा रहे हैं किन्तु शायद ही उनकी कोई प्रासंगिकता है। इसलिए इन शोध कार्यों में क्षेत्रीय और स्थानीय प्राथमिकताओं को शामिल किया जाना चाहिए।
5. ऐसा प्रतीत होता है कि शासन पद्धति अप्रासंगिक हो गई है। लागत प्रभाविता, लोगों में विश्वास निर्माण, पारदर्शिता जैसे विषयों पर नई दृष्टि से विचार करने की आवश्यकता है। देश भर में फैले गांधीवादी संस्थानों को चाहिए कि वे नए नेतृत्व को प्रोत्साहित करें और सुशासन के लिए मानसिकता का विकास करें।
6. छोटे-छोटे पुरस्कार, प्रोत्साहन प्रारंभ करने होंगे ताकि आधार स्तर पर जागरूकता बढ़े।
7. सव-रोजगार और ग्रामीण निवेश मिशनों के लिए कम उपयोग में लाए गए आधारिक संरचना वाले संस्थानों का समन्वय और उचित रूप से उपयोग की आवश्यकता है।
8. आत्म निर्भरता, आत्म विश्वास, चिंतन जैसे विषयों और मानसिकता निर्माण जैसे संपूर्ण विषयों पर निरंतर रूप से अनुसंधान और शोध कार्य करने की आवश्यकता है। वरिष्ठ गांधीवादियों को चाहिए कि वे स्वतंत्रता के बाद के समय की अच्छे और गलत उपलब्धियों पर अवश्य चिंतन करें और व्यवहार्य और कार्यान्वयन योग्य सुझाव दें।
9. आधार स्तर से योजना बनाना अभी तक उपेक्षित है। प्रशिक्षण संस्थान, पंचायती राज संस्थान, गैर सरकारी संगठन और स्व-नियोजित ग्रामीण प्रेरक संवर्ग को अवश्य संसाधन जुटाने चाहिए। स्वयं सेवा और कार्यवाही संबंधी राष्ट्रीय मिशन को विविध गैर निष्पादक संस्थानों के साथ अवश्य मिलकर काम करना चाहिए। जीवन के हर क्षेत्र में स्वयंसेवा को व्यवस्थित किया जाना चाहिए। स्थानीय संसाधन, कौशल, विशेषज्ञता को आधार स्तर पर विश्वास निर्माण के लिए समन्वित किया जाना चाहिए।
10. बाजार के उपेक्षित कार्यक्रम, सबके कल्याण को मुक्त कार्यक्रम बनाया जाना चाहिए।
11. आर्थिक विकास से लेकर समग्र विकास तक के सफर के लिए अनेक प्रयास करने होंगे। चाहे यह प्रशिक्षण, अनुसंधान, निधि व्यवस्था, चुनाव अथवा मानवीय गतिविधि के अन्य क्षेत्र ही क्यों न हों, विकेन्द्रीकरण आवश्यक है। सत्तावादी लोकतांत्रिक नेतृत्व के लिए अनेक प्रयास करने होंगे।
12. इतिहास के अनुभवों को उचित रूप से कोडीकृत करने की आवश्यकता है। *हिंद स्वराज* के अंश के रूप में समग्र प्रशिक्षण अनुसंधान और विकास के विषयों की नियमित रूप से जांच की जानी चाहिए।
13. युवकों के हाथ में भविष्य की कुंजी है। उन्हें प्रोत्साहन, मार्गदर्शन और उचित सलाह दी जानी चाहिए ताकि वे सक्रिय हो सकें। गांधीजी के नाम, सहनशीलता,

दृढ़ता, स्थायित्व के गुण और प्रेरणा को जीवन का अंश बनाया जाना चाहिए। विचार और कर्म के बीच के अंतराल को पाटना होगा। केवल सम्पर्क विश्लेषण और कर्म के माध्यम से ही बेहतर निष्पादक उभर सकते हैं। अच्छे साधनों और अच्छा अंत के संबंधों को फिर से स्थापित करना होगा।

14. व्यक्तिगत और सामूहिक दोनों स्तरों पर निरंतर चिंतन समय की मांग है। पंचायती राज संस्थान, ग्रामीण जागरूकता केवल तभी सफल हो सकता है जब कार्य निष्पादन के लिए गंभीर प्रतिबद्धता सुनिश्चित हो।

डा. मिश्र, मैं और श्री सेवक सरन जी ने विविध विषयों पर विचार विमर्श किया है जो हमारे समय की चुनौती भी है। आचार्य साधकजी जो आचार्यकुल के अध्यक्ष हैं, ने भी निम्नलिखित मामलों में गंभीर चिंता व्यक्त की है–

1. सारे व्यावसायिकों, विशेषकर शिक्षकों की व्यावसायिकता
2. सुशासन और आतंकवाद
3. गरीबी और समग्र विकास के लिए ग्रामीण पुनर्गठन
4. असंगठितों के प्रति सत्ताधारियों की असंवेदनशीलता और भेद-भाव
5. गांधीवादियों के समक्ष चुनौतियाँ
6. ऐसी दुनिया जहां गुटबाजी, भाई-भतीजावाद, गुण की उपेक्षा आम बात है वहां स्वाभिमान, आत्म सम्मान से कैसे जीएं।

यह स्वीकृत तथ्य है कि ऐसे अच्छे आशाजनक और प्रेरक मॉडल की आवश्यकता है जो समय पर खरा उतरे। अब समय आ गया है कि अध्ययन के माध्यम से इन विषयों पर पुस्तक प्रकाशित की जाए। इससे निश्चित रूप से आज की चुनौतियों का सामना करने के लिए समाज का विश्वास बढ़ेगा। कहने की आवश्यकता नहीं है कि इस पुस्तक के लिए सामग्री तैयार करने में आपका सहयोग महत्वपूर्ण सिद्ध होगा।

आचार्यकुल और हम सबकी ओर से पुस्तक के संपादन के लिए डा. मिश्र ने सहमति दी है। बिना समय नष्ट किए यह प्रयास करें कि इस प्रेरक आशाजनक परीक्षण योग्य पुस्तक के लिए शीघ्रातिशीघ्र सामग्री कैसे जुटाई जाएं। यह भी प्रस्ताव है कि आपके क्षेत्र में हम आशाजनक मॉडल के लिए अत्यंत कम लागत और उच्च रूप से प्रभावी (एल.सी.एच.ई.) विचार विमर्श सत्र आयोजित कर सकते हैं।

यदि आप इस प्रस्ताव के बारे में अपने मित्रों, सहकर्मियों, ग्रामीण रिपोर्टरों, सेवानिवृत्त लोगों से चर्चा करेंगे और इस पर कार्यवाही करेंगे तो हम आपके आभारी होंगे। मैं यह भी उल्लेख करना चाहूंगा कि आचार्यकुल (विनोबा जी द्वारा स्थापित संस्थान) के साथ मिलकर हम आशाजनक मॉडलों के प्रलेखन पर विचार कर रहे हैं। इससे इस बात पर

विचार मंथन को बढ़ावा मिलेगा कि हमारे आस-पास की नकारात्मक गतिविधियों के बावजूद कुछ संस्थान, व्यक्ति किस प्रकार बेहतर काम कर पाते हैं इस पुस्तक में प्रौद्योगिकी, संचार, प्रशिक्षण, मॉनिटरिंग, विपणन और संबंधित पहलुओं के विविध विषयों पर विचार किया जाएगा। कहने की आवश्यकता नहीं है कि इसके लिए उन लोगों को शामिल करना आवश्यक है जो कुछ योगदान दे सकते हैं, विशेष रूप से ग्रामीण नेता, ग्रामीण रिपोर्टर और स्थानीय शासन और शिक्षण संस्थाएं।

आप भी अपना सुझाव दे सकते हैं ताकि हमारे पास उपलब्ध संसाधनों की सहायता से गांधीवादी कार्य योजना प्रारंभ की जा सके।

निष्कर्ष

यह कहा जा सकता है कि आज की चुनौतियों ने युवा और बुजुर्ग दोनों को एक ही मंच पर आने के लिए विवश कर दिया है। अब समय आ गया है कि बेहतर मार्गदर्शी सिद्धांत तैयार करने और भविष्य की कार्यवाही के लिए प्रेरक शक्ति जुटाने के लिए अतीत के अनुभवों का मंथन किया जाए। आज की चुनौतियों का सामना करने के लिए हमें उचित और स्वाभाविक रूप से संगठित होना होगा। हमारी योजना और कार्यवाही प्रकृति को हमारा मार्गदर्शन करना होगा। हमें अपनी इस धरती की सीमाओं को हमेशा ध्यान में रखना होगा। 21वीं सदी के लिए गांधीवादी कार्यसूची हमें यथार्थ भारत अर्थात ग्रामीण भारत के बारे में सोचने के लिए प्रेरित करती है। यह कार्य कठिन अवश्य है। किन्तु इसे पूरा करना होगा।

ग्रामीण क्षेत्रों के लिए उद्यमी प्रोत्साहन केन्द्र

बेरोजगारी, ग्रामीण क्षेत्रों से शहरी क्षेत्रों में पलायन, ग्रामीण निवेश की उपेक्षा, ग्रामीण क्षेत्रों में स्वरोजगार की प्रक्रियाओं के लिए चरम उदासीनता आदि गंभीर चिंता का विषय है। स्पष्टता के अभाव में कोई उद्देश्यपूर्ण ठोस परिणाम दिखाई नहीं दे रहा है। अनेक हितैषी अधिकारीवर्ग, योजनाकार, बैंकर, राजनेता, गैर सरकारी संगठन, धार्मिक संस्थानों आदि द्वारा किए गए अनेक प्रयासों के बावजूद शायद ही कोई स्थायी, पारदर्शी, व्यवहार्य, पुनरावृत्ति योग्य और बैंक ग्राह्य प्रभाव पड़ा है।

आज के चुनौती भरे समय में स्पष्ट सफलता के पैरामीटर के साथ योजना निर्माण, कार्यवाही, अनुसंधान, कोडीकरण, विस्तार की प्रक्रिया और स्वरोजगार और ग्रामीण निवेश के लिए ऋण की प्रक्रिया शुरू करने के लिए गैर सरकारी संगठनों के समूह द्वारा प्रयास किया जा रहा है। हम यह जानते हैं कि यह कोई आसान काम नहीं है। सारे प्राणधारियों और भूमिका धारियों को शामिल करना बाध्यकारी है। हमें अतीत की गलती से सीखना है। इस प्रयास में हमारा ध्यान अनेक जोखिमों पर भी है। बावजूद इसके हम यह मानते हैं कि

वैश्विक दृष्टि और स्थानीय कार्यवाही (जी.वी.ए.एल.ए.) की चुनौतियों का सामना करने के लिए साहसी कदम उठाने और जोखिम लेने का समय आ गया है।

स्पष्ट कार्य योजना तैयार करने के लिए हमने हाल ही में गैर सरकारी संगठनों के कुछ राष्ट्रीय नेटवर्क, सेवानिवृत्त सिविल कर्मचारी, भूतपूर्व सैनिक, शिक्षाविद, बैंकर, सुविख्यात राष्ट्रीय और अंतर्राष्ट्रीय विशेषज्ञों के साथ संवाद शुरू किया है। कहने की आवश्यकता नहीं है कि यह स्थानीय क्षेत्र, परिस्थिति, लोगों की प्रेरणा, उनके कौशल और संभावना के स्थायित्व के अनुसार भिन्न होगा। वैश्वीकरण और अर्थव्यवस्था के उदारीकरण ने यह एक चुनौती भरा काम सौंपा है।

आत्म निर्भरता और पंचायत सशक्तिकरण के कुछ समर्थकों ने हाल ही में एक पत्र लिखा है। किन्तु इसमें विषय अस्पष्ट है। पिछले एक दशक में हमारा यह प्रयास रहा है कि हम इन असंगठित समूहों के साथ मिलकर काम करें। पारदर्शिता, व्यवहार्यता और स्थायित्व के पैरामीटर का विकास करें।

हमारा प्रस्ताव

1. हम संभावनाओं, चुनौतियों और अवसरों की संगठित प्रस्तुति और जिलेवार विश्लेषण का प्रस्ताव करते हैं। इसके लिए वित्तदाता, बीमा कंपनी, उद्यमी, पंचायती राज संस्थान, प्रशिक्षण केन्द्र और केन्द्र और राज्य सरकारों के सभी विभागों को एक मंच पर लाना होगा।

2. हम यह देखेंगे कि अभिवृत्ति, नीति, स्पष्टता, स्वरोजगार, समन्वय और ग्रामीण निवेश के मामले वित्तीय प्रबंधन के स्वस्थ सिद्धांत पर आधारित है या नहीं।

3. वैश्वीकरण के युग में निवेश पोषित उद्यमिता विकास के लिए कम लागत वाले व्यावहारिक सलाहकार अथवा स्व-नियोजित ग्रामीण प्रेरकों के संवर्ग के सृजन पर मुख्य रूप से बल दिया जाएगा।

4. वैश्विक दृष्टि और स्थानीय कार्ययोजना के माध्यम से सफलता को सुनिश्चित करने के लिए सूचना प्रौद्योगिकी अथवा कम्प्यूटर की भूमिका महत्वपूर्ण है। इसका आशय है--स्थानीय संसाधनों को चिह्नित करना, जनता की कार्यक्षमता को बढ़ाने और पंचायत के नेताओं के सशक्तिकरण के लिए उनका उपयोग करना ताकि प्रतिस्पर्धात्मक अर्थव्यवस्था के लिए नेतृत्व उपलब्ध हो सके।

5. मूल रूप से हमारी कोशिश यह होगी कि हम जनता, समुदाय, समाज और उन तत्वों का बेहतर विकास करें जो समाज को एक सूत्र में पिरोए रखते हैं और समाज में सद्भाव बनाए रखते हैं। स्वाभाविक रूप से हमें लोगों के साथ मिलकर उन कारकों का विश्लेषण करना होगा जो समाज को टुकड़ों में विभाजित करता है। इसलिए चयनित क्षेत्र और समूह के साथ आत्मीय परिचर्चा आवश्यक है। यहां पर स्व-नियोजित ग्रामीण प्रबंधक

संवर्ग को शांतिपूर्ण ढंग से और त्वरित गति से होने वाली परिवर्तन की प्रक्रिया के प्रबंधन के लिए मुख्य प्रेरक तत्व के रूप में कार्य करना होगा।

6. ग्राम से शहर चले गए ऐसे ग्रामीण जिनके पास व्यावसायिक उद्यमिता की भावना है, उन्हें बिना किसी चुनौती के एकत्रित करना होगा। इसलिए समग्र विज्ञान के अंश के रूप में उन प्रेरक तत्वों अथवा उत्साहदाता के संबंध निर्माण की प्रेरणा के वैज्ञानिक मामलों और विरोध के समाधान के लिए मानव संसाधन विकास और प्रेरणादायी विज्ञान को एक साथ लाना होगा। संप्रेषण, दृष्टि, हमारे समय की चुनौतियां, विभागीकरण, विसंगतियाँ, समझौते की बाध्यता, निष्ठुरता और बाजार की बाध्यताएं के लिए उद्यमी और सीमांत असंगठितों—दोनों को शामिल करते हुए और निरंतर रूप से प्रश्न पर प्रश्न उठाकर कार्यवाही और मंथन की प्रक्रिया जारी रखी जानी चाहिए। जैसा कि पहले उल्लेख किया गया है—सारी परिस्थितियों के लिए कोई स्थायी समाधान नहीं हो सकता है। काल्पनिक और पुनर्जीवन प्रक्रिया को जोड़ना होगा ताकि व्यक्ति, समुदाय और समाज जीवन के किसी पहलू या विज्ञान की उपेक्षा का आशय समझ सकें। लोगों की भलाई के लिए विरोधी विशेषज्ञता को एक मंच पर लाने के लिए अग्रणी के रूप में समग्र विज्ञान संस्थान को शामिल करना हमारे लिए अनन्य प्रयास होगा। ग्रामीण संसाधन, ग्रामीण विशेषज्ञता, ग्रामीण प्रतिभा की उपेक्षा और इसके दमन के कारण ऐसे विषय है जिस पर तत्काल कार्यवाही अपेक्षित है। विविध कार्यक्रमों और गतिविधियों के लिए स्व-सहायता वाले संस्थानों के निर्माण के लिए योजना बनाने की आवश्यकता है जो विविध समस्याओं के स्थायी समाधान के लिए सक्षम है। नीम, तुलसी, सहिजन, आंवला, हरड़, बहेड़ा, अदरक और विविध अन्य उपेक्षित तत्वों के उपयोग को मिशन के रूप में संगठित करना होगा। एकल उत्पाद के ये मिशन विभिन्न विधाओं को शामिल करेंगे और विभिन्न और विरोधी विज्ञानों को समग्र रूप से समन्वित करेंगे। यह प्रासंगिक है और समय की मांग भी है क्योंकि स्थायित्व, प्रेम और लगाव, जीवन के उद्देश्य की उपेक्षा कर अप्राकृतिक और कृत्रिम तबकों द्वारा काफी क्षति पहुंचाई गई है। इसलिए अनिवासी भारतीय, स्वयंसेवक, गैर सरकारी संगठनों के समूह स्व-नियोजित ग्रामीण प्रेरक संवर्ग (एस.ई.आर.एम.) के समन्वय और सृजन के माध्यम से जनता के लिए विज्ञान की संस्कृति को बढ़ावा दे सकते हैं। इस मिशन को स्व-नियोजित ग्रामीण प्रेरक मिशन कहा जाएगा।

अनिवासी भारतीयों को पारंपरिक रूप से केवल बड़ी परियोजना और विचारों में शामिल किया जाता है। क्या अब हम छोटी योजनाओं को बड़ी योजनाओं में बदलने के लिए प्रयास कर सकते हैं? यदि पांच लाख गांव कुछ बुनियादी सवाल उठा सकते हैं तो 21वीं सदी निश्चित रूप से अनेक क्षेत्रों में विशिष्ट होगी। इसलिए हम कुछ सवाल करें?

(i) क्या आज की चुनौतियों को अवसरों में बदला जा सकता है।

(ii) क्या बेहतर प्रशिक्षण, अभिवृत्ति, नेतृत्व के सहारे ग्रामीण संस्थान शासन के अपने मामलों को निपटा सकता है और क्या वे अपने क्षेत्र में नेतृत्व के बिना 80–90 प्रतिशत कार्य कर सकते हैं।

(iii) क्या पर्याप्त नीतियों व नियत, नीति मुद्दों (आशय, नीति) के द्वारा बेहतर सतत् विश्वास निर्माण की प्रक्रिया आरंभ की जा सकती है? यह महत्वपूर्ण है क्योंकि प्रकृति ने स्वयं ही अपनी सभी रचनाओं का निर्माण इस तरह किया है कि वे मूलत: अपनी समस्या का समाधान स्वयं कर सकें और उन्हें इसकी क्षमता भी दी है।

(iv) क्या लोगों और उनकी संस्थाओं को शामिल करके कार्य निष्पादन के अच्छे पहलुओं की पहचान करने और उन्हें विशिष्ट रूप से दर्शाने के संयुक्त प्रयास किए जा सकते हैं और नकल तथा लागत प्रभावी पद्धति के विकास के मुद्दों को संयुक्त रूप से उठाया जा सकता है।

(v) क्या अलग और उपेक्षित पक्ष की समस्याओं को देखने के लिए नई अंतरात्मक लोकोन्मुख नीति कार्यवाही, अभिवृत्ति अपना सकते हैं। इस विषय पर समग्र विज्ञान की शाखा हमारे सामने प्रकृति के उन मुद्दों को संयुक्त रूप से खोजबीन करने का प्रस्ताव रखती है जिन्हें कभी बाजार में नहीं लाया गया है। हम इसे अपण्यित का विपणन कह सकते हैं। यहीं पर विद्रोही और स्पन्दनशील प्रकृति वाले युवा वर्ग को सम्मिलित, प्रोत्साहित और इस परिवर्तित पहल में प्रबंधक के रूप में रखना होगा। इस चुनौती का सामना करने के लिए स्फूर्ति, योजना व प्राण शक्ति को सम्मिलित करना ही होगा।

आगे क्या?

यदि आप इस व्यापक रूपरेखा से सहमत हैं और हमारे साथ हमारे कार्य, आकांक्षाओं, संसाधनों में भागीदार होकर एक छोटी सी शुरूआत करना चाहते हैं तो कृपया निम्नलिखित जानकारी के साथ हमसे मिलें–

(i) सामर्थ्य, असमर्थता, अवसर और चुनौती के किन क्षेत्रों में हम एक साथ मिलकर काम कर सकते हैं और आपकी अपेक्षाएं क्या होंगी?

(ii) आपकी प्राथमिकताओं के अनुसार आप हमसे किस तरह की भूमिका की अपेक्षा करते हैं जिससे आपका कार्य निष्पादन बेहतर हो सके।

(iii) क्या आपकी नजर में कोई ऐसे क्षेत्र हैं जिनमें अधिक खोजबीन की आवश्यकता हो।

(iv) कोई और क्षेत्र या कारोबार या जहां आपको लगता है कि हम अपने बुद्धिबल को लगाकर सबकी बेहतरी के लिए कार्य कर सकते हैं।

हिंद स्वराज और गौ-आधारित अर्थव्यवस्था के उद्देश्यों को प्रेरित करना

1. अखिल भारतीय गोशाला संघ के अध्यक्ष श्री अग्रवाल जी, अखिल भारतीय ग्रामोद्योग महासंघ के सभापति श्री लक्ष्मी दास, शुमाचर केन्द्र के निदेशक डा. डी.के. गिरि, भूतपूर्व संसद सदस्य श्री शशिभूषणजी, श्री देवदत्तजी, श्री राजीव बोहरोजी, और भारतीय पंचायत संगठन के श्री एन.सी गौड़ तथा अन्य व्यक्तियों के साथ विचार विमर्श किया गया।

2. इस चर्चा के दौरान पता चला की *हिंद स्वराज* मूलत: गांधीजी का 1908 का प्रत्यक्ष बोध है और इसके बाद कई विशिष्ट दृष्टिकोण उभरे जिन्हें व्यापक रूप से कूट किया गया है। इसीलिए *हिंद स्वराज* पर अलग से ध्यान देना आवश्यक है जबकि अन्य विचारणीय क्षेत्रों, जैसे गो, कृषि, पंचायती राज, ग्रामोद्योग, ग्रामीण प्रौद्योगिकी, ग्रामीण नेतृत्व आदि पर अलग परिप्रेक्ष्य में विचार करने की आवश्यकता है।

3. ऐसे कई संस्थान हैं जो विशिष्ट गतिविधियों पर कार्य कर रहे हैं। यही वह उचित समय है कि जब विभिन्न समूह अपनी गतिविधि या व्यक्तित्व के वैयक्तिक अधिकार पत्र को बनाए रखें और साथ ही नीति, वित्त पोषण, वसूली, मन:स्थिति, प्रौद्योगिकी, जनता की भागीदारी आदि से संबंधित मुद्दों पर भी संपूर्ण बोध के साथ विचार करें। हमारे समय की चुनौतियों का प्रभावी ढंग से सामना सिर्फ वैश्विक दृष्टिकोण और स्थानीय कार्यवाही (ग्लोबल विजन एंड लोकल एक्शन - जी.वी.ए.एल.पी.) से ही किया जा सकता है।

4. गांधी शांति प्रतिष्ठान भी एक ऐसा केन्द्र है जो बिभिन्न और कभी-कभी विवादग्रस्त पण्यधारियों से परस्पर अन्योन्यक्रिया आरंभ करने के लिए मंच प्रदान करता है। इन सभी को सामूहिक मंच पर लाने की आवश्यकता है ताकि समान समस्याओं का प्रभावी रूप से समाधान किया जा सके।

5. अत: जनहित के मुद्दों, लागत हिस्सेदारी में अधिकाधिक लोगों को शामिल करने और उन्हें एक जुट करने के लिए एक बोधगम्य दीर्घकालीन निजी लाभ पर आधारित प्रणाली तैयार करने के भी प्रयत्न किए जाने चाहिए। निश्चय ही सभी भागीदारों की महत्वपूर्ण भूमिका होती है किन्तु उन्हें अपनी संकीर्ण विचारधारा का त्याग कर एक साथ कार्य करना सीखना होगा ताकि बेहतर और सतत् प्रभाव और परिणाम मिल सकें।

6. पिछले 100 वर्षों में ऐसी कई घटनाएं हुई हैं जिनकी कल्पना गांधीजी ने 1908 में नहीं की थी अत: सभी विषयों पर न्याय के लिए विशिष्ट व सामान्य दोनों ही तरह की कार्य योजना बनाने की आवश्यकता महसूस की गई।

7. सभी का मानना है कि मंच के नए मिशन आरंभ करने की अपेक्षा किए जा रहे कार्यों और गौ, स्वरोजगार तथा ग्राम स्वराज पर केन्द्रित कार्यों के माध्यम से कई जनहित के मुद्दों का समाधान किया जा सकता है।

यथार्थ भारत की पूर्ण सामर्थ्य की खोज और व्यवहार्य अनुकृति योग्य पारदर्शी सतत् कार्य योजना बनाना।

हिंद स्वराज विद्यापीठ की आवश्यकता

परिचय

वर्तमान समय की चुनौतियों को देखते हुए यह आवश्यक हो गया है कि हम भारत के विभिन्न आयामों की मिरंतर खोज करते रहें। इस प्रक्रिया को अनन्वेषित की खोज, अपण्यित का विपणन, असंगठित को संगठन कहा जा सकता है अथवा उन कारक नीतियों, पद्धतियों, प्राथमिकताओं, प्रौद्योगिकियों या अभिवृत्ति मूलक दृष्टिकोण के साथ सरकार की पद्धतियों का अनुसंधान करना हो सकता है जो इस देश को उसके सामर्थ्य से परे रखती है। हमारे समय की कुछ चुनौतियों में निम्नलिखित शामिल हैं–

- व्यापक जागरूकता
- विगत विकास प्रतिमानों की असफलता
- समाजवाद का विध्वंस, पूंजीवाद पर संशय और मानववाद की अपरिहार्यता
- स्थापित संस्थापनाओं का आधिक्य
- निष्ठा की सर्वव्यापी कमी
- राज्य के कम होते संसाधन
- स्टाफ का आधिक्य तथा राज्य संगठनों में स्टाफ के कार्य न करने का चलन
- सामुदायिक व पारंपरिक वंशानुगत प्रचलनों को अनदेखा करना
- यह बोध कि राज्य को धार्मिक अथवा सैन्य आधार पर बांधा नहीं जा सकता
- असफलता और सफलता के उदाहरणों का व्यापक कूटकरण।
- मानवीयता और मानवाधिकारों की प्रधानता
- वैश्विक दृष्टिकोण और स्थानीय कार्यवाही (जी.वी.ए.एल.ए.) की बाध्यता
- महिला और उपेक्षित/शोषित समूहों की जागरूकता
- प्रत्येक स्तर पर धन को सर्वश्रेष्ठ पूंजी मानने पर बल
- क्षेत्रीय तथा स्थानीय प्राधिकारियों द्वारा जिम्मेदारी उठाने और उनकी विधि सम्मत भूमिका को पारदर्शी व व्यवहार्य ढंग से निभाने की आवश्यकता।
- खराब अवसंरचना और असंगठित, बिखरे हुए और विकेन्द्रित क्षेत्र को और उसकी कटु वास्तविकताओं को स्वीकारने की ओर ध्यान देना।
- व्यक्तियों, समुदाय और इसमें शामिल सभी लोगों को शामिल करने की आवश्यकता।

यह स्पष्ट है कि इनमें से कई चुनौतियां अनोखी और बेजोड़ होंगी। इतिहास में उनका कोई सानी नहीं है अतः संभावनाओं सुचारू कार्य, समयानुसार सुधार और समग्र विकास के उपयोग हेतु आत्मनिर्भर योजना और अनुसंधान प्रणाली के लिए नए प्रतिमान खोजने होंगे।

विगत की सीख और आत्मनिर्भरता की आवश्यकता

यदि विगत की सीखों को सकल रूप से देखा जाए तो हमें इतिहास की कुछ बुद्धिमत्तापूर्ण स्थानीय गतिविधियों से सहमत होना होगा। उदाहरण के लिए हमारे पूर्वज सदा ही स्वरोजगार, आत्मनिर्भरता, आत्म विवेक, आत्मज्ञान, आत्मविश्लेषण की आवश्यकता और वातावरण के अनुसार कार्य करने की आवश्यकता महसूस करते रहे हैं। बिना विचारे दूसरों का अनुकरण करने की अपेक्षा वे हमेशा अनेक तरीके और क्षमता के विकास के पक्ष में रहे ताकि बाध्यकारी स्थितियों, वातावरण, क्षमताओं आदि के अनुसार व्यक्ति यह तय कर सके कि उस परिस्थिति में उसके लिए क्या सही है। सभी के लिए एक ही मानक कार्य पद्धति नहीं हो सकती। इसी प्रकार वैश्वीकरण व आत्मनिर्भरता के इस युग में वैश्विक दृष्टिकोण और स्थानीय कार्यवाही (जी.वी.ए.एल.ए.) के प्रभाव को समझने की तीव्र आवश्यकता है। हमें अपने पड़ोसियों से भी आयात निर्यात, लोभ प्रेरित विकास बड़े व छोटे के मामले, धन व संसाधन के मामले, मैं, हम, वे, के आयाम और सतत् मानव विकास व कुल घरेलू उत्पाद प्रक्रियाओं के मामलों में भी सीख लेनी होगी। इन्हीं मुद्दों पर भारत जैसे देश के लिए अधिक आत्मविश्लेषण की आवश्यकता है। हमारी दादी माँएं हमेशा संरक्षण, भंडारण, मूल्य बढ़ाने और प्रकृति अथवा वातावरण के साथ रहने के पक्ष में रही। अतः यह कहना ही होगा कि भले ही उन्होंने स्कूली शिक्षा ग्रहण न की हो किन्तु सामान्य बोध के मामले में वे हमारे तथाकथित शिक्षित वर्ग से कहीं आगे थे। जन साधारण और पर्यावरण के साथ उनकी गहरी सहानुभूति और समानुभूति थी। उन्होंने प्रकृति व बाजार के उतार चढ़ाव और हेर-फेर तथा शासकों की लिप्सा का भी सामना किया था। यदि शताब्दियों तक भी गांव बने रहे तो सिर्फ उसका कारण उनकी आत्मनिर्भरता और समय-समय पर उनके मामलों की पैरवी करना था। यह गहन विश्लेषण का विषय है कि समय-समय पर होने वाले जबरदस्त आक्रमणों के बावजूद प्रचलन, पद्धतियां और समाज किस प्रकार चलते चले आ रहे हैं।

2001 के हिंद स्वराज विद्यापीठ में खास बात क्या है?

इस प्रश्न पर विचार करने से पहले यह समझना होगा कि *हिंद स्वराज* क्या है और हमारे समय की चुनौतियों को ध्यान में रखते हुए इसमें निहित संभावनाओं का पता लगाने और लागू करने का कार्य किस प्रकार किया जा सकता है। 1909 में गांधीजी द्वारा रचित *हिंद*

स्वराज में सभ्यता, व्यावसायिकता, नीति और ऐसे कई अन्य क्षेत्रों से संबंधित प्रश्न उठाए जो अंततः समाज, राज्य और व्यक्तियों के स्वभाव का निर्धारण करते हैं। हालांकि *हिंद स्वराज* पर काफी अध्ययन किया गया है, किन्तु इससे संबंधित विभिन्न अवधारणाओं को लागू करने का शायद ही कोई सकल प्रयास किया गया। ऐसे कई आदर्श व्यक्ति थे जिन्होंने इन अवधारणाओं को लागू करने का प्रयास किया। गांधीजी और कई अन्य लोगों ने इन अवधारणाओं को लागू करने के लिए कई संस्थान आरंभ किए। किन्तु प्रासंगिक प्रश्न यह है कि इससे हमने क्या सीखा? क्या यह सतत्ता, पारदर्शिता, व्यवहार्यता और सभी के लिए अनुकूल परिस्थितियों में भी समय की कसौटी पर खरे उतरे हैं? हम उन सभी संस्थानों से क्या सीखते हैं जो समय के खंडहरों के रूप में खड़े हैं। मोटे तौर पर बहुत से लोगों का यह मानना है कि उनमें से कई नवीन तथा सदाशयपूर्ण संस्थागत प्रयासों में निम्नलिखित मुख्य कमजोरियाँ रही हैं–

(i) राज्य पर निर्भरता
(ii) कामगारों के लिए कार्य की स्थायी प्रकृति
(iii) बाजार व गुणवत्ता के प्रति उदासीनता
(iv) अकर्मण्यता और संतोष
(v) आंतरिक लोकतंत्र के अभाव के साथ कल्पना, कार्यनीति और युक्तियों की कमी
(vi) योजना आधारित तथा विकास के सकल प्रतिमानों पर आधारित क्षेत्रों की उपेक्षा
(vii) संस्थानों में बढ़ती असंगतता को समग्र चुनौतियों का सामना करने में समन्वय, सहयोग और स्पष्टता की कमी।
(viii) विपणन आधारित प्रणालियों द्वारा युवा वर्ग और प्रवर्तकों की उपेक्षा।

यदि हम इनमें से कुछ पहलुओं के बारे में स्पष्ट हैं तो इस बात का परीक्षण और अपने से निःसंकोच प्रश्न किया जा सकता है कि इन सबके रहते भी कुछ संस्थानों जैसे स्वाध्याय कृष्णमूर्ति संस्था ने दूसरों से बेहतर कार्य कैसे किया है? अतः *हिंद स्वराज* विद्यापीठ सभी महत्वपूर्ण तथ्यों को शामिल करके इस बात पर निम्नलिखित के माध्यम से ध्यान देगा–

(क) विपणन उत्पादन प्रशिक्षण केन्द्र
(ख) स्व रोजगार और ग्राम व्यवस्थापक
(ग) निम्न लागत व्यावहारिक परामर्शदाता
(घ) सेवानिवृत्त, युवा, कुण्ठित और अशक्त व्यक्तियों में से स्वयंसेवी
(ड.) पंचायती राज समुदायों, विपणन संस्थाओं और प्राकृतिक विज्ञान तथा मानव व्यवहार पर आधारित प्रवर्तकों के साथ कार्य करना।

अपेक्षाएं क्या हैं?

सभी के लिए पारदर्शिता, लाभप्रद स्थिति सुनिश्चित करने में स्पष्टता, संक्षिप्तता और गति की कमी को ध्यान में रखते हुए सूचना प्रौद्योगिकी के साथ जोड़ने और अनुकृति के लिए मॉडल तैयार करने की आवश्यकता है।

कार्य अनुसंधान, कोडीकरण, विस्तार और ऋण देने की योजना तैयार करने जिसमें विकास के लिए दर्शन को केन्द्र बिन्दु रखते हुए और भारत की अद्वितीयता व विविधता को देखते हुए इस प्रकार के संस्थानों की आवश्यकता है जो आशा जागृत कर सके। विविध समूहों को एक जुट कर सके और स्वयंसेवकों तथा ठोस कार्यकर्ताओं का एक नेटवर्क तैयार कर उन्हें प्रशिक्षण देने की स्थिति पैदा कर सकें। यह एक चुनौतीपूर्ण कार्य है।

यह कार्य कैसे करता है?

उपर्युक्त विश्लेषण के आधार पर अब यह समझना महत्वपूर्ण है कि विपणन, उत्पादन एवं प्रशिक्षण ही प्रेरक शक्ति है। यह वैश्विक कल्पना और स्थानीय कार्यवाही के कारण भी महत्वपूर्ण है।

पर्यावरण के अनुकूल विपणन प्रक्रियाओं को अपनाया जाएगा।

स्व रोजगार, ग्राम निवेश, समूह, समुदाय सहित सफलता प्रतिमान, गैर सरकारी संगठन, पंचायती राज इसमें मुख्य विषय होंगे।

इस *हिंद स्वराज* विद्यापीठ से जुड़ी सभी गतिविधियों का केन्द्र सूचना प्रौद्योगिकी है।

सभी गतिविधियां आत्मनिर्भर होंगी। अर्थात् उन्हें नवीनतम विकास की निरंतर जानकारी रखनी होगी। उन्हें संसाधन उत्पन्न करने होंगे और सभी के लिए लाभ सुनिश्चित करने के लिए सभी अवसरों का स्वत्वहरण (दोहन नहीं) करना होगा।

सभी गतिविधियों में पहला कार्यक्रम गत समय से सीख लेना होगा। अंततः ऐसी परिस्थितियां उत्पन्न करके जो छोटे समुदायों को आत्मनिर्भर और स्वतंत्र बनाती हैं राज्य को अपनी भूमिका समाप्त करनी होगी। सूचना प्रौद्योगिकी निश्चय ही वैश्विक दृष्टिकोण और स्थानीय कार्यवाही पर आधारित उद्यमशील नेटवर्क बनाने में सहायक होगी।

पारदर्शिता और सही दृष्टिकोण से अखंडता और सुग्राह्यता सुनिश्चित होती है। इसका अर्थ है कि युद्ध, संघर्ष और शांति स्थापना के क्षेत्र में निरंतर अनुसंधान करते रहना होगा।

मानव संसाधन विकास स्थानीय व निरंतर प्रयास हैं जो वरिष्ठ और उच्चतम प्रबंधकों के दृष्टिकोण को व्यापक बनाने के लिए किए जाते हैं। सम्पूर्ण एकीकरण और समन्वय के लिए *हिंद स्वराज* के सभी विषयों का निरंतर मंथन किया जाता है।

इसके अतिरिक्त वार्षिक आधार पर दूसरों से शिक्षा ग्रहण की जाती है और *हिंद स्वराज* के पूरे 100 वर्ष के पश्चात् सितम्बर, 2009 में एक अंतर्राष्ट्रीय संगोष्ठी का आयोजित करने का प्रस्ताव है।

इसमें स्थानीय योजना, स्थानीय पहल, स्थानीय उद्यम, स्थानीय वित्त पोषण, स्थानीय

बाजार, स्थानीय प्रौद्योगिकी, स्थानीय प्रशिक्षण और विभिन्न सुविधाकरण नीतियों का निर्माण मुख्य विषय होंगे।

इसमें कार्य करने वाले सभी व्यक्तियों को कृष्णमूर्ति संस्था के दर्शन को मानना होगा। इसमें बिना किसी प्रतिस्पर्धा, भय, पुरस्कार व असफलता, बिना किसी दबाव, धर्मतन्त्र, गुटबाजी, राजनीति या कपट अथवा सिर्फ प्रेमपूर्वक, सादा जीवन, खुशहाली, आपसी आदर व सम्मानपूर्ण अलग तरह का जीवन जीने की इच्छा है जो सिर्फ वैश्विक दृष्टिकोण और स्थानीय कार्यवाही और कार्य सहित सम्पूर्ण ज्ञान के द्वारा ही संभव है।

इसमें जीने, कार्य करने, शिक्षा देने, सीखने और अन्य सभी अनुशासनों के लिए गुंजाईश है। यदि पैसा आता है तो वह सदैव स्वीकार्य है किन्तु सबसे महत्वपूर्ण है संसाधन, अच्छी साख, बाजार, परामर्शी सेवाएं और समग्र रूप से स्वास्थ्य संबंधी उत्पादों के विपणन संबंधी नीति के कार्यक्रम को लागू करना।

निष्कर्ष स्वरूप कहा जा सकता है कि भारत को राष्ट्र और आशावादी राज्य के रूप में रहना होगा व अपने समय की कठोर वास्तविकताओं को समझना होगा और ज्ञान व कर्म का सम्पूर्ण मंथन करते हुए उसके लिए तैयार रहना होगा।

वैश्विक दृष्टिकोण और स्थानीय कार्यवाही की चुनौतियों का सामना करने व स्वरोजगार, ग्राम निवेश, आत्मविश्वास, विकास और सूचना प्रौद्योगिकी से सतत् मानव विकास पर आत्म विश्लेषण शृंखला भाग-II

कुछ प्रश्न

1. संस्था की अवधारणा क्या है?

(i) मूल अवधारणा विगत की भूलों से सीखना ही है।

(ii) अनुकृति योग्य प्रतिमानों के विकास से आज और कल की चुनौतियों का सामना करना जिसका अर्थ है लागत प्रभाविता, पारदर्शिता, व्यवहार्यता, विश्वसनीयता और सभी के लिए लाभप्रद स्थिति।

(iii) स्थानीय संसाधनों और जनहित उपयोगी संसाधनों का प्रयोग।

(iv) मानव संसाधन, सूचना प्रौद्योगिकी, विपणन व अच्छी नीयत की संपूर्ण संभावनाओं की खोज के लिए नए स्वरोजगार आधारित वर्ग का होना।

2. इस अवधारणा का वर्तमान और भविष्य क्या है?

(i) गांधीजी का दृष्टिकोण वैश्विक कल्पना और स्थानीय कार्यवाही पर आधारित था। तदन्तर 1909 के *हिंद स्वराज* को विभिन्न निर्माणात्मक कार्यक्रमों, संस्थानों, चर्चाओं और विकास प्रतिमानों के माध्यम से लागू किया गया। यही उनके

समय, निधि, बाजार, अवसंरचना, प्रशिक्षण, मानव संसाधन विकास से शिक्षा लेने और योजना, कार्यवाही, अनुसंधान, कोडीकरण, विस्तार और ऋण देने (पी.ए.आर.सी.ई.एल.) के लिए बेहतर प्रतिमान तैयार करने के लिए उचित समय है।

(ii) भविष्य के लिए सिर्फ यही कहा जा सकता है कि सुधार एक सतत् प्रक्रिया है किन्तु एक साथ चलना एक शुभारंभ और साथ कार्य करना सफलता हो सकती है। किन्तु इन सभी के लिए स्पष्टता, संक्षिप्तता और गति की आवश्यकता है। भ्रमित, खंड-खंड और विभक्त दृष्टिकोण से प्रकृति और प्रकृति के नियमों को काफी नुकसान पहुंचा है। अतः इसका कोई भविष्य नहीं है किन्तु साकल्यवादी पहुंच से परिणाम मिल सकते हैं। इसका एक उदाहरण लें तो औषधियों को सरकारी विभागों, आयुर्वेद अनुसंधान, विपणन और यहां तक कि बागान आदि में काफी समर्थन मिलता है। किन्तु बहुत से लोगों का मानना है कि औषधि की लाभप्रद स्थिति का सम्पूर्ण लाभ सभी को नहीं मिला है, यह निम्नलिखित से स्पष्ट है।

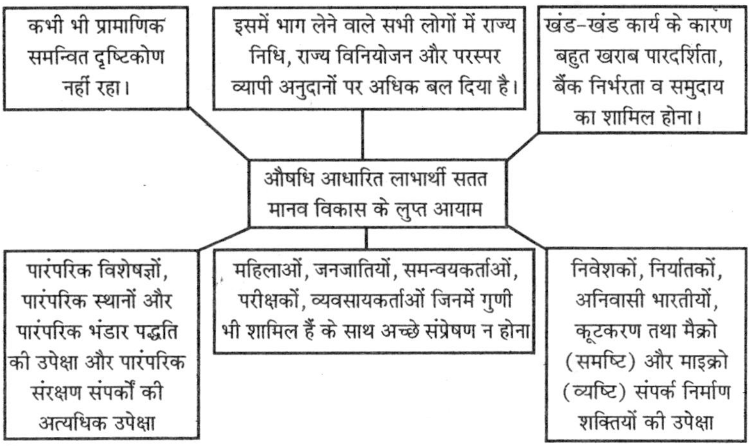

समग्र दृष्टिकोण न होने के कारण ग्राम निवेश, स्वरोजगार, पूर्णतः नए, आशावादी और आत्मविश्वास पूर्ण प्रतिमानों के संबंध में औषधियों द्वारा एक बहुत महत्वपूर्ण कही जाने वाली निवेश संभाव्यता शक्ति के लुप्त आयामों की स्पष्ट पहचान करने का विचार छिन्न-भिन्न हो गया है। अतः निःसंदेह ही यदि संकल्पनात्मक स्तर पर समग्र दृष्टिकोण अपनाया जाता तो विगत की कई त्रुटियों से बचा जा सकता था।

3. अब क्या किया जाए?

योजना आयोग के सदस्य श्री डी.एन. तिवारी ने अत्यधिक उच्चाधिकार प्राप्त कायर्दल की

अध्यक्षता की जिसमें मार्च 2000 में औषधीय पौधों के संरक्षण् और सतत् प्रयोग के विभिन्न आयामों को स्पष्ट किया। इस कार्यदल की रिपोर्ट में संसाधन आधारित विभिन्न मुद्दे, पारम्परिक प्रयोक्ताओं, पौधे के प्रयोग में अपने वाले भाग, पौधों से प्राप्त दवाओं, पौधों पर आधारित उत्पादों के संसाधन के संवर्धन और विकास और विपणन मुद्दों से भी संबंधित जानकारी दी गई है। इसका काफी प्रचार हुआ, और तत्पश्चात भारतीय चिकित्सा पद्धति विभाग के अंतर्गत कई समितियों में औषधीय पादप बोर्ड के गठन की एक मुख्य सिफारिश को लागू कर लिया है। निस्संदेह ही भारत सरकार के कई विभाग और राज्य विभिन्न कार्यक्रम लागू कर रहे हैं जिनमें गुणता नियंत्रण के साथ-साथ वास्तविक अणु निष्कर्षण और पौधशालाओं से संबंधित विकास, वैज्ञानिक विश्लेषण आदि भी किए गए हैं। कई विभागों ने पौधशाला से लेकर आगे अनुसंधान तक वित्तपोषण किया है किन्तु जैसा कि पहले कहा जा चुका है कुछ स्पष्ट अनियमितताओं और लुप्त संपर्कों के कारण संभावनाओं का बहुत कम उपयोग हुआ है और न ही इसे उनके समक्ष लाया गया है जो इस महत्वपूर्ण कार्य को प्रोत्साहन दे सकें। अत: निम्नलिखित मुद्दे विचारणीय हैं—

विगत अनुभवों से सीखना, विशेष तौर पर कृषि उपयोग, अनुसंधान, लुप्त आयामों से संबंधी साहित्य के संदर्भ और कूटकरण की आवश्यकता है। इसके लिए कल्याण आरोग्य अंक 2001 और पादप औषधि कंपेन्डियन पर डा. शर्मा की पुस्तक और कई अन्य पुस्तकों का उपयोग किया जाना चाहिए।

जो कमियां पहले ध्यान में आई हैं और जिनके कारण औषधि आधारित सतत् मानव विकास में बाधा पड़ी है उसे विपणन, निवेश, ग्रामीणों में आत्मविश्वास पैदा करने की नीतियां, बजट और व्यवहार को अपनाकर सुधार करने की आवश्यकता है ताकि पुरानी गलतियों को फिर से न दोहराया जाए।

सभी संस्थानों, व्यक्तिगत अनुभवों को क्षेत्र आधारित संभावनाओं और समुदाय से जोड़ना होगा। अत: वैश्विक कल्पना और स्थानीय कार्य-वाही के लिए कम लागत वाली व्यावहारिक परामर्श फर्में आवश्यक हैं, जिनमें प्रौद्योगिकी से ही जनहित संभव है। कुल संभावना के लघु व बृहत इसी पहुंच से संभव है।

औषधि आधारित सतत् मानव विकास के पूर्ण संभावना देखने के लिए क्या किया जा सकता है?

बैंक, बीमा, प्रशिक्षक, निर्यातक, एच.आर.डी., ए. एण्ड टी., डब्ल्यू.टी.ओ., एल.आर.आई., सी.ए.आई.टी. कं., भारतीय चिकित्सा पद्धति और सरकार के सभी विभागों के तभी शेयर हो सकते हैं जबकि बृहत और लघु नीतियों को इस प्रकार समायोजित किया जाए कि ग्राम निवेश, विपणन निर्यात और सबके लिए स्वास्थ्य के मुद्दों को बढ़ावा दिया जाए।

अंतिम विश्लेषण में स्थानीय सशक्तिकरण, आत्मविश्वास को ही प्रथम प्राथमिकता देनी होगी। सिर्फ अधिशेष को ही विपणन और अतिरिक्त मूल्य परियोजनाओं में विकसित किया जाना चाहिए। स्वास्थ्य और स्व-रोजगार की स्थानीय आवश्यकताओं को अनदेखा करने से सततृता एक आकस्मिक घटना होगी।

अंतर्राज्यीय संबंध, शांति, सम्पन्नता सभी के लिए लाभप्रद स्थिति के मुद्दे, भारत जैसे विविध और बहुजातीय भू-भाग की विशिष्ट रुचि के मुद्दों को अधिक स्थायी प्रतिमान व परियोजनाएं बनानी होंगी ताकि सभी के लिए लाभार्थ स्थिति सुनिश्चित की जा सके। इससे संघवाद की सफलता लम्बे समय के लिए सुनिश्चित हो सकेगी।

औषधि आधारित सतत् विकास के मुद्दों का व्यापक अध्ययन तब तक अधूरा रहेगा जब तक कि संघ व राज्य बजट के मुद्दों, हमारे समय की चुनौतियों, राज्य, समाज, व्यक्ति, प्रशिक्षण केन्द्रों और एकता की भूमिका को पुनर्परिभाषित करने के कार्य पर सम्पूर्ण रूप से अध्ययन और अनुसंधान नहीं किया जाता। इसे केवल राज्य और उसकी निधियों पर नहीं छोड़ जा सकता, किन्तु जब वित्त मंत्रालय द्वारा प्रेरित बजट अथवा विभागों की नीतियों की बात आती है तो यह स्पष्ट है कि अधिक व्यापक पहुंच अपनाने की आवश्यकता है। इस देश के संयुक्त सचिव शासन की विशेषताओं ने संपूर्णता और अच्छे शासन की सम्पूर्ण बाध्यता को काफी हानि पहुंचाई है। समय की मांग है कि न केवल अंतर्राष्ट्रीय निकाय जैसे–एफ.ए.ओ., यू.एन.डी.पी., विश्व बैंक, विश्व स्वास्थ्य संगठन आदि को ही गांवों के संबंध में पारदर्शिता, व्यवहार्यता और आधारभूत स्तर पर जनहित को समझने की आवश्यकता है बल्कि भविष्य की विकास प्रक्रिया में संभावित परिवर्तनों को ध्यान में रखकर ही भावी परियोजनाएं बनाई जाएं। निष्कर्ष रूप से हम कह सकते हैं कि–

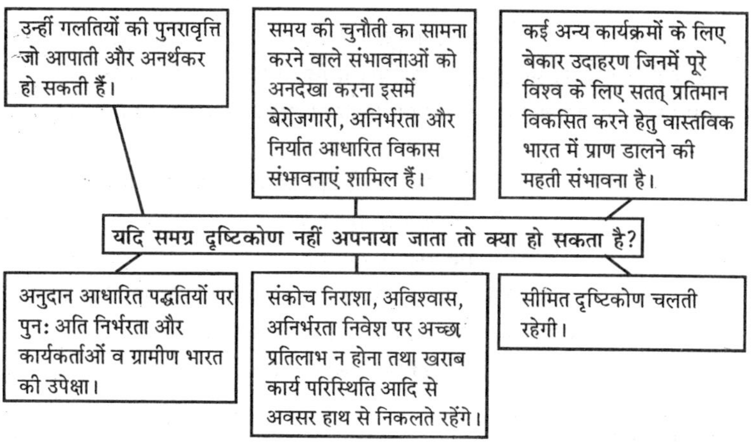

अत: अब समय है कि सभी निष्कपट लोग एक साथ मिलकर अनर्थकारी तत्वों का पता लगाएं। यदि समग्र दृष्टिकोण नहीं अपनाया जाता तो सर्वनाश निश्चित है। अभी भी आशा की किरण बाकी है और आधारभूत संस्थाओं से बेहतर मेल जोल और संपर्क बनाकर हम आशापूर्ण प्रतिमान स्थापित कर सकते हैं।

ग्रामीण क्षेत्रों में संसाधनों का पता लगाना

1. ग्रामीण क्षेत्रों में उत्यन्त उत्साहपूर्ण योजना कार्यवाही, अनुवीक्षण और सम्पूर्ण विपणन की आवश्यकता है। सीमित दृष्टिकोण के कारण गावों को भारी नुकसान पहुंचा है और अब ये सिर्फ सरकारी निधि और दान पर आश्रित हैं। अब समय आ चुका है कि ग्राम

संसाधनों, ग्रामवासियों के कौशल, ग्रामवासियों की विशेषज्ञता, ग्रामों की मांग, गांव का कच्चा माल, गांव की उन प्रतिभाओं जिनका पूरी तरह उपयोग नहीं किया जाता और सभी मानव संसाधनों को ग्राम स्वराज के लिए प्रेरित किया जाए। यह तब तक नहीं किया जा सकता जब तक कि–

(i) व्यवहार संबंधी मुद्दों को मिलाया नहीं जाता।
(ii) पारदर्शिता पूरी तरह से सुनिश्चित नहीं होती।
(iii) ग्राम संसाधनों और मांग पर आधारित स्वरोजगार और ग्राम निवेश की योजना नहीं बनाई जाती
(iv) बाजार प्रेरित बाध्यताओं और आशा उत्पन्न करने वाले प्रतिमानों का प्रबंध नहीं किया जाता है।
(v) विगत को दोहराया नहीं जाता।

2. ग्राम निवेश प्रेरित सेवाओं तथा सूचना प्रौद्योगिकी व पंचायती और सभी महत्वपूर्ण पण्यधारियों व भूमिका निर्वाहकों को शामिल करके जनहित आधारित कार्ययोजना का विकास किया जा सकता है। अतः हमें निम्नलिखित जानकारी एकत्र करनी होगी।

(क) कच्चे माल, कृषि, पशुपालन, सब्जी और अन्य कोई मूल्यवर्धित उत्पाद आदि के संदर्भ में गांव से बाहर क्या जा रहा है?
(ख) उस गांव में बाहर से क्या क्या आ रहा है?
(ग) जो 29 विषय उनके लिए चिन्हांकित हैं उनसे संबंधित उस गांव की संरचना, संघटन, जनसंख्या, कौशल आदि का विवरण क्या है?
(घ) गांव में स्व-नियोजन और उद्यमिता को कैसे विकसित किया जा सकता है?

क्या किया जाना चाहिए?

1. मांग पूर्ति, आयात-निर्यात तथा सूचना प्रौद्योगिकी के माध्यम से लोगों की अनुभूत आवश्यकता के आधार पर स्वरोजगारोन्मुख, सेवा के लिए तत्पर डाक्टर अथवा निम्न लागत वाले व्यावहारिक परामर्शदाता अथवा निम्न लागत उच्च प्रभाव सेवा पद्धति के विकास की आवश्यकता है।

2. आशा प्रतिमानों का अध्ययन करना होगा।

3. सफलता प्रांचलों की पहचान करनी होगी।

4. उद्यमशील व पहल करने वाले लोगों की पहचान करनी होगी ताकि गांवों में सक्रियता के लिए आशा उत्पन्न करने वाली ग्राम निवेश उन्मुख, भरोसेमंद व व्यवहार्य स्कीमों को दोहराया जा सके।

5. जहां कहीं भी ग्रामीण नेता भविष्यवादी, आशावादी, स्पष्ट लोकोन्मुख तथा उत्साह वाले लगें उन्हें सामान्य मंच पर लाया जाना चाहिए ताकि सक्रियकरण प्रक्रिया को प्रेरित किया जा सके। उदाहरण के तौर पर यदि किसी क्षेत्र में पिछले 20–30 वर्षों से किसी अपराध की खबर नहीं मिली है या सभी बैंक ऋण चुका दिए गए हैं अथवा बेरोजगारी की कोई खबर नहीं है या स्वास्थ्य व जोश में सभी लोग बाकियों से बेहतर हैं तो उन इकाईयों से कुछ आशा की जा सकती है। इसी प्रकार बेहतर नेतृत्व के लिए कई अन्य प्रांचलों का विकास किया जा सकता है।

6. बदलते हुए वातावरण में मीडिया, रेडियो, टेलीविजन, प्रशिक्षण केन्द्रों, शिक्षकों, ग्रामीण रिपोर्टरों, लेखकों आदि की भूमिका का महत्व समझना आवश्यक है। नकारात्मक दृष्टिकोण के स्थान पर वे सकारात्मक आशावादी आशा उत्पन्न करने वाला व्यवहार तय करने और स्थिति निर्माण को प्रेरित कर सकते हैं।

7. साधनों की कमी को चुनौती के रूप में स्वीकार किया जाना चाहिए। धन, स्थिति, व्यक्ति, व्यवहार चाहे कुछ भी हो अंततः उसे व्यवसाय प्रस्ताव के लिए संकेद्रित किया जाना चाहिए। इसका अर्थ है कि जैव विविधता को स्वीकारना होगा और उपभोक्ताओं की आवश्यकताओं को पुनः केन्द्रित करना होगा ताकि यह लोगों की संस्कृति और विचारों के अनुरूप हो सकें। शासन और जीवन की स्वार्थहीन पद्धति का विकास करने के लिए जीवन शैली, संस्कृति और जीवन की आवश्यकताओं की सामाजिक नीतियों को उचित रूप से कार्य में लगाना होगा।

8. नियति तथा जीवन शैली को प्रेरणात्मक अथवा नियत पहलू से आकार देने के लिए नीतियों की चाहे वह अंतर्राष्ट्रीय हों अथवा राष्ट्रीय, आंचलिक अथवा स्थानीय संस्थान, सामुदायिक सरकार समाज और परिवार सभी की महत्वपूर्ण भूमिका रहती है। यहां पर नियत, नीति और प्रेरणा रूप में नियति, नीति व भाग्य के प्रश्नों को आशा जगाने वाले तरीके के रूप में सम्पूर्ण रूप से आगे लाना होगा। यह प्रशिक्षण, लेखन शिक्षण अथवा बेहतर नीति के प्रचार के रूप में हो सकती है ताकि सामान्य जनता के लिए लाभकारी स्थिति सुनिश्चित की जा सके।

9. स्थायी सिविल सेवक चाहे वह केन्द्र के हों अथवा राज्य सरकार के, का सुग्राहीकरण चुनौतीपूर्ण तथा कार्यान्वयन के लिए कठिन क्षेत्र है। यह जानने के लिए कि "स्थायी अधिकारियों" को किस प्रकार सुग्राही बनने के लिए प्रेरित किया जा सकता है। विशेषकर असंगठित, विकेन्द्रित तथा विनीत व्यक्तियों को, अधिक परिवर्तनशील, प्रयोगशील पहल करने की आवश्यकता है। इस पहलू पर ध्यान देने के लिए आशा उत्पन्न करने वाले प्रतिमानों पर काफी अध्ययन की आवश्यकता है।

10. सभी संस्थानों और संरचनाओं में आमूल परिवर्तन हो रहे हैं। समय परीक्षण तथा कई अन्य परीक्षणों के संदर्भ में उपयुक्तता को सम्पूर्ण रूप से खोजना होगा ताकि विभिन्न पण्यधारी और भूमिका निर्वाहकर्ता अपने निष्कर्ष और कार्ययोजना तैयार कर

सकें'। स्पष्ट है कि हर व्यक्ति की अपनी सीमाएं, परिस्थितियां, क्षमता, वातावरण, उत्तरदायित्व, यहां तक कि संसाधन भी होते हैं जो उस वातावरण के अनुसार क्या कार्यवाही उचित है इसका निश्चय करते हैं। इसी संदर्भ में किसी आशा जगाने वाले प्रतिमान में सद्भावना से सर्जनात्मकता, क्षमता और आत्मविश्वास उत्पन्न करने की प्रक्रिया को विशिष्टता देनी होगी।

11. राष्ट्रीय पुनर्जागरण प्रक्रिया के भाग के रूप में उन लोगों के बीच केन्द्रित व सुस्पष्ट परस्पर प्रस्तुतीकरण का आयोजन करना होगा जो निश्चित रूप से निराशावादी हैं और वे जो निश्चित रूप से आशावादी हैं।

तर्कसंगत सोच और गतिविधियों को बढ़ाने के लिए सोसायटी (स्टार्टा)

भ्रमित, अस्पष्ट और बहु विकल्प प्रदान करने वाली व्यवस्था में तर्कसंगत सोच और गतिविधियों की आवश्यकता सर्वोच्च है।

2. "स्टार्टा" तर्कसंगत सोच और गतिविधियों को बढ़ाने के लिए जो भी कर सकता है, करना चाहता है। भारत जैसे उपमहाद्वीप में जहां अंतर्राज्यीय संबंधों और स्वशासन के विकेन्द्रित संस्थानों को सम्पूर्ण रूप से समझाना पड़ता है, और वैश्वीकरण और स्थानीयकरण अथवा वैश्विक कल्पना और स्थानीय कार्यवाही के संदर्भ में विभिन्न मुद्दों पर समग्र रूप से प्रकाश डालने का सच्चा प्रयास करना होगा जो कि तर्कसंगत सोच व गतिविधि प्रक्रिया को बढ़ाने में महत्वपूर्ण है।

3. "स्टार्टा" विभिन्न विश्वस्त कार्यकारियों के साथ भी कार्य करना चाहेगा, ये संस्थान, संगठन, समुदाय, गैर सरकारी संगठन या कोई और भी हो, सकते हैं। जब तक विश्वस्त कार्यकारियों के मानकों/परिमापों को ध्यान में रखा जाता है स्पष्टता, संक्षिप्तता और गति की जांच करने में कोई समस्या नहीं है। प्रतिस्पर्धात्मक अर्थव्यवस्था में जहां वैश्वीकरण और विश्व व्यापार संगठन मुख्य शब्द हैं, यही उचित समय है जब विभिन्न मुद्दों पर बहुआयामी प्रक्रियाओं द्वारा विचार किया जाए, उनका दोहन किया जाए, क्रोटीकृत किया जाए और उनका परीक्षण किया जाए। सोसाईटी विश्वस्त कार्यनिष्पादन के मुद्दों, बाधाओं, नीतियों, निष्पादनों और उन शक्तियों संबंधी मुद्दों की भी जांच करना चाहेगी जो दबे रहते हैं। लोगों की पूर्ण समता, क्षेत्र, जैव विविधता, महत्वाकांक्षाएं तथा परख व संतुलन सहित अभिलाषाएं कुछ ऐसे अन्य क्षेत्र हैं जिन पर दबाव डाला जा रहा है। काफी लोगों का यह मानना है कि *भारत अपनी वास्तविक शक्ति से काफी कम कार्य कर रहा है।* इस खराब निष्पादन के क्या कारण हो सकते हैं? इस निग्रहण से उभरने के लिए और व्यवस्था विकसित करने के लिए विगत के सभी प्रयासों का तर्कसंगत परीक्षण आवश्यक है।

4. "तर्कसंगतता" को समय, व्यक्ति, क्षमता, विज्ञान, निष्पादन तथा प्रौद्योगिकी व सूचना युग की समग्र चुनौतियों के सही संदर्भ में समझाना होगा। चूंकि पहले के प्रतिमान बुरी तरह असफल हो चुके हैं अत: बेहतर विकल्पों से तात्पर्य है लंबे समय तक चलने

वाला, लागत प्रभावी, अनुकृति योग्य तथा सभी के लिए लाभप्रद और पारदर्शी, अतः तर्कसंगतता, तीव्रता, सोच व कर्म का समय, क्षेत्र व स्थान के संदर्भ में समग्र रूप से परीक्षण करना होगा। विविधता और विभिन्न चैनलों जैसे डिस्कवरी, नैशनल जिओग्राफिक चैनल, एनिमल वर्ल्ड व महर्षि वेद विजन और उन पर उपलब्ध कई अन्य आध्यात्मिक और मनोरंजक कार्यक्रमों के कारण तर्कसंगत व खुले दिमाग की आवश्यकता है।

5. भ्रष्टाचार के इस युग में विश्वसनीय कार्यकर्ताओं का तत्व, कार्यकर्ताओं को एक तरफ करना, अच्छे व बुरे कार्यों को पुनःपरिभाषित करने और रोकने वाली अथवा प्रोत्साहित करने वाली चुनौतियों से विपणन काफी चुनौतीपूर्ण बन जाता है। कार्यकर्ताओं को सुविधाएं छोड़ने तथा आलोचना स्वीकारने के लिए भी तैयार रहना पड़ेगा। आध्यात्मिकता की भूमिका, मिथ्याचार पर विचार करने और सुधार के प्रयासों, सभी के लिए सतत् प्रयास की आवश्यकता है। परिवर्तन के इस तर्कसंगत तत्व को स्वरोजगार, ग्राम उद्यम और व्यवहार्य निवेश के मुद्दों के साथ उचित रूप से समेकित करना होगा। इसके लिए अधिक उत्पादन, प्रतिस्पर्धा और प्रतिस्पर्धियों को समझना, विपणन और बेहतर व सुधारे हुए विकल्पों की निरन्तर खोज की आवश्यकता है। इस परिस्थिति में "स्टार्टी" बहु अनुशासनीय तर्कसंगतकर्ताओं के साथ कार्य करने का प्रयास करती है। "स्टार्टी" को आरम्भ करने के लिए अभी कोई औपचारिक संरचना नहीं है अतः जो व्यापक रूप से सहमत हैं वे अपने दृष्टिकोण, अनुभव और कल्पना की सहायता से तर्कसंगत सोच व गतिविधियों को बढ़ा सकते हैं।

अच्छा शासन, आत्मविश्वास उत्पन्न करना, स्थानीय साधनों का उपयोग और पारदर्शिता, व्यवहार्यता, प्रतिकृति योग्यता और कार्यान्वयन योग्यता सहित प्रोत्साहन पर आधारित कार्य निष्पादन

परिचय

बजट सरकार की एक महत्वपूर्ण नीति उद्घोषणा है। यह इस बात को बताता और कार्यान्वित करता है कि सरकार के लिए आय कैसे प्राप्त की जाएगी और इसे कैसे वितरित या इसे कैसे खर्च किया जाएगा। यह पिछले अनुभवों को बताने और अर्थव्यवस्था की समग्र सुव्यवस्था को बनाए रखने का भी दस्तावेज है।

बजट से अपेक्षाएं

विगत की सीखों और बजट अपेक्षाओं को प्रभावित करने वाले विभिन्न कारकों की अननुमेयता को ध्यान में रखते हुए यही वह समय है जब बजट की अपेक्षाओं के बारे में सुनिश्चित किया जाए।

1. निःसंदेह ही बजट को जन कल्याण की अल्पकालिक व दीर्घकालिक अपेक्षाओं को पूरा करना होगा। अतः उसे ऐसी परिस्थितियां उत्पन्न करनी होंगी जिनसे जनता, संस्थानों, संगठनों, स्थानीय निकायों, समुदाय और एक तरह से सम्पूर्ण समाज को ही प्रेरित और सक्रिय किया जा सके। प्रोत्साहक कारकों के अंतर्गत स्वरोजगार, ग्राम सक्रियता, मूल शिक्षा सुविधाओं, स्थानीय साधनों का उपयोग और लोगों में अपनी समस्या का समाधान स्वयं करने की क्षमता विकसित करने वाली सहायक नीतियां शामिल हैं अतः राज्य की अति निर्भरता को कम करना होगा।

2. ग्राम रिपोर्टरों, स्थानीय निकायों, उद्यमकर्ताओं, बेरोजगारों की भूमिका को प्रोत्साहित करना होगा ताकि उनके कौशल और प्रभावी तकनीकों का अधिकतम प्रयोग करके गांव के कच्चे माल का अतिरिक्त मूल्य दिया जा सके। इसका अर्थ है कि स्थानीय योजना, ग्राम संसाधनों का पता लगाना, कौशल उन्नयन, पारदर्शिता, ग्रामों में निवेश तथा उन सभी नीतियों को लागू करना होगा जो विपणन और निवेश प्रेरित नीतियों को सफल बनाती हैं।

यहीं स्थानीय निकायों/पंचायती राज, गैर सरकारी संगठनों, सूचना प्रौद्योगिकी तथा स्वरोजगार ग्रामीण उद्यमकर्ताओं अथवा निम्न लागत व्यावहारिक परामर्शदाताओं की भूमिका अधिक महत्वपूर्ण हो जाती है। स्पष्ट है कि हमारी सबसे बड़ी समस्या राज्य पर निर्भरता और नौकरशाही को बढ़ावा देना रही है। अब समय आ गया है कि उन नीतियों पर विचार किया जाए जिनमें ग्राम क्षेत्र महत्वपूर्ण हो जाते हैं और लोगों को न सिर्फ वहां रहने के लिए प्रेरित करते हैं अपितु उन्हें शहरों को छोड़कर वापस गांव जाने के लिए भी प्रेरित करते हैं।

3. अनाकर्षक को आकर्षक बनाने, अविपणित का विपणन करने या बजट के माध्यम से कम उपयोग होने वाली नीति सहायता के उपयोग से ऐसी स्थिति पैदा हो सकती है जहां *पारदर्शिता, व्यवहार्यता तथा विपणन प्रेरित नीतियों पर आधारित नवीन नेतृत्व अनिवार्य हो जाता है।* इस प्रकार रोजगार व निवेश को अनुकूल बनाने के लिए और स्थानीय संसाधनों के प्रयोग के लिए शिक्षकों का प्रशिक्षण और सभी संसाधनों का जुटाना अनिवार्य हो जाता है। अतः नीतियों को उन प्रवृत्तियों तथा अनिवार्यताओं को प्रवर्तित करना होगा जिनसे संस्थान और व्यक्ति स्व निष्पादक व आत्मनिर्भर बन जाते हैं। नीतियां ऐसी होनी चाहिएं जो कार्य निष्पादन, स्थानीय संसाधनों के उपयोग, व्यवहार्य व्यवसाय अवसरों को प्रोत्याहित कर सकें और ऐसी परिस्थितियां उत्पन्न कर सकें जहां अल्पकाल व दीर्घकाल दोनों में हर व्यक्ति को लाभ हो।

बजट और सुशासन

1. यदि उद्देश्य ग्रामीण भारत/वास्तविक भारत को प्रेरित करना है तो नीतियां ऐसी होनी चाहिए जो सभी प्रोत्साहनों, प्रचार और संगठनात्मक सहायता का समर्थन करें और तंत्र का विकास करें। इसका अर्थ है कि ग्राम्र स्वराज अथवा आत्मनिर्भरता प्रेरित विकासशील तंत्रों

के लिए पांच लाख गांव केन्द्र बिन्दु बन सकते हैं। इस संदर्भ में ही आशा उत्पन्न करने वाले प्रतिमान के लिए स्थानीय संसाधनों, स्थानीय प्रौद्योगिकी, सामुदायिक भागीदारी तथा कम उपयुक्त वस्तुओं का उपयोग संभव है और इसी में महिलाओं की भूमिका, स्वरोजगार उद्यमकर्ताओं, ग्राम निवेशकों और प्रकृति के अनुकूल शासन पद्धति का विकास किया जा सकता है। यद्यपि विभागवार सुझाव अलग से दिए जा चुके हैं, किन्तु, कुछ विचारणीय मुद्दे नीचे दिए गए हैं–

(क) सूचना प्रौद्योगिकी, ग्राम योजना और सभी क्षेत्रों में बेहतर कार्य निष्पादन के लिए सहायता और पुरस्कार आवश्यक है। यदि गांव की जनसंख्या नियंत्रण में है, स्थानीय संसाधनों का उपयोग हो रहा है और स्वरोजगार उत्पन्न किया जा रहा है तो बैंकों को व्यवहार्य परियोजनाओं के विकास के लिए प्रोत्साहित किया जा सकता है। इसी प्रकार बेहतर बजटीय व्यवस्था के जरिए निरक्षरता, बाल उत्पीड़न, महिलाओं की उपेक्षा, पर्यावरण संबंधी मुद्दों आदि की सहायता की जा सकती है।

(ख) स्थानीय शासन और पंचायत के लिए 29 विषयों को चिह्नांकित किया गया है। समय आ गया है कि कम्प्यूटर प्रेरित मॉनिटरिंग और सफलता प्रांचलों के विकास से बेहतर और गुणवत्तापूर्ण कार्य निष्पादन को प्रोत्साहित किया जाए।

(ग) अनिवासी भारतीयों और बाहर के उद्यमकर्ताओं को स्थानीय नेता प्रेरित कर सकते हैं ताकि वे शिक्षा, कृषि व गैर कृषि क्षेत्र, प्रौद्योगिकी संरचना, गोदाम, विपणन संरचना में और विकासशील सेवा क्षेत्र में बाजारोन्मुख निवेश करें। पर्यटन और विकासशील खिलाड़ियों की क्षमताओं को भी व्यवसायरूपी पहुंच में बदला जा सकता है।

(घ) यदि कम उपयोग होने वाले संसाधनों जैसे पुराने टेंक, कूप, घर, स्कूल ज्ञान, कौशल आदि को निवेश प्रेरित नीतियों में बदला जा सकता है तो गैर सरकारी संगठनों को पूरी सहायता देनी चाहिए। यहीं आकर प्रशिक्षण की भूमिका, गांव को जागृत करने और बाजारोन्मुख नीतियों व गैर सरकारी संगठनों को सहायता देने की आवश्यकता पड़ती है।

(ङ.) ऐसे कई क्षेत्र हैं जिनमें लाभकारी व अलाभकारी आधार पर निजी निवेश की पहचान करनी होगी। ऐसे कई क्षेत्र हैं जहां पहले ही निवेश किया जा चुका है। कई अन्य क्षेत्रों में व्यवहार्य ग्राम निवेश की संभावना के क्षेत्रों को खोजा ही नहीं गया है। नया नेतृत्व इस खोज में और सूचना प्रौद्योगिकी में निवेश में सहायक होगा। अत: ग्राम निवेश में नवीन पद्धतियों को सहायता व प्रोत्साहन देने की आवश्यकता है।

(च) प्रकृति के नियम हमें समुदाय में सृजनात्मक क्षमता और आत्मविश्वास निर्माण की प्रक्रियाओं क बारे में सोचने के लिए बाध्य करते हैं। उत्तराधिकार की नीति

पर भी विरोध करने की आवश्यकता है क्योंकि यह संचयन के प्रति लोभ को सही करेगा।

(छ) कुछ परिभाषाएं जो हमारे समाज के लिए अनुपयुक्त हैं उन्हें पुन:परिभाषित करने की आवश्यकता है। अपनी अद्वितीयता को ध्यान में रखते हुए विकास, ऊर्जा, विकास सूचकांक, मानवाधिकार, आत्मविश्वास निर्माण आदि को पुन: देखना होगा।

(ज) सनदी लेखाकार (चार्टर्ड अकाउंटेंट), निवेश संग्राहक, सेवानिवृत्त विशेषज्ञ, गैर सरकारी संगठनों के निम्न लागत व्यावहारिक परामर्शदाता, स्थानीय जानकारी और संसाधनयुक्त व्यक्ति, बैंक, ग्राम रिपोर्टर तथा आधार स्तर के कार्यकर्ताओं की भूमिका का प्रचार करने की आवश्यकता है। व्यवहार्य व सुस्पष्ट प्रतिमानों के माध्यम से शोषण रहित तंत्र का निर्माण किया जा सकता है। पारंपरिक ज्ञान को संगठनात्मक सहायता प्रदान करने की आवश्यकता है।

(झ) टेलीविजन, रेडियो, सूचना प्रौद्योगिकी का ग्राम जागृति के लिए उपयोग करना विशेषकर स्वास्थ्य संबंधी खाद्य उत्पादों के संबंध में जैव खाद तथा ऐसी विभिन्न स्कीमें जिनके बारे में हम इतिहास से जानकारी प्राप्त कर सकते हैं और टिकाऊ प्रतिमान विकसित कर सकते हैं। 1908 में "गांधीजी का *हिंद स्वराज*" हमें कुछ मूल जानकारी देता है। जहां कहीं भी स्थानीय साधनों पर आधारित मॉडल तैयार किए गए हैं उनकी नकल पर विचार करना होगा और इसके लिए समुदाय, समाज संस्थानों आदि में कर प्रोत्साहन के माध्यम से पुरस्कार पद्धति को प्रेरित किया जाना चाहिए।

(ञ) विपणन व कार्य निष्पादन के आधार पर दिए जाने वाले प्रोत्साहन और समुदाय के सक्रिय रूप से शामिल होने से काफी गतिशीलता लाई जा सकती है। इसके लिए प्रवर्तनशील व उद्यमशील दृष्टिकोण की आवश्यकता है।

(ट) लागत कम करने, प्रतिस्पर्धात्मक प्रवृत्ति उत्पन्न करने और ऋण को समय से चुकाने से नई कार्य संस्कृति का विकास होगा। नौकरशाहों व अन्य सिविल सेवकों के प्रशिक्षण के अनुभव से इस समस्या का कोई समाधान नहीं हो पाया है। इसका कारण है कि एक ही ढर्रे पर चलती चली जा रही कार्य संस्कृति को निष्पादन आधारित अभिवृत्ति में परिवर्तित नहीं किया जा सका है। इसका अर्थ है कि विगत के सभी प्रवर्तनों की प्रभाविता को पुन: देखना होगा।

पंचायती राज सशक्तिकरण और आपदा प्रबंधन

जिन क्षेत्रों मे सूखे, चक्रवात अथवा बाढ़ से निरन्तर आपदा आती रहती है वहां क्षेत्राधारित योजना तैयार की जानी चाहिए जिसमें समुदाय आधारित प्रबंधन और निवेश को प्राथमिकता

दी जाए। इसका अर्थ है कि विपत्ति पड़ने के बाद के निवेश से बेहतर है कि बचाव के लिए निवेश किया जाए और स्थानीय निवेशों पर प्रोत्साहन राशि तथा प्रेरणा दी जानी चाहिए। उदाहरणस्वरूप, किसी गांव में भंडारण में, खाद्यान्न भंडारण, ज्ञान व अनुभव भंडारण, जल भंडारण, दवा और स्थानीय विशिष्टता और विशेषज्ञों का निवेश हो सकता है। बेहतर नेतृत्व व संवेदनशील नीति सहायता से सूखा प्रतिरोधी और अल्पावधि फसलों, वनारोपण व वनकटाई नीति आदि में सहायता मिल सकती है जिसे बेहतर आपदा प्रबंधन और संसाधन अनुकूलता हो सकती है। इसी प्रकार सभी विभागों की विस्तार एजेंसियों की भूमिका की स्थानीय रूप से उपलब्ध निम्न लागत विस्तार और सेवा व्यवस्था से पूर्ति करनी होगी। पारंपरिक विशेषज्ञों को, चाहे वह स्वास्थ्य में हो या निर्माण, बागान, पशुकर्म, लघु सिंचाई, व्यापार गांव व ग्रामीण उद्योग, गोदाम व भंडारण, शिक्षा प्रणाली, कला व शिल्प आदि में, नीति सहायता की आवश्यकता पड़ती है। इसी क्षेत्र में खंडीय, क्षेत्रीय और क्षेत्र विशेष के प्रोत्साहन, ग्रामीण नेतृत्व को प्रतिस्पर्धात्मक व लागत प्रभावी तंत्र प्रबंधन और विकास के लिए प्रेरित कर सकते हैं। स्वास्थ्यप्रद भोजन तथा जैव खाद अथवा कीटनाशी, खरपतवार नाशकों की भूमिका के मूल्यांकन और उस पर अनुसंधान करने की आवश्यकता है।

गांवों में निवेश को प्रदान करने के लिए विदेशी निधियों, विदेशी विशेषज्ञों की भूमिका संदेहास्पद है। कई लोगों का मानना है कि बैंकों में निवेश और राज्यों तथा शाखाओं के कम उधार जमा अनुपात के संदर्भ में यह मूल प्रश्न आवश्यक है कि जहां जमा अधिक है वहां निवेश क्यों नहीं किया जा रहा। इस बात पर संदेह नहीं कि समुदाय, प्रशिक्षण केन्द्रों, गैर सरकारी संगठनों और सभी प्रभावशील प्रोत्साहनों के माध्यम से ग्राम उद्यमशीलता अत्यावश्यक है। यदि पंचायतें अपने क्षेत्र में पर्याप्त निवेश कर सकें और उन निवेशों पर प्रतिलाभ सुनिश्चित कर सकें तो उन्हें उचित पुरस्कार दिया जा सकता है। प्रतिस्पर्धा के युग में जनसंख्या, बेरोजगारी, गांवों से प्रवास तथा राज्यों पर अतिरिर्भरता के संदर्भ में आपदाओं का सामना करना ही प्रभावी तरीका लगता है।

वित्तीय, प्रशासनिक, पर्यावरणीय और समग्र रूप से बेहतर कार्य करने वाली पंचायतों का प्रचार व प्रसार करने की आवश्यकता है। दक्षता बढ़ाने के लिए गरीबी के साथ महिलाओं और अन्य उपेक्षित वर्गों की भूमिका और ग्राम स्तर पर सकल घरेलू उत्पाद कुछ अन्य प्रांचल हो सकते हैं।

किसी भी सुधार के लिए समस्या का समाधान करने की क्षमता और सकारात्मक दृष्टिकोण और प्रथम पंचवर्षीय योजना का "विकास की समस्या" नामक शीर्षक से अध्याय 1 का पृष्ठ 12 का पैरा 13 यह जांच करने के लिए बाध्य करता है कि पिछले 50 वर्षों में क्या हुआ है? ऐसा लगता है कि 50 वर्ष पहले जो लिखा गया था वह आगे भी उतना ही संगत और उपयुक्त है।

निरन्तर समस्या के क्षेत्र/कार्यक्रम संबंधी नीति

कुछ ऐसे क्षेत्र या समुदाय या कार्यक्रम हैं जिनमें विकासात्मक पहल बुरी तरह असफल हो गई है या उन पर बहुत कम कार्य किया गया है। अब समय आ गया है कि इन पर आपदा और समुदाय सशक्तिकरण के दृष्टिकोण से देखा जाए। इन लगातार बनी रहने वाली समस्याओं का कई तरीकों से समाधान किया जा सकता है। किन्तु मेहनत, कार्य निष्पादन, समुदाय में शामिल होने का कोई विकल्प नहीं है। अत: चाहे वे प्रशिक्षण संस्थान हों या आपदा प्रबंधन केन्द्र उन सभी को नई पहुंच अपनाने की आवश्यकता है। इसका अर्थ है कि नए परिवर्तन करने होंगे। पूरे समुदाय को शामिल करना होगा और पुरानी गलतियों को दोबारा न दोहराने के लिए पद्धति विकसित करनी होगी। इनका बजट, मॉनिटरिंग और प्रभावी प्रशिक्षण पद्धति विकास के माध्यम से उचित नीति और जन सहायक तंत्रों से भी संबंध है।

जिम्मेदारी विशेषकर स्थायी नौकरशाहों की भूमिका को कम करके नहीं आंका जा सकता। दण्ड देने से बेहतर है कि तथाकथित कार्य निष्पादकों को बेहतर पैकेज बनाने में शामिल किया जाए। उदाहरणस्वरूप जिन व्यक्तियों ने जन नीति के किसी भी क्षेत्र में बेहतर कार्य किया है उन्हें उस विभाग के भविष्य की योजना तैयार करने में भागीदार बनाया जाना चाहिए। इसी प्रकार विभाग की वार्षिक रिपोर्ट में संबद्ध क्षेत्रों और उस भूमिका का भी उल्लेख होना चाहिए, जिसमें गैर सरकारी संगठन प्रभावी हो सकते हैं तथा कार्यान्वियन और मॉनिटरिंग में विभाग ने क्या कमियां देखी हैं। समुदाय और गैर सरकारी संगठनों को शामिल करके इससे गुणता सुधार और लागत कम करने में सहायता मिलेगी। इसे लागू करना बहुत कठिन होगा क्योंकि इसका विरोध किया जाएगा। पर यदि एक बार इसे विभाग द्वारा संसद को प्रस्तुत की जाने वाली वार्षिक रिपोर्ट के प्रोफार्मा का हिस्सा बना दिया गया तो आत्मविश्वास उत्पन्न करना संभव है। इससे सरकारी तंत्र और सरकारी तंत्र से बाहर के तंत्रों के बीच की दूरी कम हो जाएगी।

सरकार के वरिष्ठ प्रबंधकों की भूमिका की भी कई स्तरों पर जांच की गई है। संभवत: स्थानीय निकायों की क्षमता को संसाधनों को बेहतर बनाने, उनका अनुकूल उपयोग करने और उनकी प्रतिस्पर्धात्मक क्षमता विकसित करने में सहायता की आवश्यकता है। नि:संदेह ही बेहतर जनहित और नीति सहायक तंत्रों से बेहतर और अच्छे परिणाम संभव हैं।

आई.आई.एम., अहमदाबाद

भारतीय प्रबंधन संस्थान, अहमदाबाद राष्ट्रीय अभिनव परिवर्तन फाऊंडेशन के रूप में प्रकट हुआ है जिसे वित्त मंत्रालय ने काफी सहायता दी है। इसी प्रकार सभी नव परिवर्तनों में चाहे वह स्थानीय संसाधन विकास हो, जैव खाद्य पदार्थ, प्रेरक ग्राम व्यवहार्य निवेश

अथवा बेहतर नेतृत्व व शासन अब समय आ गया है कि कई मिशनों पर विचार करने का प्रत्येक मंत्रालय आपदा प्रबंधन व पंचायत और सामुदायिक सशक्तिकरण के हिस्से के रूप में जनहित के मिशनों के बारे में विचार कर सकता है। उन्हें हर समय राज्य की निधियों पर निर्भर नहीं रहना चाहिए। विशिष्ट जानकारी होने पर इन विभिन्न मिशनों को पंचायतों व जिलों से संसाधन अनुकूल और आपदा प्रबंधन योजनाओं के भाग के रूप में जोड़ा जा सकता है। नि:संदेह ही निष्पादन व स्थानीय संसाधनों की गतिशीलता के आधार पर राज्य उनकी सहायता करेंगे। वैकल्पिक विकास के लिए लोगों की क्षमता और आत्मविश्वास निर्माण की आवश्यकता है और यह उनकी प्रतिमा के पूर्ण उपयोग करते हुए और जनता में आत्म सहायता को प्रोत्साहित करते हुए ही उत्पन्न किया जा सकता है। इसी प्रक्रिया में सहकारी और ग्रामीण बैंकों को स्थानीय निकायों द्वारा सहायता दी जाएगी ताकि उन क्षेत्रों में निवेश प्रेरित उद्यम विकास के लिए बेहतर योजना और परियोजनाएं बना सकें। सभी का मानना है कि विकास संबंधी मुद्दों के समाधान के लिए स्थानीय निकायों का उचित उपयोग नहीं हुआ है।

सकल घरेलू उत्पाद, प्रति व्यक्ति आय तथा मानव विकास सूचकांक

अर्थ व्यवस्था की उन्नति और अधिक संपन्नता के संकेत के रूप में सकल घरेलू उत्पाद के विकास पर अत्यधिक बल देने से काफी ज्यादा नुकसान हुआ है। परिकलन में कई विसंगतियां हैं। वैश्विक अनिश्चयता के कारण हमें ग्राम सक्रियता के लिए योजना तैयार करनी होगी और यदि ग्रामीण क्षेत्रों में अतिरिक्त मूल्य प्रक्रियाओं को आरंभ किया जाए तो सकल घरेलू उत्पाद काफी अधिक होगा। विकास सूचक के रूप में सकल घरेलू उत्पाद की कमियों को अर्थशास्त्री भलीभांति जानता है। किन्तु जब हम विकास के इक्विटी संबद्ध, सतत्, मानवीकृत सूचकों पर विचार करते हैं तो क्रमिक विकास और जानकारी का बढ़ता स्तर हमें और आगे जाने को बाध्य करता है। भ्रष्टाचार, नकली माल, दुरुपयोग, अधिक व्यय, संरचना, जनशक्ति आदि का पूर्णत: उपयोग न होना जैसे मुद्दे बाध्य करते हैं कि हम रुक कर सम्पूर्ण विकास की अवधारणाओं की पुन: जांच करें। और एक बार फिर जो दृष्टिकोण गांधीजी ने 1908 में *हिंद स्वराज* में प्रस्तुत किया था उसे यूं ही नहीं नकारा जा सकता। उन्हें निम्नलिखित दृष्टिकोण से जांच करने का उपयुक्त अवसर देना होगा?

1. विकास, सभ्यता और उसे प्राप्त करने की हमारी अवधारणा क्या है?
2. ग्राम संसाधन, ग्राम क्षेत्रों में अतिरिक्त मूल्य संभावनाओं, स्वरोजगार व ग्राम निवेश, पर्यावरण के हित के लिए निवेश की नीतियां क्या भूमिका अदा कर सकती हैं?
3. महिला स्वरोजगार उद्यमियों और स्थानीय विशेषज्ञों को बेहतर कार्य निष्पादन के लिए कैसे शामिल किया जा सकता है?

4. शासन की समग्र गुणता व जीवन स्तर को सुधारने में व्यवसायिकों, संगठित सेवा उपलब्ध करने वाले व्यक्ति महत्वपूर्ण भूमिका कैसे निभा सकते हैं?
5. शासकीय प्रशासन, प्रशिक्षण और अनुसंधान की विकेन्द्रित पद्धति से बेहतर कार्यकर्ताओं को कैसे पुरस्कृत किया जा सकता है?
6. *"सिंगल विंडो सेवा"* के माध्यम से गोपनीयता, पारदर्शिता व आत्मविश्वास उत्पन्न करने की प्रक्रिया को कैसे आरंभ किया जा सकता है?

छत्तीसगढ़ के लिए विशेष कार्यक्रम

छत्तीसगढ़ जैसे राज्यों की अपनी विशिष्टता है। वे आत्मनिर्भर और स्वावलंबी होने में और ग्राम स्वराज के क्षेत्रों में अग्रणी रहने में सक्षम हैं। वे पर्यावरण के प्रति सजग हैं। रासायनिक उर्वरकों का प्रयोग नहीं करते और मूलतः बहुत साधारण लोग हैं जो जनजातियों के विकास पर बल देते हैं। ऐसी नीतियों की आवश्यकता है जो मूलतः अच्छे गुणों, पद्धतियों और जीवन शैली का त्याग किए बिना जीवन स्तर को सुधारने में सहायक हों। उचित प्रोत्साहक नीतियों के द्वारा कुपोषण, अल्प रोजगार, मदिरा व अज्ञान की समस्याओं का समाधान किया जा सकता है। प्राकृतिक संसाधन हैं तो प्रचुर मात्रा में किन्तु नीतियों द्वारा उनका दोहन भी किया जाता है। रोजगार के लिए प्रवास साधारण सी बात है। चूंकि लोग मूलतः प्रकृति उन्मुख हैं सभी कार्यक्रमों के लिए वितरण शैली को सुधारने में पंचायती राज संस्था प्रभावी हो सकती है। लोकोन्मुख प्रशिक्षण केन्द्र, परियोजना निर्माता, अच्छे सूचकों और सामुदायिक नेतृत्व से जनहित के संसाधनों की प्रभाविता और गुणात्मकता बेहतर हो जाती है। बेहतर प्रभावी यांत्रिकीकरण सहित वैज्ञानिक प्रक्रियाओं से प्राकृतिक संसाधनों के पूर्ण उपयोग में सहायता मिलती है। पर्यटन, स्वास्थ्य सेवा, सैरगाह, बागान, औषधीय पौधे आदि निवेश की गति और रोजगार के अवसरों को बढ़ा सकते हैं।

श्री अचल दास जी को पत्र

आपदा प्रबंधन और पंचायती राज सशक्तिकरण के लिए ली गई मेरी अध्ययन अवकाश ने मुझे कुछ अभिनव प्रयोग करने की प्रेरणा दी। इसके अंतर्गत मैंने गोशालाओं, स्वपोषित प्रशिक्षण केन्द्रों, पंचायती राज संस्थानों, गैर सरकारी संगठनों और समुदाय आधारित संगठनों का दौरा किया। छत्तीसगढ़ और आपके अन्य संस्थानों विशेषकर रायपुर और दुर्ग के दौरे जहां विकास के सम्पूर्ण पहलुओं पर कार्य हो रहा है, काफी रुचिकर लगे। आपने स्वरोजगार, ग्राम निवेश और ग्रामीण जनता पर उनके स्थानीय संसाधनों से वैज्ञानिक अनुसंधान और प्रयोग पर जोर देते हुए जल, मृदा, वन और गायों को जनहित में प्रयोग करने की जो पहल की है वह मुझे अत्यन्त रुचिकर और ज्ञानवर्द्धक लगी। जिन मरीजों को आपकी स्थानीय

गाय और संबंधित चिकित्सा पद्धतियों के कारण स्वास्थ्य लाभ हुआ है उनसे बातचीत करके मुझे लगा कि इनकी अधिकतम अनुकृति करने की आवश्यकता है।

जैसा कि पहले भी उल्लेख किया जा चुका है, मैं पंचायती राज संस्थान और बैंकों की सहायता से अनुसंधान, अध्ययन और अनुकृति के मुद्दों पर विस्तृत व्यक्तिगत अध्ययन करना चाहता हूँ। नाबार्ड, माननीय राज्यपाल, लोकसभा के माननीय अध्यक्ष, माननीय मुख्यमंत्री और ग्राम विकास के माननीय मंत्री से मेरी चर्चा काफी प्रोत्साहक रही है। यहाँ तक कि डी.जी.पी. श्री दास ने भी आपके द्वारा उठाए गए सभी कदमों में काफी रुचि दिखाई है। यद्धपि इन सभी कार्यों का विवरण एक पुस्तिका में कोडीकृत किया जा सकता है किन्तु मैं आपका और आपके मित्रों श्री मोहन भाई, प्रोफेसर परगनिया और कई अन्य व्यक्तियों का हार्दिक धन्यवाद करना चाहता हूँ। छत्तीसगढ़ के विभिन्न हिस्सों में मेरे लगभग दो सप्ताह के दौरे से मुझे विश्वास हो गया है कि बेहतर जनहित पारदर्शिता, सूचना प्रौद्योगिकी विपणन पहुंच और पंचायती राज संस्थानों को शामिल करके विकास के एक अद्वितीय, सतत् और ठोस मॉडल तैयार करने के लिए काफी गुंजाईश है। सरकारी और असरकारी मुद्दों को देखने पर कई भ्रम और शंकाएं स्वत: ही दूर हो जाती हैं।

राजानंद गांव और वृंदावन में श्री दिनेश श्रीवास्तव और पंचायत के अन्य सदस्यों तथा स्वयंसेवी समूहों से हुई चर्चा से मुझे आश्वासन मिला कि बेहतर विश्वसनीय और व्यवहार्य योजना विकास की संभावना है। श्रीमती श्रीवास्तव, जो उस क्षेत्र की जानी मानी समाज सेविका हैं, ने स्वयं एक ऐसी व्यक्ति आधारित निवेश योजना को समन्वित करने का उत्तरदायित्व लेना स्वीकार किया जिसके अन्तर्गत स्थानीय संसाधनों, जानकारी, प्रौद्योगिकी, विशेषज्ञ जानकारी और अनुभवों को सभी के लिए विश्वसनीय, वास्तविक, कार्यान्वयन योग्य और लाभप्रद परियोजनाओं में परिवर्तित किया जा सके।

मुझे यह भी विश्वास है कि उत्साहपूर्ण विपणन प्रेरित विकास और गौ उत्पादकों में मूल्यवर्धन की आपकी गोशाला पहुंच से एक नवीन सभ्यता संबंधी दृष्टिकोण पनप सकता है। 1908 में गांधीजी ने अपने पुस्तक *हिंद स्वराज* में सभ्यता, शोषण व वास्तविक भारत के सतत् विकास के मुद्दों को उठाया था। कई लोग इस पुस्तिका के प्रस्तावों से असहमत हो सकते हैं किन्तु तथ्य यही है कि विकास पैटर्न के अनुभवों के आधार पर हम इस छोटी सी पुस्तक में उठाए गए प्रश्नों को अनदेखा नहीं कर सकते। अत: अब निम्नलिखित कार्य योजना पर विचार करने का बिल्कुल सही समय है–

1. बैंकों के साथ विश्वसनीय और व्यवहार्य पारदर्शी योजना तैयार करके गोशाला आध्यात्मिक संस्थान, आयुर्वेदिक संस्थान, पंचायती राज संस्थान, कृषि आदि इस कार्य में लग कर ग्राम स्वराज प्रतिमान विकसित करने पर विचार कर सकते हैं।
2. वैश्वीकरण और उदारीकरण की चुनौतियों का सामना करने के लिए नीति, छोटी प्रौद्योगिकियों, विकास के आर्थिक प्रतिमान, ग्रामीण रोजगार तथा

आध्यात्मिक संस्थानों से संबंध की भूमिका का सम्पूर्ण विश्लेषण करना होगा। इस संदर्भ में बजट, कराधान, वित्तपोषण और अनुदान, छूट, सब्सिडी आदि के विद्यमान तंत्र को पुनः देखना होगा। सतत् विकास के लिए बैलगाड़ी और गौ आधारित अर्थव्यवस्था के मुद्दों पर गंभीरता से विचार नहीं किया गया है। स्थानीय प्रकृति, संस्कृति और लोगों की अपेक्षाओं तथा दीर्घकालिक पारदर्शी आधार पर विपणन क्षमता के द्वारा उन्हें पूरा करने को ध्यान में रखते हुए पर्यावरण अनुकूल विकास पर गंभीरता से विचार करना होगा। इस संबंध में हमें अपने समय की चुनौतियों को अपनी शक्तियों, कमजोरियों, अवसरों और आशंकाओं से उचित रूप से जोड़ना होगा।

3. विभिन्न प्रकार के जो प्रशिक्षण कार्यक्रम आप आरंभ कर चुके हैं, उनका अनुकरण करने की गहन आवश्यकता है। किन्तु निम्नलिखित पर बल देते हुए हमारे समय की सम्पूर्ण समस्याओं का समाधान किया जा सकता है–

(क) सर्वनियोजित ग्राम व्यवस्थापक प्रशिक्षण जिसमें पशुपालन, लघु सिंचाई, ग्राम वित्त पोषण, स्वास्थ्य ग्राम योजना, ग्राम बैंकिंग, ग्राम विपणन और पंचायती राज पर बल दिया जाए।

(ख) वित्त पोषण और पंचायतों के साथ व्यवहार्य कार्यान्वयन योजना बनाने पर बल चुनौती का अन्य क्षेत्र है।

(ग) आध्यात्मिक संस्थान गौ आधारित सतत् विकास के उद्देश्य को प्रेरित कर सकते हैं।

(घ) प्रगामी कामधेनु कृषि तथा गोमूत्र चिकित्सा और औषधि केन्द्र के आपके कार्यक्रम विशेष रूप से प्रशंसनीय हैं।

अब समय आ गया है कि विभिन्न सरकारी संगठनों, गैर सरकारी संगठनों (एन.जी.ओ.), सीबीओ तथा अनिवासी भारतीयों (एन.आर.आई.) से संसाधन जुटाने के बारे में विचार किया जाए। भविष्य में सबसे ज्यादा जोर विपणन के द्वारा आंतरिक संसाधन उत्पन्न करने पर दिया जाएगा किन्तु इसमें समुदाय को पूर्णतः शामिल करना होगा। इसी संदर्भ में आगे आशा जगाने के लिए इन्दौर के विरेन्द्र जैन और डा. निर्मला शुक्ला के अनुभवों को कोडीकृत करना होगा।

जनता को सम्मिलित करने और विश्वसनीय तथा लाभार्थी आधार पर परियोजनाएं तैयार करने से ही वास्तविक गति प्राप्त होगी। मैंने आप सभी से अनुरोध किया था कि आप यह देखें कि चार्टर्ड अकाउंटेंट, डी.आर.डी.ए. और (सी.ए.पी.ए.आर.टी.) कापार्ट जैसे संस्थानों को विश्वसनीय और व्यवहार्य स्वास्थ तंत्र विकसित करने के लिए प्रेरित किया जा

सकता है। इसका अर्थ है कि गोशाला संघ आदि के संगठन के अंतर्गत बहु आयामी पणधारियों का एक संचालन समूह बनाने पर विचार किया जा सकता है।

संयोग से मुझे खंडवा के अनुभव के बारे में पता चला जहां जैव उर्वरकों का प्रयोग किया जा रहा है। इसक परिणामस्वरूप हो सकता है कई लाख रुपए की बचत हुई हो किन्तु एक ऐसे तंत्र का विकास करना होगा जिससे छोटे स्तर पर अच्छी पहल का अनुकरण किया जाए। सदाशयी संस्थानों के अंतर्गत मिशन पहुंच के विकास से पर्यावरण अनुकूल जीवन शैली और संस्कृति को पुनर्जीवित करने में तेजी आ जाएगी।

छत्तीसगढ़ से निकलने से पहले मैंने आपको राजनंद गांव से भी एक पत्र लिखा था। मुझे विश्वास है कि नाबार्ड व अन्य बैंकिंग संस्थानों को डी.आर.डी.ए. तथा पंचायती राज संस्थानों से जोड़कर समयानुसार योजना सुनिश्चित की जा सकती है। इस संबंध में जैसे कि आप सभी से चर्चा की जा चुकी है मैं समझता हूँ कि लागत प्रभावी पद्धति के लिए किए जाने वाले किसी भी असरकारी पहल को कुछ स्वयंसेवकों, जैसे श्री मोहन भाई जी, श्री जमना प्रसाद जी कसर, श्री अभयराम तिवारीजी, श्री भीकमजी, श्री हरभजन जी, श्री तिवारीजी हस्तरेखा विशेषज्ञ आदि को कुछ जाने माने महिला समूहों का समर्थन मिलना आवश्यक है। कई लोग दिल्ली रायपुर और जिला मुख्यालय में जहां वास्तविक ग्राम स्वराज लाया जा सकता है, शक्तिशाली दल का समर्थन कर रहे हैं।

मैं उस क्षेत्र का दौरा पुनः करके यह देखना चाहूंगा कि प्रशिक्षण, अनुसंधान, विपणन, जनहित के मुद्दे, विकास योजना, लोगों का शामिल होना और युवाओं की भागीदारी से पंचायती राज और गैर सरकारी संगठनों (एन.जी.ओ.) का क्रियान्वयन किस सीमा तक सफल हुआ है। विभिन्न गोशालाओं और संस्थानों का दौर करके मुझे बहुत अच्छा लगा और मुझे विश्वास है कि सम्पूर्ण आपदा प्रबंधन का उद्देश्य प्रभावी रूप से केवल तभी पूरा होगा जब पंचायती राज संस्थान गैर सरकारी संगठन, सूचना प्रौद्योगिकी और विपणन प्रेरित नीतियों को सही मनस्थिति से विकसित किया जाएगा।

पत्र का अंत करने से पहले मैं अपने दृढ़ विश्वास और अनुभव को दोहराना चाहूंगा कि जब तक गोशालाएं सरकारी तंत्र के साथ कदम से कदम मिलाकर कार्य नहीं करती और जल विभाजन, ग्राम निवेश विपणन, अनुसंधान, प्रशिक्षण और स्थानीय संसाधनों तथा कौशल के विविध कार्यक्रमों को पारदर्शिता से आरम्भ नहीं करती तब तक कितनी भी पहल की जाए सफलता आंशिक ही होगी। मैंने पद्मश्री अन्ना हजारे जी, श्री कुट्टी मेनन जी, कोल्हापुर के श्री देशपांडे जी तथा अन्य भूमिका अदाकर्ताओं से समय-समय पर विचार विमर्श किया और वे सभी इस बात से सहमत थे कि इस संबंध में अनुवर्ती उपाय करने और उन्हें दर्ज करने की आवश्यकता है। श्री भीकम जी के नेतृत्व और श्री जोशीजी, चाचाजी, मोहन भाई आदि के मार्गदर्शन में आप अपनी सक्रिय टीम के साथ भविष्य के विकास पैटर्न के लिए प्रमुख मार्गदर्शक और प्रतिमान निर्माता हो सकते हैं।

राष्ट्र निर्माण प्रक्रिया के लिए पंचायती राज संस्थानों, समुदाय आधारित संगठनों और गैर सरकारी संगठनों को सशक्त करना और उनमें आत्मविश्वास उत्पन्न करना

1. इन सभी को वित्त पोषण, प्रशिक्षण, मॉनिटरिंग क्षमता निर्माण, क्षमता विकसित करनी होगी। इसका अर्थ है कि उनके विशिष्ट निकाय होने चाहिए जो सरकारी पहल पर ही निर्भर न हों। इसका अर्थ यह भी है कि वे संसाधन उत्पन्न करने में समर्थ हों और व्यवसायिक दृष्टिकोण उनका अच्छे परिणामों के लिए उपयोग करें।

2. अनुकृति किए जा सकने वाले अच्छे प्रतिमानों को कोडीकृत और प्रसारित किया जाना चाहिए। ऐसा यह सुनिश्चित करने के लिए किया जाए कि जब भी कोई अच्छा कार्य किया गया है उसकी अनुकृति करके उसे प्रशिक्षण का अंग बना लिया गया है।

3. युवा महिलाओं को बड़े पैमाने पर शामिल करना होगा। अर्थ है कि निम्न लागत वाली व्यावहारिक परामर्श एजेंसियों अथवा छोटे व्यवसाय विकास केन्द्रों के भाग के रूप में विपणन केन्द्रों, उत्पादन, प्रशिक्षण और परामर्श एजेंसियों का विकास करना।

4. सूचना प्रौद्योगिकी, संचार, स्व नियोजन, ग्राम निवेश नीतियों की भूमिका पर बल देने की आवश्यकता नहीं है। सभी व्यवसायियों को इसमें शामिल करने की अत्यधिक आवश्यकता है।

5. पंचायती राज और समुदाय आधारित संगठनों ने अलग मंत्रालय बनाया ताकि संवैधानिक उपबंध, कई विषयों का चिह्नांकन, विशेष वित्त पोषण तंत्र आदि पर उचित ध्यान दिया जा सके। विद्यमान तंत्र पर्याप्त नेतृत्व और प्रबंधन क्षमता उपलब्ध नहीं कर सकता। इसके कारण कई पंचायती राज संस्थान उत्तरदायित्वों का वहन नहीं कर पाते।

6. संगठन निर्माण के लिए संस्थान, वित्त पोषण, नीति सहायता और नियमित मॉनिटरिंग और मार्गदर्शन की आवश्यकता है। किन्तु इन सबका विशेषकर असंगठित क्षेत्र में, पूर्णतः अभाव है। समय आ गया है कि शासन के विकेन्द्रित संस्थानों की सेवा के लिए सभी सेवाओं के स्वयंसेवकों का पैनल तैयार किया जाए।

7. आपदा प्रबंधन के बहुत से आयाम हैं। सम्पूर्ण आपदा का प्राथमिकता के तौर पर सामना करने के लिए पंचायती राज अथवा आधार स्तर पर सशक्तिकरण आवश्यक है। विद्यमान नीति और कार्य योजना, चुनौतियों का सामना करने के लिए लोगों तथा गावों की पूर्ण दक्षता का उपयोग सुनिश्चित करने में बुरी तरह असफल रही है। ये रोजगार उत्पन्न करने, भोजन व जल की उपलब्धता सुनिश्चित करने तथा स्थानीय संसाधनों का उपयोग करके स्थानीय समस्याओं का समाधान करने से भी जुड़े हैं।

8. आश्चर्यचकित करने वाली बात यह है कि उत्तर प्रदेश के आजमगढ़ तथा मऊ जैसे कुख्यात जिलों में भी कई गांव ऐसे हैं जिनमें पुलिस रिकार्ड के अनुसार पिछले 50 वर्षों से कोई मुकदमा दर्ज नहीं किया गया। यह ध्यान देने लायक बात है कि इतने सारे गांवों में अब तक कानून और व्यवस्था को गंभीरता से क्यों नहीं लिया जा रहा है। वे अपनी

समस्याओं का समाधान कैसे करते हैं? इन सभी का बहु विषयक दृष्टिकोण से परीक्षण करना होगा।

9. कम लागत वाले व्यावहारिक परामर्शदाताओं अथवा स्वनियोजित ग्रामीण व्यवस्थापकों का संवर्ग ग्रामीण संसाधनों के जुटाव और विस्तार में सहायक हो सकता है। यह सरकार का खर्चा कराए बिना भी किया जा सकता है। इसमें सिर्फ नीति व व्यवहार की सहायता ही अपेक्षित है। इससे काफी अधिक रोजगार भी उत्पन्न होगा।

10. पंचायती राज के लिए संसद ने जिन 29 विषयों को चिह्नित किया है उन्हें किसी भी विभाग ने गंभीरता से नहीं लिया है। पंचायती राज को सशक्त करने के लिए प्रतिबद्ध नॉडल मंत्रालय होने के कारण ग्राम विकास मंत्रालय को ही यह उत्तरदायित्व संभालना होगा। इन्हें पंचायती राज संगठन के साथ नीति अनुसंधान के मुद्दों पर बैठक आयोजित करनी होगी। यहां प्रशिक्षण, वित्त पोषण, मॉनिटरिंग और यहां तक कि निष्पादक संस्थानों की भूमिका का अवमूल्यांकन नहीं किया जा सकता।

11. कार्य निष्पादन पर नियमित पुरस्कारों, प्रोत्साहनों और पदोन्नतियों से निश्चय ही लोगों की समस्याओं का समाधान करने की क्षमता को प्रेरणा मिलेगी। अभिनव, निर्भीक, परंपर विरोधी दृष्टिकोण से आधार स्तर पर अधिक प्रयोग करने में सुविधा होगी।

12. गांव को गतिविधियों का केन्द्र बनाना होगा चाहे वह ग्रामोद्योग हों, व्यवसायिक शिक्षा, स्थानीय संसाधन, स्थानीय वित्तपोषण अथवा एक साथ कार्य करना, इन सभी का प्राथमिकता के आधार पर उपयोग करना होगा। स्वयंसेवियों तथा स्पष्टता से संक्षिप्तता और गति बनी रहेगी। सरकार के सीमित दृष्टिकोण तथा संसूचना और बातचीत सही न होने के कारण वृहत संसाधन नष्ट हो रहे हैं। इससे शासन और उत्तरदायित्वों पर भी गलत प्रभाव पड़ता है। इस सभी का समाधान कार्यकर्ताओं की एक समर्पित व्यावसायिक टीम द्वारा किया जा सकता है।

सभ्यता का प्रश्न

गांधीजी ने 1908 में अपनी प्रसिद्ध पुस्तक *"हिंद स्वराज"* में विकास यांत्रिकीकरण और सभ्यता के प्रकार के मूल मुद्दों को उठाया था। हम इसे पसंद करें या न करें स्वर्गीय श्री दीन दयाल जी उपाध्याय, स्वर्गीय श्री विनोबा जी ने भी विकास के संपूर्ण मुद्दों को उठाया था जिसमें ग्रामीण और शहरी दोनों क्षेत्रों के लोगों को प्रतिपूरक भूमिका अदा करनी है शोषण करने वाली नहीं। वैश्विक और स्थानीय स्तरों पर पर्याप्त साक्ष्य हैं जिससे यह प्रमाणित किया जा सके कि वह समय आ गया है जब सभ्यता का प्रश्न हमें बाध्य करेगा कि चर्चा का स्तर उन्नत किया जाए और ऐसा प्रतिमान चिह्नांकित तथा विकसित किया जाए जो हमारी संस्कृति, व्यवहार, व्यक्तित्व, स्थानीय संसाधनों और समग्र रूप से संवैधानिक अपेक्षाओं के अनुरूप हो।

मुझे विश्वास है कि अब वह समय आ गया है जब इन सभी मुद्दों पर समग्र रूप से विचार किया जाए और न सिर्फ राज नीतिक पार्टियों द्वारा अपितु उन सभी के द्वारा, जिनका देश पर शासन है, एक आकर्षक कार्यनीति तैयार की जाए। ये ऐसे धार्मिक, आध्यात्मिक, शैक्षिक, सामुदायिक और अन्य प्रकार के संस्थान हो सकते हैं जो जनकल्याण के लिए कार्य कर रहे हैं।

स्व-नियोजन तथा ग्रामीण निवेश मिशन (एस.ई.आर.आई.एम.)

परिचय

अब समय आ गया है कि नियोजन व ग्राम निवेश के महत्वपूर्ण कार्यक्रमों की ओर बहुआयामी ध्यानाकर्षित करने के लिए असरकारी/प्रभावी मिशन आरंभ किए जाएं। यह एक राष्ट्रीय प्राथमिकता का क्षेत्र है—और सभी को अपने संसाधन एकत्रित करके यह देखना होगा कि परिस्थिति किस प्रकार विकसित होती है।

पिछली नीतियों से शिक्षा ग्रहण करना। 1	विद्यमान कार्यक्रम कैसे चल रहे हैं और क्या करने की आवश्कता है। 2	नीति दलों और उचित बजटीय तथा अन्य नीतियों 3
प्रौद्योगिकी, वित्तपोषण, पंचायत राज, प्रशिक्षण, विपणन आदि के मुद्दे। 4	मिशन क्या करेगा ?	अन्यों तथा दस्तावेज प्रतिमानों से शिक्षा ग्रहण करना। 5
विभिन्न समूहों को शामिल करना ताकि अंत:प्रेरित और चिंतनशील प्रकार के सम्मेलन किए जा सके। 6	समाज समुदाय, एन जी ओ, एन आर आई को स्थानीय योजना में शामिल करना। 7	कोई भी अन्य मामला (स्वनियोजन तथा ग्राम मिशन (सेरिम) का होगा। 8

निम्नलिखित व्यावसायिक समूहों के लिए अंत:प्रेरित तथा चिंतनशील सम्मेलन आयोजित किया जाने चाहिए—

(क) सभी राज नीतिक पार्टियां
(ख) सभी संसद सदस्यों की संगोष्ठियां
(ग) वकील और न्यायाधीश

(घ) जिला परिषद् और गैर सरकारी संगठन
(ड.) सेवानिवृत्त आई.ए.एस., आई.पी.एस., आई.एफ.एस., सी.ए., सेना आदि
(च) प्रेस
(छ) बैंकर और बीमा
(ज) महिलाएं और महिला समूह
(झ) कुलपति के शिक्षक और मानव संसाधन विकासकर्ता और प्रशिक्षक-प्रकाशक

विकास में पिछली सीख को ध्यान में रखते हुए यह स्वीकार किया गया है कि पंचायती राज, सही प्रशिक्षण व्यवहार और दृष्टिकोण तथा एक साथ कार्य करने और हिप्पो, किप्पो, टिप्पो से स्वनियोजन और ग्राम निवेश मिशन (सेरिम) के लिए कार्यशील व कार्यान्वित की जा सकने वाली कार्य योजना तैयार की जा सकती है।

विस्तृत जांच व लुप्त कड़ियों की पहचान करने में समुदायों, स्वयंसेवकों और चुने हुए मंत्रालयों से काम लेना होगा।

ऐसे कई क्षेत्र है जिनमें अच्छा कार्य किया जा सकता है अत: यदि सभी विभाग व्यवहार्य और कार्यान्वयन योग्य कार्य योजना तैयार करते हैं तो स्वनियोजन और ग्राम निवेश मिशन के अनुकूल वातावरण तैयार करने में विश्वास से कार्य करने में सुविधा होगी।

स्वनियोजन और ग्राम निवेश मिशन (सेरिम) एक न कमाने वाला मिशन है अत: जो भी जिस भी रूप में सहयोग दे सकते हैं उनसे सक्रिय सहयोग, संसाधन, कौशल और अवसंरचना आमंत्रित हैं ताकि स्वनियोजन के लिए व्यवहार्य नीति सहायता का विकास किया जा सके। इसमें अनिवासी भारतीयों की भी महत्वपूर्ण भूमिका होगी।

स्वनियोजन और ग्राम निवेश मिशन (सेरिम)

1. मिशन का व्यापक उद्देश्य है—योजना, कार्यवाही, अनुसंधान, कोडीकरण, ऋण विस्तार (पी.ए.आर.सी.ई.एल.)।

2. विभाग वार गुप्त निवेश योग्य क्षमता संभाव्यता संगठन, प्रत्यक्ष निवेश योग्य क्षमता संगठन, आशंकापूर्ण निवेश योग्य क्षमता संगठन।

3. जनहित के लिए पंचायती राज संस्थानों के साथ कार्य करना।

4. स्व नियोजन की समस्याओं की पहचान करना।

5. दल निर्माण, बैंकों से चर्चा और विपणन के लिए विभागवार संभावनाएं और कार्य योजना।

6. गैर सरकारी संगठनों और अन्य मिशनों की भूमिका।

7. विश्वसनीय परियोजनाओं के लिए वसूली की पद्धति।

8. पंचायतों और 29 विभागों की भूमिका।

विचार विमर्श और निर्णय के मुद्दे

1. ग्राम क्षेत्रों में लागत प्रभाविता, पारदर्शिता और व्यवहार्यता के लिए वितरण तंत्र के प्रभावी बनाने की तात्कालिकता और बाध्यता को देखते हुए कहा जा सकता है कि स्व-नियोजन और ग्राम निवेश मिशन की सफलता सुनिश्चित करने के लिए दल बनाने का समय आ गया है। किन्तु यह किया कैसे जाए? दल निर्माण के लिए कितने केन्द्र स्थापित किए जा सकते हैं?

2. श्रेष्ठ निष्पादन राज्यों के पंचायती राज सशक्तिकरण, स्वनियोजन तथा ग्राम निवेश और ग्राम क्षेत्रों में वितरण तंत्र का प्रभावी बनाने के क्या अनुभव हैं?

3. उपर्युक्त मुद्दों के विभिन्न पहलुओं के संबंध में बैंकरों बीमा कम्पनियों, निगमित क्षेत्रों, व्यवसायिक चैनलों, सेवानिवृत्त अधिकारियों और न्यायाधीशों के क्या अनुभव हैं।

4. वर्तमान चुनौतीपूर्ण समय में हमारे समाज और समुदाय के लोगों और अन्य संसाधनों, प्राकृतिक और मानव निर्मित दोनों की संभावनाएं किस प्रकार खोजी जाएं?

5. अवसंरचना के विभिन्न कम उपयोग में लाए गए संसाधनों, जनशक्ति, भूमि, जैव विविधता आदि का ग्राम क्षेत्रों में बैंक वित्त पोषण और व्यवहार्य परियोजनाओं के साथ स्वरोजगार उत्पन्न करने के लिए कैसे प्रयोग किया जा सकता है?

6. नीति और कार्यवाही अनुसंधान के लिए चार्टर्ड अकाउंटेंट, प्रेस, लेखक, परियोजना निर्माता, विपणन कम्पनियों, मानकीकरण और गुणता नियंत्रण संस्थानों की क्या भूमिका होगी।

7. स्पष्टता, संक्षिप्तता और गति संबंधी पहल करने में विश्वविद्यालय अनुदान आयोग (यू.जी.सी.) वैज्ञानिक तथा औद्योगिक अनुसंधान परिषद्, विभिन्न राजनीतिक पार्टियों आदि को कैसे पूर्णत: शामिल किया जा सकता है।

8. विगत की सीखों के आधार पर किस प्रकार के संरचनात्मक, संस्थानात्मक, वित्तीय, व्यावहारिक और विपणन परिवर्तन अपेक्षित हैं, उन्हें कैसे कार्यान्वित किया जाएगा और अंतरराज्यीय तथा अंत:क्षेत्रीय क्षेत्रों में क्या संपर्क होंगे?

9. कोई अन्य मुद्दा जो भविष्य की चुनौतियों, का प्रभावपूर्ण ढंग से सामना करने के लिए जनहित और सम्पूर्ण सशक्तिकरण के लिए संगत, प्रासंगिक और उपयोगी हो।

10. बेहतर क्षेत्रों के लिए गांव परिवारों और समुदाय को छोड़ने वाले अनिवासी भारतीयों की क्या भूमिका होगी। उनके विशिष्ट संसाधनों, जानकारी और महत्वाकांक्षाओं को कल्पना और कार्य निष्पादन क्षमता के साथ किस प्रकार सभी के लिए ठोस कार्यान्वयन योग्य लाभकारी स्थिति में परिवर्तित किया जा सकता है? जो तंत्र कठोर, अनियत, उदासीन एवं निष्क्रिय समझे जाते हैं उन्हें जनता की आकांक्षाओं को समझने के लिए भावपूर्ण कैसे बनाया जा सकता है?

11. जहां कहीं भी अच्छा कार्य किया गया है उसे अनुकरणीय, पारदर्शी और शिक्षाप्रद कैसे बनाया जा सकता है?

12. इन सभी आशा उत्पन्न करने वाली प्रक्रियाओं में गतिरोध व बाधाएं क्या होंगी तथा इन गतिरोधों को संसाधनों और बेहतर व लागत प्रभावी परिणामों तथा तंत्र विकास में परिवर्तित करने के लि[illegible]ा कार्यनीति होगी।

स्वनियोजन और ग्राम निवेश मिशन के गठन का उद्देश्य उन लुप्त कड़ियों को खोजना है जो इस महान देश की कुल अंत:शक्ति की खोज में बाधक है। इसका अर्थ यह भी है कि कार्यक्रमों की लागत कम की जाए और कुल प्रभाविता को बढ़ाया जाए ताकि ऐसी परिस्थितियां उत्पन्न हो सकें जो सबके लिए लाभकारी हों। अत: ग्राम क्षेत्रों में सभी के सक्रिय सहयोग से वितरण तंत्र को प्रभावी बनाने संबंधी प्राथमिकता क्षेत्र बिना समय गंवाए और अधिभार वाले राज्यों और उनके बहु उपकरणों पर भार बने बिना वास्तविकता बन सकते है।

हमें विश्वास है कि अब वह समय आ गया है जब विभिन्न संस्थानों और संबद्ध संगठनों को अपने संसाधन एकत्र करने होंगे और स्वनियोजन और ग्राम निवेश से प्रभावित होने वाले सभी लोगों को शामिल करके उन पहलुओं को देखना होगा जो लोकप्रियता, मौलिकता विभिन्न और सक्रियता को प्रभावित करते हैं।

हमारे संस्थान और हमारे भागीदार निम्नलिखित पहलुओं का अध्ययन कर रहे हैं—

(i) स्वनियोजन और ग्राम निवेश के उद्देश्यों का प्रचार करने में हम विगत से क्या सीख ले सकते हैं और यह विश्वसनीयता, समय की कसौटी और सतत्ता के विभिन्न प्रांचलों पर कहां तक सफल हुए हैं?

(ii) इस अवधारणा को प्रचालित बनाने में समाज, समुदाय, स्कूल और कालेज, संस्थान, परीक्षा निकाय, विश्वविद्यालय अनुदान आयोग और सरकार के विभिन्न विभाग क्या भूमिका अदा कर सकते हैं?

(iii) अनुदान छूट, सब्सिडी, स्वनियोजन और ग्राम निवेश योजना के बिना विभिन्न विभाग और मंत्रालय कैसे तैयारी कर सकते है?

(iv) स्वनियोजन और ग्राम निवेश के उद्देश्य को प्रेरित करने और बनाए रखने में राष्ट्रीय स्वयं सेवा और कार्यवाही मिशन, पंचायती राज संस्थान, स्वनियोजित ग्राम व्यवस्थापक, ग्राम निवेश प्रेरक सेवा (आर.आई.जी.एस.) की क्या भूमिका हो सकती है?

(v) धर्म, आध्यात्मिक संस्थान, अस्पताल और विभिन्न प्रशिक्षण संस्थान प्रभावी भूमिका कैसे अदा कर सकते हैं और इसके परिणाम क्या होंगे?

(vi) तंत्र को लागत प्रभावी कैसे बनाया जा सकता है अथवा यह कम लागत और उच्च प्रभाव वाला कार्य निष्पादन तंत्र कैसे हो सकता है? क्या पुरस्कार, प्रोत्साहन पहचान और कोटिकरण तथा अच्छी पहल की अनुकृति के लिए कदम उठाने की कोई भूमिका हो सकती है?

(vii) नीति और कार्य प्रतिपादन में प्रेस, टेलीविजन, मीडिया, सूचना प्रौद्योगिकी और निगमित क्षेत्रों की भूमिका को विशेष रूप से दर्शाने की आवश्यकता है। स्वनियोजन को समाज के सभी वर्गों से नीति निर्माण संबंधी सहायता की बहुत आवश्यकता है।

(viii) स्वनियोजन और ग्राम निवेश की अवधारणा को प्रचालित बनाने के लिए राज नीतिक पार्टियों, नौकरशाही को कैसे सक्रिय बनाया जा सकता है?

(ix) बैंकरों, बीमा कंपनियों, प्रशिक्षक संवर्गों, परामर्शदाताओं और व्यवस्थापकों को स्वनियोजित होने और एजेंट बदलने के लिए तैयार किया जा सकता है।

(x) निवेश और कम उपयोग होने वालों संसाधनों का उपयोग करने के लिए व्यवहार्य परियोजनाएं तैयार करके कम उपयोग होने वाली अवसंरचना इमारत, पहले की अधूरी निवेश परियोजनाओं को कैसे पूरा किया जा सकता है।

(xi) ग्राम परियोजनाओं के निर्माण और उनकी व्यवहार्यता बढ़ाने के मुद्दों का चार्टर्ड अकाऊंटेंटों, परामर्शदाताओं, परिवर्तन के प्रेरकों और स्वपनदर्शियों की सेवाओं की आवश्यकता पड़ती है। विशिष्ठ जानकारी के साथ उन्हें एक ही मंच पर कैसे लाया जा सकता है।

(xii) पंचायती राज संस्थानों के 29 चिह्नांकित जनहित मुद्दों में भूमिका का उचित रूप से विश्लेषण और मूल्यांकन करने और प्रभावी ढंग से लागू करने की आवश्यकता है। अत: 21वीं सदी की उभरती हुई नेतृत्व संबंधी चुनौतियों को हर स्तर पर आन्दोलित और प्रेरित करने की आवश्यकता है। इनके लिए तैयारी कौन करेगा, क्यों और कब तक करेगा? कहने की आवश्यकता नहीं कि इसे बनाए रखने का क्या कारक होगा।

(xiii) विगत के अनुभवों और पहल की प्रभावपूर्ण ढंग से भागीदारी में सेवानिवृत्त सिविल सेवकों की भूमिका क्या होगी? इन योजना, कार्यवाही, अनुसंधान, कोडीकरण, विस्तार और उधार देने की कार्यवाहियों को कौन संगठित करेगा और उसका उद्देश्य अथवा प्रेरणा क्या होगी।

(xiv) राष्ट्रीय पर्यावरण अथवा जलवायु, मौसम अथवा परिवेश आदि का विकास कैसे किया जा सकता है और इसे कैसे बनाए रखा जाएगा अथवा इसकी नकल कैसे की जाएगी।

(xv) स्वरोजगार और ग्राम निवेश का प्रचार करने में क्या समस्याएं आ सकती हैं?

दृढ़ विश्वास के क्षेत्रों में हमारा समाज स्पष्टता, संक्षिप्तता और कार्य में गति के लिए जाना जाता है। दिन प्रतिदिन घटते प्राकृतिक संसाधनों और सब ओर आपदा की स्थिति में यह आवश्यक है कि ग्राम क्षेत्रों में गंभीरता से योजना और कार्यवाही की जाए। सम्पूर्ण पहल को लाभप्रद और प्रभावपूर्ण बनाने के लिए क्षेत्रीय भाषाओं और हिन्दी में काफी

साहित्य की आवश्यकता होगी। यही हमारे समय की चुनौती है जो उसकी टीम को स्वीकारनी होगी।

ग्रामीण निवेश प्रेरक सेवाएं (आर.आई.जी.एस.) अथवा लघु व्यावसायिक उद्योग विकास कार्यक्रम के लिए स्कीम

1. लघु, मध्यम उद्यमों अथवा ग्राम कुटीर उद्योग की छुटपुट गतिविधियों अथवा विकेन्द्रित सेवा क्षेत्रों या गैर फार्म गतिविधियों आदि के लिए निवेश संबंधी कार्यक्रम का विकास करना अपेक्षित है। समय की मांग है कि कुछ संस्थानों को समय की चुनौतियों से संबद्ध किया जाए, युवावर्ग की अपेक्षाओं को पंचायती राज संस्थानों से संबद्ध किया जाए और चल रहे कार्यक्रमों से शिक्षा ली जाए। बड़े व्यवसाय के लिए छोटी सी पहल नहीं अपितु उसे सभी संबंधों में सहायता दी जाए।

2. विश्व भर में सम्पूर्ण सतत् विकास के लिए नया व्यवहार, दृष्टिकोण और कार्यान्वयन योग्य कार्य योजना अपेक्षित है। विद्यमान संस्थान कुछ पुरानी अवधारणाओं, पद्धतियों, नीतियों, प्रशिक्षण तंत्र, समन्वय और सेवा तंत्र से यह सब नहीं कर पाए जिसके कारण तंत्र का निर्माण और विध्वंस हुआ।

लुप्त कड़ियां /

सतत् कार्यक्रम में कई संघटक हैं, जैसे–

- आत्मनिर्भरता
- निजी क्षेत्रों का शामिल होना जिसमें बैंकिंग, बीमा व अन्य वित्तीय संस्थान भी शामिल हैं।
- लघु, मध्यम उद्यमों (एस.एम.ई.) का स्वयं ही शामिल होना। एस.एम.ई. क्षेत्रक के लिए सहायता लागू की जा रही है जिसमें एस.एम.ई. का कम अथवा कोई सहयोग नहीं है।

इस नए एस.बी.डी.सी. में नया या अलग क्या है?

किसी भी कार्यक्रम के चलते रहने के लिए उसमें त्रिपक्षीय व्यवस्था होनी चाहिए अर्थात् सार्वजनिक–निजी क्षेत्रक तथा स्वयं लघु मध्यम उद्यम, इस नए एस.बी.डी.सी. में यही शामिल करने का प्रस्ताव रखा जा रहा है

(क) इसमें इसी प्रकार की अन्य एस.बी.डी.सी. के अनुभवों और शिक्षाओं का जायजा लिया जाता है।

(ख) यह प्राणवायु के समान उन मुद्दों को देखता है जो स्थापनाओं को आत्मपुष्टि अनुकृति और लम्बे समय तक उपयोग को ध्यान में रखते हुए सम्पूर्ण सफल स्थापनाएं तैयार करने में नए एस.बी.डी.सी. की सहायता करेगा।

(ग) प्रथम वर्ष में पारस्परिक लाभप्रद नई एस.बी.डी.सी. को लाभकारी स्थिति में आरंभ करने में भारत की विभिन्न परिस्थितियों और कई कार्यक्रमों को ध्यान में रखा जाता है।

(घ) विभिन्न क्षेत्रों के अतिरिक्त इस परियोजना में लगातार चुनौतीपूर्ण और विकासशील निवेश क्षेत्रों, विगत की शिक्षाओं और उपेक्षित लक्ष्य समूहों, उपेक्षित क्षेत्रों और उस क्षेत्र की पूरी तरह से छिपी निवेश संभावी शक्तियों को खोज की जाती है।

(ड.) इसमें सकल घरेलू उत्पाद (जी.डी.पी.) प्रति व्यक्ति आय (पी.सी.आई.) और मानव विकास सूचकांक मुद्दों को बहुविषयी दृष्टिकोण से व्यवहार्यता, परोपकार से सृजनात्मकता, क्षमता और आत्मविश्वास निर्माण की ओर जाकर संपूर्ण शिक्षाओं और कार्यों की जांच करने का प्रयत्न किया जाता है।

(च) यह स्थानीय क्षेत्र की विद्यमान अवसंरचना, ज्ञान और कौशल का उपयोग करके अनुकरणीय प्रतिमान विकसित करने में विश्वास रखती है।

नवीन एस.बी.डी.सी.–प्राणवायु मुद्दों पर लागू होने वाले और मार्गदर्शन करने वाले कुछ मुद्दे सिद्धांत

(i) इसमें कम से कम स्टाफ किन्तु अधिक व्यावहारिक (कंसल्टेंट) परामर्शदाता होने चाहिए।

(ii) यह बाजारोन्मुख विकास द्वारा शासित होना चाहिए और पूर्ण परामर्श प्रदान करना चाहिए।

(iii) इसे उद्यमी में सम्पूर्ण आत्मविश्वास उत्पन्न करने और अनुवर्ती कार्यवाही के लिए कार्य करना चाहिए।

(iv) इसे उद्यमियों, बैंकरों, बीमा कंपनी, विपणन कंपनी, राज्य तथा स्थानीय सरकार समुदाय और समूह, अनिवासी निजी प्रशिक्षकों स्थानीय और अंतर्राष्ट्रीय गैर सरकारी संगठनों तथा सेवानिवृत्त विशेषज्ञों आदि के साथ कार्य करना सीखना होगा।

(v) प्रोत्साहन व पुरस्कार तंत्र, नीति विकल्प आदि मुद्दों की महत्वपूर्ण भूमिका होगी इसका विकास किया जा सकता है ताकि व्यवसाय की सफलता को भौतिक ही नहीं अपितु सम्पूर्ण व सकल रूप से आंका जा सके या संतुलित जीवन के कार्य के रूप में देखा जा सके।

(vi) कम उपयोग होने वाली अवसंरचना, स्थानीय विशेषज्ञता तथा स्थानीय संसाधनों

का उपयोग करने का प्रयास किया जाना चाहिए ताकि परामर्शी सेवा लागत प्रभावी, संबद्ध और आसानी से उपलब्ध हो।

(vii) परामर्शी सेवा के दौरान, तालाबंदी, उपयोग में न आने वाली परिसंपत्तियों, प्रौद्योगिकी आदि से प्राप्त सीख का उपयोग किया जाए।

(viii) एस.बी.डी.सी. के व्यवसाय को सुगठित, सहायक और क्षेत्रों के अनूठेपन के आधार पर अर्थात् गुप्त निवेश योग्य क्षमता संभाव्यता संगठन (हिप्पो) प्रत्यक्ष निवेश योग्य क्षमता संभाव्यता संगठन (किप्पो) आशंकापूर्ण निवेश योग्य क्षमता संभाव्यता संगठन (टिप्पो) जैसे क्षेत्रों पर आधारित बनाने के लिए निम्न लागत व्यावहारिक कंसल्टेंट संवर्ग (एल.सी.पी.सी.) और शासन के न्यूनतम स्तर का प्रयोग किया जाएगा और मानवीयता से सम्पूर्ण विकास संभव हो सकेगा।

(ix) नीति निर्माताओं के "अच्छे विकास नियंत्रण की आवश्यकता" को ध्यान में रखते हुए नीति निर्माण के उन मुद्दों को प्राथमिकता दी जाएगी जो क्षेत्रों व व्यक्तियों के अनुसार हों।

(x) वर्तमान तथा भविष्य के उद्भवशील निवेश, रोजगार और तात्कालिक चिंता के विषयों का क्षेत्रवार, व्यक्तिवार, उद्योग सेवा तथा व्यवसाय (आई.एस.बी.) क्षेत्रवार निरंतर पुनरावलोकन, उन्नयन और प्रसार करने की आवश्यकता है।

(xi) प्राणवायु संबंधी मुद्दा उद्यम का न्यूनतम से अधिकतम तथा लघु से मध्यम तक उन्नयन को प्रोत्साहित करने के लिए है।

(xii) सरकारी, गैर सरकारी और अर्ध सरकारी विभिन्न समूहों के शामिल होने के साथ समझौता ज्ञापन और लाभकारी आधार पर संयुक्त कार्य पत्र प्राप्त करने की नीति होनी चाहिए।

एस.बी.डी.सी. का भारत में प्रचालन क्षेत्र बनाने का प्रस्ताव है। सभी क्षेत्रों में परस्पर सहयोग के लिए विभिन्न परिस्थितियां, क्षमता, संभावित सहयोगी तथा विशेषज्ञ क्षेत्र हैं। एस.बी.डी.सी. के खरीददार अथवा उपभोक्ता निम्नलिखित वर्गों में होने की संभावना है—

(क) क्षेत्रवार—स्थानीय सरकार, समुदाय, उद्यमकर्ता, अन्य पणधारी, सामुदायिक विकास नेता और ग्राम तथा शहरी योजनाकार;

(ख) कार्यक्रमवार—प्रशिक्षण, विपणन, शिक्षक, कम्प्यूटर उपभोक्ता, स्थानीय कौशल और संभावना आधारित उपभोक्ता;

(ग) परियोजनावार—उद्योग, सेवा, व्यवसाय (आई.एस.बी.) क्षेत्र में निर्यात परियोजनाओं के लिए उद्योग व्यवसाय या सेवा अथवा समूह या कंसल्टेंसियां हो सकती हैं;

(घ) जीवन के सभी क्षेत्रों में लघु तथा मध्यम व्यवसाय के लिए कंसल्टेंसियों की आवश्यकता है। अत: समुदाय की नवीन तथा नवीनतम आवश्यकताओं के लिए निरंतर खोज की जाएगी;

(ड.) नीति विषयक मुद्दों को संगठित करने पर कराधान, ट्रेडमार्क, मानकीकरण, पट्टे पर, उधार पर देना आदि को बेचा जाएगा;

(च) लोक प्रशासन, वित्त, कराधान, बैंकिंग पट्टे पर देने संबंधी व्यक्तियों, वकील आदि विशेषज्ञों की सेवाओं को प्रभावशील व लागत प्रभावी ढंग से उपयोग किया जा सकता है;

(छ) ग्रामीण, फार्मेतर अथवा ग्राम औद्योगीकरण अथवा उद्योग सेवा व्यवसाय (आई.एस.बी.) क्षेत्र जहां एस.बी.डी.सी. का कोई पहले का आधार नहीं है, की कई देशों में संभावनाएं है। अत: अपने समय की चुनौतियों का सामना करने के लिए संगठनात्मक संरचना का विकास करके तंत्र की छानबीन और उसके विकास की गहन आवश्यकता है;

(ज) संभावना के अन्य क्षेत्रों में प्रभाव निर्धारण कंसल्टेंसी और सेवा के निम्नलिखित क्षेत्र शामिल हैं जिनकी काफी महत्वपूर्ण भूमिका है;

(झ) संगठनात्मक नेटवर्किंग;

(ञ) अनुभवों का विपणन;

(ट) स्वनियोजन, ग्राम विकास और नए व्यवसाय के विकास को प्रचलित बनाने के लिए नीति और मानकीकृत प्रशिक्षण कैप्सूल तथा प्रशिक्षकों को तैयार करना; और

(ठ) अच्छा व्यवसाय व्यवस्थापक कैसे करें।

गतिविधि की प्रकृति और लक्ष्य समूह

नए एस.बी.डी.सी. "वन स्टॉप" के स्थान पर सुविधाकर्ता की भूमिका ग्रहण कर लेंगे।

उपलब्ध कराई जाने वाली सेवाएं

निम्नलिखित सेवाएं उपलब्ध कराई जाएंगी, अर्थात्

- समस्या विश्लेषण
- गुप्त निवेश योग्य क्षमता संभावना संगठन (हिप्पो) प्रत्यक्ष निवेश योग्य क्षमता संभावना संगठन (किप्पो) आवश्यकतापूर्ण निवेश योग्य क्षमता संभावना संगठन (टिप्पो) भयभीत करने वाली निवेश योग्य क्षमता संभावना संगठन के बारे में खोज करना

- प्रशिक्षण और विकास
- कंसल्टेंसी (परामर्शदात्री एजेंसियां)
- सुग्राहीकरण कार्यक्रम
- अध्ययन यात्रा
- अनुसंधान और विकास तथा सूचना भागीदारी
- सूचना और विवरणिका; तथा
- वित्तीय संस्थानों (जैसे बैंक व बीमा कंपनियों) से संपर्क

लक्ष्य समूह

प्रस्तावित एस.बी.डी.सी. के लिए निम्नलिखित लक्ष्य समूह हैं–

1. स्व नियोजित ग्राम कंसल्टेंट (परामर्शदाता) और गैर सरकारी संगठन
2. एस.एम.ई.
3. राज्य तथा स्थानीय सरकारों, पंचायती राज संस्थान, गैर सरकारी संगठन (एन.जी.ओ.) समुदाय आधारित संगठन (सी.बी.ओ.) स्व नियोजित ग्राम व्यवस्थापक (एस.ई.आर.एम.)
4. स्थानीय मुखिया अथवा पशुपालक
5. निजी क्षेत्र
6. प्रशिक्षण संस्थान

भारत जैसे विविधता प्रधान देश में जहां कई क्षेत्रों में अद्वितीयता है। अंतर्राज्यीय संबंधों, अंतरव्यावहारिक संबंधों, लोगों की पहल को समझना आवश्यक है ताकि छोटी सी पहल को भी बड़े में बदला जा सके। सकल विकास के सूचक अथवा सतत् विकास के संकेतों का गंभीरता से परीक्षण करना आवश्यक है, जिसमें नीतियां, दल, स्पष्टता, संक्षिप्तता और गति शामिल है। कराधान, प्रौद्योगिकी, केन्द्र सहायक तंत्र, पुरस्कार, अच्छे प्रतिमान, समूह, निम्न लागत व्यावहारिक कंसल्टेंसी (परामर्शदायी एजेंसियां), विपणन मुद्दे वित्त पोषण् प्रवृतियां तथा भविष्य के विकास प्रतिमानों की भूमिका के लिए सामूहित पहुंच की आवश्यकता है। संगठित क्षेत्र की सहायता के लिए कई समूह होते हैं। असंगठित क्षेत्र में भी सामान्य हित, लाभकारी क्षेत्रों को खोजने की आवश्यकता है जहां सिर्फ वैयक्तिक समुदायों के सामान्य हित को ही नहीं अपितु राज्य तथा केन्द्र के हित को भी समग्रता में समझना होगा। यह कठिन कार्य है किन्तु इसे गंभीरता से और बिना समय गंवाए करना होगा।

यदि प्रभावपूर्ण सेवा और कंसल्टेंसी के लिए पर्याप्त उपायों पर पुन: विचार किया जाए तो सभी स्तरों पर पंचायती राज संस्थान को लाभ होगा कहना न होगा कि सरकार के

सभी विभागों को संगत, सामायिक और समर्थक होने के लिए इस वर्ग की सेवाएं लेनी होंगी। सकल व सतत् विकास की खोज के हिस्से के रूप में सामान्य मुद्दों अथवा महत्वपूर्ण मुद्दों को तैयार करना होगा।

विचार विमर्श के मुद्दे

1. क्या वरिष्ठ स्तर के स्वयंसेवकों को अन्यथा अनाकर्षक क्षेत्र में कार्य करने के लिए कह कर व्यावसायिकता लाई जा सकती है? दूसरे शब्दों में क्या कुछ ऐसे पदों का चयन किया जा सकता है जहां पर लोग प्रसन्नता के साथ जाना नहीं चाहते और उन्हें स्वेच्छा से वहां जाने के लिए कहा जा सकता है। स्पष्ट है कि वास्तविक व्यावसायिकता इन्हीं क्षेत्रों में हो और संभवत: देश स्वयं सेवकों का पूरा फायदा उठाना चाहता हो।

2. स्वयंसेवकों को परिवर्तनशील कार्यनीति प्रस्तुत करनी होगी। उन्हें किन-किन समस्याओं का सामना करने की संभावना है, क्या परिणाम प्राप्त होंगे और वे क्या चाहते हैं या क्या नहीं चाहते।

3. जहां कहीं भी अच्छा कार्य किया गया है, क्या स्वयंसेवक और उच्च व्यवसायी अपने अनुभवों और उससे प्राप्त सीख को प्रस्तुत कर सकते हैं ताकि उनका आगे अनुकरण किया जा सके?

4. कुछ विभाग निरंतर भ्रष्टाचार, विलंब, अक्षमता और शोषण के लिए जाने जाते हैं। क्या स्वयंसेवकों, पणधारियों, भूमिका निर्वाहकर्ताओं को कंसल्टेंसी (परामर्शी) कार्य देकर उनके दृष्टिकोण और कार्यवाही को प्रस्तुत करने के लिए आमंत्रित किया जा सकता है?

5. अंतत: समाधान यही हो सकता है कि प्रत्येक केन्द्र को व्यवहार्य आंतरिक संसाधन उत्पन्न करने वाला और पूर्ण रूप से अनुकृति योग्य बनाया जाए। इन कठिन प्रतीत होने वाले कार्यों को करने के लिए हमारे यहां पर्याप्त स्वयंसेवक हैं।

6. हमारे समय की चुनौती ऐसे व्यावसायिकों की मांग करती है जो मुद्दों पर नए पहलू से विचार करने के लिए तैयार हों। दूसरे शब्दों में, संपूर्ण विश्लेषणात्मक समस्या समाधान और विश्लेषण से स्वयंसेवक पारदर्शी एवं प्रभावी समाधान खोजने में सक्षम होंगे।

7. प्रत्येक विभाग, संस्थान, संरचना और सेवा को प्रतिकूल मुद्दे/सुझाव देने होंगे अतिसंवेदनशीलता के संचरण और तर्कशील विचार को गति देने के लिए प्रतिकूल संघ होना आवश्यक है।

8. पंचायती राज संस्थानों की क्षेत्र के पारदर्शिता, व्यवहार्यता और भ्रष्टाचार मुक्त तंत्र के साथ अपने क्षेत्र के सम्पूर्ण विकास में महत्वपूर्ण भूमिका है। इस संबंध में प्रस्तुतीकरण होना चाहिए ताकि यह देखा जा सके कि क्या किया जा चुका है और क्या करने की आवश्यकता है। पंचायतों को सशक्त करने और अधिकारी देने से भ्रष्टाचार और विलंब की कई समस्याओं का समाधान हो सकता है।

9. भ्रष्टाचार से लड़ने और दंड देने की पारंपरिक पद्धतियां बुरी तरह असफल हो गई हैं। अत: ऐसी पूर्णत: नई पद्धतियों को खोजने की आवश्यकता है जिनमें कार्य निष्पादन पर आधारित पुरस्कार, प्रोत्साहन, पदोन्नतियां नाम, यश आदि दिया जा सके। प्रत्येक विभाग और संस्थान को इस दृष्टिकोण से पुन: देखते हुए उन संभावनाओं का पता लगाना चाहिए जो अनुप्रयुक्त पड़ी हैं। अत: हिप्पो, किप्पो, टिप्पो, फिप्पो का नियमित रूप से प्रयोग किया जाना चाहिए।

10. जिन विभागों में फालतू निधियों का प्रयोग भत्तों को एक तरफ रखने, सीमित समूहों, के साथ कार्य करने की आदत है और जिनका उत्तरदायित्व और कार्यनिष्पादन रिकार्ड खराब है उनकी जनसमीक्षा की जाएगी। अत: बेहतर परिणामों और प्रलेखीकरण के लिए बहु विषयक उन्माद आवश्यक होगा।

11. कुछ सामुदायिक समूहों, सेवानिवृत्त लोग, कॉलेज, प्रेस आदि को भागीदार बना दिया जाए तो वे काफी महत्वपूर्ण भूमिका अदा कर सकते हैं। अत: इन समूहों के साथ कार्यशाला उपयोगी हो सकती है।

12. संक्षेप में, ऐसा प्रतीत होता है कि विकासात्मक योजना विट्ठल के नियमों के अनुसार है। यह 11वें वित्त आयोग ने भी सिद्ध किया है। संक्षेप में कहें तो आप जितने अदक्ष, चालाक, कामचोर, टालमटोल करने वाले, अस्पष्ट और नमनशील हैं, आपके पास उतने ही अधिक अवसर होंगे। उदारीकरण और स्पष्ट होने की प्रक्रिया में बाजार प्रेरित अर्थव्यवस्था और प्रयत्नों को इन नियमों से काफी कुछ सीखना है। क्या सभी संस्थान अपने कार्य निष्पादन की स्वयं परीक्षा कर सकते हैं।

13. ऐसा काफी साहित्य उपलब्ध है जो निम्न लागत व उच्च प्रभाविता वाला है। क्या स्वैच्छिक प्रयत्नों से इसे संवेदनशील बनाया जा सकता है।

14. कई विकासशील समुदायों ने अपने वित्त पोषक प्रशिक्षण समस्या का समाधान करने वाले संस्थान आरंभ किए हैं। क्या नीति निर्माण इस तरह किया जा सकता है कि परोपकार के स्थान पर सृजनात्मकता, क्षमता और आत्मविश्वास निर्माण की प्रक्रिया को गति दी जा सके। इसमें और सभी सुझावों में नीतियों की भूमिका बहुत महत्वपूर्ण है, अत: उन नियमों, नीतियों, पद्धतियों और विनियमों का पता लगाने के लिए विशेष परिवेश की खोज करना आवश्यक है, जो अंतत: विकास संबंधी जिज्ञासा प्रवृत्ति में बाधा डालते हैं। इसके लिए पंचायती राज संस्थानों से विचार विमर्श करना होगा कि कहां पर अच्छा कार्य किया गया है और नीति आदि कहां अवरोध उत्पन्न करती है। पंचायती राज जनसंख्या, बेरोजगारी, निवेश, ग्राम अवसंरचना, स्वास्थ्य उत्पादों के विपणन, सही शिक्षा आदि की समस्याओं का समाधान भी करती है। यदि हमारा सुसंस्थापित निहित स्वार्थ लोगों के साथ शक्तियां बांटता है।

बहुत से अन्य सुझाव ऐसे हैं जिनके लिए संबद्ध व्यावसायिकों ने अपनी बुद्धि लगाई

है। वे प्रस्तुति कर सकते हैं और बिना व्यय के बिना किसी को नुकसान पहुंचाए लाभकारी स्थिति उत्पन्न कर सकते हैं। वैश्विक अर्थव्यवस्था में स्वनियोजन और आत्मनिर्भरता की चुनौतियों को अनदेखा नहीं किया जा सकता। अतः दान से व्यवसाय, चालाकी से प्रबंधकत्व, गुप्त से पारदर्शी, व्यक्तिक से सामूहिक और राज्य से समुदाय आदि तक कई सुझाव तथा नीति परिवर्तन कोडीकृत किए जाते हैं। उदासीनता और निष्क्रियता को रुचि और सक्रियता में बदला जा सकता है।

कार्य सम्बन्धी कमियां और पंचायती राज के लिए कार्य योजना (29 विषय)

1992 के सांविधानिक संशोधन ने काफी कुछ कार्यपालकों और राज्य सरकार पर छोड़ दिया था। यह बड़ी दयनीय स्थिति है कि एक दशक के बाद भी कार्य निष्पादन, कमजोरियों, नवीनता की आवश्यकता ओर कार्ययोजना पर अध्ययन नहीं किया गया है। अब समय आ गया है कि सफलता प्रांचलों, वित्तपोषण आदि की पहचान की जाए और नीति सहायता के साथ स्टाफ उपलब्ध करवाया जाए। यही एक तरीका है जिसके माध्यम से ग्राम स्वराज और आपदाओं का सामना करने में सक्षम, स्वस्थ व गतिशील भारत का स्वप्न पूरा हो सकता है। आगे दिया गया चार्ट इन मुद्दों और लुप्त संपर्कों को स्पष्ट करता है–

29 विषय

क्रम सं.	कार्य	मौजूदा कार्य निष्पादन	कमजोरी	नवीनता की आवश्यकता	कार्य योजना
1.	कृषि विस्तार सहित कृषि	कृषि विभाग कृषि विज्ञान केन्द्र ए.डी.ओ. कृषि तथा प्रशिक्षण, दौर स्कीम	सी विभागों का वित्तपोषण किया जाता है और उनमें केन्द्र तथा राज्य सरकार के कार्यकर्ता तैनात किये जाते हैं।	अद्यतन विकास समय से न होना और अनुकृति योग्य रोजगार कार्यक्रम उत्पन्न करने की आवश्यकता।	ऐसी निम्न लागत, अनुकृति योग्य सतत् प्रशिक्षण बाजारोन्मुख परामर्श पद्धतियां विकसित करना आवश्यक है जो गांव के पास हैं और वहां तक पहुंचना सुगम हो।
2.	भूमि सुधार, भूसुधार समेकन संरक्षण लागू करना	कृषि विभाग, मृदा संरक्षण विभाग और न्यायालय, वाद, पुलिस, राज स्व प्राधिकारी	नियामक तंत्र पर बल और इन गतिविधियों के लिए राज्य सरकार पर निर्भरता केन्द्र राज्य के विभिन्न विभागों के कार्यकर्ता अधिकतर कलेक्टर के अधीन हैं।	बढ़ती हुई अपेक्षाओं और भूचकबंदी संरक्षण की नई स्कीमों के साथ सुधार लागत प्रभावी कार्यचालन के लिए विशिष्ट बहु विषयक टीम।	निम्न लागत तथा उच्च प्रभाविता वाला अनुकृति योग्य प्रतिमान जो लक्ष्य समूह के लिए लागत प्रभावी और सुगम हो।
3.	लघु सिंचाई और जल प्रबंधन तथा जल विभाजक विकास	अधिकतर राज्य सरकार विभाग जिला परिषद् के अधीन कार्य कर रहे हैं। खुदाई व बेधन आदि में कुछ निजीकरण हुआ है	कार्यक्रम अधिकतर राज्य निधि पर निर्भर है और उनकी प्रतिलाभ दर बहुत कम है जिस प्रभावी कार्य निष्पादन की अपेक्षा की जाती है वह राज्य तंत्र तक पहुंच न होने के कारण नहीं हो पाता।	अपेक्षाएं बढ़ने पर रलेगांव सिद्धि जैसे अधिकतर क्षेत्र प्रतिमानों का अनुकरण करेंगे जहां सूखाग्रस्त क्षेत्रों को अधिक जल क्षेत्रों में परिवर्तित कर दिया गया है।	लागत प्रभावी सुगम अनुकृति योग्य पश्चगामी व अग्रगामी से जुड़ी बैंक योग्य परियोजना।
4.	पशुपालन, डेरी, मुर्गीपालन	अधिकतर सरकारी निगमित क्षेत्र और निजी सेवादाताओं	प्रचालन लागत काफी अधिक होने के कारण निजीकरण पर बल कम	चूंकि गरीबी की रेखा से नीचे जीवन यापन करने वाले लोगों,	स्वनियोजन, कौशल उन्नयन के लिए बेहतर प्रशिक्षण के साथ,

क्रम सं.	कार्य	मौजूदा कार्य निष्पादन	कमजोरी	नवीनता की आवश्यकता	कार्य योजना
		का कम प्रवेश	है। कार्यक्रम स्वीकृति के लिए कई क्षेत्र अभी भी उपलब्ध है।	लघु व मझौले किसानों के पूरक आय के स्रोत कम हैं अत: बेहतर सेवा स्वीकार्यता, बाजार के साथ बेहतर संपर्कों और स्वास्थ्य संबंधी संकटों से निपटना आवश्यक है।	आधुनिक प्रौद्योगिकी और संसूचना के साथ पारंपरिक समुदायों का शामिल होने से लागत प्रभावी आधार पर रोजगार उत्पन्न करना और बेहतर स्वास्थ्य व सफाई के पहलू से विश्वसनीय परियोजना तैयार करना संभव हो सकता है।
5.	मछली उद्योग	मछली उद्योग विभाग और मछली निगम	सरकारी कार्यकर्ताओं पर अत्यधिक निर्भरता और मछली उद्योग में कार्य कर रहे पारंपरिक समुदायों को नजरन्दाज करना।	सरकारी नौकरी के लिए इच्छा बढ़ने और गहरे समुद्र में मछली पकड़ने के लिए प्रयोग की जाने वाली ट्रालियों के उपयोग से पारंपरिक मछुआरे समुदायों को होने वाली समस्याओं का समाधान भी परियोजना में ही करना होगा।	लगातार रोजगार उत्पन्न करना और पारंपरिक समुदायों को शामिल करना जिन्होंने आय उत्पन्न करने के लिए अपने सदस्यों पर पकड़ बढ़ा दी है, शामिल करने की योजना और यह दबाव के क्षेत्र में हो सकता है ताकि बेहतर उपकरण और योजना बनाई जा सके।
6 व 7	सामाजिक वन, फामर् वन और लघु वनोत्पाद	बागान और उपयोगिता कार्य वन विभाग और उन संबद्ध निगमों द्वारा किए जाते हैं जहां नौकरशाहों द्वारा लोन तैनात	राज्य तंत्र पर आति निर्भरता और कार्य की अगम्य शैली तथा राज्य को आप पर बल जिसके कारण अत्यधिक भ्रष्टाचार	संरक्षण और लाभकारिता के प्रति जागरूकता बढ़ने से ऐसे नए तंत्र के विकास की आवश्यकता है जो सतत् आय, अनुकूल	पारंपरिक समुदायों की सहायता से लागत प्रभावी तंत्र के विकास, वन क्षेत्र में मूल्यवर्धन से स्वास्थ्य और परिवार के पहलू से ऐसे

क्रम सं.	कार्य	मौजूदा कार्य निष्पादन	कमजोरी	नवीनता की आवश्यकता	कार्य योजना
		किए गए है	असंवेदनशीलता और पारंपरिक समुदायों, जैसे वैद्य, जनजाति आदि को अलग करना।	अनुसंधान विपणन पर आधारित हों।	उपयुक्त पैकेज का विकास संभव होना चाहिए जो अनुकृति योग्य आय उत्पन्न करने वाले स्वसहायक लागत प्रभावी तंत्र हों। कई छोटे वनोत्पादों को वन क्षेत्र में ही एकत्र भंडारित संसाधित और कम से कम आधा पैक किया जा सकता है। विपणन वित्तपोषण प्रशिक्षण आदि समस्या को उपयुक्त ढंग से तैयार करना होगा। आयुर्वेद विशेषज्ञों, विपणन विशेषज्ञों अनुसंधान प्रयोगशाला और निर्यात प्रयत्नों को समेकित करने की आवश्यकता है।
8.	लघु उद्योग तथा खाद्य संसाधन उद्योग	महा प्रबंधक डी.आई.सी.	लघु उद्योग अधिकतर नगरों और शहरों तक सीमित हैं और वित्तीय परिभाषा के कारण बहुत भ्रम और दुरुपयोग हुआ है। खाद्य संसाधन उद्योग की ओर कुछ भी ध्यान नहीं दिया गया है।	रोजगार मिलना कठिन होने और मुक्तता और उदारीकरण से लघु उद्योगों को अपने प्रत्यक्ष ज्ञान और स्थिति की भूमिका पुनः परिभाषित करनी होगी।	बहु विषयक अध्ययन, दृष्टिकोण और कार्यवाही की आवश्यकता है क्योंकि लघु उद्योग से काफी ऐसे भत्ते और सुविधाएं मिली हैं जिनका वे हकदार नहीं हैं क्योंकि उचित समझ न होने से लघु उद्योगों ने

क्रम सं.	कार्य	मौजूदा कार्य निष्पादन	कमजोरी	नवीनता की आवश्यकता	कार्य योजना
					पंचायती राज संस्थानों के प्रति पूर्णतः न्याय नहीं किया है।
9.	खादी, ग्राम और कुटीर उद्योग	जिला वी.आई. अधिकारी तथा संस्थान	मूलतः सिर्फ 26 उद्योग थे। के.वी.आई.सी. की सूची में यह संख्या 96 हो गई है। नारियल जटा (कायर), रेशम उत्पादन, रबड़ हस्तशिल्प आदि में कोई समन्वय नहीं है।	क्योंकि इन्हें पहले ही 5 प्रतिशत ब्याज दे दिया गया है और जैसे जैसे जनता की मांग बढ़ती है, संपर्कों, प्रोत्साहन और उद्यम विकास अवधारणा की आवश्यकता है। शहरी समस्याओं के कारण पंचायती राज, ग्राम और कुटीर उद्योगों की कई समस्याओं का समाधान करने में महत्वपूर्ण भूमिका अदा कर सकता है।	अवधारणात्मक स्पष्टता होनी चाहिए विशेषकर ग्राम उद्यम विकास मिशन की क्षेत्र तक पहुंच, विगत की सीख जैसे विपणन, अवहेलना, सम्पर्क, विश्वसनीयता, अवसंरचना का उपयोग कार्य योजना के महत्वपूर्ण भाग हैं। जाति आधारित संस्थान और उद्योग सेवा व्यवसाय गतिविधियां एक ओर गरीबी रेखा से नीचे देखने के लिए और दूसरी ओर रोजगार उत्पन्न करने के लिए उचित सम्मिश्रण हैं।
10. व 11.	ग्रामीण आवास तथा पेयजल	गैर सरकारी संगठनों के आवास बोर्ड और जल स्कीम—अधिकतर सरकारी	लागत प्रभावी तंत्र के लिए निजीकरण करने अथवा पंचायती राज निकायों से संपर्क स्थापित करने के लिए कोई प्रयत्न नहीं किया गया।	जैसे जैसे जन जागरण होता है और आवास तथा हिताधिकारियों के अंशदान को संबद्ध करने का आकर्षण उभरता है पंचायती राज संस्थानों	अनुकृति योग्य प्रतिमानों के निर्माण के लिए बेहतर प्रणाली के विकास की आवश्यकता है ताक ग्राम, उद्यमकर्ता, हिताधिकारियों, बैंकरों और गैर

क्रम सं.	कार्य	मौजूदा कार्य निष्पादन	कमजोरी	नवीनता की आवश्यकता	कार्य योजना
				और उद्यम विकास के अध्ययन की आवश्यकता होती है।	सरकारी संगठनों को शामिल किया जा सके। जल भंडारण के पारंपरिक तंत्रों और गृह निर्माण को पुनः सक्रिय करने की आवश्यकता है इसके लिए पारंपरिक समुदायों बैंक को शामिल किया जा सकता है तथा पश्चगामी व अग्रगामी संपर्कों में पंचायती राज संस्थानों को शामिल किया जा सकता है।
12.	ईंधन और चारा	पशुपालन विभाग और वन विभाग	आर्थिक स्थायित्व तथा पशुओं पर अत्याचार के मुद्दों पर कोई ध्यान नहीं दिया गया।	एक ओर पशुओं के प्रति क्रूरता से बचाव और दूसरी ओर जैव खाद के महत्व को बढ़ाना उपयुक्त होने से बीज से लेकर पशुओं की आर्थिक उपयोगिता के लागत प्रभावी मुद्दों को एक साथ लेना होगा।	पारंपरिक समुदायों, बैंकों और पश्च अग्र संपर्कों की बेहतर पद्धति को शामिल करके संभव है कि पंचायती राज संस्थान, ईंधन, चारा कार्यक्रम के प्रति न्याय कर पाएं।
13.	सड़क, पुलिया, पुल, गंदा जल, संचार मार्ग	लोक निर्माण कार्य विभाग	परंपरा के अनुसार राज्य निधि पर निर्भर हाल ही में पुलों और नौकाओं पर कर लगाना आरंभ किया गया है ताकि उन्हें	अधिकाधिक क्षेत्रों को संचार और परिवहन की अपेक्षा है अतः इन्हें तुरन्त जोड़ना आवश्यक है। निधि की कमी के कारण लाखों	पंचायती राज के लागत तंत्र के विकास से कार्य योजना विकसित करना और जनता को अविलंब शामिल करना संभव है।

क्रम सं.	कार्य	मौजूदा कार्य निष्पादन	कमजोरी	नवीनता की आवश्यकता	कार्य योजना
			आत्मनिर्भर बनाया जा सके किन्तु राज्य पर उनकी निर्भरता बनी हुई है।	शिक्षित इंजीनियर बेरोजगार हैं और लो.नि.वि. में स्टाफ का आधिक्य है।	
14. व 15.	ग्राम विद्युतीकरण वितरण और अपारंपरिक ऊर्जा	राज्य विद्युत बोर्ड और अपारंपरिक ऊर्जा प्राधिकारी	अधिकतर राज्य सरकार पर निर्भर और अव्यावसायिक सिद्धान्त पर चल रहा है। संस्कृति की कमी।	चूंकि लागत प्रभाविता के साथ पर्यानुकूल अर्थव्यवस्था पर अधिकाधिक क्षेत्र का विकास करना है, जैव अवक्रमण तंत्र को सौर वायु ऊर्जा को काम में लाने के लिए आगे आना होगा ताकि लागत प्रभावी तंत्र का विकास किया जा सके।	हालांकि स्पष्ट है कि बड़े कार्यक्रम का अंत हो रहा है अतः साथ-साथ लागत प्रभावी विकेन्द्रित पर्यानुकूल प्रभावी विद्युत और अपारंपरिक ऊर्जा उत्पादन और वितरण प्रक्रिया के विकास की आवश्यकता है जो विश्वसनीय हो। कल्पनाशक्ति से स्वरोजगार प्रकार के कार्यक्रम का विकास संभव है।
16.	गरीबी उन्मूलन कार्यक्रम	ग्राम विकास विभाग, ब्लाक और पंचायत	परंपरागत राजनीतिक संरक्षण प्रकार के कार्यक्रम जिसमें संपर्क और लागत प्रभाविता नहीं है।	अत्यधिक वित्तपोषण, अवधारणात्मक स्पष्टता, संपर्कों के बावजूद अंतःशक्ति पर ध्यान नहीं दिया जाता। गरीबी में वृद्धि क्योंकि कुछ लुप्त संपर्कों को बहुआयामी दृष्टिकोण के साथ समझना होगा और इसके लिए नीति कार्यवाही, अनुसंधान व	पंचायती राज को सक्रिय रूप से शामिल करके, आंतरिक अनुसंधान उत्पादन क्षमता के विकास उचित कीमत और सेवा नीति तथा संगतता से यह कार्यक्रम ग्राम विकास का महत्वपूर्ण उपयोगी भाग हो सकता है। इसे अलग से नहीं

क्रम सं.	कार्य	मौजूदा कार्य निष्पादन	कमजोरी	नवीनता की आवश्यकता	कार्य योजना
				कोडीकरण की आवश्यकता है, इसके लिए कोई सुलभ समाधान उपलब्ध नहीं है।	किया जा सकता।
17. से 21.	शिक्षा, तकनीकी प्रशिक्षण, व्यावसायिक शिक्षा, प्रौढ़ शिक्षा और अनौपचायिक शिक्षा, पुस्तकालय, सांस्कृतिक गतिविधियां	विभिन्न शिक्षा, विभाग संस्थान, गैर सरकारी संगठन और सांस्कृतिक विभाग	कोई समन्वय अथवा अवधारणात्मक स्पष्टता नहीं है, आंतरिक संसाधन उत्पादन न्यूनतम है, सकल व्यक्तित्व विकास के पहलू गायब हैं। किताबी ज्ञान पर बल, औपचारिक प्रकृति पर बल तथा राज्य पर अति निर्भरता और अध्यापक की उच्च लागत	अत्यधिक निधि प्रवाह और निवेश के बावजूद हिताधिकारियों की संख्या न्यूनतम रहे हैं। निम्न लागत तंत्र का विकास किया जा रहा है, विद्यमान तंत्र भारी और लागत प्रभावी हैं। अवसंरचना का कम उपयोग रहा है। निजीकरण हो चुका है। अभिभावक संस्थानों को अच्छी शिक्षा के लिए कीमत देते हैं। सरकारी संस्थानों की प्रतिष्ठा खराब ही है। सांस्कृतिक गतिविधियां वास्तविकता के अनुरूप नहीं हैं।	स्वनियोजन, उद्यम विकास, व्यक्तित्व विकास और संपर्क व आंतरिक संसाधन उत्पादन की बेहतर नीति से लागत प्रभावी तंत्र का विकास संभव है। नीति पर्यटन व सांस्कृतिक संपर्कों के पैकेजों से कल्पना का विकास संभव है। उपयुक्त भूमि देकर शिक्षा की लागत को कम करने पर कार्यवाही अथवा अन्य व्यावसायिक गतिविधियों पर बल, ग्राम क्षेत्रों में शिक्षकों, ग्राम विकास को पंचायती राज संस्थान से जोड़ा जा सकता है।
22.	बाजार	सरकारी विपणन निगम और निजी संस्थान	विपणन पहलू की परंपरागत रूप से अवहेलना की गई है और छुट-पुट प्रयासों से काफी हानि हुई है।	प्रतिस्पर्धात्मक वातावरण में विपणन किसी भी कार्यक्रम के स्थायित्व की सफलता की कुंजी है। मेलों में खरीददार को केवल	किसी भी गतिविधि को आरंभ करने से पहले स्वरोजगार, विश्वसनीयता, अनुकरणीयता आदि पहलू से उसके विपणन

क्रम सं.	कार्य	मौजूदा कार्य निष्पादन	कमजोरी	नवीनता की आवश्यकता	कार्य योजना
				सेवा की लागत के एक ही पहलू का पता लगता है। शून्य आधारित लागत प्रभावी संस्थानों और कार्यक्रमों से विकास के लिए काफी चीजें मिलती हैं।	को देखने की आवश्यकता है। नीति तैयार करने के लिए बाजारोन्मुख उत्पादन प्रशिक्षण और बाजार विकास के लिए प्रशिक्षण नीतियों के अनुकूलन की आवश्यकता है।
23. से 27.	स्वास्थ्य व सफाई, डिस्पेंसरी, परिवार कल्याण, महिला व बाल कल्याण, सामाजिक कल्याण, अशक्त व अनुसूचित जाति, जनजाति	राज्य चिकित्सा कल्याण और महिला बाल विभाग तथा अनुसूचित जाति/जनजाति बोर्ड और वित्त निगम परंपरागत तौर पर ये कार्यक्रम धर्मार्थ, कल्याण अवधारणा के साथ पूर्णत: राज्य निधि पर निर्भर रहे हैं।	इसका अध्ययन तथ्यों के संदर्भ में किया जाना चाहिए और आय उत्पन्न करने के कई कार्यक्रम भी कल्याण अवधारणा पर कार्य कर रहे हैं। अत: वास्तविक कल्याण के इन कार्यक्रमों को जो सबसे अधिक क्षति पहुंची है वह निधि के कारण नहीं अपितु व्यवहार, सामाजिक रूप से अपंग समूहों के कार्यक्रमों पर लागू होने वाली नीति के कारण पहुंचा है।	संसाधन कम होने के कारण कार्यान्वयन तंत्र के निहित स्वार्थ स्पष्ट हो जाते हैं। खराब निष्पादन के कारण विश्लेषण करने और विश्वसनीयता तथा लागत प्रभाविता के बेहतर तंत्रों का विकास करने का समय आ गया है। इस पहलू के प्रति समर्पित संपूर्ण शिक्षित महिला समूह को, स्थानीय पहुंच तथा कार्य निष्पादन के अनुसार भुगतान के आधार पर काम में लगाया जा सकता है।	योग्य व्यक्तियों के समूह को शामिल करना और ज्ञान के विद्यमान स्तरों का कौशल उन्नयन और उन्हें आय उत्पन्न करने वाले कार्यक्रमों से जोड़ना। कार्यक्रम को बेहतर ढंग से लागू करना संभव है। खुले, लागत प्रभावी क्षेत्र की पहचान तथा कार्य निष्पादन के अनुसार भुगतान वाले पंचायती राज संस्थान बदल सकते हैं। पश्च में अग्रगामी संपर्कों और उपयुक्त परिवर्तनों से कई आय उत्पन्न करने वाली स्कीमों को अनुकूल बनाया जा सकता है।

क्रम सं.	कार्य	मौजूदा कार्य निष्पादन	कमजोरी	नवीनता की आवश्यकता	कार्य योजना
28.	सार्वजनिक वितरण प्रणाली	खाद्य, बिजली सप्लाई विभाग, सरकार के निगम और उचित दर की दुकानें।	सार्वजनिक वितरण प्रणाली का बल इस बात पर रहा है कि कीमतें नियंत्रित रखी जाएं और कमजोर वर्ग को सहायता दी जाए। कमजोर कौन है? कितना न्याय साम्यपूर्ण हुआ है? सार्वजनिक वितरण प्रणाली की लागत क्या है?	सब्सिडियों में बढ़ोतरी होने और दुरुपयोग की शिकायतों तथा भ्रष्ट बाजार वितरण के कारण नया दृष्टिकोण विकसित करना आवश्यक है।	यदि पंचायती राज की सहायता से ग्राम क्षेत्रों में भंडारण विकसित किया जाए तो अधिक पारदर्शिता और लक्ष्य केन्द्रीकरण से सार्वजनिक वितरण प्रणाली को प्रभावी बनाया जा सकता है। प्रापण पैकेज, भंडारण, वितरण और खुदरा बाजार में कुछ अतिरिक्त शीर्षों को कम करके लागत प्रभावी तंत्र बनाया जा सकता है। बेहतर कार्यवाही के लिए नीति परिवर्तन किए गए हैं।
29.	प्रतिबद्ध परिसंपत्तियों का रख-रखाव	बहुत स्पष्ट नहीं है और विभिन्न राज्यों में अलग-अलग है।	इस पर कोई ध्यान नहीं दिया गया है किन्तु पिछले कुछ दशकों में काफी प्रतिबद्ध परिसंपत्तियां बनी हैं। जिन सरकारी विभागों के पास प्रतिबद्ध संपत्तियां थीं उन्होंने इनके अच्छे रख-रखाव के लिए कोई प्रयत्न नहीं किया। सरकारी तंत्र की लागत और निर्माण के प्रति लोग उदासीन थे	जैसे जैसे प्रतिबद्ध परिसंपत्तियां बनती हैं और अत्यधिक निवेश कम होता है, लोग राज्य पर कम निर्भर होते हैं। समय आ गया है कि हिताधिकारियों को शुरू से ही शामिल किया जाए।	लागत प्रभावी तंत्र से पंचायती राज के लिए प्रतिबद्ध परिसंपत्तियों का पूर्ण उपयोग संभव है। योजना कार्यान्वयन, मॉनिटरिंग, रख-रखाव और परिसंपत्तियों के वित्तपोषण में गैर सरकारी संगठन शुरू से ही शामिल हैं। जिस लागत आधारित समिति के लिए

क्रम सं.	कार्य	मौजूदा कार्य निष्पादन	कमजोरी	नवीनता की आवश्यकता	कार्य योजना
			और उनकी किसी भी स्तर पर कोई भूमिका नहीं थी।		कार्यक्रम आरंभ किया गया था उसके साथ विश्वसनीयता और आंतरिक संसाधन उत्पादन काफी उपयोगी हो सकते हैं। जिनमें हिताधिकारियों के शामिल होने से परिसंपत्तियां उपयोगी हो गई हैं।

6

आपदा प्रबंधन तथा पंचायती राज सशक्तिकरण–पशु कल्याण और "विश्व लघु एवं मध्यम स्तरीय उद्यम एसोसिएशन" के दृष्टिकोण से परख

भूमिका

पशु कल्याण बोर्ड के अध्यक्ष न्यायमूर्ति गुमानमल लोढ़ा के पत्र से मेरे दिमाग में कई मुद्दे व सवाल उठे। मेरा जन्म वर्धा में हुआ तथा अपने सेवाकाल के दौरान मैंने युद्ध व इसके त्रासदीजनक असर तथा नृशंस हत्याओं को देखा एवं समय ने मुझे यह सिखाया है कि हमें अपने मन में निर्दोष तथा निहत्थे लोगों के प्रति हमेशा ही सहानुभूति रखनी चाहिए। गौशालाओं के अनुभव, भारत के भीतरी प्रदेशों की स्थिति और छोटे व सीमांत किसानों तथा भूमिहीनों की घोर निर्धनता के कारण मुझे सुस्थापित मूल्य संरचनाओं और योजना प्रक्रियाओं की पुन: समीक्षा करने का मौका मिला। पारंपरिक प्रथाओं एवं गोधन जैसे संसाधनों के आर्थिक, आध्यात्मिक, पर्यावरणीय और विषमरूपी (Bio-divergenistic) बहु विज्ञानीय उपयोग को जानने के लिए, अध्ययन अवकाश अवधि के दौरान की गई विभिन्न परिचर्चाओं के फलस्वरूप वैज्ञानिक व तर्कसंगत विश्लेषण की आवश्यकता को और ज्यादा बल मिला। यदि इसमें थोड़ी सी भी आस्था व आर्थिक उपयोगिता दिखाई दे तो इसकी पूरी परख की जानी होगी। इसीलिए राष्ट्रीय मवेशी आयोग बनाया गया तथा मेरे दिमाग में कुछ सवाल और जांच संबंधी दिशानिर्देश आए। "विश्व लघु एवं मध्यम स्तरीय उद्यम एसोसिएशन" तथा अध्यक्ष, पशु कल्याण बोर्ड, से प्राप्त पत्रों का सार और अध्ययन व परिचर्चा के उपरांत सामने आए कुछ विचार नीचे प्रस्तुत किए गए हैं–

"विश्व लघु एवं मध्यम स्तरीय उद्यम एसोसिएशन" के पत्र का सार

1968 बैच के भारतीय प्रशासनिक सेवा के अधिकारी डा. कमल टावरी अध्ययन अवकाश

लेकर ईपा (IIPA) से जुड़े हैं। आपदा प्रबंधन व पंचायती राज सशक्तिकरण के संबंध में उनका समग्रात्मक विश्लेषण बहुत दिलचस्प, समयानुकूल और अत्यंत प्रासंगिक है। यह बहुत मुश्किल क्षेत्र है। हमें विश्वास है कि इस अध्ययन के निष्कर्ष एवं विश्लेषण विभिन्न नीतियां बनाने, कार्यवाही करने, प्रशिक्षण देने और वित्त संबंधी परिवर्तन करने में सहायक होंगे।

हम "विश्व लघु एवं मध्यम स्तरीय उद्यम एसोसिएशन" के बारे में कुछ साहित्य संलग्न कर रहे हैं। हमारा यह अनुरोध है कि आपदा प्रबंधन तथा पंचायती राज के सशक्तिकरण में, "विश्व लघु एवं मध्यम स्तरीय उद्यम एसोसिएशन" की संभाव्य भूमिका को भी ऊपर उल्लिखित अध्ययन में सम्मिलित किया जाए। हम यह मानते हैं कि यदि विभिन्न विषयों को पुन: निर्धारित करने वाले समग्रात्मक दृष्टिकोण नहीं अपनाया जाता, तो हम अपने चारों ओर घोर आपदाओं के संपूर्ण प्रभाव को नहीं समझ पाएंगे।

हम ऐसी सकारात्मक कार्यवाही के लिए आभारी होंगे, जिससे अध्ययन रिपोर्ट में लघु एवं मध्यम स्तरीय उद्यमों के विकास के दूसरे आयामों को भी सम्मिलित किया जा सके।

अध्यक्ष, पशु कल्याण बोर्ड, के पत्र का सार

"मुझे यह बताया गया है कि पंचायती राज तथा आपदा प्रबंधन से संबंधित कार्य करने के लिए डा. कमल टावरी को छ: महीने की अध्ययन अवकाश की मंजूरी दी गई है। आपदाओं के प्रभावी प्रबंधन में स्थानीय निकायों, समुदायों तथा गैर सरकारी संगठनों की क्षमता से पूर्णत: अवगत होने के कारण, मैं आपसे कुछ निवेदन करना चाहता हूं।

आप यह जानते होंगे कि भारत सरकार के स्वायत्त निकाय के रूप में पशु कल्याण बोर्ड, पशुओं के कल्याण के लिए प्रतिबद्ध है। पिछले कुछ वर्षों में, मैंने गोशालाओं में समग्रात्मक उत्प्रेरण प्वाईंट की व्यवस्था के लिए कई उपाय किए। आपको यह जानकर आश्चर्य होगा कि पिछले लगभग 120 वर्षों से, गौशालाओं ने सरकारी मदद लिए बिना अपना निर्वाह किया है। बेहतर (कन्वर्जेंस), नीतिगत सहायता, प्रशिक्षण, निधीयन, मूल्यवर्धन, अनुसंधान तथा कुल मिलाकर पंचायतों की क्षमता विकास से, ये गोशालाएं प्रभावी, कम लागत वाली, पारदर्शी व पुनरावृत्ति योग्य आपदा प्रबंधन योजना में बहुत प्रभावी भूमिका भी निभा सकी। खेद की बात है कि सरकारी तंत्र में विभाजित कार्यप्रणाली के कारण, गौशालाओं एवं इनके भू-संसाधनों का उपयोग करना तथा सहक्रियात्मक ग्रामीण उत्प्रेरक केन्द्र विकसित करने की अपार क्षमता, पिछले निवेश, भावुक दानदाता तथा गोशालाओं को वैज्ञानिक व बौद्धिक सहयोग के विषय उपेक्षित रहे हैं। इस समय सार्वजनिक एवं निजी नीति एवं प्रबंध व्यवस्थाएं घोर दबाव में हैं। अब समय आ गया है कि जब आपदा प्रबंधन जैसे विषयों को भी विभिन्न दृष्टिकोणों से देखना होगा।

मुझे यकीन है कि अपनी अध्ययन अवकाश के दौरान डा. कमल टावरी पंचायती राज सशक्तिकरण व आपदा प्रबंधन का गहन अध्ययन करेंगे। यदि "ईपा" (IIPA) को कोई आपत्ति न हो तो हम उनके अध्ययन में निम्नलिखित बातों को भी शामिल करना चाहेंगे।

(1) गोशालाओं के संसाधनों तथा अल्प प्रयुक्त समग्र संसाधनों का उपयोग, निवारक एवं उपचारी आपदा प्रबंधन में कैसे किया जा सकता है?

(2) स्थानीय शासन के हिस्से के रूप में सफल नेतृत्व और गौशालाओं तथा संस्थाओं का अच्छा प्रबंधन सरकारी, गैर सरकारी, सामुदायिक तथा विदेशी सहायता से कैसे किया जा सकता है?

(3) अंतर्राष्ट्रीय, राष्ट्रीय, क्षेत्रीय तथा स्थानीय संसाधनों को और लोगों की क्षमताओं, विशेषज्ञता, समस्याओं एवं सपनों को कैसे स्थानीय सर्जनशीलता, क्षमता व विश्वास निर्माण प्रक्रियाओं से जोड़ा जा सकता है?

(4) पंचायती राज व आपदा प्रबंधन के प्रयासों तथा कार्य योजना के हिस्से के रूप में संचार, भंडारण और बुनियादी ढांचा विकास में कैसे आदर्श (मॉडल) गोशालाएं प्रभावी भूमिका निभा सकती हैं?

(5) भारत सरकार, राज्य सरकार, स्थानीय सरकार, गैर सरकारी संगठनों, समुदाय आधारित संगठनों, मानव संसाधन विकास तथा अन्य संस्थानों से किस प्रकार की भूमिका की आशा की जाती है?

(6) पंचायती राज अथवा स्थानीय निकायों अथवा जन संस्थाओं को आगे आना होगा तथा बैंक-ग्राहक, विपणन, पुनरावृत्ति योग्य तथा पारदर्शी कार्य योजना बनानी चाहिए। लगभग एक दशक के लिए किसी कार्य योजना के मुख्य निर्देश क्या होंगे? प्रत्याशाएं क्या होंगी और यह कैसे अलाभान्वित समूहों को लाभान्वित करेंगी?

(7) बेहतर कन्वर्जेन्स, आयोजना, प्रशिक्षण, मानव संसाधन विकास, आत्म विश्वास निर्माण से संगत कोई अन्य मुद्दा जिसमें गोशालाएं तथा पशु सम्बद्ध अन्य संस्थाएं भी प्रभावी भूमिका निभा सकें। यदि आप इस प्रस्ताव से सहमत हों तो मैं बहुत आभारी रहूंगा, जिससे उपर्युक्त बातों के संबंध में उनकी अध्ययन अवकाश का उपयोग किया जा सके।

श्री मोहम्मद युनुसीद्दीन फारूखी का पत्र भी अनुबंध-IV के रूप में संलग्न है।

राष्ट्रीय मवेशी आयोग

1. कुछ महत्वपूर्ण परिभाषाएं मवेशी, विकास, स्वयंसेवक, राष्ट्र, विविधता, माप, धारणीय,

समग्रात्मक, विधि, समुदाय, गैर सरकारी संगठन, शैक्षिक संस्थान, बुनियादी ढांचा, पिछले सबक, स्थानीय नेतृत्व, कन्वर्जेन्स, हितलाभ, लाभ, संतित, परिरक्षण, उत्पादन, सुधार, जनमत, आर्थिक व्यवहार्यता, सामाजिक व्यवहार्यता, पर्यावरण व्यवहार्यता, ऐतिहासिक व्यवहार्यता, प्रौद्योगिकी व्यवहार्यता, जैविक व्यवहार्यता, पोषण, दोहन, हिप्पो (हिडन इनवेस्टिबल पोटेंशियल पावर आर्गेनाईजेशन)किप्पो (नॉन इन्वेस्टिबल पोटेंशियल पावर आर्गेनाईजेशन), टिप्पो (थ्रेटेनिंग इन्वेस्टिबल पोटेंशियल पावर आर्गेनाईजेशन), फिप्पो (फ्राईटेनिंग इन्वेस्टिबल पोटेंशियल पावर आर्गेनाईजेशन)।

2. हितैषियों, संगठनों, स्वयंसेवकों, ज्ञान साधन व्यक्तियों, संसाधनों, पदधारियों, आंकड़ों, मान व अवमान करने वाले व्यक्तियों, बुनियादी ढांचे, पंचायती राज, बैंक, समाज, सरकार, समुदाय और सुस्थापित व्यापार माध्यमों (ट्रेड चैनलों) की भूमिका।

3. गाय व इसके वंश की ऐतिहासिक पृष्ठभूमि। "कल्याण" के विशेष अंक। स्वामी करपात्रीजी की भूमिका तथा स्वतंत्रता से पहले व बाद के आंदोलन, सीखे गए सबक और इन उद्देश्यों को कारगर ढंग से पूरा करने के लिए क्या किया जाना चाहिए था।

4. कुछ संगामी आंदोलन जिनका संबंध देसी गाय, देशज स्वास्थ्य प्रणाली, देशज कृषि पद्धतियों, देशज परिवार प्रथा, देशज जीवन पद्धति, देशज परिवार संस्कृति, देशज शिल्प, कला, नाटक, नृत्य, देसी संसाधन, देशज सामाजिक जीवन से है और कुल मिलाकर इन्हें गांव को व्यवहार्य आत्म-निर्भर इकाई के रूप में विकसित करने की आवश्यकता को ग्राम स्वराज आंदोलन के एक भाग के रूप में मानेंगे। यदि हम इनको एक साथ मिला कर देखे, तो यह पाएंगे कि एक ही समय अनेक आंदोलन हो रहे हैं, जिन्हें यदि एक आम मंच पर मिलाया जा सके तो बेहतर, आशाप्रद व अनुकरणीय प्रतिमानों (मॉडलों) के बनने की संभावना है। इससे आंदोलन स्पष्ट, संक्षिप्त हो जाएगा तथा इसकी गति में भी तेजी आ जाएगी क्योंकि कोई भ्रम की स्थिति नहीं रहेगी। समाज, व्यक्ति तथा राज्य के समक्ष निश्चित रूप से ऐसे विकल्प उभर कर आएंगे जिनसे मानव विकास तेजी से व प्रभावशाली तरीके से हो पाएगा।

5. सुधार की प्रक्रिया को तेज करने में, आलोचकों, विरोधियों तथा घृणा करने वालों की भूमिका भी बहुत महत्वपूर्ण हो जाती है क्योंकि उनकी वजह से कमजोर क्षेत्रों को प्रदर्शित करने व पहचानना आसान हो जाता है। प्रायः, इसी तरह से हमदर्द भी भावावेश व अंध-विश्वास से प्रचार करते हैं। इसी प्रकार से, विषय का वैज्ञानिक, यौक्तिक, विश्लेषणात्मक और कभी-कभी गणितीय विवेचन करने पर, व्यापक रूप से स्वीकार्य एवं धारणीय प्रस्तावों का मार्ग प्रशस्त होगा।

6. किसी पद्धति या आदत की सराहना के बजाए, बेहतर होगा इसकी बारीकी से जांच की जाए कि यह किन-किन ऐतिहासिक चरणों से गुजरी तथा उनमें क्या क्या परिवर्तन हुए। विविध क्षेत्रों के लोगों द्वारा और विशेष रूप में विरोधी समूहों द्वारा इसमें भाग लेने से इस प्रक्रिया में तेजी होगी।

7. अकादमी सदस्यों एवं अन्य स्टेक-होल्डरों को उन प्रश्नों के ध्यान से उत्तर देने का अवसर दिया जाना चाहिए, जिनसे ऐसे जानकारी मिलेगी कि इस प्रक्रिया की जांच की जा सके, दस्तावेज तैयार किए जा सके, कार्यवाही की जा सकेगी और अधिक अनुसंधान किए जाएंगे। तथाकथित कार्यकारी मॉडलों के अनुभवों व विश्लेषणों का और विशेषज्ञों एवं अनुसंधान छात्रों के अच्छे बुरे अनुभवों का लाभ ऐसी पारदर्शी कार्यशाला के जरिए उठाया जाना चाहिए। कम लागत पर व अल्पतर समय में अधिक प्रभाव देने के लिए, ओवर हैड प्रोजेक्टर, पारदर्शी शीटें और प्रत्यक्ष प्रस्तुतीकरण सर्वाधिक वांछनीय होंगे।

8. पशुचिकित्सा पेशेवरों, पशुपालन विशेषज्ञों और पारंपरिक समुदायों, स्वनियोजित प्रैक्टिशनरों, पंचायती राज संस्थाओं, बायो गैस निर्माताओं, मृदा विज्ञानियों, पोषण विश्लेषकों, महिला वर्गों, प्रशिक्षकों, गैर सरकारी संगठनों तथा अन्य स्वयंसेवकों की भूमिका सर्वाधिक महत्वपूर्ण होगी। अध्यक्ष एवं उपाध्यक्ष, उन सभी संस्थाओं एवं व्यक्तियों को भी पत्र भिजवा सकते हैं जो गोधन व इसकी संतति के मूल्यवर्धन के लिए कुछ भी मदद करने में रुचि दिखाएं। कुछ विद्यालय व महाविद्यालय भी अपने खर्च पर, बाजार आधारित विकास को प्रोत्साहन दे सकते हैं और अनुभवों को संहिताबद्ध कर सकते हैं।

9. पर्यावरण हितैषी व्यक्तियों के समूहों, शाकाहारियों, स्वास्थ्यवर्धक भोजन के प्रचारकों, आयुर्वेदिक विशेषज्ञों, ग्रामीण रिपोर्टरों, सूचना प्रौद्योगिकी, धार्मिक संस्थाओं आदि की भूमिका भी बहुत महत्वपूर्ण हो सकती है बशर्ते कि इन्हें, सफलता के आधार पर, उचित नीति से शामिल किया जाए। कहना न होगा, कुछ कार्यशालाएं तथा गहन विचार विमर्श कई बिंदुओं (एक्शन पाईंट्स) को और स्पष्ट कर देंगे।

10. भारत के संदर्भ में गो-धन की और अधिक गहराई से जांच करनी होगी। यद्यपि यह प्रक्रिया अत्यंत कठिन है तथापि यह अनिवार्य है क्योंकि इससे भारत की व्यापक विविधता का पता चलेगा और यह भी पता चलेगा कि कैसे धन व जैव विविधता के विभिन्न आयामों को एक शक्ति के रूप में भावी योजना के लिए उपयोग किया जा सकता है। यहां प्रौद्योगिकी की भूमिका, स्वरोजगार, प्रोत्साहक, ग्रामीण निवेश प्रेरक, उचित मनोवृत्ति निर्धारक तथा प्रक्रियाएं व प्रणालियां पोषक के रूप में महत्वपूर्ण हैं जिससे जो अंततः सभी के लिए कल्याणकारी सिद्ध होगी। शोषी प्रणाली से लेकर स्वत्वहरण (Expropriative) एवं धारणीय प्रणाली तक, परिवर्तन प्रक्रिया की जांच दानशीलता से सर्जनशीलता, क्षमता और विश्वास निर्माण के दृष्टिकोणों से की जानी होगी। बाजारोन्मुखी अर्थव्यवस्था तथा चहुं ओर व्यापक जागरूकता के कारण यह प्रक्रिया अपरिहार्य हो जाती है। अतः स्वप्नदृष्टा प्रभावी रूप में आपस में बातचीत करने में सक्षम व्यक्तियों को आगे आना चाहिए। अन्य शब्दों में "वैश्विक स्वप्नदर्शिता एवं स्थानीय क्रियाशीलता" (GVALA) के मुद्दों पर अध्ययन करना होगा उन्हें प्रलेखबद्ध करना होगा और अनुकरणीय बनाना होगा।

11. जब कानून की बात होती है तब अंतर्राष्ट्रीय, राष्ट्रीय, क्षेत्रीय और स्थानीय कानूनों के उचित मूल्यांकन (Appreciation) करना होता है। समुदायों व क्षेत्रों के अपने

अपने परम्परागत विधिक तंत्र होते हैं जो राष्ट्रीय कानून से भिन्न अथवा इनके विरोधी हो सकते हैं। क्या कुछ ऐसे अध्ययन किए जा सकते हैं जिनसे मवेशियों के संपूर्ण स्वास्थ्य को प्रभावित करने वाली असंगतियों अथवा विचलनों का पता चल सके?

12. धर्म ने हमेशा से ही व्यक्तियों तथा समुदायों की किस्मत बनाने में बहुत महत्वपूर्ण भूमिका निभाई है। धर्म का संगठित दबाव कैसे असंगठित लोगों, स्वयं की रक्षा करने में असमर्थ, वृद्ध तथा विकलांग व्यक्तियों को प्रभावित करता है। क्या स्वयं की सहायता तथा देखभाल करने में असमर्थ लोगों के प्रति पर्याप्त संवेदनशीलता व प्रेम है?

13. मवेशियों के आहार की पारंपरिक पद्धतियों, शुक्रसेचन के ज्ञान, स्वास्थ्य, रोग व जैव औषधियों तथा पूजा पद्धतियों की परख किए जाने की आवश्यकता है।

14. प्रशिक्षण, पाठ्य विवरण तैयार करने, प्रचार, जनसंपर्क, विभिन्न मूल्यवर्धित उत्पादों के विपणन, परिरक्षण् आदि के लिए योग्य विपणन विकासकर्ताओं तथा कर्ता-धर्ताओं की सेवाओं की आवश्यकता होगी। वर्धा (Wardha) गोशाला व गोरक्षण भंडार, मथुरा गोशाला, वाराणसी आदि के अनुभवों की विभिन्न दृष्टिकोणों से परख किए जाने की जरूरत है।

15. देशी गायों के संपूर्ण कार्यक्रम को अन्य सहायता कार्यक्रमों से जोड़ा जाए तो इसे जीवनक्षम बनाने के लिए, महिलाओं तथा स्व-नियोजित लघु उद्यमियों को बहुत महत्वपूर्ण भूमिका निभानी होगी। माताएं, गैर सरकारी संगठन, समुदाय, पंचायती राज, सेवानिवृत्त लोग और स्वास्थ्य के प्रति जागरूक नागरिकों के समूह कैसे इस संदेश का प्रचार एवं संचार करेंगे?

16. भावुकता के बजाए उन सबको बांधने वाली मुख्य प्रवृत्ति ही है। यह लाभ किसी भी रूप में नाम, ख्याति, धन, पहचान, पुरस्कार, प्रोत्साहन, यात्रा, पदोन्नति आदि में हो सकता है, लेकिन इस लाभ को निरंतर बनाए रखना होगा।

17. अब जबकि 2 अगस्त, 2001 को यह आयोग बना दिया गया, इसके कुछ सरोकार-क्षेत्र तथा उन पर तुरंत कार्यवाही नीचे दिए अनुसार हो सकती है–

(i) पांच समितियां पहले ही बनाई जा चुकी हैं। इन्हें प्रश्नावली बनाने और परिचर्चा, ज्ञान मंथन, नाजुक लुप्त लिंकेजों को पहचानने तथा इसके अलावा नेटवर्क बनाने आदि का कार्य शुरू करने के लिए कहा गया है।

(ii) कार्यालय स्थान, निवास, परिवहन, बजट, कर्मचारी वर्ग की समस्या को पहले ही उठाया जा चुका है। इन पर विभिन्न स्तरों पर उचित कार्यवाही करने की आवश्यकता है।

(iii) आयोग के कार्य को संगत, उपयुक्त व उपयोगी बनाने वाले कुछ महत्वपूर्ण क्षेत्रों में निम्नलिखित समाविष्ट होंगे–

(क) इस बात का पता लगाना कि गांवों, ग्रामीण उद्योगों, ग्रामीण साहूकारों

(बैंकरों) से संबंध स्थापित करने का तथा कुल मिलाकर ग्राम विकास का क्या फायदा होगा?

(ख) क्या अल्प प्रयुक्त संसाधनों का और अधिक उपयोग हो सकता है और स्थानीय स्तर पर महिलाओं की सहभागिता हो सकती है?

(ग) धर्म गुरूओं, अहिंसा में आस्था रखने वालों और शाकाहारी व्यक्तियों के समूहों को कैसे प्रेरित किया जाए जिससे वे जनसाधारण को संवेदनशील बनाने और उनके विचारों को परिवर्तित करने के लक्ष्य में सहायता कर सकें।

(घ) क्या विभिन्न स्टेक होल्डरों और भूमिका निर्वाह करने वालों के बीच ऐसे संबंध बनाए जा सकते हैं जिससे सबका हित हो तथा जो बाजारोन्मुख हों?

चूंकि इनमें से कई मुद्दों का सीधा संबंध, साधारण देहातियों के सशक्तिकरण, आपदाओं का सामना करने के लिए उनकी क्षमता निर्माण और उन्हें आत्मनिर्भर बनाने से नहीं है, अतः यह बहुत जरूरी था कि उपर्युक्त प्रश्नों पर परिचर्चा हो।

गाय संरक्षण (सस्टेनर) के प्रतीक के रूप में या केवल पशु मात्र

श्री राजीव वोहरा के तारीख 21 अगस्त, 2001 को *नवभारत टाइम्स* के दिल्ली संस्करण में प्रकाशित लेख में बहुत रोचक, विरोधी, भावात्मक तथा युक्तिसंगत कुछ मुद्दे विचार के लिए उठे। हाल ही में, भारत सरकार ने श्री धर्मपाल जी के अधीन "राष्ट्रीय मवेशी आयोग" बनाया है।

यदि देशी गाय को पशु मात्र समझा जाए, तो यह लड़ाई जीती नहीं जा सकती। फिर भी जैव विविधता के मुद्दों, प्रकृति के सभी जीव जंतुओं के जीने के अधिकारों, समय की कसौटी पर परखे गए मूल्यों, पद्धतियों, जीनों और प्रजातियों पर तर्काधार, वैज्ञानिक व विश्लेषणात्मक दृष्टिकोण से जांच करनी होगी। वैश्वीकरण व उदारीकरण की समस्याओं का हल भावात्मक दृष्टिकोण अपनाकर नहीं निकाला जा सकता। राज्य के घटते संसाधनों व हमारे समय की अन्य चुनौतियों के कारण, हम श्री राजीव वोहरा द्वारा उठाए गए मुद्दों के पूरक के रूप में कुछ और प्रश्न उठाने के लिए विवश हैं। इनमें से कुछ प्रश्न निम्नलिखित हैं—

1. भारत में विभिन्न प्रकार की जलवायु, भाषाएं, खानपान आदतें हैं तथा रहन-सहन व पहनावे में भी भिन्नता है और यहां तक कि धार्मिक एवं आध्यात्मिक विविधता भी है, तो यह कैसे दावा किया जा सकता है कि ये हमें एकता के सूत्र में बांधते हैं। क्या समय की कसौटी पर परखे गए कोई बीज, प्रजातियां, रंग (कलर), सांस्कृतिक और आध्यात्मिक पहलू हैं जिन्हें भारत की ऐतिहासिक, मध्ययुगीन व वर्तमान विशेषताएं कहा जा सके?

असमंजस में डालने वाले इन सभी प्रश्नों के उत्तरों में कुछ तर्काधार है कि भारत क्या है अथवा भारतीयता क्या है अथवा भारतीयों को पाकिस्तानियों या बांग्लादेशियों या तिब्बतियों या नेपालियों से क्या चीज अलग करती है?

2. प्रकृति की विविध रचनाओं में से मानव एक विवेकशील, संवेदनशील एवं प्रबुद्ध प्रजाति का प्राणी है। लालच, हठीलेपन, निर्दयता जैसे दुर्गुणों की तुलना में संवेदनशीलता, सहानुभूति, मानवता, दयालुता, सहिष्णुता की भूमिका के विश्लेषण की जरूरत है। हम किसे उच्च स्तरीय ज्ञान कहते हैं? जैव विविधता, प्रौद्योगिकी, लोकतंत्र तथा कुल मिलाकर इतनी मूल्यवान प्रणाली (सिस्टम) की उत्तरजीविता सुनिश्चित करने वाले प्रांचलों के संदर्भ में, हम सतत् मानव विकास को कैसे परिभाषित करते हैं? संक्षेप में, क्या हम यह कह सकते हैं कि वे प्राणी जो हमें दुख नहीं पहुंचाते, क्या हमें उनके बारे में कुछ नहीं सोचना चाहिए?

3. सन् 1908 में, गांधी जी ने *हिंद स्वराज* में कई ऐसे मुद्दे उठाए जिनकी, 21वीं शताब्दी एवं इसकी चुनौतियों को ध्यान में रखते हुए, पुनः जांच किए जाने की आवश्यकता है। हम किस प्रकार की सभ्यता, किस प्रकार के शासन, समुपयोजन, सहिष्णुता, लोगों के सशक्तिकरण और कुल मिलाकर समाज के साधारण व्यक्तियों में विश्वास जागृत करने की आशा रखते हैं? क्या ऐसी गुंजाईश है कि प्रत्येक व्यक्ति अपने भाग्य का फैसला खुद करे? क्या असंगठित व्यक्तियों के शोषण, शक्तिशाली व्यक्तियों के लालच की पूर्ति और कमजोर व्यक्तियों की उपेक्षा पर विचार करना हम जरूरी मानते हैं? गाय को पशु मात्र समझे जाने के संदर्भ में, इस प्रश्न पर पुनः गौर करना होगा।

4. उपभोक्तावाद की भूमिका, बाजारोन्मुख अर्थव्यवस्थाओं, शक्तिशाली व्यक्तियों द्वारा शोषण तथा लोकतांत्रिक सिद्धांतों व शासन प्रणालियों की जांच, स्थानीय स्वशासन या ग्राम स्वराज के दृष्टिकोण से करनी होगी, जैसा कि संविधान के 73वें एवं 74वें संशोधन द्वारा अपेक्षित है। क्या उन्हें शक्तियां दी गई है? अपरिमार्जित भाषा में कहा जाए, तो पंचायती राज संस्थानों के लिए 29 विषयों में दिए गए कार्यक्षेत्र को ऐसे सांविधानिक निकायों द्वारा हड़प लिया गया है जो किसी अन्य सांविधानिक निकाय को छोड़ने से मना करते हैं। ऐसा इसलिए है क्योंकि वे असंगठित हैं और कार्य क्षेत्र हड़पने वालों से अधिकार छीनने के लिए उनकी अपनी कोई लॉबी नहीं है। लेकिन समस्या इतनी सरल नहीं है। चूंकि लोलुप व्यवस्था सभी शक्तियों का प्राणाधार है, अतः ग्राम प्रधान भी कमजोर और निरीह लोगों के प्रति समान रूप से संवेदनहीन है। हम विरोधी अथवा कमजोर लोगों की फिक्र क्यों करें? बल्कि वे यदि अहित करते हैं तो उन्हें कष्ट झेलना होगा। क्या यह बात सभी पर लागू होती है चाहे वह किसी शासकीय स्तर का हो।

5. उपभोक्तावाद के हिस्से के रूप में आर्थिक हितलाभ मनोवृत्ति (सिंड्रोम), लोलुप व्यवस्था और स्व हितलाभ प्रेरित आवश्यकताओं की जांच, पारंपरिक मूल्यों एवं नैतिक व्यवस्था को ध्यान में रखकर की जाएगी। हम इनमें से कई को भूल चुके हैं अथवा भूलने

के लिए मजबूर हैं अथवा मजबूर कर दिए गए हैं। निश्चित रूप से वर्तमान मूल्य व्यवस्था का निर्माण व्यवस्था की भूमिका, शासन के स्वरूप, शैक्षिक तथा सांस्कृतिक प्रथाओं के आधार पर होता है। विकसित हो चुकी पद्धतियों एवं संस्कृतियों को समाप्त करने के लिए पांच–छह पीढ़ियों को प्रशिक्षित (कंडिशनिंग) करना होगा। लेकिन शायद जीन परिवर्तन के लिए और अधिक कठोर रीतियों की जरूरत हो। परन्तु कुछ भी कहा जाए सच यह है कि यदि जीव गायब हो जाएं तो स्थायी नुकसान होता है। जो व्यक्ति परम्परागत पद्धतियों, संस्कृतियों, मूल्य व्यवस्थाओं, आदतों, जीनों और यहां तक कि बीजों का यौनिक परीक्षण करने के लिए संघर्षरत हैं, उन्हें अपनी योग्यता की परख करने का पूरा पूरा अवसर प्रदान किया जाना चाहिए। सिर्फ इसलिए क्योंकि सकल घरेलू उत्पाद (जी.डी.पी.), प्रति व्यक्ति आय (पी.सी.आई.) तथा निवेश से प्राप्त नाममात्र के प्रतिफल की मौजूदा मूल्य व्यवस्था से व्यवहार्यता एवं बैंक ग्राह्यता का निर्णय करने के वर्तमान पैरामीटर पूरे नहीं होते, अतः इसका यह अर्थ नहीं कि इन्हें बने रहने का कोई अधिकार ही न हो।

यहां भी श्री राजीव वोहरा द्वारा उठाए गए सवालों तथा "राष्ट्रीय मवेशी आयोग" के उद्देश्यों के संबंध में व्यापक एवं समग्र दृष्टिकोण अपनाना होगा। लोलुप व्यवस्था कभी भी टिक नहीं सकती। वस्तुओं के संबंध में अपनी सुविचारित स्कीम के हिस्से के रूप में, प्रकृति ने जैव विविधता का सृजन किया है। सामुदायिक व सामाजिक संस्कृति इतनी समर्थ होनी चाहिए कि समस्याओं को तर्कसंगत एवं वैज्ञानिक ढंग से सुलझा सके। प्रतिस्पर्धात्मक लाभ बढ़ाकर, नेटवर्क बनाकर, विविधता उत्पन्न करके और उत्कृष्ट विपणन प्रणाली स्थापित करके तथा उचित मूल्यवर्धन प्रक्रिया अपनाकर कई तथाकथित अनुपयोगी हो चुके कार्यक्रम व पद्धतियों सभ्यता का नवसंचार कर सकते हैं। अपने समय में वर्तमान युग की समस्याओं का बेहतर, अनुकरणीय और व्यापक रूप से स्वीकार्य हल ढूंढने के लिए, हमें एक भिन्न व व्यापक दृष्टिकोण से गोधन पर विचार करना होगा। गोधन को गांव, पारंपरिक बीजों, समय की जरूरतों तथा सफलता की स्थिति से जोड़कर देखना होगा ताकि हमें दीर्घकालिक तथा अधिकतम फायदा पहुंच सके। एक ऐसी बातचीत शुरू की जानी होगी जो *हिंद स्वराज* पर आधारित्त हो। सभ्यता, प्रौद्योगिकी, आधुनिकीकरण, गति और व्यष्टिवाद *बनाम* समष्टिवाद आदि पर असर डालने वाले कई और मामलों को सभी राष्ट्रों एवं जातियों की समान व पोषक संस्कृति का हिस्सा समझा जाता है।

देशी गाय, देशी बीज, गोशाला व निर्यातोन्मुखी संभावना

भारत की जलवायु, संस्कृति, जीवन शैली व खानपान, भाषा आदि में इतनी अधिक भिन्नता है कि हमें उपर्युक्त मुद्दे पर इन सबको ध्यान में रखकर विचार करना होगा। कई समानताएं असमानताएं अनदेखी हैं जिन्होंने इस देश को एकता के सूत्र में बांधकर रखा हुआ है। अतीत में, कुछ शक्तियों ने इस देश के टुकड़े–टुकड़े करने और वैमनस्य पैदा

करने की कोशिश की थी। किन्तु सच्चाई यह है कि देशवासियों को आपस में जोड़ने वाली कई सामान्य शक्तियां भी मौजूद हैं। संभवतः ये शक्तियां विभिन्न प्रथाओं, कलाओं, शिल्पकलाओं, व्यवहार के स्वरूप और यहां तक कि सोच तथा क्षमता और समय–समय पर सवाल उठाने की प्रवृत्ति के रूप में हो सकती हैं।

कुछ परिभाषाएं

हम 21वीं शताब्दी में प्रवेश कर रहे हैं, इसलिए कुछ शब्दों की पुनः समीक्षा करने का यही उपयुक्त समय है और इसी प्रकार नई नई जानकारियों को ध्यान में रखते हुए इनकी परिभाषाओं की भी जांच किए जाने की जरूरत है। विज्ञान भी स्थिर नहीं रहता है। लोगों में अधिक जागरूकता पैदा होने व उनका ज्ञान स्तर के बढ़ जाने से पिछले कई तथाकथित स्थिर हो चुके मूल्य अब अप्रचालित व बेकार हो गए हैं। यहीं अनेक परिभाषाओं की प्रासंगिकता, संगतता, व्यवहार्यता, उपयोगिता और व्यापक स्वीकार्यता आदि की अनेक दृष्टिकोणों से जांच किए जाने की आवश्यकता है। निम्नलिखित परीक्षणों से भी कुछ परिभाषाओं की जांच की जा सकती है।

—हिप्पो (हिडन इन्वेस्टिबल पोटेंशियल पावर आफ आर्गेनाईजेशन)
—किप्पो (नान इन्वेस्टिबल पोटेंशियल पावर आफ आर्गेनाईजेशन)
—टिप्पो (थ्रेटेनिंग इन्वेस्टिबल पोटेंशियल पावर आफ आर्गेनाईजेशन)
—फिप्पो (फ्राईटेनिंग इन्वेस्टिबल पोटेंशियल पावर आफ आर्गेनाईजेशन)

कहना न होगा कि विकास, प्रसन्नता, संतोष, सतत् मानव विकास, जैव विविधता, बैंक ग्राह्यता, अभिवृत्ति, शिक्षित, पेशेवर, धारणा, प्राकृतिक संसाधन, निवेश लागत, वृद्धिशील प्रतिफल लागत, सकल घरेलू उत्पाद, प्रति व्यक्ति आय, जीवन स्तर, शहरीकरण और आपदा इत्यादि जैसे शब्दों में आमूल परिवर्तन हुए हैं।

इस संदर्भ में, प्रकृति, संसाधन, विशेषज्ञता, पद्धति और जीवन शैली आदि से संबंधित ऐतिहासिक स्वरूप की की गई जानकारियां उपेक्षित रही हैं। इस होनी में गोधन के संबंध में, विभिन्न दृष्टिकोणों से जांच नहीं की गई है। अतः हम कह सकते हैं कि गाय व इसकी संभाव्यता के संबंध में निम्नलिखित विभिन्न दृष्टिकोणों से जांच किए जाने की जरूरत है—

— गाय व गोशालाएं तथा निर्यातोन्मुखी इकाईयां, संभाव्यता एवं कार्य योजना।
— गोधन व समग्र ग्राम विकास
— गाय व कृषि, सहकारिता, उर्वरक
— गोधन एवं कृषि अनुसंधान तथा शिक्षा

- गोधन और स्व-रोजगार
- गोधन व आयुर्वेद तथा भारतीय औषध पद्धति
- गोधन व संस्कृति
- गोधन तथा वित्त
- गाय तथा अनुसंधान एवं विकास
- गाय व बुनियादी शिक्षा
- गाय व ग्रामीण निवेश, बैंकिंग, वित्त
- गाय और परिवार कल्याण
- गाय तथा विज्ञान एवं प्रौद्योगिकी
- गाय एवं राजस्व, आर्थिक संभाव्यता, सकल घरेलू उत्पाद, प्रति व्यक्ति आय
- गोधन एवं संचार
- गोधन व कानून

इस लेख में हम निर्यात संभाव्यता एवं कार्य योजना के मुद्दे पर कुछ विचार प्रकट करना चाहेंगे।

1. पारंपरिक तौर पर हमारा ध्यान संगठित सेक्टर के कार्यकलाप तक ही सीमित रहा है चाहे यह चाय हो या काफी, दस्तकारी, मसाले, वस्त्र या पयर्टन ही हो। इसमें निर्यात विकास की संभावना, विकेन्द्रीकरण, ग्राम आधारित, निवेशोन्मुखी संभाव्यता का शायद ही पता लगाया गया है। हमारी पिछली निर्यात नीति ऐसे संगठित सेग्मेंट के इर्द-गिर्द रही है जिसका कुछ संबंध असंगठित सेक्टर से हो सकता है लेकिन असंगठित सेक्टर अपनी प्रतिस्पर्धात्मक, संगत और व्यवहार्य शक्ति में वृद्धि के लिए तैयार नहीं रहा है जिससे यह अपने आपको विकेन्द्रित, पर्यावरण के अनुकूल, विस्तृत तथा ग्राम उन्मुखी सेक्टर के रूप में प्रस्तुत कर सके। हमारा विचार गोधन एवं गो-शालाओं की जांच, इनके अगड़े व पिछड़े संबंधों को साथ करने का है ताकि एक बहस छिड़ सके और छिपी हुई क्षमता का पता लगाने और लागू करने योग्य कार्य योजना तैयार करने की ओर ध्यान आकर्षित किया जा सके।

(i) *कुछ प्रत्याशाएं*—यह सच है कि कई प्राकृतिक संसाधनों, समय की कसौटी पर परखे प्रयोगों तथा पद्धतियों, परम्परागत मूल्य व्यवस्थाओं और स्थानीय उक्तियों को शायद ही कभी वैज्ञानिक दृष्टि से देखा गया हो। समय के साथ-साथ यह बात साफ होती जा रही है कि नीम, तुलसी, सहजन, आंवला तथा इमली आदि ने अपने-अपने वैज्ञानिक व औषधीय गुणों और वाणिज्यिक, समग्र महत्व तथा उपयोगिता को साबित कर दिया है। लेकिन इसी तरह से, पारंपरिक गोधन तथा पारंपरिक बीजों आदि को भी संभवत: अपने महत्व एवं उपयोगिता सिद्ध करने का कभी अवसर नहीं दिया गया है ताकि ये अपने समय की चुनौतियों का सामना कर सकें। वस्तुत: आयातित किस्मों, संस्कृतियों तथा पद्धतियों ने इन्हें

दबाने और यहां तक कि पूरी तरह से मिटा देने का हर संभव प्रयास किया है। यह सच है कि यह एक वास्तविक खतरा है। अत: एक बहु-विषयक, समग्र, व्यवहार्य तथा तुरंत कार्य योजना तैयार करने की जरूरत है ताकि विश्व व्यापार संगठन एवं वैश्वीकरण की चुनौतियां, समय की कसौटी पर परखी इन जानकारियों को मिटा न पाएं। हमें यह सुविख्यात तथ्य दोहराने की जरूरत नहीं है कि आयातित बीज से स्वत्व समाप्त होने की संभावना बनी रहती है, जिससे किसान, साधारणत:, बीजों की ऐसी नई नई किस्मों पर आश्रित होते जाते हैं जिनकी खरीद विदेशी बाजार से, उनके द्वारा थोपी गई कीमतों पर करनी पड़ती है। कहना न होगा इससे आत्मनिर्भरता पर सबसे पहले कुठाराघात होगा और कोई भी व्यक्ति यह नहीं कर सकता कि दूसरों पर आश्रित रहना विकास का प्रतीक है। इसी कारण से, सन् 1908 में राष्ट्रपिता द्वारा *हिंद स्वराज* में सभ्यता के विषय में उठाए गए कई सवालों पर विश्व की सर्वोत्तम जानकारी के अनुसार गौर करना होगा।

(ii) अंतत:, भारत में जन समुदायों, और क्षेत्रों की प्रतिस्पर्धात्मक व संगत शक्तियों के अनुसार निर्यात संभावना का पता लगाना होगा तथा निवेश करना होगा। भारत जैसे विशाल देश में, सरकार के स्थानीय संस्थानों को जबरदस्त कवायदें करने की जरूरत है ताकि निर्यातोन्मुखी इकाईयों के लिए अल्प प्रयुक्त साधनों (प्रगति के) का पता लगाया जा सके। इस समग्र खोज के लिए कुछ क्षेत्र नीचे दिए अनुसार हो सकते हैं—

(क) देसी गाय का दूध तथा मूल्य संवर्धित उत्पाद जिनमें स्वास्थ्य, परीक्षण, पोषण व अन्य संबंधित फायदों का ध्यान रखा गया हो।

(ख) गोजल, औषधि तथा स्वास्थ्य संबंधी विभिन्न पैरामीटरों के अनुसार।

(ग) *जैव स्वास्थ्यवर्द्धक आहार*—इसकी खेती तथा प्रसंस्करण, पर्यावरण के अनुकूल पद्धति व प्रौद्योगिकी अपना कर किए जाते हैं। इसका अभिप्राय है इसमें जैव खाद और जैव कीटनाशी का भी प्रयोग किया जाता है और विकेन्द्रित निवेश आधारित नीतियां अपनाई जाती हैं।

(घ) एक बार हम बायो गैस तथा सौर ऊर्जा व जल संरक्षण जैसे प्राकृतिक संसाधनों के उपयोग के महत्व को स्वीकार कर लें तो आयातित गैस, डीजल, एल.पी.जी., मिट्टी के तेल, संपीडित प्राकृतिक गैस आदि के मूल्य को गैस एवं उर्वरक आदि का विनिर्माण करने वाली विकेन्द्रित तथाकथित फैक्टरियों के जरिए "क्लब" करने की आवश्यकता होती है। आज यह हास्यास्पद लग सकता है लेकिन एक बार हम आयात लागत, विदेशी मुद्रा अर्जन लागत, पर्यावरणीय प्रभाव, आयात पर निर्भरता लागत, जोखिमपूर्ण आयात, आयात एवं निर्यात संबंधी परिवहन लागत तथा प्राकृतिक संसाधनों के अवक्षय की लागत का उचित रीति से अनुमान लगा लें और जन समुदाय का विश्वास प्राप्त कर लें तथा निर्यात आदि पर अति-निर्भरता के आनुषंगिक जोखिम पर विचार करें तो गोधन

एवं गौशालाओं की नए तरीके से परख करने पर जोर देने की कोई आवश्यकता नहीं होगी। यहां विपणन व निर्यात में कंसल्टेंसी की संभाव्यता की समग्र जांच किए जाने की जरूरत है।

(ड.) उचित कन्वर्जेंस, मूल्यवर्धन तथा अनुसंधान विकास से और उपलब्ध ज्ञान को एक साथ इकट्ठा करके (पुलिंग) करके, लागत प्रभावी, बाजारोन्मुखी केन्द्रों अथवा अनुसंधान एवं विकास इकाईयों समेत निर्यातोन्मुखी इकाईयों का विकास करना होगा। जो कि लागत प्रभावी बैंक ग्राह्य परियोजनाओं के जरिए होगा। 30 वर्ष पूर्व एनजीओ के रूप में पंजीकृत अखिल भारतीय गोशाला परिसंघ द्वारा चलाई गई गोशालाओं को एक ऐसे मंच के रूप में प्रयोग करना होगा जिसमें स्वरोजगार, ग्राम निवेश, सूचना प्रौद्योगिकी, पंचायती राज, बैंक ग्राह्य परियोजना विकास के साथ-साथ महिलाओं व अन्य उपेक्षित वर्ग आदि एकजुट हो सकें ताकि इसकी व्यवहार्यता बढ़ सके।

(च) इनमें से कई गोशालाएं लगभग डेढ़ शताब्दी पुरानी है। सिवाए पिछले 2 वर्षों के, ये अभी तक कभी भी सरकार पर आश्रित नहीं रही हैं। ये अभी तक समाज की मदद व लोगों की सद्भावना से बनी रही व अपने आध्यात्मिक कर्म करती रही है। कई खादी व ग्रामोद्योग संस्थाओं की तरह इन्होंने अपने बुनियादी ढांचे को सुरक्षित रखा है तथा लोगों की सद्भावना को बनाए रखा है। इन्हें सरकारी अनुदान, सरकारी अनुसंधान, सरकारी सहानुभूति का, सरकारी तंत्र के अनुभव का अथवा यहां तक कि शिक्षा एवं विपणन की सर्वोत्तम पद्धतियों का कभी कोई लाभ नहीं मिला। भारतीय प्रबंधन संस्थान, भारतीय प्रौद्योगिकी संस्थान, विश्वविद्यालय अनुदान आयोग और यहां तक कि नौकरशाही आदि ने भी उन्हें सदैव ऐसा समझा है कि *जितना जल्दी ये बंद हो जाए उतना ही बेहतर विकास होगा।* इसी कारण भारत जैसे विशाल देश में सतत् मानव विकास के निर्धारण की तथा जनसाधारण का विश्वास पैदा करने वाली प्रक्रियाओं की नए सिरे से इस प्रकार से जांच किए जाने की जरूरत है जिसमें देश के भीतर व बाहर से मिले पिछले अनुभवों को पूर्ण रूप से ध्यान में रखा जाएगा।

(छ) इन गोशालाओं के पास अपने काम के प्रति प्रतिबद्धता तथा बहुत सारी जमीन व बुनियादी ढांचा तो है ही, साथ ही इनमें अत्यंत लागत प्रभावी और देशीय अनुभव व जानकारी का आधार (बेस) भी है, अतः इनमें निर्यातोन्मुखी उत्पादों, प्रक्रियाओं, प्रौद्योगिकी और जानकारी के लिए अल्प लागत निवेश की काफी संभावना है तथा इन गोशालाओं में कंसल्टेंसी की क्षमता भी छिपी है।

(ज) चार्टर्ड लेखाकारों, सूचना प्रौद्योगिकी कंपनियों, आयुर्वेद के पारंपरिक विशेषज्ञों, गो-जीन विशेषज्ञों, सेवानिवृत्त गोधन हितैषी व्यक्तियों, परोपकारी, आध्यात्मिक एवं धार्मिक संस्थाओं, गैर सरकारी संगठनों, शाकाहारी जन समूहों, जनहित के

लिए समर्पित निःस्वार्थ व संवेदनशील व्यक्तियों के वर्गों का "पूल" बनाकर, इस राष्ट्र के सभी प्रदेशों में ऐसे समूह (क्लस्टर) बनाना संभव है ताकि वे उत्कृष्ट केन्द्र बन सकें और आयोजना, कार्यवाही, अनुसंधान, विस्तार, संहिताकरण तथा लोनिंग (पार्सल) के लिए आदर्श भी प्रस्तुत कर सकें।

(झ) कुछ गोशालाएं तथा इनके संसाधन जो बैंक ग्राह्य, व्यवहार्य, प्रतिस्पर्धात्मक और निर्यातोन्मुखी क्षमता के जरिए चुनौतियां का सामना कर सकती हैं नीचे दिए अनुसार हैं—

कार्य योजना

यदि हम यह मान लें कि वर्तमान समय की चुनौतियों के कारण हम सभी सरकारी कार्यकलापों को एक अलग दृष्टिकोण से देखने के लिए विवश हैं, तो निर्यातोन्मुखी संभाव्यता की खोज के लिए निम्नलिखित कार्य योजना पर विचार किए जाने की आवश्यकता है।

(क) विस्तृत परियोजनाएं तैयार करने के लिए आयोग बनाना तथा प्रतिबद्ध परामर्शदाता नियुक्त करना।

(ख) गोशालाओं के पास उपलब्ध संसाधनों से बहुविषयक एवं समग्र विश्लेषण करना तथा इस बात पर विचार करना कि इन्हें न्यूनतम निवेश वाली निर्यातोन्मुखी संभाव्यता किस प्रकार से लिंक किया जा सकता है।

(ग) अनिवासी भारतीयों को न केवल निवेश के लिए बल्कि तकनीकी विशेषज्ञता के निर्यात के लिए भी शामिल करना, अग्रानुबंधन, प्रशिक्षण, कंप्यूटरीकरण की व्यवस्था करना तथा नेताओं को ग्राम प्रबंधन का प्रशिक्षण देना ताकि ग्राम विकास की चुनौतियों का सामना पश्चानुबंधन के रूप में भी किया जा सके।

(घ) अभिसरण करना, नीम, तुलसी, आंवला की क्षमता, जलविभाजक प्रबंधन तथा अन्य सभी 29 ऐसे विषय जिनमें निर्यात संभाव्यता को व्यवहार्य रूप से विकसित किया जा सके।

(ड.) बहु विषयक सम्मेलन आयोजित करना ताकि पारंपरिक ज्ञान के अल्प प्रयुक्त संसाधनों के उपयोग को गो-आधारित अर्थव्यवस्था के जरिए बढ़ाया जा सके।

(च) और क्षेत्रों की पहचान करने के लिए हमें विशेषज्ञों की सेवाओं की आवश्यकता होगी।

(छ) हमें इस कार्यक्रम के पक्षधर लोगों के साथ-साथ ऐसे लोगों की भी सूची बनानी होगी जो इस कार्यक्रम का विरोध करेंगे।

(ज) संयुक्त विपणन के लिए, हमें समझौता ज्ञापन और मूल्यांकन (Appreciation) स्कीमों को बनाना होगा।

(झ) हमें समूह (क्लस्टर) विकसित करने होंगे ताकि विपणन जनित चुनौतियों का सामना करते हुए सतत् मानव विकास के सपने को साकार किया जा सके।

कृषि, ग्राम निवेश, स्वरोजगार, प्रशिक्षण, बीज, सूचना प्रौद्यागिकी, गैर कृषि क्षेत्र सेक्टर, ग्राम आत्मनिर्भरता तथा पंचायती राज विस्तार प्रणाली के साथ एकजुटता (कन्वर्जेंस)

हमारी 72 प्रतिशत जनसंख्या गावों में बसी है अतः हमें इस तथ्य को ध्यान में रखते हुए वर्तमान समय की विभिन्न चुनौतियों को स्वीकार करना होगा—

— विशाल जनजागरण
— पिछले विकास प्रतिदर्शों की विफलता
— समाजवाद का पतन, पूंजीवाद पर संदेह और मानववाद की अपरिहार्यता
— स्थापित संस्थाओं की निरर्थकता
— हर तरफ विश्वास की कमी
— राज्य के घटते संसाधन
— राज्य के संगठनों में जरूरत से ज्यादा कर्मचारी रखना तथा घटिया कार्य संस्कृति
— समुदायों तथा पारंपरिक आनुवंशिक प्रथाओं की उपेक्षा
— यह बोध कि राज्य को धर्म अथवा शस्त्र के बल पर संगठित नहीं रखा जा सकता।
— सफलता व विफलता के उदाहरणों का व्यापक संहिताकरण
— मानवता तथा मानवाधिकार सर्वोपरि हो रहे हैं
— वैश्विक स्वप्नदर्शिता एवं स्थानीय क्रियाशीलता (जी.वी.ए.एल.ए.) की विशेषताएं
— महिलाओं एवं उपेक्षित/शोषित वर्गों की जागरूकता
— हर स्तर पर अधिकतम धन कमाने की ललक
— क्षेत्रीय एवं स्थानीय प्राधिकारियों का अपने जिम्मेदारियां उठाने तथा पारदर्शिता व व्यवहार्यता के साथ अपना कर्तव्य निभाने की आवश्यकता
— घटिया बुनियादी ढांचा और असंगठित, बिखरे व विकेन्द्रित सेक्टरों पर ध्यान देना तथा इसकी कटु वास्तविकताओं की स्वीकृति
— लोगों, समुदायों और सभी भूमिका निर्वाह करने वाले व्यक्तियों को शामिल करने की जरूरत

यह बात स्पष्ट हो जाएगी कि इनमें से कई चुनौतियां अनोखी व अद्वितीय हैं। चूंकि कोई ऐतिहासिक प्रतिरूप (Semblance) सामने नहीं है, अतः प्रभावी कार्यक्रम समयानुकूल

परिशोधन तथा स्वहित आयोजना और अनुसंधान प्रणाली के लिए नए प्रतिदर्शों की तलाश करनी होगी ताकि विकास की सभी क्षमताओं का उपयोग किया जा सके।

हमारे कार्य की अनिवार्यता

यदि हम चुनौतियों को स्वीकार नहीं करते तथा चुनौतियों का सामना करने के लिए अपने संसाधनों, स्थानीय जानकारियों, स्थानीय संसाधनों, स्थानीय उद्यमों और कुल मिलाकर स्थानीय विशेषज्ञों एवं लोगों की इच्छा व क्षमता का "पूल" बनाकर स्वयं को तैयार (चुनौतियों के लिए) नहीं करते तो हमें एक अतीत जीवी सभ्यता होने का अप्रिय सच स्वीकार करना होगा। निम्नलिखित बाध्यताएं हमें सही दिशा में कदम उठाने के लिए विवश करती हैं।

(1) ग्रामीण क्षेत्रों में रोजगार के अवसर पैदा करने तथा लाभोन्मुखी ग्राम निवेश की जरूरत।

(2) साधारण प्रौद्योगिकियां अनिवार्य हैं।

(3) आहार, जल, नौकरियों, प्रशिक्षण, रोजगार, स्वास्थ्य तथा जैव विविधता पर ग्राम्य आत्मनिर्भरता अनिवार्य है।

(4) निजी एवं सामुदायिक निवेश करके राज्य के घटते संसाधनों में वृद्धि करनी होगी।

(5) कृषि को व्यवहार्य तथा प्रतिस्पर्धात्मक बनाना होगा। स्थानीय संसाधनों से ही इसे प्रतिस्पर्धा और विश्व व्यापार संगठन आदि की चुनौतियों का सामना करना होगा।

प्रस्तावित कार्य

(1) कृषि मंत्रालय को अत्यंत साहसपूर्ण नई, समकल्पनात्मक, पारदर्शी तथा कन्वर्जेंस उन्मुखी पहल करनी होगी। इनमें निजी सेक्टर की भागीदारी, प्रशिक्षण संस्थानों के पुनर्वर्गीकरण, विस्तार प्रणाली, ग्रामोद्योग को लाभकारी बनाने, पशुपालन, गैर सरकारी संगठनों एवं सूचना प्रौद्योगिकियों से संबंधित कार्य शामिल हैं और कुल मिलाकर इनमें एक अल्प लागत वाली व्यावहारिक कंसल्टेंसी प्रणाली को तथा स्वनियोजित ग्राम प्रबंधन वर्ग को विकसित करने संबंधी कार्य भी शामिल हैं। इस वर्ग को गांव के लोगों को ऐसी सेवाएं उपलब्ध करनी चाहिए जो न केवल कृषि से संबंधित हों बल्कि ये सेवाएं पेयजल, जल विभाजक प्रबंधन, सहकारी संस्थाओं, पशु-पालन, मछली पालन और यहां तक कि शिक्षा, बागान, विपणन, बुनियादी ढांचे, बैंकिंग तथा समग्र सामाजिक क्षेत्र के विकास जैसे क्षेत्रों से भी संबंधित हों।

(2) कृषि का, सभी प्रकार की पहल का आधार बनाने के लिए, ग्रामीण क्षेत्रों को शामिल करना होगा, अतः गांव के कच्चे माल को केवल ग्रामीण सेक्टर में ही प्रोसेस किया जाना चाहिए। यहां, ग्राम्य प्रौद्योगिकी विनिर्माताओं, गांव में निवेश करने वाले व्यक्तियों, बैंकरों तथा बीमा आदि का साहचर्य बहुत महत्वपूर्ण हो जाता है 1

(3) मौजूदा प्रौद्योगिकी के लिए विपणन की निरंतर सुधार के लिए अनुसंधान एवं विकास की जरूरत हैं और ऐसे अनभिज्ञ क्षेत्रों की पहचान किए जाने की भी जरूरत है जहां अपेक्षित प्रौद्योगिकी के लिए अनुसंधान एवं विकास की आवश्यकता हो। इसलिए, ग्राम्य प्रौद्योगिकी के विस्तार, विकास, पहचान तथा अतिरिक्त अनुसंधान के लिए कृषि मंत्रालय और दूसरे सभी विभाग एक सही मंच प्रदान कर सकते हैं।

(4) स्वाभिमान जागरण मिशन के संबंध में सहजन, आंवला, नीम, तुलसी, जामुन, इमली, जड़ी बूटी निर्मित चीजों के "संसाधन कोष क्लब" किए जाने की जरूरत है। संभवतः, यह कृषि मंत्रालय का दायित्व न हो, लेकिन यदि ग्रामीण कृषि क्षेत्र को विकसित करना है तो इन सभी को मिलाना होगा।

(5) पशुपालन, मछली पालन तथा कृषि विकास के लिए टर्न की परियोजनाओं की संपूर्ण निर्यात क्षमता का विकास किए जाने की जरूरत है।

(6) ग्राम निवेश को आकर्षक बनाना होगा और इसलिए बैंकरों से परिवहन तथा विपणन लिंकेजों की तरह, ग्राम्य प्रौद्योगिकी विनिर्माता एसोसिएशन ग्रामीण उद्यमियों को रियायती वित्त भी प्रदान कर सकती है। ऐसी सभी प्रौद्योगिकी को फसल कटाई के बाद आधारभूत प्रौद्योगिकी, बुनियादी ढांचे, विपणन, परिवहन, प्रशिक्षण और यहां तक कि निवेश के नए अवसरों की पहचान के साथ जोड़ा जा सकता है।

(7) जीवन स्तर के विभिन्न पहलुओं के संदर्भ में, किसानों को इस तरह से प्रशिक्षित किए जाने की आवश्यकता है कि वे उद्यमी, व्यवसायी, जोखिम उठाने वाले व्यक्ति तथा नवीनतावादी बन सकें। प्रौद्योगिकी विनिर्माता के द्वारा उनका अनुभव, कई शक्ति क्षेत्रों के द्वारा खोलेगा।

(8) वितरण प्रणाली के लिए अपेक्षित अभिसरण को केवल सरकारी विस्तार प्रणाली के भरोसे नहीं छोड़ जा सकता। अतः प्रभावी विस्तार कामगारों के संवर्ग का भी विकास, उपस्कर विनिर्माता एसोसिएशन के द्वारा किया जा सकता है।

(9) पंचायती राज संस्थाओं को बहुत महत्वपूर्ण भूमिका निभानी होगी। यदि समुचित नीतियां और व्यवस्थाएं विकसित हो जाएं तो नेतागण एजेंट एवं प्रौद्योगिकी के प्रसारक बन सकते हैं। ज्यादातर बुनियादी ढांचा अल्प प्रयुक्त है। बरज, जिला

देवरिया, उत्तर प्रदेश के श्री के.पी. केडिया जैसे कई अनिवासी भारतीयों और महर्षि महेश के संगठन के पास सहयोग के लिए जाया जा सकता है ताकि सफलता संपर्क (win win linkages) विकसित हो सकें।

(10) आखिरकार, ग्राम स्वराज ही लक्ष्य होगा। इन सभी के लिए कृषि आधारित कार्यकलापों को कार्य रूप देना होगा जो कि प्रौद्योगिकी, भंडारण, प्रशिक्षण और संसाधनों के सही उपयोग के जरिए संभव है।

आपदा प्रबंधन तथा पंचायती राज सशक्तिकरण के हिस्से के रूप में – देसी गाय–निवेश–स्वरोजगार–वाणिज्यिक पश्चानुबंधन एवं अग्रनुबंधन के विकास द्वारा निर्यातोन्मुखी उत्पाद।

मथुरा, वृंदावन का महत्व और कार्यकर्ता

यह देखा गया है कि पारंपरिक संसाधन, गोधन, झीलें, परिक्रमा मार्ग, पुरानी धर्मशालाएं, और यमुना नदी आदि सभी पतन के कगार पर हैं। सभ्यता, आधुनिकीकरण तथा विकास की दूषित संकल्पना ने सभी परम्परागत शक्तियों के लिए महा संकट खड़ा कर दिया है। विभिन्न कार्यक्रमों, परियोजनाओं, संकल्पनाओं एवं अच्छे उद्देश्यों के बावजूद भी तबाही की प्रवृत्ति तेजी से जारी है। इसके अलावा, महिलाओं की स्थिति, पेयजल तथा समाज में रसायनों के उपयोग के कारण एक महत्वपूर्ण कार्योन्मुखी योजना बनाने की आवश्यकता है। मथुरा वृंदावन श्री कृष्ण के समग्रात्मक विश्लेषण, प्रकृति, बाजार, प्रेम, समाज, दूरदर्शिता व बुद्धिमानी, व्यवहारिक प्रज्ञान और परम्पर आदि से विकास के व्यावहारिक तथा अनुकरणीय प्रतिदर्श प्रस्तुत कर सकता है। इसके जरिए वैश्वीकरण, स्थानीयकरण, बेरोजगारी, ग्रामीण क्षेत्रों में अल्प निवेश तथा शहरों में बसने की प्रवृत्ति आदि से संबंधित चुनौतियों का मुकाबला किया जा सकता है।

उपर्युक्त विश्लेषण को ध्यान में रखते हुए, लागू किए जाने योग्य एक कार्य योजना पेश करने का प्रस्ताव है ताकि आपदा प्रबंधन और अति साधारण लोगों के सशक्तिकरण की चुनौतियों का प्रभावपूर्ण ढंग से सामना किया जा सके।

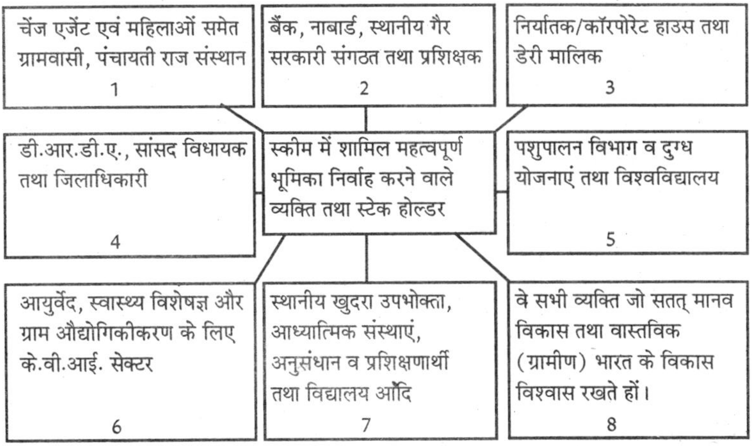

उपर्युक्त चार्ट से यह बात आसानी से समझी जा सकती है कि जब तक एक सकल कार्य योजना लागू नहीं की जाएगी तब तक गो आधारित उद्योग सफल नहीं हो सकता। भैंस तथा इसके वसायुक्त दूध के लिए बाजार शीघ्र मिल जाते हैं और इसे सरकारी क्रय व्यवस्था से भी हर प्रकार की सहायता मिलती है।

विचाराधीन कुछ सवाल

1. कैसे वर्ष भर न्यूनतम 10 रू. प्रति लिटर की दर से देसी गाय के दूध की आपूर्ति सुनिश्चित की जा सकती है? इसकी गुणवत्ता के बारे में निर्णय किस प्रकार किया जाएगा?

2. महिला वर्गों की क्या भूमिका होगी?

3. बैंकों, डी.आर.डी.ए., पंचायती राज गैर सरकारी संगठन, सरकार, क्रेता, प्रशिक्षक, गुणवत्ता सुधारक और चारा दाना आपूर्तिकर्ता आदि के बीच संबंध कैसे सुनिश्चित किया जा सकता है? समन्वय तंत्र कैसा होगा?

4. श्रीकृष्ण, गोधन, ग्राम, ग्रामोद्योग, स्वास्थ्य, आय तथा उत्कृष्ट विपणन सहित रोजगार आदि संबंधी आयामों को कैसे सुव्यवस्थित किया जाएगा?

5. पिछले अनुभवों के तथा भैंस का दूध खरीदने की सरकारी व्यवस्था के आधार पर, इस स्कीम की अनोखी विशेषता क्या होगी? इस स्कीम निष्पक्ष परीक्षण परख किया जाना क्यों जरूरी है?

6. इस स्कीम के सामाजिक, आर्थिक, पर्यावरणीय प्रभाव व महिला सशक्तिकरण तथा अन्य सम्बद्ध प्रभाव क्या होंगे?

7. इस स्कीम की विफलता के क्या कारण हो सकते हैं? इस स्कीम को पूर्ण रूप से सफल बनाने के लिए क्या क्या किया जा सकता है?

8. गो-पालकों, उद्योगपतियों, पंचायती राज, गैर सरकारी संगठन तथा महिला समूह आदि द्वारा किन किन स्त्रोतों के जरिए अनुदान, छूट अथवा इमदाद की सुविधा का फायदा उठाया जा सकता है?

9. प्रशिक्षण, निष्पादन तथा उत्पादन आधारित पुरस्कारों, प्रतिफलों और प्रोत्साहनों अथवा हितलाभों के संबंध में कोई अन्य सवाल?

10. वरिष्ठ नागरिकों एवं अन्य स्टेक होल्डरों को इस स्कीम से कैसे जोड़ा जा सकता है?

विस्तृत रूपरेखा

उपर्युक्त सवालों के आधार पर, इस स्कीम की निम्नलिखित विस्तृत रूपरेखा का विचारार्थ प्रस्ताव है।

1. चुनिंदा, व्यवहार्य तथा पर्याप्त रूप से जिम्मेदार ग्राम समूहों की पहचान उनकी ईमानदारी, कठिन परिश्रम तथा इच्छा के अनुसार की जाए ताकि इस पहल के लिए उपयुक्त स्थानीय नेतृत्व प्रदान किया जा सके।

2. बैंकरों एवं अन्य स्टॉकहोल्डरों से बातचीत शुरू की जानी होगी ताकि वे इस स्वतः स्पष्ट उद्देश्य के लिए अपना योगदान दे सकें।

3. पहल, स्थानीय लोगों को ही करनी होगी। अतः स्थानीय नेतृत्व व उद्यमियों को प्रेरित करने पर बल देना होगा।

4. जिले, लोगों, गैर सरकारी संगठनों से और श्रीकृष्ण व उनके जीवन दर्शन के समर्थक सभी लोगों से अधिकतम संसाधन जुटाने होंगे।

5. भूमि यथासंभव, पंचायत अथवा सरकार द्वारा दी जानी चाहिए, किन्तु इस स्कीम में भी, आवश्यकतानुसार, भूमि की खरीद का प्रावधान होना चाहिए।

6. इस स्कीम में अनिवासी भारतीयों, गुजरातियों तथा मारवाड़ियों आदि की भूमिका, विभिन्न दृष्टिकोणों से, अत्यंत महत्वपूर्ण हो सकती है। उपयुक्त योजना बनाने में कई प्रकार से इनकी मदद ली जा सकती है।

7. वृंदावन तथा मथुरा में कई ऐसी संस्थाएं हैं जिनके पास बुनियादी सुविधाएं व संसाधन तो हैं, लेकिन गो आधारित व्यवसाय के विकास का इनके पास बहुत कम व्यावहारिक अनुभव है। इसका रुख दान धर्म से मोड़कर अब वाणिज्यीकरण की ओर करना होगा। यह कार्य तो कठिन है, लेकिन इसे किए जाने का समय अब लगभग आ चुका है।

8. घी व दूध पाउडर विनिर्माण के निमित, किसी व्यवहार्य डेरी संसाधन संयंत्र को चलाने के लिए, ऐसा अनुमान है कि प्रतिदिन न्यूनतम 50,000 लीटर दूध की जरूरत होगी। यदि गांवों के स्वयंसेवकों से 10 या 20 समूह (क्लस्टर) बनाए जा सकें और ग्रामीण नेतृत्व

को प्रेरित किया जा सके तो यह मात्रा उपलब्ध हो जानी चाहिए। उपर्युक्त के लिए, एक सामान्य सर्वेक्षण करना काफी उपयोगी साबित हो सकता है।

9. मथुरा जिले के लिए, बहुत पहले "नाबार्ड" की "पोटेंशियल लिंक्ड क्रेडिट प्लानिंग" जैसे एक जनोन्मुखी निवेश कार्य योजना बनाई गई थी। एक बार फिर इसके आधार पर मथुरा में अन्य व्यवहार्य कार्य कलापों के बारे में विचार विमर्श करके इसे कार्यान्वित किया जा सकता है। सूचना प्रौद्योगिकी, गैर सरकारी संगठन, विपणन तथा विश्वास बढ़ाने की प्रक्रियाओं के साथ, यह "असरकारी" (Non-governmental) निवेश के लिए नई शुरूआत हो सकती है।

10. इस स्कीम की सफलता के लिए, सूचना प्रौद्योगिकी तथा नियमित मॉनिटरिंग बहुत जरूरी है। अत: यदि स्कीम पूरी तरह स्पष्ट होगी व संक्षिप्त होगी तो इस स्कीम को जल्दी से कार्यान्वित किया जा सकेगा। इसलिए महिलाओं की भूमिका एवं इनसे संबंधित विकास संगठन, योजना बनाने और कार्यवाही के लिए बहुत आवश्यक हो सकते हैं।

डा. कमल टावरी और वृंदावन के उनके मित्र पिछले एक दशक से उपर्युक्त विषय पर काम करते आ रहे हैं। इस दौरान अनेक महत्वपूर्ण स्टेकहोल्डरों, जिला अधिकारियों, नागरिक सुरक्षा अधिकारियों (सी.डी.ओज.), सचिव (पशुपालन) तथा उत्तर प्रदेश सरकार से उनके विचार विमर्श हुए है, लेकिन किसी भी तरह ये स्कीमें प्रगति नहीं कर सकी। बतीबहुलाबन जैसे कुछ गांवों में श्रमदान से जबरदस्त रुचि पैदा हुई है। अब इसे पहले से ज्यादा ठोस व आय पैदा करने वाली पहल में तब्दील किया जा सकता है। श्री चड्ढा, प्रधान जी, श्री शर्मा जी, श्री सेवक शरण जी तथा आचार्यकुल आदि की भूमिका इन सभी अन्वेषण पहलों में अत्यंत महत्वपूर्ण हो सकती है।

कहना न होगा, प्रभावी आपदा प्रबंधन एवं बुनियादी स्तर पर लोगों के सशक्तिकरण जैसी चुनौतियों का सामना करने के लिए, कुछ कार्य योजनाएं तैयार करके उन्हें लागू करना होगा। आने वाले दिनों में इस स्कीम को व्यवहार्य,पारदर्शी तथा अनुकरणीय बनाने के लिए उपयुक्त कार्यशालाओं तथा प्रशिक्षण कार्यक्रमों आदि को भी समाविष्ट करना होगा।

श्री रामपाल अग्रवाल (अखिल भारतीय गोशाला संघ) के पत्र का सार

आप यह जानते होंगे कि *एक पंजीकृत निकाय के रूप में यह संगठन सन् 1970 से कार्य कर रहा है।* अखिल भारतीय स्तर का यह एकमात्र ऐसा प्रतिनिधि निकाय है जो देश भर की लगभग 3000 पंजीकृत तथा गैर पंजीकृत गोशालाओं का प्रतिनिधित्व करता है।

इस संगठन के अध्यक्ष *भारत के भूतपूर्व प्रधानमंत्री दिवंगत गुलजारी लाल जी नंदा थे।* रोजगार के अवसर पैदा करने तथा ग्रामीण निवेश के भाग के रूप में, हम *गो–आधारित–अर्थव्यवस्था के जरिए सतत् ग्राम विकास के* उद्देश्य को ध्यान में रखकर कठिन प्रयास

करते रहे हैं। हम यह भी मानते हैं कि यदि हम पंचायती राज संस्थाओं को संगठित नहीं करते और गो-आधारित कार्यकलापों व ग्रामीण परम्परागत ज्ञान के आधार पर ग्रामीण अर्थव्यवस्था को नवजीवन एवं शक्ति प्रदान करने के लिए सभी उपाय नहीं करते, तो हम इस राष्ट्र की समस्याओं को नहीं सुलझा पाएंगे। इस प्रक्रिया में हमारा शासकीय व गैर अशासकीय, सरकारी तथा गैर सरकारी सक्रिय सहयोग अनिवार्य है। वैश्वीकरण, राज्य के कम होते संसाधन, शहरीकरण और भारत के शहरों में बसे नीति निर्माताओं एवं लेखकों की नजरों में ग्रामीण सेक्टर की खराब छवि जैसी चुनौतियों का सामना करने के लिए, हमें यह लगने लगा है कि अब वह समय आ गया है जब हमें अवश्य ही अपनी शक्ति, कमजोरी, अवसर तथा भय को प्रदर्शित करना चाहिए जिससे इस सेक्टर को प्रासंगिक, व्यवहार्य, प्रतिस्पर्धात्मक तथा बाजार उन्मुख बनाया जा सके। कहने की आवश्यकता नहीं कि हमे सर्वोत्तम प्रौद्योगिकी, प्रशिक्षण, जनशक्ति विकास और कुल मिलाकर नीतिगत सहायता की जरूरत होगी ताकि *अर्थव्यवस्था के व्यवहार्य सेक्टर* का विकास किया जा सके।

हमारा प्रस्ताव

तारीख 15 मार्च, 2001 को रांची में आयोजित राज्य स्तरीय सम्मेलन जिसका उद्घाटन झारखंड के मुख्य मंत्री द्वारा किया गया था, की सिफारिशों और इसके अतिरिक्त तारीख 19 तथा 20 अप्रैल, 2001 को भागलपुर सम्मेलन की सिफारिशों के आधार पर हम *दिल्ली में एक राष्ट्रीय सभा का आयोजन करना चाहेंगे।*

प्रसंगवश, हम यह उल्लेख कर सकते हैं कि इन दोनों सम्मेलनों में न्यायमूर्ति गुमानमल लोढ़ा, अध्यक्ष, पशु कल्याण बोर्ड, मुख्य अतिथि के रूप में उपस्थित हुए।

सभा के उद्देश्य

इस सम्मेलन के निम्नलिखित उद्देश्य इस प्रकार हैं–

(i) प्रतिनिधि गोशालाओं को वैश्वीकरण एवं विश्व व्यापार संगठन की चुनौतियों को समझने देना तथा यह देखने के लिए उनके कार्य की परख करना कि वे कैसे उन्नतिशील बन सकती है और अपने आपको कैसे वे पुनर्गठित कर सकती हैं ताकि ग्रामीण विकास का सशक्त साधन बन सकें।

(ii) भारत सरकार के विभिन्न मंत्रालयों से यह पता लगाने के लिए संपर्क किया जाता है कि कैसे गोशालाएं व पंचायती राज, कृषकों एवं ग्राम्यता के विशेष संदर्भ में, ग्रामीण विकास की समस्या सुलझाने में मदद कर सकती है।

(iii) सूचना प्रौद्योगिकी, ग्रामीण विकास से जुड़े राज्य संस्थान, एन.आई.आर.डी.ए. सी.ए.पी.ए.आर.टी. तथा सी.एस.आई.आर. आदि की सहायता से, गोशालाओं का बुनियादी ढांचा जैसे कार्यक्रम कार्यान्वयन को अधिक सफल बनाने में सहायक हो सकता है।

(iv) गोशालाओं के प्रबंधन के लिए *नए नेतृत्व विकास में* मुद्दों की पहचान करना ताकि वे कम होते संसाधनों की चुनौतियों का सामना कर सकें और गुणवत्ता एवं विपणन संबंधों से मूल्यवर्धक कार्यक्रम चलाना।

(v) ग्रामीण सुनिश्चित लाभ वाले साध्य निवेश को आकर्षित करना एक और चुनौती है। यदि लाभ संभाव्य निवेश का वर्धक (मल्टिप्लायर) अभाव सुनिश्चित न हो तो ग्रामीण क्षेत्र सुनिश्चत लाभ वाले निवेश के न्याय संगत हिस्से से सदैव वंचित रह जाएंगे। अत: इस विचार-विमर्श (Brain storming) से उन क्षेत्रों का पता लगाने का प्रयास किया जाएगा जहां एक ओर रोजगार के अवसर पैदा किए जा सकें और दूसरी ओर अल्प प्रयुक्त बुनियादी ढांचे का प्रयोग बेहतर लाभ संभाव्यता के लिए हितकर एवं लाभकर ढंग से किया जा सके।

(vi) सकल घरेलू उत्पाद, प्रति व्यक्ति आय, निवेश पर लाभ तथा ग्रामीण क्षेत्रों को आकर्षक (ग्लैमरस) बनाने जैसे कई मुद्दों के लिए समग्र एवं बहु-विषयक अनुसंधान अध्ययन करने और कार्यवाही करने की आवश्यकता होगी। क्षेत्रों की विशेषज्ञता के आधार पर स्वयंसेवकों की पहचान की जाएगी और गोशालाएं रोजगार के अवसर पैदा करने सहित ग्राम विकास कार्यक्रमों से जुड़ेगी।

(vii) गो-आधारित कच्चे माल के मूल्यवर्धन पर और विपणन व गुणता प्राचलों से इसके संबंधों (लिंकेजों) पर वैज्ञानिक अनुसंधान के लिए सी.एस.आई.आर.ए. एस.एंड टी, वाणिज्य मंत्रालय तथा लघु उद्योगों की सहायता की आवश्यकता होगी। इसके लिए भी उचित समन्वय तथा अनुवर्ती समितियों के निर्माण की आवश्यकता होगी।

माननीय मंत्री जी से हमारा यह अनुरोध है कि वे कुछ समय निकालने की कृपा करें और "राष्ट्रीय सरोकार" के ऐसे क्षेत्रों पर हमें और परिचर्चा करने का अवसर दें जहां "राष्ट्रीय गोशाला संस्थान" सहयोग दें सके तथा *बेहतर शासन वाली लागत प्रभावी प्रणाली ला सकें जिसके साथ-साथ ग्राम विकास के हिस्से के रूप में पंचायत राज संस्थान शामिल हों।*

इस सम्मेलन का उद्‌घाटन किसी ऐसे माननीय मंत्री द्वारा किया जाना चाहिए जो सतत् मानव विकास के उद्देश्य के प्रति प्रतिबद्ध हो और गाय के प्रति उसका समर्पण भाव जग जाहिर हो।

भूतपूर्व न्यायमूर्ति श्री गुमानमल लोढ़ा, अध्यक्ष, पशु कल्याण बोर्ड को भेजे गए श्री रामपाल अग्रवाल (अखिल भारतीय गोशाला संघ) के पत्र का सार

आपने रांची और भागलपुर में आयोजित सम्मेलन में भाग लेने का कष्ट किया, हम इस बात के लिए आपके आभारी हैं। इस संपूर्ण सेक्टर के बारे में आपके ज्ञान, अनुभव और दूरदर्शिता से हम बहुत लाभान्वित हुए। आपकी सहभागिता से हमें यह प्रेरणा मिली कि हमें वर्तमान युग तथा इसकी चुनौतियों का सामना एक व्यापक व स्पष्ट सोच से करना चाहिए। सम्मेलन में की गई अनुशंसाओं एवं विचार-विमर्शों के आधार पर, हमने भारत सरकार के ग्राम विकास मंत्री श्री नायडू जी को संलग्न पत्र भेजा।

मेरे कई मित्र इस बात से आश्वस्त हैं कि जब तक गोधन की रक्षा के मुद्दे को पूर्ण मिशन के रूप में नहीं लिया जाता तब तक धर्मार्थ कार्य करने से कोई लाभ नहीं होगा। भारत सरकार के विभिन्न विभागों से संपर्क न बना पाने के हमारे पिछले अनुभव के परिणामस्वरूप, गाय केवल समाज सेवकों एवं पशु कल्याण बोर्ड की दया पर ही निर्भर रह गई है। यही समय है जब निम्नलिखित को स्पष्ट करने के लिए सामूहिक परिचर्चा की जाए –

(i) गोधन एवं गोशालाओं के लागत प्रभाव को मूल्यवर्धन कार्यक्रमों जैसे बायोगैस, कार्बनिक खाद, स्वास्थ्यवर्धक आहार, अनुसंधान, प्रशिक्षण, सूचना प्रौद्योगिकी और समग्र रूप से बढ़ने वाली विपणन संभाव्यता व अच्छे उत्पाद तथा सेवाओं से कैसे बढ़ाया जा सकता है?

(ii) पिछले अनुभवों व खराब काम के सबक से, हम राज्यों तथा केन्द्र सरकार के विभागों, धार्मिक निकायों, आध्यात्मिक संस्थाओं, विद्यालयों, महाविद्यालयों, निर्यातकों, आयातकों, विश्वविद्यालय अनुदान आयोग, विश्वविद्यालयों और कुल मिलाकर इस देश के नेकनियत समुदायों का कैसे सशक्तिशाली एवं प्रभावी नेटवर्क बना सकते हैं?

(iii) इस देश के बहुसंख्यक शाकाहारी या मांस न खाने वाले वर्ग के लोगों के इस महान राष्ट्र की संस्कृति एवं भविष्य पूर्णतः संबद्ध सतत् मानव विकास व स्वरोज़गार के मुद्दों पर विचार करने के लिए कैसे प्रेरित किया जा सकता है?

(iv) कई और ऐसे क्षेत्र हैं जिनके लिए तत्काल खोज व कार्य करने की जरूरत होगी। खराब मॉनिटरिंग व अनुवर्ती प्रणाली बहुत खेदजनक है। कार्य करने वालों को बेहतर कार्य करने के लिए प्रोत्साहित करना होता है। असंगठित लोगों को संगठित करना होता होगा। लेकिन सबसे बड़ा सवाल यह है कि राज्यों के घटते संसाधनों तथा गैर सरकारी संगठनों के खराब निष्पादन को देखते हुए, हम कैसे सभी चुनौतियों का सामना करें?

(v) विश्व बैंक, संयुक्त राष्ट्र विकास कार्यक्रम, यूनेस्को आदि जैसे अंतर्राष्ट्रीय निधि प्रदान करने वाली संस्थाओं को भी अनाकर्षक को आकर्षक बनाने में

महती भूमिका निभानी होगी। यही समय है जब अच्छी परियोजना निर्माताओं व चार्टर्ड लेखाकारों आदि की सेवाएं, पर्याप्त पारिश्रमिक का भुगतान करके ली जाएं ताकि *निर्यातोन्मुखी एवं बाजारोन्मुखी व्यवहार्य कार्यक्रमों और परियोजनाओं* को बढ़ावा दिया जा सके। दीर्घावधि तक, इन पहलुओं को बनाए रखने के लिए, हमें कई मिशनों की जरूरत हो सकती है।

(vi) गो-आधारित संस्थाओं की सहायता से ग्रामीण अर्थव्यवस्था के विकास के लिए, पंचायत राज संस्थाओं तथा समुदायों को काफी महत्वपूर्ण भूमिका निभानी होगी। इसके लिए उन्हें अपनी सोच में परिवर्तन लाना होगा, दूसरों के रवैये को भी स्वीकार होगा तथा सबके कल्याण के लिए अपने विचारों में स्पष्टता लानी होगी।

राष्ट्रीय सम्मेलन का आयोजन, भारत के राष्ट्रीय मवेशी आयोग एवं पशु कल्याण बोर्ड द्वारा संयुक्त रूप से यथाशीघ्र किया जा सकता है। यदि सरकार के पास निधि न हो तो, हमें स्वैच्छिक संस्थाओं, महाविद्यालयों तथा मानव हितैषियों से मदद करने का अनुरोध करना चाहिए, लेकिन सबसे पहले आपको सरकारी विभागों से निधि जुटाने की संभावना का पता अवश्य लगाना चाहिए।

हमें यकीन है कि राष्ट्रीय स्तर पर आपने व श्री धर्मपालजी ने जो उत्साह एवं स्फूर्ति दिखाई है, यही उपयुक्त समय है जब इनसे श्री कृष्ण व कंस के बीच की लड़ाई को तथा शोषक *बनाम* शोषित, संगठित *बनाम* असंगठित, शहरी *बनाम* ग्रामीण और सतत् *बनाम* अस्थायी आदि के बीच के द्वंद्व को पहले से अधिक स्पष्टता, पारदर्शिता, दूरदर्शिता व तेजी से तर्कसंगत आधार पर समाप्त किया जाए। इसके लिए एक विशाल सफल नेटवर्किंग की जरूरत होगी। अपने युग की चुनौतियां, हमें स्वयं को इनके लिए पूरी तरह तैयार रहने पर विवश करती हैं और आपके संयुक्त, भावी नेतृत्व से सतत् मानव विकास का मार्ग प्रशस्त होगा। आपको एक बार फिर धन्यवाद देते हुए हम यह उम्मीद करते हैं कि इन सभी कार्यों के लिए हमें आपकी सहायता, मार्गदर्शन एवं नेतृत्व मिलता रहेगा।

राष्ट्रीय मवेशी आयोग के समक्ष कार्य योजना

(1) लॉ कालेज के प्रधानाचार्य श्री उदय लाल जालोरी तथा मुम्बई का विनियोग परिवार उत्कृष्ट कार्य कर रहे हैं। इनके अनुभवों एवं प्रस्तावित कार्य योजना को संहिताकरण की आवश्यकता है।

(2) भारत तथा विदेशों में बसे गोधन हितैषियों में सनातनी, शाकाहारी व संतवर्ग जैसे कुछ समुदाय तथा मुरारका प्रतिष्ठान जैसे चुनिंदा प्रतिष्ठान, शाकाहारी समूह और पशु-प्रेमी आदि शामिल हैं। इनकी सेवाओं, संसाधनों, दूरदर्शिता तथा विशेषज्ञता का सतत् मानव विकास के लिए किस प्रकार उपयोग किया जा सकता है।

(3) गोधन के संभवत: कुछ स्वाभाविक परम् शत्रु भी हैं। इनमें रसायन, पेस्टिसाइड व आधुनिक बीज विनिर्माताओं की लॉबी, गो-भक्षी तथा गोवध करने वाले और स्पष्टवादी एवं मूक हठधर्मी समूह शामिल हैं।

(4) गो-पालन के लिए अल्पावधि व दीर्घावधि मूल्य विपणन के वास्ते सकल घरेलू उत्पादों, स्वरोजगार, विकेन्द्रित, मूल्यवर्धन संभावनाओं, वैज्ञानिक तथा युक्तिसंगत आशाजनक प्रक्रियाओं से लिंकेजों की भी जरूरत होगी। यह बात कैसे साबित होगी कि सतत् अर्थव्यवस्था का मुख्य आधार गाय एवं बैल के इर्द-गिर्द ही होगा। यहां तक कि एक ऐसी परिवहन व्यवस्था भी करनी होगी जिससे खच्चरों, ऊंटों तथा बैल चालित ट्रैक्टरों का उपयोग होता है। इस संबंध में वैज्ञानिक तथा औद्योगिक अनुसंधान परिषद् और भारतीय प्रबंध संस्थान, बेंगलूर के श्री अनिल गुप्ता द्वारा कुछ अध्ययन किए गए हैं। अंततोगत्वा, इन सभी से धन एवं धारणीयता दोनों के संबंध में मूल्य का वर्धन होगा।

(5) आयुर्वेद की भूमिका पर और भारतीय औषधि प्रणाली व डी.एन.ई.एस. जैसे कई दूसरे सरकारी विभागों, के वी आई सेक्टर तथा एस एंड टी आदि से लिंकेज स्थापित करने की आवश्यकता पर विशेष जोर देने की जरूरत है। इसके लिए एक लिंकेज योजना बनानी होगी ताकि विकास को समझने और लिंकेज बनाने की नई संस्कृति विकसित हो सके।

(6) अंतत: किसी भी कार्यक्रम को चलाने के लिए एक ऐसी कार्यान्वयन प्रणाली की जरूरत होगी जो कि लागत प्रभावी, अनुकरणीय, पारदर्शी, समाकलनात्मक और संवेदनशील हो, जो पंचायत राज संस्थाओं से जुड़े लोगों को अपनी सेवाएं प्रदान कर सकें, व्यवस्था प्रबंधकों अथवा व्यावहारिक परामर्शदाताओं अथवा बेअरफुट डाक्टरों में सीखने की इच्छा होनी चाहिए और अपने कारोबार को आगे बढ़ाने तथा इसकी समग्र प्रतिस्पर्धात्मक शक्तियों को बढ़ाने की क्षमता होनी चाहिए। स्वाभाविक है कि प्रशिक्षण प्रणाली में सक्षम प्रशिक्षकों से युक्त उत्कृष्ट केन्द्र होने चाहिए और इसमें सीखने व सिखाने वालों को पर्याप्त प्रोत्साहन देने की व्यवस्था भी होनी चाहिए। अत: गोशाला परिसंघ का दायित्व निम्नलिखित तरीके से निर्धारित किया जा सकता है—

(क) अतिस्पर्धात्मक शक्ति, पारंपरिक गोधन तथा गोशालाओं के विकास के लिए समर्थन जुटाना (लॉबिंग) व विपणन, उन्नयन तथा समग्र उपाय करना।

(ख) सौहार्दपूर्ण माहौल बनाकर व दीर्घावधि उन्नयन प्रणाली का विकास करके सभी सरकारी विभागों के साथ संबंध बनाना।

(ग) अनुसंधान व विकास परियोजनाएं आरंभ करना तथा अच्छे संस्थाओं से मॉनिटरिंग करवाना।

(घ) कम परिश्रमिक लेने वाले व्यावहारिक परामर्शदाताओं अथवा स्वनियोजित ग्रामीण मोबिलाइजरों के संवर्ग के सृजन के लिए, उत्कृष्ट प्रशिक्षण व अनुसंधान केन्द्र खोलना।

(ड.) निर्यात की संभावनाएं विकसित करना और आयात के विकल्प ढूंढना।

(च) मित्रों, बलों (फोर्स), नीति निर्धारकों, लेखकों तथा प्रैस और सभी राजनैतिक दलों व वित्तदाताओं का नेटवर्क बनाना।

(छ) उचित प्रोत्साहन देना तथा कई न्यासों एवं मिशनों को मान्यता प्रदान करना और इनका विकास करना ताकि इन प्रयासों को विभिन्न समूहों द्वारा सतत् आधार पर रखा जा सके।

(ज) योजना बनाना, कार्यवाही करना, अनुसंधान, संहिताकरण, विस्तार तथा ऋण प्रणाली के जरिए बैंक ग्राह्य व व्यवहार्य एवं अनुकरणीय प्रतिदर्श विकसित करना।

(झ) परियोजनाओं के व्यवहारिक पहलू को उजागर करके इनमें लोगों की रुचि बनाए रखने के लिए पंचायत राज संस्थाओं, निवेशकों, अनिवासी भारतीयों और दूसरे समूहों की कान्फ्रेंस बुलाना। इसका अर्थ यह हुआ कि सतत् पहलुओं के जरिए नीम, जड़ी-बूटी, जैव आहार, स्वास्थ्य और पेस्टिसाइड आदि को एकीकृत किए जाने की आवश्यकता है।

(ज) वित्तीयन की एक पारदर्शी प्रणाली विकसित करने में, परिसंघ भी बहुत महत्वपूर्ण भूमिका निभा सकता है तथा वह वसूलियां भी कर सकता है जिसके लिए एक उपयुक्त शुल्क लिया जा सकता है ताकि प्रोत्साहन बनाए रखे जा सकें।

संक्षेप में, गोशाला परिसंघों तथा क्षेत्रीय संगठित शाखाओं (Chapters) को प्रशिक्षित किए जाने की जरूरत है ताकि दीर्घकालीन विकास के लिए लागत प्रभावी तथा पारदर्शी पश्चानुबंधनों एवं अग्रानुबंधनों की व्यवस्था की जा सके।

(7) आयोग को यह भी अवश्य पता लगाना चाहिए कि पारंपरिक पशुधन की उपेक्षा करके, दूसरे राज्यों को कैसे फायदा या नुकसान हुआ है, इस विश्लेषण का थोड़ा और विस्तार किया जा सकता है ताकि इसमें पारंपरिक ज्ञान, पारंपरिक बीज, पारंपरिक विशेषज्ञता और इसके अलावा पारंपरिक शासन तंत्र व भाषा आदि को भी शामिल किया जा सके। इसका लक्ष्य यह पता लगाना है कि समय की कसौटी पर परखे बीजों व जीनों की कैसे उपेक्षा की जाती है। प्रकृति, जलवायु व जैव विविधता की भूमिका पर और विभिन्न किस्मों के परिवर्तन के संकट, पर विचार करना होगा जिससे किसी भी कार्यक्रम के लिए बेहतर सतत् नीतियां बनाई जा सकें।

(8) प्रौद्योगिकी, अनुसंधान तथा वैज्ञानिक मूल्यों की भूमिका को कभी नहीं नकारा जा सकता एवं निर्यात की लागत की कभी उपेक्षा नहीं की जा सकती। आखिरकार निर्यातों की भी अपनी लागते हैं। चाहे यह साधन हो अथवा साध्य, स्थैतिक तत्व (जे.ई.आर., ब्रान, आत्मा, मन, अधिमन, बुद्धि, विवेक, विज्ञान, ईश्वर (सगुण व निर्गुण दोनों, वैज्ञानिक प्रारम्भ के रूप में और मोक्ष व सातत्य के विषय) की कभी उपेक्षा नहीं की जा सकती।

एन.सी.सी. को विविध आयामों वाले कई ऐसे मुद्दों का अवलोकन करना होगा जो अंतत: तर्क तथा विज्ञान के जरिए सदियों पुरानी प्रथाओं को विश्वसनीयता व मान्यता प्रदान करेंगे।

श्री लोढ़ाजी से परिचर्चा का सारांश

पशु कल्याण बोर्ड के अध्यक्ष श्री लोढ़ा जी ने मवेशियों व गायों की विशेष देखभाल के क्षेत्र में सराहनीय कार्य किया है। राष्ट्रीय मवेशी आयोग में तथा विस्तृत रिपोर्ट तैयार करने में उनके योगदान को भविष्य में हमेशा याद किया जाता रहेगा। वे नवीनतावादी, साहसी तथा विवेकशील प्रशासक रहे हैं। एक बहु–आयामी व्यक्तित्व वाले व्यक्ति के रूप में, प्रलेखीकरण के क्षेत्र में तथा पशु सम्बद्ध कार्यकलापों की पुनर्संरचना में भी उनके योगदान को सदैव याद किया जाता रहेगा। डा. गुप्ता को लिखे पत्र में उनके द्वारा उठाए गए सवालों पर, मेरी समय समय पर उनसे हुई चर्चा एक अद्‌भुत अनुभव रही है। मुझे यह लगता है कि वह समय आ गया है जब सतत् मानव विकास के विषय पर पहले से ज्यादा व्यापक प्रसार, समूह परिचर्चा तथा प्रलेखीकरण की जरूरत होगी और इसी प्रकार से हमें नुकसान न पहुंचाने वाले इन निरीह प्राणियों के प्रति जितने अधिक हम संवेदनशील होंगे उतनी ही बेहतर हमारी मानसिक सोच बन पाएगी। इसी कारण से लॉबी बनाने का प्रश्न अत्यन्त महत्वपूर्ण बन गया है। हम सरकार पर अधिक निर्भर रहते हुए लॉबियां कैसे तैयार करें? ऐसे ही कुछ प्रश्न हमारे सामने थे। विचार विमर्श का सार और संक्षिप्त सिफारिशें निम्नलिखित हैं–

(1) निगम द्वारा जैविक खाद की लागत कम किए जाने के लिए सरकार के समर्थन की आवश्यकता है, क्योंकि रासायनिक उर्वरकों और कीटनाशकों के लिए सब्सिडी दी जाती है, उसी प्रकार जैविक खाद क्रांति के लिए बड़ी राशि का निवेश किया जाना चाहिए।

(2) एक अखिल भारतीय विपणन बोर्ड बनाना होगा जहां गाय के दूध से बनी वस्तुओं की बिक्री की जा सके। श्री एल.एम. मोदी जी ने इस क्षेत्र में उत्कृष्ट कार्य किया है और उनके सहयोगी जैसे कानपुर के ताश्नीवालजी, बनारस के जालानजी आदि इस मार्ग पर उनका अनुसरण करेंगे।

(3) गाय के पारम्परिक जीन्स पर अनुसंधान कार्य करने की आवश्यकता है जो लगभग 28 हैं। नई नस्लों के विकास पर चरम दबाव रहने के कारण पारम्परिक नस्लों की वास्तव में अनदेखी हुई है। गैर सरकारी संगठनों और समुदाय आधारित संगठनों को पशुओं की परम्परागत और समय की कसौटी पर खरी उतरी नस्लों को शामिल करने का यही उचित समय है।

(4) संस्कृति और धर्म तथा आध्यात्मिक मूल्यों को तथा दृष्टिकोण, दूरदृष्टि, योजना बनाने और उपयुक्त संबंधों को भी अनदेखा नहीं किया जा सकता। जनसाधारण में

जागृति पैदा करके और उन्हें इस बात का अहसास करा कर कि बैंक ग्राह्य स्कीमों और विपणन को बढ़ाने वाले प्रोत्साहन कार्यों में भारी मात्रा में निवेश करने के बहुत फायदे हैं, सबका कल्याण हो सकेगा।

(5) इसमें महिलाओं की महत्वपूर्ण भूमिका है।

(6) मानव संसाधन विकास विभाग, सी.एस.आई.आर. और अन्य सभी विभागों को उन क्षेत्रों का पता लगाना चाहिए जिनमें सहयोग दिया जा सकता है।

(7) नागपुर के निकट, देवतपुर, जलगांव, वर्धा, दिल्ली, मुम्बई आदि के कुछ अच्छे मॉडलों का अध्ययन किया जाएगा।

(8) डा. एम.एम. बजाज और दिल्ली विश्वविद्यालय के दो अन्य प्रोफेसरों ने एक उत्कृष्ट कृति की रचना की है जिसमें उन्होंने भूकंप और पशुओं में दर्द या आह के बीच संबंध को उजागर किया है। डा. बजाज का टेलिफोन नं. 5595533 या 7187988 है और उनका पता एस- II /69 ए, लारेंस रोड, नई दिल्ली-35। उनके कार्य को लोकप्रिय बनाने, प्रकाशित करने और उसके व्यापक प्रसार की आवश्यकता है। अधिक प्रेस कांफ्रेंस आयोजित किए जाने चाहिए, शाकाहारी और हिंसावादिता में विश्वास रखने वाले संगठनों को एक साथ मिलाकर काम करना चाहिए। श्री डी.के. जैन, टेलिफोन नं. 22373130 या 26198833 या 26198822 ने सराहनीय कार्य किया है।

(9) इस दिशा में निवेश करना वास्तव में कितना लाभप्रद है इस प्रश्न पर और प्रेम, संवेदनशीलता, एहसास और खुशी आदि के मामलों का एक ही प्लेटफार्म पर अध्ययन किया जाएगा। चाहे आयुर्वेद हो या योग या सतत् विकास का सवाल हो या मानवतावश, मानव अधिकारों की अनिवार्यता के कारण उन प्राणियों के अधिकारों के संबंध में सोचना चाहिए जो अपनी बात कह पाने में सक्षम नहीं है या दावा नहीं कर सकते हैं या कमजोर हैं। उनकी मृत्यु या नुकसान का दुष्प्रभाव क्षति के बहुत बार तक भी अनुभव किया जा सकता है। लेकिन यह देखने का यह सर्वाधिक सही समय है कि क्या कोई भी धर्म अथवा अच्छे शासी सिद्धांत अथवा पर्यावरण अनुकूल प्रणाली कमजोर एवं निरीह प्राणियों का वध करने की अनुमति देती है। इस प्रश्न का उत्तर अधिक गहराई और व्यापक रूप में खोजा जाना चाहिए। न केवल आध्यात्मिक दृष्टिकोण से बल्कि जैव विविधता शासन प्रणालियों को सभी के ध्यान में रखना होगा।

(10) पशुकल्याण के प्रश्न और सतत् विकास के सामले के लिए बहु विषयक दृष्टिकोण अपनाना होगा। उलझी हुई तटस्थ अफसरशाही प्रणाली में संवेदना की कोई गुंजाईश नहीं होती है। इन मामलों में महत्वहीन मुद्दों को भी महत्वपूर्ण बनाया जाएगा। इसलिए न केवल सरकार को बल्कि सभी प्रभाव क्षेत्रों, धर्म और अन्य अनेक विषयों का एक संयुक्त असरकारी मंच फ्रंट तैयार करना होगा ताकि प्रकृति के चरम प्रयोजन के क्षेत्र का पता लगाया जा सके।

केवल श्री लोढ़ाजी के साथ ही नहीं, बल्कि उन विभिन्न अन्य समूहों के साथ चर्चा करके मैं इस बात से आश्वस्त हुआ कि वे पवित्र भावना से विकास के लिए कार्य करते हैं। भारत जैसे देश के लिए आर्थिक विकास के लिए एक ही प्रकार का मॉडल नहीं होता है। विकास निरन्तर बना रहने वाला होगा और विभिन्न दृष्टिकोणों से विचाराधीन विकास अथवा प्रगति की आवश्यकताओं को पारिभाषित करने वाले मौजूदा मॉडल के लिए लाभप्रद होगा। आपदा प्रबंधन और पंचायती राज विषय पर किए गए अध्ययन की रिपोर्ट से मेरे लिए विभिन्न गैस व्यावसायिक दृष्टिकोणों को समझना सरल हुआ है। इससे व्यापक रूप से स्वीकार्य उत्तर प्राप्त नहीं हुए हैं लेकिन निश्चित तौर पर इससे उन मामलों को देखने का प्रयास किया गया है जिनकी शासन में अनदेखी की जाती है, जिसमें प्रशिक्षण, वित्त पोषण, बजट बनाना और विशेष लक्ष्य पर कोई निर्णय लेने की प्रक्रिया शामिल है।

श्री त्रिवेदी, श्री एल.एम.मोदी जी, श्री राजेन्द्र सिंघलजी, श्री शर्मा जी, श्री कमल मेहता, चार्टर्ड एकाउन्टेंट, श्री संजीव सेमवाल और श्री अरविन्द पवार के साथ हुए विचार विमर्श का सारांश

श्री मोदी जी पिछले दो दशकों से निम्नलिखित क्षेत्रों में विशेष तौर पर कार्य कर रहे हैं–

1. इंडियन फेडरेशन ऑफ अहिंसा ऑरगेनाइजेशन
2. भारतीय केटल रिसर्च डेवलपमेंट फाउन्डेशन
3. वेजीटेरियन सोसायटी ऑफ दिल्ली
4. मेडिकोज फोरम फॉर वेजीटेरियनिज़्म
5. पार्लियामेंटेरियंस फोरम फॉर वेजीटेरियनिज्म

उन्होंने बैलों से चलने वाले ट्रैक्टर में सुधार करके उत्कृष्ट कार्य भी किया है और उन्होंने नीति निर्माताओं तथा पशुपालकों में उन्हें संप्रेषित करने के विभिन्न उपाय आरम्भ किए थे। श्री मोदी जी ने राष्ट्रीय मवेशी विकास बोर्ड के गठन के लिए भारत सरकार को एक प्रस्ताव भी भेजा था। जैव खेती और पशु ऊर्जा के उपयोग के लिए राज्य और जन समर्थन उपलब्ध कराने के उनके विचार सुविख्यात हैं ही। उन्होंने यह महसूस किया है कि ग्रामीण निवेश, रोजगार के अवसरों को बढ़ाने और विभिन्न संगत लेकिन उपर्याप्त बाजार कार्यक्रमों की पूरी संभावनाओं का पता लगाने में निम्नलिखित बाधाएं हैं–

– कृषि में रसायनों और मशीनों का प्रयोग
– रसायनों और मशीनों के प्रयोग के लिए उपदान
– वास्तविक इंडिया/भारत में विपणन के लिए लॉबी का अभाव

असंगठित क्षेत्र, जो वास्तव में निष्क्रिय संस्थानों में जान डाल सकता है और युवाओं, महिलाओं तथा असंगठित क्षेत्रों में ऊर्जा का संचार कर सकता है, की अनदेखी।

उनके साथ किए गए विचार विमर्श से मिलजुलकर कार्य करने की प्रणाली के फायदे और विभिन्न कार्यक्रमों को वाणिज्यिक बनाने के महत्व का पता चला जिससे वे आपदाओं और ग्रामीण क्षेत्रों की अनदेखी की चुनौती का सामना कर सकें।

श्री राजेंन्द्र सिंघल जी ग्रामीण क्षेत्रों में रोजगार और निवेश के लिए कार्य करते रहे हैं। पिछड़े क्षेत्र में पशुपालन, सरकारी, बजटीय और बैंक की स्कीमों दोनों के माध्यम से निवेश में वृद्धि, जैव खाद्य पदार्थ और उत्पादों के विपणन पर विभिन्न राजनैतिक और आध्यात्मिक स्तरों पर गंभीरतापूर्वक विचार विमर्श हुआ। उनके अनुसार बंजर भूमि और सिंचाई के लिए जल की समस्या पर इस देश में गाय की परम्परागत किस्मों को तैयार करने और उनकी संख्या को बढ़ाए जाने तथा उन पर अध्ययन किए जाने की आवश्यकता है। इस नीति परिवर्तन से उचित और कारगर प्रौद्योगिकी और पिछड़े क्षेत्रों में रोजगार सृजन की संभावनाओं पर प्रभावकारी ढंग से विचार किया जा सकता है। शहरी क्षेत्रों में और अधिक कीमत का भुगतान करने की क्षमता समूहों में बिक्री का भाग बढ़ाने की आवश्यकता के लिए अधिक ऊर्जा और संसाधनों की आवश्यकता है। इसके लिए हमारे बजट निर्माता और संसाधन आबंटनकर्ता जैसे योजना आयोग, वित्त मंत्रालय, प्रेस और लॉबी के लिए इनके विपणन की आवश्यकता है। आम तौर पर इन कार्यक्रमों के महत्व को सभी मंत्रालयों द्वारा भली–भांति समझा जाना चाहिए लेकिन ग्रामीण विकास और पशुपालन मंत्रालय और कृषि मंत्रालय को इनके महत्व को विशेष रूप से समझना चाहिए। श्री सिंघल ने पर्यावरण अनुकूल जैव वैविध्यतापूर्व कार्य योजना पर विशेष जोर देते हुए अपने अनुभवों और स्वप्नों को लेखनीबद्ध किया है। एक दस्तावेज प्रो. डॉ. प्रियरंजन त्रिवेदी ने तैयार किया है जिन्होंने निम्नलिखित क्षेत्रों में उत्कृष्ट कार्य किया है—

1. वर्ल्ड इंस्टीट्यूशन बिल्डिंग और अनिच्छा की अवस्था से उबारने के लिए संस्थानों के निर्माण और विकास को सुदृढ़ बनाने के लिए अंतर्राष्ट्रीय दान।
2. इंडियन इंस्टीट्यूट ऑफ इकोलोजी एंड एनवायरमेंट (1986 में स्थापित) परिस्थिति विज्ञान, पर्यावरण और सतत् कार्यों के सृजन के क्षेत्र में प्रशिक्षण, अनुसंधान और परामर्श देता है।
3. डा. जाकिर हुसैन इंस्टीट्यूट फार नोन–फारमल और कांस्टीट्यूटिंग एजूकेशन (1982 में स्थापित) व्यवसायिक और कार्योन्मुख क्षेत्रों में अनौपचारिक सतत् और वास्तविक शिक्षा पर अनुसंधान करता है।
4. एशियन डिजास्टर मिटिगेशन इंस्टीट्यूट (एमडी) आपदा प्रबंधन पर स्नातकोत्तर पाठ्यक्रम का आयोजन करता है।

5. इंडियन इंस्टीट्यूट आफ ह्यूमन राइट्स (भारतीय मानवाधिकार संस्थान)।
6. एजुकेश्नी बंसलऐंसी आर्गेनाइजेशन ऑफ इंडिया।
7. क्वालिटी इंस्टीट्यूट ऑफ इंडिया समग्र गुणवत्ता प्रबंधन में एम.एस सी. डिग्री चलाता है।

श्री त्रिवेदी जो कि बेहद आशावादी, रचनात्मक कार्यकर्ता, लेखक, चिन्तन और संस्था निर्माता हैं, सदैव न केवल अपने संस्थान के लिए बल्कि समूचे विश्व के लिए अवसरों को तलाशते रहते हैं। उनका यह दृढ़ विश्वास है कि जब तक प्रत्येक व्यक्ति प्रसन्न न हो तब तक कोई व्यक्ति रचनात्मक रूप से कैसे प्रसन्न रह सकता है। उन्होंने आदर्श रूप में गुणवत्ता प्रबंधन, आपदा प्रबंधन, मानवाधिकार और संपूर्ण सतत् मानव विकास के क्षेत्र में आध्यात्मिकता, ध्यान, मनन को भी मिश्रित किया। अनुबंध में उनका जीवनवृत्त दिया गया है।

श्री कमल मेहता का बेस राजस्थान में है और चार्टर्ड एकाउंटेंट, संस्था निर्माता, सहकारी बैंकर, द्रष्टा, लेखक और कार्योन्मुख चिन्तक के रूप में उन्होंने राजस्थान के ग्रामीण क्षेत्रों में अनेक चिकित्सा और इंजीनियरिग संस्थानों का सूत्रपात किया। निम्नलिखित क्षेत्रों पर विशेष जोर देते हुए उन्होंने सदैव स्पष्ट विचार रखे हैं।

(क) स्वरोजगार और संगठित नियोजन दोनों के माध्यम से ग्रामीण क्षेत्रों में नियोजन के लिए ग्रामीण जनशक्ति को कैसे प्रशिक्षित किया जाए।
(ख) ग्रामीण उद्यमिता के इंजीनियरी विद्यार्थियों/कार्यकर्ता/चेंज एजेंट/निवेश को प्रोत्साहन देने वाले को कम्प्यूटर की सहायता से चेंज एजेंट कैसे बनाया जाए।
(ग) महिलाओं, बेरोजगार युवाओं और अनुसूचित जाति/अनुसूचित जनजाति/अन्य पिछड़ा वर्ग समूहों के लिए विशेष तौर पर स्व सहायता समूह और ग्रामीण संसाधनों का सहयोग।
(घ) विपणन, स्थानीय ग्रामीण संस्थानों और गैर आध्यात्मिक संस्था बंधन के साथ संबंधों पर विशेष जोर देते हुए पर्यावरण अनुकूल परियोजनाएं तैयार करना।
(ड.) पंचायती राज संस्थाओं का पुनरुद्धार और ग्रामीण योजना तैयार करने, क्रियान्वयन, मॉनिटरिंग और कुल मिलाकर ग्राम समाज के लक्ष्यों को प्राप्त करने के लिए उनकी क्षमता में वृद्धि करना।

उपर्युक्त सभी मुद्दों पर विचार विमर्श करने से निम्नलिखित विषय, आपदा प्रबंधन और वास्तविक भारत या सबसे निचले स्तर के संस्थानों या ग्रामों और पंचायती राज संस्थानों के अधिकार क्षेत्र का एक हिस्सा बन गए हैं।

सुझाई गई कार्य योजना और उसके गठन को शासित करने वाले महत्वपूर्ण सिद्धांत

सिद्धांत और विश्लेषण

1. यह सच है कि जब तक गांव, जनता, समुदाय और निचले स्तर की संस्थाएं (आधारभूत संस्थाएं) आपदा प्रबंधन में पूरी तरह शामिल नहीं होंगी तब तक संरक्षण, सुधार या न्यूनीकृत करने वाली किसी योजना को पूरी तरह कार्यान्वित नहीं किया जा सकता।

2. हमें मानव जाति के लिए सोचना चाहिए लेकिन पशुधन, पेड़, पहाड़, नदियों, पक्षियों, समुद्र और जल साधनों के बारे में विचार करना चाहिए। प्रकृति के उपहार के रूप में जैव वैविध्य की भूमिका को, योजना बनाने और कार्यवाही की प्रक्रिया में सदैव ध्यान में रखना होगा।

3. जेनेटिक इंजीरियरिंग के क्षेत्र पर समग्र रूप से ध्यान न देने से दीर्घकाल में यह क्षेत्र विपत्तिकारक सिद्ध हो सकता है।

4. सभी कार्यक्रमों को सतत, जीवनक्षम बैंक योग्य निवेश और स्वरोजगार, व्यक्ति उद्यम, जानकारी पर आधारित सूचना प्रौद्योगिकी प्रधान अर्थव्यवस्था से जोड़े जाने की और लंबे समय तक निरंतरता को बनाए रखने की आवश्यकता होती है।

5. सभी प्रक्रियाओं में नवीकरणीय, सतत् और प्राकृतिक संसाधनों के अधिकतम प्रयोग के प्रयास किए जाएं।

6. शिक्षा, वित्त पोषण, योजना तैयार करने, बजट बनाने, मॉनिटर करने, प्रशिक्षण, संसाधन आबंटन आदि में सभी प्रणालियों में परिवर्तन की आवश्यकता होती है।

7. इस समय में सभी नीतियों से समाज में वैमनस्य उत्पन्न हो रहा है और समाज का ताना बाना टूट रहा है। संभवतः योजना, वित्तीय नीतियाँ तैयार करने, व्यापार और वाणिज्य, उद्योग और जीवन के अन्य आर्थिक क्षेत्रों में अहिंसा को शामिल करना लंबी अवधि में इस टूट-फूट को रोकने और समाज को जोड़ने के लिए सीमेन्ट सिद्ध हो सकता है।

8. यह सच्चाई है कि ज्ञान अथवा अनुभव के आदान-प्रदान के सभी पहलुओं में पूर्णतावादी दृष्टिकोण अपनाना होगा। अनेक क्षेत्रों में विकास हुआ है लेकिन अन्य अनेक क्षेत्रों में ये समान रूप से संबंधित हैं और उनके लिए विपत्तिकारक हैं जैसे कि प्रदूषण जैसे क्षेत्रों के लिए सुग्राह्यता और निवारणात्मक निर्णय लेने की आवश्यकता होती है। वायु, जल, शोर, भूमि, कृषि, न्यूक्लियर थर्मल और अन्य सभी प्रकार के प्रदूषण जिसमें दिमागी प्रदूषण भी शामिल हैं गंभीर विपत्ति के क्षेत्र बनते जा रहे हैं।

9. पशुओं को मारने अथवा बूचड़खानों के कारण होने वाले जैविक प्रदूषण और संवेदनशीलता की अनदेखी या " आह अथवा बद्दुआ " की जांच किए जाने की आवश्यकता है। इसके परिणामस्वरूप व्यक्ति कठोर अपराधी बन सकता है और उसके विचार और

व्यवहार शोषक जैसा हो सकता है। खाद्य पदार्थों की गुणवत्ता और जीवन शैली से शोषक विचारधारा को बढ़ावा मिल सकता है।

10. राज्य, परिवार और व्यक्ति को संचालित करने वाली अनेक प्रणालियां अभयादित हो गई हैं और कम कारगर हैं। बहुराष्ट्रीय कंपनियों और अन्य निगमित क्षेत्र द्वारा संगठित विपणन ने असंगठित क्षेत्रों को जो कि प्राकृतिक प्रणाली आधारित समाज के प्रबंधक हैं जीविका के साधनों से वंचित कर दिया है। वे विस्मृत भी हो सकते हैं।

11. अनेक प्रबुद्ध लोग यह महसूस करते हैं कि गाय और उसकी संतान की स्वदेशी प्रजाति की अनदेखी से समस्याएं पैदा होंगी, पशुओं को काटे जाने और पशुओं के प्रति अमानवीय व्यवहार में वृद्धि हो सकती है बल्कि उनकी अपनी मुख्य विचारधारा में भी दोष आ सकता है।

12. पिछले पांच दशकों में बनाई गई विकास की योजनाओं से गांवों में युवक और नगरों में झोपड़ियां। इसके परिणामस्वरूप नगर और केन्द्र बुराइयों के अड्डे बन रहे हैं।

कार्य योजना

(क) ग्रामीण क्षेत्रों को आकर्षक बनाने के सभी प्रयास किए जाने चाहिए। सभी विभागों में और बजट तैयार करने वाले, वित्त उपलब्ध कराने वाली संस्थाओं, प्रशिक्षकों और वैभवशाली बनाने का प्रयास करने वाले संगठनों को गावों को आकर्षक और रोजगारोन्मुख केन्द्र बनाने का प्रयास करना चाहिए। इसके लिए विभिन्न गैर सरकारी संगठनों ने मिलकर एकजुट होकर कार्य आरम्भ किया है ताकि वे भारत सरकार के सभी मंत्रालयों, योजना आयोग, समुदाय आधारित संगठनों, पंचायती राज संस्थानों, निगमित क्षेत्र और राज्य सरकारों के लिए वैकल्पिक असरकारी कार्य योजना प्रस्तुत कर सकें।

(ख) यदि दीर्घकालीन विपत्ति से बचना है तो लॉबी बनाने की आवश्यकता होगी। गावों को सशक्त बनाने के लिए सभी को अपने योगदान की संभावना का पता लगाना होगा ताकि सभी व्यक्ति और समुदाय संगठित हो जाएं और अपनी अपनी समस्याओं को सुलझाने में सक्षम हो सकें।

(ग) महिलाओं और युवाओं को विशेष तौर पर विभाग की सभी पहलुओं में शामिल होना होगा। सभी मंत्रालयों और विभागों और क्षेत्र के योजनाकारों ने इन विशेष समूहों पर विशेष ध्यान केन्द्रित किया है।

(घ) भारत सरकार और राज्यों की बजट सहायता भी शहरोन्मुखी है वहीं यह सही समय है जबकि आंतरिक संसाधन सृजन द्वारा शहरी क्षेत्रों में सभी निवेश की लागतों को पूरा किया जाना चाहिए। इसका अर्थ है कि ग्रामीण क्षेत्रों में बजटीय सहायता के माध्यम से बैंक योग्य परियोजनाएं तैयार करनी चाहिए। क्रमशः

स्ववित्त पोषण आधार पर गौशालाएं, ग्रामीण, कुटीर घरेलू सामान बनाने वाले उद्योग, शिक्षा संस्थाएं, विपणन समूह, आधारभूत सुविधाओं के समूह, गोदाम आदि को बढ़ावा दिया जाना चाहिए। अनुदान देने पर भी विचार किया जा सकता है।

(ड.) जैव कार्य, स्थानीय संसाधनों के प्रयोग, खाद, ईंधन, जैव कीटनाशकों और ऊर्जा के लिए पशुओं का उपयोग और ग्रामीण क्षेत्र से अन्य मूल्यवर्धित उत्पादों, जिनके लिए विशेष पैकेजों की आवश्यकता होती है, जैसे कार्यक्रमों के लिए समर्थन। इन पैकेजों से रोजगार सृजन, अनुसंधान और विकास, विपणन, मानकीकरण, पैकेजिंग, प्रशिक्षण और जोखिमपूर्ण कदमों के लिए पर्याप्त अवसर प्राप्त होने चाहिए।

(च) मुर्गी पालन और मछली, सूअर तथा अन्य जानवरों के पालन के लिए फैक्टरी फॉर्मिंग की नई संस्कृति को बढ़ावा दिया जा रहा है जो रोगों, पर्यावरण संबंधी समस्याओं, इंसानों के स्वास्थ्य के लिए जोखिम पूर्ण और रोजगार की हानि का कारण सिद्ध हो रहा है। इसलिए पशुपालन कार्यक्रम सहित सभी कार्यक्रम विकेन्द्रीकृत होने चाहिए और परिवार या परिवार का मुखिया योजना का केन्द्र होना चाहिए। इससे पर्यावरण के अनुरूप योजना बनाने कार्य सुकर होगा और पशुओं तथा इंसानों के लिए प्राकृतिक पर्यावरण भी प्राप्त होगा।

(छ) परियोजना तैयार करने वाले क्रियाकलापों को विकेन्द्रीकृत करके निवेश योग्य परियोजनाओं को और सलाहकारों की भूमिका के प्रोत्साहित करना चाहिए। बैंकरों, बीमा कंपनियों, निगमित क्षेत्र, विश्वविद्यालयों और समुदायों को जिला स्तर और ब्लाक स्तर पर अपनी नीतियों को पुनः निर्धारित करना चाहिए।

(ज) सरकारी और असरकारी कार्यों को संगठित करने की आवश्यकता को ध्यान में रखते हुए सामान्यतः भारतीय प्रशासनिक सेवा और विशेष तौर पर जिला कलेक्टर की भूमिका में सामंजस्य होना चाहिए। शक्ति और प्राधिकार प्राप्त सभी धारकों को योजना तैयार करने और कार्यक्रमों को क्रियान्वित करने के लागत प्रभावकारी, पारदर्शी, जनता के अनुकूल और स्थानीय तौर पर वहन करने योग्य विकल्प की तलाश करनी चाहिए।

(झ) चूंकि वित्तीय संसाधनों में निरंतर कमी आ रही है इसलिए स्थानीय आवश्यकताओं की प्राथमिकताओं, स्थानीय योगदान, लागत प्रभावकारी विकल्प और सर्विसिंग की कीमत निर्धारित करना आदि पर परियोजना के दौरान ही जोर दिया जाना चाहिए।

(ञ) अन्ततोगत्वा स्वाभिमान और आत्म प्रतिष्ठा के लिए आयाम के विकल्प ढूंढने की आवश्यकता होती है। इसलिए चाहे तेल, उर्वरक अथवा हथियार ही क्यों न हो संस्थान को स्थानीय विकल्पों के लिए अपनी क्षमता विकसित करनी चाहिए।

इसका अर्थ यह है कि जनता की भलाई के लिए भारत सरकार के सभी विभागों में सरकारी और असरकारी प्रणाली को साथ काम करना चाहिए। इसलिए रूरल इन्वेस्टमेंट, गेलवेनाइजिंग सेवा, कम खर्चीले व्यवहारिक सलाहकारों, स्थानीय विपणन कंपनियों को बजट और कर सहित सभी प्रोत्साहन दिए जाने चाहिए।

(ट) विपणन सर्वाधिक उपेक्षित पहलू है। इसलिए अनुसंधान एवं विकास कार्य में ग्रामीण क्षेत्रों में व्यय के लिए भारी कटौती जैसे स्कीमों को संशोधित किए जाने की आवश्यकता होगी, विशेषतौर पर ग्रामीण और समुदाय आधारित अनुसंधान निवेश पर।

(ठ) स्थानीय संसाधनों के लिए प्रोत्साहन दिया जाना चाहिए।

(ङ) ग्रामीण क्षेत्रों में रोजगार सृजन एक महत्वपूर्ण मिशन होना चाहिए और जागरूकता पैदा करने के लिए किसी ग्रामीण क्षेत्र को चुनने वाली सभी संस्थानों को प्रोत्साहन और मान्यता दी जानी चाहिए। ऐसा स्वयंसेवी संस्थाओं के लिए किया जा सकता है चाहे वह सरकारी हो अथवा उसे किसी अन्य संस्था द्वारा वित्त प्रदान किया गया हो।

(ढ) भारतीय प्रशासनिक सेवा और अखिल भारतीय सुग्राह्य प्रशासन सेवा की भूमिका महत्वपूर्ण है। उन संस्थानों में प्रशिक्षण दिया जाना चाहिए जिनका जनसंपर्क अच्छा हो। इसलिए सूचना देने और रोजगारोन्मुखी परियोजना उपलब्ध कराने के लिए स्वयंसेवी संस्थाओं को आमंत्रित किया जाना चाहिए।

इस बात पर भी सहमति हुई है कि एक लॉबी तैयार करने की आवश्यकता है ताकि वास्तविक भारत को उसका हक प्राप्त हो सके। जहां कहीं अनिवार्य और व्यावहारिक हो, ग्रामीण क्षेत्रों के लिए कार्य करने वाली संस्थाओं और विकास को पर्यावरण के अनुकूल बनाने वाले समुदायों का एक राष्ट्रीय महासंघ भी गठित किया जाना चाहिए। इन निकायों को सरकारी सहायता से स्थानीय आधारभूत सुविधाएं दिए जाने की भी मांग की जानी चाहिए।

7

आपदा प्रबन्धन और पंचायतीराज सशक्तिकरण के लिए स्वरोजगार द्वारा ग्रामीण क्षेत्रों में सूचना प्रौद्योगिकी और उसके डिलीवरी सिस्टम की जानकारी

आज हमारे देश की बंद अर्थव्यवस्था को विश्व के दबावों को स्वीकार करने और चुनौतियों के लिए पूरी तरह से खोल दिया गया है। इस लेख में वैश्वीकरण और वर्तमान युग की चुनौतियों के विशेष संदर्भ में तीव्र विकास से संबंधित मुद्दों को परिभाषित करने, उन्हें स्पष्ट करने और लाने के संबंध में लुप्त हो गए संपर्कों को ढूंढने का प्रयास किया गया है। यह कहना अनावश्यक है कि जब तक परिभाषाओं की स्पष्टता की मूल समस्या और किसी भी आयाम को छोड़े बिना एक पूर्वता प्रदान करने वाला दृष्टिकोण का निदान नहीं किया जाता है तब तक किया गया विचार विमर्श, विश्लेषण या कोई कार्य योजना ग्रामीण क्षेत्रों में विकास की गति को वास्तव में आगे नहीं बढ़ा पाएगी। योजना तैयार करने की प्रक्रिया का हमारा अनुभव हमारी स्वतंत्रता से आरम्भ हुआ था, कुछ अपूर्ण उपलब्धियों के बावजूद इससे कोई आशा पैदा नहीं हुई। विकास के मौजूदा मॉडल से योजना तैयार करने वाले लोग भी निराश हुए हैं। किसी भी प्राधिकारी से पूछा जाए तो उत्तर निराशापूर्ण स्थिति की पुष्टि करना ही होगा। पूर्ण विकास के विषय को गंभीरता से लिया जाना चाहिए, जिससे हम सबके कल्याण की स्थिति के लिए नयी आशा की किरण प्राप्त हो, परन्तु इसके लिए पारदर्शिता की आवश्यकता होती है, अत: नीति और क्षेत्र में कार्यान्वयन दोनों के स्तर पर पारदर्शिता होनी चाहिए।

पुरानी संकल्पनाओं को नए रूप में परिभाषित करना

भारत को समझना

हमारे नीति निर्धारक परम्परागत शब्दों जैसे शोषक, और शोषित, शहरी या ग्रामीण, संगठित

अथवा असंगठित, साक्षर अथवा निरक्षर, पुरुष अथवा महिलाएं, दक्षिण अथवा उत्तर आदि शब्दों के कैदी बनकर रह गए हैं। इसलिए हमें उन लोगों पर ध्यान केन्द्रित करना होगा और उनकी पहचान करनी होगी जिन्हें हम वास्तव में संबोधित करना चाहते हैं। यदि हम पूरी तस्वीर बनाते हैं या पूर्णता के दृष्टिकोण को अपनाते हैं तो हमें पता चलेगा कि भारत में अनेक ऐसे पहलू हैं जिन पर कभी भी ध्यान नहीं दिया जाता है और उन्हें लगातार अनदेखा किया जाता है। इसलिए हम भारत सरकार में मौजूदा संयुक्त सचिव संलक्षणों से बाहर आना होगा जिसने भारत की तस्वीर के खंड-खंड कर दिए हैं।

ग्रामीण क्षेत्र

ग्रामीण क्षेत्र का अर्थ प्राय: जाति में जकड़े, अशिक्षित, गरीबी झेलते लोग हैं और ऐसा स्थान, जहां चारों ओर गंदगी फैली हो, ऐसी जगह जो हर प्रकार से दयनीय हो जहां मूल आधारभूत सुविधाएं जैसे बिजली, पीने का पानी इत्यादि नहीं है। यह उस चकाचौंध युक्त सुन्दर ग्रामीण भारत से बिल्कुल विपरीत होता है जिसे हम कभी-कभी फिल्मों या टेलीविजन पर देखते हैं। लेकिन सच्चाई क्या है? दोनों चरम स्थितियां हैं- न तो ग्रामीण भारत इतना खराब है, जैसा कि हम सोचते हैं और न ही यह उतना आकर्षक है जैसा कि फिल्मों में दर्शाया जाता है। लेकिन एक बात तो निश्चित है कि ग्रामीण भारत की अंत:शक्ति का अभी तक विपणन नहीं हुआ है क्योंकि ग्रामीण जनता अपनी शक्तियों को प्रभावकारी तरीके से बाजार में नहीं बेच सकी है। उनमें काफी अप्रयुक्त प्रच्छन्न क्षमता है और उनमें संगठन की निवेश योग्य शक्ति की बहुत अधिक संभावनाएं हैं। इनमें से कुछ शक्तियां तो ज्ञात हैं लेकिन अधिकांश शक्तियों के संबंध में हमें जानकारी नहीं है। यह भी सत्य है कि उनमें से कुछ कथित आधुनिक विकास से बुरी तरह प्रभावित हुई हैं लेकिन उनमें से कुछ आतंकित होने के बावजूद विद्यमान हैं। यदि इन शक्तियों को काम में लगाया जा सके तो मौजूदा निराशाजनक स्थिति में परिवर्तन हो सकता है।

हमारी अर्थव्यवस्था के खुलने के साथ ही हमारे पास यह स्वीकार करने के अलावा कोई विकल्प नहीं रह गया है कि विकास की किसी भी सतत् प्रक्रिया के लिए विपणन मुख्य क्षेत्र है। ग्रामीण क्षेत्र अब तक व्यापक विपणन नीति के साथ अपनी क्षमताओं को बेच पाने में असफल रहे हैं। विपणन के संबंध में बहुत संकीर्ण विचार नहीं होने चाहिए जिनसे हमारे ग्रामीण उत्पादों और परस्पर आश्रित विकासात्मक नीतियों को पहले ही बहुत अधिक नुकसान पहुंचा है। विपणन के बहु आयामी क्षेत्र होंगे - स्थान, उत्पाद, कौशल, संकल्पनाओं, विचारों, स्वप्नों, समस्याओं, प्रक्रियाओं, प्रणालियों और आशयों का विपणन।

अभिमुखीकरण

तीसरी पंचवर्षीय योजना की अवधि तक भारत के महलनोबिस मॉडल ने अच्छा कार्य

किया। यदि प्रशासन और विकास के महत्वपूर्ण साधन के रूप में सूचना प्रौद्योगिकी स्वतंत्रता के आरम्भिक वर्षों के दौरान वहां मौजूद होती तो भारत की अर्थव्यवस्था विश्व की मजबूत अर्थव्यवस्थाओं में से एक हो सकती थी। इन्टरनेट ने विस्तृत देहाती क्षेत्र का अत्यावश्यक एकल खिड़की अवधारणा को साकार कर दिया होता। लेकिन औद्योगिक क्षेत्र में सरकार एकल खिड़की की अवधारणा के माध्यम से एक सफल प्रदाता बना रही है। पश्चिमी क्षेत्र में विस्तृत उद्योग क्षेत्र इस अवधारणा का जीवंत उदाहरण हैं। लेकिन अभी तक ग्रामीण विकास की ओर इस अवधारणा को विकसित करने के लिए कोई प्रयास नहीं किया गया है। इस अभिमुखीकरण के लिए स्पष्टता और संक्षिप्तता अपेक्षित है ताकि वह द्रुत गति से आम जनता तक पहुंच सके। नई प्रौद्योगिकी की सहायता से इस अवधारणा के माध्यम से विशिष्ट लक्ष्य समूहों तक पहुंचना संभव है। संगठित बड़े उद्योगों के लिए एकल खिड़की सेवाओं के सपने को साकार किया जा सकता है लेकिन जब यही ग्रामीण क्षेत्रों में आता है तो अभिमुखीकरण और कुशल एकल खिड़की सेवा मृगतृष्णा बन कर रह जाती है।

विकास

दूर तक फैले हुए ग्रामीण दुर्गम भारत में संगठित जनता के लिए विशेष तौर पर विकास की सारी बातें काल्पनिक बनी हुई हैं। यदि विकास का अर्थ थोड़ी सी वित्तीय उपलब्धि का जीवन शैली में थोड़े बहुत सुधार से लिया जाए तो इसका पता लगाना ज्यादा लाभदायक होगा कि इस विकास प्रक्रिया में हमने वास्तव में क्या पाया अथवा क्या खोया है। यद्यपि कभी यह दावा भी किया जाता है कि अब तक जो भी वित्तीय लाभ प्राप्त हुआ है वह उपयोगी है फिर भी अनेक लोग यह महसूस करते हैं कि हमारा विकास असंतुलित हुआ है और यहां तक कि कुछ मामलों में विकास आगे की ओर हुआ ही नहीं है। खुशी, संतोष, तुष्टि और समूचे मानसिक स्तर को विकसित करने की दृष्टि से हमने निश्चित तौर पर कोई प्रगति नहीं की है। इसलिए आर्थिक वृद्धि, वास्तविक विकास, आध्यात्मिक तथा सांस्कृतिक उपलब्धि आदि के मामलों की जांच एक साथ की जाएगी।

इन सभी को नई प्रौद्योगिकी के अर्थ में प्राप्त किया जा सकता है, लेकिन हमें इसके लिए एक विचारधारा विकसित करनी होगी।

नीति निर्धारकों द्वारा स्पष्टता

लोक सेवा वितरण प्रणाली या उत्पादन, सेवा, प्रशासन, शिक्षा के क्षेत्र आदि की वितरण प्रणाली को पुनः अनुकूल बनाने के ऐतिहासिक परिप्रेक्ष्य में देखने पर हमें इसे दोहराना होगा। पूरी तरह सरकारी कर्मचारियों पर निर्भर विकास की मौजूदा प्रणाली, को अब तक समाप्त नहीं किया जा सका है। इसलिए नीति निर्माताओं के रूप में, हमारे मस्तिष्क में यह

स्पष्ट होना चाहिए कि कोई भी प्रणाली, जिसके प्रबंधन, योजना तैयार करने और उसे कार्य रूप देने में जनता शामिल नहीं होती है, कभी सफल नहीं हो सकती है। यदि विभिन्न सेवा प्रदायकों या वितरण प्रणाली, प्रबंधन को सरकारी कर्मचारियों और सरकारी निधियों के सहारे छोड़ दिया गया तो इसके परिणाम भयंकर हो सकते हैं। योजना बनाने के इस युग में सरकारी कर्मचारियों के माध्यम से वितरण पर अब तक जोर दिया गया है। फिर चाहे वह क्षेत्र कृषि, उद्योग का हो अथवा बैंकिंग का या फिर कोई अन्य क्षेत्र क्यों न हों।

कुछ परिभाषाएं

भारत को समझना

अब समय आ गया है जब हमें भारत की इस छवि को जानना चाहिए जो हमारे मास्तिष्क में है। स्पष्ट रूप से कहा जाए तो भारत के अनेक आयाम हैं जिन पर अब तक नजर भी नहीं पड़ी है। भारत सरकार में संयुक्त सचिव सिंड्रोम द्वारा भारत की छवि बहुत खंडित रूप से प्रस्तुत की गई है। शहरी या ग्रामीण, संगठित या असंगठित, साक्षर अथवा निरक्षर, पुरुष अथवा महिला, दक्षिण अथवा उत्तर आदि अन्य क्षेत्रों को एक साथ देखना होगा। अनेक लोग यह महसूस करते हैं कि शोषक और शोषित के माध्यम से भारत को परिभाषित किया जा सकता है।

ग्रामीण क्षेत्र

ग्रामीण क्षेत्र का अर्थ प्रायः गति से जकड़ा, अशिक्षित, गरीबी झेलता समाज है और ऐसा स्थान है, जहां चारों ओर गंदगी फैली है, यह ऐसा क्षेत्र है जो हर प्रकार से दयनीय है जहां मूल आधारभूत सुविधाएं जैसे बिजली, पीने का पानी इत्यादि नहीं है। यह उस मनोहर ग्रामीण भारत से बिल्कुल विपरीत होता है जिसे हम कभी-कभी फिल्मों में देखते हैं। लेकिन सच्चाई क्या है? सच्चाई यही है कि ग्रामीण क्षेत्र स्वयं को प्रभावकारी तरीके से बाजार में नहीं ला सके हैं। उनमें बहुत बहुत शक्ति है जिसमें संगठन की प्रच्छन्न निवेश योग्य संभावित शक्ति है, जिसे संगठन की ज्ञात प्रच्छन्न निवेश योग्य संभावित शक्ति कहा जाता है और संगठन की संकटकालीन निवेश योग्य संभावित शक्ति कहा जाता है।

विपणन

यदि हम विकास की किसी सतत् प्रक्रिया के लिए विपणन की अनिवार्यता को स्वीकार करते हैं तो भारत अथवा ग्रामीण क्षेत्र विभिन्न कोणों से स्वयं का विपणन बाजार में करने में सक्षम नहीं हुए हैं। स्थान, उत्पाद, संकल्पनाएं, विचार, स्वप्नों, समस्याओं, प्रक्रियाओं,

प्रणालियों और यहां तक कि आशयों के विपणन पर विचार किया जाना चाहिए। यदि विपणन को संकीर्ण दृष्टिकोण से देखा जाए जिसका अर्थ केवल उत्पाद की बिक्री से है तो इस दृष्टिकोण से बहुत क्षति पहुंची है। वैश्वीकरण के इस युग में इन परिवर्तनों पर नजर रखी जाएगी और उसे क्रियान्वित किया जाएगा।

अभिमुखीकरण

इसका कोशीय अर्थ चाहे कुछ भी क्यों न हो, ग्रामीण भारत के संदर्भ में अभिमुखीकरण के व्यवहारिक और दर्शनशास्त्रीय आयाम अभी तक अछूते रहे हैं। अभिमुखीकरण के अनेक कार्यक्रम, सुविधाएं, सेवाएं अनेक राष्ट्रीय और अंतर्राष्ट्रीय संस्थाओं द्वारा बिना कोई सफलता प्राप्त किए दी गई है। अभिमुखीकरण एक बहुत अच्छा शब्द है लेकिन जनता तक तीव्र गति से पहुंचने के लिए इसे स्पष्ट और संक्षिप्त बनाना आवश्यक है। ग्रामीण क्षेत्रों की जनता को लक्ष्य समूह बनाना महत्वपूर्ण है। संगठित बड़े उद्योगपतियों तक एकल खिड़की सेवा का अभिमुखीकरण एक वास्तविकता हो सकती है लेकिन जब यह ग्रामीण क्षेत्रों में पहुंचता है तो अभिमुखीकरण और कुशल एकल खिड़की सेवा एक मरीचिका बन कर रह जाती है और मूर्त रूप नहीं ले पाती है।

विकास

असंगठित क्षेत्र, विकेन्द्रित ग्रामीणों के लिए विशेष तौर पर विकास की सभी बातें एक कल्पना बन चुकी है। अनेक लोगों के लिए अनेक चीजें विकास का अर्थ हो सकता है। यदि विकास का अर्थ आगे बढ़ना अथवा और अधिक आगे बढ़नर या तरक्की की ओर आगे चलना अथवा कुछ बेहतर बनाना है तो यह जांच करना लाभदायक है कि हम आगे की तरफ जा रहे हैं या पीछे की तरफ। अनेक क्षेत्रों में अनेक लोग यह महसूस करते हैं कि हम आगे की ओर बढ़े हैं इसलिए हम विकसित हुए हैं। अनेक लोग यह भी तर्क देते हैं कि हमारा विकास विपरीत दिशा में हुआ विकास है। खुशी, संतोष, तुष्टि और समग्र मानसिक स्तर को विकसित करने की दिशा में निश्चित तौर पर हम लोगों ने कोई प्रगति नहीं की है। तत्पश्चात् आर्थिक विकास, भौतिक विकास, आध्यात्मिक विकास, सांस्कृतिक विकास आदि की भी एक साथ जांच की जाएगी।

ग्रामीण क्षेत्रों में वितरण प्रणाली के आयाम

जब हम लोक सेवा वितरण प्रणाली या उत्पादन, सेवा, प्रशासन, शिक्षा के क्षेत्र आदि के लिए सुपुर्दगी प्रणाली को पुनः अनुकूल बनाने के ऐतिहासिक परिप्रेक्ष्य में इसे देखते हैं तो यह पाते हैं कि कोई प्रणाली जिसमें प्रबंधन, योजना बनाने अथवा उसे कार्य रूप देने में लोग

शामिल न हों वो प्रणाली कभी सफल नहीं हो सकती। विभिन्न सेवा वितरकों या वितरण प्रणाली को एकत्रित करने के प्रश्न पर प्रबन्धन को सरकारी कर्मचारियों और सरकारी निधियों के भरोसे नहीं छोड़ा जा सकता। योजना बनाने के इस युग में सरकारी कर्मचारियों के माध्यम से वितरण किए जाने पर जोर दिया गया है। इसलिए चाहे वह कृषि उद्योग, बैंकिंग, ऋण, शिक्षा, संस्कृति, खेलकूद, परिवार कल्याण, भूमि रिकार्ड, सिविल आपूर्ति, पुलिस और कानून तथा व्यवस्था हो अथवा कोई भी चीज हो, ये सरकारी कर्मचारियों और स्कीमों के माध्यम से उपलब्ध कराई जाती रहेगी। अनेक क्षेत्रों में वे सफल रहे हैं लेकिन अब समय आ गया है जब कि हमें वर्तमान युग की चुनौतियों का अध्ययन करने की आवश्यकता है।

पहले की सीख या अनुभव

चाहे वह आर्थिक, सामाजिक अथवा कोई अन्य क्षेत्र हो ग्रामीण क्षेत्रों के संबंध में हमने यह पाया है कि वितरण प्रणाली, विभाजित संयुक्त सचिव सिंड्रोम (कम्पार्टमेंटलाइज्ड ज्वाइंट सेक्रेटरी सिन्ड्रोम) द्वारा संचालित, वित्त पोषित, प्रशिक्षित और मॉनिटर की गयी है। पहली बार पंचायत राज संस्थाएं सुनिश्चित अभिमुखीकरण का लाभ उठा रही हैं। उत्तर प्रदेश जैसे राज्य एक कदम आगे निकल गए हैं और उसने विभिन्न ग्रामीण अधिकारियों को एकल खिड़की सेवा प्रदायक के रूप में इकट्ठा करने का प्रयास किया है। यह कार्य कारगर अभिमुखीकरण द्वारा जनशक्ति अथवा बजट में किसी भी प्रकार की वृद्धि किए बिना किया गया है। इससे पूर्व एक अधिकारी द्वारा 10–12 गांवों को सेवाएं प्रदान की जाती थीं और कुल मिलाकर लगभग 10–12 विभाग थे जिनमें अनेक गांवों के लिए उनके प्राधिकारी थे। अभिमुखीकरण की इस प्रक्रिया से अब एक गांव के लिए एक या दो सेवा प्रदायक हैं जो ग्राम स्तर पर 10–12 विभागों के कार्यों को संभालते हैं। अनेक आपत्तियां उठाई गई हैं। लेकिन तथ्य यह है कि यदि प्रणाली को संचालित किया जाना है और हर समय दिखावा नहीं किया जाना है तो ग्रामीण क्षेत्रों में प्रभावकारिता के लिए अभिमुखीकरण को समझने का यही अच्छा समय है। दूसरी बात यह है कि कार्य स्तर और ग्राम स्तर पर सुविज्ञता की आवश्यकता इतनी मूलभूत है कि विशिष्ट सेवा प्रदायक की आवश्यकता नहीं है। औचित्य के मामले में एक और प्रावधान यह हो सकता है कि स्थानीय पंचायत अपनी लागत पर स्थानीय विशेषज्ञों या अतिरिक्त विशेषज्ञों की सेवाएं ले सकती है। इससे निश्चित तौर पर वास्तविक ग्राम स्वराज प्राप्त होगा यदि निम्नलिखित पहलुओं को अनदेखा नहीं किया जाता है–

1. पूर्ण प्रशिक्षण।
2. धमार्थ से वाणिज्यीकरण की ओर परिवर्तन।
3. नीतिगत मामले।

4. स्व-रोजगार और ग्रामीण निवेश मॉडल्स।
5. निष्पादन के अनुसार पुरस्कार।
6. स्थानीय संसाधनों का उपयोग।
7. गुणवत्ता उत्पाद सेवा और स्थानीय मांग।
8. अभिमुखीकरण की स्पष्टता, बैंक योग्यता, गुणवत्ता और प्रौद्योगिकी की प्रभावकारिता।
9. पिछले अनुभवों से निरन्तर सीखना।
10. झुग्गी-झोपड़ियों, ग्रामीण गोदामों का विकास करना और विश्व परिदृश्य और स्थानीय कार्यवाही के सिद्धान्तों पर स्थानीय सुविज्ञता तैयार करना।
11. हिडन इन्वेस्टिबल पावर पोटेंशियल ऑरगेनाइजेशन (*हिप्पो*), नॉन इन्वेस्टिबल पावर पोटेन्शियल ऑरगेनाइजेशन (*किप्पो*) और थ्रेटेन्ड इन्वेस्टिबल पॉवर पोटेंनिशयल ऑरगेनाइजेशन (*टिप्पो*) पर नियमित रूप से ध्यान देना।
12. कम लागत पर स्थानीय सर्विसिंग के महत्व और परम्परागत सुविज्ञता को अनदेखा करने से बहुत अधिक हानि हुई है।
13. ग्रामीण जनता या ग्रामीणता की तुलना में ग्रामीण गरीबों के संगठनों को वैज्ञानिक दृष्टिकोण से नहीं देखा जाता है। जाति प्रथा की क्षमता और योग्यता को भी पुनः परिभाषित किया जाएगा और उस पर पुनः विचार किया जाएगा।
14. पिछले दशक में स्थानीय नेताओं को अपनी भूमिका अनुदान से व्यापार की ओर अथवा लालच से साम्यता की ओर परिवर्तित करनी चाहिए। यहां नीतियां एक महत्वपूर्ण भूमिका अदा कर सकती हैं।
15. कुछ आशान्वित करने वाले संकेतों या मानदण्डों की निरन्तर खोज की जानी चाहिए। कोई व्यक्ति क्या इस बात का विश्वास कर सकता है कि उत्तर प्रदेश में हजारों ऐसे गांव हैं जहां कोई कानून और व्यवस्था नहीं है। क्या कोई व्यक्ति विश्वास कर सकता है कि किसी भी व्यक्ति द्वारा प्रोत्साहन या पुरस्कार अथवा दो अच्छे बोल भी नहीं बोले गए हैं। अच्छे कार्य के लिए पुरस्कृत करने के फायदे समझे जाने की आवश्यकता होगी।
16. ग्रामीण क्षेत्रों में सुपुर्दगी प्रणाली के अभिमुखीकरण के संदर्भ में स्थायी सिविल सेवा और उनकी कार्य संस्कृति का बिल्कुल निचले स्तर से अध्ययन किए जाने की आवश्यकता होगी। सशक्त यूनियनों के साथ सरकारी कर्मचारियों का काडर बनाने और सभी कर्तव्यों को हाथ में लेने के लिए राज्य सरकारों को प्रोत्साहित करके कम लागत वाली उच्च प्रभाव प्रणाली का विकास करने के साथ मुश्किल से ही न्याय हो पाता है। यहां तक कि स्वयंसेवी प्रणाली संगठन इस रोग से अछूते नहीं रह पाए।

17. प्रत्येक बात के लिए राज्यों पर जरूरत से अधिक निर्भर रहने की प्रवृत्ति एक ही दिन में नहीं बदली जा सकती। नीतियाँ इस प्रकार बनाई गई हैं कि पिछले समय में आश्रित रहने का खामियाजा सदैव भुगतना पड़ा है। यहां तक कि जिन बैंक ऋणों को वापिस नहीं लौटाने का दावा किया गया है लेकिन अब उचित नीतियों का पारदर्शिता और प्रोत्साहनों के माध्यम से इस प्रक्रिया की दिशा बदलने को सुनिश्चित करने का सही समय है। सामूहिक पुरस्कार या सामूहिक दंड कहां है।

पंचायती राज प्रणाली को बहुत महत्वपूर्ण भूमिका निभानी है। इसलिए सभी प्रणालियों को संगठित होना चाहिए और सभी क्षेत्रों में विश्वास पैदा करने के कार्य करने में उन्हें क्रियामूलक, प्रगतिशील, विश्लेषण योग्य और सक्षम बनना चाहिए। पंचायतों को शोषण करने वाली प्रणाली के विस्तार के रूप में देखा गया है। यही सही समय है जबकि पंचायत को सबसे निचले स्तर पर सांविधानिक शासन के महत्वपूर्ण भागीदार के रूप में स्वीकार किया जाए। इसका अर्थ है बेहतर नीति और प्रशिक्षण बोध देने के लिए विकेन्द्रीकरण, प्रत्यायोजन, निधि–पोषण और प्रोत्साहन देना है। अनेक स्तरों पर यह विश्वास बढ़ता जा रहा है लेकिन इस समस्या की मूल जड़ यह है कि इन सबको कैसे प्राप्त किया जाए? उदाहरण के लिए जब कानून और व्यवस्था या नीति तैयार करने की बात आती है तो क्या हम उन गावों को प्रोत्साहित करने के लिए तैयार होते हैं जिनका रिकार्ड अनेक दशकों से अपराधमुक्त हो? अथवा यदि कुछ गांवों में रोग अथवा खराब वसूली का रिकार्ड नहीं है तो क्या हम उन्हें प्रोत्साहित करने के लिए तैयार होते हैं? इसी प्रकार बेरोजगारी, जनसंख्या, विकास, गोदामों, आधारभूत सुविधाओं, स्वावलंबन और स्वाभिमान के संदर्भ में क्या हम शक्तियों का प्रत्यायोजन करने के लिए तैयार हैं। क्या हमारे कानूनों, नियमों और विनियमों में उन्हें पूर्ण सशक्त बनाने के लिए परिवर्तन किया जा सकता है। क्या यह सच्चाई नहीं है कि कोई व्यक्ति अपनी शक्ति और प्राधिकार का बंटवारा नहीं चाहता? इसलिए क्या हम अब पूर्ण जवाबदेही और उत्तरदायित्व निर्धारित करके इस बात को महत्वपूर्ण बना सकते हैं कि संस्थाओं को संसाधन के साथ–साथ उत्तरदायित्व तथा प्रत्यायोजन को भी पंचायतों के साथ बांटने के लिए बाध्य किया जाए? क्या अच्छा कार्य करने वाले समुदाय, गांव, समूह की ग्रामीण संस्थाओं को अपनी सहायता स्वयं करने के लिए प्रोत्साहित किया जा सकता है? क्या निधि पोषित करने की प्रणाली को इस प्रकार विकसित किया जा सकता है कि कार्य निष्पादन को प्रोत्साहित किया जा सके और कार्य निष्पादन न होने पर दंडित किया जा सके। कैसे पारदर्शिता, बैंक योग्यता, जीवनक्षमता और सही दृष्टिकोण के साथ सामंजस्य बिठाकर मिलजुलकर काम करना सीखने के मुद्दों पर विचार करें? ज्ञान के अंतरण की प्रणालियों या ऐसी प्रणाली जिसमें ज्ञात और धर्ममत पर विचार किए बिना निरन्तर प्रशिक्षण अनुसंधान को सुनिश्चित करने वाली आश्रम व्यवस्था थी, की जांच किए जाने की आवश्यकता है। अध्यापक द्वारा निर्धारित उपयुक्तता या पात्रता के तत्व पर अनुसंधान की

आवश्यकता है। क्या अध्यापकों के रूप में ऐसे स्वयंसेवक हो सकते हैं जो व्यक्तित्व विकास, निर्णय लेने की क्षमता, चुनौतियों का सामना करने, निर्बाध रूप से उन्नति करने की प्रणाली विकसित करने तथा जीवन के प्रत्येक क्षेत्र में ज्ञान का अंतरण करने के लुप्त संबंधों को खोजा जा सके। आज सभी प्रकार की आपदाओं से निपटने के लिए ग्रामीण क्षेत्र में सुपुर्दगी प्रणाली लाने के लिए इन प्रश्नों पर विचार किया जाएगा।

स्वरोजगार-ग्रामीण निवेश और लागत दक्षता के साथ कारगर सुपुर्दगी प्रणाली

राज्य द्वारा विस्तार, गोदाम, आधारभूत सुविधाओं, प्रशिक्षण, विपणन, उत्पादन और अनेक अन्य क्षेत्रों पर जोर देने से लोग पूरी तरह राज्य पर निर्भर हो गए हैं। ऐसा लगता है कि स्वरोजगार पर विश्वास और क्षमता शनैः शनैः समाप्त होती जा रही है। निस्संदेह यदि ऐसा सब होता है तो राज्य की नीतियों चाहे वे नीति निर्माण से संबंधित हों अथवा निधि पोषण, पुरस्कार, दंड आदि आदि से को नहीं भुलाया जा सकता। उनके अनुभवों ने हमें विवश कर दिया है कि हम स्वरोजगार ग्रामीण निवेश और ग्रामीण सुन्दरता के लिए सुपुर्दगी प्रणाली की दक्षता को बढ़ाने के मामलों पर पुनर्विचार करें।

अनेक प्रगतिशील और विकासशील राज्यों में सरकार से पूरी तरह से निर्भरता के लक्षणों में कमी आई है। बिक्री बढ़ाने के भाग के रूप में अनेक कंपनियों ने अपने डीलरों और स्टॉकिस्टों को कम लागत पर व्यवहारिक परामर्श देने के लिए तैयार किया है। कम लागत पर व्यवहारिक सलाह का यह कॉडर न केवल लक्ष्य समूह को पाने के करीब है बल्कि अपने अपने क्षेत्र में नए नए विकास करने और उनके साथ प्रयोग करने का भी सदैव इच्छुक रहा है। निम्नलिखित क्षेत्र ऐसे महत्वपूर्ण क्षेत्र हैं जहां स्वरोजगार और ग्रामीण निवेश की संभावनाओं को नीतिगत समर्थन देकर उपयुक्त प्रोत्साहन देने की आवश्यकता होगी।

(i) पशुपालन और संबंधित क्षेत्र
(ii) कृषि और संबंधित क्षेत्र
(iii) प्रशिक्षण अनुसंधान और विस्तार क्षेत्र
(iv) वित्त पोषण और निक्षेप क्षेत्र
(v) बीमा और परियोजना निर्माण के क्षेत्र
(vi) विपणन और आधारभूत सुविधा प्रावधान क्षेत्र
(vii) लघु सिंचाई और निर्माण क्षेत्र
(viii) अनुरक्षण क्षेत्र
(ix) स्वास्थ्य, आवास, सभी प्रकार की शिक्षा
(x) नर्सरी और अनुसंधान क्षेत्र
(xi) संभावित विकास के अनेक क्षेत्र जहां विश्व परिदृश्य और स्थानीय कार्यवाही अनिवार्य बन गई है।

आइए, हम संगठित क्षेत्र से प्रतिरोध के प्रश्न की जांच पड़ताल करें जहां स्थापित निहित हितों को छोड़ना पड़ता है। यह हम सभी जानते हैं कि कैसे राज्य और उसकी संस्थाएं धैर्य की सीमाओं के बाहर चली जाती हैं। चाहे निधि पोषण, अनुशासन, उत्पादन, प्रशिक्षण और यंत्रीकरण कोई भी क्षेत्र हो, ये सभी क्रियाकलाप सतत् मानवीय विकास के परिप्रेक्ष्य से असहनीय बन गए प्रतीत होते हैं। विकल्प बहुत ही कम मालूम दिखाई देते हैं। संभवतः भारत के विभिन्न हिस्सों में पंचायती राज के साथ किए गए कुछ प्रयोग हमें सतत् सफल प्रक्रिया विकास की दिशा प्रदान करते हैं।

प्रशिक्षण, अनुसंधान, संहिताकरण की भूमिका

यद्यपि पिछले अनुभव हमें भविष्य के लिए कार्य योजना तैयार करने में सहायता करते हैं वहीं सामाजिक-आर्थिक, शैक्षिक, स्वास्थ्य या किसी भी अन्य क्षेत्र में कार्यवाही के क्षेत्र इस मामले को अनिवार्य बना देते हैं कि प्रशिक्षण के पहलू को अनदेखा नहीं किया जाना चाहिए। यह सत्य है कि इस पहलू पर उतना ध्यान नहीं दिया गया है जितना उस पर ध्यान देने की जरूरत है। संभवतः इस प्रणाली से असंगठित, बिखरे हुए और यहां तक कि परम्परागत स्वनियोजित क्षेत्र के जायज प्राप्तियों को हड़पने में शोषक, व्यवहारकुशल, संगठित और यूनियनबाजी को बढ़ावा मिला हो। जाति के लाभों के प्रश्न को उठाए बिना और ग्रामीण जनसंख्या के लिए सुपुर्दगी प्रणाली के नियंत्रण और भागीदारी के नए निदेशों और तरीकों ने अनिवार्य बना दिया है कि हम इस पहलू पर ध्यान दें। स्पष्ट है कि हम उन्हीं गलतियों को दोहरा नहीं सकते हैं। साथ ही नए दिशा निर्देशों से इस चुनौतीपूर्ण समय में योजना बनाने और कार्यान्वित करने में आने वाली बाधाओं को दूर किया जाएगा।

परिवर्तन लाने में बाधाएं

एक बार यदि हम लक्ष्य समूह की प्रकृति, अनुभव, राजनीतिज्ञों की विवशता को समझ लें तो हमें उन बाधाओं की पहचान करने में कोई कठिनाई नहीं होगी जो परिवर्तनों को लागू करने की प्रक्रिया में आएंगी। किसी कवि ने कहा है कि—

सूर्य रश्मि की छाया में
हर रोग उपचारी होता है
या उपचार नहीं उसका कोई
यदि तलाश करे कोई उसको
और न स्वीकार करे कोई।

इसलिए हमें परिवर्तन करने की दिशा में खुली बहस करने, लचीलापन बरतने, लागत प्रभावकारिता और समूह का व्यवहारपरक दृष्टिकोण अपनाना होगा। आइए हम उन

अनुकूल स्थितियों की पहचान करें जो इस परिवर्तन की दिशा में सहायक होंगी या इसे अपनाने के लिए विवश करेंगी। राज्य के कम होते जा रहे संसाधनों, अनुपयुक्त कार्य संस्कृति, सरकार के प्रति लोगों में विश्वास की कमी और कुल मिलाकर दृष्टिकोण का निर्धारण के कारण इस परिवर्तन को स्वीकार करना पड़ेगा। साथ ही जो लोग काम न करके भी विलास सुख सुविधा का लाभ उठाना चाहते हैं उनकी तरफ से बाधाएं भी आएंगी। अपर्याप्त जवाबदेही, विपणन संस्कृति का अभाव, सरकार पर निर्भरता, असंगठित क्षेत्र के प्रति उदासीनता, समय की मजबूरियों को अनदेखा करना, उदारीकरण आदि तत्वों को ध्यान में रखा जाए। निहित हित, संगठित वोटर और लॉबी बनाना ऐसे अन्य क्षेत्र हो सकते हैं, जिनके कारण अड़चनें आएंगी। इन परिवर्तित प्रक्रियाओं को अपनाने के लिए योजनागत कार्यनीति के तरीकों से समुदाय को प्रशिक्षित करना होगा।

ग्रामीण समाज के असंगठित अथवा विखंडित अथवा विकेन्द्रीकृत होने की अक्षमता को पंचायत राज आंदोलन की सक्रिय भागीदारी से पूरा किया जा सकता है। स्व-नियोजित और असंगठित महिलाएं, यदि एक बार अपनी आवाज उठाने की शक्ति को महसूस कर लें तो किसी भी प्रकार का दमन नहीं रह सकेगा। इस समय यदि सूचना प्रौद्योगिकी का सही परिप्रेक्ष्य और संदर्भ में इस्तेमाल किया जाए तो वे बहुत महत्वपूर्ण भूमिका निभा सकती हैं। प्रशासनिक प्रणाली जो अन्यथा केवल कुछ लोगों के लिए जवाबदेह होती है, अप्रत्यक्ष रूप से स्वयं के लिए जवाबदेह बन जाती है। अपने संगठनों और ऐसोसिएशनों के माध्यम से प्रबंधन में गरीबों की भागीदारी से और उपेक्षित क्षेत्रों की ओर ध्यान देकर कारगर तरीके से प्रयास शुरू किये जा सकते हैं। यहां पुन: यह कहना है कि स्वैच्छिक एजेंसियों, सेवानिवृत्त लोगों, अर्ध व्यवसायिक और अन्य समुदायों को उनकी भूमिका निभाने के लिए प्रोत्साहित किया जा सकता है और सुपुर्दगी प्रणाली को कारगर और सक्षम बनाया जा सकता है। जो लोग परिवर्तन लाने की विवशता समझ रहे हैं, सभी के कल्याण, स्व-नियोजन ऐसी विकास नीतियां तैयार करने के बारे में सोच रहे हैं, जो लोगों को उनकी अपनी क्षमता और उस क्षमता के उपयोग का एहसास करने में सहायता करती है, इस बात में उन्हें कोई संदेह नहीं है कि शासन, नीति निर्माण, विधि प्रवर्तन अथवा न्याय प्रदान करने की पारंपरिक प्रणाली को जारी नहीं रखा जा सकता। बल्कि वे असंगत और अनुपयोगी बनती जा रही है। इसलिए इससे पूर्व की कानून और व्यवस्था नष्ट हो जाए, यही सही समय है कि सुपुर्दगी प्रणाली के मामलों पर सब के हित को ध्यान में रखते हुए लागू किया जाए। प्रत्येक पीढ़ी को स्वयं यह पता लगाना चाहिए कि उनके लिए सर्वोत्तम क्या है। इसलिए पूरी परम्परागत प्रणाली ही संदिग्ध बन गयी है। केवल जन संगठनों को ही चाहे वे कानूनी हो या गैर कानूनी हों, को योजना बनाने, उसको क्रियान्वित करने और उस तरह सही करने का अधिकार प्राप्त है जो उनके लिए सर्वोत्तम हो। जो कुछ आज गैर कानूनी है वह कल कानूनी हो सकता है जब तक प्रभावित लोगों द्वारा समय रहते उसे अस्वीकृत न कर दिया जाए। इसलिए जब एक ओर परम्परागत प्रणालियों की आलोचनात्मक जांच वैज्ञानिक और औचित्यपूर्ण प्रक्रिया

से की जाएगी, वहीं साथ साथ ग्रामीण क्षेत्रों में सुपुर्दगी प्रणाली को लागू करने के लिए अपेक्षाकृत अधिक किफायती, स्थानीय और सतत् विकासशील प्रणाली का पता लगाने के प्रयास किए जाने चाहिए।

इसलिए सभी विभागों और संस्थानों को शून्य आधारित बजट संभावनाओं पर गौर करना चाहिए। अनावश्यक चीजों को अपनाए विकेन्द्रीकरण और बेहतर प्रणाली प्रबन्धन आवश्यक है। लोगों को उत्तरदायित्व और उपयुक्त प्रणाली विकास की अनुमति दी जाएगी और उसके लिए शक्ति प्रदान करना आवश्यक है। यहां सूचना प्रौद्योगिकी की भूमिका सर्वोच्च है।

विचार के लिए मुद्दे

जब अतीत, वर्तमान और भविष्य के संदर्भ में अभिव्यक्ति की बात आती है, अथवा मैं, हम और वे जो कुल ग्रामीण क्षेत्रों के मामले पर विचार कर रहे हैं तो यह एक बहुत बड़ा विषय बन जाता है। अनेक लोग यह महसूस करते हैं कि ग्रामीण क्षेत्रों पर उतना ध्यान नहीं दिया जाता है जितना ध्यान उन पर दिया जाना चाहिए। यहां सवाल केवल धनराशि खर्च करने या कार्यक्रम चलाने का नहीं है बल्कि पूर्ण दृष्टिकोण, नीतियों, प्रौद्योगिकी और प्रणालियों को अपनाने का है जिसके द्वारा उन्हें शक्ति प्राप्त होती है। चूंकि अनेक कार्यक्रम अब बाजारोन्मुखी बनते जा रहे हैं और अर्थव्यवस्था के खुलने से अनुदानों में कमी और आत्मनिर्भरता की भविष्यवाणी की जा रही है। इसलिए सभी कार्यक्रम को चलाने के पीछे लाभ का तत्व ही प्रेरक तत्व बनता जा रहा है। प्रतिस्पर्धा, के जोखिम क्षेत्र, सक्षमता, उभरते अवसरों पर निरन्तर नजर रखना महत्वपूर्ण बन गए हैं। इस कार्य को सरकारी अनुदान पर आधारित गैर सरकारी संगठनों और गैर-जिम्मेदार अधिकारियों पर नहीं छोड़ा जा सकता है। मजबूत नेटवर्क बनाना होगा और नए से नए निवेश अवसरों की निरन्तर खोज करनी होगी। नवीन स्थानीय संसाधनों का अधिक से अधिक उपयोग करना होगा और कुल नियोजन संभावनाओं को तलाशना होगा।

आधारभूत क्षेत्र को समर्थन देने वाले क्षेत्र, उत्कृष्ट प्रचालन, नवीनता को प्रोत्साहन, संगठन में सभी कर्मचारियों को मिलजुलकर कार्य करना, प्रतिस्पर्धा के लिए सहयोग की भावना पैदा करना और निरन्तर अनुसंधान करना, समाज के उपेक्षित वर्गों को वरीयता देते हुए कार्यवाही के अनुकूल सत्यनिष्ठा तथा जनता की छिपी क्षमताओं और ऊर्जा का सदुपयोग करने और स्टेकहोल्डरों (पणधारियों) को शामिल करने के लिए प्रदर्शन योग्य मॉडलों की आवश्यकता होगी। इसलिए ऐसे क्षेत्र, जो आकर्षक नहीं हैं, कम आकर्षक हैं और अनाकर्षक हैं उन्हें संहिताकृत करने की आवश्यकता होगी चाहे उनका स्थानान्तरण ही क्यों न हो। सतर्कता की विचारधारा को निवारक से सक्रियता की ओर मोड़ना होगा। कुछ ऐसे क्षेत्र हैं जो निरन्तर भ्रष्ट रहने के लिए बाध्य हैं। अनेक क्षेत्र सदैव अनाकर्षक रहेंगे। हम

कैसे सतर्कता के दृष्टिकोण से विश्लेषण करेंगे। क्या हमारे पास ऐसे स्वयंसेवक हो सकते हैं जिनके साथ जानकारी और संपदा को दान दिए बिना बांटा जा सकता है? क्या वाणिज्य सबको व्यापार की प्रेरणा देगा? क्या सार्वजनिक हित और निजी हित मिलाया जा सकता है? क्या कम्प्यूटर और सूचना प्रौद्योगिकी में युवाओं को नियोजित करने की प्रणाली विकसित की जा सकती है? क्या निष्क्रिय संस्थाओं को उनके अपने ही आंतरिक संसाधन सृजित करके पुनः जीवन दिया जा सकता है? अनेकानेक प्रश्न अनुत्तरित रह गए हैं।

आज जब हम बहु आयामीय स्तर की भावी चुनौतियों का सामना करने के लिए तैयार हो गए हैं, तो हमें प्रशासन की क्षमता और लागत प्रभावकारी सुपुर्दगी के लिए इसकी सुग्राह्यता को निरन्तर मूल्यांकित करने और उसे उन्नत करने की आवश्यकता है। जब तक प्रशासन ही मूकदर्शक बना रहेगा तब तक समस्याएं विकराल रूप धारण करती रहेंगी। यही समय है कि व्यवसायिकता के लिए सुग्राह्यता और बेहतर प्रशिक्षण प्रणाली तैयार की जाए। अंततः वह जनता ही है जिसे अपने हितों की स्वयं देखभाल करनी होगी। यदि आम आदमी, धर्मभीरू और असंगठित व्यक्ति के मन पर यह छाप बना दी गई है कि राज्य ही सर्वशक्तिमान है और वह जनता के लिए सब कुछ करेगा तो अब समय आ गया है कि सरकार की कठोर प्रकृति को महसूस किया जाए। यदि जनता जागरूक हो, लोकतंत्र के माध्यम से बेहतरीन सरकार बन सकती है। इसमें प्रत्येक बात से सर्वथा अनजान, निष्क्रिय और गैर जिम्मेदार लोगों के समूह के लिए कोई स्थान नहीं है। इसलिए चूंकि ग्रामीण क्षेत्रों में अब जागृति आ गई है और वे यह महसूस करने लगे हैं कि कैसे उनसे अब तक दूसरे दर्जे का व्यवहार किया जाता रहा है तो निश्चित तौर पर इस प्रणाली में परिवर्तन की स्थितियां बन जाएंगी। लेकिन इस प्रक्रिया में यदि कानून और विनियम परिवर्तन की दिशा में सहायक नहीं बनते हैं तो जैसा कि पहले कहा गया है, कानून और व्यवस्था को ही नुकसान पहुंचेगा। इसलिए प्रणाली को ऐसा बनाना पड़ेगा जो सचमुच में कार्य निष्पादक हो और समय पर प्रतिक्रिया करने वाली हो। यही वर्तमान युग की चुनौतियों का सारांश है। स्वाभाविक है कि राजनीतिज्ञ, ग्रामीण क्षेत्रों में सुपुर्दगी प्रणाली को लाने की परिवर्तन प्रक्रिया के मूक दर्शक बने नहीं रह सकते। संभवतः उनके सामने सहज संक्रमण को सफल बनाने का यही सुनहरा अवसर हो। क्योंकि चीजें कठिन बन गई हैं, इसलिए किसी ने कहा है कि यदि चालू स्थितियां कठिन हो जाएं तो कठिनता उन्हें चलता कर देती हैं। संभवतः वह समय आ गया है जबकि आज की कठिनाइयाँ भविष्य में होने वाली कठिनाइयों और चुनौतियों को महसूस करते हुए समाप्त हो जाएंगी। प्रत्येक स्तर पर परिवर्तन की नियमित प्रक्रिया की पहचान के लिए दिमाग को चलाना आवश्यक है। गोपनीयता और विलम्ब, लापरवाही और असंवेदनशीलता ये सभी चीजें समाप्त हो जाएंगी क्योंकि क्रियान्वित करने योग्य विचारों को आधार मिल जाएगा। कहने से लेकर कार्य करने तक, सोचने से क्रियान्वित करने तक, मरने से जीवन जीने तक, अप्राकृतिक से प्राकृतिक होने तक परिवर्तन की

प्रक्रिया का होना अवश्य संभावी है। उन व्यक्तियों को पुरस्कृत करने की नियमित प्रक्रिया का विश्लेषण किए जाने की आवश्यकता होगी जो इन दिनों में भी सतत् परिवर्तन के साथ तादात्म्य बिठा रहे हैं। इसके लिए कोई नरम विकल्प नहीं है। आइए हम तैयार हो जाएं। आइए हम युवाओं को सशक्त वातावरण उपलब्ध कराएं ताकि भावी पीढ़ियों को आलोचना का अवसर न मिल सके। परिवर्तन करने और विश्वास पैदा करके क्षमता बढ़ाना एक प्रक्रिया है जो पूरी व्यवस्था को बदल डालेगी।

ग्रामीण क्षेत्रों के लिए सुपुर्दगी सेवाओं की जानकारी हेतु सुझाव

1. वर्तमान युग की चुनौतियों और जनता की उम्मीदों के संदर्भ में ग्रामीण क्षेत्रों में सुपुर्दगी प्रणाली को लागू करने की आवश्यकता को देखते हुए और विभिन्न पहलुओं का विश्लेषण करने पर ऐसा लगता है कि यह सही समय है जबकि कार्य योजना में भाग लेना है। इसलिए स्पष्टता, संक्षिप्तता और गति जैसे शब्दों को, ऊपर किए गए सब प्रकार के विश्लेषणों के संदर्भ में समझना होगा। स्पष्टता के अभाव के कारण संक्षिप्तता भी देखने को नहीं मिलेगी और स्पष्ट सुधार की गति भी कम होगी। इसलिए पंचायत राज संस्थाएं चाहे वे अच्छी हों अथवा बुरी, उन्हें तत्काल सक्रिय होना होगा और सभी ग्रामीण क्षेत्रों में परिवर्तन लाने की सभी योजनाओं में पूर्ण रूप से शामिल होना होगा।

2. उत्तरदायित्व और जवाबदेही को साथ-साथ चलना होगा। निधि पोषण, प्रशिक्षण, विपणन, पुरस्कार, प्रोत्साहन प्रदान करना, चुनाव और यहां तक कि प्रेरणा प्रदान करने की भूमिका को निष्पादन आधारित पुरस्कारों का तत्व बनना होगा। एक बार यदि कठिन कार्यक्रमों की पहचान कर ली जाती है तो उपयुक्त पुरस्कार प्रणाली तैयार करने में कोई समस्या नहीं आनी चाहिए।

3. अंततः पंचायतों को ग्राम स्वराज प्राप्त करना है और सभी के लिए सतत् कल्याण की स्थिति प्राप्त करनी है, तत्पश्चात उन्हें अपनी समस्याओं को सुलझाने के लिए स्थानीय संसाधनों का प्रयोग करना होगा और स्थानीय विशेषज्ञों को शामिल करना होगा। विश्लेषण और कल्पना की क्षमता तैयार करना शक्तिकरण की प्रक्रिया का हिस्सा बनेगा।

4. आज हमारे सामने विभिन्न मॉडल मौजूद हैं। उनकी जांच करने और उन पर पूरी तरह से अनुसंधान करने की आवश्यकता होगी तथा तत्पश्चात स्थानीय स्थितियों के आधार पर उन्हें अनुकरणीय बनाना होगा। यह कार्य सरकार का या सरकार पर आश्रित गैर सरकारी संगठनों का नहीं है। पंचायत के माध्यम से जनता और उसके प्रतिनिधियों को क्रियान्वयन की चुनौतियों को स्वीकार करने के लिए शामिल करना होगा।

5. यदि लक्ष्य समूह का उचित तरीके से विश्लेषण किया जाता है तो जनता को शक्ति प्रदान करने वाली नीतियों में परिवर्तन के लिए उपयुक्त शासनतंत्र में कोई समस्या नहीं होनी चाहिए। उदारीकरण ने इसे अनिवार्य बना दिया है कि जिन कार्यक्रमों और

प्राथमिकताओं के लिए सरकार निधि उपलब्ध करा रही है वे बाजारोन्मुख व्यस्त क्षेत्र बन जाते हैं। इसलिए सूचना प्रौद्योगिकी के माध्यम से कम लागत पर व्यवहारिक परामर्शदाता कैडर को प्रशिक्षित किया जाएगा। इससे स्वनियोजन, अ-क्रियात्मक परिसंपत्तियों की समस्या का समाधान होगा और ऐसी स्थितियाँ भी सृजित होगी जहां स्वत: सहायक प्रणाली निरन्तर आधार पर प्रेरित होती रहेगी।

6. राज्य ने कार्य संस्कृति, अभिप्रेरण, कर्मचारियों को प्रेरणा प्रदान करने की ओर ध्यान नहीं दिया है। कुछ सेवाओं में हस्तक्षेप करके वास्तविक कामगारों को अनदेखा किया गया है। इसके परिणामस्वरूप जनता में उदासीनता और विश्वास की कमी आ गई है। इसलिए स्थानीय नेतृत्व द्वारा ग्रामीण क्षेत्रों में परिवर्तन लाकर इन समस्याओं को सुलझाया जा सकता है।

7. सभी स्थापित संस्थाओं को इस बात पर पुनर्विचार करना होगा कि क्यों उन्हें मिलकर रहना चाहिए, मिलकर कार्य करना चाहिए अथवा मिलकर सोचना चाहिए। हर काम के पीछे लाभ का तत्व होना, मिल-जुलकर रहने की अत्यावश्यकता, पूर्व विश्लेषण करके किसी भी योजना को समझने की विवशता ये सभी तत्व समय की अत्यावश्यकता बन गए हैं। यदि आज अधिकाधिक समूह संस्थाएं, समुदाय पृथक-पृथक हो जाना चाहते हैं और पृथकता के माध्यम से अपनी बेहतरी की आशा करते हैं तो अनिवार्यत: इस प्रश्न का उत्तर ढूंढने की आवश्यकता है कि लोगों अथवा राज्यों को क्यों मिलकर रहना चाहिए। जब मैं की भावना ही सर्वोपरि बनती जा रही है और धैर्य का स्तर नीचे गिरता जा रहा है तो जीवन के परम लक्ष्य अथवा शासन अथवा यहां तक कि किसी परिवर्तन के मिशन के लक्ष्य से इस प्रश्न की जांच किए जाने की आवश्यकता है।

8. एक बार अभिमुखीकरण, पारदर्शिता, सूचना के अधिकार, जवाबदेही, स्वनियोजन, फलप्रद निवेश, असंगठित क्षेत्र के लिए कारगर व्यवस्था की अत्यावश्यकता महसूस कर लेने पर स्थानीय विशेषज्ञों की सेवाएं ली जानी चाहिए। इसका अर्थ ग्रामीण नेताओं के दृष्टिकोण और विश्लेषणपरक क्षमता को विकसित करना है। किसी व्यक्ति को यह कहने में संकोच नहीं करना चाहिए कि हमारे प्रशिक्षण संस्थान और प्रशिक्षकों को स्थानीय संसाधनों के माध्यम से इस समस्या का समाधान ढूंढने में बहुत थोड़ी ही सफलता मिल पाई है।

9. जैसा कि पहले कहा जा चुका है कि ग्रामीण स्तर पर परिवर्तन लाने की योजना को कारगर रूप से सुनिश्चित करने में नीतियों की भूमिका बहुत महत्वपूर्ण है। अभिमुखीकरण के लिए कोई निश्चित या रूढ़िबद्ध नुस्खे नहीं अपनाए जा सकते और इसलिए स्थानीय स्थितियों, क्षमता, सीमाओं, प्रेरणाओं और नेतृत्व के प्रकार तथा अतीत के अनुभवों के अनुसार ही सुपुर्दगी प्रणाली द्रुत अथवा धीमी गति से लायी जानी चाहिए। कुछ राज्यों और कुछ क्षेत्रों में पूर्ण अभिमुखीकरण संभव है, औचित्यपूर्ण है और अपेक्षित है। जबकि उन क्षेत्रों और कार्यक्रमों में जहां सरकार पर निर्भरता बहुत अधिक है वहां अभिमुखीकरण की प्रक्रिया धीमी और थकाऊ होगी ही। यह कहने की आवश्यकता नहीं है कि बेहतर प्रशिक्षण

प्रणालियों, संप्रेषण, संसाधनों और जानकारी का विनिमय और विश्वास दिलाने तथा कारगर साधनों के साथ परिवर्तन लोने की दिशा में देरी नहीं की जानी चाहिए जिससे लोग ऐसा जीवन स्तर प्राप्त कर सकें जिसे हर व्यक्ति प्राप्त करना चाहता है।

10. अनेक चीजों के लिए समय सही निर्धारक होता है। यदि हम विकास के विभिन्न आयामों की तलाश करें तो हमें पता चलता है कि ग्रामीण क्षेत्रों में सुपुर्दगी प्रणाली की अत्यावश्यकता है अथवा परिवर्तन लाने की आवश्यकता सभी आयामों से तत्काल है। कुछ बाधाएं, जिनका उल्लेख ऊपर किया गया है, उन पर अच्छी तरह से सोच विचार कर और सुग्राह्यता से उन्हें आसानी से दूर किया जा सकता है।

11. समय और ज्वार किसी की प्रतीक्षा नहीं करता। भारत बहुत भाग्यशाली देश है जहां परम्परागतता और आधुनिकता मिश्रित हो सकती है। असमान स्वीकृत अधोमुखी निवेश के तत्व में को आज भी देखा और महसूस किया जा सकता है। विभिन्न अभिमुखीकरणीय कार्यक्रम के कम लागत अधिक प्रभाव वाले परम्परागत व्यवसायी यदि पूरी तरह से इसमें शामिल हो जाएं तो निश्चित तौर पर उच्च जीवन स्तर प्राप्त किया जा सकता है। आम जनता, सामान्य समाधान, सामान्य प्रौद्योगिकी तथा सामान्य नीतियों की सुपुर्दगी प्रणाली को लाने की प्रक्रिया में शामिल किया जाएगा।

12. अभिमुखीकरण की प्रक्रिया में निम्नलिखित कारकों को प्राथमिकता दी जानी चाहिए:—

(i) आंतरिक संसाधनों का सृजन
(ii) जनसंख्या नियंत्रण
(iii) आधारभूत शिक्षा
(iv) स्वनियोजन
(v) ग्रामीण कच्चे माल की उपयोगिता बढ़ाना और उनका स्थानीय भंडारण
(vi) कानून और व्यवस्था मुक्त या मुकदमा या एफ.आई.आर. मुक्त ग्राम
(vii) खिलाड़ियों और कलाकारों को मान्यता
(viii) ग्रामीण संसाधनों का उपयोग, एन.आर.आई. की भागीदारी, निर्यात, पूर्ण साक्षरता, महिला संस्थाएं और सहकारी समितियां
(ix) वरिष्ठ नागरिकों के लिए कार्यक्रम
(x) पर्यावरण संबंधी कारक जैसे पौधा रोपण, जैव खाद और नीम, तुलसी, जड़ी-बूटियों, स्थानीय कौशल आदि का उपयोग।
(xi) अधिशेष भूमि का उपयोग।

उपर्युक्त वित्तीय मुद्दों के अलावा शांति और स्थिरता बनाए रखने के लिए पुरस्कार, चुनाव रहित चयन, जी.डी.पी. में वृद्धि, बैंक वित्त के साथ योजना तैयार करना, बिना

मुकदमें शिकायतों का निवारण, संसाधनों का अधिकतम उपयोग, खेल-कूद, संस्कृति, कला, प्रतिस्पर्धाएं, लोगों को एकल खिड़की सेवाएं प्रदान करना, गांव की योजना तैयार करना, बैंक ऋणों की वसूली, जवाबदेही, पारदर्शिता, सबका कल्याण, एन.आर.आई. व्यक्तियों को शामिल करना, स्व-नियोजन और एम.पी. निधि, एम.एल.ए. निधि से संसाधन जुटाना आदि से नई कार्य संस्कृति और नए नेतृत्व को विकसित करने में बहुत अधिक सहायता मिल सकती है।

13. उदारीकरण के इस युग में व्यापार और शुल्क पर सामान्य करार और अर्थव्यवस्था को खोल देने के साथ विकेन्द्रीकृत सरकार की भूमिका की जोर-शोर से सिफारिश की जाएगी, उसे सराहा जाएगा और कार्यान्वित किया जाएगा। इन सबका प्रतिरोध तो होगा। नई स्फूर्ति के साथ प्रबन्धन संबंधी योग्यता समय की मांग है। कठोर मुद्दों का सामना दृढ़ता से करना होगा। कोई भी व्यक्ति आपकी तकलीफ को बांटता नहीं है लेकिन बेहतर योजना, प्रशिक्षण, विचारधारा, दृश्य और अदृश्य चीजों को समझने से यह संभव है कि विगत के अकुशलतापूर्ण विकास मॉडल को दूर किया जा सके। असंगठित क्षेत्र, चुनौतियों को स्वीकार करने के लिए तैयार है। इस समय जिस बात की तत्काल जरूरत है, वह है, सही नीतियाँ, पुरानी प्रणालियों और प्रक्रियाओं के संबंध में प्रश्न, स्थानीय उत्तर और स्थानीय प्रश्न, सतत् मॉडल, वरिष्ठ लोगों का शामिल होना और सभी प्रकार का अभिमुखीकरण। विकास की चुनौतियों के लिए स्वनियोजन उन्मुख प्रशिक्षण मॉड्यूल की आवश्यकता न केवल गैर सरकारी संगठनों, सरकारी कर्मचारियों के लिए होती है बल्कि प्रत्येक स्तर के राजनीतिज्ञों के लिए होती है। "कारगर" शब्द के प्रश्न को सही परिप्रेक्ष्य में समझना होगा। कार्यवाही के कुछ क्षेत्रों के लिए व्यवस्था का प्रबंधन करने, संविधान और संवैधानिक अधिकारियों, मूल्यों, नीतियों, कार्यक्रमों, समस्याओं और उन्हें स्थानीय योजना बना करके सुलझाने और जनता की भावना, लोकतांत्रिक मूल्यों और मतभेदों को सुलझाना, मिलजुलकर रहने के मामले, शांति के लिए मिलजुलकर काम करने और लिंग संबंधी मामले, विरोधाभासों को समझना और विकास के आध्यात्मिक आयाम, अहम और मान्यता, मतभेद और अनुशासन, छवि और वैश्वीकरण, एकमत तथा मतभेद, जीवन निर्वाह और विलासिता, संदेह करते रहने की मानसिकता और दूसरों पर विश्वास न करने का रवैया, नीतियों को तोड़ना मरोड़ना और स्थानीय संस्थानों के प्रयोग, व्यापार उन्मुखीकरण और जन समुदाय को अभिप्रेरित करना और अंततः अपनी अस्मिता के मामलों की पहचान करना, समाज के ऐतिहासिक आधार की पहचान करना और पूर्ण और निरन्तर विकास के भाग के रूप में भावी चुनौतियों की पहचान करना आवश्यक है।

अंत में कोई भी व्यक्ति यह कह कर अपना बचाव कर सकता है कि ग्रामीण क्षेत्रों में सुपुर्दगी प्रणाली का अभिमुखीकरण बहुत जरूरी है और इसके लिए कार्यवाही, अनुसंधान, संहिताकरण, विस्तार और ऋण प्रदान करने की योजना तैयार करने में पूरे मामले को समझने के लिए उच्च स्तर पर पहल करने की आवश्यकता है। यह कहने की जरूरत नहीं

है कि अतीत में हमारे अनेक अच्छे कार्यक्रम असफल हो गए थे क्योंकि स्पष्टता और संक्षिप्तता का अभाव था। इसका अर्थ यह है व्यवस्था में ऊपर से नीचे तक के प्रत्येक स्तर के व्यक्ति को कार्यवाही, अनुसंधान, संहिताकरण, विस्तार और ऋण प्रदान करने की योजना की प्रक्रिया में पूरी तरह से शामिल होना होगा ताकि स्पष्टता और संक्षिप्तता के अभाव में विकास की गति रुक न जाए। इसलिए संसदीय अफसरशाह, सिविल नौकरशाह, सेवानिवृत्त लोग और पंचायत राज के कर्मचारी, बैंकर, चार्टर्ड एकाउंटेंट, बीमा कंपनियों को तत्काल एक मंच पर लाना होगा ताकि आने वाले समय में हमेशा के लिए सर्व कल्याण के लिए मिलकर कार्य करना सीखने के ढंग की रूपरेखा तैयार की जा सके। इन सबको यथाशीघ्र सफल बनाने में प्रशिक्षण संस्थानों की भूमिका बहुत अहम है। समग्र रूप से किसी विपत्ति का सामना करने के लिए स्वनियोजन विस्तार प्रबन्धक और पारदर्शी बेहतर प्रभाव के साथ सूचना प्रौद्योगिकी की भूमिका को महसूस करना आवश्यक है। दृष्टिकोण में परिवर्तन लाकर, लागत, पत्रकारिता और अभिप्रेरणात्मक पहलूओं की भूमिका से शीघ्र परिवर्तनों की प्रेरणा मिलेगी। अब समय आ गया है कि चुनौतियों से स्पष्ट रूप से और सफलतापूर्वक निपटना होगा।

8

अंतर्राज्यीय परिषद सचिवालय की भूमिका आपदा प्रबंधन व पंचायती राज सशक्तिकरण को समझने में सहायता कर सकता है

सुविधादारी (फेसिलिटेटर) के रूप में अंतर्राज्यीय परिषद् की भूमिका

यह संगठन 12 वर्षों से शीर्षस्थ परिसंघीय सांविधानिक संस्था के तौर पर राष्ट्र की उपयोगी सेवा करता आ रहा है। इसके अस्तित्व में आए लगभग 12 वर्ष पूरे हो गए हैं। मूल रूप में इसने न्यायमूर्ति सरकारिया आयोग की रिपोर्ट पर कार्य किया जो 1988 में भारत सरकार के समक्ष प्रस्तुत की गई थी। मैं भी यहां लगभग ढाई वर्ष से कार्य कर रहा हूँ। इस अवधि के दौरान परिषद् सचिवालय के तीसरे सचिव से मेरी भेंट होती रही है। सचिवालय की कार्य संस्कृति, उनके व्यक्तित्व, बोध, दूरदर्शिता व व्यवसायीकरण की गुणता के अनुरूप निर्धारित हो गई है। अभी तक अच्छे प्रशासन, पंचायत राज सशक्तिकरण, आपदा प्रबंधन, जड़ी बूटियों से जुड़े रोजगार कार्यक्रमों, ग्रामीण निवेश व विपणन आदि जैसे महत्वपूर्ण सामान्य क्षेत्रों पर पर्याप्त ध्यान नहीं दिया गया है। भारत सरकार अधिनियम, 1935 द्वारा समर्थित यह संवैधानिक संस्था राजनीतिक व प्रशासनिक बाधाओं के कारण संभवत: एक उपयोगी व प्रासंगिक सांविधानिक संस्था नहीं बन पाई और अपनी सार्थकता सिद्ध नहीं कर पाई। इसमें प्राण फूंकने व इसकी उपयोगिता को बढ़ाने के लिए समय-समय पर किए गए प्रयासों का कोई विशेष परिणाम नहीं निकला है।

(1) संविधान के अनुच्छेद 263 के अधीन सिफारिश करने वाले एक निकाय के रूप में इसने निम्नलिखित कर्तव्यों को एक सीमा तक पूरा किया है—

(क) कुछ या सभी राज्यों के अथवा संघ और एक या अधिक राज्यों के सामान्य हित से संबंधित विषयों के अन्वेषण और उन पर विचार-विमर्श करने,

(ख) ऐसे किसी विषय पर सिफारिशें करना और विशिष्टतया उस विषय के संबंध में नीति और कार्यवाही के अधिक अच्छे समन्वय के लिए सिफारिश करना, या

(ग) राज्यों के सामान्य हित के अन्य ऐसे मामलों पर विचार–विनिमय करना जिन्हें परिषद् का अध्यक्ष निर्दिष्ट करे।

2. हम अन्वेषण व विचार विमर्श कुछ या सभी राज्यों या संघ सरकार व एक या अधिक राज्यों के समान हित से संबंधित विषयों आदि जैसे शब्दों को कैसे और कितना समझे हैं व नीति व कार्यवाही के बेहतर समन्वयन का क्या प्रभाव हुआ है। राज्यों आदि के सामान्य हित के ऐसे मामलों पर विचार विनिमय करने में, और राज्य के समक्ष उसे प्रस्तुत करने में कौन सक्षम है, और हमारी कार्यान्वयन की परिभाषा क्या है और विचार विमर्श को सफल कैसे बना सकते हैं।

3. अंतर्राज्यीय परिषद् सचिवालय के सचिव के व्यक्तित्व का सामान्य रूप से क्या प्रभाव पड़ा और विशेषत: सभी सरकारी विभागों पर उनकी अभिवृत्ति, मनोवृत्ति, प्रत्यक्ष बोध व अपने अधीनस्थों का तथा ज्ञान व प्रतिभा का सर्वोत्तम प्रयोग करने की इच्छा का क्या प्रभाव पड़ता है।

4. अन्य सांविधानिक उपबंधों के माध्यम से राहत व न्याय प्रदान करने के लिए एक दशक के अनुभव से कितना लाभ उठाया गया है? स्व–शासन संस्थाओं की भूमिका, 29 विषय, विभागवार कार्यभार, मताग्रह, भारत सरकार की निधीयन व्यवस्थाओं, योजना निकाय आदि की प्रासंगिकता पर विचार किए जाने की जरूरत है। इस बारे में क्या किया जा सकता है?

5. संसद के अधिनियम द्वारा गठित जोनल निकाय जैसे जोनल परिषद् व पूर्वोत्तर परिषद् आदि ने कैसा कार्य किया है। क्या विचार विनिमय के स्तर को बढ़ाकर मतव्य निर्माण करके और मुद्दों को बेहतर ढंग से समझ कर उनमें बेहतर समन्वयन स्थापित किया जा सकता है? इस दिशा में पहला कदम कैसे उठाया जाए?

6. अंतर्राज्यीय परिषद् के मंच का पूर्ण लाभ उठाने के लिए विभिन्न सांविधानिक प्राधिकरण क्या प्रयास क़र सकते हैं। आपदा के निरन्तर बढ़ते क्षेत्रों का पता लगाने के लिए और सर्वकल्याण के लिए बुनियादी संस्थाओं को सशक्त बनाने के लिए आज की परिस्थिति में कुल मिलाकर क्या किया जा सकता है?

7. अन्तर्राज्यीय परिषद् सचिवालय जैसे संगठन में परामर्शदाताओं की क्या भूमिका है? क्या वे अपने साथ कार्य करने वाले अवर सचिवों, उपसचिवों तथा निदेशकों से कार्य करवाने के तरीके के विषय में उनकी अपनी कोई धारणा हो सकती है। क्या उनमें सशक्त पेशे के एक भाग के रूप में पहल करने की समझ, लचीलापन, जिम्मेदारी, प्राधिकार व जवाबदेही है।

8. अच्छे प्रशासन के एक भाग के रूप में उनमें पारदर्शिता, राज्य नियंत्रण प्रासंगिकता

को बढ़ाना, व व्यावसायिक प्रतिबद्धता आदि जैसे तंत्र में क्या कुछ विकल्प उपलब्ध हैं। सार्वजनिक सेवा के सरकारी व असरकारी पहलुओं को ध्यान में रखना होगा। परन्तु तंत्र की सीमाओं में रहते हुए सर्वोत्तम परिणाम कैसे प्राप्त किया जा सकता है। प्रशिक्षण, प्रेरणा, स्पष्टता, सोद्देश्यता इस प्रक्रिया में कैसे सहायक सिद्ध हो सकते हैं?

9. आपदा प्रबंधन व पंचायत सशक्तिकरण पर अध्ययनार्थ अवकाश के भाग के तौर पर ऐसे बहुत से प्रश्न प्रासंगिक व उपयोगी बन गए हैं। पंचायत सशक्तिकरण सांविधानिक कर्तव्य के अलावा एक राष्ट्रीय मिशन भी बन गया है। जनसंख्या, शिक्षा, ग्रामीण निवेश, जनता की भागीदारी, उपलब्ध संसाधनों का अधिक से अधिक लाभ उठाना, पारदर्शिता व स्वरोजगार, बुनियादी स्तर पर बहुआयामी स्वरूप की सुरक्षा, पर्यावरणीय मुद्दे, प्राकृतिक संसाधनों का अधिदोहन आदि से संबंधित बहुत सी समस्याएं गंभीर आपदा के क्षेत्र हैं। उनकी संवेदनशीलता व महत्व को नजरअंदाज करने से प्राकृतिक व्यवस्था की अपूर्णनीय क्षति हो सकती है। अत: सभी सदाशय, प्रतिबद्ध व तत्पर व्यक्तियों को विकास व प्रगति की बुनियादी संकल्पनाओं व पूर्णधारणाओं पर बहस करने के लिए अवश्य ही आगे आना चाहिए। देश को इन अनेक आपदाओं से केवल तभी बचाया जा सकता है जब लोगों को विकास के संबंध में अपना दृष्टिकोण विकसित करने दिया जाए। पिछड़े क्षेत्र के लोगों को अपनी विकास की दिशा निर्धारित करने का पूरा अधिकार है। पर्याप्त संसाधन, स्टाफ, शक्तियां व समवृत्तिक क्षमता तथा मॉनिटरिंग तंत्र उपलब्ध कराया जाना चाहिए। यह अन्तर्राज्जीय परिषद् सचिवालय और उसके परामर्शदाताओं के समक्ष एक चुनौती है। इसके लिए वे आगे क्या तैयारी करते हैं व कार्यवाही करते हैं इसकी सूक्ष्मता से निरीक्षण किया जाना चाहिए।

आपदा प्रबंधन व अन्तर्राज्जीय परिषद्

73वें सांविधानिक संशोधन अधिनियम में पंचायतों की स्वशासन संस्थाओं के रूप में परिकल्पना की गई। संविधान के अनुच्छेद 243 छह के अधीन राज्य का विधान मण्डल कानून बनाकर पंचायतों को ऐसी शक्तियां व प्राधिकार प्रदान कर सकता है जिससे वे स्व-शासन संस्थाओं के रूप में कार्य कर सकें तथा ऐसे कानून में पंचायतों को उपयुक्त स्तर पर शक्तियों का हस्तांतरण करने व उत्तरदायित्व देने संबंधी उपबंध समाहित होंगे जो निम्नलिखित के संबंध में उनमें निर्दिष्ट शर्तों के मध्याधीन होंगे:—

(क) आर्थिक विकास व सामाजिक न्याय के लिए योजनाएं तैयार करना;

(ख) आर्थिक विकास व सामाजिक न्याय के लिए उन्हें सौंपी गई स्कीमों का तथा ग्यारहवीं अनुसूची में सूचीबद्ध मामलों से संबंधित स्कीमों का कार्यान्वयन। ग्यारहवें वित्त आयोग ने "राज्य के वित्त आयोग की सिफारिशों के आधार पर

राज्य में पंचायतों को संसाधनों की पूर्ति करने के लिए राज्य की संचित निधि को बढ़ाने हेतु किए जाने वाले उपाय" विषय के संदर्भ में पंचायतों पर एक अध्ययन किया। ग्यारहवें वित्त आयोग ने अन्य बातों के साथ-साथ निम्नलिखित सिफारिशें कीं:-

(i) अनुच्छेद 243 में संशोधन किया जाए जिससे राज्य, अनुच्छेद 280 में वित्त आयोग गठित करने के लिए पहले से विद्यमान उपबंधों के अनुरूप पांच वर्ष पूरे हो जाने पर या उससे पहले राज्य वित्त आयोगों का गठन कर सकें। साथ ही साथ केन्द्रीय कानून बनाकर या संविधान में उपयुक्त उपबंध करके राज्य वित्त आयोग की रिपोर्टों की उपलब्धता को भी सुनिश्चित किया जाए।

(ii) पंचायतों के तीनों स्तरों की भूमिका का राज्य कानून में सामान्यत: कोई स्पष्ट वर्णन नहीं किया गया है और इस मामले को सामान्यत: ऐसे ही छोड़ दिया गया और कहा गया कि इसका निर्णय कार्यकारिणी के अनुदेशों के अनुसार किया जाएगा। किसी जिले के ग्रामीण क्षेत्रों की शासन व्यवस्था में इन निकायों को जो भूमिका निभानी है उसका स्पष्ट उल्लेख करने के लिए कानूनी व्यवस्थाएं की जानी चाहिए।

(iii) ग्रामीण विकास मंत्रालय व शहरी विकास मंत्रालय इन दो केन्द्रीय मंत्रालयों को यह सुनिश्चित करना होगा कि स्थानीय निकाय स्व-शासन संस्थाओं के रूप में काम करते हैं और इस आदर्श को साकार करने के मार्ग में आने वाली सभी बाधाओं को दूर करना होगा। इन मंत्रालयों को इस बात की पहल करनी होगी कि उनके विषयों से संबंधित स्कीमों को ग्यारहवीं व बारहवीं अनुसूचियों में सम्मिलित विषयों से संबंधित स्कीमों को स्थानीय निकायों को हस्तांतरित कर दिया जाए।

(iv) तीन स्तरीय पंचायती राज व्यवस्था बहुत ही अनुदार व्यवस्था है। राज्यों को यह निर्णय लेने की छूट दी जानी चाहिए कि उनके यहां द्वि-स्तरीय व्यवस्था अधिक दक्षता व मितव्ययिता से कार्य करेगी या त्रि-स्तरीय संरचना अपनाना आवश्यक है।

(v) जीवनक्षम स्व-शासन संस्थाओं के रूप में पंचायतों के विकास को सुनिश्चित करने के लिए पंचायतों का प्रशासनिक पुनर्गठन करना होगा।

(vi) जिला योजना समितियों व महानगरीय योजना समितियों का गठन किया जाए व उन्हें सक्रिय बनाया जाए।

ग्यारहवें वित्त आयोग ने पंचायतों के लिए वित्त वर्ष 2000-01 से आरंभ करके

प्रत्येक पांच वर्ष की अवधि के लिए कुल 1600 करोड़ रुपये के अनुदान की सिफारिश की है।

पंचायतों के संबंध में ग्यारहवीं अनुसूची में सूचीबद्ध 29 विषयों (अध्याय 5 के अन्त में देखें) में केन्द्र व राज्य दोनों सरकारों के बहुत बड़ी संख्या में मंत्रालय सम्मिलित हैं। उल्लेखनीय है कि इस व्यापक सूची में भी गृह, वित्त, रक्षा, सूचना व प्रसारण तथा विज्ञान व प्रौद्योगिकी आदि मंत्रालयों की भूमिका स्पष्ट नहीं है। यदि पंचायतों को इस बात के लिए सशक्त बनाना है कि वे अपने मामलों को स्वयं निपटा सके और इस प्रक्रिया में उन पर आई आपदाओं को दूर करना है, चाहे वे मानव-निर्मित हों या न हों तो इस उद्देश्य की पूर्ति के लिए कमोबेश सम्पूर्ण सरकारी तंत्र क़ी गतिविधियों में प्रभावी तालमेल बिठाना होगा। सर्वप्रथम सरकार के विभिन्न मंत्रालयों/विभागों में मतैक्य बनाना होगा ताकि पंचायतों पर आने वाली आपदाओं को निपटाने के लिए पंचायतों को शक्तियां व उत्तरदायित्व, निधि व कार्यकर्ता सौंपे जा सके। अन्तर्राज्जीय परिषद् अपनी अद्वितीय प्रकृति व सक्षमता की वजह से 73वें सांविधानिक संशोधन अधिनियम के आधार पर आपदा प्रबंधन के संबंध में नीति व कार्यान्वयन में बेहतर तालमेल स्थापित करने के लिए सर्वोत्तम मंच बन सकती है।

इस अध्ययन अवकाश में मुझे अपने ज्ञान को बढ़ाने व आम जनता के हित से संबंधित क्षेत्रों का पता लगाने का सुनहरा अवसर मिला। मानव विकास, अच्छे प्रशासन, समुदाय सशक्तिकरण आदि जैसे मुद्द्दों पर प्रभावी आपदा प्रबंधन और निवारण कार्यनीति के भाग के रूप में सम्मिलित तौर पर ध्यान दिया गया। निस्संदेह संविधान की ग्यारहवीं अनुसूची में पंचायती राज के लिए निर्दिष्ट 29 विषयों की भी विस्तृत जांच हुई। पिछले अनुभवों व अन्तर्राज्जीय परिषद् सचिवालय से मेरे निजी परिचय के आधार पर हम सरकार के समक्ष विचारार्थ प्रस्तुत करने के लिए अच्छी नीतियों का निर्माण करने का साधन कैसे बन सकते हैं, यह भी मेरे अनुसंधान का विषय रहा है। इस अवधि में मुझे लोक सेवक के रूप में तथा साथ ही एक जिम्मेदार नागरिक के रूप में भी अपनी भूमिका निभाने का सुअवसर मिला। इसके परिणामस्वरूप ही अन्तर्राज्जीय परिषद् सचिवालय के लिए संबद्ध क्षेत्रों पर ठोस नीतियां तैयार हो पाईं। इस पृष्ठभूमि के आधार पर मैं निम्नलिखित बातें कहना चाहूँगा:—

(क) मैंने पहले उल्लेख किया है कि मेरी रुचि के क्षेत्रों में नीति संबंधी मसले सम्मिलित हैं विशेषकर अन्तर्राज्यीय परिषद् सचिवालय की भावी संकल्पना व सचिवालय में कार्यरत अधिकारियों से सर्वोत्तम कार्य लेने के लिए विपणन आधारित नीतियों को कैसे विकसित किया जाए के विशेष संदर्भ में।

(ख) जोनल व उत्तर पूर्वी परिषद् में सम्पर्क स्थापित किया जाना चाहिए ताकि सामान्य व साझे हित के चुनिंदा मुद्दों का पता लगाया जा सके। यह काम सचिवालय कर सकता है और उपयुक्त वरिष्ठ प्राधिकारियों को जिम्मेदारी सौंप सकता है ताकि

वे उचित प्रक्रिया का पालन करते हुए इस कार्य को अंतर्राज्जीय परिषद् के साथ मिलकर कर लें। चूंकि आपदा प्रबंधन के विषय को अब कृषि मंत्रालय से लेकर गृह मंत्रालय को हस्तांतरित कर दिया गया है और हमारा प्रशासनिक मंत्रालय भी गृह मंत्रालय ही है, अत: इस बात पर ध्यान दिए जाने की जरूरत है कि हम लागत न्यूनीकरण, अच्छे प्रशासन तथा प्रभावी आपदा निवारण नीति के एक भाग के रूप में आपदा प्रबंधन को प्रभावित करने वाले मुद्दों को पंचायत राज सशक्तिकरण से कैसे संबद्ध कर सकते हैं। इसके लिए निरन्तर कठिन परिश्रम व समग्र विश्लेषण किए जाने की जरूरत है ताकि जोनल व पूर्वोत्तर परिषद् से समन्वय स्थापित करके सामान्य व साझे हित के मुद्दों को चुना जा सके। कहने की आवश्यकता नहीं है कि ग्रामीण विकास मंत्रालय या गृह मंत्रालय पंचायतों को अधिक शक्ति प्रदान करने के लिए महत्वपूर्ण मसलों में अकेले सामंजस्य स्थापित नहीं कर सकते हैं।

(ग) उदारीकरण के युग में जबकि आत्मनिर्भरता होना बहुत जरूरी हो गया है, रोजगार, ग्रामीण निवेश, राज्यों की छवि का निर्माण व आशा की किरण जगाने वाले मॉडलों को प्रोत्साहित करना व उनका अनुकरण करना ऐसे मुद्दे हैं जिन पर विशेष बल दिए जाने की जरूरत है। सभी विभागों व मंत्रालयों को अवश्य ही सफलता व असफलताओं का सामना करना पड़ा होगा। प्रशासन के उपयुक्त सिद्धांतों के विकास के लिए उन्हें अच्छे मॉडल सामने रखकर व केस अध्ययन करके उन्हें संकलित करना होगा और उन्हें अमल में लाना होगा।

(घ) अंतर्राज्जीय परिषद् को बने 12 वर्ष हो गए हैं। समय आ गया है कि इस बात की समीक्षा की जाए कि विगत में इसका क्या योगदान रहा, इस समय इस पर कितना कार्यभार है और इसके विचार विनिमय के स्तर को सुधार कर सहमति से व सचेतन करके इसके अधीन कार्यरत विशेषज्ञों व जनशक्ति का प्रयोग किस प्रकार किया जाए। सरकारिया कमीशन द्वारा अपनी रिपोर्ट में स्पष्टत: प्रकट किए गए प्रत्यक्ष बोध व प्रत्याशाओं के आधार पर अन्तर्राज्य परिषद् की प्रासंगिकता, उपयोगिता व छवि निर्माण के मुद्दों का आंकलन किया जा सकता है ताकि *संबद्ध विभागों से औपचारिक व अनौपचारिक विचार विमर्श करके सूखे*, कानून व व्यवस्था की गड़बड़ी आदि जैसे विविध चुनौतियों का सामना किया जा सके।

(ङ) प्रसंगवश अध्याय 7 (संघ राज्य संबंध) में संविधान के कार्यकरण की समीक्षा पर राष्ट्रीय आयोग ने अपनी रिपोर्ट में यह उल्लेख किया है कि:

"8.2.13 आयोग की सिफारिश है कि संविधान के अनुच्छेद 263 के तहत

स्थापित अन्तर्राज्यीय परिषद् के माध्यम से अलग-अलग राज्यों से व सामूहिक रूप से परामर्श किया जाए। इसके अलावा राष्ट्रपति द्वारा जारी अन्तर्राज्यीय परिषद् आदेश, 1990 के भाग 4 (ख) में उन विषयों को स्पष्ट रूप से निर्दिष्ट किया गया है जिन पर अन्तर्राज्यीय परिषद् में परामर्श किया जाएगा।

समवर्ती सूची में नई प्रविष्टि के लिए सुझाव—प्राकृति या मानव निर्मित आपदाओं व आपातकालों का प्रबंधन

8.3.14 आयोग ने केन्द्रीय कृषि मंत्रालय के इस सुझाव पर गौर किया कि प्राकृतिक या मानव निर्मित आपदाओं व आपातकालों का प्रबंधन " विषय को सातवीं अनुसूची की III सूची में शामिल किया जाए और उससे सहमति जताई है"।

श्री आनन्द सहगल द्वारा विजय नीति

श्री आनन्द सहगल मानव विकास व आपदा प्रबंधन के लिए कार्य कर रहे हैं। मैंने उनसे निवेदन किया कि वे हमारे चारों तरफ हो रहे विकास के बारे में अपने विचारों से हमें अवगत कराएं तथा बताए कि और क्या किए जाने की आवश्यकता है। उनके विचार मूल रूप में प्रस्तुत हैं—

उनका परिचय

उन्होंने अमरीका से वर्ष 1946 व 1950 में दो विषयों में स्नातक की उपाधि प्राप्त की व वे देश के प्रथम कृषि इंजीनियरों में से एक हैं। सम्पूर्ण विश्व का भ्रमण करने के बाद उन्होंने यह निष्कर्ष निकाला कि ग्रामीण भारत अकेले ही सम्पूर्ण विश्व में शांति, सौहार्द व भाईचारे का संचार कर सकता है। उन्होंने 25 वर्ष तक सेना फार्म संगठन में कार्य किया है व लायंस क्लब आदि के अध्यक्ष रहे हैं और इस बात का आश्वासन देते हैं कि किसी गांव में केवल एक समर्पित व्यक्ति ही सम्पूर्ण सामाजिक-अर्थव्यवस्था को साढ़े तीन साल की अवधि में बदल सकता है। उनका दृढ़ विश्वास है कि वर्तमान समय भारत को वास्तविक, समृद्ध व और अधिक शक्तिशाली बनाने के सपने को साकार करने के लिए मिलजुलकर प्रयास करने के लिए सबसे उपयुक्त समय है। सबसे बड़ी चिंता यह है कि सभी सदाशय, शक्तिशाली, उत्साहित जीव, व समर्पित संगठनों को एक ही मंच पर कैसे लाया जाए ताकि यह सामूहिक शक्ति निरुद्देश्य व्यर्थ न हो। राज्य के अल्प स्रोतों, दोषपूर्ण कार्य संस्कृति, पारदर्शिता का अभाव, व्यापक बेरोजगारी व कई राष्ट्रीय कार्यक्रमों की निरन्तर असफलता के रहते उनका यह मानना है कि समय आ गया है कि अपनी क्षमताओं का पूरा लाभ उठाने के लिए नई कार्यनीतियों पर व्यापक दृष्टिकोण अपनाना होगा।

क्या किया जाए

(1) हमें स्वीकार करना पड़ेगा, असली भारत, ग्रामीण भारत ही है और जाति प्रथा, अज्ञानता, भ्रष्टाचार, निरक्षरता राज्य पर पूर्ण निर्भरता, कमजोर नेतृत्व आदि जैसी विभिन्न कष्टदायक समस्याओं के बावजूद ग्रामीण क्षेत्र को पूर्णत: विकसित करने के अलावा हमारे पास कोई और विकल्प नहीं है।

(2) हमें यह मान लेना चाहिए कि हमारी प्रथाएं चाहे हम उन्हें किसी भी नाम से बुलाएं मूलत: शोषण करने वाली, अपारदर्शी तथा फूट डालने वाली हैं व व्यक्तियों, समुदाय व समाज को उत्कृष्ट कार्य निष्पादन के लिए प्रेरित करने के लिए जिस उत्साह की आवश्यकता है उसका संचार कर पाने में असमर्थ हैं।

(3) इन सब नीतियों का परिणाम यह होता है कि राज्य पर अत्यधिक निर्भरता व ऋण मांगना व पर-निर्भरता संस्कृति, स्थानीय व मानव संसाधनों की उपेक्षा, निष्पादन के प्रति उदासीनता, उत्कर्ष व नवीन उद्यमवृत्ति तथा जोखिम उठाने की भावना को हतोत्साहित करने की अभिवृत्ति।

(4) एक बार उदारीकरण की बाध्यताओं व स्व-रोजगार, ग्रामीण विकासक्षम निवेशों, नीति परिवर्तनों आदि की अनिवार्यताओं को स्वीकार कर लिए जाने पर यह स्पष्ट हो जाएगा कि हमें किस दिशा में आगे बढ़ना है और इसकी शुरूआत बाजार प्रधान विकासक्षम ग्रामीण उद्यमों से करनी होगी। इस तरह, ग्रामीण विकास पूर्ण पारदर्शी, जन प्रोत्साहक होना चाहिए तथा आम आदमी के गुणों का भरपूर सदुपयोग किया जाना चाहिए।

(5) अच्छे मॉडलों को एकस्थ किया जाना चाहिए व ग्राम सभाओं, समुदाय व एन.जी.ओ. के स्थानीय संगठनों आदि को रोजगार उत्पन्न करने के लिए कारोबार उन्मुखी नीतियों को लागू करना चाहिए। तात्पर्य यह है कि नीचे निर्दिष्ट 29 विषयों के संबंध में केन्द्र व राज्य सरकार के पास अब तक जो भी प्राधिकार थे उन पर नियंत्रण रखते हुए संतुलन बनाए रखते हुए उन्हें स्थानीय निकायों को हस्तांतरित कर दिया जाना चाहिए:—

(1) कृषि जिसके अन्तर्गत कृषि विस्तार है
(2) भूमि विकास, भूमि सुधार का कार्यान्वयन, चकबंदी व मृदा संरक्षण
(3) लघु सिंचाई, जन प्रबन्धन व जल विभाजक क्षेत्र का विकास
(4) पशुपालन, डेरी उद्योग, कुक्कुटपालन
(5) मत्स्य उद्योग
(6) सामाजिक वानिकी व फार्म वानिकी
(7) लघु वन उपज
(8) लघु उद्योग तथा जिसके अन्तर्गत खाद्य प्रसंस्करण उद्योग भी है
(9) खादी, ग्रामोद्योग व कुटीर उद्योग

(10) ग्रामीण आवास
(11) पेयजल
(12) ईंधन व चारा
(13) सड़कें, पुलिया, पुल, फेरी, जलमार्ग व अन्य संचार साधन
(14) ग्रामीण विद्युतीकरण, जिसके अन्तर्गत बिजली का वितरण है
(15) अपारम्परिक ऊर्जा स्रोत
(16) गरीबी उन्मूलन कार्यक्रम
(17) शिक्षा, जिसके अन्तर्गत प्राथमिक व माध्यमिक विद्यालय भी हैं
(18) तकनीकी प्रशिक्षण व व्यावसायिक शिक्षा
(19) प्रौढ़ व अनौपचारिक शिक्षा
(20) पुस्तकालय
(21) सांस्कृतिक क्रियाकलाप
(22) बाजार और मेले
(23) स्वास्थ्य और स्वच्छता, जिनके अन्तर्गत अस्पताल, प्राथमिक स्वास्थ्य केन्द्र व औषधालय भी हैं
(24) परिवार कल्याण
(25) महिला एवं बाल विकास
(26) समाज कल्याण, जिसके अन्तर्गत विकलांगों व मानसिक रूप से मंद व्यक्तियों का कल्याण भी है
(27) कमज़ोर वर्गों का विशेषकर अनुसूचित जाति व जनजातियों का कल्याण
(28) सार्वजनिक वितरण व्यवस्था
(29) सामुदायिक आस्तियों का अनुरक्षण

समय आ गया है कि बुनियादी स्तर पर अच्छे, प्रशिक्षित, पारदर्शी, सक्रिय नेतृत्व को प्रोत्साहित किया जाए। कर, बजट व सरकारी विभागों की सभी नीतियां इस प्रकार की होनी चाहिए ताकि ग्रामों की समर्थ, सक्षम व गतिविधियों का केन्द्र बनाया जा सके। खिलाड़ी, सैनिक, सर्वोत्तम विद्यार्थी, सर्वोत्तम प्रयास, प्राथमिक स्वास्थ्य व जनसंख्या, रोजगार व स्व-रोजगार व जीवन की अन्य अनिवार्य आवश्यकता इन सब समस्याओं को ग्राम स्तर पर ही दूर किया जाए।

सूचना प्रौद्योगिकी—सबके लिए कल्याणकारी

एक बार भ्रष्टाचार, अक्षमता, अपर्याप्त ज़वाबदेही व भारत जैसे देश में नीतियों की भूमिका जैसे मुद्दों पर काबू पा लेने पर शासन की ज्ञान आधारित व्यवस्थाओं की अपार क्षमताओं का

फायदा उठाने में कोई अड़चन नहीं आएगी। समय आ गया है कि कारोबार को बढ़ावा देने, ऋण प्रदान करने, वसूली करने, अल्प प्रयुक्त संसाधनों आदि पर प्रतिस्पर्धात्मक नेतृत्व प्रशिक्षण कार्यक्रमों के जरिए विशेष बल दिया जाए। *स्वयंसेवा की भावना से तथा श्रम शक्ति, कौशलों, संसाधनों, मनोवृत्तियों व पारम्परिक प्रथाओं का फायदा उठाते हुए जिज्ञासुओं में उत्साह का संचार किया जा सकता है और इस प्रकार धीरे-धीरे वास्तव में वैज्ञानिक, तर्कसंगत, विश्लेषित विकास की ओर कदम बढ़ाए जा सकते हैं।*

सभ्यता का सवाल

गांधी जी ने अपनी प्रसिद्ध पुस्तक *हिन्द स्वराज* में 1908 में विकास, यंत्रीकरण व सभ्यता जैसे बुनियादी मुद्दों को उठाया था। चाहे हमें यह अच्छा लगे या न लगे, स्वर्गीय दीनदयाल उपाध्याय, स्वर्गीय विनोबा भावे जी ने भी समग्र विकास के मुद्दों की ओर ध्यान आकर्षित किया था जहां ग्रामीण व शहरी क्षेत्रों की एक दूसरे के लिए अनुपूरक की भूमिका निभानी होगी न की शोषक की भूमिका। हमारे पास विश्वस्तर पर व स्थानीय स्तर पर यह सिद्ध करने के लिए पर्याप्त प्रमाण हैं कि यही समय है जब सभ्यता का सवाल हमें मजबूर कर देगा कि चर्चा के स्तर को ऊंचा उठाएं व ऐसे मॉडल को स्पष्ट रूप से निर्दिष्ट व विकसित करें जो हमारी संस्कृति, अभिरुचि, व्यक्तित्व, स्थानीय संसाधनों और कुल मिलाकर हमारी सांविधानिक आशाओं के अनुरूप हो।

मेरा दृढ़ विश्वास है कि यही वह समय है जब इन मुद्दों पर समग्रतः ध्यान दिए जाने की आवश्यकता है और सभी राजनीतिक दलों और सभी ऐसे व्यक्तियों व निकायों को एक कल्याणकारी कार्यनीति तैयार करनी होगी चाहे वे धार्मिक, आध्यात्मिक, शैक्षणिक, समुदाय आधारित संस्थाओं से जुड़े हैं या जन कल्याण के लिए कार्यरत अन्य प्रकार की संस्थाओं से जुड़े हैं, इन सबको कल्याणकारी कार्यनीति बनानी होगी।

आपदा प्रबंधन व बुनियादी स्तर को सशक्त बनाने के लिए आशा की एक किरण

मुझे श्री कश्यप से विचार-विमर्श करने का सुअवसर मिला जो लम्बे समय से इलैक्ट्रॉनिक शिक्षा व तकनीकी सोसायटी नामक प्रसिद्ध आई एस ओ 9000 गैर सरकारी संगठन से जुड़े हुए हैं। सूचना प्रौद्योगिकी व ज्ञान आधारित पारदर्शी व्यवस्थाओं के माध्यम से देश में जागृति पैदा करने के संबंध में उनके विचार सर्वथा नए व व्यावहारिक है। उन्होंने देश भर में लघु व्यवसाय विकास केन्द्र खोलने और उनका नेटवर्क बनाने के लिए अन्य गैर सरकारी संगठनों को कुछ प्रस्ताव भेजे हैं। पंचायत राज व अन्य स्वशासी व्यवस्थापकों को भेजे गए उनके प्रस्ताव मुझे बहुत अच्छे लगे। मेरा ख्याल है कि आपदा प्रबंधन व पंचायत राज सशक्तिकरण की कार्य योजना को समझने की प्रक्रिया में अन्य बहुत सी संस्थाओं व गैर

सरकारी संगठनों को भी नेटवर्क में शामिल होना चाहिए। इससे पारदर्शी व रोजगारोन्मुख नीतियां बनाकर कार्य करने में भी सहायता मिलेगी। बुनियादी प्रशासन को भी, विशेषकर संविधान के 73वें व 74वें संशोधन के बाद, इस तरह के प्रयासों का समर्थन करना चाहिए। अतः मैं इलेक्ट्रॉनिक शिक्षा एवं तकनीकी सोसायटी के प्रस्ताव को मूल रूप में प्रस्तुत कर रहा हूँ। मुझे विश्वास है कि इसके आधार पर अन्य बहुत लोग आपदा प्रबंधन व पंचायत राज सशक्तिकरण के संबंध में गंभीरता से विचार कर पाएंगे।

इलेक्ट्रॉनिक शिक्षा और तकनीकी सोसाइटी

(पंजीकरण संख्या एस/23069, 1992, दिनांक 26 जून, 1992 द्वारा सोसाइटी पंजीकरण अधिनियम, 1860 के अंतर्गत पंजीकृत)

पर्यावरण अनुकूल परियोजनाएं तैयार करने, उनका विकास करने व प्रावधान के लिए अग्रसर गुणवत्तापूर्ण प्रबंधतंत्र के संचालन के लिए 14001 के अनुरूप आई.एस.ओ. 9001 जो बी.एस.ई.एन., आई.एस.ओ. 9001-2000 की शर्तों को पूरा करती है।

ए-76/1, जी.टी. करनाल रोड औद्योगिक क्षेत्र, आजादपुर, दिल्ली-110033

दूरभाषः 7248952, 7248928

हमें इस बात का गर्व है कि एक गैर सरकारी संगठन के तौर पर हमारा संगठन पर्यावरण अनुकूल परियोजनाएं तैयार करके, विकसित करके व उन्हें कार्यान्वित करके विशेष रूप से अर्थव्यवस्था के असंगठित क्षेत्र के लिए इन परियोजनाओं की गुणवत्ता व व्यवस्थाओं को सुधारने के लिए कार्यरत *आई एस ओ 9001 वाला संभवतः पहला संगठन है।* चोटी के शिल्पियों, विशेषज्ञों व उद्यमियों के समूह के रूप में हम जनता, समुदाय, समाज के उत्कृष्ट रूप को सामने लाने के लिए व और विस्तार में जाएं तो मुख्य रूप से पूरे मानव विकास के लिए प्रतिबद्ध है।

हमारी सोसाइटी व प्रतिबद्धता के प्रमुख उद्देश्य निम्नलिखित हैं—

(1) योजना कार्य अनुसंधान विस्तार व प्रलेखन टीम के एक भाग के रूप में हम समान विचार वाले व्यक्तियों का नेटवर्क तैयार करने की सोच रहे हैं ताकि समग्र विकास के मुद्दों से पूर्ण न्याय किया जा सके।

(2) पर्यावरण अनुकूल परियोजनाओं को तैयार करना, उनका विकास करना व मॉनिटरिंग करना।

(3) प्राकृतिक सुरक्षा का संरक्षण व पर्यावरण में सुधार करना।

(4) मानव को खतरों से बचाना।

(5) मानव संसाधनों का विकास व सामान्यतः समाज की उन्नति को सुनिश्चित करना।

(6) ऐसे उपयुक्त व व्यवस्थित उपाय करना जो सरल व व्यावहारिक हों, बेशक अनौपचारिक हों परन्तु जो महिलाओं की अपनी आजीविका स्वयं अर्जित कर पाने में समर्थ बनाने में महत्वपूर्ण भूमिका निभाए।

(7) हमने ग्रामीण निवेशक एवं प्रेरक सेवाओं, स्व-नियोजित ग्राम सुधारक वर्ग, निम्न लागत वाले ऐसे व्यावहारिक परामर्शदाता व प्रशिक्षण केन्द्रों जहां लघु कारोबार विकास सेवाएं प्रदान की जा सकती हों, के विशेषज्ञों का नेटवर्क बनाकर स्थानीय कार्यवाही करने के लिए भी अपने दृष्टिकोण को व्यापक बनाया है।

(8) सूचना प्रौद्योगिकी व ज्ञान आधारित सशक्तता सेवाओं के माध्यम से पंचायती राज संस्था, समुदाय आधारित संगठन, गैर-सरकारी संगठन व समाज के सभी वर्गों के स्वयं-सेवी समूहों की क्षमता को विकसित करने का भी हम प्रयास कर रहे हैं जिससे यह ज्ञात हो सके कि कैसे ये आत्मनिर्भर होकर और उपलब्ध स्थानीय संसाधनों से सामर्थ्य जुटा करके भूमण्डलीकरण व उदारीकरण की चुनौतियों का सामना कर सकते हैं।

संक्षेप में हम स्थानीय रूप से संसाधनों की दृष्टि से स्वावलंबी केन्द्रों का निर्माण करना चाहते हैं जो समुदाय आधारित हो तथा जो सूचना प्रौद्योगिकी सेवाओं को केन्द्र बिन्दु मानते हुए उनके माध्यम से समुदाय की उन्नति के लिए सेवाएं प्रदान कर सकें। चूंकि खराब शासन, पारदर्शिता के अभाव, व्यवहार्यता सामंजस्य, वसूली, प्रलेखन आदि के जैसी बहुत सी समस्याओं को सूचना प्रौद्योगिकी आधारित सेवाओं के माध्यम से सरलता से निपटाया जा सकता है अतः हम आशा करते हैं कि भागीदारों का नेटवर्क बनाकर हम उंगलियों को मुट्ठी की ताकत में बदल सकेंगे।

हम क्या कर रहे हैं और अलग-अलग व सामूहिक रूप से हम और क्या तथा कैसे कर सकते हैं?

1. हम अच्छी तरह जानते हैं कि दिल्ली में और उसके आसपास के क्षेत्रों में स्थित 72 शिक्षा केन्द्रों में हम जो कुछ भी कर रहे हैं उन सबके बावजूद आपदा प्रबंधन में हमारी सुविज्ञता, जैव चिकित्सा आधारित प्रबंधन में कनाडा के भागीदारों के साथ हमारी प्रतिबद्धता व योग, इलेक्ट्रॉनिकी आधारित तकनीकी शिक्षा के संबंध में हमारी सुविज्ञता, वर्षा जल से खेती आदि जैसे हमारे प्रयास पर्याप्त नहीं है। किफायती, पारदर्शी, परस्पर हितकारी व कारगर नेटवर्क बनाकर व उदार मानसिकता के माध्यक से, सार्वभौम दृष्टिकोण अपनाकर व स्थानीय कार्यवाही के लिए प्रतिबद्ध होकर, कारोबार पर बल देकर हम निश्चय ही चमत्कार कर सकते हैं। अतः हमने अपनी कार्य योजना में निम्नलिखित घटकों को शामिल किया है–

(क) स्थानीय जिले, क्षेत्र व प्रदेश के भागीदारी का नेटवर्क बनाना चाहे तो वे किसी भी रूप में हों यथा गैर सरकारी संगठन, सी.बी.ओ., पंचायतें, सेवानिवृत्त व्यक्ति,

बैंकर, बीमा कंपनियां, प्रशिक्षक, बहुराष्ट्रीय कम्पनियां, राजनीतिक दल, संसद सदस्य, अध्यापक, प्रेस रिपोर्टर, आध्यात्मिक व धार्मिक संगठन व लेखक, उन सभी व्यक्तियों सहित जो समाज कल्याण के कार्य में तथा समुदाय में व समुदाय के बाहर सौहार्दपूर्ण संबंध स्थापित करने में अनुभव प्राप्त हैं। इसीलिए हमने स्व–रोजगार व ग्रामीण निवेश नीतियों के साथ नेटवर्क बनाने व स्वयंसेवा करने का अभियान प्रारम्भ किया है।

(ख) कम लागत अधिक सफलता के सिद्धान्तों के आधार पर अधिकतम लाभ प्राप्ति के लिए हम मथुरा, वर्धा, बुलंदशहर, जबलपुर व राजस्थान के कुछ भागों के लिए एक कार्यान्वयन योग्य कार्य योजना तैयार कर रहे हैं और उन सभी के लिए पेश करने के लिए तैयार हैं जो असरकारी (हर दृष्टि से प्रभावशाली) कार्य योजना के लिए हमारी सेवाओं का लाभ उठाने की इच्छा रखते हैं जहां संसाधन, सूचना प्रौद्योगिकी आधारित सेवाओं व क्षमताओं के माध्यम से उपलब्ध कराए जाएंगे।

(ग) यह पता लगाना कि अल्प व दीर्घ आवधिक समस्याओं का समाधान कर सकने की व्यक्तियों व समाज की क्षमता में दृढ़ विश्वास रखने वाले सभी लोगों को एक ही केन्द्र से सेवाएं उपलब्ध करवाकर ग्रामीण क्षेत्रों में अधिकतम स्व–रोजगार कैसे पैदा किया जाए। यह हमारे आपदा प्रबंधन व निचले स्तर को सशक्तिकरण प्रदान करने की कार्यनीति, व्यवहार कुशलता, दृढ़ विश्वास व प्रतिबद्धता का एक भाग है।

(घ) सामाजिक व संपूर्ण विकास के एक भाग के रूप में महिला वर्ग पर विशेष ध्यान दे रहे हैं। चूंकि वे समाज और व्यवस्थाओं को बदलकर विकास की दिशा की ओर ले जाने के आदर्शों को पूरा करने की क्षमता रखती है अत: उनकी शिक्षा, उनके सशक्तिकरण व क्षमता निर्माण पर अधिकतम ध्यान दिया जाना चाहिए ताकि समाज की समस्याओं को सुलझाया जा सके। इसमें बच्चों, कुपोषण, वरिष्ठ नागरिकों, जनजातियों, अनुसूचित जातियों/अनुसूचित जन जातियों पर भी ध्यान दिया जाएगा। अत: उनकी स्थिति में भी सुधार हो इसके लिए वे भी प्राथमिकता आधार पर उपाय किए जाने के हकदार हैं।

(ड.) शिक्षा, कौशल व ज्ञान से अंतत: सशक्तिकरण प्राप्त होता है। 6 से 14 वर्ष की संवेदनशील आयु सामान्यत: सभी बच्चों के लिए और विशेषकर बालिकाओं के लिए अत्यंत महत्वपूर्ण होती है। अत: यह भी उन मुद्दों में से एक है जिन पर हम विशेष ध्यान दे रहे हैं।

(च) कोई अन्य क्षेत्र व कार्य योजना जो व्यक्ति व समाज की छिपी हुई क्षमताओं को पूर्णत: उभारने में सहायक हो सकते हैं। नीति निर्माण, प्रशिक्षण, अनुसंधान व

उन क्षेत्रों पर पूर्ण ध्यान देना जो देश को महान बनाते हैं व स्थिरता प्रदान करते हैं और इन्हें भी सभी प्राथमिकताओं में स्वत: ही ध्यान देना पड़ेगा।

(छ) वर्ष 2002–2005 कई दृष्टियों से सर्वाधिक महत्वपूर्ण अवधि है जब वैश्वीकरण की चुनौतियों का सामना करते हुए स्थानीय कार्यवाही करनी होगी, उनमें सुधार करना होगा, उन्हें दर्ज करना होगा व वैज्ञानिक दृष्टिकोण से, विश्लेषण करते हुए व व्यवस्थित तरीके से उनकी जांच करना होगा। ये परीक्षण केवल आर्थिक मानदण्ड के आधार पर ही नहीं बल्कि सामाजिक, ऐतिहासिक, वैज्ञानिक व तार्किक आधार पर भी करने होंगे ताकि लोकतांत्रिक शासन व्यवस्था में ज्ञान आधारित अर्थव्यवस्था की चुनौतियों का सामना किया जा सके।

(ज) इस प्रकार इलेक्ट्रॉनिक शिक्षा व प्रौद्योगिकी ज्ञान के जरिए तथा उत्साही व्यक्तियों से मानव विकास के संसाधनों को बढ़ाने की ओर लक्ष्योन्मुख परियोजनाओं में लगातार सुधार करने का आग्रह करते हुए नेटवर्क बनाया जाएगा व स्थानीय कार्यवाही की जाएगी।

(झ) वे सभी लोग जिन्हें विश्वास है कि वे अपूर्व सहयोग व उत्साह के साथ व्यक्तिगत व सामूहिक रूप से अपने दृष्टिकोण को व्यापक बनाकर अतिरिक्त छिपी हुई क्षमताओं को विकसित करने में महत्वपूर्ण भूमिका निभा सकते हैं, सफलता प्राप्त करने के लिए प्रतिबद्ध हैं। इससे नेटवर्क बनाकर सभी के लाभ के लिए मैं, हम, वे क्षमताओं को तलाशेंगे। नए बुनियादी ढांचे पर बहुत अधिक व्यय करने के बजाय हमारा प्रयास होगा कि विद्यमान संसाधन धारकों भूमि, बुनियादी ढांचा, अनुभव, सुविज्ञता, नानकारी धन, सम्पर्क, प्रतिष्ठा, इच्छाशक्ति व कौशल, ज्ञान आदि में से कुछ भी हो सकते हैं, का नेटवर्क बनाया जाए।

हमारी सफलता के मापदण्ड व संभावित खतरे या अवरोध

नेटवर्क बनाने और कार्यवाही आरम्भ करने से पहले हमें इस बात को स्पष्टत: जान लेना चाहिए कि हमारी सफलता के मापदण्ड क्या हैं और कौन सी समस्याएं हमारे संकाल्पनिक व परस्पर हितकारी संबंधों को प्रभावित कर सकती हैं। चूंकि किसी भी स्थिति में संसाधनों की बर्बादी नहीं होनी चाहिए अत: यह अच्छा रहेगा कि इस पहलू को स्पष्ट कर लिया जाए। यद्यपि सूचना प्रौद्योगिकी समर्थित सेवाओं से बहुत सी आशंकाएं दूर हो जाएंगी तथापि नेटवर्क बनाने की प्रक्रिया के दौरान स्पष्टता व संक्षिप्तता से सर्वकल्याण को निश्चित रूप से गति मिलेगी।

इसका तात्पर्य कार्य करने के ढंग व सभी जोखिम उठाने वालों व कार्यकर्ताओं को मिलने वाले संभावित लाभों की स्पष्टता से भी है। हम अपना पहला प्रयास मथुरा व वर्धा से आरंभ कर रहे हैं ताकि भगवान श्री कृष्ण और हमारे राष्ट्रपिता महात्मा गांधी के दर्शन को

प्रकृति आधारित पर्यावरण अनुकूल कार्य योजना के लिए आदर्श के तौर पर प्रस्तुत किया जा सके। जहां उन सभी चीजों पर सभी का हक हो जो प्रकृति ने उनके लिए प्रचुर मात्रा में उपलब्ध कराई है। निस्संदेह मानवजाति को यह कहने का कोई अधिकार नहीं है कि वे सर्वोपरि हैं। चूंकि उनकी अपनी शासन पद्धति है और यहां तक कि प्रकृति की सूक्ष्मतम रचना का अपना सार्वभौमिक महत्व होता है और स्थानीय कार्यवाही की क्षमता होती है। हमारे आसपास की प्रकृति के महत्व और उस परमात्मा की रचना संकल्पना को समझते हुए हमें पूरा विश्वास है कि हम और हमारे सहयोगी सतत् विकास सृजन के आधार पर सभी के कल्याण के लिए आबद्ध हैं।

सर्वोत्तम सामाजिक विकास के लिए हमसे और हमारे साथ नेटवर्क बना चुके हमारे उन सहयोगियों से निस्संदेह सम्पर्क करें जिनके पते नीचे दिए गए हैं—

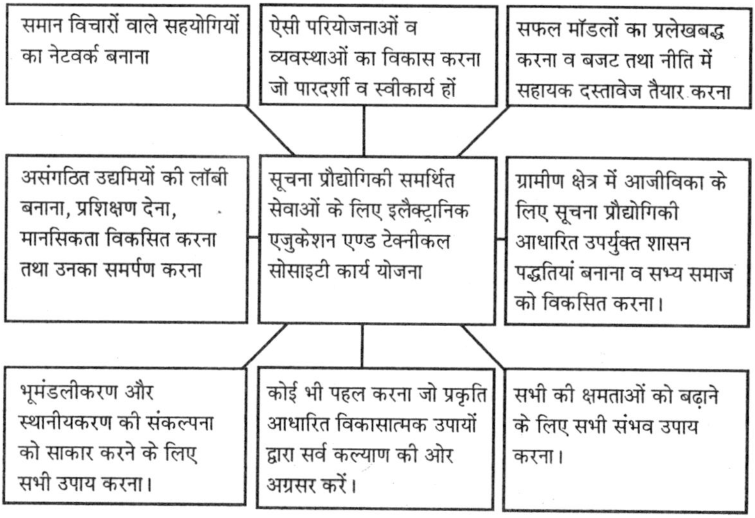

कानून एवं व्यवस्था के संरक्षकों, समस्या मुक्त ग्रामों, समुदायों व नीति विकास के लिए पारितोषिक व प्रोत्साहन

मैंने बहुत से ग्रामीण व शहरी क्षेत्रों का व्यापक भ्रमण किया। इस दौरान में लोगों से मिला जहां उनसे पुलिस द्वारा निभायी जा रही नकारात्मक भूमिका की शिकायत सुनने को मिली। उन्होंने मुझे ऐसी अनगिनत बेतुकी, निरर्थक व निष्क्रिय नीतियों के बारे में बताया जिन्होंने इनकी उद्यमशीलता, जोखिम उठाने व नवीकरण की भावना को कुचल कर रख दिया है। इस सबका परिणाम अन्ततः खराब गुणवत्ता व नकारात्मक नेतृत्व के रूप में सामने आता है विशेषकर बुनियादी स्तर पर। इसी संबंध में मुझे श्री आर.के. सिंह, संयुक्त सचिव (गृह)

से मिलने का सुअवसर प्राप्त हुआ। उन्हें भारतीय प्रशासनिक सेवा के बिहार संवर्ग (कैडर) से भेजा गया था और वह इस विचार से पूर्णतः सहमत थे कि पिछले 50 वर्ष में जिन गावों से एक भी अपराध की सूचना नहीं मिली है उन पर और अध्ययन किया जाए। हमारी बातचीत के आधार पर उन्होंने बिहार व उत्तर प्रदेश के सचिवों (गृह) को एक पत्र जारी किया। सौभाग्य से जब मैं लखनऊ गया उस दौरान मुझे इस मुद्दे पर मुख्य सचिव (गृह) श्री नरेश दयाल से विचार-विमर्श करने का मौका मिला जिन्होंने सारी जानकारी को संकलित करवा दिया। हालांकि यह जानकारी कुछ चुने हुए जिलों के बारे में ही थी परन्तु परिणाम व निष्कर्षों ने मुझे मेरे अभियान को चलाने के लिए प्रोत्साहित किया। संयुक्त सचिव (गृह सचिव) श्री शारदा प्रसाद से आगे हुए विचार-विमर्श पर आधारित पत्र, जिसे 16 जुलाई, 2002 को भेजा गया था, नीचे प्रस्तुत है:-

> "राज्य व केन्द्र के आम व सामान्य हित के क्षेत्रों का अध्ययन व परीक्षा करते समय मुझे कई ऐसे गावों के मामलों को देखने समझने का अवसर मिला जिनमें पिछले 50 या अधिक वर्षों से किसी तरह का अपराध होने की सूचना नहीं मिली है। पंचायत के सशक्तिकरण की प्रक्रिया में कानून व व्यवस्था, मुकदमेबाजी, शिनाख्त की पद्धति, अभियोजन, अपराध की अनुवर्ती कार्यवाही आदि की समग्र दृष्टिकोण से समीक्षा किए जाने की आवश्यकता है। गावों के सतत् विकास या विकास के परिवेश के लिए अनौपचारिक न्याय प्रणालियाँ/सुधार पद्धतियों की आवश्यकता है ताकि सामूहिक भागीदारी से सभी की चेतना जाग्रत हो सके।"

संयुक्त सचिव श्री आर.के. सिंह के साथ हुए मेरे विचार विमर्श पर आधारित एक पत्र 26 दिसम्बर, 2001 को सचिव, गृह (बिहार व उत्तरप्रदेश) को जारी किया गया। तत्पश्चात् मैंने श्री नरेश दयाल से सम्पर्क किया और श्री राकेश कुमार गोयल, विशेष सचिव (गृह) के पत्र में यथा प्रस्तुत जानकारी प्राप्त की। पत्र जारी होने के बाद मैं 8 जनवरी से 7 जुलाई, 2002 तक 6 महीने के अध्ययन अवकाश पर चला गया। हालांकि मेरे अध्ययन का विषय पंचायत सशक्तिकरण व आपदा प्रबंधन था परन्तु 26 दिसम्बर, 2001 व 2 अप्रैल, 2002 के पत्र में उठाए गए मुद्दों से कुछ दिलचस्प तथ्य सामने आए-

(i) उत्तर प्रदेश के आजमगढ़ जैसे जिले, जो डान और डालर जिले के नाम से जाना जाता है, के पांच पुलिस स्टेशनों के अंतर्गत आने वाले 60 गावों में पिछले 50 या अधिक वर्ष से कोई अपराध दर्ज नहीं हुआ है। मऊ जिले के पांच पुलिस स्टेशनों के अंतर्गत आने वाले 61 गावों में भी पिछले 50 या अधिक वर्ष से कोई अपराध दर्ज नहीं हुआ है।

(ii) अन्य राज्यों की वास्तविक स्थिति का इन गावों में सक्रिय अनौपचारिक न्याय प्रणाली/सुधार व्यवस्थाओं की व पंचायती राज संस्थाओं को सशक्त बनाने के

संबंध में उनके प्रभाव की संपूर्ण रूप से समीक्षा किए जाने की आवश्यकता है, परन्तु उनके जांच परिणामों पर बहुविषयी टीम द्वारा विचार किया जाना चाहिए।

मैं यह अनौपचारिक पत्र आपकी जानकारी के लिए भेज रहा हूँ। हम इस बात पर विचार विमर्श कर सकते हैं कि हमें आगे क्या कार्यवाही करनी है जिससे पुलिस व्यवस्था व पुलिस बल पर अतिरिक्त धन व्यय किए बिना बेहतर नीति, अंतर्राष्ट्रीय सहयोग, प्रशिक्षण व केन्द्र राज्य संबंध को सुधारा जा सके। समस्या रहित ग्रामों/समुदायों/समाजों आदि को पुरस्कृत करने जैसे विकल्पों की भी पुनः पूरी तौर पर समीक्षा की जानी चाहिए।

इस संबंध में निम्नलिखित बातें ध्यान देने योग्य हैं–

(क) क्या हमारी व्यवस्थाएं केवल पुलिस व्यवस्था या न्याय प्रणाली में ही नहीं बल्कि जीवन के सभी क्षेत्रों में कमजोर वर्ग के निष्पादकों को प्रोत्साहित करती हैं?

(ख) क्या अच्छे नीति निर्माण, व बजटीय सहायता से हम बेहतर, अनुकरणीय, पारदर्शी निष्पादन व टीम निर्माण को प्रोत्साहित कर सकते हैं।

(ग) यदि कानून व व्यवस्था की जिम्मेदारी केवल पुलिस को ही सौंप दी जाए तो क्या इससे कानून व व्यवस्था की बिगड़ती हालत में सुधार के लिए सहायक माहौल बन पाएगा? क्या आंतरिक सुरक्षा को बेहतर बनाने के लिए गैर सरकारी संगठनों, समुदाय व सेवा निवृत्त लोगों आदि का सहयोग लिया जा सकता है?

(घ) पुलिस व्यवस्था के व्यय को उपभोक्ताओं के साथ कैसे बांटा जा सकता है? क्या उन पुलिस कर्मियों व अधिकारियों को प्रोत्साहन दिया जाए जो उस पुलिस व्यवस्था व समुदाय दोनों में, जिनकी सेवा के लिए उन्हें वेतन दिया जाता है, कल्पनाशील व सर्जनात्मक जन प्रबंध संबंधों से पुलिस व्यवस्था के व्यय को कम करते हैं।

(ड.) क्या न्यायपालिका से बेहतर पुलिस व न्याय प्रक्रियाओं के लिए बातचीत की जा सकती है?

(च) क्या अच्छी नीतियों और बजटीय व्यवस्थाओं में स्वयंसेवियों को शामिल करने के लिए राष्ट्रीय स्तर पर बातचीत की जा सकती है जिससे जीवन के सभी क्षेत्रों में शासन की अच्छी पद्धतियों को विकसित और कार्यान्वित किया जा सके?
इन सब मुद्दों के लिए कोई अलग आयोग गठित करने की आवश्यकता नहीं है।

आपदा प्रबंधन व पंचायती राज सशक्तिकरण के इस पहलू पर बातचीत समाप्त करते हुए मैं इस बात का प्रबल समर्थन करूंगा कि हमें अपनी नीतियों की न केवल विनियामक क्षेत्र में बल्कि विकासात्मक व संवर्धनात्मक क्षेत्रों में भी समीक्षा करनी चाहिए। राज्य को "माई–बाप" समझने की मानसिकता जैसी सामंतवादी अभिवृत्तियों, गोपनीयता,

कमजोर निष्पादकों को प्रोत्साहन देने आदि जैसे मुद्दों का भी शायद ही समग्रत: विश्लेषण हुआ है।

बातचीत को आगे बढ़ाते हुए, यदि हम वानिकी विकास को ही लें, देश का आम से आम नागरिक जानता है कि पेड़ों को बेदर्दी से काटा जा रहा है, वनों का अत्यधिक दोहन किया गया है और यदि कोई विस्तार से जानना चाहे तो उसे पता चलेगा कि नाविकी के विभिन्न पहलुओं के नाम पर व्यय की गई धनराशि का शायद ही कोई लाभ हुआ है। 10वीं पंचवर्षीय योजना, आयाम व कार्यनीति में भी रिपोर्ट के पृष्ठ 15 पर निम्नलिखित का उल्लेख किया गया है–

"वानिकी विकास के मार्ग में खड़ी समस्याओं व बाधाओं" में निम्नलिखित सम्मिलित हैं–

वनों के बहुविध लाभों के विषय में जानकारी का अभाव, प्रबंधन व जनता की आजीविका सुरक्षा में सम्पर्क का अभाव, निम्नस्तरीय प्रौद्योगिकी का प्रयोग; अपर्याप्त अनुसंधान व विस्तार; शिथिल योजना क्षमता; खेती व प्रसंस्करण के दौरान अपव्यय; विपणन व्यवस्था में दोष, सरकार की दखल अंदाजी व नियंत्रण अधिक होना; लोगों की भागीदारी व गैर सरकारी संगठनों की भागीदारी का निम्नस्तरीय होना; निजी क्षेत्र की भागीदारी न होना; लोगों द्वारा उगाए गए वन उत्पादों की कटाई, परिवहन व विपणन में अनावश्यक बाधाएं; अन्तर्क्षेत्रक समन्वय का अभाव तथा नागरिक वन प्रशासन की कमजोर व विवादास्पद भूमिकाएं।

हालांकि आपदा के विकास से संबंधित विभिन्न पहलुओं पर व्यापक अध्ययन किए जाने की आवश्यकता है तो भी निम्नलिखित मुद्दों पर सभी स्तरों पर प्राथमिक तौर पर ध्यान दिया जाना आवश्यक है।

(1) अच्छा शासन जिसमें जनसामान्य की भागीदारी हो बल्कि वे पारदर्शी व भरोसेमंद स्कीमों की योजना बना सकें जो अधिक से अधिक लोगों को स्वीकार्य हो, उन्हें कार्यान्वित कर सकें व उनका मॉनिटरिंग कर सकें।

(2) जनसंख्या, स्वास्थ्य व खराब कार्य संस्कृति के मुद्दे, जिनमें लगातार असफल होती योजनाएं भी शामिल हैं, उपयुक्त स्टाफ, वेतनों, सूचना प्रौद्योगिकी व बेहतर निष्पादन के सिद्धान्त आदि सभी कुछ पंचायतों को सौंप दिए जाने चाहिए।

(3) बेरोजगारी, विकास की कार्यनीति, विकास की दिशा के मुद्दे आपदा निवारक कार्यनीतियों के साथ निपटाए जाने चाहिए जिसका प्रयोजन यह भी है कि आपका जब और जिस रूप में आए उसे एक अलग समस्या के तौर पर लिए जाने कि बजाय नीतियां बनाने से पहले ही इस ओर ध्यान रखने पर बल दिया जाए कि कार्यवाही, व्यवस्थाएं, प्रौद्योगिकी, प्रदूषण, विखंडित दृष्टिकोण (कंपार्टमेंटलाइज्ड एप्रोच) गोपनीय निधियन आदि आपदा को बढ़ावा देने वाले नहीं होने चाहिए।

(4) अनततः नीति बनाने में उद्यमशीलता, स्व-रोजगार, ग्रामीण निवेश, पारदर्शिता, नियमों के सरलीकरण को ध्यान में रखना होगा व कुल मिलाकर पालन न किए जा सकने वाले, जबरदस्ती थोपे गए, शोषणपूर्ण नियमों व विनियमों से जनता को मुक्ति दिलानी होगी।

(5) यह सब कैसे होगा और इसे कौन तथा कब करेगा? यह महत्वपूर्ण प्रश्न है। इन्हीं प्रश्नों ने मुझे आपदा प्रबंधन व पंचायत राज सशक्तिकरण अध्ययन का व्यापक विश्लेषण करने के लिए प्रेरित किया।

इस अध्ययन के दौरान सामने आए विभिन्न आयामों ने मुझे अपने ज्ञान व समझ के मौजूदा स्तर से आगे झांकने को बाध्य किया। आपदा प्रबंधन को कभी भी पूर्व या पश्चिम की आपदा घटनाओं तक सीमित नहीं किया जा सकता है। सभी धारणाओं, व्यवहारों, मनोवृत्तियों व विद्यमान परिभाषित व्यवस्थाओं पर विचार किए जाने की आवश्यकता है ताकि उन्हें व्यापक रूप से स्वीकार्य बनाया जा सके और व्यापक आधार प्रदान किया जा सके। समग्र चिन्तन के भाग के रूप में उपर्युक्त उल्लिखित कार्य योजना के लिए विस्तृत दृष्टिकोण की आवश्यकता हो सकती है। सौभाग्य से इस समय हमारे आसपास की घटनाएं हमें इस दिशा में सही तरीके से सोचने के लिए बाध्य कर रही हैं। यदि कोई निहित स्वार्थ, दृढ़ व विखंडित मनोवृत्तियां समस्या खड़ी करती हैं तो बेहतर प्रशिक्षण, वास्तविकता के उद्घाटन व विकल्पों की सीमितता के रहते हम बहुत से मोर्चों पर आसन्न व स्पष्ट नजर आने वाली आपदाओं के विषय में सबक ले सकते हैं।

अखिल भारतीय सेवाएं विशेषकर भारतीय प्रशासनिक सेवा

अतीत के आयाम व अनुभवों, विद्यमान व्यवहारों तथा अंतर्राष्ट्रीय स्तर से स्थानीय स्तर तक निर्देश व व्यवहार के बीच पाए जाने वाले अंतर की परीक्षा करते समय मैं अखिल भारतीय सेवाओं विशेषकर भारतीय प्रशासनिक सेवा की व्यावसायिकता के मुद्दों पर विचार करने के लिए बाध्य व प्रेरित हुआ। कैबिनेट सचिवालय के सचिव (समन्वय) श्री भूरे सिंह ने शासन के विद्यमान ढांचे में भारतीय प्रशासनिक सेवा की घटती उपयोगिता के विषय में खुलकर व काफी जोर देते हुए बातचीत की। इससे मुझे सत्ता, सत्ता के लिए संघर्ष, कमाई वाले पदों (plump posting) पर तैनाती, रचनात्मक आलोचना, कठिन कार्यों के लिए स्वैच्छिक सेवा आदि जैसे मुद्दों पर कुछ अन्य लोगों से भी विचार-विमर्श करने का प्रोत्साहन मिला।

जैसा कि सर्वविदित है कि भारतीय प्रशासनिक सेवा ऐसी सेवा है जो जिलों से राज्यों से केन्द्र से प्रारंभ होकर, स्थानीय निकायों, कार्पोरेशनों, सार्वजनिक क्षेत्र, उपक्रमों आदि तक व्याप्त है। सभी मंत्रालयों व महत्वपूर्ण निर्णय केन्द्रों का नेतृत्व इसी के द्वारा किया जाता है। प्रशिक्षण,.अनुसंधान, आयात व निर्यात, बैंक व्यवस्था, बीमा, सूचना व प्रसारण संस्थाओं पर भी मूलतः इसी का प्रभाव रहता है। यहां तक कि नियंत्रक महालेखा परीक्षक का

सतर्कता विभाग भी इसके साथ मिलकर कार्य करता है। इस स्थिति में, चुनौतीपूर्ण अवसरों व भू-मण्डलीकरण के युग में विकास के लिए रचनात्मक मूल्यांकन व विश्लेषणात्मक चिन्तन करते समय कुछ उन मुद्दों पर गौर किए जाने की जरूरत महसूस होती है। जिन पर अभी तक ध्यान नहीं दिया गया। आपदा प्रबंधन और पंचायती राज सशक्तिकरण अध्ययन अवकाश के दौरान मुझे यह सुअवसर प्राप्त हुआ और मैं निम्नलिखित निष्कर्षों पर पहुंचा जिन पर निश्चित तौर पर विभिन्न स्तरों पर व्यापक बहस व समग्र रूप से विचार मंथन किए जाने की आवश्यकता है। जिन मुद्दों पर प्रश्न उठाकर मेरा दृष्टिकोण और व्यापक बना उनमें में से कुछ निम्नलिखित है—

(1) भारत जैसे देश में इसकी सारी विविधता, विभिन्न धर्मों के परस्पर विरोधी लगने वाले हितों, जाति, भाषा, शिक्षा के स्तर व आर्थिक असमानताओं आदि के रहते हुए भी बिल्कुल निराशापूर्ण लगने वाली स्थिति में हम एकताकारी व आशा की किरण लगने वाले मॉडल कैसे प्रस्तुत कर सकते हैं। ऐसी क्या चीजें हैं जो देश को एकता के सूत्र में पिरोने वाली शक्तियां बन सकती हैं और वे राष्ट्रीयता की अवधारणा को कितने समय तक जीवित रख सकती हैं?

(2) उदारीकरण, ज्ञान आधारित अर्थव्यवस्था के युग में पत्रकार अर्थात सचिव पद की अवधारणा सतत् विकास की प्रक्रिया को कैसे सफल बना सकती हैं? क्या इसमें अधिकारियों द्वारा रचनात्मक आलोचना या निजी अभिव्यक्ति किए जाने की कोई गुंजाइश है?

(3) चूंकि भारतीय प्रशासनिक सेवा की प्रधानता नीति, निधीयन प्रशिक्षण, मॉनिटरिंग आदि सभी केन्द्रों में है। क्या यह सेवा और इसके सहयोगी एक संकाल्पनिक योजना और व्यावसायिकता के बेहतर मापदण्ड तैयार कर सकते हैं? क्या सत्ता के स्थायी धारक एक वैकल्पिक या असरकारी या प्रभावकारी अधिक से अधिक लोगों को स्वीकार्य, कार्यान्वयन योग्य कार्य योजना प्रस्तुत कर सकते हैं। क्या वे लुप्त सम्पर्कों का पता लगा सकते हैं चाहे वे विभागीय हों, क्षेत्रवार हों या सेक्टरवार?

(4) यदि यह संघर्ष, सत्ता के लिए और कमाई वाले पदों को हथियाने (प्लम्प पोस्टिंग) के लिए है तो क्या कार्मिक व प्रशिक्षण विभाग कुछ नए किस्म के व मनोबल बढ़ाने वाली कवायदों पर विचार कर सकता है, यथा:—

(क) उन क्षेत्रों का पता लगाना जिनकी मांग नहीं है और स्वयंसेवकों को निमंत्रण देना।

(ख) गैर सरकारी संगठनों के साथ या समस्यापूर्ण सेक्टरों में कार्य करने के लिए पैनल तैयार करना।

(ग) बेहतर नीति निर्माण, कार्यान्वयन, अच्छे शासन व अन्य संबंधित नीतिगत मामलों में सम्पूर्ण गुणवत्ता सुधार के लिए महत्वपूर्ण सुझाव मांगना।

(घ) आंतरिक संसाधन पैदा करने और शासन के व्यय को कम करने के लिए प्रोत्साहन पद्धतियां विकसित करना।

(ड.) चूंकि सत्ता, भ्रष्ट बनाती है और पूर्ण सत्ता पूर्णत: भ्रष्ट कर देती है, क्या शासन प्रणाली के भीतर ही नियंत्रण व संतुलन विकसित करने के बेहतर तरीके ढूंढे जा सकते हैं? बहुत से लोगों का विचार है कि विभाग के लक्ष्य व कार्यसंस्कृति को विभागीय संगठन का प्रमुख होने के नाते सचिव निर्धारित करता है। इस बात की जांच की जानी चाहिए कि किसी विभाग के उद्देश्यों की पूर्ति के लिए या विभाग के दृष्टिकोण को तैयार करने के लिए बनाई गई विभागीय कार्य योजना या कार्यनीति महत्वपूर्ण लुप्त सम्पर्क और संबद्ध मुद्दे, कैसे बेहतर निष्पादन कर सकती है?

(च) उदारीकरण, भूमण्डलीकरण, स्व-रोजगार, ग्रामीण निवेश, कम निष्पादन करने वालों, निष्पादन न करने वालों को प्रोत्साहन, अच्छा शासन, जानकारी आधारित अर्थव्यवस्था आदि चुनौतियों का कार्य की विकेन्द्रीकृत पद्धतियों के माध्यम से कैसे सामना किया जा सकता है?

(छ) क्या भारतीय प्रशासनिक सेवा या अखिल भारतीय सेवाएं, पंचायती राज संस्था के सशक्तिकरण में सबसे बड़ी बाधक है? बहुत लोगों का मानना है कि अनुदार मनोवृत्ति, जो परिवर्तन के कटु सत्य को स्वीकृत करने की अनिच्छुक है, के कारण ही सांविधानिक उपबंधों को भी लागू नहीं किया जा सका है। यदि बुनियादी स्तर का नेतृत्व व ग्रामवासी स्वयं सजग नहीं होंगे और अपने अधिकारों के लिए संघर्ष नहीं करेंगे तो क्या अच्छा शासन एक स्वप्न ही बना रहेगा? गणतंत्र या ग्राम गणराज्य के मुद्दों का जिनकी संकल्पना भारत में मौजूद है विशेषकर इस दृष्टिकोण से पूर्णत: मंथन किए जाने की जरूरत है।

(ज) पारदर्शिता व सूचना पाने का अधिकार चुनौतीपूर्ण अवसर पैदा कर सकते हैं। जिससे लोगों को जवाबदेही निर्धारित हो सकती है। तात्पर्य यह है कि समर्पित लोगों की एक लॉबी बनाई जाए जो खुलेपन और उत्तरदायी प्रशासन के लिए संघर्ष करके पारदर्शिता व सूचना प्राप्ति के अधिकार के लिए बाध्य करे। इसका तात्पर्य विभागवार, कार्यक्रमवार, परियोजनावार उन लुप्त कड़ियों पर ध्यान देने से भी है जो कार्यक्रमों व अच्छे शासन की गुणवत्ता को सुधार सकती है।

(झ) इस विशिष्ट सेवा के समक्ष अब सबसे बड़ी चुनौती विश्वास कायम करने की है। शासन के सभी स्तम्भ अविश्वास व इंस्पेक्टर राज के घेरे में नजर आते हैं। निरीक्षण संभवत: अपनी प्रासंगिकता खो चुका है परन्तु इंस्पेक्टर राज हमेशा महत्वपूर्ण रहा है। अकर्मण्यता, उदासीनता आदि की समस्याओं को केवल व्यवसाय के सिद्धान्तों के आधार पर उद्यमशीलता के अवसर प्रदान करके ही सुलझाया जा सकता है। स्वप्न तभी साकार हो पाएगा जब शासन के स्तरों को विक्रेन्द्रित किया जाएगा और परस्पर सम्पर्कता को सुनिश्चित किया जाएगा।

यह प्रश्न यहां आकर अनुत्तरित रह जाता है कि उदारीकरण उदार दृष्टिकोण अपना कर नेतृत्व प्रदान करने के लिए, सम्मान पाने के लिए या महत्वपूर्ण अवसरों पर याद किए जाने के लिए सत्ता में कौन आएगा?

(ञ) धनवान और शक्ति सम्पन्न लोगों की मौन सहमति से उनके साथ शोषकों का गठजोड़ गरीबों के नाम पर फलता-फूलता रहेगा। इसमें परिवर्तन लाने के लिए छोटे-मोटे समाधानों की नहीं बल्कि खुलेपन, पारदर्शिता, न्यूनतम शासन व कुल मिलाकर कम से कम निर्भरता का माहौल बनाए जाने की जरूरत है। इस परिस्थिति में फंसे आम आदमी की पीड़ाएं हमें जनता में आत्मविश्वास और क्षमता निर्माण करने की आवश्यकता को स्वीकार करने के लिए विवश करती हैं। यह तभी संभव है जब आम आदमी को अपने स्थानीय संसाधनों, स्थानीय सुविज्ञता, स्थानीय कौशलों व स्थानीय अनुभवों पर निर्भर रहने के लिए प्रोत्साहन व अवसर मिले।

इस सबका तात्पर्य यह है कि विश्वास के मुद्दे को ईमानदारी व उदारीकरण का अवलंब देना पड़ेगा। नीतियां इस स्वाभाविक विकास व क्षमता की उन्नति को प्रोत्साहित करने वाली होनी चाहिए।

(ट) व्यय घटाने, दक्ष व स्वायत्त ढंग से कार्य करने आदि के मुद्दों को विशिष्ट सेवाएं तभी निपटा सकती हैं जब व्यक्तिगत स्वार्थों को परे रखकर मन व कर्म से भारत के संविधान की शपथ ले ले।

(ठ) भारतीय प्रशासनिक सेवा के अधिकारियों, राजनीतिज्ञों, पंचायती राज के नेताओं व गैर सरकारी संगठनों के संयुक्त प्रशिक्षण की आवश्यकता की सिफारिश भी की गई है। विकेन्द्रित क्षेत्र में कार्य करने के मेरे लम्बे अनुभव के आधार पर मैं बहु-क्षेत्रीय प्रशिक्षण भागीदारी का प्रबलता से पक्ष लेना चाहूँगा। इससे जटिल मुद्दों पर बेहतर तरीके से चिंतन किया जा सकता है और समग्र दिशा-निर्देश मिल जाते हैं। परन्तु प्रशिक्षक का बहुत अच्छा होना भी आवश्यक है।

(ड) धार्मिक, आध्यात्मिक व गैर सरकारी संगठनों आदि की भूमिका पर तो अलग से विचार-विमर्श किया जा चुका है। समय आ गया है कि अखिल भारतीय सेवाएं भी इस सेक्टर के लिए संवेदनशीलता व समानुभूति पैदा करें। सरकार के लोगों को उनके साथ कार्य करने के लिए प्रोत्साहित करना चाहिए व पारदर्शिता व स्वीकार्य परियोजनाओं के साथ बेहतर कार्यकारी संबंध विकसित करने चाहिए। पंचायती राज संस्थाएं इस व्यवस्था में निश्चित रूप से अच्छे परिणाम प्रस्तुत करेंगी।

(ढ) अनुकरणीय अच्छे मॉडल व सफल सरकारी व असरकारी पहलों की विषयवस्तु का प्रलेखबद्ध किया जाना चाहिए। पंचायत राज सशक्तिकरण के साथ आपदा आसन्न परिस्थिति का सामना करने के लिए सर्वोत्तम अभ्यासों व क्षमता विकास के मुद्दों में निम्नलिखित को शामिल किया जा सकता है—

(1) 29 विषयों को किस सीमा तक सफलतापूर्वक लागू किया गया है और ग्रामवासियों की आत्मनिर्भरता कहां तक सुनिश्चित हुई है?

(2) ऐसे कौन से मुद्दे, अवरोध या बाधाएं हैं जो आत्मनिर्भरता के स्वप्न के साकार होने में रुकावट बने हुए हैं? ऐसी कौन सी मदें हैं जिन्हें तैयार रूप में गांव में लाया जा रहा है और किस तरह का कच्चा माल गांव से बाहर भेजा जा रहा है? क्या कच्चा माल गांव में लाकर तैयार उत्पाद बाहर बेचे जा सकते हैं?

(3) समाज के बुनियादी ढांचे में, सत्ता में, स्वास्थ्य, पोषण, जनसंख्या, समाज व सांस्कृतिक मुद्दों में लुप्त सीमाएं कौन सी हैं? क्या इन समस्याओं को सुलझाने के लिए स्थानीय संसाधनों, कौशल, ज्ञान, अभ्यासों का वैज्ञानिक व तार्किक रूप से संशोधित व्यवस्थाओं के साथ तालमेल बिठाया जा सकता है?

(4) उन सेवाओं, मदों, उत्पादों इत्यादि का स्थानीय विकल्प विकसित करने की प्रति यूनिट लागत क्या है जिन्हें सरकार उपलब्ध कराती है? क्या व्यय को कम करने के लिए किसी तरह के प्रयास किए गए हैं? क्या सरकारी तंत्र, गैर सरकारी संगठनों, पंचायती राज संस्थाओं व अन्य के लिए प्रतिस्पर्धात्मक, लागत प्रभावी संरचना तैयार करने के लिए कोई पहल की गई है?

(5) मनोवृत्ति, अभिवृत्ति, खुशहाली, उत्तरोत्तर विकास, हरियाली, स्थानीय संसाधनों पर निर्भरता व आसन्न आपदाओं व चुनौतियों के पूर्वाभास की क्षमता के लिए कुछ मंचों की आवश्यकता है ताकि इन पर नियमित चिंतन किया जा सके। क्या ऐसी स्थानीय व्यवस्थाएं या संरचनाएं हैं जो इस दिशा में चिन्तन व निरन्तर अन्वेषण को बाध्य करती हों?

(6) किसी श्रृंखला की मजबूती अंततः उसकी सबसे कमजोर कड़ियों पर निर्भर करती है। इसी तरीके से यदि गांव, समुदाय व समाज अल्पसुविधा प्राप्त, अल्पपोषित, अल्प शिक्षित व राज्य व विदेशी निधीयन पर पूर्णतः आश्रित रहेंगे तो अन्ततः आपदाओं को टाला नहीं जा सकेगा। यह सिर्फ समय की बात है। इसलिए स्थायी सिविल सेवकों की भूमिका पर निश्चित तौर पर प्रश्नचिह्न लगाया जा सकता है? प्रश्नावलियां कौन और कैसे तैयार करता है इससे आपदा की दिशा निर्धारित होगी। इसलिए उचित व समय पर किया गया हस्तक्षेप का अत्यधिक लाभ होगा।

(ण) जैसा कि पहले भी उल्लेख किया गया है सफलताओं और अनुकरणीय मुद्दों के साथ आशाकारी मॉडलों को पाने के लिए व्यावसायिक के तौर पर कठिन

परिश्रम, मध्यवसाय व प्रतिबद्धता की आवश्यकता होगी। निधीयन, प्रौद्योगिकी, विपणन, प्रशिक्षण, नेटवर्क बनाने, लॉबी बनाने, जनता की भागीदारी आदि के संबंध में लुप्त संपर्कों की समस्या के समाधान के लिए निश्चित तौर पर सम्पूर्ण उपागम की आवश्यकता पड़ेगी।

व्यक्तिगत व सामूहिक स्तर पर नियमित आत्मविश्लेषण व चिंतन की आवश्यकता है। प्रत्येक विभाग को विभिन्न समितियों व आयोगों की सिफारिशों के आधार पर कार्य योजना तैयार करने के लिए बाध्य किया जाना चाहिए। यह कार्य केवल स्थायी नौकरशाहों पर नहीं छोड़ा जा सकता है। आपदा प्रबंधन और पंचायती राज सशक्तिकरण के मुद्दे हमें तात्कालिक आपदा न्यूनीकरण कार्यनीति के परे देखने को बाध्य करते हैं। सभ्यता को जीवित रखने का मुद्दा चिंता का विषय नहीं है परन्तु शिथिल निष्पादक निश्चित तौर पर सभी मंचों से और सभी मंचों पर गंभीर विकृति पैदा करेंगे जिसकी परिणति अनियंत्रणीय आपदा में होगी। इसलिए अखिल भारतीय सेवा को, व्यावसायिकों व सशक्त परिवर्तन अभिकर्ताओं के नाते अपनी उपयोगिता पर अवश्य विचार करना चाहिए। उपर्युक्त को कार्य रूप देने के लिए केवल राजनीतिक ही नहीं बल्कि अन्य स्तरों पर भी कार्य योजना बनाने की आवश्यकता होगी। इस पर भी चिन्तन करना पड़ेगा चूंकि असंगठित, बुनियादी स्तर के व अपनी बात न कह सकने वाले लोगों को भी अपनी आजीविका व कारोबार के लिए उपयुक्त स्थान प्राप्त होना चाहिए। प्रकृति द्वारा प्रदत्त संसाधनों पर उनका भी समान अधिकार है। केवल संगठित व अभिव्यक्ति सक्षम लोगों को ही अपने जीवन व विकास के लिए प्रकृति द्वारा प्रदत्त विपुल संसाधनों को नहीं हथियाने दिया जा सकता। इन मुद्दों को अनदेखा करना गंभीर विपत्ति व आपदा को निमंत्रण देना व ऐसी सभ्यता को प्रश्रय देना है जिसमें केवल धनवान, शक्तिशाली व स्वार्थसाधक लोगों को ही सब कुछ पाने का अधिकार होगा।

देश के उद्धार में पंचायती राज विभाग को उसका युक्तियुक्त गौरव, प्रतिष्ठा व उपयोगिता दिलाने में अंतर्राज्यीय परिषद् सचिवालय किस प्रकार सहायता कर सकता है।

(1) प्रधानमंत्री कार्यालय ने अंतर्राज्यीय परिषद् सचिवालय को ग्रामीण विकास के साथ सम्पर्क विकसित करने के लिए एक नोट भेजा था। इसका प्रयोजन यह देखना था कि पंचायत राज संस्थाओं को देश के प्रशासन में अपना उपयुक्त स्थान मिले। इस नोट को सविस्तार प्रतिपादित किया जाए।

(2) माननीय राष्ट्रपति, प्रधानमंत्री और बहुत से अन्य उच्च पदाधिकारियों ने समय-समय पर पंचायती सशक्तिकरण और 29 विषयों को सशक्त बनाने की जरूरत का उल्लेख किया है ताकि देश की विभिन्न समस्याओं यथा अधिक जनसंख्या, गरीबी, पर्यावरण, अपकर्ष, बेरोजगारी, वन संरक्षण, पेयजल व बाल व महिला कल्याण, शिक्षा, स्वास्थ्य व पोषण आदि को सुलझाया जा सके। यह काम सैनिकों, खिलाड़ियों, कलाकारों व ऐसे लोगों, जो समाज का नाम रोशन कर सकते हैं, की देखरेख में भी सहयोग प्रदान कर सकते हैं।

(3) ग्राम उद्योग व 29 विषयों पर विचार वास्तविक चुनौती है। कोई भी इन 29 विषयों की ओर और उनको निधि, कार्मिकों, नीतियों व प्रौद्योगिकी के साथ पंचायतों को हस्तांतरित करने की ओर ध्यान नहीं दे रहा है।

(4) अच्छा कार्य करने वाली पंचायतों का प्रचार नहीं किया गया है।

(5) हर जगह नियमित चुनाव नहीं हो रहे हैं।

(6) किसी न किसी बहाने से पंचायतों की शक्तियों को वापस लिया जा रहा है। भारत सरकार के किसी भी विभाग के कार्यों में गंभीरता प्रकट नहीं हो रही है।

(7) सामान्य और साझे हित के ऐसे बहुत से क्षेत्र हैं जिनके लिए पंचायतों को पर्याप्त शक्तियां व नीतियां प्रदान करने के लिए राज्य सरकारों व भारत सरकार के सभी विभागों पर दबाव डाला जाना चाहिए।

(8) भारतीय चिकित्सा पद्धति, पशुपालन, सामाजिक वन विद्या, मानव संसाधन विकास, एस एंड टी, सूचना प्रौद्योगिकी आदि जैसे बहुत से कार्यक्रमों को पंचायतों की भागीदारी के बिना सफलतापूर्वक कार्यान्वित नहीं किया जा सकता।

(9) अंतर्राज्यीय परिषद् सचिवालय, स्व-शासन संस्थाओं के रूप में कार्य कर रही पंचायतों के लक्ष्यों को प्राप्त करने में उससे जुड़े, इसके लिए अन्य बहुत से कारण हैं। लॉबी बनाकर, समझा-बुझाकर, अनुभव बांटकर व सामान्य व साझे हित के क्षेत्रों को तलाश करके विचार-विमर्श के स्तर को सुधारा जा सकता है। स्वतः समर्पित व पूर्णतः अनुरक्त पंचायतों की समस्वरता के लिए विभिन्न दबाव समूहों, राज्य सरकारों व भारत सरकार के विभागों की लॉबी बनाकर विचारों के मेल के लिए प्रेरक वातावरण तैयार किया जा सकता है। अभी तक भारत सरकार का पंचायती राज विभाग यह कार्य सफलतापूर्वक नहीं कर पाया है। कारण बहुत स्पष्ट है। इसमें एक संयुक्त सचिव व सीमित स्टाफ है। वे मुकदमेबाजी के कार्य तक को संतोषजनक ढंग से संभाल पाने में असमर्थ हैं। प्रगाढ़ समन्वय, नीतिगत मुद्दे, घोषित स्कीमों का कार्यान्वयन, बैंकों के साथ सम्पर्क करना आदि जैसे अन्य उपायों पर बिल्कुल भी ध्यान नहीं दिया गया है। अध्यक्ष के रूप में प्रधानमंत्री व सदस्यों के रूप में सभी मुख्यमंत्रियों वाली अंतर्राज्यीय परिषद के मंच से दबाव डालकर प्रभावी कार्यान्वयन संभव है। अंतर्राज्यीय परिषद् की सक्रिय भूमिका इसलिए भी महत्वपूर्ण है क्योंकि संयुक्त सचिव सिंड्रोम के माध्यम से चल रही शासन व्यवस्था में कमजोर वर्ग को सामने नहीं आने दिया जाता है। केवल सशक्त सुसंगठित, अच्छे सम्पर्क रखने वाले, दिल्ली में लॉबी बनाने की शक्ति रखने वाले लोगों के ही कार्य होते दिखाई पड़ते हैं। पंचायतों के पास कोई पारदर्शी, प्रतिबद्ध बौद्धिक रूप से दिशानिर्देशित स्पष्ट लॉबी नहीं है। पहले जो पंचायतों की वकालत करते थे उसमें उनका स्वार्थ निहित होता था एक बार भूमि, निधि या कुछ सम्मान मिल जाने पर वे सरलता से पंचायत सशक्तिकरण की प्रतिबद्धता को तिलांजलि दे देते थे। यह बहुत ही दुखद स्थिति है और इससे पता चलता है कि असंगठित, बिखरे हुए, ग्रामीण व वास्तविक भारती की कितनी बुरी तरह उपेक्षा की जा रही है। यह भी वास्तविकता

है कि बुनियादी शिक्षा, बुनियादी स्वास्थ्य, बुनियादी पेयजल सुविधा अच्छा बुनियादी नेतृत्व, बुनियादी बौद्धिक योग्यता व आत्म–बोध तथा आपदा व राष्ट्रीय स्तर की समस्याओं को सुलझाने के लिए आंतरिक क्षमता जुटा कर वास्तविक भारत की जागृति का कार्य भी पंचायत सशक्तिकरण से जुड़ा हुआ है। गावों में बसे वास्तविक भारत के जागृत होते ही नए प्रतिस्पर्धात्मक व ओजस्वी नेतृत्व का अस्तित्व में आना भी सुनिश्चित है। इससे देशी भाषाओं का भी विकास होगा। ग्रामीणों द्वारा उनके अपने समुदाय में उनके अपने योगदान से विकसित परम्परागत संसाधनों व आधारिक संरचना के प्रयोग से मानव विकास के कुल आंकड़ों सहित सकल घरेलु उत्पाद व प्रति व्यक्ति आय में वृद्धि होगी। ग्रामीण भारत बहुत से अच्छे पंचायती नेताओं से सम्पन्न है जो प्रत्यक्ष रूप से उचित नीति निर्देश व आर्थिक समर्थन मिलने पर राष्ट्रीय विकास के लक्ष्य को पूरा करने में भारी योगदान दे सकते हैं।

यह सब तभी संभव है जब शक्ति के सभी समरुचि रखने वाले केन्द्र हमारे अल्प पूरित गांवों का पता लगाकर ग्रामीणों का शोषण करने के लिए नहीं बल्कि उनकी तरफ आशा व आश्रय का हाथ बढ़ाने के लिए प्रेरित हों। राष्ट्रपिता ने कहा था कि "भारत की आत्मा ग्रामों में बसती है।" आइए हम भी वास्तविक ग्रामीण भारत के नवीकरण व नव जागरण में हाथ बंटाने की शपथ लें चूंकि हमारा भाग्य ग्रामीण निर्धनों के भाग्य से गुंथा हुआ है।

अनुबंध

अनुबंध-I

आपदा प्रबंधन, पंचायत सशक्तिकरण और ग्रामीण निवेश विषय पर चैम्बर्स ऑफ कॉमर्स और गैर सरकारी संगठनों के साथ 28 से 30 जून 2002 तक हैदराबाद में कार्यशाला का कार्यवृत्त

सामान्य

इस कार्यशाला में भाग लेने वाले सभी सदस्यों ने आपदा प्रबंधन एवं पंचायती अधिकारिता के परिप्रेक्ष्य को व्यापक बनाने की आवश्यकता को महसूस किया। विविध विषयों संबंधी परिभाषा और दृष्टिकोण को अपनाते हुए इस बात पर सहमति हुई कि विकास संबंधी महत्वपूर्ण पहलुओं और मानवीय मुद्दों से संबंधित नीतियों पर समुचित रूप से विचार नहीं किया गया है।

निवेश और सहायता का पूरा उपयोग करने के लिए यह महत्वपूर्ण है कि आपदा और विकास को आपस में जोड़ा जाए। विकास के टिकाऊ पहलू की भी व्यापक रूप से जांच करने की जरूरत है। इसे सरकार या सरकारी सहायता प्राप्त संस्थाओं के ऊपर नहीं छोड़ा जा सकता है।

पिछले अनुभवों को भी हमेशा ध्यान में रखा जाना चाहिए। पुरानी गलतियों को दोहराया न जाए और निधिकरण प्रणाली और नीतियों के लिए नए दृष्टिकोण की आवश्यकता है।

विशेष सिफारिशें

विकेन्द्रीकृत (विभिन्न) संस्थाओं और लोगों ने आपदा के प्रभावों को महसूस किया है। इसलिए पूरे विश्व में विकेन्द्रीकृत निकायों को सुदृढ़ बनाने पर जोर दिया जा रहा है, ताकि वे आपदा का प्रभावी रूप से सामना करने के लिए अपनी क्षमता को विकसित कर सकें।

यह खेदपूर्ण है कि भारत में विकेन्द्रीकृत निकायों की अधिक से अधिक शक्तियों को वापस लेने की प्रवृत्ति है। यहां तक कि उसके कारण कुछ सुधारात्मक उपायों में भी कमियां नजर आने लगी हैं। किसी न किसी बहाने से स्थानीय निकायों को कमजोर, केन्द्रीय निकाय पर निर्भरता और अपने संवैधानिक कर्तव्यों के सही निर्वहन के लिए अक्षम बनाया जा रहा है। इसलिए इस प्रवृत्ति पर समग्र रूप से ध्यान दिए जाने की जरूरत है।

वैश्वीकरण के इस परिदृश्य में प्रशिक्षण, मॉनिटरन, सूचना तकनीक और गैर सरकारी संगठनों की भूमिका को व्यापक रूप से पहचाना जाना चाहिए। भारत जैसे विशाल देश में स्थानीय निकायों में विश्वास कायम करने के अतिरिक्त और कोई विकल्प नहीं है और उनके बेहतर कार्यनिष्पादन के लिए उनके नेतृत्व के गुणों को विकसित करना होगा।

उद्देश्यपूर्ण ढंग से कार्य निष्पादन के लिए नेतृत्व को छलकपट के बजाय प्रबंधकीय बनाना होगा और उसे बाजारोन्मुख आयाम देना होगा। शासन की पारंपरिक संस्थाओं में जो परंपरा चली आ रही है उसके स्थान पर नेतृत्व में बाजारोन्मुख, प्रतिस्पर्धात्मक एवं पारदर्शिता लानी होगी। इसके साथ ही आपदा प्रबंधन संबंधी जरूरत पर आधारित क्षमता सृजन की सहायक प्रणालियों को अपनाना होगा।

स्वरोजगारस्त व्यक्तियों में अद्यतन जानकारी हासिल करके अपने आपको अद्यतन रखना पड़ता है जिससे वे लक्ष्य समूह, ग्राहकों, खरीदारों की ठीक ढंग से सेवा कर सकेंगे और उन्हें पर्याप्त रूप से संतुष्ट रख सकेंगे। इस योजना का प्रारूप तैयार हो चुका है और VASORD राष्ट्रीय स्तर की निधीकरण (फंडिंग) संस्थाओं को उपयुक्त प्रोजैक्ट्स देकर अनुवर्ती कार्यवाही के लिए राजी हो गया है।

ग्रामीण आजीविका संबंधी परियोजनाएं

संविधान में किए गए 73वें और 74वें संशोधन इस दिशा में महत्वपूर्ण कदम हैं क्योंकि इसमें 29 क्षेत्रों एवं विषयों को पंचायतों के प्रबंधन में रखा गया है। इस संबंध में पंचायतें, सर्वाधिक उपयुक्त संगठन है, जो कि अपनी छोटी शक्तिशीलता के कारण बेहतर नेतृत्व प्रदान कर सकती हैं। संविधान संशोधन अधिनियम की ग्यारहवीं अनुसूची में 28 कार्यमदों को पंचायती राज संस्थाओं को सौंपा गया है, जिनमें से आपदा प्रबंधन संबंधी कुछ मदों को नीचे दिया गया है।

- कृषि विस्तार सहित कृषि, मृदा संरक्षण, लघु सिंचाई, जल प्रबंधन एवं जल संभरण, सामाजिक वानिकी, कृषि सुविधाएं विकास, ग्रामीण आवास, पेयजल, सड़क, पुलिया, पुल, नौघाट, जलमार्ग और अन्य संचार के साधन।
- गरीबी उन्मूलन कार्यक्रम, प्रौढ़ एवं अनौपचारिक शिक्षा
- अस्पताल सहित स्वास्थ्य एवं स्वच्छता
- प्राथमिक स्वास्थ्य केन्द्र एवं औषधालय
- महिला एवं बाल विकास
- शारीरिक एवं मानसिक विकलांग कल्याण सहित सामाजिक कल्याण
- सामुदायिक परिसंपत्तियों का रख-रखाव

इसके अतिरिक्त, काफी अधिक राज्य स्तरीय एवं केन्द्रीय अधिनियमों का पंचायतों के विकास और उन्हें प्रत्यायोजित प्राधिकार से सीधा संबंध है।

- नगर एवं देहात योजना
- भूमि विकास/भूमि उपयोग अधिनियम
- भवन अधिनियम
- जल आपूर्ति अधिनियम
- जन स्वास्थ्य अधिनियम
- कमांड क्षेत्र विकास अधिनियम

पंचायतों के माध्यम से आपदा प्रबंधन

29 विषयों पर अधिक व्यापक रूप से विचार किया गया। अल्पावधि एवं दीर्घावधि में आपदा प्रबंधन संबंधी पहलू पर काफी मतभेद था। श्री पी. माइकेल वेठा सिरोमनी ने इस पहलू की पारंपरिक भूमिका की जांच की और निम्नांकित विचार व्यक्त किए:

सर्वप्रथम, पंचायतें, ग्राम सभा के माध्यम से विभिन्न प्रकार की आपदाओं की गंभीरता और पिछले समय में आई आपदाओं से निपटने और उन्हें नियंत्रित करने के तरीकों के संबंध में पंचायत की कमजोरियों तथा पाई गई कमियों पर विचार कर सकती हैं।

पंचायत प्रधान, जनता/ग्राम सभा की मदद से पिछली आपदाओं के आधार पर अपनी क्षमताओं का विश्लेषण करें।

वे आपदा प्रबंध संबंधी उपलब्ध संसाधनों की सूची तैयार करें और आवश्यकता पड़ने पर उन पर निर्भर करें। उस पंचायत में सरकारी/सहकारी और निजी संसाधनों आदि की सूची तैयार करें।

आवश्यक होने पर स्थानीय संसाधनों के अतिरिक्त बाहर से जुटाए जाने वाले आवश्यक उपकरणों/संसाधनों का मूल्यांकन किया जाए, किन्तु इसके लिए उन संसाधनों की मात्रा और समय पर उपलब्धता को सुस्थापित करने के लिए पहले योजना बनाना अधिक सहायक होगा। उस कमी के अनुसार विशेष आवश्यकताओं की सूची तैयार करें।

धीरे-धीरे आपदाओं के मूल कारणों की पहचान करें और समय रहते उसके लिए उपयुक्त योजना तैयार करें। आपदाओं को कम करने के लिए अल्पावधि और दीर्घावधि की योजनाएं तैयार करें और विकास के द्वारा शिकायतों, विनाशों आदि को दूर करें। स्थानीय पारम्परिक जानकारी और ज्ञान का भी प्रभावी ढंग से उपयोग किया जाना चाहिए और उसमें वैज्ञानिक एवं तकनीकी अनुप्रयोगों की सहायता दी जाए।

एक ऐसा नक्शा तैयार करें और उसमें असुरक्षित क्षेत्रों, दुर्घटना संभावित क्षेत्रों को चिह्नित करें और उस नक्शे में बाढ़ग्रस्त सड़के, टूटे हुए पुल, पुलिया आदि दिखाएं और यदि वे नष्ट हो गए हैं तब बचाव के लिए परिवहन के वैकल्पिक मार्गों की व्यवस्था और प्रभावित क्षेत्र में सहायता पहुंचाने के लिए व्यवस्था के लिए योजना तैयार करें और उसकी जानकारी लोगों को दें।

आपदा प्रबंध और प्रभावित लोगों और बचावकर्मियों को समय पर सूचना पहुंचाई

जाए। पंचायत में एक नियंत्रण कक्ष स्थापित किया जाए जिसमें सभी विवरणों का एक नक्शा रखा जाए और उसमें अशिक्षित व्यक्तियों के सभी विवरण दिए गए हों। बचाव एवं राहत संबंधी वस्तुओं और जीवन रक्षक उपकरणों की पर्याप्त मात्रा का भण्डारण किया जाए। पहले से तैयार किए गए ग्रुपों को बचाव एवं राहत कार्य/आश्रय/स्वास्थ्य और परिसंपत्तियों की सुरक्षा/सूचनाओं और चेतावनी देने के लिए काम में लाया जाए।

किसी बाढ़ प्रभावित समुदाय के लोगों में महिलाओं और बच्चों को उस क्षेत्र के आस-पास के घरों में ठहराया जा सकता है और पुरुषों को सामान्य/सामुदायिक भवनों/विद्यालयों आदि में ठहराया जा सकता है।

वास्तव में प्रभावित व्यक्तियों की पहचान करें और उन तक तत्काल राहत पहुंचाने के लिए व्यवस्था करें और तत्काल एवं लम्बे समय तक पुनर्वास की व्यवस्था करने की योजना तैयार करें।

सहायता बहुत ही पारदर्शी ढंग से ली और दी जानी चाहिए। दीर्घावधिक समाधान के लिए आपदा संभावित लोगों को सुरक्षित स्थानों पर पहुंचाया जाए और खतरे वाले क्षेत्रों को निर्धारित करने के लिए आवश्यक उपाय किए जाने चाहिएं। खतरे वाले क्षेत्रों से लोगों को हटाया जाए और उन्हें वहां बसने की अनुमति नहीं दी जानी चाहिए। उन्हें रहने के लिए वैकल्पिक स्थान दिया जाए।

पंचायत की आपदा प्रवणता के अनुसार सभी लोगों के लिए बीमा जैसे लोगों के लिए ग्रुप बीमा, घरों और मकानों, इमारतों, पशुओं, फसलों आदि का बीमा किया जाना चाहिए।

स्थानीय रूप से पंचायत राहत फंड बनाया जा सकता है, जिसका उपयोग आपदा संबंधी प्रयोजनों के लिए किया जा सकता है। बचाव एवं राहत कार्य पूरा होने के तुरंत बाद आजीविका को पुनः बाहर करने को प्राथमिकता दी जाए जिनके लिए प्रभावित लोगों को मिट्टी हटाने, संपर्क सड़कें बनाने, अस्थायी आश्रय आदि बनाने के काम में लगाया जा सकता है ताकि उस काम में उनकी भागीदारी भी रहे और वे मुफ्त राहत सहायता प्राप्त करने पर निर्भर न रहें।

प्रभावित लोगों के पास जाने, उनके दुख दर्द को सुनने और उन्हें सलाह देने के साथ-साथ उनकी शिकायतों को दूर करने के द्वारा आपसी सहयोग आपदा को कम करने की दिशा में किए गए पहले प्रयास के रूप में कार्य करता है।

आदमी द्वारा पैदा की गई आपदाओं, यदि वहां खतरनाक उद्योग हों, के लिए ऑफ साइट योजनाएं तैयार होनी चाहिए और आस-पास के लोगों को बताया जाए कि वे संकट के समय क्या करें और उन्हें पूर्वाभ्यास के द्वारा प्रशिक्षण दिया जाना चाहिए।

पंचायत स्तर की आपदा प्रबंधन योजना तैयार करें जो आगे चलकर लोगों में सुरक्षा संस्कृति पैदा करेगा।

ग्राम पंचायत के नेतृत्व विकास प्रशिक्षण के लिए प्रशिक्षण माड्यूल और ग्राम स्तर पर नेतृत्व

संलग्न सामान्य एवं विस्तृत डिजाइन को राजस्थान राज्य लोक प्रशासन प्रशिक्षण केन्द्र के प्रशिक्षकों के प्रशिक्षण विशेषज्ञ के साथ परामर्श करके मैंने स्वयं तैयार किया है। ऐसा इसलिए किया गया है ताकि नेतृत्व विकास और पंचायतों की क्षमता के विकास के भाग के रूप में प्रशिक्षण डिजाइन माड्यूल में कुछ मानकीकरण हो सके। कहने की आवश्यकता नहीं कि स्थानीय स्थितियों के अनुसार इनमें काफी संशोधन, परिशोधन और परिवर्तन किए जाने की जरूरत है, किन्तु इसके पीछे यह विचार है कि अधिकांश लोगों को आपदा का प्रबंधन करने के लिए तैयार किया जा सके और उनकी समस्याओं को हल करने में उनकी पूरी क्षमताओं का दोहन करना प्राथमिकता रहती है।

जैसा कि डिपार्टमेंट ऑफ पर्सनल एवं ट्रेनिंग के साथ् यू.एन.डी.पी. परियोजना द्वारा प्रदान किया गया है, प्रशिक्षण डिजाइन या मॉड्यूल वैज्ञानिक अपेक्षाओं को पूरा करता है। जबसे मैंने जयपुर और हैदराबाद में कार्यक्रम में भाग लिया, तब से मैंने स्थानीय भिन्नताओं और स्थानीय क्षमताओं की बाध्यताओं को ध्यान में रखते हुए सुधार लाने की कोशिश की है।

मैं भी उन लोगों में से एक हूँ, जो इसे अच्छी तरह समझ चुके हैं और इसके लिए प्रतिबद्ध है कि प्रशिक्षकों के अच्छे प्रशिक्षण सहित पुरस्कार की उपयुक्त प्रणाली और दंड की व्यवस्था विकसित की जाए। आज की इस व्यवस्था में केवल हम ही ऐसा कोई चमत्कार कर सकते हैं। यह दुख की बात है कि अधिकांश प्रशिक्षक चिड़चिड़े स्वभाव के होते हैं जैसा कि न्यायमूर्ति वेंकटचलैया ने सुझाव दिया है कि वालंटियरिंग एण्ड एक्शन संबंधी राष्ट्रीय मिशन के माध्यम से प्रोत्साहित करके मौजूदा बजट को पुनर्विनियोजित करने से बहुत बड़ा कार्य किया जा सकता है। केवल कार्मिक एवं प्रशिक्षण विभाग ही नहीं बल्कि सभी विभाग प्रमुखों और सभी सुग्राही एजेंटों को अपने अनुभव और ज्ञान का मिलकर उपयोग करना होगा। पंचायती राज और समुदायिक संगठनों के माध्यम से देश में जागृति लाने के लिए प्रशिक्षण मॉड्यूल तैयार करने में सेवा निवृत्त सिविल कार्मिकों और पूर्व सैनिक अधिकारियों की महत्वपूर्ण भूमिका हो सकती है। कर्नल कृष्णामूर्ति और ले. जनरल (सेवा निवृत्त) श्री मलिक के साथ विचार विमर्श करने पर मैं समझ पाया कि संसाधनों की कोई कमी नहीं है बल्कि इसके लिए इच्छा शक्ति, प्रतिबद्धता और स्पष्टता का होना आवश्यक है जिसका कि अभी पूरी तरह अभाव है।

अब उपयुक्त समय आ गया है कि आपदा प्रबंधन और पंचायती राज अधिकारिता के झंडे तले न केवल गृह मंत्रालय और कृषि मंत्रालय को बल्कि अन्य सभी मंत्रालयों को भी चिंतन और आत्म-विश्लेषण शुरू करना होगा।

क्षमता सृजन पर भारत सरकार—यू.एन.डी.पी. का उप-कार्यक्रम द्वारा नेतृत्व विकास के लिए प्रशिक्षण मॉड्यूल

आपदा प्रबंधन और पंचायती राज अधिकारिता को शामिल करने की जरूरत

राजस्थान प्रशासनिक अकादमी के दौरे के दौरान मुझे उक्त प्रशिक्षकों के साथ यू.एन.डी.पी. प्रशिक्षण कार्यक्रम के विभिन्न आयामों पर चर्चा करने का अवसर मिला। इस कार्यक्रम की कुछ मुख्य विशेषताएं इस प्रकार हैं—

1. हमारा दृष्टिकोण: प्रशिक्षित प्रशिक्षकों और कुशल नेतृत्व के माध्यम से हम अच्छे स्थानीय स्वशासन की नई ऊंचाईयों की ओर बढ़ सकेंगे।

2. उप परियोजना उद्देश्य: प्रशिक्षण् कार्य योजना

— क्षेत्रीय संसाधन केन्द्रों को मजबूती प्रदान करना

— अच्छी प्रशिक्षण सामग्री तैयार करना

— प्रशिक्षकों का प्रशिक्षण

— पंचायती राज संस्थाओं का प्रशिक्षण एवं क्षमता सृजन

— विकेन्द्रीकृत योजना और प्रबंधन की तैयारी

— स्थानीय लोक प्रशासन में तंत्र और प्रक्रिया संबंधी सुधार

— परियोजना कार्य नीति एवं कार्यान्वयन संबंधी व्यवस्थाएं

पंचायती राज संस्थाओं के आई.जी.पी.आर. एवं जी.वी.एस. (एस.आई.आर.डी.) स्तर पर आयोजित किए जाने वाले जिला एवं ब्लाक स्तर के गहन प्रशिक्षण

— पंचायती राज संस्थाओं के चयनित प्रतिनिधियों और अधिकारियों का जैड पी स्तर पर संयुक्त प्रशिक्षण।

— पंचायती राज संस्थाओं के चयनित प्रतिनिधियों और अधिकारियों का पी एस स्तर पर संयुक्त प्रशिक्षण।

— स्थायी समिति के अध्यक्ष/उपाध्यक्ष और महिला सदस्यों का प्रशिक्षण (जैड पी एवं पी एस स्तर पर)।

– पंचायती राज संस्थाओं का वित्तीय प्रबंधन संबंधी प्रशिक्षण (जिला स्तर पर)
– पंचायती राज संस्थाओं का वित्तीय प्रबंधन संबंधी प्रशिक्षण (ब्लाक स्तर पर)
– पंचायती राज संस्थाओं की महिला नेताओं में क्षमता सृजन (ए पी एवं पी एस स्तर पर)
– जैड पी एवं पी एस स्तर के मुख्य चयनित प्रतिनिधियों में लिंग भेद संबंधी सुग्राह्य (लिंग के आधार पर भेदभाव न होना)
– पंचायती राज संस्थाओं के इंजीनियरों का प्रशिक्षण (जैड पी एवं पी एस स्तर)

पंचायती राज संस्थाओं का पी.टी.सी./ई.टी.सी./एन.जी.ओ. के स्तर पर केन्द्रित प्रशिक्षण (क्षेत्रीय स्तर)

– सरपंच और ग्राम स्तर के कार्यकर्ताओं (ग्राम सेवकों) का संयुक्त प्रशिक्षण
– ग्राम पंचायतों की स्थायी समिति के अध्यक्ष और महिला सदस्यों का प्रशिक्षण
– पंचायती राज संस्थाओं के एस.डी.आई. और अन्य विस्तार अधिकारियों का प्रशिक्षण
– महिला सरपंचों में क्षमता विस्तार (जरूरत आधारित पाठ्यक्रम)

इस कार्यक्रम में शामिल प्रमुख व्यक्ति:

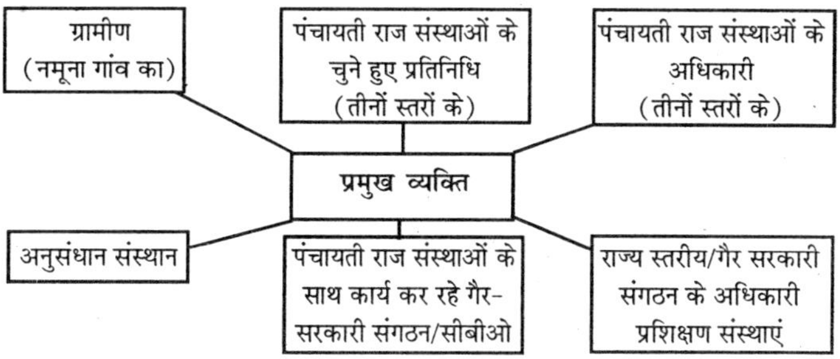

विचारोत्तेजक कार्यशाला—पंचायती राज संस्थाओं के 3 स्तरों पर (क्षेत्र आधारित)

– प्रथम दिन – जिला परिषद स्तर
– दूसरा दिन – ब्लाक स्तर पर
– तीसरा दिन – ग्राम पंचायत स्तर + समुदाय

चुने गए जिले

राजस्थान—अजमेर, बीकानेर, कोटा, जयपुर, जोधपुर, उदयपुर
उत्तर प्रदेश—आगरा, इलाहाबाद, बाराबंकी, गोरखपुर, झांसी, मुजफ्फरनगर, पीलीभीत।

टी.एन.ए. की कार्यनीति

- साक्षात्कार संदर्शिका/प्रश्नावली
- विचारोन्मुक्तता
- फील्ड के अध्ययन पर आधारित पर्यवेक्षक
- फोकस ग्रुप चर्चा

पंचायती राज संस्थाओं की क्षमता सृजन के लिए प्रशिक्षण की उभरती हुई जरूरतें

पंचायती राज—नया संस्थापन

- 73वां संशोधन अधिनियम—मुख्य प्रावधान
- नया पंचायती राज अधिनियम और नियमावली
- पंचायती राज संस्थाओं की तीन स्तरीय संरचना और कार्य
- भूमिका संबंधी स्पष्टता—अधिकार एवं कर्तव्य
- प्रभावी ग्राम सभाओं/वार्ड सभाओं को आयोजित करना
- पंचायती राज संस्थाओं/सतर्कता समितियों की स्थायी समितियाँ

ग्रामीण विकास योजना

- गरीबी उन्मूलन
- रोजगार सृजन
- क्षेत्र विकास
- राज्य विशेष आधारित/पंचायती राज स्कीमें
- जनजातीय क्षेत्र विकास/अनुसूचित जाति विकास स्कीमें
- महिला और बाल विकास
- स्वास्थ्य एवं परिवार कल्याण
- शिक्षा एवं समाज कल्याण

मुख्य प्रशिक्षण क्षेत्रः प्रशासन एवं वित्तीय प्रबंधन और व्यावहारिक कौशल

प्रशासन एवं वित्तीय प्रबंधन

- कार्यालय पद्धति एवं पत्राचार
- बजट एवं व्यय

- निधियों का समुचित उपयोग
- लेखा एवं लेखा परीक्षण
- नए संसाधन जुटाना
- विवादों का निपटारा
- पारदर्शिता एवं दायित्व
- सूचना प्राप्ति का अधिकार एवं सामाजिक परीक्षण
- रिकार्डों एवं रजिस्टरों का अनुरक्षण

व्यवहार कुशलता

- सकारात्मक मानसिक प्रवृत्ति
- नेतृत्व और टीम भावना
- सम्प्रेषण एवं बातचीत कौशल
- प्रेरणा एवं पर्यवेक्षण
- सूक्ष्म नियोजन के लिए पी.एल.ए./पी.आर.ए.
- विवाद समाधान
- सरकारी पदधारियों के साथ आपसी संबंध
- महिला पुरुष में भेद-भाव न करना
- जिम्मेदारी युक्त प्रशासन
- सामाजिक जीवन मूल्य एवं नैतिकता

पंचायती राज संस्थाओं की प्रशिक्षण जरूरतों का विश्लेषण

- ज्ञान
- कौशल
- प्रवृत्ति

ज्ञान संबंधी मुद्दे

- पंचायती राज संस्थाओं की स्थापना—वर्तमान परिदृश्य
- पंचायती राज अधिनियम और नियमावली और उसकी भूमिका की स्पष्टता
- विकास के लिए लक्ष्य की स्पष्टता—मानवीय/सामाजिक/ग्रामीण विकास की कार्यनीतियाँ
- स्थायी समितियां और उनके कार्य

- विकेन्द्रीकृत नियोजन: जिला योजना समिति की भूमिका
- राज्य और केन्द्रीय वित्त आयोग और पंचायती राज संस्थाओं को निधियों का आवंटन
- सामाजिक सुरक्षा योजना
- पंचायती राज संस्थाएं और राजस्व संबंधी मामले
- सरकारी प्रक्रियाएं
- सूचना प्राप्ति का अधिकार

✓*कौशल संबंधी मुद्दे*

- अंत: एवं अंतर विभागीय सहयोग
- वित्तीय प्रबंध एवं संसाधन जुटाना
- पी.एल.ए./पी.आर.ए. औजारों और ग्राम सभाओं के माध्यम से विकास के लिए छोटी-छोटी योजनाएं तैयार करना
- प्रभावी बैठकें आयोजित करना जैसे ग्राम सभा, पंचायत और स्थायी समितियों की बैठकें
- सामाजिक समीक्षा और भ्रष्टाचार पर नियंत्रण
- आपदा प्रबंधन और योजना संबंधी निश्चितता
- आपदा प्रबंधन
- विवाद प्रबंधन
- जन संबोधन
- जनतांत्रिक तरीके से निर्णय लेना

प्रवृत्ति संबंधी मुद्दे

- सकारात्मक मानसिक प्रवृत्ति
- चुस्ती
- आशावादी
- गरीब और सीमान्त लोगों के लिए संवेदना
- महिला पुरुष में भेदभाव करने और सामाजिक बुराइयों पर रोक
- जन सेवा-उन्मुख
- टीम भावना और समन्वय
- नेतृत्व और संप्रेषण
- खुद को साबित करना और स्पष्टता बरतना
- विचार-विमर्श और लॉबी बनाना

पंचायती राज संस्थाओं के प्रशिक्षकों के लिए महत्वपूर्ण प्रशिक्षण जरूरतें

- पंचायती राज और ग्रामीण विकास से संबंधित महत्वपूर्ण मुद्दों को समझना
- पंचायती राज संस्थाओं के प्रशिक्षण मॉड्यूल से परिचित होना
- सहभागिता प्रशिक्षण विधियों की जानकारी और प्रायोगिक सत्र
- पंचायती राज संस्थाओं के संदर्भ में विभिन्न प्रकार के प्रशिक्षण पाठ्यक्रमों को तैयार करने के लिए मूल-भूत जानकारी होना
- प्रशिक्षण प्रयासों को दर्ज करने के लिए आवश्यक समझ और अनुभव होना
- व्यवहार संबंधी मुद्दों व्यावहारिक और परस्पर विचार-विमर्श प्रशिक्षणों से संबंधित हैं।

सभी माड्यूल में अन्तर्निहित प्रशिक्षण की सहभागी कार्यविधि

- युगलों में शुरू करके डिफ्रीजिंग और वार्मिंग-अप करना
- विचारोन्मुक्तता
- प्रस्तुति व परिचर्चा
- छोटे समूहों में कार्य करना
- समूह प्रस्तुति
- भूमिका और विश्लेषण
- फिल्मों को दिखाना और उनका विश्लेषण
- सिमुलेशन अभ्यास और खेल
- मामला अध्ययन और विश्लेषण
- समूह परिचर्चा
- सामूहिक ग्रुप कार्य
- प्रेरणा गीत
- ऊर्जा प्रदान करना
- परिदृश्य विश्लेषण
- समस्याएं—पैनल के माध्यम से समाधान करना
- प्रश्न बैंकों के माध्यम से रिकैप सत्र
- दृश्यमान मूल्यांकन
- बताई गई विधियों पर स्वयं प्रायोगिक कार्य
- विषय से संबंधित सांस्कृतिक कार्यक्रम
- कार्य योजना

अनुबंध– IV

गौ सेवा और धार्मिक संयम

यह अनुबंध और संलग्नक अध्याय 6 के संदर्भ में है, जहां पर जानवरों के प्रति प्रेम और उनकी उपयोगिता को धर्म के दायरे में देखा गया है। मुझे पर्याप्त परिचर्चा करने का अवसर प्राप्त हुआ है और स्थायी विकास एवं विश्व कल्याण संबंधी दृष्टिकोण स्पष्ट है। चूंकि यह पत्र अपनी अपील के कारण बहुत स्पष्ट है इसलिए इसे यहां दिया जा रहा है।

भारतीय गोवंश व पर्यावरण संरक्षण परिषद, नांदेड

मौ. हस्सापुर, ता. जि. नांदेड—431602

संस्थापक व सचिव	अध्यक्ष
मो. युनुसउद्दिन फारोखी	*स. जमील अहमद*
244/31 लेबर कॉलोनी, नांदेड	खादराबाद प्लॉट, परभणी
✆ : **50499**	

Ref. No. ....

Date : 14.11.2002

मा. श्री मुख्यमंत्री जी
महाराष्ट्र राज्य, मुंबई

विषय : जैन मुनी श्री समाधीसागर महाराजजी की मांगों को तुरंत मंजूर करने और उनके मौन व्रत को समाप्त करवाने के लिए व्यापक कदम उठाने के संबंध में।

महोदय,

जैन मुनी श्री समाधीसागर महाराजजी ने राज्य में धड़ल्ले से हो रही गोहत्याओं व अन्य जरूरी मांगों को लेकर तारीख 10-9-2002 से निर्जल अनशन व मौन व्रत आरंभ किया था। मा. मंत्री महोदय अशोकरावजी की तरफ से आश्वासन मिलने के बाद निर्जल अनशन समाप्त

कर दिया। पर पोले के दिन कत्लखाने व सप्ताह में एक दिन कत्लखाने बंद रखने के आश्वासन पर सरकार की ओर से लिखित आश्वासन नहीं मिलने से मौन व्रत जारी ही है।

सरकार को जल्द से जल्द इस संबंध में जरूरी कार्यवाही करनी चाहिए। अच्छी मांगों के लिए जनता को विषेशत: साधु, संतों व उलेमाओं को इस तरह से सताना, तकलीफ देना बहुत बुरी बात है। बुरा कार्य है। हम सरकार से जानना चाहते हैं कि–

1. एनिमल प्रीजर्वेशन एक्ट, 1976 राज्य में लागू क्यों नहीं है?
2. जैन मुनी समाधीसागर महाराज जी की मांगों को मानने में चिंतित क्यों है?
3. क्या सरकार धड़ल्ले से हो रहे कोमल-कोमल कम आयु के पशुओं की हत्याओं से सहमत हैं? इसे रोकना क्या सरकार का कर्त्तव्य नहीं है?

सारे जग में पर्यावरण संबंधी जागृति अभियान चलाए जा रहे हैं। मनुष्यों के लिए शाकाहार भी जरूरी है। और फिर पशुओं की संख्या दिन ब दिन कम होती जा रही है। इनके संवर्धन की ओर किसी का ध्यान नहीं है। मांसाहार समाज सिर्फ पशुओं के वध पर अधिकार समझता है। पशुओं विशेषत: गायों का संवर्धन क्या इनका कर्त्तव्य नहीं है? जबकि हम इनका दूध पीते हैं। सरकारें जंगल और वृक्ष के संबंध में जागृत हो रही हैं। इसके लिए अभियान भी चलाए जा रहे हैं, बेहिसाब रुपया भी खर्च कर रही है। यह न भूलें कि जिस तरह पर्यावरण के लिए जंगल एवं वृक्ष जरूरी हैं उतने ही पशु भी जरूरी हैं।

हम रमजान जैसे पवित्र महिने में इस ओर सरकार का ध्यान दिलाना चाहते हैं कि इस्लाम धर्म दुधारू पशुओं के वध के विरोध में है। गाय, भैंसे प्राकृतिक संसाधन हैं। सारे जग को दूध, दही, घी सिर्फ इन्हीं दो पशुओं से मिलता है। इनका वध बहुत निन्दनीय है। इस्लाम धर्म हर मामले में "एतेदाल" (Moderate) मर्यादा में चाहता है। खाने-पीने में भी "एतेदाल" (Moderate) मर्यादा में चाहता है। सप्ताह भर में एक-दो दिन मांस बंद होने से पशुओं का वध रुकेगा। इनकी संख्या जिस रफ्तार से कम हो रही है वह थमेगी। मुसलमानों को सिर्फ मांस खाते रहने का आदेश नहीं है। **"बागों, खेतों से उपजे पदार्थ भी खाने को कहा गया है"**। हमारे **"पैगम्बर मोहम्मद सल्लालाहु अलैहुवसल्लम"** ने भी हमें **"तरकारियों को खाने का आदेश दिया है"**। **"पेट के तीन हिस्सों के भाग में एक हिस्सा खाना, एक हिस्सा पानी और एक हिस्सा खाली रखने का भी आदेश दिया है"**। जिससे स्वास्थ्य भी अच्छा रहता है और देश में अनाज भी बचता रहता है। आज सारी बड़ी-बड़ी बीमारियाँ भी ज्यादा खाने से ही हो रही हैं।

सरकार मांस को तरकारी न समझे कि तरकारियों की दुकानों की तरह इसे बंद नहीं किया जा सकता। सरकार बिजली, शक्कर पर और अन्य कई पदार्थों पर आवश्यकतानुसार

राशनिंग करती है। कोटा सिस्टम करती है। मांस की दुकानें भी सप्ताह में एक–दो दिन बंद रहनी ही चाहिए।

आप ऐसा करते हैं तो आप ज्यादा समझदार शासक कहलाएंगे। इतिहास में आप अच्छे नामों से याद किए जाते रहेंगे।

हम सब सरकार से मांग करते हैं कि जल्द से जल्द पशुओं पर हो रहे अत्याचारों पर रोक लगायी जाए।

(मो. युनुसउद्दीन फारोखी)

उत्तर प्रदेश के पशुपालन सचिव श्री राजीव गुप्ता से परिचर्चा

श्री राजीव गुप्ता, सचिव, पशुपालन, उत्तर प्रदेश सरकार, सचिवालय, लखनऊ को भेजे गए तारीख 23 अक्टूबर, 2002 के पत्र का सारांश।

"आप जानते ही हैं कि अपने फुरसत के समय में और विशेष रूप से शनिवार एवं रविवार को और आपदा प्रबंधन एवं पंचायती राज अधिकारिता के लिए अपने आठ माह के अध्ययन अवकाश के दौरान मैं अपने आस-पास मौजूद आपदात्मक स्थितियों को प्रभावित करने वाले विभिन्न मुद्दों पर निरंतर विचार विमर्श और ध्यान केन्द्रित कर रहा था।

लगभग तीन साल नौ माह की सेवा के बाद मैं 60 वर्ष की उम्र में सेवानिवृत्त हो जाऊंगा। इन वर्षों में मेरा कार्य क्षेत्र काफी उतार चढ़ाव वाला, प्रभावी और समग्र प्रकार का रहा है। यहां तक की तथाकथित कम महत्व के पदों पर तैनाती और समनुदेशन के दौरान भी एक प्रोफेशनल के रूप में मैंने हमेशा बेहतर करने की कोशिश की है। मैं पिछले समय में जिन लोगों, समितियों, संगठनों और गैर सरकारी संगठनों आदि से मिला और जिनके साथ कार्य किया, उस अनुभव को मैंने नियोजन, कार्यवाही और अनुसंधान संबंधी प्रयासों के द्वारा ईमानदारी से लिपिबद्ध करने का प्रयास भी किया है और यह भी नोट करने की कोशिश की है कि उन्होंने अपना कार्य निष्पादन कैसे किया है? मैं स्वयं चाहे जिस पद पर भी रहा और जहां भी कार्य किया, उन सबके दौरान मुझे जो अनुभव प्राप्त हुए, उन्हें लिपिबद्ध करने का प्रयास करता रहा। इसलिए मैंने FOKT MISSION के रूप में अपने दोस्तों-दुश्मनों की सूची भी बनानी प्रारंभ की। इसके पीछे यह विचार था कि मैं अपने दोस्तों एवं दुश्मनों की बैठकें आयोजित करूं और देखूं कि मैं अभी भी इसमें कैसे सुधार कर सकता हूँ और मैं न केवल अपने लिए बल्कि दूसरों के लिए भी अधिक उपयोगी हो सकता हूँ।

इस प्रक्रिया में मैंने पिछले दशक में एक अनोखा अनुभव प्राप्त किया। कानपुर में रहने के दौरान मैंने देशी गायों (गौमाता) के संबंध में किए जा रहे विकास कार्यों की जांच की। इसका अर्थ है कि इसमें स्वरोजगार, आत्मानुभूति, स्व-निर्धारण आदि जैसे आत्म-आधारित गतिविधियों में स्वाभिमान प्राप्त करने के लिए ग्रामीण निवेश सहित गांव, ग्रामोद्योग, गंगा और स्वरोजगार का शामिल किया जाना चाहिए।

इस अवधि के दौरान कई हिन्दी प्रदेशों में कई गौशालाओं और उनके प्रबंधकों ने मुझसे विचार-विमर्श किया। दृष्टिकोण, प्रयासों आदि से संबंधित कुछ समस्याओं को पहले ही लिपिबद्ध किया जा चुका है। किन्तु नीचे कुछ ऐसे समस्याग्रस्त क्षेत्रों को दिया

गया है, जिनकी समस्याओं को, मैं सोचता हूँ कि दूसरों के साथ बांटा जाए और उन्हें निवेशोन्मुखी स्वरोजगार प्रोग्रामों की योजना के रूप में विकसित किया जाए। इन प्रश्नों/सुझावों को निम्नांकित रूप में व्यक्त किया जा सकता है–

1. जो जमीन कभी गौशालाओं के पास थी किन्तु अब वह अप्राधिकृत रूप से राज्य सरकार एवं लोगों के कब्जे में है उसे पुनः व्यवहारिक रूप से, प्रत्युत्तर स्वरूप और बेहतर प्रबंधन से गौ–शालाओं को कैसे उपलब्ध कराया जा सकता है?

2. अनुसंधान, विकास, विपणन, आंतरिक संसाधन सृजन, वैज्ञानिक विश्लेषण, पैकेजिंग, क्लस्टर, निर्यात संवर्धन और आयात प्रतिस्थानापन्न आदि के बीच के जो तत्व गायब हो चुके हैं, उन्हें कैसे विकसित किया जा सकता है?

3. चार्टर्ड एकाउन्टेंटों, ग्रामीण निवेशकों, कॉर्पोरेट क्षेत्रों, सभी राजनीतिक पार्टियों, धार्मिक एवं आध्यात्मिक संस्थाओं, सेवानिवृत्त व्यक्तियों, नौकरशाहों, वैज्ञानिकों, प्रेस आदि को वैज्ञानिक, तर्कसंगत एवं परीक्षण योग्य जांच कार्यों में कैसे शामिल किया जा सकता है?

4. कुछ प्रतिष्ठित एवं प्रमाणित प्रयोगों को कैसे लिपिबद्ध किया जाए और व्यवहार्य परियोजनाओं को विकसित करने के लिए कैसे प्रकाशित किया जाए जो कि संभवतः कुछ ऐसे समस्याओं को हल करेगा जो कि आपदा आदि के रूप में विकसित हो रही हैं?

5. पंचायती राज संस्थाएं, सामुदायिक संगठन, गैर सरकारी संगठन, सूचना प्रौद्योगिकी और ज्ञान आधारित अर्थव्यवस्था आदि को वैश्वीकरण और राज्य क्षीण होते संसाधनों से उत्पन्न हुई चुनौतियों का सामना करने के लिए कैसे एक साथ मिलाया जाए?

6. आयुर्वेद, अपारम्परिक ऊर्जा, रोजगार एवं शासकों के मानस को प्रेरित करने की प्रक्रिया को आपस में जोड़ने से प्राप्त सफलताओं के आधार पर बेहतर प्रशिक्षण एवं मॉनीटरिंग पैकेजों को कैसे विकसित किया जा सकता है? गोशाला के प्रबंधकों, स्वरोजगाररत देहाती डाक्टरों, स्थानीय गायों की नस्ल में सुधार, उर्वरक एवं कीटनाशी संबंधी मुद्दों, ग्रामीण निवेश संबंधी मुद्दों आदि को प्रभावी रूप से कैसे सुनियोजित किया जाए?

7. इन कार्यक्रमों के कई शुभचिंतक भी हैं। किन्तु ऐसे फोरम या नेटवर्क का अभाव है जहां पंचायती राज एवं ग्रामीण अर्थव्यवस्था को मजबूत करने के लिए उपयुक्त रूप से लिपिबद्ध किया जा सकता है। कभी–कभी मैं महसूस करता हूँ कि कानून और व्यवस्था सहित सकल घरेलू उत्पाद, पी.सी.आई. निवेशयता आदि पर प्रभावी ढंग से केवल तभी कार्य किया जा सकता है जबकि यहां की देशी गायों की सही देखभाल की जाए। इन मामलों पर उसे अधिकाधिक सहयोग मिल रहा है किन्तु सबसे बड़ा प्रश्न है कि इन सबको कन्वर्ज और प्रभावी कैसे बनाया जाय?

8. चूंकि श्री राजीव गुप्ता ने पिछले दशकों में अपनी प्रतिबद्धता को साबित किया है इसलिए इस पर विचार किया जाए कि वृंदावन, मथुरा में पंचायती राज के नेताओं और

कलेक्टरों को शामिल करके इनमें से कुछ कार्यक्रमों को लागू करने के लिए एक नेटवर्क विकसित किया जाना चाहिए। आपको ज्ञात ही होगा कि समय समय पर मैंने आपसे यह पता लगाने का अनुरोध किया है कि क्या मथुरा योजना की गायों और संबंधित मामलों पर आधारित गैर सरकारी आधार पर विकसित किया जा सकता है। इसमें कोई आश्चर्य नहीं है कि पंचायती राज की भागीदारी से बैंकों का सहयोग, विपणन आधारित नीतियाँ और पिछले अनुभवों से शिक्षा ग्रहण करते हुए एक बेहतर व्यवहार्य और उत्तम कार्य योजना को विकसित किया जा सकता है।

मैंने इन दृष्टिकोणों के बारे में कई बुद्धिजीवियों और मुख्य कार्यकर्ताओं से बातचीत की। किन्तु आप यह समझ सकते हैं कि उन्होंने उन पर कोई विशेष ध्यान नहीं दिया। चाहे इसका कोई भी कारण रहा हो। मैं मानता हूँ कि इस पर लगातार और सुसंगत बल दिया जाता रहना चाहिए। इस प्रक्रिया में आप जैसे लोगों को अहम् भूमिका निभानी होगी।

मैं निम्नांकित कार्य योजनाओं का सुझाव देता हूँ

1. मथुरा की संस्थाओं से आग्रह किया जाए कि वे पंचायतों, बाजार और स्थानीय स्वयंसेवकों को शामिल करते हुए निवेश संबंधी कार्य योजना तैयार करें।

2. मथुरा क्षेत्र में स्थानीय गायों के दूध को कम से कम 15 रुपए प्रति लीटर पर बेचने संबंधी संभावनाओं की तलाश की जाए। दिल्ली में यह दूध 15 से 20 रुपए प्रति लीटर तक बेचा जा सकता है।

3. ऊपर उठाए गए विभिन्न नीतिगत मुद्दों को भी शामिल किया जाए। इसलिए जब भी इस क्षेत्र के लिए कोई अनुदान आवंटित किया जाता है तो उसकी जांच की जानी चाहिए। कुछ अनुदान आधारित फंडिंग के पूर्व कार्यों की भी पुन: जांच की जरूरत है।

4. अन्तत: स्थानीय उद्यमियों को इस कार्य में केंन्द्र बिन्दु होना चाहिए। अत: WASME जैसी संस्थाओं के साथ हमें प्रशिक्षण, सूचना प्रौद्योगिकी और विपणन प्रकार की विचारधारा को विकसित करना होगा। किन्तु इसमें लोगों को ही पहल करनी होगी। ISCON भी इन मामलों पर कार्य करने के लिए तैयार है।

उत्तर प्रदेश में चल रहे कुछ मॉडलों के बारे में आप अच्छी तरह जानते हैं। उत्तर प्रदेश के गौशाला आयोग के तहत यदि हम श्री तोशनीवालजी, जालान जी और कई अन्य लोगों को जो स्वत: और गैर गंभीर रूप से इस दिशा में आगे आना चाहते हैं इसमें शामिल कर सकें, तो उसके बाद मथुरा और वृंदावन में अभिनव मॉडलों को शुरू किया जा सकता है और उन्हें कार्यान्वित किया जा सकता है।

मैं यह अच्छी तरह जानता हूँ कि साथ मिलकर कार्य करना सीखने पर ही हम आपदा प्रबंधन और पंचायती राज अधिकारिता के गंभीर मुद्दों के प्रति पूरा न्याय कर पाएंगे। इसके लिए हमें देसी गायों को विकास के केन्द्र बिंदु में रखना होगा। मुझे विश्वास है कि आप इस प्रक्रिया में मेरा साथ देंगे।

अनुबंध–VI

विकास के लिए सिनर्जी की आवश्यकता

कुछ प्रतीयमान परस्पर विरोधी और बाहरी दिखने वाली संस्थाओं के साथ विचार-विमर्श किए जाने के दौरान मैंने उनमें बहुत बड़ी मात्रा में सिनर्जी, वास्तविक सुधार की जरूरत, लोगों व समाज में स्वयं की सहायता करने के लिए क्षमता के विकास की संभावना पाई। दूसरी स्थितियों में कुछ सामान्य नहीं हो सकता है किन्तु अहमदाबाद की आनन्द यात्रा में निम्नांकित दृष्टिकोण थे–

"महत्वपूर्ण व्यक्तियों, समूहों, संगठनों, समुदायों और राष्ट्रों को व्यष्टि एवं समष्टि स्तर पर दुख-दर्दों को कम करने और सुखों को बढ़ाने के लिए आनन्दानुभूति, समृद्धि और गतिमान स्थिति को प्राप्त करने के लिए जनमानस को नियुक्त करना।"

"बहुजन हिताय–बहुजन सुखाय"

यह हमें इस पूरे अनुलग्नक में प्रोत्साहित करता है जो निम्नांकित मिशन वाक्यों के लिए कार्य योजना शुरू करने के लिए विश्व चेतना को प्रदर्शित करता है–

"सक्रिय कार्यवाही के लिए प्रेम, प्रकाश, सहभागिता, अंशदान और समृद्धि पर केन्द्रित सकारात्मक भावना को पैदा करने, बनाए रखने और हमेशा उसे बढ़ाते रहना जो कि व्यक्तिगत और सामाजिक कुशलता और आनन्द को बढ़ाएगा!"

हम माईन्ड मैनेजमेंट सेंटर में निर्धारित अनुप्रयोग के लिए चेतन और अवचेतन प्रक्रियाओं को आपस में मिलाकर शरीर मन और आत्मा की संभावित शक्ति को आपस में संघटित करते हैं।

आनन्द यात्रा

प्रस्तावना

"हजारों मील की लंबी यात्रा पहले कदम से शुरू होती है।"

–लाओत्सु

– व्यक्तिगत अन्तरण में आपकी यात्रा के लिए आंखें खोल देने वाली बात है।

– एक ऐसा प्रोग्राम जो अनवरत जनचेतना तैयार करेगा और उसे आगे बढ़ाएगा

और एक ऐसा जीवन दर्शन का ताना-बाना तैयार करेगा जो सिद्धान्तों और कार्यों, शरीर और मन, अन्तरात्मा और आत्मा को जोड़ता है।

- एक ऐसा प्रोग्राम, जो प्रमुख अवधारणाओं को व्यक्ति के हित एवं समाज की भलाई के साथ जोड़ेगा।
- एक ऐसा प्रोग्राम, जो आपको ऐसे स्वप्न देखने और कार्य करने के लिए शक्ति प्रदान करेगा, जो कि सक्रिय रूप से वास्तविकता बन जाएंगे।

आत्मा

माईन्ड मैनेजमेंट सेंटर में हम ऐसे बेहतरीन साधनों एवं तकनीक को तैयार करने, संस्थापित करने, प्रलेखन और पहचान करने का काम कर रहे हैं, जो व्यक्ति के चेतन एवं अवचेतन प्रत्याशाओं को प्रदर्शित करने वाली दृष्टि/मिशन सोद्देश्य कन्टीन्यूम में छुपी प्रत्याशाओं को प्राप्त करने और उनसे भी आगे बढ़ने लिए जनचेतना को सरल और उदार बनाने, मुक्त करने और आगे बढ़ाएगा।

मॉड्यूलों का चयन

- माईन्ड मैनेजमेंट
- स्व-प्रेरणा एवं आत्म सम्मान
- लक्ष्य निर्धारण
- प्रबंधन प्रवृत्ति
- प्रभावी संचार
- मूल्य आधारित प्रबंधन
- सृजनात्मक विजुअलाईजेशन
- कोर एबन्डेंन एवं समृद्धि सृजन
- समय प्रबंधन
- तनाव प्रबंधन
- प्रबंधकों के लिए योगाभ्यास
- प्रबंधन के लिए वेदान्त का सार
- स्मृति संवर्द्धन
- प्रबल गुणात्मक के रूप में भावनात्मक इंटैलीजेंस
- वाद प्रबंधन
- नैटवर्किंग के लिए संबंध बनाना
- भय एवं डर को जीतना

सिग्मा स्तर का प्रोग्राम—स्तर—IV

इन सभी प्रोग्रामों में सर्वोच्च ....प्रशिक्षक स्तर का प्रोग्राम जो ऐसी मानव अंतरात्मा के "सुदृढ़ चैम्पियन" को तैयार करने का प्रयत्न करेगा और जो इस अद्‌भुत आनन्द यात्रा के सहयात्रियों की यात्रा के लिए सहयोग दे रहे हैं और बेहतरीन प्रयास कर रहे हैं—

सर्वश्रेष्ठ गुरू (आचार्य) वही है जो—
जनता के पास जाता है
उनसे सीखता है
उन्हें प्यार करता है
उन्हीं से कार्य प्रारंभ करता है
उनके संसाधनों के आधार पर निर्माण करता है
किन्तु श्रेष्ठ नेता के मामले में....
जब उनका कार्य पूरा होता है
कार्य की समाप्ति पर
लोग यही कहेंगे
"यह कार्य हमने स्वयं किया"

—चीनी कविता से

अनुबंध-VII

दृष्टि - आन्तरिक अन्वेषण

"व्यक्ति के अन्दर ही पूरा विश्व समाया हुआ है और यदि आप यह जानते हैं कि उसे कैसे देखें और जानें, तो उसका दरवाजा आपके पास है और उसकी चाबी भी आपके हाथ में है।"

"इस विश्व में आपके अलावा कोई अन्य व्यक्ति नहीं है जो इस दरवाजे को खोलने के लिए आपको ऐसी कोई चाबी दे दे।"

—जे. कृष्णामूर्ति

अनुबंध VII के संलग्नक को प्रतिबद्ध एवं आध्यात्मिक रूप से उन्मुख प्रबुद्ध लोगों के एक समूह द्वारा तैयार किया गया है। मुम्बई विश्वविद्यालय के श्री पेज जी के साथ किए गए विचार विमर्श के दौरान मुझे कुछ अनदेखे पहलुओं के बारे में पता चला। खादी एवं ग्रामोद्योग आयोग के दिनों में मेरी पत्नी इस विश्वविद्यालय में कार्य करती थी। चाहे आपदा प्रबंधन हो या उन स्थितियों को विकसित एवं सक्षम बनाना हो, जो प्रत्येक व्यक्ति को अपनी क्षमताओं को पहचानने के लिए अग्रसर एवं निर्देशित करते हैं, उन्हें मैंने बहुत ही उपयोगी पाया। आपदा प्रबंधन के प्रशिक्षकों के साथ विचार-विमर्श से मुझे यह प्रेरणा मिली कि बेहतर एकीकरण एवं कन्वर्जेंस के लिए इसे संलग्न करूं। अनुभव, समझ और व्याख्या के मुद्दों को निम्नांकित में बेहतरीन ढंग से रखा गया है।

आयाम (Paradigms)

हम जिस दृष्टि से संसार को देखते हैं उसे आयाम कहते हैं।

यह दृश्यरूप में नहीं बल्कि निम्नानुसार है—

हम यह मानते हैं कि हम जिस प्रकार वस्तुओं को देखते हैं, वे वास्तव में उसी तरह की होती हैं या हमारी सुविधानुसार उन्हें उसी रूप में होना चाहिए।

अन्तरात्मा की खोज

- इसकी कोई मास्टर चाबी नहीं है।
- इसका अन्य कोई उत्तर नहीं है।
- बस यह एक शुरुआत है ....

इसमें क्या है?

- अपने सिद्धान्तों, मूल्यों और उद्देश्यों का मूल्यांकन करें।
- आपके लिए क्या महत्वपूर्ण है?
- अपने जीवन का एक दृष्टिकोण निर्धारित करें जो आपके मिशन के समकक्ष हो और वर्तमान के अनुकूल हो।
- आप स्वयं अपना प्रेरणा स्रोत बनिए।
- सार्थक एवं फलदायक संबंध स्थापित कीजिए।
- अपने मिशन को पूरा करने के लिए अपने विचार प्रक्रिया के नियंत्रक बनिए।

मील के पत्थर

सत्र-1

- परिचय : प्रशिक्षकों एवं सहभागियों के साथ औपचारिक परिचय
- कार्यशाला के नियम : कार्यशाला के अन्दर एवं उससे बाहर एक सुरक्षित क्षेत्र बनाने संबंधी करार
- स्पष्ट रूप से परिभाषित विशेष मापनीय परिणामों से सहभागियों की अपेक्षाएं

सत्र-2

- परेशानियों का पता लगाना
  —अपूर्ण अपेक्षाएं
  —अधूरा संप्रेषण
  —निष्फल प्रयास
- भावनात्मक चुनौती
- संदेशवाहक को निराश न करें
- परेशानियों का प्रबंधन—अब एवं भविष्य में
- सहानुभूतिपूर्वक श्रवण—एक अनुभव

सत्र-3

- मूल्य, प्रवृत्ति, जरूरतें एवं अनुभव
  —अनुकूलता का आधार
- आनुवंशीय, मनोवैज्ञानिक एवं पर्यावरणीय
  —अनुकूलता के प्रकार

- केवल नक्शा ही वास्तविक भू-क्षेत्र नहीं होता है।
- उस भू-क्षेत्र के पास पहुंचने की तकनीक

सत्र-4

आयाम

हम जिस दृष्टि से संसार को देखते हैं उसे आयाम कहते हैं।

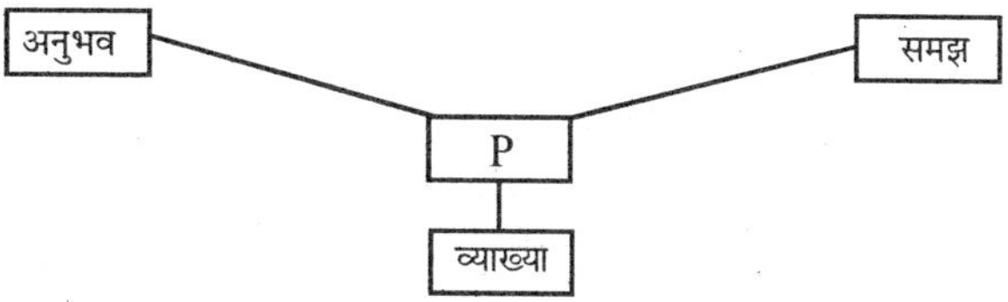

हम यह मानते हैं कि हम जिस प्रकार वस्तुओं को देखते हैं वे वास्तव में उसी तरह की होती हैं या हमारी सुविधानुसार उन्हें उसी रूप में होना चाहिए।

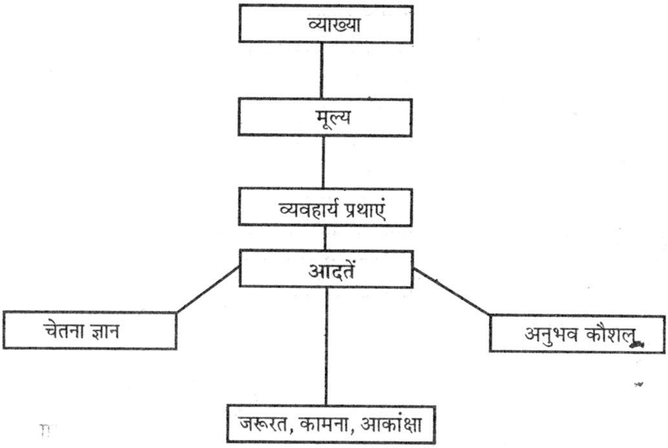

परिवर्तन

"आप स्वयं को बहुत ही कम पहचान पाते हैं। आपकी वास्तविक पहचान तब होती है जब आप अपने चारों ओर गढ़ी गई सीमाओं को लांघकर कुछ नया करने का साहस दिखाते हैं।"

—*वर्नर एरहर्ड*

सत्र-5

उद्धरेदात्मनात्मानं नात्मानमवसादयेत्।
आत्मैव ह्यात्मनो बन्धुरात्मैव रिपुरात्मनः।।

अपने द्वारा अपने संसार समुद्र से उद्धार करे और अपने को अधोगति में न डाले। क्योंकि यह मनुष्य आप ही तो अपना मित्र हैं और आप ही अपना शत्रु हैं।

— *भगवतगीता*– अध्याय– 6, श्लोक– 5

सत्र-6

- ध्यान
- सचेतन स्वप्न

"बादल कभी नहीं सोचता कि वह क्यों उड़ रहा है, किस दिशा में उड़ रहा है और किस गति से उड़ रहा है। उसे तो आगे बढ़ना है। परन्तु आकाश को मालूम है कि वह क्यों उड़ रहा है तथा उसके आस-पास और क्या क्या घट रहा है और जब आप अपनी सीमाओं से ऊपर उठ जाते हो तो आप भी उन सभी बातों को जान जाते हैं जिन्हें समझने में एक बादल असमर्थ रहता है।" —*रिचर्ड बाख*

सत्र-7

मनुष्य को मिले प्रकृति के उपहार

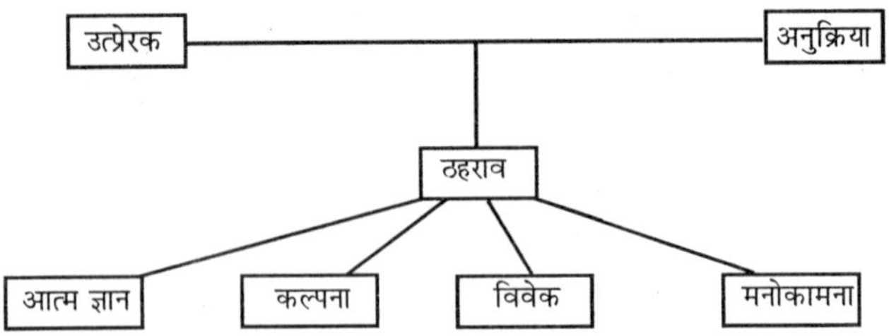

यही समय है जब आप

- समय को अपने वश में कर सकते हैं अन्यथा वह आपको अपने वश में कर लेगा।
- कार्य को आरम्भ कर सकते हैं।

- सपनों को साकार कर सकते हैं।
- अधूरे कार्य को पूरा कर सकते हैं।
- निश्चित तकनीक द्वारा अधिक समय बचा सकते हैं।

	तत्काल किए जाने वाले कार्य	*तत्काल नहीं किए जाने वाले कार्य*
महत्वपूर्ण	1. संकट	1. तैयारी
	2. दमघोटू समस्याएं	2. रोकथाम
	3. निर्धारित समय वाली परियोजनाएं, बैठकें, तैयारियां	3. मूल्य वर्गीकरण
		4. योजना
		5. सम्पर्क स्थापना
		6. वास्तविक पुनर्संरचना
		7. सशक्तिकरण
कम महत्वपूर्ण	1. बाधाएं, कुछ फोन काल	1. मामूली परन्तु व्यस्त रखने वाले कार्य
	2. कुछ डाक, कुछ रिपोर्ट और कुछ बैठकें	2. कुछ फोन कॉल
		3. समय खराब करने वाले कार्य
	3. भावी दबाव वाले मामले	4. ऐसे कार्य जिनसे बचना जरूरी है
	4. बहुत सी लोकप्रिय गतिविधियां	5. बेकार डाक
		6. आवश्यकता से अधिक टी.वी. देखना

आईये देखें कि क्या आपका
जन्म लेना सार्थक हो गया है :
यदि आप जीवित हैं तो
आपका जन्म लेना अभी सार्थक नहीं हुआ है

—*रिचर्ड वाख* (कल्पना)

अनुबंध-VIII

न्यायमूर्ति गुमानमल लोढ़ा और उनकी सिफारिशें

न्यायमूर्ति गुमानमल लोढ़ा और उनकी टीम ने 31 जुलाई, 2002 को अपनी रिपोर्ट माननीय प्रधानमंत्रीजी को निर्धारित समय सीमा के भीतर प्रस्तुत करके एक सराहनीय कार्य किया है। उनके द्वारा की गई सिफारिशों में से सिर्फ कुछ का ही हवाला यहां पर दिया जा रहा है क्योंकि वे आगे आने वाले समय में ग्रामीण अर्थव्यवस्था के माध्यम से आत्मनिर्भर अर्थव्यवस्था और सशक्तिकरण का मार्ग प्रशस्त करने वाली हैं।

एक नौकरशाह और भूतपूर्व सैनिक अधिकारी होने के बावजूद मैं आज तक भी हाय और बद्दुआ जैसी बातों पर विश्वास करता हूँ। लेकिन हजारों वर्षों की जांची-परखी बातों को आज बेकार कहा जा रहा है जो कि हमारी परम्परागत धरोहर है। क्या मैं अपने माता पिता को बीते जमाने की बेकार चीज कहकर छोड़ सकता हूं। मुझे उनका बोझ उठाने की आखिर क्या जरूरत है, जब वे किसी काम के नहीं रह गए हैं? क्या मुझे हर बात में हानि-लाभ का विचार करना चाहिए कि इस कार्य से मुझे क्या लाभ होने वाला है।

राष्ट्रीय पशुधन आयोग की सिफारिशें

राष्ट्रीय पशुधन आयोग द्वारा निम्नलिखित सिफारिशें की गई हैं—

1. गौ और इसके वंश के वध पर प्रतिबंध को मौलिक अधिकारों अथवा संविधान के किसी अन्य अनुच्छेद में शामिल करके उसे न्यायालय में वाद लगने योग्य करार दिया जाए।
2. गौवध तथा गौवंश के वध को रोकने तथा उन्हें एक राज्य से दूसरे राज्य में ले जाने पर रोक लगाने संबंधी कानून बनाने के लिए गौवध को समवर्ती सूची में शामिल करने के लिए संविधान में संशोधन किया जाना चाहिए।
3. गौ तथा गौवंश वध को गैर जमानती और संगीन अपराध घोषित करके अपराधी को कम से कम तीन वर्ष और अधिकतम 10 वर्ष के कठोर कारवास की सजा का प्रावधान होना चाहिए। साक्ष्य प्रस्तुत करने की जिम्मेदारी अभियुक्त पर डाली जानी चाहिए।
4. केन्द्र सरकार को एक स्थायी राष्ट्रीय पशुधन विकास आयोग अथवा अखिल भारतीय राष्ट्रीय गौ सेवा आयोग की स्थापना करके उसके लिए समुचित धन की व्यवस्था करनी चाहिए।

5. प्रत्येक राज्य सरकार को गौ सेवा आयोग की स्थापना करके उसके लिए धन की व्यवस्था करनी चाहिए।
6. पशुधन संरक्षण और विकास के लिए एक पृथक मंत्रालय की स्थापना की जानी चाहिए।
7. पशुपालन का उद्देश्य पशुओं का संरक्षण और विकास होना चाहिए न कि मांस जैसे खाद्य पदार्थों का उत्पादन।
8. पशुधन गृहों के निर्माण/नवविकास/आधुनिकीकरण के लिए किसी भी प्रकार का अनुदान नहीं दिया जाना चाहिए।
9. गाय तथा बछड़े के मांस के निर्यात पर पूर्ण प्रतिबंध होना चाहिए।
10. प्रत्येक राज्य सरकार को गौ सेवा आयोग का गठन कर उसके कार्यकरण के लिए आवश्यक निधियों की व्यवस्था की जानी चाहिए।
11. एक केन्द्रीय पशुधन संरक्षण त्वरित कार्यवाही पुलिस बल की स्थापना की जानी चाहिए और उसके क्षेत्रीय कार्यालय तथा शाखाएं भी होनी चाहिए।
12. केरल, नागालैंड, मिजोरम, अरुणाचल प्रदेश, त्रिपुरा और मणिपुर आदि राज्यों को गौ–वध निशेध लागू करने के संबंध में विशेष निदेश दिए जाने चाहिए।
13. रेल, सड़क, ट्रक अथवा अन्य किसी माध्यम से पशुओं को लाने ले जाने के दौरान निर्मम व्यवहार पर रोक लगनी चाहिए। दूध निकालने के लिए ओक्सीटोसिन का इंजेक्शन लगाने पर प्रतिबंध लगाया जाना चाहिए।
14. चर्म उत्पादन हेतु पशुवध को प्रतिबंधित किया जाना चाहिए।
15. गाय और गौवंश के तस्करों और माफियाओं को गिरफ्तार करने के लिए पोटा में संशोधन किया जाना चाहिए।
16. जर्सी जैसे आयातित पशुओं से संकर नस्लों पर और ऐसे ही पशुओं के आयात पर रोक लगाई जानी चाहिए।
17. वित्तीय सहायता देकर स्वदेशी नस्लों को बढ़ावा दिया जाना चाहिए।
18. हल जोतने के लिए बैलों के उपयोग को बढ़ावा देने के लिए ट्रैक्टरों और अन्य मशीनी उपकरणों के लिए वित्तीय सहायता पर रोक लगाई जानी चाहिए।
19. जैविक खाद कार्यबल समिति 2001 की रिपोर्ट को स्वीकार करके इसकी सभी सिफारिशों को कार्यान्वित किया जाना चाहिए।
20. रासायनिक उर्वरकों और कीटनाशकों के प्रयोग को हतोत्साहित किया जाना चाहिए। जैविक खाद पर आर्थिक सहायता प्रदान करके उसमें उपयोग को बढ़ावा दिया जाना चाहिए।
21. दसवीं योजना संबंधी प्रस्तावों के लिए योजना आयोग द्वारा गठित उप समूह–IX (मास क्षेत्र) की सिफारिश को सिरे से ही खारिज किया जाना चाहिए।

22. केन्द्र और राज्य सरकारों को स्वैच्छिक संगठनों की सहायता से गौशालाओं, गौसदनों और पिंजरा पोलो की स्थापना की जानी चाहिए।
23. चारागाहों का संरक्षण करके उनका विकास किया जाना चाहिए।
24. देशी गायों के गोबर और मूत्र का खाद, कंपोस्ट, खाद, रोजगार और कीटनाशकों के रूप में प्रयोग करने को बढ़ावा दिया जाना चाहिए।
25. गोमूत्र चिकित्सा के क्षेत्र में अनुसंधान को बढ़ावा दिया जाना चाहिए।
26. सूचना और प्रसारण मंत्रालय को गौदुग्ध, गौपदार्थ, गौमूत्र और गाय के गोबर के साथ-साथ पंचगव्य के गुणों और विशेषताओं के प्रचार प्रसार के लिए विशेष अभियान चलाए जाने चाहिए।
27. अकबर, हुमायुं, जहांगीर और औरंगजेब जैसे मुगल बादशाहों द्वारा गौवध को रोकने संबंधी जारी किए गए फरमानों का व्यापक प्रचार-प्रसार किया जाना चाहिए।
28. पंचगव्य चिकित्सा, गौदुग्ध, गौमूत्र और अन्य गौ उप-उत्पादों, कृषि में गाय और बैल की उपयोगिता, जैविक खाद और दवाओं संबंधी शिक्षा प्रदान की जानी चाहिए और विशेषकर कृषि विश्वविद्यालयों, पशु चिकित्सा करने, पशु विज्ञान महाविद्यालयों तथा अस्पतालों में तो ऐसा किया ही जाना चाहिए।
29. पशु चारे की खेती को बढ़ावा दिया जाना चाहिए।
30. भारतीय चारा निगम की स्थापना करके प्रत्येक राज्य में उसकी शाखाएं खोलनी चाहिए।
31. चारे को जलाया नहीं जाना चाहिए।
32. केन्द्र और राज्य सरकारों को चारे पर आर्थिक सहायता प्रदान करनी चाहिए।
33. राज्य सरकारों/नगर पालिकाओं/पंचायतों को गली-मुहल्लों और सड़कों पर घूमने वाले आवारा पशुओं को पकड़कर उन्हें मवेशी घरों में रखना चाहिए।
34. अनुच्छेद 19 और अनुच्छेद 301 के उपखंड 5 के पश्चात् निम्नलिखित परन्तुक जोड़ा जाना चाहिए: "बशर्ते कि किसी व्यवसाय अथवा कारोबार को करने का अधिकार किसी भी तरह से गौ अथवा गौवंश हत्या तक नहीं जाएगा और अथवा गौमांस का व्यवसाय/व्यापार नहीं होगा।"
35. गौ तथा गौ वंश की हत्या और उन्हें एक राज्य से दूसरे राज्य में लाने ले जाने संबंधी प्रतिबंध को समवर्ती सूची में शामिल किया जाना चाहिए।
36. एक स्थायी केन्द्रीय पशुधन आयोग की स्थापना की जानी चाहिए।
37. भारतीय नस्ल के पशुओं को भारत की राष्ट्रीय संपदा घोषित किया जाना चाहिए और उनके वध को अनुमति नहीं दी जानी चाहिए तथा गाय को राष्ट्रीय पशु घोषित किया जाना चाहिए।

38. अनिवार्य चारागाहों को विशेष रूप से पशु चरगाह के रूप में घोषित किया जाना चाहिए।
39. पशु चारागाहों को अवैध कब्जों से मुक्त कराया जाना चाहिए।
40. स्थानीय नस्लों के विकास और उन्नयन के लिए प्रत्येक राज्य में नस्ल सुधार केन्द्रों की स्थापना की जानी चाहिए।
41. गौमांस के आयात–निर्यात पर पूर्ण प्रतिबंध होना चाहिए।
42. भारतीय नस्लों को बचाओ अभियान की शुरुआत की जानी चाहिए। भारतीय नस्लों का लेखा–जोखा रखा जाना चाहिए।
43. गायों, सांडों, बैलों और बछड़ों की देखभाल के लिए पशु विधि प्रवर्तन निदेशालय की स्थापना की जानी चाहिए।
44. ऊर्जा के वैकल्पिक स्रोतों तथा गोबर गैस आदि के माध्यम से खेती की वैकल्पिक पद्धतियों के लिए अनुसंधान केन्द्रों की स्थापना की जानी चाहिए।
45. सभी प्रकार की पॉलीथीन की थैलियों के विनिर्माण, बिक्री, प्रयोग और आयात पर प्रतिबंध लगाया जाना चाहिए।
46. खाने पीने की चीजों को पॉलीथीन की थैलियों में बंद करके फेंकने को दांडिक घोषित किया जाना चाहिए।
47. उन्नत किस्म की स्वदेशी नस्लों के साथ–साथ संकर नस्ल के प्रजनन में और सुधार किया जाना चाहिए।
48. नगर निगमों, पंचायतों और अन्य स्थानों पर सभी कार्यशील बैलों की बोली लगाए जाने पर रोक लगाई जानी चाहिए। इसके बजाए उन्हें काम से हटाकर उनकी सुरक्षा की जानी चाहिए।
49. मंदिरों और धार्मिक स्थलों पर पशुओं की बोली लगाए जाने पर रोक लगाई जानी चाहिए।
50. विभिन्न उप समितियों द्वारा कई गई सिफारिशों को संबंधित विभागों द्वारा कार्यान्वित किया जाना चाहिए।

जरूरी है आम आदमी की भागीदारी

न्यायमूर्ति वी.एम. तारकुंडे अपनी बात को बेबाक और निर्भीक ढंग से कहने के लिए जाने जाते हैं। उन्होंने तारीख 22.10.2002 के द *हिन्दुस्तान टाईम्स* में प्रकाशित अपने एक लेख "स्टिर द ग्रास रूट्स" (जरूरी है आम आदमी की भागीदारी) संलग्न में कहा है कि "अपने निजी स्वार्थों के बोझ से दबे राजनेताओं/बिचौलियों पर निर्भर रहने की बजाए हमें आम आदमी को पंचायतों और नगर पालिकाओं के माध्यम से सशक्त बनाना होगा।"

—*हिन्दुस्तान टाईम्स* 22.10.2002
प्लेटफॉर्म/बी.एम. तारकुंडे

संविधान अथवा कानून द्वारा प्रदत्त अधिकांश नागरिक स्वतंत्रताओं और मानव अधिकारों का बस एक ही उद्देश्य है कि राजनीतिक सत्ता का उपयोग जनता द्वारा किया जाए न कि केवल जनता का उपयोग करने के लिए। ऐसा लगता है कि सभी प्रकार की नागरिक स्वतंत्रताओं और मानव अधिकारों का यही लक्ष्य है जैसे कि विधि के समक्ष समता, धर्म, जाति-प्रजाति और लिंग के आधार पर कोई भेदभाव नहीं करना। इसमें बोलने तथा अभिव्यक्ति की स्वतंत्रता, सूचना पाने के अधिकार और अस्पृश्यता को समाप्त करने की बात भी कही गई है।

यदि नागरिक स्वतंत्रता और मानव अधिकारों का मुख्य प्रयोजन जनता को प्राप्त राजनीतिक और आर्थिक शक्तियों का सीधे-सीधे उपयोग करने में सक्षम बनाना है तो स्पष्ट ही है कि सबसे महत्वपूर्ण कार्य शक्तियों का विकेन्द्रीकरण करना और आम जनता को शहरों और कस्बों में नगरपालिकाओं द्वारा तथा गावों में पंचायत के द्वारा सटीक मीडिया के माध्यम से सशक्त बनाना है। हालांकि लगभग सभी जगहों पर जनता को पंचायत अथवा नगरपालिकाओं के चुनावों को टालकर शक्ति से वंचित किया जा रहा है अथवा पंचायतों और नगरपालिकाओं में सरकार द्वारा अवांछित सचिवों को नियुक्त किया जा रहा है अथवा स्थानीय सांसदों और विधानसभा सदस्यों को सशक्त बनाया जा रहा है। बहुत ही कम ऐसा हो पाता है जब जनता अपने विधि प्रदान अधिकारों का स्वयं ही उपयोग कर पाती है।

उस प्रत्येक स्थान पर, जहां जनता को अपनी देखभाल स्वयं करने की अनुमति दी गई है, हालांकि, वहाँ पर उन्होंने वास्तविक प्रगति की है और कहीं-कहीं की स्थिति तो उल्लेखनीय भी रही है। इसलिए भारत में प्रगति के पथ पर चलते हुए अगला कदम यह सुनिश्चित करना होना चाहिए कि भारत में हाशिए पर स्थित आम आदमी भी शक्ति संचालन करने में सक्षम है।

ऐसा तभी संभव हो सकता है जब स्थानीय शासन, संसद सदस्यों, विधानसभा सदस्यों अन्य हित साधकों द्वारा खड़ी की गई बाधाएं समाप्त कर दी जाएं, ताकि जनता के स्वयं शासन की संकल्पना को साकार रूप दिया जा सके।

वास्तविक कठिनाई यह है कि लोगों में अपना भाग्य स्वयं बनाने की इच्छाशक्ति का अभाव है। इसलिए जब भी कोई स्थानीय शासन उनके हाथों से सत्ता छीनता है तो उसकी ओर कोई खास प्रतिरोध व्यक्त नहीं किया जाता है। परिणामस्वरूप अधिकांश स्थानों पर हमें ऐसी सरकार देखने को मिलती है जो लोगों के लिए तो होती है पर लोगों के द्वारा नहीं होती है।

सत्ता के विकेन्द्रीकरण और पंचायतों तथा नगरपालिकाओं को सत्ता संपन्न बनाने के पीछे आम आदमी का संघर्ष रहा है और उन्हीं के हाथ में सत्ता होनी चाहिए। हालांकि भारत में सत्ता के विकेन्द्रीकरण की मांग गरीबों और वंचितों द्वारा कभी नहीं की गई, बल्कि मध्यम वर्ग द्वारा विकेन्द्रीकरण की मांग की जाती रही है। यहां तक कि विकेन्द्रीकरण की मांग करने वाला मध्यम वर्ग भी अपने लक्ष्यों की प्राप्ति के लिए कठोर संघर्ष नहीं करना चाहता था।

श्रीमती इंदिरा गांधी के शासनकाल में केन्द्र सरकार ग्राम पंचायतों की स्थापना करके और सभी कस्बों तथा शहरों में नगरपालिकाओं का विस्तार करके राज्य सरकारों की शक्ति को क्षीण करना चाहती थी। संविधान में संशोधन करके ऐसा कानून बनाया गया जो विकेन्द्रीकरण की बात तो करता था, परन्तु हृदय से न किए गए प्रयासों के कारण उस कानून को सही ढंग से लागू नहीं किया जा सका।

आज जरूरत इस बात की है कि वंचित लोगों के बीच देशव्यापी आंदोलन चलाया जाए और इस बात पर जोर दिया जाए कि वे अपने भाग्य को सुधार करने के लिए आगे आएं। उन्हें ऐसी कानून अनिवार्य शक्ति प्राप्त होनी चाहिए जिसके अन्तर्गत वे स्वयं अपनी प्रगति करने में सक्षम हो सकें उन्हें यह विचार त्याग देना होगा कि कानून का उपयोग राज्य सरकारों के एजेंट, स्थानीय सांसद और विधानसभा सदस्यों जैसे लोग ही कर सकते हैं, जिन्होंने उनके लिए काम करने का वादा किया है।

सामान्य जन स्थानीय स्कूलों का पर्यवेक्षण करके शिक्षा के स्तर में सुधार ला सकते हैं। जल संभरण प्रबंधन का उपयोग करके और बेहतर बीजों तथा खाद के प्रयोग से कृषि उत्पादन में वृद्धि कर सकते हैं। वे स्वयं के प्रयासों से जनसंख्या पर नियंत्रण कर सकते हैं। जनता के बीच आत्मनिर्भरता के भाव को बढ़ावा देना तथा आपसी भाई-चारे को बढ़ावा देने का मुख्य कार्य गैर सरकारी संगठनों का है।

थोड़े बहुत जिन स्थानों में जहां पर लोगों ने अपने हाथों में सत्ता ली है और अपने भाग्य को चमकाने का बीड़ा उठाया है, वहीं पर उन्हें उल्लेखनीय सफलता प्राप्त हुई है। आईए, हम सब गावों और कस्बों तथा शहरों में वंचितों की बस्तियों में जाएं और उनके लिए काम न करके उनके साथ मिलकर काम करें। आज का भारत गंभीर सामाजिक ठहराव से गुजर रहा है। इस स्थिति में उपर्युक्त प्रकार का कोई देशव्यापी आंदोलन ही परिवर्तन ला सकता है और देश प्रगति के पथ पर अग्रसर हो सकता है।

अनुबंध-X

आपदा प्रबंधन और पंचायती राज सशक्तिकरण ग्रामीण उद्यम विकास परियोजना (टावरी मॉडल)

भूमिका

ग्लोबलाइजेशन की चुनौतियों तथा आत्मनिर्भरता की प्रतिबद्धताओं का सामना करने के लिए ऐसे वातावरण का निर्माण करने की जरूरत है, जहां पर ग्रामीण उद्यम का विकास हो सके।

यही वह उचित समय है जब लोगों तथा समाज के वृहत्तम विकास की समग्र कार्य योजना तैयार की जाए, जो ग्रामीण् पूंजी निवेश संबंधी सेवाओं, लघु काल विकास केन्द्र सूचना और प्रौद्योगिकी तथा जानकारी पर आधारित हो।

इसका उद्देश्य ऐसी ग्रामीण उद्यम विकास परियोजना तैयार करना है, जो सक्षम हो, उसके बारे में बैंक से लेन-देन किया जा सकता हो, टिकाऊ हो, पारदर्शी हो, उसका अनुसरण किया जा सकता हो, उसका विपणन किया जा सकता है तथा सभी के लिए निश्चित सफलता का आश्वासन मिलता हो। निस्संदेह इसमें निचले स्तर पर कार्य करने वाली शासन संस्थाओं, सूचना प्रौद्योगिकी, गैर सरकारी संगठनों और सामुदायिक संगठनों की अहम भूमिका है। कन्वर्जेंस, सहयोग, क्षमता निर्माण, प्रतिस्पर्धा और साहचर्य जैसे शब्दों को जब तक उनके सही अर्थों में प्रयोग नहीं किया जाएगा, तब तक कोई भी कार्यक्रम सफल नहीं होगा।

ज्ञान पर आधारित शासन अथवा लोगों द्वारा समुदाय के साथ पूर्ण क्षमता के चमत्कारिक स्वीकार्यता की चुनौतियों को समग्रता के अर्थ में समझना होगा। इसलिए हमारी सबसे पहली कार्य योजना यह होनी चाहिए कि हम अपनी पिछली गलतियों से सीख लें। इसके लिए ग्रामीण संस्थाओं और पंचायती राज संस्था का सहयोग इस आशा के साथ लेना होगा कि सस्ते व्यावहारिक परामर्श से स्वरोजगार प्राप्त हो, स्वदेशी वैध प्रणाली अपने आप में पूर्णत: सक्षम हो, अर्थक्षम प्रणाली विकसित हो, जिससे स्थायी मानवीय विकास के सपने को पूरा करने का मार्ग प्रशस्त हो सके। प्रकृति हम सबकी आवश्यकताओं को पूरा करने में समर्थ है परन्तु लालच एक की भी पूरा करने में असमर्थ है। इस सबके साथ-साथ लघु व्यापार विकास केन्द्र के सबको के आधार पर एक कार्य योजना तैयार की गई है, जिसे विकास और टावरी का मॉडल कहा जाता है।

प्रस्तावना

ऐसा महसूस होता है कि आज तक ग्रामीण क्षेत्र के उद्यमों का कोई लाभ नहीं उठाया गया, उन पर कभी विचार नहीं किया गया और न ही उनका दोहन किया गया। हमने ग्रामीण विकास कार्यकलापों संबंधी गतिविधियों के लिए समय-समय पर अनेक योजनाओं को लागू किया है। ग्रामीण क्षेत्रों में ऐसे करोड़ों शिल्पकार हैं, जो कंगाली में जी रहे हैं। उनमें इतनी संभावनाएं मौजूद हैं कि वे न केवल अपना भला कर सकते हैं बल्कि दूसरों के लिए प्रेरणा स्रोत भी बन सकते हैं। इसलिए हमें ग्रामीण क्षेत्रों में मौजूद प्रतिभाओं को उचित ढंग से संपूर्णता के साथ आगे लाना होगा, ताकि कंगाली में जी रहे शिल्पकार सफल हो सकें और ग्रामीण क्षेत्रों का समग्र विकास हो सके।

श्री कमल टावरी, मुख्य कार्यकारी अधिकारी, खादी ग्रामोद्योग आयोग पिछले कई वर्षों से इन मुद्दों पर गहन चिंतन करते रहे हैं। ग्रामीण उद्यम विकास, ग्रामीण औद्योगिकीकरण तथा खादी और ग्रामोद्योग आयोग के अपने अनुभवों के आधार पर श्री टावरी ने इस परियोजना को तैयार करने के लिए मूलतः इसी संकल्पना को केन्द्र में रखते हुए टावरी मॉडल तैयार किया है। हालांकि इस परियोजना की सामान्य रूप रेखा,योजना की संकल्पना के अनुरूप ही है। इसलिए टावरी मॉडल इस परियोजना का आरंभिक बिन्दु है। ग्रामीण शिल्पकारों की प्रतिभा को सामने लाने का उचित समय आ गया है। प्रत्येक मनुष्य में प्रतिभा भी छिपी होती है और जब तक उसे सामने नहीं लाया जाएगा, तब तक विज्ञान और प्रौद्योगिकी, अर्थशास्त्र की समझ और अध्यात्म के क्षेत्र में कोई प्रगति नहीं की जा सकती। इसी प्रकार से यह बात ग्रामीण उद्योगों के बारे में भी है। ग्रामीण क्षेत्र के विकास के लिए टावरी मॉडल की सफलता ग्रामीण क्षेत्रीय प्रशिक्षण केन्द्रों, ग्रामीण उद्योगों, गैर-कृषि क्षेत्र आई.आर.डी.पी./स्वरोजगार कार्यक्रमों की कम्प्यूटरीकृत मानिटरिंग पर निर्भर है।

योजना किसी चीज की हो या परियोजना कार्यान्वयन की, उसमें सबसे अधिक महत्वपूर्ण बात सदैव नीति निर्माण की रहती है और जब तक नीति स्पष्ट, सरल, सुबोध और व्यावहारिक नहीं होगी, तब तक शायद ही उससे कोई परिणाम प्राप्त हो सके। टावरी मॉडल में नीति की शक्ति के संचालक घटक पी ओ पी पी को निम्नप्रकार से समझा जा सकता है—

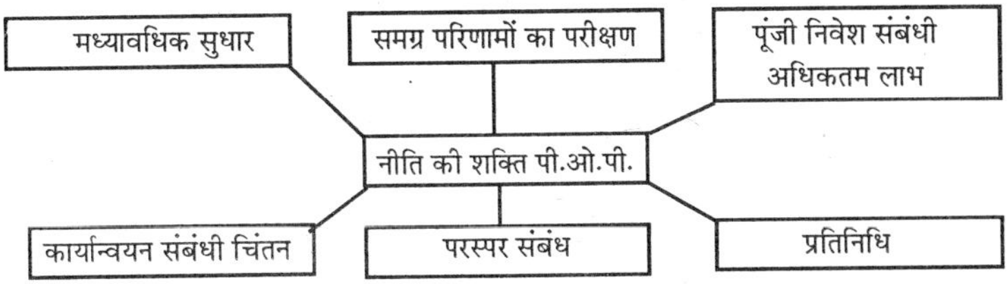

नीति की शक्ति

यह दुनिया धर्मार्थ की अवधारणा से नहीं चलती है। यह बात और है कि धर्मार्थ की अवधारणा को भी वाणिज्यिक चिंतन का अंग स्वीकार कर लिया जाए। मनुष्य को इस बात से कोई फर्क नहीं पड़ता कि वह अपने समाज में खड़ा है या अन्तर्राष्ट्रीय मंच पर खड़ा है। इतिहास बता रहा है कि मनुष्य के व्यवहार को संचालित करने वाले सिद्धान्त एक से ही हैं बस अगर कोई अंतर है तो वह केवल नीतिगत सत्ता का है। हम सब गलतियों से सीख लेते हैं और नए नए ज्ञान के प्रति जिज्ञासु रहते हैं, इसीलिए नीतिगत विषय बहुत महत्वपूर्ण चीज है। कई बार ऐसा होता है कि नीतिगत कमियों के कारण न्याय, समता, स्वतंत्रता और सुअवसरों की समता जैसे शब्दों का गलत अर्थ लगा लिया जाता है। इस बात पर विचार करना जरूरी है कि इसके क्या कुप्रभाव पड़ते हैं और हमें इसके लिए कौन-कौन से कदम उठाने चाहिए। सोचने वाली बात यह है कि जब आपकी नीतियां ही बहुअर्थी हैं तो उन्हें लागू करने वाले विभाग उसका कौन सा अर्थ लगाकर लागू करेंगे, ताकि उनसे ठोस परिणाम प्राप्त हो सकें। कार्य योजनाओं के बीच समन्वय स्थापित करना बहुत जरूरी है, ताकि परिणाम प्राप्त करने पर कम लागत आए और वे परिणाम स्थायी होने के साथ-साथ पर्यावरणानुकूल भी हों। नीतियों के प्रभावशाली नहीं होने से असंगठित क्षेत्र में रोजगार सृजन शर्तों के आधार पर होता है।

यह बात उस समय और भी महत्वपूर्ण हो जाती है जब कोई व्यक्ति स्वरोजगार को केन्द्र बिन्दु बनाकर प्रचार-प्रसार करना चाहे। यह एक कठिन कार्य है, जिसको गहराई से समझने की जरूरत है। इसीलिए विकेन्द्रीकृत स्वरोजगार कार्यक्रम की भावी सफलता की कुंजी पी.ओ.पी.पी. अर्थात नीति की शक्ति में छिपी है।

टावरी मॉडल

इसमें नया कुछ नहीं है, बस कुछ जाने और अनजाने तथ्यों और सिद्धांतों को इधर-उधर से उठाकर एक जगह पर रख दिया गया है। शक्तियां पांच तरह की होती हैं, जिन्हें एक जगह इकट्ठा करके किसी भी कार्य योजना में शामिल करना होता है। ये अपने आप में इतनी स्पष्ट हैं कि उनकी व्याख्या करने की भी कोई जरूरत नहीं है।

आर.ई.एच.एम. (समग्र ग्रामीण उद्यम मॉडल) चार्ट में समेकन, अंतर निर्भरता, कठिन परिश्रम और चल रही विभिन्न योजनाओं को क्षेत्रीय सोच के साथ एक ही जगह लाने पर जोर दिया गया है।

यदि पंचायती राज संस्थाओं का कंप्यूटरीकरण कर दिया जाए, तो वे मॉनिटरिंग में महत्वपूर्ण भूमिका अदा कर सकती हैं। हमें ऐसी प्रणालियों का विकास करना होगा, जो

स्थायी हों। हमें ध्यान रखना चाहिए कि प्रणाली को दूसरी जगह भी हू-ब-हू लागू किया जा सके, ताकि शून्य आधारित बजट से कम कीमत में अधिकतम लाभ प्राप्त हो सके। ताकत, कमजोरी, अवसर और खतरे (SWOT) जो कि विभिन्न क्षेत्रों के लक्षित समूहों के लिए अलग-अलग हैं, उनमें विशेषज्ञों, संसाधनों और बाजार से जुड़े उद्यम के विकास पर एक समग्र मॉडल को लागू करना होगा। इस मॉडल की विशेषता को समझने के लिए इसके सिद्धांतों को लागू करके उनकी व्यवहार्यता को बहुविध दृष्टिकोणों से परखना होगा।

विश्लेषण

इस मॉडल में ऐसी योजना की कल्पना की गई है, जो किसी भी स्थिति में एक दूसरे से पृथक न होने वाली पांच शक्तियों के ऊपर आश्रित हैं। पहला लक्ष्य ताकत, कमजोरी, अवसर और खतरों (SWOT) का विश्लेषण और परिभाषाओं को समझना, गांव, खंडों, जनपदों और यहां तक कि राज्यों की गुणवत्ताओं की संकल्पनाओं को समझना है। जब तक लक्षित समूहों के संदर्भों में इन प्रारंभिक चीजों को नहीं समझा जाता है तब तक कोई भी विकास मॉडल भ्रम की स्थिति उत्पन्न करता रहेगा और जो गलतियां पहले होती रही हैं, वही दोहराई जाती रहेंगी।

दूसरी महत्वपूर्ण बात उन मौजूदा ग्रामीण क्षेत्रीय प्रशिक्षण केन्द्रों से संबंधित हैं, जो किसी भी विभाग, संगठन या ग्रामीण संस्थाओं से जुड़े हुए हैं। मौजूदा बुनियादी सुविधाओं के रूप में ज्ञात ग्रामीण क्षेत्रीय प्रशिक्षण केन्द्र, संगठनकारिता, मार्केटिंग और प्रबंधन, उत्पादन, प्रशिक्षण और प्रौद्योगीय विस्तार तथा आधुनिकीकरण की अवधारणा को असत्य करार देते हैं। मानव संसाधन विकास इस प्रशिक्षण पाठ्यक्रम का एक अनिवार्य अंग है। पोंपटेक (POMPTEC) का इन पांचों शक्तियों तथा हमारे समय की आवश्यकता के प्रति समुचित दृष्टिकोण है। आंतरिक संसाधन उत्पादन का एक निश्चित अर्थ मार्केटिंग का फॅलो-अप करना, बैंक संबंधी व्यवहार्यता देखना, गुणवत्ता नियंत्रण और उधार ली गई पूंजी की वापसी की समग्र प्रवृत्ति पर नजर रखना है। उद्यमिता और उद्यम विकास आज जीवन का अनिवार्य अंग बन चुके हैं तथा इस संबंध में इन्हें अलग नहीं किया जा सकता है।

तीसरा महत्वपूर्ण क्षेत्र अनौपचारिक समेकित ग्रामीण विकास कार्यक्रम, स्वरोजगार की जरूरत और ग्रामीण उद्योगों की गुणवत्ता और ग्रामीण उपक्रमों के बीच मुख्य धारा के रूप में मौजूद संबंधों का है। इस सोच का उद्देश्य विभिन्न कार्यक्रमों के बीच समानता को खोजना है। चौथा क्षेत्र समन्वय सहयोग, मानिटरिंग और निर्धारित लक्ष्यों के लिए कार्य योजना का पूर्ण उपयोग करने के लिए कम्प्यूटरीकृत प्रबंधन सूचना प्रणाली विकसित करने के महत्व का संकेतित करने के बारे में है।

योजना कोई भी हो, उपरोल्लिखित सभी बातों पर विचार करना अनिवार्य है।

आज के ग्रामीण रूट (ROOT)

इस चार्ट में ग्रामीण क्षेत्रों की मूल समस्याओं के साथ-साथ किसी भी स्वरोजगारोन्मुखी स्थायी कार्यक्रम के लिए किसी कार्यक्रम की योजना में मुद्दे शामिल हैं।

भारत में कहीं पर भी ऐसा कोई समूह नहीं है, जिसे एकल कहा जा सकता हो। इस उप-महाद्वीप में विभिन्न लक्षित समूह है। उनकी अलग-अलग समस्याएं हैं और उनके अलग-अलग ही दृष्टिकोण हैं। पढ़े लिखे बेरोजगारों का एक अलग समूह है। चारों ओर गरीबी और अज्ञानता का साम्राज्य है। सड़कों के आस-पास तथा शहरों के निकट स्थित गांवों को सजा-धजा दिया गया है। एक तरफ दूर-दराज के गांव हैं, जिनकी ओर कोई नजर उठाकर भी नहीं देखता। वहां पर उपलब्ध बुनियादी सुविधाओं का भी उपयोग नहीं हो पा रहा है तथा अन्य प्रकार के खतरे भी मंडराते हुए स्पष्ट देखे जा सकते हैं।

हमें आज के ग्रामीणों (ROOT) को अपनी समस्याओं के साथ लोगों की आकांक्षाओं, सुग्राह्यता की कमी और जनता में बढ़ती जागरूकता और उनमें व्याप्त असंतोष के साथ समझना होगा। यह तभी संभव हो सकेगा जब हम यह समझ लेंगे कि कार्य योजना को ग्रामीण उद्यम विकास योजना (REDS) के माध्यम से सही-सही ढंग से समझ सकते हैं।

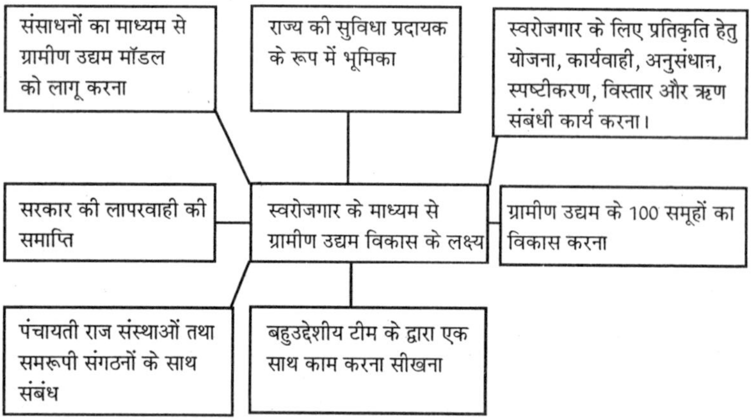

ग्रामीण उद्यम विकास के लक्ष्य

संसाधनों के एकत्रीकरण द्वारा ग्रामीण उद्यम मॉडल का निर्माण करना इसका पहला लक्ष्य सभी चुनौतीपूर्ण और कठिन उत्तरदायित्वों के लिए संपूर्ण सिद्धांतों को लागू करना है। हमने पिछले दशकों के दौरान कई चुनौतीपूर्ण मॉडल बनाए हैं, परन्तु उनमें जनशक्ति, बुनियादी सुविधाएं और विशेषज्ञता मौजूदा संसाधनों की प्रतिकृति और उनके एकत्रीकरण संबंधी तत्व पूर्णतः अनुपस्थित रहे हैं।

2. राज्य का सुविधा प्रदायक के रूप में विकास: अधिकांश पिछड़े देशों में जब कोई राज्य विकास, मॉनिटरिंग, निधियन अथवा किसी भी कार्यक्रम की मार्केटिंग की जिम्मेदारी लेता है तो फिर वह हमेशा के लिए राज्य की जिम्मेदारी हो जाती है। अब इस बात को स्वीकार किया जाने लगा है कि राज्य को इन सब कार्यों में पड़ने के बजाए एक सुविधा प्रदायक ही तो सेवा प्रदान करने वाले तंत्र और सेवा प्राप्त करने वालों में हुए व्यावहारिक परिवर्तन के मामले में वित्तीय और प्रशासनिक नीतियों को कार्यान्वित करता है। अनेक ऐसे मॉडल हैं जो निश्चित रूप से इस होणी के अंतर्गत आते हैं। बस कमी है तो इतनी है कि इस संकल्पना को उस स्थिति का निर्माण करने/उच्च और निम्न, दोनों स्तरों पर जहां कि राज्य बहुत ही आसानी से और बहुत ही तेजी से सुविधा प्रदायक की भूमिका अदा कर सकता है, लागू नहीं किया जा सका है।

3. स्वरोजगार के लिए प्रतिकृति हेतु नीति निर्माण करने के लिए पार्सल (parcel) योजना (प्लानिंग), कार्यवाही (एक्शन), अनुसंधान (रिसर्च), कोडीकरण (कोडीफिकेशन), विस्तार (एक्सटेंशन), मूल्यांकन (ईवेल्यूएशन) और उधार लेना (लोनिंग) के अंतर्गत विभिन्न स्तरों संबंधी नीतिगत परिवर्तनों की संकल्पना प्रस्तुत करता है। परम्परागत रूप से ग्रामीण उद्यम विकास के लिए मुश्किल से ही कमी बहुउद्देश्यीय दृष्टिकोण अपनाया गया है। गत चालीस वर्षों के दौरान विकासपरक योजना बनाने में भरपूर बुनियादी इनपुट का उपयोग किया गया है, परन्तु उसका समन्वित ढंग से शायद ही कभी उपयोग हुआ हो। पारसेल संकल्पना में यह माना गया है कि इसके अंतर्गत स्थायी स्वरोजगार उद्यमों के लिए समूह रचना हेतु संगठक उद्यमियों के माध्यम से इन निवेशों का पूर्ण उपयोग हो सकेगा।

4. *पहचाने गए क्षेत्रों में संगठक उद्यमियों के माध्यम से 100 समूहों में स्वरोजगार के अवसरों का सृजन :* यह अनिवार्य है कि चुनिंदा पाकेटों में ग्रहण किए गए अनुभवों को लागू करने के साथ साथ सही सही कोडीकरण और निधियन के लिए कदम उठाए जाएं। 100 समूहों के लक्ष्य को रखने के पीछे यह भावना है कि इसके प्रभावों का अध्ययन किया जाएगा और संसाधनों का भरपूर उपयोग किया जाएगा। इसमें पहले ही से विभिन्न कार्यक्रम कार्यान्वित किए जा रहे हैं और साथ ही इसमें उद्योग, सेवा और व्यापार तथा अन्य संबंधित क्षेत्रों से जुड़े ग्रामीण स्वरोजगार सृजन के बारे में पहले ही अध्ययन किया जा रहा है। ऐसे समूहों की शुरुआत सात राज्यों अर्थात उड़ीसा, बिहार, राजस्थान, असम, पश्चिम बंगाल आदि जहां की समस्याएं अधिक गंभीर हैं, से की जा सकती है।

5. *बहुउद्देशीय टीम के साथ कार्य करना सीखना :* इसका लक्ष्य यह सुनिश्चित करना है कि विकास परक मुद्दों पर बैंकरों, प्रशिक्षकों, नीति निर्माताओं/गुणवत्ता प्रदायकों, मूल्यांकनकर्ताओं अथवा किसी भी गैर सरकारी संगठन जैसे एकल सेवा प्रदायकों का एकाधिकार न हो जाए। किसी के साथ मिलकर कार्य करना सीखने के लिए व्यवहार में परिवर्तन लाना अनिवार्य है। इसीलिए किसी परियोजना के आरंभ होने से लेकर पूरा होने

तक परियोजना टीम में विभिन्न क्षेत्रों के समर्पित विद्वान होंगे जैसे कि अकादमिक, अर्थशास्त्री, व्यापारी, बैंकर, तकनीकी विशेषज्ञ और यहां तक कि डाक्टर और आध्यात्मिक लोग अथवा स्वयं सेवक भी होंगे, जो ग्रामीण कार्यक्रमों के जरिए उद्यमों में नई जान फूंकने के लिए अपना अमूल्य योगदान दे सकते हैं।

6. *पंचायती राज संस्थाओं से संपर्क :* पंचायती राज संस्थाओं की भूमिका महत्वपूर्ण है, इसीलिए ये अस्तित्व में आई हैं, परन्तु यह विभिन्न ग्रामीण रोजगार सृजन और विकासपरक गतिविधियों के संबंध में स्थानीय स्तर पर विभिन्न कार्यक्रम चलाने का सशक्त माध्यम है। इस प्रयोजनार्थ भारत सरकार ने भी अपने राजपत्र में अधिसूचना और प्रशासनिक आदेश जारी किए हैं। पंचायती राज व्यवस्था की मूल भावना को देखते हुए ग्रामीण उद्यम विकास पर आरंभ से ही ध्यान देना होगा। इस परियोजना को लागू करने के दौरान और कार्यक्रम के कार्यान्वयन के विभिन्न स्तरों पर स्थानीय निकाय की भागीदारी की प्रक्रिया में पंचायती राज व्यवस्था की मूल भावना को ध्यान में रखना अनिवार्य है। इस तथ्य को ध्यान में रखना होगा, ताकि उचित अवधि में आत्मनिर्भरता प्राप्त की जा सके।

योजना की उपयोगिता

(क) ग्रामीण आकर्षण के कार्यक्रम की अनुकृति।

(ख) ग्रामीण उद्यम विकास के स्वोट (SWOT) विश्लेषण को अनिवार्य बनाना।

(ग) वर्धा, तमिलनाडु, लखनऊ, राजस्थान में मॉडल की सफलता को देखते हुए दूसरे राज्यों में उसकी अनुकृति को अनिवार्य बनाना।

(घ) उड़ीसा, बिहार, उत्तर प्रदेश, मध्य प्रदेश, राजस्थान, असम, पश्चिम बंगाल जैसे चुनिंदा राज्यों की समस्याओं का एक वर्ष या इतने ही समय में पता लगाना, ताकि इन मॉडलों को प्रयोग में लाया जा सके।

(ड.) ग्रामीण उद्यमिता संबंधी कौशल का लाभ उठाएं जाने की जरूरत है और साथ ही कौशल को उन्नत बनाए जाने की जरूरत है तथा अपारंपरिक उद्यमों का विकास किए जाने की भी जरूरत है।

(च) जिन बुनियादी सुविधाओं का लाभ नहीं उठाया जा रहा है उनका अधिकतम लाभ उठाए जाने की जरूरत है, पंचायती राज संस्थाओं का विकेन्द्रीकरण करके उनका भी सहयोग लिए जाने की जरूरत है।

(छ) स्थानीय नेतृत्व की पहल के साथ यह देखना भी महत्वपूर्ण है कि देश में उपलब्ध प्रतिस्पर्धानुकूल अवसरों का कारपोरेट क्षेत्र की विशेषज्ञता का भरपूर उपयोग किया जाना चाहिए।

(ज) संगठित प्रयासों से विभिन्न संस्थानों के बीच अंतर कौशल संपर्कों की स्थापना की जा सकती है।

विशिष्टताएं

राष्ट्रपिता महात्मा गांधी ने कहा था कि मैं तुम्हें एक जंतर देता हूँ। जब भी तुम्हें संदेह हो या तुम्हारा अहम् तुम पर हावी होने लगे तो यह कसौटी आजमाओ। जो सबसे गरीब और कमजोर आदमी तुमने देखा हो, उसकी शकल याद करो और अपने दिल से पूछो कि जो कदम उठाने का तुम विचार कर रहे हो, वह उस आदमी के लिए कितना उपयोगी होगा? क्या उससे वह अपने ही जीवन और भाग्य पर कुछ काबू रख सकेगा? यानि क्या उससे उन करोड़ों लोगों को स्वराज्य मिल सकेगा, जिनके पेट भूखे हैं और आत्मा अतृप्त है?

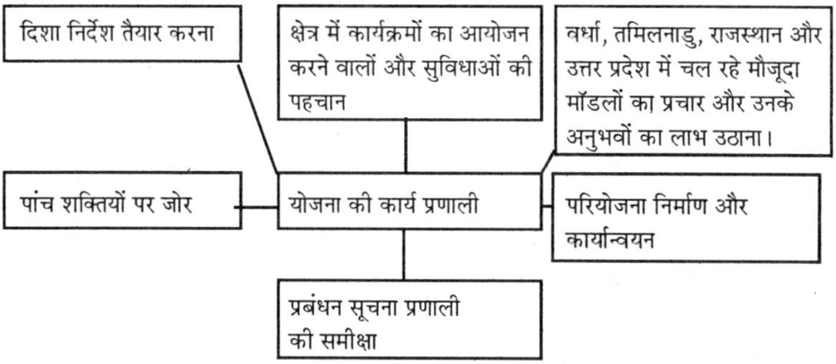

योजना की कार्यप्रणाली

पारंपरिक रूप से, सरकारी योजनाओं में बहुत सी बातें एक जैसे होती हैं। उदाहरण के तौर पर धन की स्वीकृति, टूट, आर्थिक सहायता अर्थात् मौलिक इनपुट का प्रस्ताव किया जाता है, मॉनिटरिंग में सुस्ती बरती जाती है और समन्वय का लगभग अभाव बना रहता है। इसके पश्चात् कार्यक्रम की सफलता को उन आंकड़ों के आधार पर आंकलित किया जाता है, जिनका संकलन कार्यक्रम को आरंभ करने वाले और उसे बढ़ाने वाले तंत्र द्वारा किया गया है। इसमें आश्चर्य की कोई बात नहीं यदि उपलब्धियाँ अस्थायी हों और परिणाम के रूप में पदों का सृजन, सरकारी अनुदान, आर्थिक सहायता लक्षित समूह के केवल छोटे से भाग को ही मिल पाती तथा योजना पुन: कहीं दूसरी जगह प्रयोग नहीं हो पांती हो। इस सबके आधार पर योजना इस सिद्धांत पर कार्य करने जा रही है कि मनुष्य मूलत: एक उद्यमशील प्राणी है। ऐसी स्थिति को उत्पन्न करना कोई कठिन कार्य नहीं है, जिनमें मनुष्य की जन्मजात को जागृत न किया जा सकता हो। इस कार्य में राज्य को महत्वपूर्ण समग्र भूमिका निभानी होगी। इसीलिए नीतियों का संवेदनपूर्ण कार्यान्वयन एक महत्वपूर्ण बुनियादी तत्व है।

1. *दिशा निर्देश तैयार करना:* दिशा निर्देश जितने संभव हो सके संक्षिप्त होने चाहिए। इसके पीछे यह सिद्धांत है कि हमें कोई भी चीज निशुल्क नहीं मिलती और हमें

केवल उस बात को प्रोत्साहित करना चाहिए जिसमें रुपए पैसे का कोई स्थान न हो। कार्यक्रम की सफलता अंततः दिशानिर्देशों में ही निहित होती है। क्योंकि इसी से कार्यक्रम की जानकारी सबको मिलती है।

2. *क्षेत्रों, संयोजकों, कार्यक्रमों और सुविधाओं की पहचान:* कार्यक्रम अथवा क्षेत्र की पहचान करने का कोई बंधन-बंधान कानून नहीं है, जिसका पालन करना ही जरूरी हो। परियोजना स्वीकृति के पश्चात क्षेत्र की पहचान करके का कार्य पंचायती राज संस्थाओं और संयोजक उद्यमियों के जिम्मे छोड़ देना चाहिए। योजना की उपयोगिता और बैंक क्षमता के आधार पर क्षेत्र/ब्लाक/तहसील का चुनाव किया जा सकता है। एक बार निर्णय लेते ही पूर्ण स्वायत्तता हो जाएगी। ऐसा इसलिए है ताकि एक वर्ष के भीतर परिणाम प्राप्त हो जाएं और बाद में योजना को चालू रखना मुश्किल ही हो जाएगा।

3. *विभिन्न स्थानों पर मौजूदा मॉडलों का प्रदर्शन:* सबसे पहले तो यह बात स्पष्ट होनी चाहिए कि हमें कौनसा लक्ष्य प्राप्त करना है। भारत कोई नव विकसित देश नहीं है, बल्कि हमारी अपनी सोच है, जीवन के प्रति हमारी अपनी मान्यताएं है, हमारी एक समृद्ध परंपरा रही है, जिसके कारण ग्रामीण क्षेत्रों में रोजगार के स्थायी स्त्रोतों को सहायता प्राप्त हुई है। हमारा पहला प्रयास संयोजक उद्यमिता के उन मॉडलों को सामने लाने का प्रयास करना है जो पहले ही से जांचे परखे हैं और स्थानीय जरूरत के अनुसार उनमें वांछित परिवर्तन किया जा सकता है। इस बारे में सफल मॉडलों संबंधी पर्याप्त साहित्य मौजूद है। हमें प्रयास करना होगा कि हम राज्यानुकूल मौजूदा मॉडलों को प्राथमिकता दें। इससे सरल स्वीकार्यता और व्यावहारिक सीख सुनिश्चित हो सकेगी और वह भी बहुत कम लागत पर।

4. *परियोजना निर्माण और कार्यान्वयन:* अधिकांश परियोजनाएं आई.एस.बी. अथवा गैर कृषि क्षेत्रों अथवा खादी और ग्रामोद्योग क्षेत्रों और अन्य विकेन्द्रीकृत क्षेत्रों से संबंधित होंगी, जिनका लक्ष्य ग्रामीण रोजगार के अधिकतम अवसर उत्पन्न करना है। संयोजना उद्यमी और उद्यम के लाभार्थियों के साथ-साथ बैंकरों, बीमाकर्ताओं, वित्तीय संस्थाओं, स्थानीय निकायों आदि की बहुत ही कम समय में सक्रिय भागीदारी की जरूरत होगी, ताकि ऐसी परियोजनाओं का आसानी से पता लगाकर उन्हें बैंकों को प्रस्तुत किया जा सके। फंड तो सीमित ही होंगे और कुछ मामले ऐसे होंगे कि उनके बारे में फंड की स्वीकृति का इंतजार किए बिना भी उन्हें शुरू करने के लिए बुनियादी सुविधाओं की जरूरत पड़ेगी। इसलिए साथ ही ब्याज संबंधी आर्थिक सहायता अथवा उत्पाद कर छूट और बिक्रीकर, चुंगी में छूट जैसी अन्य राज कोषीय सुविधाओं जैसी अन्य सुविधाओं पर भी गहन चिंतन कर लेना चाहिए, ताकि इनका लाभ इन उद्यमों को प्राप्त हो सके।

5. *समीक्षा और प्रबंधन प्रणाली:* भारत में योजना तैयार करते समय और उसे कार्यान्वित करने के दौरान इस पक्ष पर कोई खास ध्यान नहीं दिया जाता। आम तौर पर यह समझ लिया जाता है कि असंगठित क्षेत्र उद्यमों के मतानुसार समीक्षा कार्य प्रशासन के

उच्चतम स्तर पर किया जाने वाला कार्य है। परन्तु लघुस्तरीय ग्रामीण उद्यम इस समस्या का विभिन्न कारणों से सामना कर रहे हैं। इसलिए समीक्षा को किसी भी परियोजना का सर्वाधिक महत्वपूर्ण अंग समझा जाना चाहिए। प्रस्ताव किया जाता है कि विभिन्न संबंधित समूहों द्वारा प्रतिमाह निचले स्तर पर/राज्य स्तर पर और केन्द्रीय स्तर पर समीक्षा बैठकें आयोजित की जानी चाहिए। हमें कम्प्यूटर और निजीकरण की भूमिका को भी सही ढंग से समझना होगा और उसे परियोजना संबंधी दिशा निर्देशों में वर्णित करना होगा।

6. *पांच शक्तियों पर ध्यान दिया जाना:* हमारी परिस्थतिकीय प्रणाली की पांच अनिवार्य शक्तियों में नीतिगत शक्ति, नारी शक्ति, विज्ञान और प्रौद्योगिकी, अर्थशास्त्र और आस्था तथा मानवता अथवा न्यासभावना और आध्यात्मिकता आदि शामिल हैं। ये वे शक्तियां हैं जो सदैव अंतरग्रंथित रहती हैं। पूरी परियोजना इन्हीं पांच शक्तियों के इर्द–गिर्द घूमती रहती है।

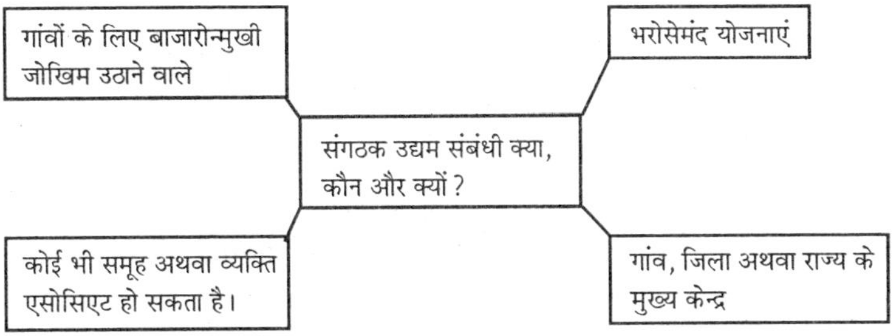

संगठक उद्यमी कौन हो सकता है?

वह ऐसा होना चाहिए, जो बाजार की सुध रखता हो, क्षेत्र, ब्लॉक/तहसील और आसपास के गांवों के लिए जोखिम उठाना चाहता हो। वह कोई व्यक्ति भी हो सकता है, संस्था हो सकती है, सहकारी संस्था हो सकती है, सरकारी अथवा गैर सरकारी निकाय हो सकता है, परन्तु उसमें बाजारोन्मुखी ग्रामीण विकास का जज्बा होना जरूरी है, ताकि कार्यक्रम को भरोसेमंद बनाए जा सके। वह कॉरपोरेट जगत से संबंधित कोई एजेंसी भी हो सकती है, पंजीकृत संस्था हो सकती है, सोसायटी, एसोसिएशन और यहां तक कि कोई अप्रवासी भारतीय या कोई आध्यात्मिक संस्था भी हो सकती है।

संगठक उद्यमी को कौन पहचान सकता है/मान्यता दे सकता है?

संगठक उद्यमी कौन व्यक्ति अथवा कौन सी एजेंसी हो सकती है, शायद यह निर्णय करना ही योजना का सबसे महत्वपूर्ण अंग है। क्योंकि परियोजना के कार्यान्वयन में सबसे अधिक महत्वपूर्ण भूमिका उसी की है। हालांकि यह कोई व्यक्ति भी हो सकता है, गैर सरकारी

संगठन भी हो सकता है, एसोसिएशन/सोसायटी और यहां तक कि अप्रवासी भारतीय या आध्यात्मिक संस्था भी हो सकती है। संगठक उद्यमी को मान्यता प्रदान करने का अंतिम निर्णय लेना उस शीर्ष संस्था का काम है, जो उसे किसी कार्यक्रम योजना को राष्ट्रीय स्तर पर कार्यान्वित करने के लिए प्राधिकृत करेगी। सीधे-सीधे यह संस्था संगठक उद्यमी को पहचानने की भूमिका निभाएगी और इसकी जिम्मेदारियां, स्थान, परियोजना स्थल की स्थितियां, जहां पर वास्तव में परियोजना को लागू किया जाना है, पर निर्भर करती है।

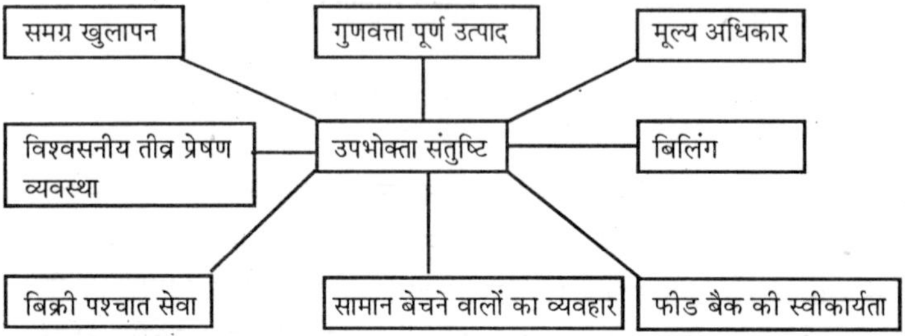

प्रभावित उपभोक्ता	– विज्ञापन के द्वारा
अभिप्रेरित उपभोक्ता	– आंतरिक दार्शनिक आग्रह
बंधा ग्राहक (उपभोक्ता)	– खास वस्तुएं, कोई प्रतिस्पर्धा नहीं, वह खरीदेगा ही, कोई विकल्प नहीं
खानदानी ग्राहक	– पुराने मित्र, मानवीय दृष्टिकोण

विपणन के प्रति विशेष दृष्टिकोण अपनाते हुए संगठक उपभोक्ता की भूमिका और उसकी जिम्मेदारी

यह वह क्षेत्र है, जिसे हम परंपरा से ही नकारते आ रहे हैं। इस उपेक्षा का कारण अति आश्रितता, आर्थिक सहायता, अनुदान, रियायत, बाह्य निधि संबंधी सांस्कृतिक बाध्यता अथवा सरकार की आंतरिक बाध्यता भी हो सकती है। प्रारंभ में बढ़ती अपेक्षाओं को पूरा करने के लिए या तो सरकार लोगों पर कर लगाती है या घाटे में जाती है या फिर बाहर से ऋण लेती है। परन्तु जब प्रतिस्पर्धा बढ़ती है तो अन्य सुविधाओं की लत कई गुना बढ़ जाती है। कई बार ऐसा लगने लगता है कि असंगठित सेना संबंधी स्वरोजगार ही समस्याओं का एकमात्र हल है और जब इसे कार्यान्वित करने की बात आती है तो हमारा ध्यान विपणन की ओर जाना स्वाभाविक है। यही निवेश का औचित्य है। यदि किया गया निवेश विपणनीय नहीं है तो जिम्मेदारियां और घेरती हैं। देखिए निवेश किया गया है तो अपेक्षानुसार सुपरिणाम प्राप्त होना जरूरी है।

प्रतिस्पर्धा जांच

प्रतिस्पर्धात्मक क्षमता की जांच करके हम विपणन को दीर्घावधिक टिकाऊपन प्रदान कर सकते हैं। विपणन केवल उत्पादों का ही नहीं होता, बल्कि सेवा, प्रौद्योगिकी, संचार विशेषज्ञीयता, परामर्श और सिद्ध प्रतिस्पर्धी क्षमताओं का भी होता है। इसमें अनेक अल्पावधिक और दीर्घावधिक मुद्दे जुड़े होते हैं।

सोच में परिवर्तन

आइए देखें कि सोच बनती कैसे है? क्या हमारी सोच हमारे व्यवहार में झलकती है? क्या किसी समस्या अथवा अवसर के प्रति समाज, व्यक्ति और राज्य की सोच अलग अलग हो सकती है। देखिए, इस प्रश्न का विश्लेषण आप चाहे जो करें परन्तु यह बात तो सत्य है कि बाजार उपभोक्ता की सोच के अनुसार परिवर्तन करता है। उपभोक्ता ही सोच परिवर्तन है। वास्तव में सोच ही वह चीज है जो किसी कार्यक्रम की सफलता की अवधि का निर्धारण करता है। हमारे जैसे देश में समस्या के प्रति सकारात्मक सोच सुग्राही व्यवहार पद्धति, समग्र दृष्टिकोण, संबंधित मुद्दों का विस्तार स्वोट (SWOT) विश्लेषण और सोच परिवर्तन को बढ़ावा दिए जाने की जरूरत है, क्योंकि इन्हीं सब बातों के रहते ही व्यक्ति, समाज या देश की बाजारपरक सोच का विकास होता है।

प्रतिकृति सुनिश्चियन

इसका अर्थ है कि हमारे कार्यक्रम के बाजारपरक होने के कारण उसका अन्यत्र विस्तार किया जा सकता है। अनेक कार्यक्रम अच्छे तो बहुत होते हैं, परन्तु चल नहीं पाते हैं, और जल्दी ही दम तोड़ देते हैं। क्या आप जानते हैं कि ऐसा क्यों होता है? ऐसा इसलिए होता है कि कार्यक्रम में अंतर्निहित बाजार अर्थात विपणन घटक को बाहरी ताकतों के हवाले छोड़ दिया जाता है और नतीजतन उद्यम घुट–घुट कर दम तोड़ने को बाध्य हो जाते हैं।

आशाएं जगाना

बाजार की संकल्पना आशाएं जगाने में सहायता करता है। इससे कोई फर्क नहीं पड़ता कि वह प्रतिकृति योग्य है अथवा नहीं। जीवन में एक आशा ही तो है, जो हमें जीवंत बनाए रखती है। आशा को निराशा में नहीं बदलते देना चाहिए। आईए देखें कि आशा कैसे जगाई जाती है? वह कार्यक्रम का अभिन्न अंग क्यों है? उन मुद्दों के साथ वह लंबे समय तक कैसे स्थायी रहे, जो कि बाजार के महत्व से जुड़े हुए रहते हैं।

निगमित विश्लेषण की जरूरत

कार्यक्रम की दीर्घायु के लिए इन सभी मुद्दों का नियमित विश्लेषण करना, उसे समयानुकूलन करना और उसकी मॉनिटरिंग करना अनिवार्य है। बाजार की संकल्पना यह सुनिश्चित करती है कि आंतरिक स्त्रोतों की खोज की जाएगी और उसके लिए जरूरी है कि कार्यक्रम का निरंतर विश्लेषण किया जाए। ग्रामीण क्षेत्रों में स्वरोजगार कार्यक्रमों को स्थायी आधार पर चलाने के लिए यह जरूरी है कि निरंतर विश्लेषण किया जाए, ताकि उसका विस्तार भी किया जा सके।

योजना की कार्य योजना और कार्यान्वयन चरण

कुल अवधि (एक वर्ष)

1. यह सुनिश्चित किया जाना चाहिए कि परियोजना को चलाए रखना बोझ न बन जाए और न ही इसकी लागत में वृद्धि हो जाए। इस परियोजना को पी.ई.आर.टी. और सी.पी.एम. के साथ कई टुकड़ों में बांट लेना चाहिए।

2. सरकार से बात करने के पश्चात पहले माह में संगठन उद्यमी की पहचान की जाती है और देखा जाता है कि उसे सीखने के लिए कैसे मॉडलों की जरूरत पड़ेगी। इसके अलावा परियोजनाओं का अनुमानित चयन किया जाता है और समग्र परियोजना के सार से परिचित कराया जाता है।

3. दूसरे माह में चयनित उद्यमियों को उत्तरवर्ती प्रशिक्षण दिया जाएगा और साथ ही उन्हें उन संपर्क सूत्रों से भी परिचित कराया जाएगा, जो जरूरी है तथा समूह के लाभार्थियों द्वारा योजना के अन्तर्गत कार्यान्वयन के लिए पहचान की गई गतिविधियों के ब्लू प्रिंट को अंतिम रूप देने के लिए संबंधित एजेंसियों के साथ भी परिचय कराया जाएगा।

4. उद्यमियों द्वारा परियोजना के प्रथम चरण को चलाए जाने के लिए उन्हें सहायता प्रदान करने के लिए समन्वित प्रयास किए जाएंगे और वित्तीय संस्थाओं से वित्तीय मंजूरी दिलाई जाएगी। इसके साथ ही औजार, उपस्कर, मशीनी उपकरण प्राप्त करने का कार्य किया जाएगा तथा जरूरतमंद लाभार्थियों को सेवाएं भी दिलवाई जाएंगी।

5. अब तक की गई प्रगति और आगे की कार्य योजना को ध्यान में रखते हुए योजना, कार्यवाही, अनुसंधान, कोडीकरण, विस्तार और ऋण संबंधी योजनाओं का कोडीकरण किया जाएगा।

योजना की समीक्षा और मानिटरिंग

कार्य योजना संबंधी प्रचार करते समय हम पहले ही यह बता चुके हैं कि योजना की

कार्यान्वयन संबंधी समय तालिका की एक सुविचारित योजना बनाई जाएगी और योजना की त्रिस्तरीय समीक्षा मॉनिटरिंग की जाएगी। प्रथम स्तर पर पहचान किए गए सभी समूहों और संगठक उद्यमियों से प्राप्त की गई मासिक प्रगति रिपोर्ट का और विश्लेषण करने के लिए उसे कम्प्यूटर में डाला जाएगा और उसकी समीक्षा की जाएगी। दूसरे स्तर की मॉनिटरिंग में स्थानीय प्रशासन के प्राधिकारियों, जिला ग्रामीण विकास एजेंसियों, पंचायती राज खादी और ग्रामोद्योग आयोग और औद्योगिक विभागों के अधिकारियों को जिला स्तरीय/राज्य स्तरीय मंच पर एक जगह इकट्ठा किया जाएगा। कार्यक्रम कार्यान्वयन के विभिन्न चरणों की सूक्ष्म समीक्षा की जाएगी। तीसरे स्तर की समीक्षा राष्ट्रीय स्तर पर की जाएगी, जिसमें ग्रामीण विकास मंत्रालय, लघु उद्योग और कृषि तथा ग्रामीण उद्योग, खादी ग्रामोद्योग आयोग तथा कुछ आमंत्रित विशेषज्ञ भाग लेंगे। राष्ट्र स्तरीय फीड बैंक का विश्लेषण किया जाएगा और कार्यक्रम कार्यान्वयन के रुख की समीक्षा की जाएगी। विश्लेषण और समीक्षा में अपनाए जाने वाले मानदंडों का ब्यौरा इस प्रकार है–

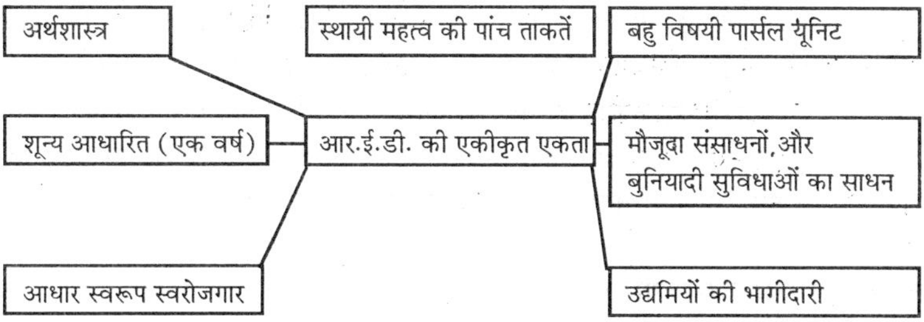

योजना की विशेषता

अक्सर ही यह पूछा जाता है कि इस कार्यक्रम की खास बात क्या है? हमें अनेक समन्वित ग्रामीण विकास कार्यक्रमों को कार्यान्वित करने का अनुभव प्राप्त है। अधिकांश मामलों में यह देखा गया है कि ग्रामीण विकास संबंधी सभी कार्यक्रमों का एक ही उद्देश्य - ग्रामीण रोजगार के अवसर पैदा करना होता है। जहां तक इस कार्यक्रम की बात है तो उसे नीचे दर्शाया गया है–

(क) इस योजना में हमने नीति शक्ति, मानव शक्ति, विज्ञान और प्रौद्योगिकी की शक्ति, मानवता, विश्वास और भाईचारे की पांच शक्तियों पर ध्यान केन्द्रित किया है। जिस किसी भी में इन पांच शक्तियों का संगम होगा, वही हमारा संगठन उद्यमी हो सकेगा।

(ख) इस योजना के अंतर्गत बहु विषयी और अंतर क्षेत्रीय गतिविधियों के लिए योजना, कार्यवाही, अनुसंधान, कोडीकरण, विस्तार और ऋण आदि सभी बातों

को संगठक उद्यमी में देखा जाता है, ताकि ग्रामीण उद्यमी की संभाव्यता का सही मूल्यांकन/आंकलन किया जा सके और सही कार्य का चुनाव करने में उसकी मदद की जा सके।

(ग) इस योजना को कार्यान्वित करने की अवधि एक वर्ष निर्धारित की गई है, जो कि 1994-95 से आरंभ होती है। वर्ष के अंत में यह देखा जाएगा कि संगठक उद्यमी की पहचान करने के स्तर से लेकर उत्पादन आरंभ करने तक चुनिंदा दक्षिणी राज्यों में लगभग 100 समूहों की पहचान की हो। चूंकि इस योजना का वित्त पोषण बैंकों की वित्तीय संस्थाओं द्वारा किया जाएगा, इसलिए यह वर्ष की समाप्ति पर स्वत: ही बंद हो जाएगी। इसलिए इसे शून्य आधारित कहा जाता है।

(घ) इस योजना में प्रशिक्षण, परिवहन, गुणवत्ता नियंत्रण, कच्चे माल, गोदाम आदि के रूप में वित्तीय सहायता अथवा बुनियादी सुविधाएं सृजित करने की बात नहीं कही गई है, जो कि अन्य तरीके से प्राप्त की जाती है और जो अधिकांश समरूपी ग्रामीण रोजगार सृजक योजनाओं के लिए जरूरी होती है, बुनियादी ढांचागत सहायता की जरूरत पहले पड़ती है और फिर उसका विस्तार और फैलाव किया जाता है। लेकिन यहां पर ठीक उल्टा है क्योंकि बुनियादी ढांचागत सुविधाओं की जरूरत ही नहीं है। लाभार्थी उद्यमी उत्पादन के आरंभ होने के स्तर पर संगठक उद्यमी की पहचान कर लेता है और योजना को एक वर्ष की अवधि के भीतर कार्यान्वित करने पर विचार किया जाता है।

आधार स्वरूप स्वरोजगार

आरंभ से ही स्वरोजगार पर बल देना हमने अपने पूर्व अनुभवों से सीखा है। परम्परागत प्रयासों ने स्वरोजगार के नाम पर मजदूरी अथवा स्थायी आर्थिक सहायता के रूप में आश्रय परक रोजगार और सरकारी प्रतिपूरक सहायता ही प्रदान की गई है। इसलिए हमारे विचार से ग्रामीण क्षेत्रों में रोजगार के ऐसे अवसर प्रदान किए जाएं कि रोजगार वहीं पर उत्पन्न हो सके। इसके लिए उद्यमी संगठक में स्व/मजदूरी परक रोजगार के बीच बुनियादी भेद समझने की क्षमता के साथ-साथ विकास, निधियन, जोखिम उठाने की क्षमता पैदा करने और आशापूर्ण दृष्टिकोण अपनाने के लिए आत्मनिर्भरता और क्षमता का विकास करने तथा उपभोक्ता की जरूरत के अनुसार व्यवहार में परिवर्तन लाने की भी क्षमता होनी चाहिए। इस संदर्भ में राष्ट्रपिता महात्मा गांधी ने कहा था कि:

> "हमारी दुकान या फैक्ट्री में आने वाला ग्राहक हमारे लिए सबसे महत्वपूर्ण व्यक्ति है। वह हम पर आश्रित नहीं है। हम ही उस पर आश्रित हैं। वह हमारे यहां पर हमारे लिए व्यवधान पैदा नहीं कर रहा है। उसका आना ही हमारा प्रयोजन है। वह हमारे कार्य व्यापार का अभिन्न अंग है। उसको सेवा या वस्तु बेचकर हम उस पर कोई एहसान नहीं कर रहे हैं।"

इस प्रकार हम बापू के आदर्श में व्यावहारिक दर्शन को देख सकते हैं। लेकिन यदि व्यापारी या दुकानदार दिहाड़ी मजदूर है तो उसे उपर्युक्त व्यावहारिक दर्शन से कुछ लेना देना नहीं है। उद्यमी चैनल संसाधन से ही कुछ हो सकता है।

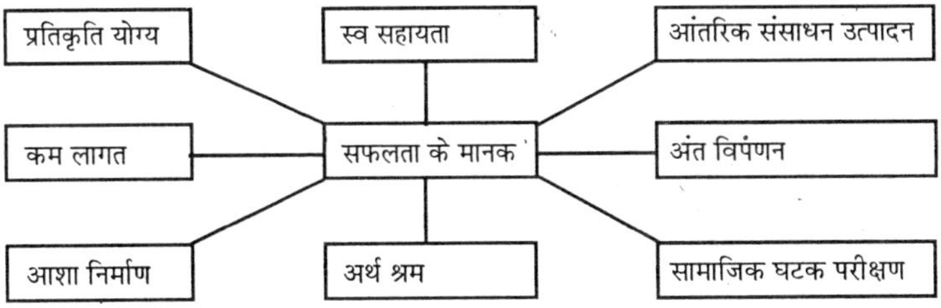

सफलता के मानक

सफलता के मानकों में हमने उन मानकों को शामिल किया है, जिनका आकलन करके हम यह बता सकते हैं कि कार्यक्रम परियोजना सफल हुई है। सफलता को हम व्यक्ति, समाज और राज्य के व्यापक परिप्रेक्ष्य में कतिपय बिन्दुओं के संदर्भ में परिभाषित कर सकते है। हो सकता है कि कोई व्यक्ति व्यक्तिगत स्तर पर सफल हो, परन्तु समाज या राज्य के संदर्भ में वह पूर्णत: असफल हो। एक व्यक्ति का क्षणिक लाभ किसी अन्य के लिए दीर्घकालिक नुकसान सिद्ध हो सकता है। सफलता के मानक मूल्यांकन, पुनर्कार्यान्वियन और समग्र दृष्टिकोण की जरूरत को कोडीकृत करते हैं। हम सभी उन पांच अंधे व्यक्तियों की कहानी जानते ही हैं जिन्होंने एक हाथी के अलग-अलग अंगों को छूकर उसे रस्सी, पेड़ के तने और दीवार आदि के रूप में पहचाना था। ठीक उसी प्रकार से सफलता को आंकने के लिए किसी एक दृष्टिकोण का सहारा नहीं ले सकते। इसके लिए हमें व्यापक स्तरीय स्वीकार्यता और दीर्घकालिक स्थायित्व को ध्यान में रखना पड़ेगा। किसी भी उद्यम की सफलता को समग्र रूप में समझने के लिए हमें निम्नलिखित बिंदुओं को ध्यान में रखना होगा:

1. *प्रतिकृतियोग्य:* सफलता ऐसी हो, जिसे दूसरी जगह भी लागू किया जा सके। अर्थात उसे सभी लोग स्वीकार कर सकें, लागू कर सकें और समझ सकें। चहार दीवारी तक सीमित कोई भी सफलता अधिक दिनों तक टिकी नहीं रह सकती।

2. *स्व-सहायता:* कोई भी सफल कार्यक्रम वह है, जो अपनी सहायता स्वयं कर सकता है। जो कार्यक्रम किसी दूसरे के सहारे चल रहा हो, उसे सफल नहीं कहा जा सकता फिर चाहे वह सहारा अधिक हो, मौलिक हो या फिर सामाजिक ही क्यों न हो? सफलता को अपनी कहानी स्वयं कहनी होगी ताकि उस पर यकीन किया जा सके।

3. *आंतरिक संसाधन उत्पादन:* इसका अर्थ यह है कि कोई उद्यम या संगठन या संस्था हो या फिर कोई कार्यकलाप हो उसे खुद धनराशि का उत्पादन स्वयं ही करना चाहिए। इससे विशेषज्ञों का बाजार बनता है। इन पक्षों पर ध्यान देने से संगठन अपने लक्षित समूह

को संतुष्ट करने के लिए पूर्णत: तैयार रहते हों, जिनसे उन्होंने सेवाएं अथवा सुविधाएं देने का शुल्क लिया है। जब कोई संगठन अपने आंतरिक संसाधनों की व्यवस्था कर लेता है तो उसके व्यवहार में सकारात्मक परिवर्तन स्पष्ट दिखने लगता है। इस प्रकार से हम आंतरिक संसाधन जुटाने की व्यवस्था को देखकर ही किसी सफलता का आंकलन कर सकते हैं।

4. *कम लागत:* जो कार्यक्रम कम लागत वाला नहीं है उसे हम सफल कह ही नहीं सकते हैं। समझ लीजिए कि वह बहुत जल्दी दम तोड़ देने वाला है। लागत ही तो सब कुछ है। लागत संबंधी समग्र पैकेज ही दीर्घकालिक कम लागत वाले कार्यक्रम की पूंजी है।

5. *अंतर्विपणन:* परियोजना के भीतर ही अंतर्विपणन की व्यवस्था की जरूरत है क्योंकि इसी पर कार्यक्रम की सफलता निर्भर करती है।

6. *आशा निर्माण:* आशा निर्माण की परिभाषा को जाने बिना बड़ी सरलता से यह कहा जा सकता है कि सफलता के मापदंड कार्यक्रम की आशा निर्माण क्षमता का अंग है। लोगों को चाहिए कि वे कार्यक्रम की प्रशंसा करें, उसके बारे में बाते करें और उसकी अच्छाईयों पर गौर करें। संस्था की इज्जत पर कोई आंच नहीं आनी चाहिए क्यों कि वही तो तथाकथित सफलता में सहायक है। जब हम विकास के स्तंभ गांधी, विनोबा, कुमारप्पा और राले गांव सिद्धि की बात करते हैं तो पाते हैं कि ये लोग आशा निर्माण करने में बखूबी माहिर थे। हमारे लिए यह जरूरी है कि हम सफलता के रहस्य को जानें।

7. *अर्थक्षमता:* अर्थक्षम संस्थाएं ही टिकाऊ होती हैं। परियोजना चाहे जितनी छोटी हो उसे भी धन की जरूरत पड़ती ही है। यह बड़े दुख की बात है कि धन की निजी स्तरी व्यवस्था हो सकने के बावजूद वित्तीय प्रोत्साहन व्यवस्था और सफलता के मापदंडों में इसे धन व्यवस्था के विधि सम्मत साधन के रूप में स्वीकार नहीं किया जाता है। वैसे आशा की किरणें दिखाई देने लगी हैं। बैंकों की वित्तीय समस्या हमारे सबके सामने है। इसलिए ऐसी नीति तैयार की जानी चाहिए, जो न केवल निजी धन लगाए जाने को अनुमति दे बल्कि उसे प्रोत्साहन भी दे।

8. *सामाजिक घटक परीक्षण:* जिस कार्यक्रम को समाज स्वीकार नहीं कर सकता, उसके अधिक लंबे समय तक चल पाने में संदेह ही रहता है। न्यास संकल्पना भले ही असफल हो जाए परन्तु कार्यक्रम के सामाजिक घटक को कभी भी कम करके नहीं आंकना चाहिए।

9. *सामाजिक विपणन:* सामाजिक जवाबदेही, सामाजिक विज्ञापन किसी भी मुश्किल कार्यक्रम के महत्वपूर्ण घटक हैं। इसलिए सफलता के मानकों के बारे में कोई भी निर्णय लेते समय इन बातों पर विचार करना जरूरी है।

यह कहने में कोई हिचक नहीं है कि जब तक प्रारंभ से ही सफलता के मानदंडों का व्यापक प्रचार-प्रसार नहीं कर दिया जाता है और सभी प्रगतिस्पर्धा उद्यमों को फील्ड योजना प्रदान नहीं कर दी जाती है, तब तक तथाकथित दीर्घावधिक सफलता मात्र अल्पावधिक प्रचार स्टंट ही बनकर रह जाएगी।

चिंतनीय जोखिम क्षेत्रघटक

1. असहयोग
2. बीच में ही छोड़कर चले जाना (ड्राप आउट)
3. बाजार जोखिम
4. धन उपलब्धता
5. गुणवत्तापूर्ण उत्पादन
6. तबादले
7. स्थानीय पंचायत समर्थन
8. निधि के माध्यम
9. सिद्धान्त परिवर्तन के माध्यम से स्व उत्तरदायित्व
10. चिंतनीय जोखिम क्षेत्र घटक

यहां पर हमने उन क्षेत्रों पर ध्यान केन्द्रित करने का प्रयास किया है, जिन्हें आम तौर पर विकेन्द्रीकृत लक्ष्य समूहों संबंधी सुविचारित और सोद्देश्य योजनाओं की असफलता के लिए जिम्मेदार समझा जाता है। भूतकालिक अनुभवों ने हमें यह सिखाया है कि आज के उच्च तकनीक, तीव्र होते संचार, बढ़ती आशाओं और उम्मीदों और एक ही रात में अमीर बनने जैसे ख्वाहिशों वाले इस युग में कुछ ऐसे चिंतनीय विषय हैं जिन्हें सदैव ध्यान में रखना चाहिए। इन मुद्दों को कार्यान्वित करने और उनका मूल्यांकन करने के लिए कार्यक्रम मानिटरिंग में जोखिम योजनाओं और कमजोर कड़ी के रूप में भी विचार किया जाता है।

1. *असहनीय:* हमारे जैसे विशाल देश में यह समझा जाता है कि सेवा संस्थाएं सामान्यत: धीमी गति से कार्य करती हैं। हमारी व्यवस्था में संस्थाओं पर यह दबाव बना रहता है कि वे सहकारिता की भावना को आत्मसात कर लें। इसका एक बड़ा कारण यह है कि अन्य विभाग अपना अपना विस्तार करने में लगे हैं तथा राज्यों तथा अन्य एजेंसियों से दोनों हाथों से संसाधन प्राप्त करने में लगे हुए हैं। इससे सेवा संस्थाओं में आवश्यकता से अधिक आत्मविश्वास आ गया है और परिणामस्वरूप वास्तविक प्रयोजन हाशिए पर चला गया है और असहयोग ही आज की सच्चाई बन चुकी है। यदि हम इस प्रवृत्ति पर कुछ अंकुश लगाना चाहते हैं तो हमें पूरी तरह से खुलापन लाना होगा और सही संगठक उद्यमी का चयन करना होगा और साथ ही गहन मॉनिटरिंग व्यवस्था अपनानी होगी और ऊंचे से ऊंचे तथा निचले से निचले स्तर तक मॉनिटरिंग करनी होगी।

2. *बीच में ही छोड़ कर चले जाना:* ऐसा उस समय होता है जब उद्यमी को वर्तमान से बेहतर अवसर प्राप्त हो जाते हैं। यह सत्य है कि उसके पास पैसा है परन्तु उसका झुकाव शहरी चमक दमक की ओर है और शहर जाकर वह शहरी चकाचौंध में खो जाता है तथा बेहतर की उम्मीद में वर्तमान का त्याग कर देता है। इस समय इस परियोजना में ड्राप

आउटरों की संख्या 10 से 20 प्रतिशत है जबकि सामान्यतः यह संख्या 50 से 60 प्रतिशत होती है।

3. *बाजार जोखिम:* इस संपूर्ण कार्य के बाजारोन्मुखी होने के कारण आंतरिक संसाधनों का जुटाया जाना अनिवार्य हो जाता है। बाजार में अनेक जोखिम क्षेत्र होते हैं। लेकिन पूर्णतः राजकीय सहायता पर निर्भर नहीं रहने के प्रयास करने चाहिए और प्रतिस्पर्धा परक उत्पादों का उत्पादन करना चाहिए और प्रतिस्पर्धी लागत पर ही सेवा भी देनी चाहिए। नीतियां तो अनेक हो सकती हैं, परन्तु उनकी मानिटरिंग उच्चस्तरीय होनी चाहिए। यह संभव हो सकता है कि ध्यान दिए जाने से कार्यक्रम के बाजार पक्ष संबंधी जोखिमों पर काबू पा लिया जाए।

4. *निधि की उपलब्धता:* अधिकांश निधियों के वित्तीय संस्थाओं से प्राप्त होने की संभावना होती है। अपने आसपास मौजूद समूह (क्लस्टर) की वजह से वे अति चौकन्ने हो सकते हैं। इसलिए परियोजना को अर्थक्षम बनाना अनिवार्य है और इसके लिए आउटपुट को बढ़ावा देने वाले प्रोत्साहन दिए जाने चाहिए अथवा ब्याज संबंधी उत्तरदायित्व को क्षति पूर्ति के लिए मार्जिन दिया जाना चाहिए तथा बैंकिंग क्षेत्र की जरूरतों के अतिरिक्त बोझ के संबंध में भी उनकी हौसला आफज़ाई करनी चाहिए। यथोचित और यथावश्यक होने पर हम कॉरपोरेट क्षेत्र और यहां तक कि अप्रवासी भारतीयों से भी निधि प्रदान करके बढ़ावा दे सकते हैं।

5. *गुणवत्तापूर्ण उत्पाद:* आम तौर पर यह समझा जाता है कि ग्रामीण क्षेत्र के उत्पाद परंपरा से ही घटिया किस्म के होते है। यह एक महत्वपूर्ण बात हो सकती है जिस पर आंशिक रूप से गुणवत्तापूर्ण बुनियादी सुविधाओं से काबू पाया जा सकता है और साथ ही इस क्षेत्र में सफलतापूर्वक कार्य करने वाली संस्थाओं के अनुभवों से भी लाभ उठाया जा सकता है। इसके साथ ही मौजूदा बाजारोन्मुखी संस्थाओं के साथ मिलकर भी समस्या का समाधान किया जा सकता है। बेहतर विज्ञापन, सामान्य ब्रांड नाम, उपभोक्ता शिक्षा, केन्द्रीय भंडारण और वितरण जैसे कुछ ऐसे क्षेत्र हैं, जिनके संबंध में गुणवत्ता पर ध्यान केन्द्रित करना जरूरी है। योजना को इस प्रकार से विभाजित किया जा सकता है कि कठिन कार्यों के लिए प्रोत्साहन दिया जाए, ताकि उस क्षेत्र में संगठक उद्यमी परियोजना को आगे बढ़ाते हुए प्रेरणा ग्रहण करता रहे।

6. *स्थानांतरण/तबादले:* प्रत्येक परियोजना में ऐसे कुछ व्यक्ति होते हैं जिनके सहारे कोई परियोजना चलती है। चाहे परियोजना की अवधि एक वर्ष ही क्यों न हो, उसमें निम्न स्तरी छोटी-छोटी बाधाएं भी विलंब और अनिश्चितता का कारण बन सकती हैं। इसीलिए आरंभ में ही उन सक्रिय लोगों की पहचान कर लेनी चाहिए और उन्हें कहना चाहिए कि वे संबंधित स्थानीय प्राधिकारियों से कुछ वादे कर लें।

7. *स्थानीय पंचायत सहयोग:* परंपरागत रूप से देखा जाए तो ऐसे ग्रामीण रोजगार कार्यक्रमों संबंधी किसी भी गतिविधि में स्थानीय संस्थाएं भाग नहीं लेती हैं। भले ही उनकी पंचायत मुखर प्रभावी और सम्मुन्नत हो, तो भी वे सक्रिय भूमिका निभाने के लिए आगे नहीं

आते। इसलिए इस परियोजना में पूर्णतः कार्यक्रम कार्यान्वयन के विभिन्न चरणों में पंचायत के सहयोग, समर्थन और भागीदारी प्राप्त करने के लिए प्रयास किया जाएगा। इसके अलावा कुछ मात्रा में प्रोत्साहन अथवा इनाम अथवा गैर वित्तीय प्रेरणा भी आवश्यक है। स्थायी भागीदारी सुनिश्चित करने के लिए योजना को गतिशील बनाने के उपाय किए जाएंगे।

निधि संबंधी माध्यम

सहयोग, समन्वय, प्रभावी मॉनिटरिंग और समयबद्ध सहायता से समस्याएं हल की जा सकती हैं। हालांकि नीतियों और निधि के माध्यम से ग्रामीण उद्यमी विकास के लिए समस्या बन सकते हैं। निधि के माध्यम केवल सरकार अथवा सहकारी संस्थाएं ही नहीं होती। निधि के आंतरिक संसाधन माध्यम भी हो सकते हैं। हालांकि इस संबंध में कार्यक्रम संबंधी पिछले और मौजूदा अनुभवों के आधार पर और चिंतन किए जाने की ज़रूरत है।

ग्रामीण विकास मंत्रालय की परिव्यय निधि को के.वी.आई.सी. के माध्यम से मंगाया जा सकता है जो उस निधि के समन्वय के लिए उच्च स्तरीय निकाय की स्थापना कर सकता है। ग्रामीण विकास निधि और बैंक निधि सीधे ही लाभार्थियों तक पहुंचाई जा सकती है अथवा ऐसे माध्यम के जरिए भी पहुंचाई जा सकती है जो क्लस्टर स्थल पर स्थानीय रूप से कई कार्य कर रहे हों।

कार्यक्रम के लिए धन की व्यवस्था

ग्रामीण विकास के लिए विभिन्न कार्यक्रमों के अंतर्गत दी जा रही अनेक सुविधाओं का लाभ उठाने के पूर्ण प्रयास किए जा रहे हैं। तथापि, निम्नलिखित के लिए संसाधनों की जरूरत पड़ेगी:

1. कम्प्यूटरों के माध्यम से मॉनिटरिंग
2. वजीफा
3. ब्याज संबंधी आर्थिक सहायता
4. मानदेय
5. कार्यशालाएं
6. सम्मेलन
7. अनुभवों से प्राप्त सीख का प्रचार प्रसार करना
8. अध्यापकों, उद्यमियों, अकादमिकों, दार्शनिकों, स्थानीय नेताओं, नौकरशाहों और उद्यमियों वाले बहुविषयी दल का गठन करना।

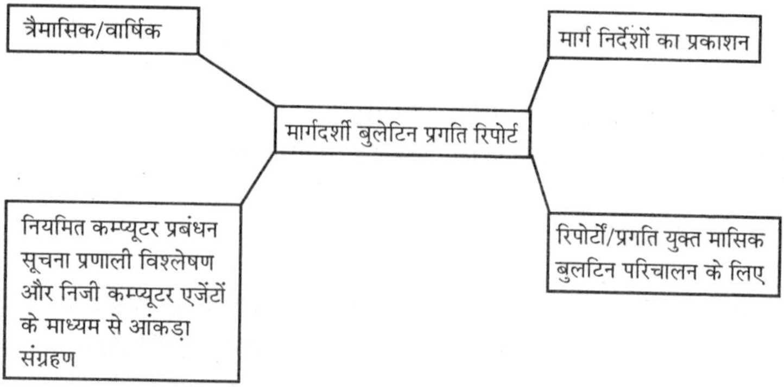

मार्ग निर्देश, बुलेटिन प्रगति रिपोर्टों आदि का प्रकाशन

1. हम परियोजना में ही इस बात को स्वीकार कर चुके हैं कि कार्यक्रम के स्वीकृत होने के पश्चात् उसके कार्यान्वन से पूर्व सबसे पहला कार्य ऐसे मार्ग निर्देश अथवा मोड्यूल तैयार करना है, जिसके आधार पर पहचान किए गए संगठक उद्यमी को प्रेरणा देने संबंधी निर्णय लिया जाएगा और योजना को प्रकाशित किया जाएगा तथा जहां पर जिस राज्य में परियोजना को लागू किया जाना है, वहां पर उसका व्यापक रूप से प्रचार प्रसार किया जाएगा।

2. चूंकि परियोजना कायान्र्वयन की स्थानीय/राज्य स्तर पर और केन्द्रीय स्तर, दोनों पर ही मासिक आधार पर मॉनिटरिंग की जाएगी, इसीलिए एक मासिक बुलेटिन निकाला जाएगा जिसमें विभिन्न राज्यों में परियोजना को कार्यान्वित करने में सामना की जा रही विभिन्न समस्याओं को प्रकाशित किया जाएगा और परियोजना के कायान्र्वयन संबंधी विकास और प्रगति से परिचित करने के लिए संबंधितों के परिचालित किया जाएगा।

3. संगठन उद्यमी की प्रमुख संकल्पना इस योजना में अनुभवों से सीख लेना और एक साथ मिलकर कार्य करना है। इसीलिए देश के चुनिंदा, उद्योग की पहचान की गई श्रेणी, सेवा और व्यवसाय तथा गतिविधियों के सफल मॉडलों का अध्ययन करना होगा और उनकी सफलता के रहस्य से अन्य लोगों को भी परिचित करना होगा ताकि वे भी इससे न केवल सीख ले सकें बल्कि उसका हू ब हू अनुकरण कर सकें। इसमें हम उन महत्वपूर्ण क्षेत्रों की विशेषताओं का उल्लेख करेंगे, जो कि सफल मॉडलों की सफलता के आधारभूत घटक रहे हैं।

4. मासिक रिपोर्टें/आंकड़े एकत्र करने संबंधी प्रोफार्मे और फार्मेट को अंतिम रूप देने के लिए संबंधित क्षेत्रों के विशेषज्ञों की राय ली जाएगी और कम्प्यूटरीकृत प्रबंधन सूचना प्रणाली को अपनाया जाएगा। इस प्रकार से विश्लेषित किए गए विभिन्न आंकड़ों को योजना के कार्यान्वयन के विभिन्न चरणों संबंधी सफलताओं और असफलताओं को ध्यान में रखे जाने के लिए निजी एजेंसियों के माध्यम से सभी संबंधितों को परिचालित किया जाएगा।

5. चूंकि यह योजना अपने किस्म की अकेली है, इसलिए इस कार्यक्रम के कार्यान्वयन संबंधी प्रत्येक स्तर की गहन मॉनिटरिंग पर अधिक से अधिक जोर दिया जाएगा और इस प्रक्रिया में त्रैमासिक, अर्धवार्षिक और वार्षिक रिपोर्टें मुद्रित और प्रकाशित की जाएंगी।

भावी संभावनाएं

परियोजना संबंधी विभिन्न विवरणों में यह कहा जा चुका है कि यह अपने तरह की विलक्षण योजना है क्योंकि इसमें एक वर्ष की अवधि के भीतर ही परिणाम प्राप्त करने पर विचार किया जाता है। यदि योजना सफल होती है तो उसे ग्रामीण समरूपी क्षेत्रों में उन विकास परियोजनाओं के लिए लागू किया जाना बहुत ही लाभदायक होगा, जिन राज्य और राष्ट्रीय स्तर पर कार्यान्वित किया जा रहा है। योजना की भावी संभावनाओं को निम्न प्रकार से वर्णित किया जा सकता है।

1. इस समय सात राज्यों तक सीमित इन समरूपी योजनाओं को आने वाले वर्षों में लगभग 1000 क्लस्टरों में लागू किया जाएगा। परिमाणस्वरूप लगभग एक लाख लोगों को रोजगार प्राप्त होगा।

2. परियोजना के कार्यान्वयन के प्रथम चरण में परंपरागत उद्योगों और व्यापारिक गतिविधियों की पहचान की जाएगी परन्तु उनकी भावी सफलता के आधार पर सापेक्षतया इलेक्ट्रोनिक उद्योग, साबुन निर्माण उद्योग जैसे उच्च तकनीक वाले क्षेत्रों पर ज्यादा ध्यान दिया जाएगा।

3. इस अवधि के दौरान योजना से लाभ उठाने वाले भावी उद्यमियों को पंचायती राज से संबंधित पहचान की गई गतिविधियों को प्रभावी ढंग से शामिल किया जाएगा जैसे भारत सरकार ने अपने हाल ही के प्रशासनिक आदेश में उल्लखित और अधिसूचित किया है।

4. इस योजना के अंतर्गत जिन क्लस्टरों की पहचान की जाएगी, कुछ समय बीतने पर वे उस ब्लाक, तहसील और यहां तक कि जिले के लिए भी समेकित क्षेत्र विकास का मुख्य बिंदु बन जाएंगे।

5. ग्रामीण उद्यम विकास योजना की संकल्पना को ग्रामीण विकास संबंधी योजना/परियोजना के कार्यान्वयन को त्वरित करने के लिए ग्रामीण विकास योजना में भी लागू किया जा सकता है।

6. कुछ समय बाद इस योजना को विकासशील और अविकसित देशों के लिए विश्व स्तर पर भी लागू किया जा सकेगा, क्योंकि सभी प्रकार की प्रगति का मुख्य बिंदु तो संगठनात्मक उद्यम ही रहेगा।

टावरी मॉडल से महत्तम लाभ उठाने की मानिटरिंग प्रणाली

पंचायतों और 73वें तथा 74वें संविधान संशोधन की भूमिका को 29 विषयों में रोजगार पैदा

करने की संभावना के मद्देनजर अपनाना होगा। इसलिए स्व रोजगार में लगे ग्रामीण संसाधनों को जुटाने वालों अथवा स्वास्थ्य सेवकों का बहुत महत्व है।

सूचना प्रौद्योगिकी का बहुत अधिक महत्व है, परन्तु इस संबंध में भी पारदर्शिता होना जरूरी है। इसे पूर्णत: स्वीकार किए जाने की जरूरत है, उससे अलग होने की जरूरत नहीं है। इसलिए केन्द्र सरकार और राज्य सरकारों के बजट और नीतियों में तत्संबंधी परीक्षण को बढ़ावा दिया जाना चाहिए। इसका अर्थ यह हुआ कि नीतियों में सभी ओर परिवर्तन होगा, जिसमें जनता को शामिल करने की जरूरत को स्वीकार करना भी शामिल है।

अनुबंध–XI

आपदा प्रबंधनः भावी विकास संभावनाएं

योजना आयोग

दसवीं पंचवर्षीय योजना 2002–07 खंड–I आयाम और रणनीति के अंतर्गत आपदा प्रबंधनः "भावी विकास संभावनाएं" के अंश के अनुलग्नक के साथ संलग्न हैं। इसकी वजह से आपदा प्रबंधन संबंधी निधियों को विकास प्रयासों और अवसरों के माध्यम से प्रयोग करने के लिए जानकारी के स्तर में वृद्धि हुई है। हम इस रिपोर्ट में कहीं दूसरी जगह पर इस बात का उल्लेख कर चुके हैं कि योजना आयोग के अनुसार यही वह समय है जब बेहतर कन्वर्जेंस, टिकाऊ और रोजगार के अवसरों, बेहतर निवेश योग्य परियोजनाओं के साथ साथ पारदर्शी मॉनिटरिंग प्रणाली संबंधी योजनाओं की जरूरत है। समय सीमा की बाध्यता और आम जनता के सच से रूबरू हो जाने की वजह से बेहतर योजना बनाना और उन्हें सरलता से कम लागत में लागू करना संभव हो पाया है। अध्याय की शुरूआत न केवल बड़ी सदस्यता से होती है, बल्कि आगे इस बात का विस्तृत वर्णन किया गया है कि स्थानीय ज्ञान विज्ञान और संसाधनों का उपयोग करते हुए जनाधारित संस्थाओं के साथ कैसे मिलकर कार्य करें। विकास संभावनाओं को जब आपदा प्रबंधन संबंधी पहलुओं के साथ रखकर देखते हैं तो संशय और आपदा संबंधी विभिन्न मुद्दों पर निश्चय ही रोशनी पड़ने लगती है। लोगों से बेगार नहीं करने की भावना का आदर किया जाना चाहिए। इसमें नीतियों की भूमिका का उल्लेख करते हुए बताया गया है कि नीतियों के बहुविध दृष्टिकोण के माध्यम से लोगों के सर्वोच्च ज्ञान का उपयोग किया जा सकता है जिसका संज्ञान किया जाना चाहिए।

अध्याय-7

आपदा प्रबंध : भावी विकास संभावनाएं

7.1 पंचवर्षीय योजनाओं के दस्तावेजों में ऐतिहासिक तौर पर, अभी तक प्राकृतिक आपदाओं के प्रबंध तथा न्यूनीकरण संबंधी मुद्दों पर कोई विचार नहीं किया गया है। इस संबंध में पारंपरिक बोध विपत्ति में राहत पहुंचाने के कार्यों तक ही सीमित रहा है और ये राहत कार्य तत्वतः व्यय के योजना भिन्न मद माने जाते हैं। किन्तु इन आपदाओं के दुष्प्रभाव को केवल तात्कालिक राहत की व्यवस्था से ही कम नहीं किया जा सकता, क्योंकि तात्कालिक राहत प्राथमिक रूप से राहत कार्यों पर ही केन्द्रित रहती है। आपदाओं का अर्थव्यवस्था पर भी

विनाशकारी प्रभाव पड़ सकता है। वे जान-माल को भारी हानि पहुंचाते हैं और किसी क्षेत्र या राज्य विशेष में चल रहे विकास कार्यों के मार्ग में भारी बाधा उत्पन्न कर देते हैं। इस संदर्भ में हाल में आई दो आपदाओं का उल्लेख किया जा सकता है – उड़ीसा का चक्रवाती तूफान और गुजरात का भूकंप। देश वर्ष-प्रति-वर्ष जिस प्रकार की आर्थिक हानियां उठा रहा है और विकास के मार्ग में बाधाओं से जूझ रहा है, उन्हें देखते हुए यह आवश्यक प्रतीत होता है कि विकास की प्रक्रिया आपदा के निवारण तथा न्यूनीकरण के पक्षों के प्रति संवेदनशील हो। इसलिए अब विकास के परिप्रेक्ष्य में भी इन आपदाओं पर ध्यान देने की आवश्यकता है।

7.2 अन्यत्र, यद्यपि आपदा का प्रबंध, साधारणतया, योजना वित्त से नहीं जुड़ी होती, फिर भी इस समय अनेक ऐसे योजनांतर्गत स्कीमें चल रही हैं, जैसे सूखे से बचाव, वनरोपण, पेयजल आदि की स्कीमें, जिनका उद्देश्य प्राकृतिक आपदाओं के दुष्प्रभाव का निवारण और न्यूनीकरण है। आपदोत्तर पुनर्निर्माण और प्रबंध संबंधी संरचनाओं को सुचारू बनाने के लिए मिलने वाली विदेशी सहायता भी योजना का ही भाग है। विशिष्ट रूप से आपदा के प्रबंध के लिए ही एक केन्द्र प्रायोजित स्कीम भी अस्तित्व में है। इसलिए आपदा से निपटने के लिए योजना में पहले से ही एक सुपरिभाषित व्यवस्था की जा चुकी है।

7.3 हाल ही में, विशेषज्ञ निकायों ने आपदा प्रबंध के संदर्भ में योजना आयोग की भूमिका तथा योजनागत निधियों के उपयोग का विशेष विवेचन किया है। इस संबंध में ग्यारहवें वित्त आयोग तथा आपदा प्रबंध विषयक उच्च शक्ति संपन्न समिति द्वारा भी सुझाव दिए गए हैं। इन सुझावों के प्रकाश में, सुरक्षित विकास के लिए योजना निर्माण पर एक सम्यक् दृष्टिकोण निर्धारित करने की आवश्यकता है।

7.4 इस अध्याय में उपर्युक्त मुद्दों पर विशद रूप में चिंतन किया गया है। इसमें भूमंडलीय संदर्भ की भी संक्षिप्त रूपरेखा दी गई है और आपदा के भारतीय अनुभव का भी संक्षेप में उल्लेख किया गया है। इसके अलावा, इसमें आपदा प्रबंध की सांस्थानिक तथा वित्तीय व्यवस्था और इसके प्रति देश की प्रतिक्रिया बताई गई है, सुधार के लिए निर्देश दिए गए हैं और अंत में, दसवीं योजना की अवधि में सुरक्षित राष्ट्रीय विकास के लिए योजना को सफल बनाने की रणनीति बताई गई है।

भूमंडलीय संदर्भ

7.5 पिछले वर्षों में, प्राकृतिक आपदों की संख्या में वृद्धि हुई है और इसके साथ ही, शहरीकरण और जनसंख्या में वृद्धि के कारण हानियों की मात्रा बढ़ी है, परिणामस्वरूप प्राकृतिक आपदाओं का प्रभाव अब अधिक व्यापक रूप में महसूस किया जा रहा है। संयुक्त राष्ट्र की रिपोर्ट के अनुसार, अकेले 2001 में मध्यम तथा उच्च स्तर वाली प्राकृतिक आपदाओं में विश्व भर में कम से कम 25,000 लोगों की जानें गई हैं, जो इससे पिछले वर्ष में हुई लोगों की मृत्यु से दोगुनी से भी अधिक है, और लगभग 36 अरब डालर की हानि हुई

है। ये आंकड़े और भी बढ़ जाएंगे यदि उन बहुत सी छोटी–मोटी तथा अनभिलिखित आपदाओं के परिणामों को हिसाब में लिया जाएगा जो स्थानीय सामुदायिक स्तर पर बहुत अधिक नुकसान पहुंचाती हैं। गुजरात, एल सेल्वेडोर और पेरू में आए भयंकर भूकंप की विनाश लीला, अफ्रीका, एशिया और अन्य महाद्वीपों के अनेक देशों में आई बाढ़ों से हुई तबाही, अफगानिस्तान सहित मध्य एशिया के अनेक देशों, अफ्रीका तथा मध्य अमेरिका में भयंकर सूखे की मार, मैडागास्कर और उड़ीसा के तूफान में हुआ व्यापक विनाश और बोलिविया में आई बाढ़ें कुछ ऐसी भूमंडलीय घटनाएं हैं जिनकी याद अभी तरोताजा हैं। किन्तु, इससे भी अधिक दिल दहलाने वाली बात यह है कि सर्वनाश और विध्वंस करने वाली इन आपदाओं पर अभी तक कोई काबू नहीं पाया जा सका है, बल्कि इनमें वृद्धि ही होती जा रही है।

7.6 प्राकृतिक आपदाएं किसी प्रकार की राजनीतिक सीमाओं में नहीं बंधी हैं और उन्हें किन्ही सामाजिक या आर्थिक परिस्थितियों से भी सरोकार नहीं होता। वे सीमाहीन हैं क्योंकि वे विकसित और विकासशील दोनों प्रकार के देशों को प्रभावित करती हैं। उनमें कोई दया–माया भी नहीं होती इसलिए कमजोर वर्ग इन प्राकृतिक आपदाओं का अधिक शिकार होता है। उदाहरण के लिए विकासशील देश इनसे अपेक्षाकृत अधिक प्रभावित होते हैं, वहां जान माल की हानि अधिक होती है, वहां की जनता को अधिक कष्ट झेलने पड़ते हैं और उनक्रम समग्र घरेलू उत्पाद का कुछ प्रतिशत नष्ट हो जाता है। 1991 से, प्राकृतिक आपदाओं के शिकार हुए लोगों में से दो–तिहाई लोग विकासशील देशों के थे, जबकि केवल 2 प्रतिशत लोग अति विकसित देशों के थे। जो लोग विकासशील देशों में रहते हैं, विशेष रूप से जिनके पास सीमित संसाधन हैं, वे अपेक्षाकृत अधिक प्रतिकूल रूप से प्रभावित होते हैं। जैसे–जैसे प्राकृतिक आपदाओं में भयंकर रूप से बढ़ोतरी हो रही है और सामाजिक रूप से सुभेद्यता बढ़ती जा रही है, वैसे ही विश्व समुदाय भी उन पर काबू पाने के लिए अधिकाधिक प्रयत्नशील होता जा रहा है।

7.7 चूंकि सबसे अधिक सुभेद्य एवं कमजोर क्षेत्र भारत में पाए जाते हैं, इसलिए प्राकृतिक आपदा प्रबंध देश में उच्च प्राथमिकता प्राप्त कर चुका है। दुर्घटना के बाद राहत और पुनर्वास कार्यों के इतिवृत्त पर ध्यान केन्द्रित न करते हुए अब हमें भविष्य को देखना है और आपदा से मुकाबला करने और उसके विनाशकारी प्रभावों को कम करने के लिए तैयारी की योजना बनानी है, ताकि हमारे विकास प्रयत्नों को समय–समय पर लगने वाले झटकों को कम किया जा सके।

भारतीय अनुभव

क्षेत्रीय कमजोरियां/सुभेद्यताएं

7.8 भौतिक सुभेद्यता आम तौर पर इस बात पर निर्भर करती हैं कि लोग कहां रहते हैं, और उन्होंने आपदाओं के प्रभाव को रोकने के लिए क्या क्या पूर्वोपाय कर रखे हैं। उदाहरण के

लिए, कुछ लोग बाढ़ों की चपेट में इसीलिए आते हैं क्योंकि वे बाढ़ प्रभावित क्षेत्रों में रहते हैं। भौतिक सुभेद्यता इस बात पर भी निर्भर करती है कि वहां के भवनों या घरों की तकनीकी क्षमता कैसी है, क्या वे इमारतें भूकंप बाढ़ आदि के दौरान उनकी मार को सह सकती हैं।

बाक्स 7.1

प्राकृतिक विपदाओं के लिए भारत के सुभेद्य/कमजोर क्षेत्र।

तटवर्ती राज्य, विशेष रूप से पूर्वी समुद्री-तटवती क्षेत्र और गुजरात तूफानों के लिए सुभेद्य हैं।

4 करोड़ हैक्टेयर भूमि बाढ़ों के लिए सुभेद्य है।

68 प्रतिशत कृषि क्षेत्र सूखे की चपेट में आ सकता है।

कुल क्षेत्रफल का 55 प्रतिशत भाग भूकंप की संभावना वाले क्षेत्र 3-5 में आता है और वहां कभी भी भूकंप आ सकता है।

हिमालय के निचले क्षेत्र तथा पश्चिम घाट भू-स्खलन की दृष्ट से सुभेद्य हैं।

7.9 किसी विपत्ति से कोई आबादी कितनी अधिक प्रभावित होगी, यह सुभेद्यता के भौतिक संघटकों पर ही निर्भर नहीं करता, बल्कि यह वहां के समुदाय की सामाजिक तथा आर्थिक स्थिति पर और वहां के लोगों के कार्यकलापों पर उस विपत्ति के पड़ने वाले प्रभाव पर भी निर्भर करता है । भूकंप से प्रभावित क्षेत्रों में किए गए अनुसंधान से पता चला है कि अकेली मां या पिता वाले परिवार, स्त्रियां, विकलांग, बच्चे और बूढ़े लोग खास तौर पर समाज के कमजोर या सुभेद्य वर्ग हैं। बिना किसी भू-भौतिक योजना के यों ही ऊल जुलूल तरीके से बस जाना और फिर विकास के लिए पर्याप्त मात्रा में कोई कार्यवाही न किया जाना भी महापदाओं के दौरान अधिक हानि होने का एक कारण है। जहां तक भारत का संबंध है, यहां एक तो जनसंख्या बहुत अधिक है, साथ ही कुछ प्रदेशों में जनसंख्या की सघनता बहुत ज्यादा है। इससे आपदाओं के समय जान माल की हानि बहुत अधिक होती है। कभी-कभी यह कारण उतना ही महत्वपूर्ण हो जाता है जितना कि भौतिक सुभेद्यता जिसके लिए भौगोलिक स्थिति तथा आधारभूत ढांचे/अवसंरचना को जिम्मेदार ठहराया जाता है।

7.10 एशिया महाद्वीप खासतौर पर आपदाओं के आक्रमण के प्रति सुभेद्य है। 1991 से 2000 तक की अवधि में, विश्वभर में जितने लोग आपदाओं से प्रभावित हुए उनमें से 83 प्रतिशत लोग एशिया में थे। उस दौरान विश्व के शेष भाग में कुल मिलाकर 1,11,159 लोग प्रभावित हुए थे जबकि अकेले एशिया में प्रभावित लोगों की संख्या 5,54,439 थी। एशिया के भीतर, आपदा से होने वाली मौतों में से 24 प्रतिशत मौतें भारत में होती हैं। जिसका कारण देश का आकार, जनसंख्या और सुभेद्यता है। भारत में आने वाली सभी आपदाओं में से 60 प्रतिशत बाढ़ तथा तूफान जनित होती हैं। यद्यपि मानव विकास के अन्य क्षेत्रकों में पर्याप्त मात्रा में प्रगति हुई है, फिर भी आपदाओं के प्रभाव को कम करने के लिए अभी बहुत कुछ किया जाना बाकी है।

7.11 भारतीय उप महाद्वीप के अनेक भाग कुछ अलग किस्म की आपदाओं के लिए सुभेद्य एवं सुप्रभाव्य हैं, जिसका कारण उनकी अपनी भू–आकृतिक तथा जल–वायुविक विशिष्टताएं हैं। उप महाद्वीप का लगभग 54 प्रतिशत भू–भाग भूकंप की संभाव्यताओं से पूर्ण है जबकि लगभग 4 करोड़ हैक्टेयर भूमि समय–समय पर बाढ़ों की चपेट में आ जाती है। 1990 से 2000 तक का समय देश के लिए सबसे अधिक आपदाओं का दशक साबित हुआ। 1999 में उड़ीसा में तूफान से जान माल की भारी हानि हुई, और उसके बाद 2001 में गुजरात के भूकंप ने तो अकेले ही कई हजार करोड़ रुपये का नुकसान कर दिया, जबकि अकेले गुजरात में राहत तथा पुनर्निर्माण के कार्यों पर लगभग 11,500 करोड़ रुपये खर्च हुए।

7.12 इसी प्रकार देश पिछले पचास वर्षों में चार बड़े भूकंपों से पीड़ित हुआ है, इनके अलावा साधारण तीव्रता वाले भूकंप तो समय–समय पर होते ही रहे हैं। 1988 से, छह भूकंपों ने देश के भिन्न–भिन्न भागों को प्रभावित किया है। इन्होंने जान माल की अत्यधिक हानि पहुंचाई है।

तालिका 7.1: भारत में हुए बड़े भूकंप, 1988–2001

दिनांक	*स्थान*	*तीव्रता*
अगस्त 21, 1988	बिहार–नेपाल सीमा क्षेत्र	6.4
अक्तूबर 20, 1991	उत्तर काशी, उत्तर प्रदेश	6.6
सितम्बर 30, 1993	लातूर–उस्मानाबाद,महाराष्ट्र	6.3
मई 22, 1977	जबलपुर, मध्यप्रदेश	6.0
मार्च 29, 1999	चमोली, उत्तर प्रदेश	6.9
जनवरी 26, 2001	भुज, गुजरात	7.7

स्रोत: भारतीय मौसम विभाग और यू एस जिओलॉजिकल सर्वे।

महापदाओं के कारण आर्थिक हानियाँ

7.13 महापदाओं से भारी आर्थिक हानियां होती हैं। ये हानियां तात्कालिक तथा दीर्घावधिक दोनों प्रकार की होती हैं और इन्हें ठीक करने के लिए अतिरिक्त राजस्व राशियों की आवश्यकता होती है। इसके अलावा, इन आपदाओं का एक तात्कालिक परिणाम यह भी होता है कि प्रभावित क्षेत्रों से प्राप्त होने वाले राजस्व में कमी हो जाती है, क्योंकि वहां आर्थिक कार्यकलाप कम हो जाते हैं जिससे प्रत्यक्ष तथा अप्रत्यक्ष करों की राशि कम प्राप्त होती है। इसके अतिरिक्त, आपदा से उबरने के लिए बजट में योजना भिन्न धन राशियों का आवंटन करना होता है जिनके कारण सामान्य विकास कार्यों में रुकावट आती है और परिणामस्वरूप विकास के लक्ष्य पूरे नहीं हो पाते।

7.14 आपदाओं के कारण नए निवेश की उपलब्धता में कमी आ जाती है जिससे उस प्रदेश के विकास में रुकावट आती है। इसके अलावा, सरकार को राहत तथा पुनर्वास

कार्यों पर भारी धनराशियां खर्च करनी पड़ती हैं जिससे सरकारी वित्त के ऊपर दबाव बढ़ जाता है।

7.15 गुजरात में हाल में आए भूकंप में 14,000 से अधिक लोग मारे गए, दस लाख घर क्षतिग्रस्त हो गए और लगभग 15,000 करोड़ रुपये की सम्पत्तियों का नुकसान हुआ। पिछले कुछ वर्षों में आई आपदाओं में देश को जान-माल का कितना नुकसान उठाना पड़ इसका संक्षिप्त ब्यौर तालका 7.2 से 7.5 में दिया गया है।

बाक्स 7.2 : प्राकृतिक आपदाओं से विश्व भर में हुई हानियाँ

पुनर्बीमा कंपनी म्यूनिकरी के अनुसार 1950 के दशक से प्राकृतिक आपदाओं से जुड़ा खर्च 14 गुना बढ़ गया है। 1991 से 2000 तक प्रत्येक वर्ष प्राकृतिक आपदाओं से औसतन 21.1 करोड़ लोग मारे गए या प्रभावित हुए। यह संख्या लड़ाई-झगड़ों में मारे गए या प्रभावित हुए लोगों की संख्या से सात गुना अधिक थी। 1990 के दशक के अंत के आसपास हिसाब लगाने पर यह पाया गया कि लगभग 2.5 करोड़ लोग "पर्यावरणिक विस्थापित" थे। इसका तात्पर्य यह हुआ कि पहली बार, प्राकृतिक संकटों से बचकर भागने वाले लोगों की संख्या लड़ाई-झगड़े के कारण भागने वालों की संख्या से अधिक थी।

स्रोत: विश्व आपदा रिपोर्ट, 2001

तालिका 7.2 : भारत में प्राकृतिक आपदाओं के कारण हुई क्षति

वर्ष	*प्रभावित लोग (लाख)*	*घर मकान आंशिक या पूर्ण रूप से क्षतिग्रस्त*	*संपत्ति को हुई हानि (करोड़ रु.)*
1985	595.6	2,449,878	40.06
1986	550.0	2,049,277	30.74
1987	483.4	2,919,380	20.57
1988	101.5	242,533	40.63
1989	30.1	782,340	20.41
1990	31.7	1,019,930	10.71
1991	342.7	1,190,109	10.90
1992	190.9	570,969	20.05
1993	262.4	1,529,916	50.80
1994	235.3	1,0512,223	10.83
1995	543.5	2,088,355	40.73
1996	549.9	2,376,693	50.43
1997	443.8	1,103,549	—
1998	521.7	1,563,405	0.72
1999	501.7	2,736,355	1020.97
2000	594.34	846,878	800.00
2001	788.19	—	12000

स्रोत: वार्षिक रिपोर्ट, प्राकृतिक आपदा प्रबंध प्रभाग, कृषि मंत्रालय।

तालिका 7.3 : भारी वर्षा, भूस्खलन तथा बाढ़ों के कारण हुई वार्षिक क्षति

क्र.सं.	*वर्ष*	*प्रभावित जिले*	*प्रभावित गांव (सं.)*	*प्रभावित जनसंख्या (लाख)*	*प्रभावित फसल क्षेत्रफल (लाख हेक्टे.)*	*क्षतिग्रस्त मकान (सं.)*	*मृतकों की संख्या*	*पशुधन की हानि (सं.)*	*क्षतिग्रस्त मकानों का अनुमानित मूल्य (करोड़ रु. में)*	*क्षतिग्रस्त सार्वजनिक संपत्तियों का अनुमानित मूल्य (करोड़ रु. में)*
1.	1999	202	33,158	328.12	8.45	884,823	1,375	3,861	0.72	–
2.	2000	200	29,964	416.24	34.79	2,736355	3,048	102,121	631.25	389.72
3.	2001	122	32,363	210.71	18.72	346,878	834	21,269	195.57	676.05

तालिका 7.4 : अक्तूबर 2000 में उड़ीसा में तूफान के कारण हुई क्षति

घटना की तारीख	*जिलों की कुल संख्या*	*प्रभावित जिले*	*प्रभावित गांव (सं.)*	*प्रभावित जनसंख्या (लाख)*	*प्रभावित फसल क्षे. (लाख)*	*क्षतिग्रस्त मकान का (सं.)*	*मृतकों की संख्या*	*पशुधन की हानि (सं.)*
17–18.10.1999	30	4	5,181	37.47	1.58	331,580	199	10,578
29–30.10.1999	30	12	14,643	129.22	18.43	1,828,532	9,887	444,531

स्रोत: वार्षिक रिपोर्ट, प्राकृतिक आपदा प्रबंध प्रभाग, कृषि मंत्रालय।

तालिका 7.5 : सूखे के कारण हानियां 1999–2001

क्र. सं.	*वर्ष*	*प्रभावित जिले*	*प्रभावित गांव (सं.)*	*प्रभावित जनसंख्या (लाख)*	*क्षतिग्रस्त फसल क्षेत्रफल (लाख हे.)*	*क्षतिग्रस्त फसलों का अनुमानित मूल्य (करोड़ रु.)*	*प्रभावित पशु संख्या (लाख)*
1.	1999	125	–	369.88	134.22	6.44	345.60
2.	2000	110	54,883	378.14	367.00	371.87	541.67
3.	2001	103	22,255	88.19	67.44	—	34.28
	कुल	338	77,138	836.21	568.66	378.31	921.55

स्रोत: वार्षिक रिपोर्ट, प्राकृतिक आपदा प्रबंध प्रभाग, कृषि मंत्रालय।

7.16 ऊपर दी गई तालिकाओं तथा तालिका 7.1 में प्रस्तुत क्षति की व्यापकता का ब्यौरा इस बात पर बल देता है कि प्राकृतिक आपदाएं विकास के मार्ग में भारी बाधाएं

उपस्थित करती हैं और सबसे गरीब तथा कमजोर लोग ही इन आपदाओं के सबसे अधिक शिकार होते हैं। देश का कोई न कोई भाग बार-बार आने वाली इन आपदाओं को कारण असहाय कष्ट झेलता रहता है, ऐसी स्थिति में इन आपदाओं के प्रभाव को कम करने के लिए विकास की योजनाओं में उनके अभिन्न संगठक के रूप में अवश्य कोई व्यवस्था की जानी चाहिए और उसे गरीबी हटाने की हमारी रणनीति का अंग बनाया जाना चाहिए।

सांस्थानिक व्यवस्थाएं

7.17 देश ने संघीय शासन प्रणाली अपना रखी है जिसके अंतर्गत केन्द्रीय तथा राज्य सरकारों की अपनी-अपनी सुनिश्चित भूमिकाएं एवं अलग-अलग कार्य हैं। किन्तु, भारतीय संविधान की सप्तम अनुसूची में दी गई तीन सूचियों में से किसी भी सूची में आपदा प्रबंध का स्पष्ट उल्लेख नहीं है, हालांकि इस अनुसूची में केन्द्रीय तथा राज्य सरकारों के अनन्य विषयों का उल्लेख करने के साथ-साथ समवर्ती सूची में दोनों के हिस्से में आने वाले विषयों का भी उल्लेख स्पष्ट रूप से किया गया है। जहां तक कानून का सवाल है, केन्द्रीय या किसी भी राज्य सरकार का ऐसा अधिनियम नहीं है जिसमें विभिन्न प्रकार की आपदाओं के प्रबंध के बारे में कोई स्पष्ट उल्लेख किया गया हो।

7.18 देश के पास राष्ट्रीय राज्य, जिला तथा उप-जिला स्तर पर आपदाओं का प्रबंध करने के लिए एक एकीकृत प्रशासनिक तंत्र मशीनरी है। प्राकृतिक आपदा आने पर बचाव, राहत, और पुनर्वास के उपाय करने की बुनियादी जिम्मेदारी, इस समय संबंधित राज्य सरकारों की है। केन्द्रीय सरकार वित्तीय तथा संभारतंत्रीय सहायता देकर राज्यों के प्रयत्नों की अनुपूर्ति करती है।

केन्द्रीय स्तर

7.19 केन्द्रीय सरकार के स्तर पर अनुक्रिया यानी सहायता के आयामों का निर्धारण, निम्नलिखित घटकों को दृष्टिगत रखते हुए राहत व्यय के वित्त पोषण की वर्तमान नीति के अनुसार, किया जाता है—

1. प्राकृतिक महापदा की गंभीरता,
2. आवश्यक राहत कार्य का आयाम, और
3. राज्य सरकार के पास उपलब्ध अपने वित्तीय संसाधनों तथा संभारतंत्रीय सहायता को बढ़ाने के लिए केन्द्रीय सहायता की आवश्यकता।

7.20 प्रासंगिक कार्यवाही योजना (सीएपी) के अंतर्गत उन कदमों का उल्लेख किया गया है जिन्हें प्राकृतिक महापदा आने पर विभिन्न केन्द्रीय मंत्रालयों तथा सार्वजनिक विभागों द्वारा उठाया जाता है। इस योजना में, बिना देरी किए राहत व बचाव कार्यों को

सुविधापूर्वक शुरू करने की प्रक्रिया बताई गई है और प्रशासनिक तंत्र में प्रमुख बिन्दुओं का निर्धारण किया गया है।

7.21 गृह मंत्रालय राहत और आपदा के समन्वय और प्राकृतिक महापदा के समग्र प्रबंध के लिए प्रमुख रूप से जिम्मेदार मंत्रालय है और कृषि तथा सहकारिता विभाग सूखा प्रबंध के लिए जिम्मेदार मंत्रालय/अभिकरण है। आपदा आ पड़ने पर अन्य विभागों को भी ऐसे मामलों में आपाती सहायता देने की जिम्मेदारी सौंपी जाती है जो उनके अधिकार क्षेत्र में आते हैं, जैसा कि तालिका 7.6 दिया गया है–

तालिका 7.6 : विभिन्न प्रकार की आपदाओं के प्रबंध के लिए जिम्मेदार मंत्रालय

आपदा	*प्रमुख/नॉडल मंत्रालय*
प्राकृतिक आपदा (सूखा भिन्न) प्रबंध	गृह मंत्रालय
सूखा राहत	कृषि मंत्रालय
हवाई दुर्घटनाएं	नागरिक उड्डयन मंत्रालय
रेल दुर्घटनाएं	रेल मंत्रालय
रासायनिक दुर्घटनाएं	पर्यावरण एवं वन मंत्रालय
जैव दुर्घटनाएं	स्वास्थ्य मंत्रालय
परमाण्विक दुर्घटनाएं	परमाणु ऊर्जा विभाग

निम्नलिखित निर्णायक एवं स्थायी निकाय केन्द्रीय स्तर पर आपदा के प्रबंध के लिए उत्तरदायी हैं–

– मंत्रिमंडल, प्रधानमंत्री की अध्यक्षता में
– शक्ति–सम्पन्न मंत्रियों का समूह, प्रधानमंत्री की अध्यक्षता में
– राष्ट्रीय प्रबंध समूह (सी.एम.जी.), केन्द्रीय राहत आयुक्त की अध्यक्षता में। इस समूह में विभिन्न मंत्रालयों तथा संबद्ध विभागों के वरिष्ठ अधिकारी होते हैं। यह समूह आकस्मिक/प्रासंगिक योजनाओं की समीक्षा करता है, प्राकृतिक आपदा का मुकाबला करने के लिए आवश्यक उपायों पर विचार करता है और आपदा के लिए तैयारी, अनुक्रिया तथा राहत के संबंध में केन्द्रीय मंत्रालयों और राज्य सरकारों के कार्यकलापों के बीच समन्वय स्थापित करता है।
– तकनीकी संगठन, जैसे भारतीय मौसम विभाग (तूफान और भूकंप), केन्द्रीय जल आयोग (बाढ़), भवन तथा सामग्री संवर्धन परिषद (निर्माण विधियां), भारतीय मानक ब्यूरो (प्रतिमान), रक्षा अनुसंधान एवं विकास संगठन (परमााण्विक/जैव), असैनिक रक्षा महानिदेशालय, जो आपदा संबंधी अनुक्रिया तथा प्रबंध कार्यों के समन्वय के लिए विशिष्ट तकनीकी सहायता देता है।
– गृह मंत्रालय, राष्ट्रीय आपदा प्रबंध प्राधिकरण (एन.डी.एम.ए.) की स्थापना

पर विचार कर रहा है जो इस प्रयोजन के लिए सरकार के भीतर काम करने वाली सर्वोच्च संरचना होगी। अन्य बड़े संगठनात्मक नए कार्यक्रमों के अंतर्गत–(क) एक विशेषज्ञता प्राप्त तथा निर्धारित अनुक्रिया दल स्थापित करने का प्रस्ताव है, जो परमाण्विक/जैव/रसायनिक आपदाओं का सामना करोगा। (ख) प्रत्येक राज्य में तलाशी व बचाव टीमें बनाई जाएंगी। (ग) पूर्वोत्तर क्षेत्र में संचार प्रणालियों को सुदृढ़ बनाया जाएगा।

राज्य सरकार

7.22 प्राकृतिक आपदाओं से निपटना मूलतः राज्य सरकार की जिम्मेदारी है। केन्द्रीय सरकार की भूमिका को भौतिक तथा वित्तीय संसाधनों की अनुपूर्ति के रूप में सहायता देने की है। राज्य का मुख्य सचिव एक राज्य-स्तरीय समिति का अध्यक्ष होता है जो राज्य में राहत कार्यों का सर्वोपरि प्रभारी होती है। इसके अलावा, राहत आयुक्त होते हैं जो राज्य में प्राकृतिक आपदा आने पर राहत तथा पुनर्वास के उपायों के प्रभारी होते हैं और राज्य स्तर की समिति के सर्वोपरि मार्गदर्शन तथा नियंत्रण में कार्य करते हैं। बहुत से राज्यों में राज्य विभाग का सचिव राहत कार्यों का भी प्रभारी होता है। राज्य सरकारों के पास आमतौर पर अपनी राहत संबंधी नियमों की पुस्तक (मैन्युअल) और जिलों के पास अपनी प्रासंगिक योजना होती है जिसे समय समय पर अद्यतन बनाया जाता है।

जिला स्तर और स्थानीय स्तर

7.23 जिला प्रशासन सभी सरकारी योजनाओं तथा कार्यक्रमों के कार्यान्वयन के लिए केन्द्र बिन्दु होता है। राहत पहुंचाने का वास्तविक कार्य जिलाधीश (कलेक्टर) जिला मजिस्ट्रेट/उप आयुक्त का दायित्व होता है और वह जिला स्तर पर सभी विभागों पर समन्वय तथा पर्यवेक्षण की शक्तियों का प्रयोग करता है। हर जिले में तो नहीं पर अधिकांश जिलों में एक जिला स्तरीय राहत समिति होती है जिसमें सरकारी अधिकारी तथा अन्य नागरिक होते हैं।

7.24 संविधान के 73वें तथा 74वें संशोधनों में पंचायती राज संस्थाओं को स्व शासन की संस्थाएं माना गया है। संशोधन में इन संस्थाओं के गठन, शक्तियों, कार्यों, वित्त पोषण, नियमित चुनाव और स्त्रियों सहित सभी कमजोर वर्गों के लिए सीटों के आरक्षण के लिए आवश्यक मार्ग-निर्देश भी दिए गए हैं। ये स्थानीय निकाय समय पूर्व चेतावनी प्रणाली, राहत विवरण, पीड़ितों के लिए आश्रय की व्यवस्था, डाक्टरी सहायता आदि के माध्यम से, आपदा से निपटने के प्रभावी उपकरण साबित हो सकते हैं।

7.25 राष्ट्रीय, राज्य, जिला तथा स्थानीय स्तरों के अलावा और भी कई सांस्थनिक सहयोगी हैं जो देश में आपदा आने पर विभिन्न स्तरों पर उसके प्रबंध में हाथ बंटाते हैं। इनमें शामिल हैं पुलिस और पैरा-सैन्यबल, नागरिक सुरक्षा और होमगार्ड, अग्निशमन

सेवाएं, भूतपूर्व सैनिक, गैर–सरकारी संगठन, सार्वजनिक तथा निजी उद्यम, मीडिया/जन–संचार माध्यम और एच.ए.एम. प्रचालक—इनमें से सभी अपनी–अपनी महत्वपूर्ण भूमिका अदा करते हैं।

सशस्त्र बल

7.26 भारतीय सशस्त्र बल स्थिति में हस्तक्षेप तथा विशिष्ट कार्य करने के लिए बुलाए जाते हैं जब हालात सिविल प्रशासन के बूते से बाहर हो जाते हैं। व्यवहार में, सशस्त्र बल सरकारी अनुक्रिया क्षमता के मूलाधार हैं और किसी बड़ी आपदा में भारत सरकार के आह्वान पर सबसे पहले आगे आते हैं। ये सशस्त्रबल प्रतिकूल परिस्थितियों को संभालने की क्षमता रखतें हैं, तेजी से अनुक्रियात्मक कार्यवाही करते हैं, और उनके पास आवश्यक संसाधन तथा योग्यताएं होती हैं। उन्होंने पहले भी आपाती परिस्थितियों में ऐतिहासिक रूप से अपनी महत्वपूर्ण भूमिकाएं निभाई हैं और विशेष रूप से आपदा आ पड़ने पर, संचार व्यवस्था, तलाशी व बचाव कार्य, स्वास्थ्य तथा चिकित्सा सुविधा, परिवहन, बिजली, खाद्य तथा नागरिक आपूर्ति, सार्वजनिक निर्माण और कार्य इंजीनियरी जैसे सभी प्रकार के कार्यों को बखूबी सम्पन्न किया है। आपदा के प्रबंध की योजना बनाते समय उनसे अपेक्षित भूमिका को भी उसमें शामिल किया जाना चाहिए ताकि उन्हें सहयोजित करने की प्रक्रिया सुचारू रूप से तत्काल काम कर सके।

विदेशी संगठनों से संबंध

7.27 भारत सरकार आपदा अनुक्रिया तथा राहत के क्षेत्र में कार्यरत अनेक अंतर्राष्ट्रीय संगठनों की सदस्य है। वैसे नीति तो यही है कि आपदा आ पड़ने पर अंतर्राष्ट्रीय समुदाय से किसी प्रकार की सहायता के लिए अनुरोध या अपील न की जाए, पर स्वतः प्रस्तुत सहायता स्वीकार की जाती है। निम्नलिखित संगठनों से हमारे संपर्क–सूत्र विद्यमान हैं:

(क) मानीवय कार्यों के समन्वय के लिए संयुक्त राष्ट्र कार्यालय (यू.एन.ओ.सी.एच.ए.), जिसे संयुक्त राष्ट्र की महासभा के समादेश द्वारा सभी प्रकार की अंतर्राष्ट्रीय आपदाओं में सहायता देने का दायित्व सौंपा गया है।

(ख) संयुक्त राष्ट्र विकास कार्यक्रम (यू.एन.डी.पी.) जो आपदा प्रबंध के न्यूनीकरण तथा निवारण पक्षों के लिए उत्तरदायी है।

(ग) संयुक्त राष्ट्र आपदा आकलन एवं समन्वय (यू.एन.डी.ए.सी.) प्रणाली

महापदा में सहायता के लिए संस्थानिक व्यवस्थाओं को सुचारू बनाना

7.28 आपदा में सहायता के लिए सांस्थानिक व्यवस्थाएं महापदा प्रबंध प्रणाली का मूलाधार

हैं। प्राकृतिक महापदाओं से उत्पन्न होने वाली परिस्थितियों का मुकाबला करने के लिए सैनिक तथा असैनिक अनुभवी कार्मिकों की कोई कमी नहीं है। तथापि, इस संबंध में विद्यमान सांस्थानिक व्यवस्थाओं तथा प्रणालियों में सुधार करना तथा उन्हें सबल बनाना अत्यंत आवश्यक है, ताकि कोई भी महापदा आ पड़ने पर उसके प्रति प्रारंभिक अनुक्रिया अधिक प्रभावकारी तथा व्यावसायिक हो। आवश्यक संसाधनों एवं विशेषज्ञताओं में से अधिकांश पहले से ही सरकार के पास मौजूद हैं। अब आवश्यकता इस बात की है कि उन सबको एकीकृत, समन्वित, प्रशिक्षित तथा नियोजित कैसे किया जाए? कुछ ऐसे क्षेत्र हैं जहां सुधार करने की तत्काल आवश्यकता है, जैसे:

(क) महापदाओं के लिए एकीकृत योजना बनाना, जिसमें संगत सशस्त्र बलों की इकाईयों को, जिला स्तर से लेकर राज्य तथा केन्द्रीय सरकार के स्तर तक सर्वत्र, आपदा प्रबंध की योजना बनाने में साथ लेना शामिल है।

(ख) एक आधुनिक किस्म का स्थायी राष्ट्रीय समादेश केन्द्र या संक्रिया कक्ष स्थापित करना, जिसके पास सभी राज्यों की राजधानियों से संपर्क करने के लिए बहुत से संचार साधन और आधार सामग्री हो। राष्ट्रीय समादेश केन्द्र या संक्रिया कक्ष के कार्मिक व्यावसायिक योग्यता वाले हों और उनकी सेवाएं चौबीसों घंटे उपलब्ध रहें ताकि तत्काल एकीकृत अनुक्रिया संबंधी आवश्यकता को पूरा किया जा सके। राज्य स्तर पर भी ऐसे ही संक्रिया कक्षों की आवश्यकता है जिसमें सभी आवश्यक उपस्कर हों।

(ग) आवश्यकता के समय काम आने वाले एक अतिरिक्त, तत्काल अनुक्रियाशील दल की स्थापना करना, जिसमें केन्द्रीय तथा राज्य सरकार के कर्मचारियों में से छांटे गए सैनिक तथा असैनिक दोनों प्रकार के अनुभवी व्यावसायिक कार्मिक हों जो तत्काल कुछ ही घंटों में उड़कर उन स्थानों पर पहुंच सकें जहां महापदा का प्रकोप हुआ हो। यह दल उसी रीति से संगठित और व्यावसायिक रूप से संचालित किया जा सकता है, जैसे कि संयुक्त राष्ट्र की महापदा आकलन तथा समन्वय टीमें संचालित की जाती हैं।

(घ) सभी स्तरों पर शहरी तलाशी तथा बचाव क्षमता का निर्माण। इसके लिए एक पूर्ण सुसज्जित तलाशी तथा बचाव ईकाई स्थापित की जाए, जो सभी राज्यों की राजधानियों में अग्निशमन सेवा का हिस्सा हो। उसके पास प्रशिक्षित कर्मचारी और आधुनिक उपस्कर हों, जैसे तापीय इमेजर, ध्वनि से पता लगाने वाले उपकरण आदि। यह वर्तमान स्थिति में बहुत ही सुसंगत एवं प्रासंगिक हैं क्योंकि गुजरात के भूकंप में हमारी एक बड़ी कमजोरी यह रही कि हमारे पास भारत में शहरी तलाशी तथा बचाव की विशेषज्ञतापूर्ण क्षमता नहीं है।

(ङ.) ऐसी मीडिया नीति जो कि टेलीविजन पर सूचना प्रसारण की प्रणाली को ठीक से संभाल सके। महापदाओं के समय सरकार पर भारी राजनीतिक दबाव रहते

हैं, उनके प्रति कुशलतापूर्वक तत्काल प्रतिक्रिया व्यक्त करनी होती है। इस पक्ष पर विशेष ध्यान देने की आवश्यकता है क्योंकि इसका प्रभाव भविष्य में कम नहीं होगा, बल्कि बढ़ेगा ही।

(च) आपदा के प्रति अनुक्रिया की अंतर्राष्ट्रीय प्रणाली के साथ घनिष्ठ संपर्क बनाए रखना और उसे अच्छी तरह समझना और जब अंतर्राष्ट्रीय सहायता आने लगे तो उसे ठीक से प्राप्त करने के लिए सीमा शुल्क, अप्रवास, विदेश नीति संबंधी अनेक उलझनों को सुलझाना। आज के समय में प्राकृतिक महापदों के लिए प्राप्त होने वाली अनुक्रिया सहायता की गति और स्वचलता को समझना भी बहुत जरूरी हो गया है। इसके लिए आवश्यक होता है कि विदेश मंत्रालय आपदा के समय सहायता देने वाले संगत अंतर्राष्ट्रीय अभिकरणों के साथ परस्पर संपर्क बनाए रखें।

(छ) देश के भीतर गैर सरकारी स्रोतों से मानवीय तथा राहत सहायता प्राप्त करने के लिए मानक प्रक्रियाओं का निर्धारण करना। प्रक्रियाएं तथा प्रणालियां ऐसी होनी चाहिए कि किसी तरह की उलझन या गड़बड़ पैदा न हो और प्राप्त होने वाली सहायता का सर्वोत्तम उपयोग सुनिश्चित हो सके, जैसा कि अंतर्राष्ट्रीय सहायता की प्रणालियों में होता है।

(ज) महापदा के प्रबंध के लिए एक आधुनिक एकीकृत कानून बनाना। राज्य, केन्द्रीय तथा समवर्ती सूचियों के माध्यम से राज्य तथा केन्द्रीय सरकार के बीच वर्तमान दायित्वों के विभाजन को देखते हुए, यह जरूरी हो गया है कि, प्राकृतिक आपदाओं तथा अन्य आपात स्थतियों से निपटने के लिए एक एकीकृत कानून बनाया जाए जिसमें प्रत्येक इकाई की जिम्मेदारी तथा शक्तियों का स्पष्ट रूप से विभाजन हो। यह भी बताया जाए कि भारत सरकार या किसी राज्य सरकार द्वारा महापदा की घोषणा किए जाने पर क्या-क्या कार्यवाहियां तत्काल करनी होंगी और किन-किन शक्तियों का प्रयोग करना होगा। इस कानून में रासायनिक आपात स्थिति से निपटने के लिए पहले से चल रहे उस कानून को भी शामिल किया जाना चाहिए जो पर्यावरण मंत्रालय द्वारा बनाया गया था, ताकि सभी प्रकार की आपात स्थितियों का एक ही कानून के अंतर्गत मुकाबला किया जा सके। इस कानून में राष्ट्रीय स्तर पर आपदा क्या होती है यह स्पष्ट रूप से परिभाषित किया जाएगा।

वित्तीय व्यवस्थाएं

राहत व्यय की वित्त व्यवस्था

7.29 प्राकृतिक आपदाओं से संबंधित राहत व्यय को पूरा करने के लिए की गई नीति

विषयक व्यवस्थाएं अधिकतर उत्तरोतर गठित वित्त आयोगों की सिफारिशों पर आधारित हैं। इस समय ऐसे व्यय की व्यवस्था करने के लिए दो निधियां मौजूद हैं विपत्ति राहत निधि (सी.आर.एफ.) और राष्ट्रीय विपत्ति आकस्मिकता निधि (एन.सी.सी.एफ.)। विपत्ति राहत निधि का उपयोग तूफान, सूखा, भूकंप, आग, बाढ़ और ओलावृष्टि जैसी विपत्तियों के शिकार लोगों को तत्काल राहत पहुंचाने के लिए किया जाता है। क्षतिग्रस्त पूंजीगत निर्माण-कार्यों के पुनरुद्धार पर किया जाने वाला खर्च साधारणतया सामान्य बजट शीर्षों से पूरा किया जाता है, सिवाय उस स्थिति के जब यह तत्काल राहत कार्यों जैसे पेयजल के स्त्रोतों के पुनरुद्धार अथवा शरण स्थलों आदि की व्यवस्था के लिए किया जाता है। वित्तीय वर्ष 2000-01 से 2004-05 तक प्रत्येक वर्ष के लिए प्रत्येक राज्य की वित्तीय राहत निधि में वार्षिक अंशदान के रूप में कितनी धनराशि दी जाएगी, यह वित्त आयोग द्वारा बताया गया है। इस अंशदान की संपूर्ण रशि में 75 प्रतिशत रकम भारत सरकार प्रतिवर्ष योजना भिन्न अनुदान के रूप में देती है और शेष 25 प्रतिशत राशि संबंधित राज्य सरकार द्वारा दी जाती है। 2000-05 की अवधि में विपत्ति राहत निधि के लिए कुल मिलाकर 11,007.59 करोड़ रुपये की व्यवस्था की गई है।

7.30 ग्यारहवें वित्त आयोग की सिफारिशों के अनुसरण में, विपत्ति राहत निधि के अलावा, एक अन्य निधि अर्थात् राष्ट्रीय विपत्ति आकस्मिक निधि (एन.सी.सी.एफ.) की स्कीम वित्तीय वर्ष 2000-01 से लागू की गई है और यह 2004-05 के अंत तक चलेगी। एन.सी.सी.एफ. का उद्देश्य तूफान, सूखा, भूकंप, बाढ़, आग तथा ओलावृष्टि जैसी प्राकृतिक विपत्तियों में राहत व्यय की व्यवस्था करना है। ये विपत्तियां गंभीर किस्म की मानी जाती हैं और इनके लिए राज्य सरकार को अपनी विपत्ति राहत निधि में उपलब्ध धनराशियों से अधिक व्यय करना पड़ता है। एन.सी.सी.एफ. से सहायता केवल तात्कालिक राहत तथा पुनर्वास के लिए उपलब्ध कराई जाती है। परिसंपत्तियों के निर्माण अथवा क्षतिग्रस्त पूंजीगत उपस्कर आदि के पुनरुद्धार की वित्त व्यवस्था योजना निधियों के पुनराबंटन से की जानी चाहिए। इस प्रकार, इस संबंध में की जाने वाली व्यवस्थाओं को परिभाषित करने के लिए अधिक विस्तृत कार्य करने की आवश्यकता है।

7.31 राष्ट्रीय निधि (एन.सी.सी.एफ.) की मूल रशि 500 करोड़ रुपए है जो भारत सरकार द्वारा दी गई है। इस निधि की प्रतिपूर्ति कुछ समय के लिए केन्द्रीय करों पर विशेष अधिभार लगाकर की जाती है। एन.सी.सी.एफ. से अब तक राज्यों को लगभग, 2,300 करोड़ रुपए की राशि दी जा चुकी है। केन्द्र द्वारा राज्यों को राष्ट्रीय निधि से दी जाने वाली सहायता का वित्तपोषण एक सीमित अवधि के लिए केन्द्रीय करों पर एक विशेष अधिभार लगाकर किया जाना है। प्राकृतिक विपत्तियां आने पर, सी.आर.एफ./एन.सी.सी.एफ. पर प्रभार्य व्यय की मदों तथा प्रतिमानों की सूची समय-समय पर विस्तार से निर्धारित की जाती है।

पंचवर्षीय योजनाओं के माध्यम से महापदा के प्रबंध की वित्त-व्यवस्था

7.32 यद्यपि पूर्ववर्ती पंचवर्षीय योजनाओं के दस्तावेजों में महापदा के प्रबंध के लिए विशिष्ट रूप से कोई विचार/उल्लेख नहीं किया गया है फिर भी भारत सरकार प्राकृतिक महापदाओं के प्रभाव को कम करने के लिए काफी लंबे समय से योजनागत राशियां खर्च करती रही है। योजनागत स्कीमों यानी भारत सरकार की विभिन्न स्कीमों जैसे पेयजल की आपूर्ति, रोजगार उत्पादन, कृषि के लिए निर्विष्टियां और बाढ़ नियंत्रण उपाय आदि के लिए, भारत सरकार निधियों की व्यवस्था करती है। इसके अलावा कृषि प्रयोजनों के लिए दिए गए अल्पावधिक ऋणों की वापसी अदायगी के कार्यक्रम में, जिला/राज्य प्रशासन द्वारा प्रमाणीकरण के आधार पर, परिवर्तन करने की सुविधाएं भी उपलब्ध हैं। केन्द्रीय सरकार की परिसम्पतियां/अवसंरचनाएं भारत सरकार के संबंधित मंत्रालय/विभाग द्वारा ठीक कराई जाती हैं। इसके अलावा, विशाल पैमाने पर विपत्ति घटित होने पर, राहत तथा पुनर्वास कार्यों के लिए स्थानीय तथा अंतर्राष्ट्रीय दाताओं से धन प्राप्त होता है और कुछ मामलों में यह दान-राशि दीर्घावधिक तैयारी/निवारक उपायों पर खर्च की जाती है। परवर्ती उद्देश्यों के लिए निधियां बहुपक्षीय निधि-पोषण अभिकरणों जैसे विश्व बैंक से भी उपलब्ध होती हैं। ये सब राज्य योजना का हिस्सा बनती हैं।

7.33 और भी अनेक महत्वपूर्ण स्कीमें चल रही हैं, जो महापदा की सुभेद्यता को कम करती हैं इनमें से कुछ है: एकीकृत बंजर भूमि विकास कार्यक्रम (आई.डब्ल्यू.डी.पी.), सूखा प्रवण क्षेत्र कार्यक्रम (डी.पी.ए.पी.), मरुस्थल विकास कार्यक्रम (डी.डी.पी.), बाढ़ नियंत्रण कार्यक्रम, राष्ट्रीय वनरोपण एवं परिस्थितिकी विकास कार्यक्रम (एन.ए. एंड ई.डी.), त्वरित ग्रामीण जल आपूर्ति कार्यक्रम (ए.आर.डब्ल्यू.एस.पी.), फसल बीमा, संपूर्ण ग्रामीण रोजगार योजना (एस.जी.आर.वाई.), काम के बदले अनाज आदि।

योजना के अंतर्गत वित्तपोषण के संबंध में विभिन्न निकायों द्वारा प्रस्तावित नए कार्यक्रम

7.34 महापदा प्रबंध विषयक उच्च शक्ति सम्पन्न समिति (एच.पी.सी.) और ग्याहरवें वित्त आयोग द्वारा भी हाल में महापदा प्रबंध में योजना की भूमिका पर विचार किया है। एच.पी.सी. 1999 में गठित की गई थी, उसने अपनी रिपोर्ट अक्तूबर, 2001 में पेश की। एच.पी.सी. ने हाल में देश में आई सभी महापदाओं पर विहंगम दृष्टि डाली और उसने अनेक सरकारी, गैर-सरकारी, राष्ट्रीय तथा अंतर्राष्ट्रीय अभिकरणों तथा मीडिया संगठनों के साथ विचार-विमर्श के आधार पर सामान्य अनुक्रिया तथा तैयारी संबंधी तंत्रों का पता लगाया। समिति की एक महत्वपूर्ण सिफारिश यह भी कि राष्ट्रीय, राज्य तथा जिला स्तरों

पर कम से कम 10 प्रतिशत योजना निधियां ऐसी स्कीमों के लिए निर्धारित तथा आवंटित की जाएं जो खास तौर पर आपदाओं की रोकथाम, उनमें कमी, उनसे निपटने के लिए तैयारी और उनके प्रभावों को कम करने के उद्देश्य से कार्यान्वित की जा रही है।

7.35 ग्याहरवें वित्त आयोग ने भी महापदा प्रबंध के मुद्दे पर व्यापक रूप से ध्यान दिया और विपत्ति में राहत विषयक अध्याय में उसने कई सिफारिशें की, जिनमें से निम्नलिखित सिफारिशों का योजना से सीधा संबंध है:

(क) आधारभूत ढांचे और अन्य सभी पूंजीगत परिसम्पत्तियों के पुनरुद्धार पर होने वाला व्यय, प्राथमिक आधार पर योजना-निधियों से पूरा किया जाना चाहिए, सिवाय उन परिसंपत्तियों पर होने वाले खर्च के, जो तात्विक रूप से राहत कार्यों पर और प्रभावित क्षेत्र तथा जनसंख्या को जोड़ने वाले साधनों पर किया गया हो।

(ख) भारत सरकार के संबंधित मंत्रालयों, राज्य सरकारों तथा योजना आयोग द्वारा विकासात्मक निर्माण-कार्यों के माध्यम से ऐसे मध्यावधिक तथा दीर्घावधिक उपाय किए जाने चाहिए जिनके द्वारा इन विपत्तियों के अस्तित्व को कम किया जा सके अथवा यदि संभव हो तो एकदम मिटाया जा सकें।

(ग) योजना आयोग को, राज्य सरकारों तथा संबंधित मंत्रालयों के परामर्श से ऐसे पूंजीगत निर्माण कार्यों का पता लगाना चाहिए जिनसे कुछ खास किस्म की विपत्तियों का बार-बार आना रोका जा सके। इन निर्माण-कार्यों के लिए निधि की व्यवस्था योजना के अंतर्गत की जा सकती है।

7.36 जिन विकास-कार्यक्रमों से स्थानीय स्तर पर विकास को बढ़ाना मिलता हो उन्हें सामान्य योजना निर्माण के लिए छोड़ दिया गया है। स्थानीय स्तर पर महापदा के न्यूनीकरण के प्रयत्नों को सामान्य योजना कार्यक्रमों के साथ मिलाने के उपाय किए जाने चाहिए और राष्ट्रीय, राज्य, जिला तथा स्थानीय स्तरों पर सर्वत्र महापदा का सामना करने के लिए अधिक अनुकूल वातावरण तैयार किया जाना चाहिए। भारत में महापदा प्रबंध की भावी रूपरेखा इस आधारभूत धारणा पर टिकी है कि आज के समाज में प्राकृतिक तथा अन्य प्रकार के संकट तो आते ही रहेंगे, लेकिन आगे आने वाली महापदाएं इतनी भयंकर नहीं होनी चाहिए और उनसे प्रभावकारी ढंग से निपटने के लिए समाज को तैयार किया जा सकता है। आज आवश्यकता इस बात की है कि संपूर्ण जोखिम के इंतजाम के लिए बहु-विध रणनीति तैयार की जाए, जिसमें एक ओर रोकथाम, तैयारी, अनुक्रिया तथा बहाली के सभी प्रयत्न शामिल हों और दूसरी ओर उनका खतरा तथा प्रभाव कम करने के लिए विकासात्मक प्रयत्न प्रारंभ किए जाएं। तभी हम सर्वांगीण विकास की आशा कर सकते हैं।

महापदा की रोकथाम और तैयारी के उपाय

सूचना तथा अनुसंधान का नेटवर्क

7.37 महापदा निवारण का मुद्दा तत्वत: निवारक योजना–निर्माण से जुड़ है। इस संबंध में कुछ महत्वपूर्ण कदम है:

(क) सुभेद्यता के विश्लेषण तथा खतरे के सकारात्मक आकलन की व्यापक प्रक्रिया अपनाना।

(ख) एक सुदृढ़ एवं स्वस्थ सूचना डेटाबेस का निर्माण करना, भूमि के उपयोग, जनसांख्यिकी, राष्ट्रीय, राज्य तथा स्थानीय स्तर पर विकसित आधारभूत ढांचे के बारे में एक व्यापक डेटाबेस और उसके साथ–साथ जलवायु, मौसम तथा मानव–निर्मित संरचनाओं के विषय में अद्यतन जानकारी महापदाओं की योजना, चेतावनी तथा उनका आकलन तैयार करने के लिए महत्वपूर्ण है। इसके अलावा, सरकारी तथा गैर–सरकारी प्रणालियों की संसाधन–सूचियां, जिनमें कार्मिकों तथा उपस्कर का ब्यौरा भी हो, अनुक्रियात्मिक उपायों को कुशलतापूर्वक जुटाने और उनसे इष्टतम फल प्राप्त करने में सहायता देती है।

(ग) अद्यतन अवसंरचना का निर्माण: महापदा के प्रभाव को कम करने की संपूर्ण योजना उत्तम किस्म के अनुसंधान तथा विकास कार्यों से अवश्य ही संपुष्ट होनी चाहिए। विश्व भर में उपलब्ध अद्यतन प्रौद्योगिकियों महापदा प्रबंध प्रणाली को उन्नत बनाने के लिए भारत में भी उपलब्ध होनी चाहिए। साथ ही, समर्पित भाव से किए जाने वाले अनुसंधान संबंधी कार्यकलापों को महापदाओं से संबंधित सभी सीमांत क्षेत्रों में, जैसे जैव, अंतरिक्ष अनुप्रयोग, सूचना प्रौद्योगिकी, परमाण्विक विकिरण आदि विषयों में प्रोत्साहित किया जाना चाहिए जिससे कि महापदा प्रबंध की स्वस्थ्य योजना बनाने के लिए उच्च कोटि की बुनियादी सूचना बराबर मिलती रहे।

(घ) सभी ज्ञान–आधारित/सुविज्ञ संस्थाओं के बीच संपर्क–सूत्र स्थापित करना: प्राकृतिक, मानव निर्मित तथा जीव–जन्य सभी प्रकार की महापदाओं के बारे में विभिन्न प्रकार की जानकारी देने के लिए महापदाओं संबंधी ज्ञान का एक राष्ट्रीय नेटवर्क स्थापित किया जाना चाहिए जो विभिन्न प्रकार के नेटवर्कों का भी नेटवर्क हो और आपदा प्रबंधकों, निर्णय लेने वाले अधिकारियों तथा समुदाय जैसे सभी प्रकार के उपयोगकर्ताओं द्वारा महसूस की जा रही जरूरतों को पूरा करो।

क्षमता निर्माण, प्रशिक्षण और शिक्षा

7.38 आपदाओं से संबंधित कार्य में लगे कार्मिक उन्हें उपलब्ध सर्वोत्तम पद्धतियों तथा

संसाधनों की जानकारी पर निर्भर रहते हैं। आपदाओं का प्रबंध करने तथा उनके प्रभाव को कम करने के तरीकों के बारे में सूचना तथा प्रशिक्षण यदि सभी अनुक्रियाशील, कार्मिकों को दिया जाए तो आपदाओं को कम करने या उनकी रोकथाम करने के लिए देश की क्षमता तथा सहनशक्ति बढ़ेगी। प्रशिक्षण क्षमता-निर्माण का एक अभिन्न अंग है, क्योंकि प्रशिक्षित कार्मिक भिन्न-भिन्न आपदाओं का अच्छी तरह मुकाबला कर सकते हैं और निवारक उपायों को अधिक अच्छी तरह जान समझ सकते हैं। इस संबंध में निम्नलिखित मार्ग-निर्देश पालनीय हैं–

(क) आपदा प्रबंध के लिए बहु-उद्देश्यी और बहु-संकट निवारण पर आधारित दृष्टिकोण अपनाया जाना चाहिए, लेकिन इसके लिए कुछ विषेष प्रकार की व्यावसायिक निविष्टयां भी आवश्यक होती हैं। आपदा प्रबंध के विषय में व्यावसायिक प्रशिक्षण तथा व्यावसायिक शिक्षा संस्थाओं द्वारा आपदा प्रबंध पर विशिष्ट पाठ्यक्रम विकसित किए जाने चाहिए और आपदा प्रबंध को एक अलग शैक्षिक तथा व्यावसायिक शास्त्र/विषय का दर्जा दिया जाना चाहिए। अमेरिकी शिक्षा प्रणाली ने सफलतापूर्वक कुछ ऐसा ही किया है। आपदा प्रबंध में अलग डिप्लोमा/डिग्री कोर्स के अतिरिक्त, इस विषय पर अनेक मंचों पर चर्चा की जानी चाहिए और उसे चिकित्सा, उपचर्या, इंजीनियरिंग, पर्यावरण विज्ञान, वास्तुशिल्प और नगर तथा देश नियोजन जैसे व्यावसायिक तथा विशिष्ट पाठ्यक्रमों में एक अलग संघटक के रूप में पढ़ाया जाना चाहिए।

(ख) आपदा के निवारक प्रबंध और उसके लिए एक राष्ट्रव्यापी भावना विकसित करने के लिए सभी स्तरों पर जागरूकता पैदा करना जरूरी होगा। स्कूल स्तर पर बच्चों को आपदा के प्रति जागरूक बनाने के लिए उसके बारे में समुचित जानकारी देना आवश्यक होगा। इससे उनमें तो जागरूकता बढ़ेगी ही साथ ही कुछ मामलों में, वे अपने माता-पिता तथा परिवार के अन्य सदस्यों को भी जागरूक बनाने में सहायक सिद्ध होंगे। देश के भिन्न-भिन्न स्कूल बोर्डों द्वारा अपने जूनियर, मिडिल और हाई स्कूलों के लिए ऐसी पाठ्यचर्या विकसित की जा सकती है जिसके अंतर्गत बच्चों को सतत् आधार पर आपदा संबंधी जानकारी दी जाती रहे।

(ग) आपदा प्रबंध में कार्यरत सरकारी कर्मचारियों के लिए प्रशिक्षण सुविधाएं राष्ट्रीय स्तर पर राष्ट्रीय महापदा प्रबंध केन्द्र (एन.सी.डी.एम.) द्वारा भारतीय लोक प्रशासन संस्थान, नई दिल्ली में दी जाती है, जो कि देश में आपदा संबंधी प्रशिक्षण, अनुसंधान तथा प्रलेखन की प्रमुख संस्था के रूप में कार्यरत है। राज्य स्तर पर, राज्य प्रशासनिक प्रशिक्षण संस्थानों (ए.टी.आई.) में स्थापित आपदा प्रबंध कक्ष आवश्यक प्रशिक्षण देते हैं। इस समय ऐसे 24 प्रशिक्षण संस्थानों के

पास इसी कार्य के लिए संकाय है। महापदा प्रबंध में कार्यरत कार्मिकों के प्रशिक्षण सहित, अन्य लोगों को भी इस विषय का विशिष्ट प्रशिक्षण देना जरूरी है।

(ध) क्षमता निर्माण का कार्य व्यावसायिकों तथा आपदा प्रबंध में कार्यरत कार्मिकों तक ही सीमित नहीं रहना चाहिए, बल्कि समुदाय के आम सदस्यों को भी इसकी जानकारी दी जानी चाहिए और उनकी अभिवृत्ति/रुझान तथा कुशलता बढ़ाने पर ध्यान दिया जाना चाहिए, जिससे कि वे महापदा आने पर उसके प्रभावों का मुकाबला कर सकें। समुदाय में से स्वयंसेवकों का चुनाव करके उन्हें महापदा के समय सर्वप्रथम अपनाये जाने वाले अनुक्रियात्मक उपायों तथा न्यूनीकरण उपायों का प्रशिक्षण देना भी बहुत जरूरी है। सुभेद्य क्षेत्रों में समय-समय पर बचाव अभ्यास (ड्रिल) का भी कार्यक्रम चलाया जाना चाहिए ताकि समुदाय महापदा आने पर तत्परता से उपयुक्त अनुक्रिया कर सके, इससे बहुत सी महुमूल्य जाने बचाने में मदद मिलेगी।

7.39 इस प्रकार महापदा के प्रभावकारी प्रबंध के लिए क्षमता निर्माण का कार्य एक ओर समुदाय तथा स्थानीय अनुक्रियाकर्ताओं पर और दूसरी ओर राज्य तथा राष्ट्र के सांस्थानिक तंत्र पर आधारित तथा आबद्ध है।

सामुदायिक स्तर पर नए कार्यक्रम

7.40 महापदा प्रबंध के किसी भी कार्यक्रम का लक्ष्य एक ऐसा महापदा प्रतिरोधी तथा स्थितिस्थापक समुदाय बनाना है जो अपने विकास प्रयोजनों को पूरा करने के लिए सुरक्षित जीवन एवं सतत् आजीविका से सुसज्जित हो। किसी भी महापदा की स्थिति में प्रथम अनुक्रियाकर्ता समुदाय ही होता है, इसलिए महापदा प्रबंध में सामुदायिक स्तर पर पहल किए जाने की आवश्यकता है। ऐसी पहलकदमी को प्रोत्साहन देने के लिये निम्नलिखित कार्य आवश्यक हैं—

(क) महापदा संबंधी शिक्षा, प्रशिक्षण् तथा सूचना प्रसार के जरिये जागरूकता पैदा करना आवश्यक है क्योंकि इससे समुदाय महापदाओं का सामना करने के लिए समर्थ बनता है।

(ख) अधिकांश गैर सरकारी संगठनों तथा समुदाय आधारित संगठनों द्वारा समुदाय आधारित दृष्टिकोण अपनाया जाना चाहिए, समुदाय की सहभागिता के प्रभावकारी माध्यम से महापदा प्रबंध प्रणाली सुदृढ़ होगी।

(ग) एक कमजोर/सुभेद्य समुदाय के भीतर कुछ ऐसे वर्ग भी होते हैं जो अधिक कमजोर होते हैं, जैसे स्त्रियां, बच्चे, बूढ़े, अशक्त तथा शारीरिक रूप से बाधित लोग, जिन्हें विशेष रूप से महापदा की स्थिति में, विशेष देखभाल और ध्यान रखने की जरूरत पड़ती है। ऐसे कमजोर वर्गों की पहचान करने और महापदा

आ पड़ने पर उन्हें सुरक्षित स्थान पर ले जाने, राहत सहायता और चिकित्सा सेवा के रूप में विशेष सहायता देने के लिए प्रयत्न करने होते हैं।

7.41 इसलिए महापदा के प्रबंध के लिए महापदाओं को कम करने और उन्हें रोकने के सामुदायिक प्रयत्नों और सरकारी तंत्र की ओर से जनता की पहलकदमी को समर्थन देने के बीच प्रत्यक्ष सामंजस्य होना चाहिए।

योजना संबंधी कार्यकलापों को सुदृढ़ करना

7.42 आपदाओं के व्यापक स्वरूप को देखते हुए और उनके द्वारा की जाने वाली तबाही को जानते हुए, महापदा के न्यूनीकरण तथा निवारण के उपायों पर विपत्ति राहत निधि से किए जाने वाले खर्च के अलावा, योजनाबद्ध व्यय करना भी जरूरी है। प्राकृतिक महापदा प्रबंध कार्यक्रमों की केन्द्रीय सेक्टर की स्कीम वर्ष 1993-94 से कृषि तथा सहकारिता विभाग द्वारा कार्यान्वित की जाती रही है। उसका उद्देश्य महापदा का मुकाबला करने के लिए तैयारी करना है। इसके अंतर्गत आपदाओं के प्रतिकूल प्रभावों को कम करने के लिए क्षमता को बढ़ाने के उद्देश्य से न्यूनीकरण तथा तैयारी के उपायों पर बल दिया जाता है। इस स्कीम के अंतर्गत प्रारंभ किए गए प्रमुख कार्यकलापों में शामिल हैं। भारतीय लोक प्रशासन संस्थान में राष्ट्रीय महापदा प्रबंध केन्द्र (एन.सी.डी.एम.) स्थापित करना, 23 राज्यों में 24 महापदा प्रबंध संकाय बनाना, अनुसंधान एवं परामर्श सेवाएं स्थापित करना, महापदाओं की अब तक हुई बड़ी घटनाओं का प्रलेखन करना और क्षेत्रीय सहयोग स्थापित करना। इस स्कीम के लिए आठवीं योजना में 6.30 करोड़ रुपए का आवंटन किया गया था, जिसे नौवीं योजना में बढ़ाकर 16.32 करोड़ रुपए कर दिया गया। इस स्कीम के अंतगर्त एन.सी.डी.एम. ने 50 से भी अधिक प्रशिक्षण कार्यक्रम चलाए हैं, 1000 से अधिक लोगों को प्रशिक्षित किया है। इसके अलावा, राज्यों में 24 महापदा प्रबंध केन्द्र स्थापित किए गए हैं जिनमें महापदा प्रबंध संकाय हैं। राज्य स्तर पर 4000 से अधिक लोगों को प्रशिक्षित किया गया है। इसके अलावा, कुछ महत्वपूर्ण प्रकाशन तथा श्रव्य-दृश्य प्रशिक्षण मॉड्यूल तैयार किए गए हैं और महापदा की घटनाओं के बारे में प्रलेखन कार्य किया गया है।

7.43 यद्यपि यह स्कीम व्याप्ति-क्षेत्र तथा परिव्यय की दृष्टि से सीमित हैं, लेकिन देश में प्रशिक्षण तथा अनुसंधान संबंधी कार्यकलापों पर इसका गहरा असर आया है। दसवीं योजना में, सभी 28 राज्यों में महापदा प्रबंध के लिए संकाय बनाने का प्रस्ताव है। साथ ही समुदाय को इस कार्य में साथ लेना, मानव संसाधनों का विकास करना, नियंत्रण कक्ष स्थापित करना और महापदा प्रबंध में अंतर्राष्ट्रीय सहयोग प्राप्त करना जैसे कार्य तो चालू रहेंगे ही। महापदा प्रबंध की शिक्षण व्यवस्था को सुदृढ़ बनाने की आवश्यकता है जिसके लिए विश्वविद्यालयों, ग्रामीण विकास संस्थानों और अन्य प्रमुख शोध संस्थानों में महापदा प्रबंध संकाय स्थापित किए जाएंगे।

7.44 संधारणीयता विकास प्रक्रिया का मूलमंत्र है। जो विकास संबंधी कार्यकलाप महापदा से होने वाली हानि की ओर ध्यान नहीं देते, वे संधारणीय नहीं हो सकते, यानि सतत् रूप से आगे नहीं चल सकते। जान माल का नुकसान, आर्थिक कार्यकलापों में होने वाली हानि, परिसंपत्तियों के पुनर्निर्माण की लागत और पशुओं तथा मनुष्यों के मर जाने से हुई हानि इन सब हानियों के रूप में महापदाओं से होने वाले कुछ नुकसान का हिसाब लगाया जाए तो शायद ही कोई समुदाय या देश उसे अकेला उठा सके। इसलिए सुभेद्य क्षेत्रों मे चलने वाली सभी विकास स्कीमों में महापदा न्यूनीकरण विश्लेषण को शामिल किया जाना चाहिए। इससे परियोजना विशेष की व्यवहार्यता का आकलन उस क्षेत्र की सुभेद्यता तथा संधारणीयता के लिए अपेक्षित न्यूनीकरण उपायों के संदर्भ में, किया जा सकेगा। पर्यावरण की रक्षा, वनरोपण कार्यक्रम, प्रदूषण नियंत्रण, भूकंप के झटकों को सह सकने की क्षमता रखने वाले मकानों आदि का निर्माण जैसे आवश्यकताओं को योजनाओं के भीतर उच्च प्राथमिकता दी जानी चाहिए।

7.45 न्यूनीकरण रणनीति का उद्देश्य भविष्य में संकट आने पर होने वाली हानियों को कम करना है। संरचनात्मक न्यूनीकरण प्रयत्नों के अंतर्गत ऐसी संरचनाएं/इमारतें बनाई जा सकती हैं जो भूकंप के झटके सह सकें, जैसे रिट्रोफिटेड यानी भूकंप सहने वाली इमारतें अथवा ऐसे ढांचे या संरचनाएं बनाना जिनका पहला काम ही महापदा को रोकना हो, जैसे बाढ़ नियंत्रण ढांचे, बांध, तटबंध, घाट, रिसावदार बांध आदि।

7.46 अलग-अलग संरचनाओं संबंधी न्यूनीकरण उपाय तभी हो सकते हैं जब उनके निर्माण में डिजाइन संबंधी मानकों, निर्माण संहिता (नियमों) और कार्य निष्पादन संबंधी विशिष्टियों का ध्यान रखा गया हो। निर्माण संहिता का पालन मजबूत संरचनाओं के निर्माण के लिए बहुत ही जरूरी है। इस संहिता के नियम बनाते समय क्षेत्र विशेष की सुभेद्यता का ध्यान रखा जाना चाहिए। इनका कार्यान्वयन उपयुक्त तकनीकी-कानूनी उपायों के द्वारा किया जाना चाहिए।

7.47 भूमि के उपयोग और निर्माण स्थल संबंधी कार्यकलापों की योजना बनाते समय न्यूनीकरण उपायों की आवश्यकता का ध्यान रखा जाना चाहिए। खतरनाक इलाकों, जैसे बाढ़ प्रवण मैदानों या सीधे नरम ढालों पर बने मकान आदि महापदाओं के लिए अधिक सुभेद्य होते हैं। विकास परियोजनाओं की डिजाइन या लागत का हिसाब लगाते समय आवश्यक न्यूनीकरण उपायों पर ध्यान देने की आवश्यकता है।

7.48 महापदा प्रवण क्षेत्रों में बीमा करना भी एक अत्यन्त महत्वपूर्ण न्यूनीकरण उपाय है क्योंकि इसके लिए आधारभूत ढांचें की गुणवत्ता का ध्यान रखना होता है और निर्माण संहिता/नियमों, प्रतिमानों, मार्गनिर्देशों, निर्माण सामग्री की गुणवत्ता आदि के प्रति सचेत रहते हुए सुरक्षा संस्कृति का पालन करना होता है। महापदा संबंधी बीमा अधिकतर इस सिद्धान्त पर काम करती है कि जितना अधिक जोखिम उतना अधिक प्रीमियम, जितना कम जोखिम उतना कम प्रीमियम इस प्रकार इससे सुभेद्य क्षेत्रों के प्रति जागरूकता उत्पन्न

होती है और लोगों को अपेक्षाकृत अधिक सुरक्षित क्षेत्रों में बसने की प्रेरणा मिलती है।

आगे का रास्ता

7.49 बाढ़ और सूखा जैसी प्राकृतिक विपत्तियों का सामना करने के लिए अनेक योजनागत स्कीमें पहले से ही मौजूद हैं जिनके अंतर्गत बहुत-कुछ किया जा रहा है और आगे भी किया जा सकता है। राज्य सरकारों को मौजूदा योजनागत स्कीमों का पूरा उपयोग करना चाहिए और ऐसी स्कीमों के कार्यान्वयन को प्राथमिकता देनी चाहिए जो विपत्ति द्वारा उत्पन्न की गई परिस्थितियों पर काबू पाने के लिए सहायक सिद्ध हों। कुछ मामलों में धनराशियों को कुछ स्कीमों से हटाकर कुछ ऐसी दूसरी स्कीमों पर खर्च किया जा सकता है जिनका कार्यान्वयन परिस्थिति का मुकाबला करने में सहायक हो। संकट की स्थिति में, विभिन्न विभागों के बीच धनराशियों का पुनर्विनियोग/पुनराबंटन भी किया जा सकता है।

7.49 बाढ़ और सूखा जैसी प्राकृतिक विपत्तियों का सामना करने के लिए अनेक योजना के अंतर्गत स्कीमें पहले से ही मौजूद हैं जिनके अंतर्गत बहुत कुछ किया जा रहा है और आगे भी किया जा सकता है। राज्य सरकारों को मौजूदा योजना के अंतर्गत स्कीमों का पूरा उपयोग करना चाहिए और ऐसी स्कीमों के कार्यान्वयन को प्राथमिकता देनी चाहिए जो विपत्ति द्वारा उत्पन्न की गई परिस्थितियों पर काबू पाने के लिए सहायक सिद्ध हों। कुछ मामलों में धनराशियों को कुछ स्कीमों से हटाकर कुछ ऐसी दूसरी स्कीमों पर खर्च किया जा सकता है जिनका कार्यान्वयन परिस्थति का मुकाबला करने में सहायक हो। संकट की स्थिति में, विभिन्न विभागों के बीच धनराशियों का पुनर्विनियोग/पुनराबंटन भी किया जा सकता है।

7.50 योजना आयोग प्राकृतिक महापदाओं से उत्पन्न हुई परिस्थितियों का सामना करने के लिए, योजना संबंधी मसलों में केन्द्रीय मंत्रालयों/विभागों/राज्यों की जरूरतों को पूरा करने के लिए सदा तत्पर रहता है और रहेगा भी। इस हेतु आवश्यकताओं को यथा संभव सीमा तक पूरा करने के लिए स्कीमों में कुछ समायोजन करने की अनुमति दी जाएगी/ऐसे प्रस्तावों पर तुरंत निर्णय लेने का तंत्र विकसित किया जाएगा जिनके अंतर्गत धनराशियां एक स्कीम से दूसरी स्कीम में अंतरित की जानी हो, अथवा और कोई ऐसा परिवर्तन किया जाना हो जो प्राकृतिक महापदा में सहायता देने की मौजूदा पद्धति/स्कीम से हटकर हो अथवा नई स्कीम के लिए हो या प्रक्रिया आदि में कोई छूट दी जानी हो।

7.51 तथापि, किसी भी महापदा की स्थिति में संबंधित राज्य ही पहला अनुक्रियाकर्ता होता है इसलिए इसका मुकाबला करने के लिए कार्य के प्रति समर्पित, प्रशिक्षित, कुशल कार्मिकों की एक टीम बनानी होगी, विशिष्ट उपस्करों कुशल संचार नेटवर्क और सुसंगत, प्रबुद्ध और सरलता से उपलब्ध डेटाबेस के लिए व्यवस्था करनी होगी। इसी प्रकार, प्रत्येक राज्य में ऐसी योजनागत स्कीम बनाने की आवश्यकता पर विचार करना होगा जिसका उद्देश्य संचार साधनों को सुदृढ़ बनाने तथा आपाती नियंत्रण कक्षा स्थापित करने के लिए

न्यूनतम आवश्यकताओं को पूरा करना होगा जिससे महापदाओं का सामना करने के लिए किए जाने वाले उपायों में समन्वय रहेगा। ऐसी किसी भी स्कीम में नई सांस्थतिक संरचनाओं का निर्माण करने की व्यवस्था नहीं होगी।

7.52 विशेष रूप से बड़ी महापदाओं के संदर्भ में, यह भी जरूरी है कि सभी विकास परियोजनाओं में महापदा के न्यूनीकरण के लिए आवश्यक संघटक अवश्य रखा जाए। बाद में पुनर्निर्माण तथा पुनर्वास पर किए जाने वाले बड़े-बड़े परिव्ययों से बचने के लिए एक संघटकों की व्यवस्था करने की जरूरत होगी जिससे अत्यन्त महापदा प्रवण क्षेत्रों में विशेष रूप से परियोजनाओं के निर्माण में सहायता मिले और वे परियोजनाएं प्राकृतिक महापदाओं के आघात को सह सकें। ये संघटक योजना के अंतर्गत वित्तपोषित परियोजनाओं की अनुमोदित लागत के ही भाग होंगे।

7.53 दसवीं योजना के लिए संदेश यही है कि सुरक्षित राष्ट्रीय विकास के मार्ग पर आगे बढ़ने के लिए, विकास परियोजनाएं महापदा के न्यूनीकरण के प्रति संवेदनशील होनी चाहिए। जैसे आर्थिक हानियां और विकासात्मक बाधाएं हमारा देश वर्ष-प्रति-वर्ष झेलता आ रहा है, उन्हें देखते हुए आर्थिक दृष्टि से यही उचित प्रतीत होता है कि आज उन उपायों तथा संघटकों पर योजनाबद्ध रीति से कुछ अधिक खर्च कर दिया जाए जो महापदाओं के निवारण तथा न्यूनीकरण में सहायता दे सकते हैं, बनिस्पत इसके कि हमें बाद में पुनरुद्धार तथा पुनर्वास पर इससे कई गुना ज्यादा खर्च करना पड़े। विकासात्मक परियोजनाओं की डिजाइन और विकास की प्रक्रिया ऐसी होनी चाहिए कि महापदाओं को घटाने और उनके प्रभाव को कम करने के पक्ष को भी वह अपनी परिधि में रखे, अन्यथा, विकास संधारणीय एवं सतल नहीं रहेगा और आगे चलकर अधिक कठिनाईयां पैदा करेगा और देश के लिए हानिकारक सिद्ध होगा।

आपदा प्रबंधनः कर्नल एम.एस. कृष्णामूर्ति (सेवा निवृत्त) द्वारा आम आदमी के विचार

आपदा को हम मुख्यतः दो श्रेणियों में बांट सकते हैं। एक तो है प्राकृतिक और दूसरी है व्यक्ति निर्मित। प्राकृतिक विपदाओं को रोकना या उनका मुकाबला करना कोई साधारण काम नहीं है। हम तो यही कर सकते हैं कि उससे बचकर सुरक्षित जगह चले जाएं। जहां तक व्यक्ति निर्मित आपदाओं का सवाल है, उन्हें रोका जा सकता है। इस पेपर में मैंने व्यक्ति निर्मित आपदा पर ही विशेष ध्यान दिया है।

1. आज तक मानव जाति ने जितनी भी मानव निर्मित आपदाओं का सामना किया है और आज की पीढ़ी जिसका सामना कर रही है और भावी पीढ़ी भी उसका सामंना करने के लिए मजबूर होगी, उन सबसे खतरनाक आपदा मानवीय मूल्यों में गिरावट का आ जाना है। परिणाम भुगतने के डर से सही ढंग से काम नहीं करना, चुपचाप अत्याचार सहना या करना अथवा उसका विरोध नहीं करना, अपने कर्तव्यों और अपनी जिम्मेदारियों के प्रति लापरवाही बरतना, अपने को आवश्यकता से अधिक बढ़ा चढ़ाकर पेश करना, दूसरों का हक मार कर अपने को हकदार घोषित करना, दूसरे देशों की तुलना में अपने देश की बुराइयों पर नजर रखना अथवा अपनी बुराई को अनदेखा करना, कुल मिलाकर धर्म के मार्ग से डिग जाना मानवीय मूल्यों में आई गिरावट के प्रमुख कारण हैं।

2. भारत की मौजूदा स्थिति को देखकर मुझे सेमुअल एडम्स के कहे निम्नलिखित शब्द याद आ रहे हैं "जिस देश के लोगों का चरित्र ही भ्रष्ट हो चुका हो उन्हें दुनिया का कोई भी सर्वश्रेष्ठ संविधान या सर्वश्रेष्ठ कानून न तो स्वतंत्रता प्रदान कर सकता है और न ही संतुष्टि दे सकता है।"

3. विभिन्न एजेंसियों और विभिन्न स्कूलों द्वारा विभिन्न कारकों की पहचान की गई है। इन कारकों के आधार पर उन्होंने इन आपदाओं से निपटने के अपने अपने हल खोज लिए हैं। हो सकता है मेरे निम्नलिखित विचार प्राथमिकताओं के दृष्टिकोण से उनमें से कई से मेल नहीं खाते हों।

4. यहां पर राष्ट्रपिता महात्मा गांधी द्वारा प्रयुक्त की गई तकनीकों को याद करना समाचीन होगा, जिसे भारतीय इतिहास से लिया गया है। ये तकनीकें स्वदेशी, छोटी और कार्यान्वित किए जाने योग्य थीं। यह इसलिए हो पाया कि उन्होंने हमें जमीन से उठाकर

आदमी बना दिया और बिना बंदूक उठाए अंग्रेजों को देश से खदेड़कर बाहर कर दिया। यदि हम उनकी एक बात पर भी अमल कर लें तो निश्चित रूप से भ्रष्टाचार और गरीबी का नामोनिशान मिटा देंगे। चीन तक महात्मा गांधी के कार्यक्रमों को अपना रहा है। महात्मा गांधी ने अंग्रेजों को भारत से भगाकर ही छोड़ा और भारत को उसकी वह शान और नाम वापस दिलाया, जिसे लोग पहले सोने की चिड़िया के नाम से जानते थे।

5. योजना बनाने वालों को अपनी सोच के दायरे को न केवल बढ़ाना होगा बल्कि ग्लोबल दृष्टिकोण अपनाते हुए सोचना होगा। लेकिन योजना को लागू करने वालों को बारीकी से सोचना होगा और उसे पूरी तरह से लागू करना होगा। योजना संबंधी आंकड़ों की पुस्तकों में जिन आंकड़ों का आंकलन किया जाता है उसका मूल लाभार्थियों को मिलने वाले वास्तविक लाभ से कोई मेल नहीं होता है।

6. अच्छी सलाह या अच्छी टिप्पणी छिपाई नहीं जा सकती। यह न तो आज संभव है और न ही राम राज्य में संभव थी। रामायण में विभीषण एक जगह पर कहते हैं कि "अफसोस की बात है कि इस संसार में थोड़े ही लोग हैं जो सच बोल सकते हैं, जबकि सच्चाई छिप ही नहीं सकती तो भी सच सुनने वालों की संख्या तो और भी कम है।" हमने प्रशासकों को जनता की आवाज को, अपनी आत्मा की आवाज को सुनना होगा और अपने आपमें यथावश्यक परिवर्तन करना होगा।

7. हम लोग कर्ज के मारे हुए लोग है। हो सकता है कि हमारी सरकार के लिए स्वतंत्रता के प्रारंभिक वर्षों में घाटे का बजट पेश करना उसकी जरूरत रही हो। लेकिन आज उसका अनुपात भयानकता के स्तर को पार कर चुका है। हो सकता है यह कभी अमृत का काम करता हो, आज तो यह विष बन चुका है। आईए पुनः रामराज्य की ओर चलते हैं जहां भंरत राम से मिलने के लिए वन में जाते है और उनसे प्रार्थना करते हैं कि अयोध्या वापस चलो। तब राम भरत से कई प्रश्न पूछते हैं कि राज्य का काम काज कैसा चल रहा है। हमारे आज के शासकों, विधि निर्माताओं और प्रशासकों को अयोध्या कांड का 100 वां सर्ग पढ़ना चाहिए। हम धीरे-धीरे घाटे की अर्थव्यवस्था पर काबू पाते पाते एक दिन इससे निजात पा लेंगे। हमें हालात के अनुसार स्वयं में परिवर्तन लाना होगा। हमें अपने व्यय को अपने समग्र राजस्व से नीचे लाना होगा, आर्थिक सहायता को कम करना होगा, सरकारी नीति के रूप में जल्दी-जल्दी और अंततः उन्हें पूर्ण रूप से एकदम समाप्त कर देना होगा और उन पर बाजार की ताकतों का कब्जा हो जाने देना होगा।

8. एक और भयानक महामारी, जो कैंसर से कम खतरनाक नहीं है, वह है आरक्षण की बीमारी। आरक्षण तो बैसाखी है (यह मैं समझता हूँ और यंहा तक की श्री कांशीराम ने भी अपने किसी भाषण में ऐसा ही कहा था)। बैसाखियों के सहारे चलने वाला व्यक्ति कभी भी अपने पैरों पर खड़ा होकर नहीं चल सकता। उसे सदा बैसाखियों के सहारे की जरूरत पड़ती है। इस बात से कोई इन्कार नहीं कर सकता कि हमारे समाज का एक बहुत बड़ तबका आर्थिक, शैक्षिक और भावनात्मक रूप से पंगु हैं। उनकी संख्या दिनों दिन बढ़ती ही

जा रही है। यदि इसे रोका नहीं गया तो एक दिन यह ज्वालामुखी फट पड़ेगा और जब ज्वालामुखी फटता है तो वह संपन्न और वंचित में कोई भेद नहीं करता। ज्वालामुखी दोनों में बिना कोई भेद किए उन्हें नष्ट कर डालता है। अब समय आ गया है कि जब सुविधा संपन्न लोगों को दीवारों पर लिखे नारों पर ध्यान देना जरूरी है। यदि सुविधा संपन्न प्रत्येक सदस्य वंचितों के समूह से कम से कम एक सदस्य का उद्धार करने का प्रण कर लें, तो तूफान जल्दी ही शांत हो जाएगा। अब समय आ गया है जब हमें उन्हें उस आरक्षण की बैसाखी देकर पीछे धकेलने के बजाए उनका बौद्धिक विकास करने के बारे में सोचना है जो हमारे देश के भाग्य निर्माताओं की इच्छानुसार 1959 में ही समाप्त हो जाना चाहिए था।

9. राजनेता तो मंच पर आने वाले अस्थायी अभिनेता होते हैं। नौकरशाह स्थायी अभिनेता होते हैं। उनका जनता के साथ निरंतर संपर्क बना रहता है। कानून बनाने वालों को अपनी सीमाओं में रहते हुए उसे लागू करने का काम प्रशासकों पर छोड़ देना चाहिए।

10. प्रशासकों और जनता के बीच विश्वास नाम की कोई चीज नहीं है। जबकि नौकरशाही का एक ही उद्देश्य है और वह है जनता की सुरक्षा और उसका कल्याण। विश्वसनीय गैर सरकारी संगठनों की सहायता से जनता की भागीदारी सुनिश्चित की जानी चाहिए। कई गैर सरकारी संगठन ऐसे भी हैं जो अपना लैटर हैड तक सरकारी सहायता की पहली किस्त मिलने पर ही छापते हैं। वहीं दूसरी ओर ऐसे सच्चे गैर सरकारी संगठन भी हैं जो अपने नाम के अनुरूप कार्य करते हैं। उन्हें हाथों हाथ लिया जाना चाहिए और इसके लिए उनकी बैलेंस शीट को देखे बिना यह देखना चाहिए कि उन्हें चला कौन रहा है। उनकी सेवाओं का लाभ उठाया जाना चाहिए। सेवा निवृत्त लोगों की अनुभवी फौज का लाभ उठाया जाना चाहिए क्योंकि उनकी सेवाएं बहुत ही मामूली लागत पर प्राप्त की जा सकती हैं।

11. प्रशासकों को थोड़ा सावधानी बरतते हुए विश्वास करना सीखना चाहिए। मात्र इसलिए विलंबकारक तरीका नहीं अपनाना चाहिए कि कहीं बाद में गलत निर्णय का खाजियामा न भुगतना पड़ जाए। प्रशासकों को पिछली गलतियों को आधार मानकर अड़ंगे नहीं लगाने चाहिए। यहां तक कि उनकी गलतियों और सही निर्णयों की संख्या में चाहे जितना अंतर हो तो उन्हें सजा देने के स्थान पर उनकी प्रशंसा की जानी चाहिए। ईमानदार प्रशासकों (ऐसी सेवाओं में ऐसे कई लोग हैं) को प्रोत्साहन दिए जाने की सख्त जरूरत है।

12. हमारी आदत है कि जब कभी हमारे सामने कोई समस्या आती है तो उसे हल करने के लिए हम दूसरे देशों द्वारा खोजे गए हल की तलाश करने लगते हैं। हमें अपने मौजूदा समस्याओं का हल भारतीय अनुभवों में तलाशने का प्रयत्न करना होगा। यदि हम इस कार्य को गंभीरता से लेंगे तो हमें अपनी समस्याओं के ऐसे हल प्राप्त करने होंगे, जो हमारे हालात और हमारी सोच के अनुरूप होंगे और उनके परिणाम भी संतोषजनक होंगे। उदाहरण के लिए प्रत्येक गांव में एक या दो ज़ोहड़, तालाब, पोखर होते हैं। हम या तो उनकी ओर कोई ध्यान नहीं देते हैं या फिर मलेरिया के डर से उन्हें पाट देते हैं। अब हम काफी लागत लगाकर उन्हें पुनः खोदने का प्रयास कर रहे हैं क्योंकि अब हम जान गए हैं कि जल

संरक्षण में उनका भारी योगदान है। इसके अलावा भूगर्भीय जल सार भी बना रहता है। हमारे पूर्वज पहले ही इस बात को जानते थे।

13. अनुशासन की नींव पर ही सफलता के लिये खड़े किए जाते हैं। कानून जितना जरूरी जनता के लिए है उतना ही जरूरी वह कानून बनाने वालों के लिए भी है। प्राचीन गुरुकुलों में सिखाएं जाने वाले अनुशासन को स्कूली पाठ्यक्रम में शामिल किया जाना जरूरी है, ताकि व्यक्तिगत जीवन के साथ-साथ सामाजिक जीवन का स्तर भी ऊंचा उठ सके। शिक्षा के सभी स्तरों पर प्राथमिक घटक के रूप में नैतिक शिक्षा को शामिल किया जाना चाहिए जो कि शार्मिक शिक्षा से भिन्न है।

14. आर्थिक सहायता और आरक्षण के चलते हमने अपनी प्रत्येक जरूरत के लिए सरकार का मूंह ताकना शुरू कर दिया है। उदाहरण के लिए हम सभी जानते हैं कि चाहे या अनचाहे घर के बड़े-बूढ़ों की सेवा करना घर के छोटे सदस्यों की जिम्मेदारी है, लेकिन अब धीरे-धीरे इस जिम्मेदारी को भी सरकार के कंधे पर डालने की शुरुआत हो चुकी है। यदि यही प्रवृत्ति बनी रही और इस पर रोक नहीं लगाई गई तो एक समय ऐसा आएगा जब राज्य और केन्द्र दोनों स्तरों पर वृद्धों से संबंधित मंत्रालय सबसे बड़ा मंत्रालय होगा।

15. अंत में मैं समझता हूँ कि आज इस बात की सख्त जरूरत है कि निम्नलिखित में से किसी एक बात पर अमल करते हुए इन विसंगतियों को दूर किया जाए:

(क) देश में व्याप्त बुराईयों का हल हम अपने इतिहास में ही तलाश्ना चाहिए। जो चीज साईबेरियाई लोगों के लिए अच्छी है वह तमिलनाडु के लोगों के लिए कैसे अच्छी हो सकती है?

(ख) जमीनी स्तर के कार्यकर्ताओं को बड़ी-बड़ी योजनाओं संबंधी छोटी-छोटी और कार्यान्वयन योग्य बातें सोचनी होंगी। इसके लिए विशाल राष्ट्रीय ढाँचे को खड़ा करने के लिए पंचायतों को उस ढांचे की ईंटें मानना पड़ेगा।

(ग) प्रशासकों को सकारात्मक रुख अपनाना होगा और सच बोलना होगा चाहे वह कितना ही कड़वा क्यों न हो। उन्हें मंत्री जी के सामने जी हां, जी हां कहना बंद करना होगा। अन्याय सहने को पाप करने का दर्जा देना होगा। कानून बनाने वालों को कानून बनाने तक ही सीमित रहना चाहिए। प्रशासकों को अपना ध्यान कार्यान्वयन पर देना चाहिए। किसी को भी किसी दूसरो के पैरों में पड़ने की जरूरत नहीं है।

(घ) नागरिकों को एक दूसरों के प्रति वैसा ही व्यवहार करना होगा जैसा वे दूसरे से अपने प्रति अपेक्षा करते हैं। राष्ट्र और समाज को व्यक्तिगत हितों से ऊपर रखना होगा।

(ङ) राज्य और व्यक्ति के लिए घातक घाटे की अर्थव्यवस्था और आरक्षण की नीति को राज्य की नीतियों से आदर सत्कार के साथ विदा करना होगा। सभी संस्थाओं को अपना खर्च स्वयं चलाना होगा और उसे राजस्व से कम ही रखना होगा।

(च) नौकरशाहों और जनता के बीच व्याप्त अविश्वास की खाई को विश्वास से पाटना होगा और यह समझना होगा कि वे दोनों ही विकास की टीम के सदस्य हैं। एक दूसरों के बिना वे समुद्र में बिना चप्पू की नाव के समान हैं।

(छ) व्यापक अनुभवी और शारीरिक रूप से स्वस्थ सेवा निवृत्त विशेषकर फौजी लोगों का सदुपयोग किया जाना चाहिए।

(ज) प्रत्येक नागरिक को उसके अधिकारों और कर्तव्यों का बोध कर एक उच्च स्तरीय राष्ट्रीय अनुशासन की स्थापना की जानी चाहिए। इसके लिए शिक्षा के सभी स्तरों पर नैतिक शिक्षा दिया जाना जरूरी है जो कि धार्मिक शिक्षा से भिन्न है।

(झ) घर के बड़े-बूढ़ों की सेवा की जिम्मेदारी परिवार वालों को लेनी चाहिए और सरकार को इससे दूर ही रहना चाहिए।

(ञ) फ्रांसीसी क्रांति के भारतीय रूपांतरण अथवा महाभारत से बचने के लिए स्वैच्छिक वितरण व्यवस्था के माध्यम से संपन्न और वंचित के बीच के भेद को कम करना होगा। वंचितों के बौद्धिक स्तर को बढ़ाकर आरक्षण की नीति को समाप्त कर दिया जाना चाहिए।

लेखक का संक्षिप्त परिचय

रिटायर्ड कर्नल एम.एस. कृष्णामूर्ति 83 वर्षीय वरिष्ठ नागरिक हैं। बहुत पहले जब राजनीति देशभक्तों का खेल हुआ करती थी, तब वे सच्चे स्वतंत्रता सेनानी थे। जिस समय भगत सिंह, राज गुरू और सुखदेव को फांसी के फंदे पर लटकाया गया, उस समय कर्नल साहब की आयु 10-11 वर्ष की थी। उस समय उन्होंने अपने स्कूल में काला झंडा फहराने वाले प्रदर्शनकारियों की अगुवाई की थी। इसके लिए उन्हें सरेआम कोड़े खाने की सजा भुगतनी पड़ी थी। सन् 1935 के पूर्व वे उस समय कांग्रेस के कार्यकर्ता रहे, जब उन्होंने कालेज में दाखिला लिया ही था। 1942-47 के दौरान उन्होंने अंग्रेजों की भारतीय सेना में सेवा की और सन् 1968 में वे कर्नल के रैंक से रिटायर हुए। आजादी के दो दशकों बाद 1947 से 1968 तक उन्होंने स्वतंत्रता पश्चात् की सरकारों को देखा। बड़े ही कातर स्वर में वे बताते हैं कि मैं इस बात का साक्षी हूँ कि सरकार ने कितने जुल्म किए हैं और सरकार नाम की कोई चीज ही नहीं थी। आज उसमें पागलों और गुंडों ने अपनी जगह बना ली है। उनका कहना है कि ऐसा ज्यादा देर चलने वाला नहीं है और भारतीय इतिहास बदलकर रहेगा।

अनुबंध-XIII

सफलता को पुनः प्राप्त करने की आवश्यकता

इंस्टीट्यूट आफ होलिस्टिक ट्रेनिंग, रिसर्च एंड डेवलपमेंट
(हिंद स्वराज विद्यापीठ)
संयुक्त प्रायोजक

श्री हित साधना मंडल
टेहरी वाला बगीचा, अटलवन
परिक्रमा मार्ग,श्रीवृंदावन-281121
उ. प्र., भारत।
दूरभाष: 2565-442292

टावरी ट्रस्ट, नरसिंह भवन,
वार्ड 21, वर्धा, महाराष्ट्र,
सी-II, 110 मोती बाग,
नई दिल्ली, दूरभाष: 26110722
ईमेल-taori-kamal@yojana.com
Web:www.geocities.com/
taori-kamal

सफल मॉडलों का अनुकरण करने की जरूरत

1. पूर्व योजनाओं, कार्यक्रमों और मदों आदि के सफल मॉडलों की समीक्षा करना, मूल्यांकन करना, आत्ममंथन करना रूप रेखा तैयार करना।

2. उस गतिविधि के सस्ता होने, उसकी नकल करने और उसके टिकाऊपन की जांच करना।

3. इस बात की जांच करना कि उस योजना ने सामाजिक आर्थिक, पर्यावरणात्मक, राजनीतिक घटकों को किस सीमा तक प्रभावित किया है।

4. उस कार्यक्रम को एक वर्ष की अवधि तक सफल बनाने के लिए उस कार्यक्रम के निर्माता, संगठक, कार्यान्वयनकर्ता अथवा मानिटरिंग करने वालों ने कौन-कौन सी सावधानियां बरती थीं।

5. धन के सरलता से उपलब्ध होने में कौन सी पेचीदगियां आती हैं। पर्यावरण और परिस्थितिकी के मानदंडों में कितनी भिन्नता थी और कार्यक्रम को सफल बनाने के लिए कौन-कौन सी गलतियां की गईं?

सफल योजनाओं का अनुकरण

(1) कार्यक्रम की सफलता का श्रेय लेने वाले को आमंत्रित करना चाहिए और योजना के पूर्व, वर्तमान और भावी कार्यक्रमों को प्रस्तुत करने के लिए कहना चाहिए।

(2) कार्यक्रम पर कितनी लागत आई थी और कार्यक्रम सफल या असफल किस प्रकार हुआ।

(3) प्रस्ताव है कि उन्हें स्वैच्छिक रूप से अपनी सफलता के अनुभवों को प्रस्तुत करने के लिए कहा जाएगा और इसका अनुकरण करते समय दर्शकों की आलोचना सुनने के लिए तैयार रहना पड़ेगा। यह विचार यह सुनिश्चित करने के लिए है कि परियोजना में शामिल व्यक्ति को योजना के विभिन्न पहलुओं और संपर्कों को प्रस्तुत करने के योग्य होना चाहिए। इसमें कमियां ये हैं कि इस स्तर पर कार्यक्रम का मूल्यांकन करने वाले किसी पूर्व अथवा भावी अथवा अन्य स्वतंत्र संचालन की प्रशंसा नहीं की जाएगी और न ही वह सभी संपर्कों का अध्ययन कर पाने में समर्थ हो सकेगा।

(4) हमें इस तथ्य को तो स्वीकार करना ही होगा कि अनेक लोगों ने बेहतर कार्य किया है लेकिन सफलता का सबसे बड़ा कारण समय होता है। केवल वे कार्यक्रम ही सफल हो पाते हैं जो काफी समय तक स्वयं को मूल्यवान सिद्ध कर सकते हो और हमें यह कहने में कोई झिझक नहीं होनी चाहिए कि पिछले कुछेक दशकों के दौरान विभिन्न कार्यक्रमों की शुरूआत की गई थी और आज के सफलता के पैमाने के अनुसार वे वास्तव में सफल भी हुए थे।

(5) इस कार्य की लागत अधिक नहीं आनी चाहिए क्योंकि प्रस्तुतकर्ता से अपना खर्च स्वयं वहन करने की उम्मीद की जाएगी। कुछ खर्च उन विदेशियों को खत लिखने में आएगा, जिन्हें अपनी सफलता का खुलासा करने के लिए खुले मंच पर आमंत्रित किया जाएगा। उनमें से अधिकांश गैर सरकारी संगठन होंगे, सरकारी नौकर होंगे या कुछेक व्यक्तिगत तौर पर शामिल होने वाले व्यक्ति होंगे। यदि जरूरत पड़ी तो उन्हें टी.ए., डी.ए. देना पड़ सकता है, लेकिन बड़ी संभावना यही है कि कुछ छपी सामग्री वितरित करने के अलावा उन्हें टी.ए., डी.ए. देने की जरूरत ही नहीं पड़ेगी।

हमने जो जो कार्यक्रम रूटीन प्रकृति के हैं उनकी जांच नहीं किए जाने के लिए भी ऐसी ही व्यवस्था की जरूरत है। हम सभी जानते हैं कि अच्छे इरादों के बावजूद सरकारी और अर्धसरकारी क्षेत्र में मानव संसाधन विकास, प्रशिक्षण और अभिप्रेरणा आदि का अधिकांशतः कोई असर नहीं पड़ता है। एक कारण यह है कि हम दूसरों के मत के सामने

अपनी स्वीकृत धारणा का मूल्यांकन करना ही नहीं चाहते और करते भी हैं तो उस मूल्यांकन की कड़ियां भी एक दूसरे से नहीं जुड़तीं।

किसी भी कार्यक्रम की सफलता के लिए पुनर्कार्यान्वयन योग्यता के अलावा उस कार्यक्रम का टिकाऊ होना, उसका विस्तार योग्य होना, उस गरीबी रेखा से नीचे के समूहों अथवा बेरोजगारों, महिला शक्ति, ग्रामीण विकास और समग्र के सोच से जुड़ा होना अनिवार्य है। ऐसे कितने कार्यक्रम हैं जो संसाधनों की कमी को पूरा कर सकते हैं। अब उन कार्यक्रमों की पुन: जांच करने और विभिन्न कार्यक्रमों का पुनरावलोकन किया जाना जरूरी है जो मूलत: सोद्देश्य शुरू किए गए थे लेकिन उतने ही खर्चीले भी हैं। अब संसाधनों की चौतरफा कमी है। कार्य के प्रति उदासीनता है। अनुशासनहीनता का बोलबाला है। अब इस कार्यक्रम को नई दिशा देने का समय आ गया है। पूर्व अनुभवों के आधार पर हमें पुन: सफलता को प्राप्त करना है।

राष्ट्रीय, अंतर्राष्ट्रीय स्तर के प्रमुख संस्थान और भारतीय लोक प्रशासन संस्थान को इस नवीन, साहसी और कठिन अनुभव के क्षेत्र में बढ़त हासिल करनी चाहिए। धन तो वास्तव में कोई समस्या होनी ही नहीं चाहिए, क्योंकि इस कार्यक्रम को चलाना बहुत ही सस्ता है। जरूरत पड़ने पर अन्य विभागों को भी इन अनुभवों का लाभ बहुत ही कम लागत पर उपलब्ध करवाना चाहिए।

सफलता के अनुभव से सफलता पाने के लिए निम्न प्रकार से समय तालिका बनाई जा सकती है—

1. स्वयंसेवियों से एक ऐसी आम अपील की जानी चाहिए कि वे गत 40 या लगभग 40 वर्षों में प्राप्त की गई सफलताओं का उल्लेख करने का कष्ट करें। वे किसी भी क्षेत्र में हो सकते हो। लेकिन यह प्रस्तुतीकरण अधिकतम एक घंटे का होना चाहिए जिसमें उनके कार्यक्रम के मूल, ऐतिहासिक विकास, संपर्क, खर्च किए गए धन, लक्ष्यों, दावा की गई सफलताओं और उसकी प्रतिकृति योग्यता, विस्तार क्षमता तथा अर्थव्यवस्था संबंधी विवरण दिए जाने के साथ ही यह भी बताया जाए कि प्रयोगकर्ता द्वारा योजना को छोड़ दिए जाने के पश्चात यह कैसे टिका रहा और साथ ही इस समय यह कार्यक्रम अपने लक्ष्यों के अनुरूप किस स्थिति में है?
2. सारांशों को आमंत्रित करके उनका उन सभी में व्यापक प्रचार प्रसार किया जाना चाहिए जो इस अभ्यास में शामिल होना चाहते हैं जो मुख्यत: भारतीय लोक प्रशासन संस्थान, दिल्ली और क्षेत्रीय शाखाओं में आयोजित किए जाएंगे।
3. सफलताओं का वास्तविक प्रस्तुतिकरण किया जाएगा और साथ ही संबंधित प्रश्नों के उत्तर भी दिए जाएंगे।

4. सफलता के पीछे कार्यालयी व्यवहार की विशेषता को भी परिचालित किया जाएगा और उनसे उनके विचार आमंत्रित किए जाएंगे कि प्रयोगकर्ता के प्रति उनके क्या विचार हैं।
5. समय पर सफलता नहीं मिलने में बने बाधक कर्मियों का भी पता लगाया जाएगा।
6. तैयार किए जा रहे और लागू किए जा रहे कार्यक्रमों में उन बिदुंओं की पहचान की जाएगी और उन्हें लागू करना सुनिश्चित किया जाएगा।
7. उन कुछ सामान्य संपर्कों का भी पता लगाया जाएगा, जो कठिन हैं, सामान्यतया मिश्रित है और कार्यक्रम की सफलता के लिए जरूरी हैं।

श्री वाई.एस. राजन, वैज्ञानिक सचिव, प्रमुख वैज्ञानिक सलाहकार का कार्यालय, विज्ञान भवन एनेक्सी को "विजन 2020" के संबंध में भेजे गए पत्रों का सारांश

"सुशासन, भ्रष्टाचार, ज्ञान आधारित कन्वर्जेंस और प्राधिकार की भावना और असफलता के प्रबंधन आदि मुद्दों पर की गई व्यापक चर्चा के लिए आपका बहुत बहुत धन्यवाद।

"विजन 2020" में उठाए गए मुद्दों और श्री सिन्हा के साथ आपके बिहार के अनुभवों के आधार पर मैं निम्नलिखित पहलुओं का अध्ययन करने का इच्छुक हूँ–

1. स्वर्गीय श्री सिन्हा जी द्वारा की गई पहल को कैसे लागू किया गया और वह प्रतिकृति योग्य कैसे है? लोगों में आत्म–सम्मान जगाने की प्रक्रिया कैसे काम करती है?
2. यह बात स्वीकार करना कि सत्ता की लालसा व्यक्ति को भ्रष्टाचार और अपराध की ओर ले जाती है, हम परोपकार की भावना को रचनात्मकता, क्षमता और आत्मनिर्भरता का विकास करने में कैसे परिवर्तित कर सकते हैं?
3. जिस समाज में अनेक धर्म हों, अनेक वर्ण हों, अनेक भाषाएं हों और मूलवंश भी अलग–अलग महसूस होते हों, वहां असफलताओं के प्रबंधन के बारे में क्या बात की जा सकती है और स्थायी विकास का मार्ग कैसे पाया जा सकता है?
4. अंतर–निर्भरता संपर्क, अपने पड़ोसी से प्रेम पूर्ण व्यवहार के क्षेत्र और व्यवहार के अच्छे उल्लेखनीय पहलुओं को उजागर करने तथा उनका प्रचार प्रसार करने तथा उन्हें व्यवहार में लाए जाने की जरूरत है। डर और सुरक्षा के कारण अलगाववादी व्यवहार के स्थान पर भाई–चारे का व्यवहार अपनाया जाना चाहिए और समग्र चरित्र निर्माण पर ध्यान दिया जाना जरूरी है। कार्य योजना को हम इस प्रकार आरंभ कर सकते हैं।

इसके लिए मैं आपको भेजे पूर्व पत्र की प्रति संलग्न कर रहा हूँ।

मैं आपका अति आभारी हूंगा यदि हम इन मुद्दों पर और आगे चर्चा जारी रखेंगे।

24 जनवरी, 2001

कृपया कल वाली उस बात पर गौर करें जो हमने थोड़ी देर ही की थी। आपने अपने कुछ अनुभव बताए थे जो आपके पर्यवेक्षणाधीन और दिशा निर्देशन में संपन्न हुए थे।

इस संबंध में मैंने डा. कलाम और आपके द्वारा लिखी *इंडिया 2020 : ए विजन फार द न्यू मिलेनियम* पुस्तक खरीदी है। इस पुस्तक को पढ़ते वक्त भारत जैसे देश के समग्र स्थायी विकास के लिए अंतर्राज्जीय परिषद के दृष्टिकोण से मैं समझता हूँ कि इस सपने को पूरा करने के लिए अनुभवों का लाभ उठाने की सख्त जरूरत है।

कहने की जरूरत नहीं कि इस पुस्तक में भारत के भावी विकास के अनेक मुद्दों को बड़े ही उत्कृष्ट ढंग से उठाया गया है, परन्तु जब उन्हें वास्तविकता के धरातल पर अमली जामा पहनाने की बात आती है तो ऐसा लगता है कि अभी कई मोर्चों पर बहुत कार्य करने की जरूरत है। अभी हाल ही में मुझे डा. सुब्बा राव, निदेशक, राष्ट्रीय युवा परियोजना तथा कई गैर सरकारी संगठनों से मिलने का अवसर प्राप्त हुआ तो मुझे पता चला कि उनमें काफी बैचेनी है परन्तु साफगोई, वीरता और गति का अभाव है।

इन अनछुए क्षेत्रों के बारे में जो अध्ययन मैंने गहराई से किया है उससे संबंधित कुछ साहित्य मैंने आपको दिया था। मेरी आपसे प्रार्थना है कि कृपया उस साहित्य पर एक नजर डाल लें और यदि आप इन अनछुए क्षेत्रों में और चर्चा करना उचित समझते हों तो कार्य योजना में तेजी आ सकेगी।"

अनुबंध-XV

आपदा प्रबंधन और पंचायती राज/समुदाय सशक्तिकरण– महेश्वरी समाज के संदर्भ में विचारार्थ मुद्दे

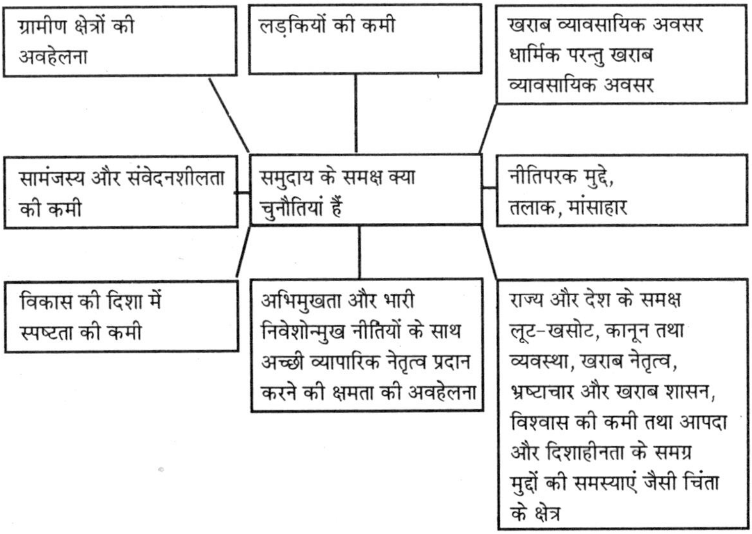

विश्लेषण की आवश्यकता

1. चूंकि समय, स्थान, समुदाय की क्षमता तथा परिदृश्य और नेतृत्व के अनुसार सुदृढ़ता, कमजोरी, अवसर अथवा आशंकाएं भिन्न-भिन्न होती हैं इसलिए उचित और सही समय है कि कुछ अधिक संपूर्ण विश्लेषण किया जाए। हम इसे निम्नलिखित चार शब्दों के माध्यम से भी विश्लेषण कर सकते हैं–

हिप्पो: संगठन की अप्रत्यक्ष निवेश योग्य संभावित शक्ति
किप्पो: संगठन की ज्ञात निवेश योग्य संभावित शक्ति
टिप्पो: संगठन की जोखिमपूर्ण निवेश योग्य संभावित शक्ति
फिप्पो: संगठन की आशंकायुक्त निवेश योग्य संभावित शक्ति

कार्य निष्पादक के कुछ युगान्तरकारी कार्य—

कोई भी कार्य योजना और दिशा विकसित करने के पूर्व यह जांच करना उचित है कि क्या मौजूदा स्थिति में कुछ कार्य निष्पादक अथवा इसके करने वाले उपलब्ध हैं या नहीं। यह महत्वपूर्ण है, क्योंकि सबसे खराब अनर्थकारी स्थिति में भी सदैव कुछ कार्य निष्पादक अथवा इनके करने वाले रहेंगे। उद्यमशीलता, जोखिम उठाने, अभिनव, निर्भीक प्रवर्तक को मान्यता देनी होगी और उसका प्रचार करना होगा। यहां क्षेत्रवार, व्यवसायवार, कुशलतावार और प्रचुर मात्रा में कार्य निष्पादक भी हो सकते हैं। परन्तु हमारे पास इन आभासी कार्य निष्पादकों अथवा आशाएं उत्पन्न करने वालों के बहुत कम पृथक्कृत मामलों को ठीक–ठीक पता लगाने, अनुमान करने और उनका विस्तार करने की मानसिकता, प्रवृत्ति, झुकाव और इच्छा की कमी है। किसी भी समुदाय अथवा किसी क्षेत्र की शक्ति का निर्माण अंततः इस तथ्य से किया जा सकता है कि क्या यहां तक कि सबसे खराब अनर्थकारी स्थिति में उनके पास नेतृत्वकर्ता, उद्यमी, दिशा प्रदायक, ज्ञानवान, अनुभवी शिक्षक हैं, जो आपदाओं से जूझते हुए समुदाय अथवा क्षेत्र को दिशा और नियंत्रण प्रदान कर सकते हैं। आध्यात्मिकता, अलोक, संसाधनों और धन आदि में भागीदारी करने की उच्चतर कल्पना दृष्टि की कतिपय मात्रा के साथ व्यापारिक मानसिकता वाले वर्ग के पास जो अवसर उपलब्ध हैं उन्हें न केवल अपने समाज के सदस्यों बल्कि अन्यों द्वारा उनका अनुकरण करने के लिए आदर्श स्थापित करने हेतु नई कल्पना दृष्टि और दिशा प्रदान करनी चाहिए।

अंततः राज्य अथवा समुदाय, सम्माननीय, आदरणीय बन जाता है यदि उसके पास न केवल संसाधन और धन बल्कि ज्ञान, नेतृत्वशीलता, अनुभव और पूर्ण रूप से समाज का स्तर उठाने की भी मानसिकता होती है। यही अध्ययन, सुधार और विस्तार के लिए आदर्शों की आवश्यकता होती है। समाज, जिसके पास आशा सृजक आदर्श नहीं हैं, उसका दिशाहीन होना लाजिमी है और यहां तक कि वह स्वयं अपनी समस्याओं का समाधान करने की अंतःनिवृत्ति सुदृढ़ता और अपने शक्ति को भी खो सकता है। यदि समुदाय की स्वाभाविक सुदृढ़ता को बेहतर नीतिगत कार्यवाही, अनुसंधान, प्रशिक्षण, प्रौद्योगिकी, विपणन और संपूर्ण रूप से उन सभी पहलुओं, जो समाज को महान और समाज में बने रहने योग्य बनाते हैं, के माध्यम से संपोषित, प्रयुक्त अनुरक्षित और यहां तक कि वर्धित नहीं किया जाता है, तो प्रतिकूल परिणाम अपरिहार्य और स्वाभाविक है। इतिहास में सभ्यता के असंख्य उदाहरण हैं, जो प्राकृतिक अथवा मानव निर्मित असफलताओं और अदूरदर्शिता के कारण नष्ट हो गए हैं। यहीं समुदाय आधारित संगठन को अपने आप में आशा के आदर्श की खोज करनी, उनकी जांच करनी चाहिए और उनका प्रचार करना चाहिए। और यह देखना चाहिए कि क्या समुदाय द्वारा सामना की जा रही समस्या के समाधान कि लिए उनकी प्रतिकृति की जा सकती है अथवा नहीं।

आदर्शों की किस्म

जब आशा सृजन, आदर्शों की पारदर्शी खोज को अनुप्रमाणित करने की बात आती है, तब वे निम्नलिखित किस्मों में हो सकते हैं–

1. नेतृत्वशीलता शैली
2. उत्पादन शैली
3. निधियन शैली
4. विपणन शैली
5. पारदर्शी और सेवा प्रावधानीकरण शैली
6. शिक्षा, संपर्क (लॉबीकरन), जनसंपर्क, सहकारिता, बैंकिंग, वित्त, व्यवसाय, उद्योग, व्यापार और वाणिज्यिक जैसे विभिन्न क्षेत्रों में।
7. ज्ञान आधारित अर्थव्यवस्था अथवा सूचना प्रौद्योगिकी या परियोजना निर्माण अथवा मानव संसाधन विकास या परामर्श और पारिवारिक मार्ग-निर्देशन, बीमा, अपारंपरिक ऊर्जा, स्वास्थ्य खाद्य पदार्थ, चिकित्सा की भारतीय प्रणालियां आदि कुछ अन्य क्षेत्र हैं, जहां आशानुरूपी आदर्शों की खोज करने की आवश्यकता है।

क्या होगा यदि आदर्शों का पता न लगे?

यदि सही दिशा में खोज प्रारंभ होती है, आशा संबंधी आदर्शों का पता लगाया जा सकता है। फिर भी, ऐसे कुछ क्षेत्र हो सकते हैं, जहां अतिरिक्त पहल करने की आवश्यकता होगी। कुछ क्षेत्रों में व्यक्ति, क्षेत्रों, उप समूह अथवा संस्थान की क्षमता को एक निश्चित समयावधि में पूर्ण क्षमता का पता लगाने के लिए कुछ समर्थन, स्फूर्ति, प्रेरणा और कुछ उत्साहवर्धन की आवश्यकता हो सकती है। परन्तु व्यापारिक विकास की मानसिकता दिशा निर्देश, अभिमुखता और संशोधन के लिए जांच और संतुलन तथा उपयुक्त प्रणालियों से पारंपरिक व्यापार और जोखिम लेने वाले दिमाग की क्षमता का उपयोग करना बिल्कुल संभव होना चाहिए।

इसके लिए कैसे प्रयास करें?

व्यक्ति प्रारंभिक बिन्दु हो सकता है। व्यक्ति की पूर्ण क्षमता का पता केवल परिवार की शुरूआत द्वारा लगाया जा सकता है, इसलिए किसी गांव अथवा समुदाय के भीतर स्व-अभिशासन की इकाई के रूप में परिवार की भूमिका की उचित रूप से सराहना की जानी चाहिए और उसे प्रोत्साहित किया जाना चाहिए। इकाई के रूप में परिवार को मान्यता, समर्थन और ऐसी प्रणालियों की आवश्यकता होती है, जहां प्रत्येक व्यक्तिगत और सामूहिक

रूप से लाभान्वित होता है। यदि परिवार की संकल्पना को मान्यता दी जाती हे तो इसका अर्थ यह होता है कि समुदाय को एक-दूसरे की सहायता से लाभ होगा। यही प्रकृति, मानसिकता, नेतृत्व की किस्म, नीतियां, जिसका वे अनुपालन करते हैं, महत्वपूर्ण भूमिका निभाते हैं। निकायों के नियंत्रण और विश्लेषण में प्रलेखीकरण, पुरस्कार, मान्यता, सराहना और यहां तक कि उपयुक्त कार्यविधि से उत्तम परिणाम प्राप्त किए जा सकते हैं। दमन की बजाय उन्नयन की आवश्यकता है। अवहेलना की बजाय सम्मिलन की आवश्यकता है। इसलिए मानव संसाधन विकास और विकास तथा नाश की प्राकृतिक प्रणालियों के मुद्दों के साथ नेतृत्व की शैली की भागीदारी करनी होगी और उस पर ध्यान देना होगा।

स्वेच्छापूर्वक सेवा की भूमिका

समुदाय आधारित अथवा यहां तक कि आध्यात्मिक संगठन, गैर-सरकारी संगठनों में भी अधिकांश कार्यक्रमों में लोग स्वेच्छापूर्वक सेवा की संकल्पना के लिए कार्य पर लगाए जाते हैं। परन्तु यथार्थता को पल्लवित-पुष्पित करना होगा तथा उस पर बल देना होगा। जिन्होंने परिवार की आवश्यकताओं और समाज की बुनियादी बाध्यताओं को पूरा कर लिया है, उन्हें अपने संसाधनों, ज्ञान, समय, विशेषज्ञता और अनुभवों की उनके साथ भागीदारी जिन्हें उसकी आवश्यकता है, के लिए स्वेच्छापूर्वक आगे आना चाहिए। भारत के भूतपूर्व न्यायाधीश श्री एम. वेंकटचलैया के अधीन स्वेच्छापूर्वक सेवा और कार्यवाही पर राष्ट्रीय मिशन ने स्वेच्छापूर्वक सेवा किए जाने के संदर्भ मे स्पष्टता, संक्षिप्तता और गति के क्षेत्र उजागर किए हैं। जहां निम्नलिखित सुझाव विचार करने योग्य हैं।

1. समुदाय पारंपरिक ज्ञान मिशन, स्वरोजगार और ग्रामीण निवेश मिशन, बुनियादी और व्यावसायिक शिक्षा मिशन, प्रौद्योगिकी अंतरण मिशन, व्यापारिक मिशन, नीति और बजट मिशन आदि जैसे कई मिशन प्रारंभ कर सकता है।
2. स्वंयंसेवक प्रत्येक मिशन के लिए एक निश्चित समयावधि में कार्य योजना और सफलता के पैरामीटर प्रदान कर सकते हैं। जोखिमकारक, प्रशिक्षण, निधिकरण, प्रौद्योगिकी आदि महत्वपूर्ण पहलू होंगे, जो समाज और देश को लाभ पहुंचाएंगे।
3. वरिष्ठ नागरिक और व्यावसायिक विद अपने अनुभवों की भागीदारी करने और युवाओं की क्षमता अथवा विश्लेषण विकसित करने संबंधी निर्णय लेने और समस्या के समाधान आदि के लिए प्रेरित करने में बहुत महत्वपूर्ण भूमिका निभा सकते हैं।
4. अनुसंधानकर्ताओं को अपने अतिरिक्त समय में अपना सर्वोत्तम सहयोग प्रदान करने हेतु गौशाला, स्कूल, धर्मशाला, अस्पताल, बैंक और अन्य सामुदायिक केन्द्रों सहित कुछ केन्द्रों को विकसित किया जा सकता है।

5. समुदाय, आधारभूत संरचनात्मक ढांचा बना सकता है ताकि स्वयंसेवक, समुदाय और राष्ट्र को अपना सर्वोत्तम सहयोग प्रदान करने के योग्य बन सकें।
6. सामान्य समस्याग्रस्त क्षेत्रों से सर्वोत्तम सहयोग प्राप्त करने के लिए एक साथ कार्य करना सीखने के लिए योजना बनाने हेतु कारपोरेट क्षेत्र और अन्य समुदाय आधारित संगठनों के साथ समझौता ज्ञापन पर हस्ताक्षर किए जा सकते हैं। समुदाय, परिवार के लिए राष्ट्रीय, क्षेत्रीय और स्थानीय समस्याग्रस्त मुद्दों पर भी कार्यवाही की जा सकती है और अनुसंधान हेतु बेहतर समाधान निकालने के लिए चर्चा की जा सकती है।
7. लागत की कमी और गुणवत्ता उन्नयन की अत्यावश्यकता न केवल उत्पादन प्रक्रियाओं में बल्कि जीवन में सभी क्षेत्रों में भी अत्यावश्यकता का मामला बनता जा रहा है। यही बुद्धिजीवी वर्ग को एक साथ लाने से बेहतर परिणाम प्राप्त हो सकते हैं।
8. व्यवहार्य निवेश अंततः किसी भी सुदृढ़ समाज की परीक्षा होगी। नीति, बजट, अच्छे अभिशासन की प्रणालियां, पारदर्शिता आदि की भूमिका को जन साधारण के लिए व्यवहार्य निवेश हेतु नियमित विचार अपेक्षित होगा। यही केवल सही मानसिकता, प्रेरणा नीतियों और परिणामों से ही पूर्णरूपेण अवरोधन संभव होगा।

ये चुनौतियां न केवल देश और सभी समुदायों के सामने हैं, बल्कि बहुत कम समुदाय वह प्रभावी नेतृत्व प्रदान कर सकते हैं, जो प्रभावी और सतत् रूप से समस्याओं का समाधान कर सके। वैश्वीकरण, आत्मनिर्भरता की चुनौतियां हम सभी को अपने संसाधन समूह में करने के लिए प्रोत्साहित करती है और सर्वोत्तम समाधान के लिए समुदाय और व्यक्ति के सुदृढ़ीकरण हेतु अभिनव दिशा प्रदान करती है।

गांधीजी का ताबीज

मैं आपको एक ताबीज दूंगा। जब भी आप संदेह की स्थिति में हों अथवा जब स्वयं आपके साथ जुड़ जाए तो निम्नलिखित परीक्षा का प्रयोग करें।

उस निर्धनतम और निर्बलतम व्यक्ति का चेहरा स्मरण करें, जिसे आपने देखा है और स्वयं से पूछें कि जो आप कदम उठाने की अपेक्षा रखते हैं, वह उसके लिए किसी काम का होने जा रहा है अथवा नहीं। क्या उसे कुछ भी प्राप्त होगा? क्या वह उसे स्वयं अपने जीवन और भाग्य पर नियंत्रण करने के लिए उसका पुनरुद्धार करेगा? दूसरे शब्दों में, क्या भूखे और आध्यात्मिक रूप से भुखमरी से जूझतें लाखों लोगों के लिए यह स्वराज लाएगा?

तब आप अपने संदेह और अपने स्व को समाप्त होता हुआ पाएंगे।

गांधीवादी विचारधारा और सामाजिक आर्थिक विकास के लिए विकेन्द्रीकृत प्रजातंत्र

वर्धा मेरा जन्म स्थान होने के कारण मुझे विवेचनात्मक रूप से विभिन्न स्थानों में गांधी के नीति वचनों और पद्धतियों के एक दिशात्मक और बहु-दिशात्मक दीर्घावधिक और अल्पावधिक प्रभावों की जांच करने, अवलोकन करने और विश्लेषण करने का अवसर मिला था। कोई भी इन पहलुओं का विवेचनात्मक विश्लेषण करना औचित्यपूर्ण महसूस करता है। एक बात निश्चित है कि गांधीजी द्वारा और बाद में अन्य व्यक्तियों द्वारा कई गांधीवादी पहल की प्रतिकृति, सततृता, लागत प्रभावोत्पादकता, सभी के लिए समान स्थिति, बैंक ग्राह्यता और पारदर्शिता आदि की परीक्षा में खरी नहीं उतर पायी हैं। हमारे काल की चुनौतियों और अन्य विभिन्न विकल्पों और विकास नीतियों के विभिन्न मॉडलों की बहुआयामी और संपूर्ण अनुसंधान की बाध्यता को प्रोत्साहित करने वाले काफी साहित्य और संहिताकृत विचारधाराएं हैं। यह कहना व्यर्थ है कि विकास एक स्वाभाविक प्रक्रिया है। जब तक मानवता के पास श्रेष्ठ दिमाग और दक्षता है उसके प्रयास से उसका भाग्य सदैव सुधरेगा और उसके अपेक्षित लाभ अधिकतम होंगे। भारत जैसे देश के लिए विकास, ऐतिहासिक प्रक्रियाओं, विश्व के अन्य देशों की सीख और विभिन्न मोर्चों की चुनौतियों से यह महान सभ्यता कैसे बची रही, पर गौर करने की बात है। सभी विषयों और विज्ञान से मुद्दों की जांच करना न केवल तर्कसंगत् है बल्कि वैज्ञानिक विश्लेषण के माध्यम से उन पर युक्तिमूलक और तार्किक रूप से गौर करना भी उचित और सामयिक है। आगे यह कहना व्यर्थ है कि किसी भी विकासात्मक नीतियों में मानवता की आगे जांच करना आवश्यक है।

इसी संबंध में, न केवल अविकसित तीसरे विश्व परन्तु तथाकथित विकसित विश्व के लिए भी वर्तमान समय की चुनौतियों पर ध्यान रखते हुए कुछ मुद्दों पर विचार-विमर्श किया जाना अपेक्षित है। आगे बढ़ने से पूर्व किसी के लिए भी प्रारंभ में स्वेच्छापूर्वक दिए जाने वाले सामान्यीकृत कथनों के लिए क्षमा याचना करना उचित होगा। हमारा ज्ञान भी हमारे अनुभव, पठन-पाठन, भूलों के अनुसार है और इससे कई दृष्टिकोण परिवर्तित हो सकते हैं। यहां तक कि गांधीजी ने इस वास्तविकता को स्वीकार किया था और यह उल्लेख किया था कि यदि कुछ विरोधाभास देखा जाता है तो उनके परवर्ती मत को स्वीकार किया जाना चाहिए। यही वह बात है कि मुद्दों पर बहु आयामीय और दिमागी मंथन सुनिश्चित किया जा सकता है। निष्कर्ष को अधिक विश्वसनीय, प्रामाणिक और सत्य के निकट होना

चाहिए। किसी भी मामले में सत्य के अधिक समीप पहुंचना अंततः किसी समूह में प्रयास अथवा वैयक्तिक पहल है। इसलिए हम वर्तमान समय की चुनौतियों पर गौर करें।

वर्तमान समय की चुनौतियां

- अत्यधिक जागरूकता और हर किसी का बड़ा बनने की चाह।
- पूर्व के विकास मॉडलों की विफलता।
- समाजवाद का पतन, पूंजीवाद पर संदेह और मानवतावाद की अपरिहार्यता।
- संस्थापित संस्थाओं की निरर्थकता।
- विश्वास और नए नेतृतव की आवश्यकता की चहुंमुखी कमी।
- राज्य के क्षीण होते संसाधन।
- राज्य के संगठनों में कर्मचारियों की अधिक संख्या और खराब कार्य संस्कृति।
- विश्वास की कमी।
- पारदर्शिता की अत्यावश्यकता ।
- समुदाय और पारंपरिक वंशानुगत पद्धतियों की अवहेलना।
- यह मानना कि राज्य को धार्मिक और शस्त्र सज्जा के कारकों पर एक साथ नहीं रखा जा सकता।
- विफलताओं और सफलताओं के उदाहरण का अत्यधिक संहिताकरण।
- मानवता सततृता और मानव अधिकार श्रेष्ठ हो जाना।
- वैश्विक कल्पना दृष्टि और स्थानीय कार्यवाही (जीवीएएलए) की बाध्यताएं।
- महिलाओं की जागरूकता और उपेक्षित/शोषित समूह।
- प्रत्येक स्तर पर महसूस की गई सबसे अधिक समृद्धि के रूप में धन संबंधी आग्रह।
- क्षेत्रीय और स्थानीय अधिकारियों द्वारा उत्तरदायित्व लेने और पारदर्शिता और व्यवहार्यता के साथ अपनी उचित भूमिका निभाने की आवश्यकता।
- खराब आधार ढांचा और असंगठित, बिखरे हुए विकेन्द्रीकृत क्षेत्रों पर ध्यान और उसकी कठोर वास्तविकताओं को स्वीकार करना।
- लोगों, समुदाय और सभी भूमिका निभाने वालों को शामिल करने की आवश्यकता।

यह स्पष्ट हो जाएगा कि इन चुनौतियों में से कई अद्वितीय, विरोधाभासी और यहां तक कि निरूपम हैं। इनका कोई ऐतिहासिक सादृश्य नहीं है, इसलिए हमें विकासात्मक क्षमता का उपयोग करने के लिए प्रभावी कार्यक्रम, सामयिक सुधार और आत्मनिर्भर आयोजना और अनुसंधान प्रणालियों के लिए नए मॉडलों की खोज करनी होगी।

गांधी की विचारधारा को समझना

कुछ लोग यह समझते हैं कि वे, जो गांधीवादी प्रणालियों के माध्यम से विपणन, पूजा–अर्चन और जो लाभ लेते रहे हैं, उन्होंने उसे अपनी व्यक्तिगत जीवन शैली के माध्यम से प्रस्तुत और प्रदर्शित करने का प्रयास नहीं किया है, उन सभी के लिए गांधी अडिग रहे। यही वह बात है जहां युवा वर्ग गांधी के जीवनयापन आदर्शों की ओर आकर्षित नहीं हुए। संपूर्ण विकास के लिए मूलभूत दृढ़ता, स्वाभाविकता, सरलता और कल्पना दृष्टि को इन संस्थाओं के कार्यक्रम के विभक्त स्वरूपों द्वारा कम प्रदर्शित किया गया है। राज्य आधारित संस्थाओं से सभी के लिए, अर्थात जिसके लिए राष्ट्रपिता ने संघर्ष किया, न्याय की प्रत्याशा बहुत कम है। उनके सिद्धान्तों, नीतियों, आचार–व्यवहारों को राज्य पर अति निर्भरता के कारण काफी नुकसान उठाना पड़ा है। यहां तक कि से संस्थान समान मानसिकता द्वारा धारित हैं। सामाजिक–आर्थिक विकास और संबद्ध क्षेत्रों के प्रबंधकों की इन अंतर्निहित कमजोरियों से किसी भी आशा, विश्वास, प्रतिकृति की प्रत्याशा नहीं की जा सकती।

आगे बढ़ने से पूर्व हम पूर्ण तरीके से गांधी को समझने की अत्यावश्यकता पर कुछ ध्यान दें। उन्हें खंडित रूप में देखकर अत्यधिक नुकसान हुआ है और स्पष्टता समाप्त हुई है जिससे भ्रांति और तथाकथित असंगतता का लक्षण दिखाई दिया है। इसलिए–

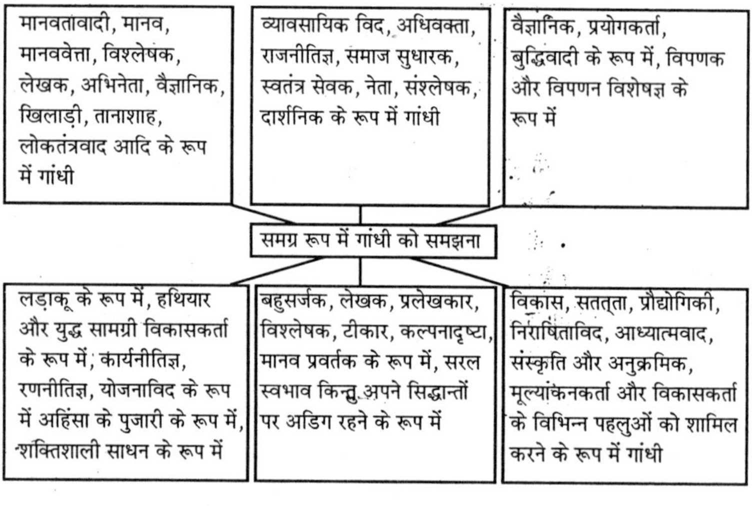

यदि पुनरुत्थानशील भारत और भावी परिदृश्य के प्रदर्शन के परिप्रेक्ष्य में विकासात्मक सुधारों की जांच की जानी है तो प्रदर्शन के प्रयोजन के लिए उपरोक्त के संबंध में कई पहलुओं की जांच करनी होगी। हम गांधी को कई खण्डों में विभाजित नहीं कर सकते और तब वर्तमान समय की संगतता और चुनौतियों के साथ उनके विश्लेषण का प्रयास नहीं कर

सकते। इसलिए वर्तमान समय और भावी कार्ययोजना की चुनौतियों का मार्ग निर्देशन सामाजिक आर्थिक विकास की पहल के द्वारा होना चाहिए।

सामाजिक आर्थिक विकास-विचार करने योग्य कुछ बातें

सामाजिक, आर्थिक, विकास, आय-सृजन, वितरण, जीवन-स्तर के पैरामीटर आयामों और समाज, समुदाय और पर्यावरण के अन्य कई पहलुओं का संदर्भ प्रस्तुत करता है। तथाकथित विकास के इन पहलुओं का संपूर्ण विश्व में पृथक्कृत रूप से अथवा किसी एक नियत मानदंड में अध्ययन नहीं किया जा सकता। समाज की क्षमता, अनुभव, दक्षता, प्राकृतिक संसाधन स्थानीय निधि, पद्धतियों और ऐतिहासिक पृष्ठभूमि आदि के अनुसार आयाम भिन्न-भिन्न होंगे। केन्द्रीकृत अथवा केन्द्रीय रूप से योजनाबद्ध विकास नीतियों और आयोजना के मुद्दे कुछ दशकों से विश्व की नियति का दिशा निर्देशन करते रहे हैं। प्राकृतिक संसाधनों पर दीर्घावधिक प्रभाव और पर्यावरण के खतरे पर भी ध्यान दिए बिना बड़े अर्थात तथाकथित लागत प्रभावी समरूप पर बल दिया गया है। समझी गई विकास मूलक नीतियों की कुछ मूल विशेषताओं और उसकी कमजोरियों का विश्लेषण निम्नलिखित तरीके से किया जा सकता है:

1. केन्द्रीकरण, केन्द्रीय निधिकरण, केन्द्रीय अनुवीक्षण, केन्द्रीय रूप से कर्मचारियों की नियुक्ति, केन्द्रीय दिशा निर्देशन, केन्द्रीय संकट प्रबंधन पहल पर बल।
2. लागत प्रभावोत्पादकता के बहाने उधार ली गई निधियों, उधार ली गई प्रौद्योगिकियों, उधार ली गई नीतियों और पूर्ण रूप से वे पहल, जिनसे स्थानीय को सीमांतिक होना पड़ा और स्थानीय पहल की अवहेलना हुई।
3. विभिन्न प्रणालियों, विशेषकर संगठित, नगर आधारित अच्छे संपर्क साधन आदि की श्रेणी के निहित स्वार्थ का सृजन के परिणामस्वरूप सामने आया मंत्रीकरण।
4. प्रणाली, भ्रष्ट, तटस्थ, उदासीन हो गई है और जनसाधारण का ध्यान नहीं रख सकी।
5. समयावधि में बड़े कारखानों, बड़े बांधों, बड़े संस्थानों, बड़ी परियोजनाओं और तथाकथित कुछ पहले किए हुए वायदों से ऋणग्रस्तता और राष्ट्र पर निर्भरता उत्पन्न हुई।
6. रसायनों और उपभोक्तावाद के आगमन ने विभिन्न प्रणालियों और कार्यविधियों, सांस्कृतिक पद्धतियों और सामाजिक सौहार्द को समाप्त किया, जिसने न केवल एक दूसरे का समर्थन किया बल्कि यहां तक कि वे शोषण और निरंतर अवहेलना का उचित साधन बन गए। इससे विकासात्मक मॉडलों के प्रति भ्रांतियां उत्पन्न हुईं।
7. पृथक्कृत अच्छे इरादे और समन्वित प्रयास, चाहे कितने भी अच्छे हों, उनकी

प्रतिकृति नहीं हो सकी। नीति, लाभ, महिलाओं अध्यात्म और प्रभावी प्रौद्योगिकी की शक्तियां अत्यधिक विभाजित और खंडित हो गई। अधिशासन के ढांचे ने श्रेणीबद्ध समर्थन सुनिश्चित किया, जिससे खंडित प्रणालियां तैयार हुईं। अधिशासन की विकेन्द्रीकृत संस्थानों को शामिल करने की बाध्यता की अवहेलना ने स्थिति खराब कर दी। अधिशासन की पारंपरिक प्रणाली और पृथक्कृत हो गई तथा अंततः अरुचिकर कर्तव्य का समन्वय भाग बाजार की शक्तियों का कारण बना है।

8. बाजार एक दोधारी हथियार है। यह कठोर, असंवेदी है और परजितों का ध्यान नहीं रखता। यह युद्ध भी है जहां प्रतिस्पर्धा करने के अनिच्छुक अथवा उसकी कठोर प्रकृति को समझने में अक्षम व्यक्ति का कोई स्थान नहीं है। उन्हें कठिनाई का सामना करना पड़ता है, वशीभूत होना पड़ता है और अपने विश्वास एवं स्वाभिमान के बारे में भूलना होता है। जब तक विपणन पिछले दो सौ वर्षों में उग्र, सूक्ष्म और कठोर नहीं था, तब तक प्रणालियां प्रभावित हुई हैं, परन्तु वे अभी भी उत्तरजीवी रह सका है। चाहे वह उर्वरक, खाद्य और क्षमता, वस्त्रोद्योग, तिलहन, शिक्षा, सांस्कृतिक अथवा किसी अन्य क्षेत्र में हो, ये सभी अशक्त बना दिए गए हैं। परन्तु चूंकि सूचना प्रौद्योगिकी, विश्व व्यापार संगठन (डब्ल्यू.टी. ओ.) का उदारीकरण और अर्थ व्यवस्था का मुक्त होना अनिवार्य और अपरिहार्य हो गया है, इसलिए समाजिक-आर्थिक विकास के मॉडलों पर संपूर्णता से गंभीर विचार किया जाना होगा।

भारत और तीसरे विश्व के देशों को समझना

यदि हम संपूर्ण भारत के विभिन्न आयामों की जांच करने का प्रयास करें तो हम असंगठित, मूक, अनिश्चयात्मक, अविपणित, सांस्कृतिक, अध्यात्मिक, ऐतिहासिक और कई अन्य आयामों की अवहेलना नहीं कर सकते। यदि विपणन के सिद्धान्तों और उत्पाद प्रक्रिया, पद्धतियों और समाज की मूलभूत प्रकृति को समझ लिया जाए तो ऐसा बहुत कुछ है जिसका विपणन किया जा सकता है। यह बड़े ही खेद की बात है कि उन सभी ने, जिन्होंने संपूर्ण रूप से समझने का प्रयास किया, उन्हें संगठितों द्वारा हाशिए पर रख दिया गया। समाज के ऐतिहासिक विकास का नियंत्रण करने वाले तथ्यों की प्रकृति, आकांक्षाओं, विभिन्न आयामों और विषयों या विज्ञान को समझे बिना अथवा विभिन्न और उधार लिए गए मॉडलों की नकल करने का प्रयास करके एक गंभीर क्षति पहुंचाई गई प्रतीत होती है। इन मुद्दों की युक्तिसंगत, विश्लेषक और वैज्ञानिक मानवोचित दृष्टिकोण से जांच करने की आवश्यकता है। अविपणित आयामों को नहीं समझकर ठोस प्रणालियों और पद्धतियों का काफी नुकसान किया गया है। इसे सरल बनाने के लिए, कोई भी सुझाव देना चाहेगा कि

उन सभी की, जिन्हें विकासात्मक प्रक्रियाओं में सम्मिलित नहीं किया गया है, संगतता, लागत, प्रभावोत्पादकता, उपयुक्तता और समय की परीक्षा में खरे उतरने के संदर्भ में भी जांच करना आवश्यक है। भारत पर जो लागू होता है, वह संभवत: विश्व के कई देशों, जिनके पास समृद्ध प्राकृतिक संसाधन तो हैं, परन्तु मूल आवश्यकताओं के पैमाने पर जो बहुत पीछे हैं, उन पर बहुत हद तक लागू होते हैं। अब यह बिल्कुल स्पष्ट है कि यह विकास के दोषपूर्ण मॉडलों की उत्पत्ति है। समाज को एक साथ रखने की विभिन्न पद्धतियों, नीतियों, प्रणालियों को समझे बिना और उनकी वैज्ञानिक रूप से जांच का प्रयास नहीं करके काफी क्षति पहुंचाई गई है। भारत को इस अर्थ में कई प्रतिस्पर्धी लाभ मिले हैं कि यह पद्धति किसी प्रकार असंगठित क्षेत्र के भीतर रही है। भारतीय चिकित्सा प्रणाली एक ऐसा क्षेत्र है, जिस पर पिछले नीति आयोजना प्रक्रियाओं में बहुत कम उपयुक्त ध्यान दिया गया है। इसलिए भारत के विभिन्न आयामों की स्पष्टता इसकी विविधता और स्वाभाविक पद्धतियों के प्रति समीपस्थ लोगों के सोचने का उच्चतर स्तर और साधु संतों की विवेकपूर्ण वाणी व्यापक रूप से जन साधारण लोगों में विद्यमान रही। जब कभी प्रकृति और संवेदनशीलता के उच्च स्तर के साथ सामाजिक प्रणालियों के सामंजस्य आदि की जांच की जाती है तो वे हमें उनकी अवहेलना के कारणों की खोज करने के लिए बाध्य करते हैं। नि:संदेह मानसिक प्रवृत्तियां, प्रशिक्षण की किस्म परिशोधन और लाभ की स्थितियों के माध्यम से समग्र एक्सपोजर इन प्रक्रियाओं को सुविधाजनक बनाते हैं। इसलिए सामाजिक आर्थिक विकास पर गांधीवादी विचारधारा को समझने का प्रयास करने से पूर्व भारत और तीसरे विश्व के देशों के मुद्दों की उचित रूप से खोज करनी होगी।

क्या गलत हुआ?

इस प्रश्न के विभिन्न पैरामीटरों पर पूर्ण रूप से खोज करने का यही उचित समय है। व्यक्तियों, संस्थाओं, पद्धतियों अथवा स्वयं समय पर ही स्पष्टता की कमी के लिए दोषारोपण करना होगा। समय की स्वयं अपनी परीक्षा होती है। कुछ तो यह महसूस करते हैं कि विकास के मॉडल न केवल सामाजिक-आर्थिक बल्कि शिक्षा प्रौद्योगिकी और संबद्ध क्षेत्रों की भी मूलभूत बातों की उपेक्षा करते हैं। इन उपेक्षित क्षेत्रों में व्यवहार पद्धति की प्रकृति, इतिहास की सीख, विकास में लोभ प्रेरित मुद्दे, संवेदनहीनता और संग्रहण के लिए ईंधन के रूप में प्रौद्योगिकी, प्राकृतिक प्रणालियों की उपेक्षा, प्रकृति के अन्य संरचनाओं से मानव को पृथक्कृत करते हुए गलत स्थापन, पहल मानक के रूप में अन्यों पर निर्भरता और कार्यवाही की योजना बनाने अनुसंधान, संहिताकरण, विस्तार और ऋण देना (पार्सल) की संपूर्ण प्रणालियों की बाध्यता और सबसे अधिक विभिन्न जटिल मुद्दों के औचित्यकर्ता और स्पष्टकर्ता के रूप में दर्शन शास्त्र के महत्व की उपेक्षा शामिल है। इन विज्ञानों के अध्ययन और अनुसंधान के लिए खंडित और अत्यधिक विशिष्ट ध्यान ने संपूर्ण कल्पनादृष्टि,

विश्लेषण, प्रणाली निर्माण को धराशायी करना सुविधाजनक बनाया।चूंकि निधिकरण, नेटवर्किंग, मानिटरिंग और पाठ्यक्रम निर्माण आदि खंडित हो गए इसलिए धीरे धीरे समग्रवादी अथवा संपूर्ण केन्द्र बिन्दु नष्ट हो गए। विकास की प्रक्रिया में केवल धनराशि और छल-कपट की क्षमता श्रेष्ठ हो गई। जीवन के उच्चतर उद्देश्य आध्यात्मिक आयामों पर अधिक से अधिक समय व्यतीत करने के साथ नष्ट हो गए, क्योंकि उपभोक्तावादी और आर्थिक आयाम का विरोध दिन प्रतिदिन की घटना बन गई। इससे स्वाभाविक रूप से व्यक्ति और संस्थाएं अत्यधिक स्वार्थी, अहंकारी और असंवेदी हो गए। इन प्रक्रियाओं के परिणाम हमारे सामने हैं। चाहे वह धनवान अथवा निर्धन हो, सभी असंतुष्ट और स्वार्थ से प्रभावित एवं प्रतीत दिखते हैं। दीर्घावधिक प्रभाव इतना गंभीर है जिसका उल्लेख नहीं किया जा सकता।

सामाजिक-आर्थिक विकास की पहल के किए अनिवार्य बिन्दु और परिवर्तनों का प्रबंधन

1. किसी भी परिवर्तन को पारदर्शिता, व्यवहार्यता और समग्र अनुकूल स्थिति सुनिश्चित करना चाहिए।
2. सिद्धान्तों को उदारता से सृजनात्मकता, क्षमता और विश्वास निर्माण में अन्तर्निहित होने के लिए प्रोत्साहित करना चाहिए। यहां यह कहने की आवश्यकता नहीं है कि यह स्वाभाविक प्रक्रिया है, परन्तु नीतियों को इस अंतरण को विश्वास निर्माण की ओर प्रेरित करना चाहिए।
3. कम्प्यूटर, सूचना प्रौद्योगिकी और प्रत्येक मानव को अपना भाग्य सुधारने, निर्भरता कम करने और प्रसन्नता तथा हर्षोल्लास के उच्चतम लक्ष्य की प्राप्ति के लिए प्रयास करने की लालसा का अभिसरण करना चाहिए। इसके लिए जीवन के प्रत्येक क्षेत्र में स्वनियोजित परिवर्तन प्रबंधक सुदृढ़ परिवर्तन को प्रेरित कर सकते हैं।
4. भूतकाल की सीखों को परिवर्तन की किसी भावी प्रक्रिया के संबंध में दिशा निर्देशित किया जाना चाहिए।
5. समुदाय, समाज, संस्थाओं और विशेषकर अभिशासन के निम्नतर स्तर पर रहने वाले की भूमिका सतत् आधार पर व्यक्ति द्वारा सर्वोत्तम और गुणवत्तापूर्ण कार्य निष्पादन प्रोत्साहन देने के लिए होनी चाहिए।
6. वैश्विक कल्पना दृष्टि और स्थानीय कार्यवाही संबंधी बाध्यताएं स्पष्टता को, क्या किया जाना चाहिए, उस मुद्दे में एक अनिवार्य अवयव बनाती हैं। इसलिए क्षेत्र, समुदाय, समूह की दक्षता के अनुसार इनकी समग्र जीवनदशा आदि को गति प्रदान करने के साथ स्थानीय कार्यवाही को प्रोत्साहित करना चाहिए।

7. चूंकि विश्व व्यापार संगठन और अर्थ व्यवस्थाओं का मुक्त होना न केवल राष्ट्रों पर निर्भर है, बल्कि पर्यावरणीय भागीदारों पक्षियों, पशुओं, कीड़ों 'मकोड़ों पर भी परस्पर निर्भरता लाती है और पृथ्वी माता तथा पर्यावरण की सतत्ता महत्वपूर्ण हो जाती है।
8. इन प्रक्रियाओं में प्रतीयमानतः परस्पर विरोधी, विषय और यहां तक कि प्रतिस्पर्धी ताकतों और कारकों में प्रबंधन की क्षमता विकसित करने की आवश्यकता है। चूंकि बातें सरल से जटिल में, सीधे से टेढ़े-मेढ़े में अंतरित होती है इसलिए नेतृत्व की प्रबंधकीय क्षमता मुक्त अभिसारी और उच्चतर स्तर की ओर अंतरित होनी चाहिए जो निर्णय लेने और सुधार प्रक्रियाओं में सभी की पर्याप्त भागीदारी सुनिश्चित करता है।
9. समाजवाद का धराशायी होना, पूंजीवाद में अंतर्निहित जोखिम और विकास के मानवीय मॉडल को उचित अवसर देने की अपरिहार्यता को एक भिन्न दृष्टिकोण और प्रभावी संप्रेषण की अपेक्षा है। यहां पर कहना आवश्यक नहीं है कि परिवर्तन के प्रबंधन में मुद्दों का संपूर्ण विश्लेषण अपरिहार्य और अनिवार्य है।
10. विकासात्मक अर्थव्यवस्था के संकेतकों को निर्णय लेने की पारंपरिक प्रणाली और सफलता की परिभाषा पर नहीं छोड़ा जा सकता। चूंकि ज्ञान का स्तर बढ़ता जाता है इसलिए निरंतर प्रयास की अपेक्षा होगी। जहां सभी संस्थाएं, व्यावसायिक विद और शीर्षस्थ प्रबंधक, व्यापारिक उद्यमी और नौकरशाह, कुशल और अकुशल श्रमिक तथा उनके संघ प्रशंसक और उनके निर्णय करने के पैरामीटरों के मुद्दे पर गौर करते हैं। चूंकि ये बातें पूर्व में नहीं की गई हैं इसलिए इसे तहकीकात करने और जांच करने से वंचित नहीं करना चाहिए। यहीं अशांति, असंतोष विवाद और समग्र मतभेद के क्षेत्रों का निरंतर अनुसंधान किया जाना होगा।
11. अंततः परिवर्तन के प्रबंधन को शांति, प्रसन्नता और समाज की सतत्ता मुद्दों के अध्ययन की अपेक्षा होती है इसलिए कोई भी मानक अथवा रूढ़िबद्ध नियत, दृढ़ सूत्र नहीं हो सकते। समाज में विविधता, क्षमता, वातावरण और समग्र विश्वास निर्माण प्रक्रियाओं पर निर्भर रहते हुए परिवर्तन के प्रबंधन में मुद्दों पर गौर करना होगा। फिर भी, जिन्होंने न्याय प्राप्त नहीं किया है, उन्हें कवर पाने की अनुमति नहीं दी जा सकती। यही मानसिकता, संवेदनशीलता आदि का प्रश्न सबके सामने लाया जाना होगा। संवेदनशीलता ऐसा अन्य क्षेत्र हैं, जो हमें अपनी कल्पना द्वारा और अनुभूतियों को विस्तारित करने के लिए बाध्य करता है। यदि हम उनके प्रति जो हमें नुकसान नहीं पहुंचा सकते, संवेदनहीन हैं, तो उचित संभावनाएं मौजूद हैं कि हम न केवल चीटियों बल्कि हमारे भाई जो सरल और धार्मिक हैं, के लिये भी चिंता नहीं करेंगे। यदि संवेदनशीलता हमें गांधीजी की

उस उक्ति को सुनने के लिए बाध्य करती है, जहां उन्होंने सभी निर्णयकर्ताओं से निम्नलिखित को ध्यान में रखने के लिए प्रोत्साहित किया–

"ग्राहक हमारे परिसर का एक अत्यधिक महत्वपूर्ण आगन्तुक है। वह हम पर निर्भर नहीं है, हम उस पर निर्भर हैं। वह हमारे कार्य में बाधा नहीं है, वह हमारे कार्य का प्रयोजन है। वह हमारे कारोबार का बाहरी व्यक्ति नहीं है। वह उसका एक हिस्सा है, हम उसकी सेवा करके उस पर उपकार नहीं कर रहे हैं। वह ऐसा करने का अवसर देकर हम पर उपकार कर रहा है।"

–मोहनदास करमचंद गांधी

क्या किया जाना चाहिए

1. पंचायतों को अंततः ग्राम स्वराज और शोषणहीनता प्रणाली का विकास सुनिश्चित करने हेतु उनके लिए निर्धारित 29 विभागों में शामिल किया जाना होगा।
2. स्व–रोजगार और समतुल्य ग्रामीण निवेश का लक्ष्य प्रारंभ किया जाना चाहिए।
3. काम करने के इच्छुक सभी लोगों के लिए ग्रामीण क्षेत्र में लघु व्यापारिक उद्यमों की स्थापना के लिए ग्रामीण निवेश प्रेरक सेवाओं अथवा योजनाओं को प्रोत्साहित किया जाना चाहिए।
4. अपनी प्रतिस्पर्धी सुदृढ़ता के क्षेत्र में निष्पादकों को तत्काल प्रोत्साहन अथवा पुरस्कार प्रदान किया जाना चाहिए। इसमें आश्चर्य नहीं है कि हम ओलम्पिक खेलों में बुरी तरह विफल होते हैं क्योंकि खेलों का अधिपत्य खेल विभाग का एकाधिकार बन गया है। यह विभागवाद और विभाजनवाद पंचायती राज स्तर पर अभिस्वरित होना चाहिए।
5. विपणन और पहल संबंधी जटिलताएं तथा पर्यावरण अनुकूल प्रक्रियाओं के साथ सुपुर्दगी प्रणालियों के अभिसरण को बढ़ावा देने की आवश्यकता है।
6. भारत सरकार और राज्यों में विभागों के पास अभिसरण तथा पद्धतियों की लागत–प्रभावोत्पादकता दर्शाने के लिए आवंटित क्षेत्र भी होना चाहिए।
7. स्वस्थ प्रतिस्पर्धा, पारदर्शिता, व्यवहार्यता को जीवन के प्रत्येक क्षेत्र में नई और विभिन्न किस्म के नेतृत्व की अपेक्षा है। इसलिए प्रशिक्षण संस्थानों को प्रभावी प्रशिक्षक होने के लिए मूलभूत परिवर्तन लाना होगा।
8. प्रणालियों को कार्यकरण की छलयुक्त तरीकों से आगे बढ़ाया गया है। प्रबंधकीय, संयोजक प्रणालियों को अपनाना होगा।
9. अंततः भारत जैसे विविधता वाले देश के लिए कोई भी नियत रूढ़िवाद मॉडल नहीं बना रह सकता। दक्षता, क्षमता, कल्पनादृष्टि, क्षेत्रीय भिन्नताओं, परम्पराओं,

कुशलताओं और कलात्मक वातावरण आदि पर निर्भर करते हुए क्षेत्र को स्वयं अपने मॉडल विकसित करने होंगे। परन्तु स्वरोजगार, स्वाभाविकता, आत्मनिर्भरता आदि जैसी समस्या बनी रहेगी।

10. महिलाओं की उपेक्षित शक्तियों, प्रभावी प्रौद्योगिकी, नीति आध्यात्मिकता और लाभ को स्वाभाविक प्रक्रियाओं के माध्यम से एक साथ जोड़ने की अनुमति दी जानी होगी। इसका अर्थ यह है कि ऐसे कानून, जो विकास में बाधा डालते हैं और लोगों की पहल को समाप्त करते हैं, उन्हें कानूनन प्रतिस्थापित करना होगा, जो लोगों को उद्यम शीलता की अपनी स्वाभाविक प्रवृत्तियों को पूरा करने की अनुमति देता है।
11. सुदृढ़ नीतियों और पैरामीटरों पर अच्छे निष्पादकों को प्रतिस्पर्धी मॉडल को विकसित किए जाने के लिए बढ़ावा दिया जाना होगा। जैसा पहले उल्लेख किया गया है, प्रत्येक जगह अनुपालित प्रणालियों ने इन आयामों का दमन किया है।
12. चूंकि हमें वर्तमान समय की चुनौतियों का सामना करना पड़ता है। हमें अपनी क्षमता तथा कुशलता के अनुसार विपणन कार्यनीतियों को उदारीकृत करना होगा। अभिसरण को बढ़ावा दिया जाना होगा। पारंपरिक ज्ञान, कुशलता, पद्धति को यहां तक कि वैज्ञानिक रूप से जांच किए जाने और परीक्षण करने के लिए उदारतापूर्वक स्वतंत्रता दी जानी होगी।
13. संगठन की छिपी निवेश योग्य संभावित शक्ति, संगठन की ज्ञात निवेश योग्य शक्ति को समझने के लिए प्राकृतिक संसाधनों और स्थायी निधियों का अनिवार्य रूप से उपयोग किया जाना चाहिए और संगठन की निवेश योग्य संभावित शक्ति को खतरा पहुंचाने वाली बातों के विश्लेषण की आवश्यकता है।
14. सामाजिक आर्थिक विकास को सततता प्रदान करने के लिए उसमें प्रकृति के अन्य सृजन को अंत:निर्मित स्थान लेना चाहिए। वे पक्षी, वृक्ष, पौधे, कीड़े-मकोड़े, पशु अथवा यहां तक कि कई बार जांच किए गए बीज आदि हो सकते हैं। क्या हम यह कह सकते हैं कि पारम्परिक चिकित्सा पद्धति नीम, सांस्कृतिक सामाजिक पद्धति, सामाजिक आर्थिक विकास प्रक्रियाओं में स्व-रोजगार के आयामों के साथ न्याय किया गया है? चूंकि उत्तर की न केवल राष्ट्रीय स्तर पर बल्कि निचले स्तर पर भी खोज, मंथन किया जाना होगा। इसलिए पंचायती राज संस्थानों और विभिन्न समितियों ने 29 विषयों को आयोजित करने के लिए बैठक की, और बैठकों की कार्यसूची, बैठकों में विचार-विमर्श और अनुवर्ती उपायों आदि के लिए संभावित कार्यवृत्तों की सफलता के लिए उन्हें सुग्राही बनाना होगा। इसे स्थानीय स्तर के सरकारी नौकरशाहों पर नहीं छोड़ा जा सकता। गुणवत्ता प्रशिक्षण, बैठकों, विचार विमर्श के निश्चित स्तर और निर्णय की संगतता की क्रमबद्धता द्वारा अच्छे परिणाम संभव हैं। इस पहलू पर किसी

भी स्तर पर बहुत कम ध्यान दिया गया है। इसमें आश्चर्य नहीं है कि पंचायती राज संस्थाएं अपने खराब निष्पादन के लिए आलोचना की पात्र बनी हैं।

15. विकासशील लागत प्रभावी प्रणालियों में कई परिभाषाओं में मूलभूत परिवर्तन लाना होगा। विकास अथवा विनाश, विश्वास निर्माण अथवा विश्वास समापन, सतत् अथवा असतत्, शोषणात्मक अथवा स्वामित्वहरणत्मक, प्रबंधकीय अथवा छल-कपटपूर्ण, आयात अथवा निर्यात मुद्दों को संपूर्ण रूप से पुनः परिभाषित किए जाने की आवश्यकता है। शब्दों के मूल अर्थ की जांच की जानी होगी। व्यवसायी निचले स्तर की संस्थाओं को अपनी शर्तों के अनुसार स्वयं अपनी परिभाषाएं परिभाषित करने का अवसर दिया जाना चाहिए।

16. *हिंद स्वराज* और मेरे सपनों के भारत में भी गांधीजी द्वारा उल्लिखित शोषणात्मक प्रणालियों के समय और पद्धति की परीक्षा पर जांच किए जाने की आवश्यकता है। क्या उनका इन पुस्तकों में उचित रूप से उल्लेख नहीं किया गया है? तब व्यवहार, प्रशिक्षण, निधिकरण, जिन्होंने भूतकाल की सीख का उपयोग नहीं करने दिया उसके कारक कौन से थे? एक ही मूल को बार-बार करने कोई औचित्य नहीं है। मुद्दों को भिन्न-भिन्न तरीकों से देखने के समय और बाध्यताएं हमें सामाजिक, आर्थिक और वर्तमान समय की संबंधित गतिविधियों के लिए नीतियां बनाते समय इन पहलुओं पर ध्यान देने के लिए प्रेरित करती हैं। सामाजिक, आर्थिक विकास के लिए और पुनरुत्थानशील भारत की भूमिका की जांच।

संवैधानिक संस्थाएं

क्या उन्होंने संवैधानिक उपबंधों के मूक, अमुखरित, असंगठित, विकेन्द्रीकृत संभावित लाभ भोगियों के प्रति न्याय किया है। क्या वे इन भाग्यशालियों की अभिगम्यताक के भीतर हैं? क्या विभागों, मंत्रालयों उनकी नीतियों, कार्यान्वयन प्रणालियों ने उन सभी जिनके लिए गांधी जी ने जीवनपर्यन्त लड़ाई लड़ी, के प्रति न्याय किया है? क्या वे उन कार्यवाहियों के योग्य हैं, जो उनके साथ सामाजिक आर्थिक विकास की विभिन्न नीतियों में किया गया था? इसलिए पूर्ण रूप से विश्लेषण की आवश्यकता है।

पंचायती राज संस्थाएं

केवल राज्य और केन्द्र पर निर्भर रहते हुए उनकी क्षमता और विश्वास निर्माण प्रक्रिया सदैव धीमी बनी रहेगी। प्रशिक्षण पद्धतियों के अतिरिक्त एक नए नेतृत्व की किस्म, जो स्व-रोजगार और ग्रामीण निवेश प्रदान करती है, आवश्यक है। लोगों की अधिकारिता के लिए भूतकाल की सीख को विकासशील सामाजिक-आर्थिक मॉडलों, जो सतत् सभी के

लिए लाभप्रद हैं सही तथा खरे भी हैं, को पंचायती राज संस्थाओं की दिशा निर्देश देने चाहिए।

गैर सरकारी संगठनों के स्तर पर

उन्हें बहुत महत्वपूर्ण भूमिका निभानी है और उनकी प्रत्याशित भूमिका पर निम्नलिखित दृष्टिकोणों पर गौर किया जा सकता है–

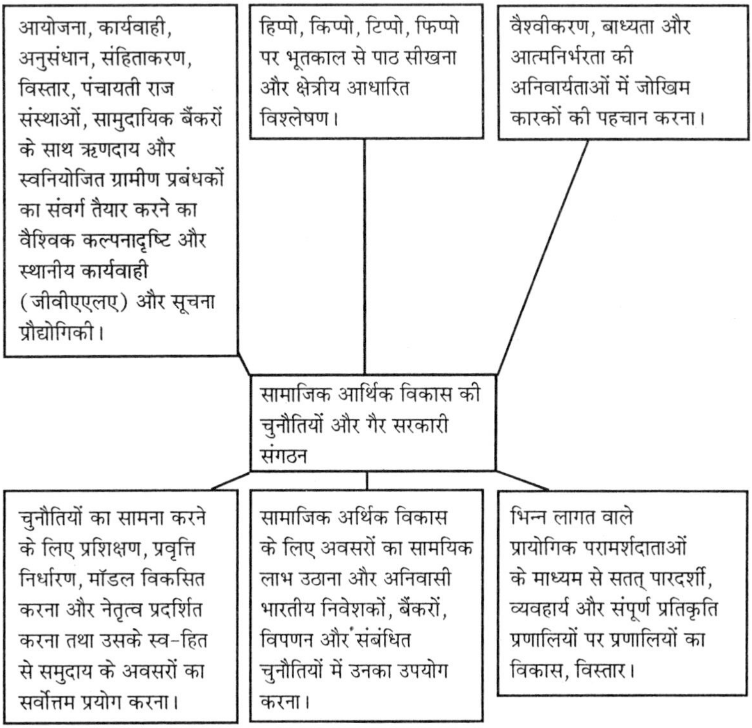

हिप्पो–संगठन की अप्रत्यक्ष निवेश योग्य संभावित शक्ति
किप्पो–संगठन की ज्ञात निवेश योग्य संभावित शक्ति
टिप्पो–संगठन की जोखिमपूर्ण निवेश योग्य संभावित शक्ति
फिप्पो–संगठन की आशायुक्त निवेश योग्य संभावित शक्ति

समाज, समुदाय, जाति, संघ, क्लब आदि

इन संस्थाओं के पास सामाजिक आर्थिक विकास के माध्यम से सतत् बेहतरी के लिए कार्यक्रमों की योजना बनाने और उसे कार्यान्वित करने की अभूतपूर्व क्षमता होती है। इसका अर्थ यह है कि अभिसरण, अभिरक्षक (प्रेक्षक) विश्लेषक, प्रशिक्षक, प्रेरक प्रतिकृतिकर्ता सीखने वाले को विभिन्न समूहों के साथ या तो क्षेत्र में अथवा कुछ अन्य एकरूपी आधार पर अपने सदस्यों के लिए कार्य करना होगा और सतत् रूप से व्यस्तता अथवा व्यापारिक अवसरों की खोज करनी होगी।

प्रशिक्षण संस्थाएं

यह वास्तविकता है कि खण्डों में कार्य करके सभी हानि उठाने वाले होते हैं। वे छल-कपट करने वाले ही हैं जिन्हें लाभ हुआ है। ऐसी दशा, जहां सतत् जनमानस तैयार करने के लिए लाभ सुनिश्चित करेगी, सृजित करने में प्रशिक्षण संस्थाओं की बहुत महत्वपूर्ण भूमिका है। आधार ढांचा, संसाधन मानव शक्ति आदि सभी का उपयोग लोभ रहित प्रणालियों को आधार पर सतत् सामाजिक-आर्थिक विकास के भाग के रूप में किया जा सकता है। यह एक सरल कार्य नहीं है और इसलिए सभी के लिए अपने संसाधनों का समूहीकरण करने की अत्यावश्यकता है।

हम सभी के सामने सबसे बड़ी चुनौती ज्ञान के ऊंचे से ऊंचा स्तर प्राप्त करने तथा उसे वास्तविक रूप देने की आवश्यकता महसूस करना है। यह प्रक्रिया संपूर्ण और एक ही मूल की पुनरावृत्ति नहीं करने वाली होगी। इन सभी प्रक्रियाओं में लॉबीकरण बहुत प्रभावी भूमिका निभाती है।

निष्कर्ष

विकासात्मक आयोजना और कार्यवाही के 50 वर्षों से यह निष्कर्ष निकालना सुरक्षित और उचित होगा कि स्वतंत्रता सेनानियों की आकांक्षाएं पूरी नहीं हुई हैं। वर्तमान पीढ़ी और नीति निर्माताओं को छोड़कर किसी पर भी दोषारोपण करने का कोई औचित्य नहीं है। हमें उन क्षेत्रों में जो हमारा दमन कर रहे हैं, संपूर्ण रूप से गौर करना होगा। स्व-रोजगार, ग्रामीण निवेश, सही प्रवृत्ति, पारदर्शिता और व्यवहार्यता निष्पापदकों को प्रोत्साहन, पणधारियों और भूमिका निभाने वालों को शामिल करना, पारंपरिक व्यावसायियों और विशेषज्ञों। कुशल कारीगरों आदि के साथ ग्रामीण, कला, हस्तशिल्प, प्रौद्योगिकी को विकसित करने, सभी को नेतृत्व की एक नई किस्म की आवश्यकता होगी। इस नेतृत्व को मूल की बजाय लाभ प्राप्ति आधारित पुरस्कारों के माध्यम से कार्य करना होगा। सूचना प्रौद्योगिकी, अभिसरण

विपणन प्रणाली विकास और प्रत्येक रुपए के महत्व सहित लागत प्रभावोत्पादकता के महत्व को सभी के लिए सही स्थिति का आधार क्षेत्र होगा। सामाजिक, आर्थिक और संबंधित विकास सतत् और प्रभावी होना होगा। इसके लिए सभी मोर्चों पर प्रयास और सभी के अनुभव की भागीदारी की अपेक्षा होगी।

अंत में, विपणन के महत्व और कम उपभोग की गई शक्तियों पर ध्यान देने की आवश्यकता को पुनः दोहराना चाहेगा। समाज को सदा के लिए चलता रहना होगा। इस प्रक्रिया से व्यक्ति और उनकी हठधर्मिता आ सकती है और जा भी सकती है परन्तु उन प्रक्रियाओं में मूल अनिवार्यताएं, स्वाभाविकता की अवहेलना नहीं की जा सकती। वर्तमान काल की हमारी सीख, बहुआयामीय रूप से इन मुद्दों पर उन संसाधनों को ढूंढ निकालने में गौर करने के लिए हमें बाध्य करती हैं, जो वर्तमान काल और भविष्य की चुनौतियों का सफलतापूर्वक और सतत् रूप से सामना करेगी। यह समय हमें उन सभी विचारों पर ध्यान देने के लिए प्रेरित करता है, जिनकी अवहेलना की गई है और जिन पर उचित रूप से ध्यान नहीं दिया गया है। इस प्रक्रिया में हम स्वयं अपनी दुबारा खोज करने में समर्थ होंगे, और इस प्रदर्शन के माध्यम से वैश्विक कल्पना दृष्टि और स्थानीय कार्य योजना का प्रादुर्भाव होना अवश्यम्भावी है। नीति निर्माताओं को उस मंत्र, जैसे गांधीजी ने बहुत पहले प्रदान किया था, को सदैव स्मरण रखना होगा।

अनुबंध-XVII

भारतीय सभ्यता और धर्म अथवा कर्तव्योन्मुखी अभिशासन का प्रबन्धन

भारतीय सभ्यता का प्रबन्धन—पितृसत्ता (अर्थ व्यवस्था) और धर्म अथवा कर्तव्योन्मुखी अभिशासन पर एक लेख संलग्न है।

अध्याय-1

भारतीय सभ्यता का प्रबंध—पितृसत्ता (अर्थ व्यवस्था) सभ्यता का उत्थान और पतन

दर्शन शास्त्री, इतिहासकार और पुरातत्व शास्त्री यह विश्वास करते हैं कि अन्य जीवों के समान सभ्यता ने जन्म, परिपक्वता और मृत्यु के संबंध में विकासवाद के चरणों का अनुपालन किया है, जिन्हें अर्थव्यवस्था/राष्ट्र प्रबंधन के निम्नलिखित विकास के साथ सह संबंधित किया जा सकता है।

(1) तानाशाह के रूप में एक व्यक्ति द्वारा शासन (पहला चरण)
(2) समाज के एक वर्ग द्वारा शासन (दूसरा चरण)
(3) जनता द्वारा शासन (तीसरा चरण)

यद्यपि समाज के प्रबंधन का लोकतांत्रिक तरीका सर्वोत्तम प्रबंधन है क्योंकि यह लोगों द्वारा प्रबंधित होता है, परन्तु यह संभवतः भीड़ के समान अर्थात अज्ञानी लोगों द्वारा, उनके नेताओं द्वारा शासित होने के कारण लुप्त हो गया था।

मौजूदा सभ्यता की दशा

वतर्मान सभ्यता विकसित हुई है और तीसरे चरण अर्थात् लोकतंत्र तक पहुंची है, यह भी धराशायी होने के कगार पर पहुंची है जब तक मौजूदा प्रबंधन अर्थात् शासन और सेवा प्राप्त करने की प्रवृत्ति की संकल्पना "सेवा कर्ता और उनकी प्रवृत्ति" सेवा करने में परिवर्तित नहीं हो जाती।

मौजूदा सभ्यता को लुप्त होने से कैसे बचाया जाए?

जानकार व्यक्ति को पुरानी संकल्पना, आस्था, प्रवृत्तियों और प्रणालियों को परिवर्तित करने के लिए उनकी प्राप्ति हेतु अच्छाई और बुराई के बीच भेद करने की समझ पैदा करता है।

(क) आस्थाओं का संकल्पनात्मक परिवर्तन
(ख) प्रवृत्तियों का संकल्पनात्मक परिवर्तन
(ग) प्रणालियों का संकल्पनात्मक परिवर्तन

(क) आस्थाओं का संकल्पनात्मक परिवर्तन

यह समझना होगा कि वस्तु ऊर्जा से है और अन्यथा नहीं। इसलिए ब्रह्मांड माता है और वस्तु उसकी उत्पत्ति। इसलिए पृथ्वी ग्रह के प्रत्येक मानव प्राणी अदृश्य विकिरण ऊर्जा और साम्यावस्था में दृश्य वस्तु की उत्पत्ति है। यह सम्पूर्ण सभ्यता के लिए सत्य है। इसलिए ईश्वर/प्रकृति, माता-पिता हमें जो उत्तर जिविता के लिए चौबीस घंटे सभी किस्म की ऊर्जा देते हैं, के समान सभ्यता का सबसे बड़ा सेवक है। इसलिए उनके साथ सौहार्दपूर्वक आगे चलने के लिए प्रत्येक को किसी प्रत्याशा के बिना जैसा वह अपनी सेवा की प्रवृत्ति के माध्यम से करता है, अपने बच्चों की सेवा करने में सहायता करनी होगी। यही समाज के मालिक/शासक/राजा/प्रबंधकों के लिए सत्य है। ईश्वर प्रकृति की यह संकल्पना प्रवृत्तिमूलक और प्रणालियों के परिवर्तन तथा सकारात्मक भावनाओं की उत्पत्ति का मुख्य स्रोत सिद्ध हो सकती है। वह किसी राष्ट्र के भीतर समाज के बीच परिवार के सदस्यों और पृथ्वी ग्रह के राष्ट्रों के बीच प्रेम, विश्वास और आस्था है।

प्रकृति के अनुरूप होना जीवन है, विपरीत होना मृत्यु है

अदृश्य रूप के सेवकों को धार्मिक लोग कहा जाता है और दृश्य रूप के सेवकों की और इसी प्रकार उनके नेताओं को सामाजिक कार्यकर्ता कहा जाता है। जिस प्रकार अज्ञानी लोग अनुरूप होना नहीं समझते, उसी प्रकार उनके नेता भी। उन्हें राजनीतिज्ञ अथवा पाखण्डी कहा जा सकता है। कुलीन अभिजात अथवा राजनेता होते हैं, जबकि राजनीतिज्ञ पाखण्डी होते हैं। इसलिए वे स्वार्थी होते हैं और उनका धार्मिक एवं सामाजिक कार्य व्यापार करना होता है। इसलिए भारत को शांति और प्रसन्नता स्थापित करने के लिए भारतीयों की आस्था के संकल्पनात्मक परिवर्तन और दोनों क्षेत्रों में राजनीतिज्ञों से मुक्त होने के लिए भी कुलीन लोगों की आवश्यकता है।

(ख) प्रवृत्तियों का संकल्पनात्मक परिवर्तन

सबसे बड़ी भूलों में से एक प्रकृति/ईश्वर को सभी जीवित प्राणियों के स्वामी/शासक के

रूप में मानता है। आम जनता द्वारा स्थायी/शासक की समझी गई संकल्पना निम्नानुसार है–

(क) संग्रह की गई आय और धन
(ख) सेवा करने की प्रवृत्ति

स्वामी/शासक की इस संकल्पना के कारण प्रत्येक व्यक्ति का उद्देश्य किसी भी मूल्य पर आय/धन अधिग्रहित करने के माध्यम से अपने जीवन में स्वामी/शासक बनता है। जबकि गुलामी के मामले में संबंध केवल शोषित और शोषक का है।

किसी स्वतंत्र व्यक्ति की सबसे बड़ी विशेषता अपनी भूलों के लिए उत्तरदायित्व स्वीकार करना है, जबकि गुलामों की विशेषता अपनी भूलों के लिए दूसरों पर दोषारोपण करना है।

स्वतंत्र व्यक्ति के नेता कुलीन (शक्ति प्रदायक) है जबकि गुलामों के नेता राजनीतिज्ञ (शक्ति मांगने वाले) हैं।

(ग) प्रणालियों का संकल्पनात्मक परिवर्तन

हमें किसने विफल किया? भारतीय अर्थव्यवस्था की विफलता के कारणों का विश्लेषण करने के लिए कोई भी ऐतिहासिक तथ्यों से परिणाम निकाल सकता है।

दिनांक 22 मई, 1947 को गांधी जी को कहना पड़ा, कांग्रेस तेजी से शक्ति प्राप्तकर्ताओं और काम ढूंढनें वालों का संगठन बनता जा रहा है। जनता का सेवक बने रहने की बजाय वे उनके स्वामी बन गए हैं। "गांधीजी एक कुलीन थे और कुलीनों के माध्यम से राष्ट्र के प्रबंधन के लिए स्वतंत्र भारत को कुलीनतावाद का प्रयोग करना चाहते थे। गांधी जी ने स्वदेशी को व्यवहार में लाकर अर्थात साधनों के भीतर राष्ट्र की आवश्यकताएं पूरी करने और कठोर परिश्रम द्वारा अधिक साधन उत्पन्न करके आर्थिक विकास और प्रबंधन पर बल दिया था।" फिर भी, राजनीतिज्ञों ने पूर्णत: भलीभांति यह जानते हुए कि कोई भी माता-पिता अथवा राष्ट्र साधनों के बिना अपने बच्चों या नागरिकों के अधिकारों की पूर्ति नहीं कर सकते, आर्थिक प्रबंध की तुलना में "सामाजिक सुधार" पर बल दिया।

राजनीतिज्ञों का उद्देश्य भेद नीति अपना कर सत्ता में बने रहने का था और इस प्रकार यह संविधान विभाजनोन्मुखी बन गया। असमानता समाप्त करने के लिए सामाजिक सुधार के नाम पर, धर्म निरपेक्षता के नाम में अन्य समुदायों को विभाजित करने की योजना बनाई गयी थी। एकता और अखण्डता के नाम में भाषा आधारित राज्यों की स्थापना के माध्यम से देश को विभाजित किया गया।

इसलिए ऐसे संविधान ने जिसने हमें विफल किया क्योंकि इसने राजनीतिज्ञों और ऐसे कुछ कुलीनवर्गियों को चुना जिन्होंने केवल कथनी के कारण अपनी प्रवृत्ति को कुलीन से राजनीतिज्ञ में परिवर्तित कर दिया।

मौजूदा संविधान की उपलब्धियां

गृह में स्वयं, परिवार, समूह, समाज की व्यवहार पद्धति उनके कर्तव्योन्मुखी की उत्पत्ति है। परन्तु समाज अपने आर्थिक संगठन में राष्ट्रीय/राजनैतिक संरचना, जो अधिकारोन्मुखी है, की उत्पत्ति है। इसलिए, व्यक्ति भ्रमित है, क्योंकि गृह में उसे कर्तव्योन्मुखी रहने का पाठ पढ़ाया जाता है जबकि कार्यालय में उसे अधिकारोन्मुखी रहने का पाठ पढ़ाया जाता है। चूंकि कार्यालय ऐसा स्थान है, जहां वह अपने साधन अर्जित करता है इसलिए वह बाध्यता के अधीन अपने साधन अर्जित करते समय अपनी अंतरात्मा की आवाज अर्थात् कर्तव्य का दमन करता है।

राज्य के विरुद्ध नागरिकों द्वारा कानून का उल्लंघन अपराध है, जबकि राज्य द्वारा प्राकृतिक कानूनों का उल्लंघन ईश्वर/प्रकृति के विरुद्ध है, इसलिए यह सबसे उच्च कोटि का अपराध है। अधिकारोन्मुखी संरचना अपनाकर पिछले 50 वर्षों में हम उच्च कोटि के कानून की नजर में उच्च कोटि के अपराधी हैं। चूंकि सामाजिक कानून, नीतियां, प्रणाली और कार्यान्वयन कार्यविधि राष्ट्रीय संरचना की उत्पत्ति है और परिणाम निम्नानुसार है—

1. भारत के अधिकांश लोगों की प्रवृत्ति सेवा करना नहीं, बल्कि प्राप्त करना है।
2. भारत में लोग केवल तब कार्य करते हैं जब उनका स्वामी निम्न अधिरोपित करता है।
3. भारत में लोग कानून का सम्मान नहीं करते, इस प्रकार नकारात्मक ऊर्जा अर्थात् अविश्वास, आशंका और घृणा का संवर्धन करते हैं।
4. अपने शोषण के कृत्यों के माध्यम से आय वितरण का पैटर्न नकारात्मक, अनुपयुक्त और असमान है।

इसलिए हमारा संविधान राजनीति/दासता अभिमुखी है। दासता नागरिक अधिकारोन्मुखी और अनुत्पादक हैं। इसलिए अपने उत्तरदायित्वों से बचते हुए और एक दूसरे पर दोषारोपण करते हुए हम या तो शोषक अथवा शोषित हैं।

अध्याय-दो

धर्म अथवा कर्तव्योन्मुखी अभिशासन

भारतीय नागरिक और सरकार की विश्वसनीयता
("इंडिया हाऊस" का इंडिया होम में परिवर्तन)

भारत में लगभग 100 करोड़ लोग हैं, जो दुखी हैं। उद्देश्य यह हो सकता है कि भारत को हाऊस से होम में संविधानिक संशोधन के माध्यम से कैसे परिवर्तित किया जा सकता है जहां लोग शांति, प्रसन्नता और सौहार्दपूर्वक रह सकें। "हाऊस" वह है, जहां लोग नकारात्मक

भावनाओं अर्थात् अविश्वास, घृणा और आशंका के वातावरण में रहते हैं, इसलिए वे विभाजित होते हैं। परन्तु "होम" वह है, जहां लोग सकारात्मक भावनाओं अर्थात्– विश्वास, प्रेम और आस्था के वातावरण में रहते हैं, इसलिए संगठित हैं।

प्रस्तावना

यह समझा जाता है कि 18वीं सदी तक संपूर्ण सभ्यता का प्रबंधन राजा/सम्राट द्वारा किया जाता था, जिसे राजवंशीय शासन प्रणाली कहा जाता है। अभिशासन प्रबंध का दर्शन शीर्ष अधो दृष्टिकोण के साथ राजा के स्तर पर केन्द्रीय रूप से योजनाबद्ध प्रणाली (कानून निर्माण, निष्पादन और न्यायपालिका) थी। जनता की इसमें कोई भूमिका नहीं थी। राजा और उसकी प्रजा के बीच संबंध निम्नलिखित दो किस्म का था।

(क) राजा माता–पिता के रूप में और प्रजा उसकी सन्तान के रूप में थे, अथवा
(ख) राजा शोषक के रूप में और प्रजा शोषित के रूप में।

पहले मामले में राजा स्वयं को अपनी प्रजा के माता–पिता ऐसे सेवक के रूप में मानता था जैसे अपने बच्चों की सेवा करते हैं। जबकि दूसरे मामले में उसे स्वामी के रूप में माना जाता था। पहले मामले में राज्य का प्रबंध प्रेम, विश्वास और आस्था पर आधारित था जबकि दूसरे मामले मे यह घृणा, अविश्वास, आशंका पर आधारित था। पहले मामले में राजा एक सम्राट बनने का प्रयास करता था जबकि दूसरे मामले में उसे नष्ट हो जाना पड़ता था। इसलिए यह कथन मौजूद था "यथा राजा तथा प्रजा"।

अंग्रेजी तथा साथ ही औपनिवेशिक शासन और उसकी प्रबंध प्रणाली शोषक और शोषित उन्मुखी बन गई, इसलिए सरकार के रूप में कहे जाने वाले लोकतांत्रिक तरीके से चुने गए निकायों द्वारा लगभग 200 वर्ष पूर्व निष्कासित और प्रतिस्थापित किया गया। सरकार और प्रजा के बीच प्रत्याशित संबंध निम्नानुसार हो सकता है–

(क) या तो माता–पिता और उनके व्यस्क बच्चों के रूप में (विकसित राष्ट्र के लिए)

अथवा

(ख) माता–पिता और उनके शिशुओं के रूप में (विकासशील राष्ट्र के लिए)

इसलिए कहावत "यथा राज तथा लोकतांत्रिक सरकार" के रूप में हो गई है।

आमूल-चूल परिवर्तन की आवश्यकता क्यों?

लोगों की गुणवत्ता राष्ट्रीय संविधान (धर्म/कर्तव्योन्मुखी) की उत्पत्ति है इसलिए संविधान अथवा प्रणाली को परिवर्तित करने की आवश्यकता है, जिसमें लोगों के परिवर्तन का उद्देश्य प्राप्त करने के लिए विश्वास और प्रवृत्ति का परिवर्तन भी शामिल है।

संवैधानिक आधार पर सरकार का इतिहास

"मेग्नाकार्टा" (महान शासन पत्र) एक ऐसा दस्तावेज है जो इंग्लैण्ड में संविधानिक सरकार के विकास में एक निर्णायक कदम का द्योतक है, जिसने राजा को कानून के अधीन रखा और निर्णायक रूप से राजशाही शक्ति पर रोक लगाई।

अधिकार बनाना कर्तव्य

अधिकार और कर्तव्य दोनों एक ही सिक्के के दो पहलू हैं। तथापि यदि अधिकार का नियंत्रण कर्तव्य के माध्यम से किया जाता है तो यह सकारात्मक भावनाएं (प्रेम, विश्वास और आस्था) उत्पन्न करता है, जबकि यदि कर्तव्य का नियंत्रण अधिकार के माध्यम से किया जाता है, तो यह नकारात्मक भावनाएं (घृणा, अविश्वास और आशंका) उत्पन्न करता है और कर्तव्य का प्रभाव कम हो जाता है।

यथार्थवाद प्रत्यक्षत: आशावाद का समानुपातिक है और निराशावाद का विलोमत: समानुपातिक है?

आशावाद	–	सेवा करने की प्रवृत्ति
निराशावाद	–	सेवा करने की प्रवृत्ति
यथार्थवाद	–	इष्टतमीकरण (आशावाद, निराशावाद)

उपरोक्त से यह देखा जा सकता है कि अधिकारों का नियंत्रण मानव भावना के नकारात्मक पक्ष पर मौजूद रहता है जबकि कर्तव्य का नियंत्रण मानव भावना के सकारात्मक पक्ष पर मौजूद रहता है।

चूंकि "मेग्नाकार्टा" अधिकारोन्मुखी संविधान है। जो नकारात्मक भूल पर आधारित है, इसलिए यह पिछले 200 वर्षों में विश्व के लोकतांत्रिक राष्ट्रों के सभी संविधानों का आधार हो गया है। इसलिए अशांति, अनुशासनहीनता, भीड़ का व्यवहार, भ्रष्टाचार, दासता, निरक्षरता, अज्ञान, दुख आदि का पिछली सहस्राब्दि के दौरान विश्व में संवर्धन हुआ था और इसने सभ्यता के सदस्यों को सकारात्मक भावनाओं का संवर्धन नहीं करने दिया, क्योंकि इससे उनके द्वारा फौजदारी अपराध माना जा सकता था। भारत ने भी स्वतंत्रता प्राप्ति के बाद भारतीय संविधान तैयार करने के लिए समान सिद्धांत अपनाए, जिसने यहां पर भी समान स्थिति सृजित की है।

✓ विश्व अभी भी सक्रिय है क्योंकि विश्व के सभी धार्मिक (कर्तव्योन्मुखी) संविधान कर्तव्योन्मुखी हैं और नागरिकों के घरों में इसे व्यवहार में लाया जा रहा है/इसलिए अभी तक वहां के नागरिकों के भ्रम ने अधिकारोन्मुखी राष्ट्रीय संविधान के बुरे प्रभाव को तटस्थ बनाने में सहायता की है, जो भारत के लिए भी सत्य है। आज अधिकारोन्मुखी संविधान ने कर्तव्योन्मुखी संविधान को अस्वीकृत कर दिया है, इसलिए भारत/विश्व के अधिकांश

लोग नकारात्मक भावनाओं के संवर्धक बन गए हैं और भारत/विश्व धराशायी होने के कगार पर है।

इष्टतम बिन्दु की आवश्यकता

विश्व को बचाने के लिए भारत को शुरू में अपने देश के भीतर और बाद में विश्व के अन्य राष्ट्रों के भीतर सकारात्मक भावनाओं के संवर्धन के लिए कर्तव्योन्मुखी संविधान अपनाना होगा। इसलिए अधिकारों और कर्तव्यों के तटस्थीकरण के माध्यम से हम विश्व के सामने ब्रह्मांड के प्राकृतिक संविधान के समतुल्य एक त्रिआयामी तटस्थ संविधान प्रस्तुत करने में सफल हो सकते हैं।

प्राकृतिक/तटस्थ संविधान न तो आशावादी है और न ही निराशावादी, परन्तु यह यर्थाथवादी है। नागरिक के सामाजिक माता-पिता होने के कारण राष्ट्रीय सरकार को (नकारात्मक और सकारात्मक) दोनों प्रकार के नागरिक का तटस्थ प्रबंधक/निर्णायक होने की आवश्यकता है। तथापि, सरकार में शांति और प्रसन्नता स्थापित करने के लिए तटस्थता के अपने प्रभाव को तटस्थ करने के लिए तटस्थीकरण की क्षमता और दक्षता होनी चाहिए।

तटस्थ निर्णायक की भूमिका किसे निभानी चाहिए?

सरकारी तंत्र के साथ जनता द्वारा चुने गए प्रतिनिधियों को सभ्यता के ऋणात्मक (इलेक्ट्रॉन के रूप में) नकारात्मक शोषकों से जनता (धनात्मक प्रोटान्स) को सुरक्षित करने के लिए निर्णायक (न्यूट्रॉन) की भूमिका निभानी चाहिए, (क्योंकि न्यूट्रॉन प्रोटॉन को इलेक्ट्रॉन से सुरक्षित रखता है और तत्व अणु के केंद्रक में रहता है) तटस्थ निर्णायक के लिए मुख्य मानदण्ड संपूर्ण ज्ञान है, इसलिए संविधान में निर्णायकों को चुनने के लिए नए मानदण्डों को अंतिम रूप देने की आवश्यकता है।

मौजूदा भारतीय संविधान के उन्मुखीकरण का उत्कृष्ठ अब भारत और विश्व के हित में आवश्यक बन गया है, इसलिए आमूल-चूल परिवर्तन अनिवार्य है।

सौरमण्डल का प्रबंधन

सौर मण्डल के प्रबंधन पर अवलोकन से पता चलता है कि सूर्य अपने ग्रहों के लिए ऊर्जा प्रदायक है। ग्रह भी नियमित और निश्चित अंतराल पर बिना विफल हुए जीवों की उत्तरजीविका के लिए विभिन्न किस्म की ऊर्जा उत्पन्न करने के लिए घूमने और परिक्रमा करने का अपना कार्य निष्पादित करने के लिए अनुशासित और कर्तव्यनिष्ठ है। इसलिए यदि सूर्य का कर्तव्य ऊर्जा प्रदायक के रूप में परिभाषित किया जाता है तो ग्रहों का कर्तव्य भी उन्हें पृथ्वी के जीवों के प्रयोग के लिए परिवर्तित करने हेतु परिभाषित किया जाता है।

अनुबंध-XVIII

फोर आईज फॉर इंडिया अर्थात भारत के लिए अंग्रेजी के चार आई (I)

दिनांक 15.1.03 के *बिजनेस लाइन* में प्रकाशित श्री बी.ए. नागेश्वरन द्वारा लिखित "फोर आइज फॉर इंडिया" लेख की समाचारपत्र की कटिंग संलग्न है।

फोर आईज (I) फॉर इंडिया

"राज्य के हस्तक्षेप को निर्धनों के लिए अर्थपूर्ण कार्यकलापों में भाग लेने और उन दशाओं को प्रोत्साहित करने का अवसर बढ़ाने के लिए कार्य करना चाहिए जो निर्धनता पर प्रभावी रूप से ध्यान दें। सभी के लिए समान लाभ सुनिश्चित करने हेतु एक उपाय चार आई (I) अर्थात् निम्न ब्याज दर, अत्यधिक निवेश, बेहतर आधार ढांचा और अधिक जानकारी को दृढ़तापूर्वक प्रयोग करना है"।

नववर्ष की अनुभूति का वातावरण अभी देश में व्याप्त है। भूतपूर्व प्रधानमंत्री श्री अटल बिहारी वाजपेयी ने देश को रिवाजी सन्तुलित और नया संदेश दिया। प्रवासी भारतीय दिवस, दो दिनों में दिए गए भाषणों और उनमें घोषित पहल ने इस भावना को मजबूत किया। भारतीय उद्योग की भागीदारी शिखर सम्मेलन संघ में प्रतिनिधियों ने भी भारत की संभावनाओं पर एक नया संदेश भेजा।

इस दिवास्वप्न से राजनीति और वास्तविकता में हस्तक्षेप हो, इसके पूर्व मुझे सकारात्मक मन:स्थिति बनाने दें। इसकी प्रेरणा मुझे नियमित रूप से प्राप्त होने वाले विश्व बैंक के एक पोटल डेवलपमेंट गढवे से मिली, जो एक ई-गवर्नेंस न्यूजलेटर है।

यह न्यूजलेटर अब भारत से ई-गवर्नेस की पहल का मासिक डाईजेस्ट Http://www-developmentgateway.org है।

भारतीय विज्ञान संस्थान के डा. स्वामी मनोहर से संबंधित एक उदाहरण ने मेरा ध्यान आकृष्ट किया। ग्रामीण बाजार के लिए लक्षित सुविधाजनक, सस्ते कम्प्यूटर, सिम्प्यूटर के अविष्कारक डा. मनोहर ने कहा कि पिछले 200 वर्षों में प्रौद्योगिकी ने धनी देशों को और धनी तथा गरीब देशों को और अधिक गरीब बनाया है।

यदि प्रौद्योगिकी धनी-निर्धन की असमानता बढ़ाता है तो तार्किक निष्कर्ष यह होना चाहिए कि प्रौद्योगिकीय प्रगतिशील समाज के लिए खराब है।

फिर भी, ऐसा तर्क विरुद्ध निष्कर्ष नहीं निकाला गया है, क्योंकि उन्होंने सही रूप से किसी दूसरे परिप्रेक्ष्य में यह इंगित किया है। "यह सुनिश्चित करने के लिए कि मौजूदा विभाजन उन्हें सदैव लाभ पहुंचाएगा, संभ्रांत लोगों द्वारा प्रयुक्त यह तर्क संदेहपूर्ण है। तब तक देश के प्रत्येक व्यक्ति को खाने के लिए अन्न नहीं मिलता, कोई सड़क नहीं बनती अथवा कोई विद्युत स्टेशन निर्मित नहीं किया जाता इस तर्क को उसकी चरम सीमा तक ले जाना होगा।"

वास्तव में यह कोई अंकीय विभाजन नहीं है। यहां शिक्षा, स्वास्थ्य, रोजगार का विभाजन और इस तरह के कई ऐसे विभाजन हैं। इन सभी के समान अंकीय विभाजन धनवान और निर्धन के बीच अंतर की एक मात्र अन्य अभिव्यक्ति है। यदि ये सभी निर्धनों को असमानुपातिक रूप से बड़ी मात्रा में उपलब्ध नहीं कराए गए तो यह केवल इस अंतर को पुनवर्तित करने का ही कार्य करेंगे। अंकीय विभाजन मौजूद है यह तथ्यात्मक विवरण है न कि एक समस्या। वास्तविक समस्या कुछ और भी है।

गंदी बस्तियों में इंटरनेट सुविधा युक्त कुछ कम्प्यूटर रखकर अंकीय विभाजन पर ध्यान देना अच्छी बात है परन्तु, संभवतः दुर्भाग्य से, समस्या का अपर्याप्त प्रत्युत्तर है। पिको पेटा (सिंप्यूटर), एन-लॉग और साधन तथा अन्य समाधानों के योजक के रूप में प्रौद्योगिकी का प्रयोग करना ऐसे प्रयासों का प्रयोग निर्धनता की समस्या पर किया जा रहा है।

इस अंतर से तीव्रतापूर्वक समाप्त करने के लिए राज्य का हस्तक्षेप अपेक्षित है। इसके लिए कार्य करना सुनिर्देशित व प्रभावी होना और कमियों से मुक्त होना होगा। हस्तक्षेप, प्रभावी कराधान, आर्थिक सहायता और सकारात्मक कार्यवाही के रूप में होगा। स्वयं उन पर छोड़कर, वे निर्धनता की समस्या का समाधान नहीं करेंगे।

राज्य के हस्तक्षेप को अर्थपूर्ण आर्थिक कार्यकलापों में भाग लेने के लिए तथा निर्धनों के अवसर बढ़ाने के लिए कार्य करना चाहिए। इसके अतिरिक्त, उन्हें निर्धनों के अवसरों का लाभ उठाने के लिए प्रेरित होने के लिए निर्देशित करना चाहिए। राज्य को पहले चरण में कुछ अधिकार हैं, परन्तु ये उसे हमेशा के लिए नहीं है।

इसके अतिरिक्त, राज्य की एक दूसरी भूमिका होती है वह है उन सतत् दशाओं को सुविधाजनक और पल्लवित पोषित करना तथा निर्धनता पर प्रभावी रूप से ध्यान देना है। निर्धनता न्यूनतम सम्मान और गुणवत्ता का जीवन बनाए रखने के लिए आमदनी की कमी अन्तर्निहित करती है।

इसे आय और धान की कमी के रूप में परिभाषित करना आवश्यक नहीं है क्योंकि धन कुछ नहीं परन्तु संग्रहित बचत है, जो आय अवशिष्ट है। इसलिए आय में कमी निर्धनता का मुख्य संघटक और विशेषता है। यहां कुछ भी नया नहीं है। परन्तु इस प्रकार समस्या तैयार करने से हम अगले उपाय की ओर अग्रसर होते हैं।

आय की सतत् वृद्धि रोजगार के अवसरों से होती है, जो निवेश कार्यकलापों से होती है। निवेश कार्यकलाप निजी अथवा सरकारी हो सकती है। सरकारी निवेश की वास्तविक

और मानव संसाधन आधार ढांचा सृजित करने पर ध्यान केन्द्रित करना चाहिए, जहां निजी क्षेत्र की भागीदारी कठिन है। यदि निवेश, सामाजिक अथवा जनता की भलाई के काम आ सकता है, तो ऐसा निवेश सरकारी अधिपत्य में रहना चाहिए। ऐसा निवेश सरकार का उत्तरदायित्व है।

निजी क्षेत्र के निवेश कार्यकलाप के लिए अन्य बातों में से ब्याज दर अथवा निधियों की लागत एक मुख्य परिवर्ती है। बहुत हद तक यह परिवर्ती सरकारी प्राधिकारियों, सेंट्रल बैंक और सरकार के हाथों में है। सरकार राज कोषीय नीति की मात्रा और गुणवत्ता के माध्यम से दीर्घकाल में ब्याज दरों को प्रभावित करती है। यह सामान्य बात है और वस्तुत: भारत जैसे विकासशील अर्थव्यवस्था के लिए राज कोषीय घाटा उठाना अनिवार्य है। घाटे के स्तर पर चिंताओं के बावजूद घाटे की गुणवत्ता अधिक महत्व रखती है न कि मात्रा।

घाटे की मात्रा अल्पावधि में ब्याजदर को प्रतिकूल रूप से प्रभावित कर सकती है। परन्तु यदि घाटे की गुणवत्ता उच्च है तो इससे निश्चित रूप से एक उचित समय सीमा में आर्थिक विकास को बढ़ावा मिलेगा। उच्च गुणवत्ता वाले घाटे पर देश के संभावित आर्थिक विकास को स्वास्थ्य, शिक्षा, भौतिक आधार ढांचे, अभिशासन में निवेश के माध्यम से बढ़ावा देने पर ध्यान केन्द्रित किया जाएगा और इस प्रकार न केवल आर्थिक अवसरों में बल्कि ऐसे विस्तारित अवसरों में भाग लेने के लिए बहुतायत में नागरिकों को समर्थ बनाने के लिए भी बढ़ावा मिलेगा।

इसके परिणामस्वरूप आर्थिक विकास, सरकार के लिए आर्थिक संसाधन सृजित करेगा, जिससे समयावधि में घाटे की मात्रा कम करने में सहायता मिलेगी। यह उचित स्तर तक ब्याज दरों में कमी लाता है, जो निजी क्षेत्र में निवेश संबंधी कई निर्णयों को उचित ठहराएगा।

नि:संदेह निजी क्षेत्र के निवेश संबंधी निर्णय भी महत्वपूर्ण रूप से नीति और विनियामक ढाँचे और विभिन्न क्षेत्रों में सृजित आधार द्वारा प्रभावित होते हैं। इसलिए सक्षम और पारदर्शी निर्णय लेना विश्वास और आस्था बढ़ाएगा और इस प्रकार निवेश के व्यय में वृद्धि करेगा।

जहां अन्य कारक निर्णय करने वाले प्राधिकारियों की रक्षता और सत्यनिष्ठा का अतिक्रमण करते हैं वहीं जनता सूचना और उसका बुद्धिमत्तापूर्ण प्रयोग उसके बेहतरी के लिए प्रभाव डाल सकती है। महत्वपूर्ण पृष्ठभूमि संबंधी जानकारी की प्रक्रिया, जिसे पारदर्शिता और सूचना का मुक्त प्रवाह सुविधाजनक बनाती है, निर्णय लेने की गुणवत्ता में सुधार लाएगी।

इस संबंध में केन्द्र सरकार और संसद सूचना संबंधी स्वतंत्रता अधिनियम को अन्तत: वास्तविकता बनाने के लिए बधाई की पात्र है। राष्ट्रपति ने भी विधेयक को सहमति दे दी है। सरकार को वहां नहीं रोकना चाहिए। इसे शीघ्रतापूर्वक उन अधिनियम को संरक्षित करने और उसकी संवृद्धि के लिए बनाना चाहिए, न कि उस अधिनियम की भावना को हलका करना चाहिए।

सरकार को दृढ़तापूर्वक और उत्साहपूर्वक विधान और उसके आशय का प्रचार करना चाहिए। कुछ सक्रिय मंत्रियों और नौकरशाहों को अपने मंत्रालयों के कार्यक्रम को मुक्त और पारदर्शी बनाने में आगे आना चाहिए।

इसके बाद अगले चरण में सरकार भारत में परिवर्तन लाने के लिए एक नारा दे सकती है। इंदिरा गांधी की सफलताओं में से एक अपनी पार्टी और देश को 20 सूत्री कार्यक्रम के माध्यम से शक्ति प्रदान करना था। विषयवस्तु भूल नहीं थी, परन्तु इसमें अच्छे पैकेज मौजूद थे। इसने ध्यान आकर्षित किया। आज हम एक प्रतिस्पर्धी और उन्नत विश्व में रह रहे हैं और सरकार को एक सकारात्मक दृष्टिकोण की आवश्यकता है। नारा चार (आई) पर ध्यान केन्द्रित करना है—ब्याज दरों, निवेश, आधार ढाँचा और एक "आई" भारत के लाभ के लिए सूचना।

सरकार की अन्य अधिकांश अनिवार्यताएं इन चार "आई" में शामिल हैं। सरकार चार "आई" के अन्तर्गत अपनी उपलब्धियों का ब्यौरा दे सकती है।

इसके अतिरिक्त, यह वर्णन कर सकती है कि वह चार "आई" के अन्तर्गत क्या करना चाहती है और जनता को मानदंडों, उपलब्धियों और चूक से अवगत करा सकती है। नारा भारत के लिए चार "आई" है। ये चार अधिक निवेश, बेहतर आधार ढांचा, निम्नतर ब्याज दरों और सूचना का अत्यधिक प्रवाह यही सही अर्थ में स्वतंत्र भारत निर्मित करेंगे।

लेखक इस भ्रम में नहीं है कि यह रात भर में हो जाएगा, परन्तु स्पष्ट रूप से यह कहना चाहता है कि यात्रा लंबी है इसलिए इसे आज से ही प्रारंभ करना होगा।

(लेखक ग्लोबल इकोनॉमिक्स एंड एसेट एलोकेशन इन क्रेडिट स्विस, एशिया पेसेफिक के क्षेत्रीय प्रमुख हैं। इसमें दिए गए विचार व्यक्तिगत हैं। पृष्ठभूमि संबंधी जानकारी anantha@nageswaran.com पर प्राप्त करें)।

सतत् मानव विकास के लिए एक संयुक्त मोर्चा

सतत् मानव विकास के लिए संयुक्त मोर्चा पर एक दस्तावेज संलग्न है।

विश्व बैंक अंतर्राष्ट्रीय मुद्राकोष, बहुराष्ट्रीय कंपनियों के आदेश पर वैश्वीकरण और अधिपत्यकरण की वे नीतियां जो लोगों और उनके संघों को विकास की प्रक्रिया से विमुख कर रही हैं, अनुपालक व्यक्तियों और संस्थाओं के लिए चिंता का विषय रही है, इसके अतिरिक्त, हम उन अन्य क्षेत्रों, जहां सरकारों, गैर सरकारी संगठनों और अन्य संगठित क्षेत्रों के अर्थपूर्ण प्रयासों का वास्तविक आधार पर कोई इंद्रियगोचर प्रभाव नहीं हुआ है, परन्तु चिंतन मनन करते रहे हैं। यह दीर्घकाल की कहानी है। इसलिए यह गंभीर प्रवर्तक चिंतन, आत्म मूल्यांकन और भविष्य के लिए विकल्प खोजने का उचित समय है।

उपरोक्त को ध्यान में रखते हुए विशेषकर स्व-रोजगार और लोगों की भागीदारी सुनिश्चित करके ग्रामीण क्षेत्रों को शामिल करते हुए विकास प्रक्रिया को पुनर्जीवित करना पूर्णतः आवश्यक है। इसके अतिरिक्त आत्म विश्लेषण के साथ हम आगे एक कार्य योजना तैयार करने का प्रयास करते हैं, जिसमें अन्य क्षेत्रों को शामिल किया जाता है, जो राष्ट्रीय ध्यान, राष्ट्रीय चर्चा, अन्तर्राज्यीय वार्तालाप और विभिन्न स्तरों पर संबंधित बुद्धिजीवियों के विभिन्न वर्गों द्वारा परिणामोन्मुखी चर्चा की मांग करते हैं। इसका विचार एक सहमति बनाना होता है।

- क्या विभिन्न विभागों की नीतियां लोगों की प्रत्याशाओं की पूर्ति करती हैं? यदि नहीं, तो हमें उनकी विवेचनात्मक समीक्षा करनी चाहिए और उन नीतियों का सुधार करना चाहिए।
- निहित स्वार्थों द्वारा संवैधानिक कर्तव्यों को पूरा नहीं करना गंभीर चिंता का विषय है और यह एक प्रथा बन गई है। हमें यह सुनिश्चित करना चाहिए कि संविधान का अक्षरशः पालन किया जाता है।
- क्या हमारी विकास नीतियां और प्रशासन संपूर्ण विकास की मूल बातों को पूरा करते हैं? क्या हम इसके साथ साथ विकास और विनाश, आत्मनिर्भरता और निर्भरता, स्व-रोजगार और मजदूरी रोजगार—दोनों पर कार्यवाही नहीं कर रहे हैं? हमें अपनी नीतियों में इस विरोधाभासी अन्तःप्रेरणा का समाधान करना चाहिए।
- क्या हमारे पास ऐसे मॉडल हैं जो व्यवहायर्ता, पारदर्शिता, स्व-रोजगार, आत्म-निर्भरता, श्रम के महत्व, सुविधा विहीन, सीमांतिक और वंचित लोगों के लिए

भागीदारी और देखभाल सुस्पष्ट करते हैं? क्या हम उनकी पहचान और प्रतिरूपण कर सकते हैं?

– क्या हम निधर्नता, अवहेलना, पृथक्करण और वंचितों से पीड़ित क्षेत्रों में कार्यक्रम-वार और परियोजनावार अपने विकास कार्यक्रमों को पुनःनिधार्रित कर सकते हैं?
– क्या हम इतिहास में और वर्तमान में उन शक्तियों अथवा जीवन शक्ति प्रदाता स्थलों (आक्सीजन प्वाईंट्स) की पहचान कर सकते हैं, जिनकी एक आत्मनिर्भरता भारत को निर्मित करने में प्रयोग किया जा सकता है।

संविधान के 73वें और 74वें संशोधनों के बाद पंचायती राज संस्थाएं हमारी शासन व्यवस्था में एक क्रांति ला रही हैं। वर्तमान समय की बेरोजगारी, जनसंख्या, निर्धनता, संसाधनों का कम उपयोग आदि जैसे कई चुनौतियों का सामना इन पंचायती राज संस्थान द्वारा प्रभावी रूप से किया जा सकता है।

क्या हम इन संस्थाओं को सुसज्जित बना रहे हैं और उन्हें संपूर्ण परिवर्तन लाने में सुदृढ़ और व्यवहार्य बनाने के लिए उनके कार्मिकों को प्रशिक्षित कर रहे हैं? क्या हम गावों को उन्हें अपनी अपनी समस्याओं से निपटने और नए नेतृत्व सृजन, निचले स्तर से नई राज नीति प्रारंभ करने में समर्थ बनाने के लिए सहायता प्राप्त आत्मनिर्भरता की नीतियों के माध्यम से अधिकार प्रदान कर सकते हैं।

उन मुद्दों, जिनका हमने ऊपर उल्लेख किया है, का अंतर्राज्यीय प्रभाव है और इसे अंतर्राज्यीय चिंताओं और कार्यवाहियों की अपेक्षा है। इसलिए इन अत्यधिक और निरंतर बनी रहने वाली समस्याओं का समाधान खोजने के लिए हम आपसे अंतर्राज्यीय चर्चा और अन्वेषणीय अध्ययन प्रारंभ करने की अपील करते हैं।

हम निम्नलिखित हस्ताक्षरकर्ता भारत भारती में श्री मैथिलीशरण गुप्तजी की भावनाएं दोहराते हैं "हम यह नहीं चाहते कि हमारा काल हम पर दोषारोपण करें क्योंकि हमने अपने कर्तव्य का उचित रूप से निर्वाहन नहीं किया"।

हमने इस मोर्चे का गठन वर्तमान काल की चुनौतियों का सामना करने के लिए सरकार और अन्य संगत एजेंसियों के साथ संपर्क बनाने सहित अनवरत रूप से कार्य करने के लिए किया है।

"हम कौन थे, क्या हो गए और क्या होंगे अभी
हम विचारें आज मिलकर से समस्याएं सभी"

—मैथिलीशरण गुप्त (भारत भारती)

हमारे संपर्क स्थान निम्नलिखित हैं–

1. श्री लक्ष्मीदास
   389–ए, पाकेट–2,
   मयूर विहार, दिल्ली–91
   दूरभाष: 2215122
2. ले. जनरल एन.एस. मालिक
   1382, सेक्टर 37, अरुण विहार,
   नोएडा–201303
   दूरभाष: 91(0118)–4579265
   टेलीफैक्स: 4575232
   ईमेल: agdike@ndf.vsn.net.in
3. श्री अक्षय भाई
   महासचिव, नोवा
   सी–2/59, मोतीबाग–1,
   नई दिल्ली–110021
   दूरभाष: (011) 4104185
   (0522) 355355
4. रमेश वर्मा
   सचिव, समग्र विकास मंच
   2–1/1347, न्यू शिवपुरी,
   हापुड़, उत्तर प्रदेश
   दूरभाष: 0122–372922, 315906
   फैक्स: 313429
   ईमेल–standagro@vsnl.com
5. वैद संतलाल जायसवाल, संत
   अध्यक्ष, स्वाभिमान जागरण मिशन, उत्तर प्रदेश
   जी–21, बी ब्लाक, दारुलशफा, लखनऊ
   दूरभाष: 222626
6. डा. डी.के. गिरी
   सामाजिक विज्ञान संस्थान, वसंतकुंज,
   नई दिल्ली
   दूरभाष: 6121902

7. श्री आर.सी. दीक्षित (आई.पी.एस., सेवानिवृत्त)
   ए-1/2, सेक्टर-बी, अलीगंज, लखनऊ
   दूरभाष: (0522)-33509
8. श्री गणेश पंगारे
   मुख्य कार्यकारी अधिकारी,
   इंडियन नेटवर्क आन पार्टिसिपेटरी आर्गेनाइजेशन मैनेजमेंट,
   नई दिल्ली
   दूरभाष: 6369442

6 जून, 2002 को श्री बी.पी. सिंघल सांसद द्वारा श्री प्रमोद जी को लिखा गया पत्र

श्री प्रमोद जी को संबोधित श्री बी.पी. सिंघल, सांसद का एक पत्र और राष्ट्र की दशा और उसकी प्रगति तथा उसके विकास के लिए दिए गए सुझाव पर श्री बी.पी. सिंघल द्वारा लिखित लेख संलग्न है।

बी.पी. सिंघल (संसद सदस्य)
आई.पी.एस. (सेवा निवृत्त)
आई.पी.एम. (सराहनीय सेवा)
बार.आई.पी. (सराहनीय सेवा)
आई.पी.एम. (विशिष्ट सेवा)
भूतपूर्व पुलिस महानिदेशक एवं
भूतपूर्व अध्यक्ष सी.बी.एफ.सी. (मुंबई)

सी-502, स्वर्ण जयंती पार्क
डा. बी.डी. मार्ग
नई दिल्ली-110001
दूरभाष: 3354311, 3354312
ईमेल: bhashak@sansad.nic.in

06 जून, 2002

आदरणीय प्रमोद जी,

इसके साथ एक छोटा लेख संलग्न है, जिस पर आपकी कृपापूर्ण दृष्टि आवश्यक है, क्योंकि देश का भविष्य आपके द्वारा लिए जाने वाले निर्णयों और नीतियों पर निर्भर है।

संसद इस देश में राजनीतिक नेतृत्व की संपूर्णता का प्रतिनिधित्व करती है और यह स्वाभाविक रूप से मानती है कि देश के सभी नेताओं को उस दिशा का बहुत स्पष्ट दृष्टिकोण रखना आवश्यक है जिसमें वे राष्ट्ररूपी जहाज को ले जाना चाहते हैं। इसी परिप्रेक्ष्य में मैंने व्यक्तिगत रूप से अपने विचारों को आपके साथ सहभागी बनाने का साहस किया है।

जहां हम संसद में सभी किस्म के विषयों पर चर्चा करते हैं, वहीं मैं उत्साहपूर्ण ढंग से चाहता हूं कि हम उस प्रगति जिसकी हम सभी अपने देश के लिए कल्पना करते हैं, के स्वरूप पर भी चर्चा कर सकते हैं, और सहमति पर पहुंच सकते हैं। मैं बहुत ही कनिष्ठ सदस्य हूं, परन्तु पिछले चार वर्षों में ऐसे मूल विषयों पर चर्चा करने का प्रयास नहीं किया गया है, यद्यपि इस मुद्दे का समाधान करना एक राष्ट्र तथा साथ ही एक सभ्यता के रूप में भी हमारे देश के लिए तथा उसके अस्तित्व के लिए मूल सिद्धांत है।

हम सभी अत्यधिक संगठित भारत का स्वप्न देखते हैं और उस एकता को प्राप्त

करने की एक विधि राष्ट्र को एक साझा राष्ट्रीय उद्देश्य प्रदान करना है, जो लोगों की कल्पना शक्ति को प्रज्जवलित कर सके और उसके बारे में सोचने, बात करने और वास्तव में चौबीसों घंटे उसी सोच के साथ जीवित रहने के लिए उत्साहित कर सकें।

मैं चाहता हूं इस लेख में क्रमशः व्यक्ति तथा साथ ही राष्ट्र के लिए यथाप्रस्तुत प्रगति की संकल्पना एक राष्ट्रीय उद्देश्य के रूप में विकसित हो सके।

यदि संसद में चलने वाले कार्य के सीमा क्षेत्र में ऐसे विषयों पर चर्चा करने का कोई स्थान नहीं है, तो मैं चाहता हूँ आप माननीय स्वयं संविधान क्लब में कुछ साप्ताहिक बैठकों/कार्यशालाओं के संस्थानिकरण पर विचार करें, जहां संसद सदस्य न केवल प्रगति की संकल्पना पर बल्कि निम्नलिखित महत्वपूर्ण विषयों पर अपने विचारों का योगदान कर सकें–

(क) मानव मूल्यों का आधार
(ख) मानव जीवन में कार्य की सच्ची भूमिका
(ग) चरित्र क्या है और देश के प्रत्येक नागरिक द्वारा इसे सजगतापूर्वक कैसे विकसित किया जा सकता है?
(घ) अनुशासन क्या है और यह जीवन से अधिक मूल्यगत कैसे है?
(ड.) समाज में प्रचलित हिंसा, घृणा और बैर–भाव की प्रवृत्तियों को कैसे बदला जाए, आदि आदि।

वैयक्तिक सम्मान और आदरसहित,
आपका
(बी.पी. सिंघल)

बी.पी. सिंघल द्वारा राष्ट्र की दशा और इसकी प्रगति एवं विकास के लिए सुझाव

देश ने औद्योगिकीकरण, विज्ञान और प्रौद्योगिकी की दौड़ में अभूतपूर्व ऊंचाईयां प्राप्त की हैं। इसने पर्यावरण और मानव मूल्यों में भी अभूतपूर्व अपकर्ष दर्ज किया है। एक बालक के रूप में मुझे बताया गया था कि "आवश्यकता आविष्कार की जननी है"। परन्तु पश्चिम में जो प्रारंभ हुआ, वह प्रत्यक्षतः एक विशाल नई संकल्पना थी कि आविष्कार आवश्यकता की जननी है। कुछ भी आविष्कार करें, सरल शर्तों पर बिक्री करें और उसे "आवश्यकता बनाएं"। अब क्या आविष्कारों और उसके फलस्वरूप आवश्यकताओं पर कोई सीमा निर्धारित की जा सकती है? यदि नहीं, तो क्या यह पीढ़ी (अथवा अगली दो या तीन पीढ़ियां) विश्व के सभी स्रोतों को समाप्त कर देंगी और प्रत्येक वर्ष आविष्कृत उन हजारों नए आविष्कारों को आवश्यकता बनाकर इस पृथ्वी को छोड़ देगी? दुखद विडम्बना यह है

कि सभी वर्गों के नेता विश्वास करते हैं कि भारत प्रगति कर रहा है और उन्हें यह चिंता नहीं होती कि एथेनियन, स्पटिन्स, मेकेडोनियन्स, ग्रीक और रोमन आदि जिन सभी ने प्रगति के लिए प्रयास किया था, स्वयं को समापन से आगे निकलने का प्रयत्न किया था।

यदि पाषाण युग में मानव सूर्यास्त के बाद अपनी गुफा से बाहर निकलने में भयभीत था और यदि वही व्यक्ति शिकागो और न्यूयार्क की सड़कों पर सूर्यास्त के बाद अपने घर से बाहर निकलने में भयभीत होता है तो क्या यह प्रगति है? यदि किसी व्यक्ति के पुत्र का पालन पोषण पाषाण युग में समुदाय में किया जा रहा था तथा उसी व्यक्ति के उसी पुत्र का पालन पोषण 20वीं तथा 21वीं सदी में समुदाय में किया जा रहा है तो क्या यह प्रगति है? यदि परित्यक्त बूढ़े माता-पिता अपने पुराने घर में अपने पोते के साथ रहने की अपनी इच्छा पूर्ति के लिए संयुक्त राज्य अमरीका प्रति घंटे 8 डालर की दर पर किसी बालक को रखते हैं, तो क्या यह प्रगति है? यह आश्चर्यजनक नहीं है कि सभी वर्गों के नेतागण मौन रह जाते हैं, जब उनसे प्रगति की परिभाषा देने के लिए कहा जाता है। तथापि, वे बहुत विश्वासपूर्वक घोषित करते हैं कि देश में स्वतंत्रता से लेकर अब तक उल्लेखनीय प्रगति की है। ईश्वर जाने वे किसे बेवकूफ बनाने का प्रयास कर रहे हैं।

आक्सफोर्ड शब्दकोश हमें बताता है कि प्रगति का अर्थ आगे बढ़ना है। आगे बढ़ना किसी विशिष्ट गंतव्य की स्पष्ट संकल्पना पहले से ही मान लेता है। क्या वे जानते हैं कि व्यक्ति अथवा किसी राष्ट्र का गंतव्य क्या है? दूसरो शब्दों में जीवन का क्या प्रयोजन है? किसी राष्ट्र का प्रयोजन क्या है? यदि नहीं, तो वे कैसे दावा कर रहे हैं कि वे प्रगति कर रहे हैं। हां, वे आगे बढ़ रहे हैं, परन्तु वह निश्चित रूप से प्रगति नहीं है। आज की पीड़ा यह है कि यहां तक कि मानव को भी एक संसाधन- "मानव संसाधन" में परिवर्तित कर दिया गया है। संसाधन किस हद तक? पुनः इसका कोई उत्तर नहीं है। महत्वपूर्ण प्रश्न यह है कि क्या मानव को स्वयं सभी मानवीय प्रयासों का अंत होगा अथवा क्या मानव अभी भी कुछ परिभाषित किए जाने वाले उद्देश्यों अथवा प्रगति की कुछ अमूर्त संकल्पनाओं के लिए संसाधन होगा। इस प्रकार न केवल इस देश में ही बल्कि विश्व भर में पूर्ण दिशाहीनता है। देशों के समान आदमी एक-दूसरे के विरुद्ध दौड़ लगा रहा है, परन्तु उन्हें इसका थोड़ा ज्ञान है कि यह दौड़ किसलिए रहा है?

महान इतिहासकार अर्नोल्ड टायनबी ने घोषणा की थी कि यदि विश्व ने स्वयं को आत्म विनाश से बचाना है तो पश्चिम में जो प्रारंभ हुआ उसका भारतीय समापन होना होगा।

तब यह भारतीय समापन क्या है?

यह मात्र वह है, जिसे हमारे प्राचीन मनीषियों ने जीवन के सत्य को समझा था और उनके पास इसका स्पष्ट दृष्टिकोण था कि प्रगति क्या है? और यह हमें मूल प्रश्न से अवगत करता है कि मानव जीवन का क्या प्रयोजन है। फिर भी मानव के परिप्रेक्ष्य में "प्रगति" की संकल्पना उस मात्रा, जिस प्रयोजन के लिए मानव का सृजन किया गया था, को पूरा करता

है, के रूप को छोड़कर नहीं की जा सकती। यह सुनने में आश्चर्यजनक लग सकता है परन्तु इस ग्रह पर सभी मानव प्राणियों का मूल प्रयोजन, जैसा अटल तर्क के माध्यम से निकाला गया है, त्रिगुणीय है–

(क) पूर्णता, मोक्ष प्राप्त करना–परमात्मा से मेल (ये सभी समानार्थी हैं)।

(ख) अपने आसपास सभी जीवों की दुख तकलीफों की स्वेच्छापूर्वक भागीदारी करना (इसमें न केवल मानव प्राणी बल्कि समस्त पशु और वनस्पति साम्राज्य और प्रकृति शामिल है)।

(ग) सभी जीवों को स्वेच्छापूर्वक प्रसन्नता प्रदान करना।

यह संयोग नहीं था कि हादिज के अनुसार अपने घोड़े पर सवार होते समय जब पैगम्बर के घोड़े के पालक ने पैगम्बर मोहम्मद से यह बताने के लिए कहा कि "कुल्ले इस्लाम अर्थात् इस्लाम का सार" क्या है तब उन्होंने उसका मात्र छः शब्दों में वर्णन किया "खालिक की इबादत खल्क पर शफाकत" जिसका अर्थ यथार्थतः वही है, जिसे मानव जीवन के प्रयोजन के रूप में ऊपर अभिव्यक्त किया गया है [खालिक का अर्थ सृजक है (जो संपूर्ण है), इबादत का अर्थ पूजा है, खल्क का अर्थ सृजन अर्थात यह ब्रह्मांड है और शफाकत का अर्थ सहृदयता है, जिसका कार्यवाही के रूप में अर्थ दुख-तकलीफ की भागीदारी करना और प्रसन्नता प्रदान करना है]।

बिल्कुल समान संदेश ऋग्वेद के निम्नलिखित ऋचा में सूचित किया गया है:

"अयम्मय हस्तो मगवनयम् मय भगवत्तरा
अयम्मय विश्वभेषजो अयम् शिवभामारशना"

–ऋग्वेद मंडल 10

इस प्रकार, यह कोई अर्थ नहीं रखता कि धर्म कोई भी हो जैसा ऊपर वर्णन किया गया है, मानव जीवन का प्रयोजन सभी धर्मों में समान है।

इस प्रयोजन की पूर्ति के लिए मानव को अपना जीवन बनाए रखना है और इसीलिए उसे जीविका के साधन की आवश्यकता हुई।

मानव पर दुख का पहाड़ तब टूटा जब उसने "साधन" को अंत में और "अंत" को साधन में परिवर्तित किया। मुद्रा बाजार एक साधन था, परन्तु आज यह कई लोगों के लिए सभी प्रयासों का "अंत" बन गया है। रैंक/कार्यालय अपने साथी मानव की सेवा करने का साधन था। आज यह एक अंत बन गया है। यह शरीर, जो हम धारण किए हुए हैं ऊपर उल्लिखित तीन प्रयोजनों की पूर्ति के लिए एक साधन था। परन्तु आज सभी प्रयास, जहां तक संभव हो, सभी आविष्कारों, जिन्हें जीवन की आवश्यकता में परिवर्तित कर दिया गया

है, को अधिग्रहित करके इस शरीर को आरामदायक, संतुष्ट और प्रसन्न करने के लिए किए जाते हैं। यह शरीर एक अंत बन गया है, अब साधन नहीं रह गया है। दूसरी ओर "अंत" जो परमात्मा है, उसे "साधन" बना दिया गया है। क्या हम ईश्वर की संसद में सीट के लिए चुनावों में जीत हासिल करने अथवा भारतीय प्रशासनिक सेवा की परीक्षा में सफलता प्राप्त करने, न्यायालय में मुकदमा जीतने अथवा दैनिक जीवनयापन आदि प्राप्त करने के लिए उदारमन से प्रसाद नहीं चढ़ाते? मानो ईश्वर "क" को संसद में सीट दिलाने "ख" को भारतीय प्रशासनिक सेवा में प्रवेश दिलाने अथवा "ग" को मुकदमें में जीत दर्ज करने वाले डिपार्टमेंटल स्टोर का स्वामी हो। हम सभी एक पूर्णत: उल्टी दिशा में जीवन जी रहे हैं और जो वस्तुत: इस विश्व में सभी दुखों का मूल कारण है। मैंने यह कभी नहीं सुना और न ही कोई अन्य ऐसा सजीव प्राणी देखा है, चाहे वह भूमि, समुद्र अथवा वायु में रहने वाले बिल्ली अथवा चूहा, बकरी अथवा पक्षी या मछली अथवा अन्य कोई जो संकट में न डूबा हो। क्यों?..........मात्र इसलिए क्योंकि प्रकृति द्वारा प्रेरित अन्य सजीव प्राणी उस प्रयोजन को पूरा कर रहा है, जिसके लिए उसकी रचना की गई थी। मानव एक मात्र दुर्भाग्यपूर्ण प्राणी है जो न केवल उस प्रयोजन की पूर्ति के लिए जीवित नहीं है जिसके लिए उसकी रचना की गई थी, बल्कि वह यहां तक कि उसे भूल भी गया है। यदि वह इस पृथ्वी पर एकमात्र सजीव प्राणी रह जाए तो इस पर कोई आश्चर्य नहीं होना चाहिए कि कौन दुखों में डूबा रहेगा।

व्यक्ति को अपने बचपन के दिनों में वापस जाने और उस उल्लास को स्मरण करने की आवश्यकता है, जब उसे अपना गृह कार्य किए बिना स्कूल जाने के समय मन से महसूस किए गए भय और कांपती टांगों अथवा अपने स्कूल बैग में अच्छी तरह गृहकार्य पूरा करके स्कूल जाने में हुआ था। अपने जीवन के प्रयोजन को पूरा करना वास्तव में दैनिक गृह कार्य करना है और यह अंतहीन प्रसन्नता और उल्लास की गारंटी है।

मानव जीवन के प्रयोजन और एक क्रांतिकारी परिवर्तन प्रगति की संकल्पना में एक निदर्शनात्मक अंतरण के प्रति गहरी जागरूकता और जीवन के प्रति मनुष्य की प्रकृति में परिणामी परिवर्तन की आवश्यकता है। जब कोई भी मानव जीवन के त्रिगुणीय प्रयोजन की पूर्ति के साथ जीता है तब वह मौजूद और जीवित के बीच एक सप्ताह में अंतर पाएगा। इसके लिए जीवन तब एक निरंतर रोमांचकारी बन जाएगा।

यह सही कहा गया है कि हिन्दुत्व कोई धर्म नहीं है यह जीवन जीने का तरीका है। जीवन जीने का वह तरीका अपने जीवन के प्रयोजन की पूर्ति में जीने के अतिरिक्त कुछ नहीं है।

राष्ट्र के रूप में परिभाषित प्रगति

जहां प्रगति का अर्थ परिवर्तन है, वहीं सभी परिवर्तन प्रगति नहीं है।

केवल वह परिवर्तन प्रगति है, जो–

1. घटाता है: प्रत्येक नागरिक में भय, प्रलोभन, अकर्मण्यता, अहंकार, अनुशासनहीनता, निरक्षरता, क्रूरता और असहायता का स्तर कम करता है।
2. बढ़ाता है स्वास्थ्य और खुशहाली, ज्ञान, बद्धिमत्ता, शारीरिक/बौद्धिक/नैतिक और आध्यात्मिक शक्तियां, कठोर परिश्रम के लिए क्षमता, अनुशासन, आत्मविश्वास, उत्साह, जोश, करुणा, पारस्परिक प्रेम, प्रसन्नता और उल्लास तथा साथ ही मन और बाह्य शांति बढ़ाता है।
3. समाज में शांति और कानून व्यवस्था, प्रभावी न्याय, स्वयं अपनी इच्छा और दक्षता के अनुसार जीविकोपार्जन का साधन चुनने की स्वतंत्रता, शिक्षा, चिकित्सीय सहायता, धर्म की स्वतंत्रता सुनिश्चित करता है और लोगों का सामाजिक मनोबल बढ़ाता है।
4. पूर्णता प्राप्त करने, आसपास के सभी जीवों के साथ दुखों की भागीदारी और जहां तक संभव हो, खुशियां प्रदान करने के अवसरों का संवर्धन करता है।
5. संगीत, कला और ललित कलाओं के क्षेत्र में नई ऊंचाईयां प्राप्त करने में समर्थ बनाता है।
6. शाश्वत मानव मूल्यों, राष्ट्रीय परंपराओं और हमारी राष्ट्रीय संस्कृति की मूल मान्यताओं में विश्वास और गर्व की पुष्टि करता है।
7. वैयक्तिक आनंद के लिए नहीं बल्कि सख्ती से राष्ट्र को सुदृढ़ बनाने के लिए हमारी सैन्य, प्रौद्योगिकीय तथा आर्थिक शक्तियां बढ़ाता है।
8. नागरिकों का आत्म सम्मान राष्ट्र के प्रति गर्व और विश्व समुदाय में राष्ट्र की प्रतिष्ठा बढ़ाता है।

यह केवल तभी है जब कोई राष्ट्र उपरोक्त आठ किस्म के परिवर्तन लाने के लिए प्रयास करता है और तभी कहा जा सकता है कि राष्ट्र प्रगति के पथ पर है। इसके विपरीत जो कुछ भी पतन की ओर उन्मुख होगा, उससे विनाश और विध्वंस ही होगा।

राष्ट्र और इस प्रकार मानव जाति का उपरोक्त गंतव्य वही है जिसका अभिप्राय टायनबी ने भी "भारतीय समापन" के रूप में विश्व के संबंध में लगाया था और इसी लिए न केवल इस राष्ट्र को बल्कि पूरे विश्व को आत्मविनाश से स्वयं को बचाने के लिए प्रयास करना होगा।

श्री बी.पी., सिंघल, आई.पी.एस. (सेवानिवृत्त)
संसद सदस्य (राज्य सभा)
सी–502, स्वर्ण जयंती सदन, डा. बी.डी. मार्ग,
नई दिल्ली।
दूरभाष: 011–3354312, फैक्स: 011–3354313
ई मेल: bhashak@sansad-nic-in

अनुबंध-XXI

ग्रामीण स्वरोजगार प्रबंधक—प्रश्न, उत्तर और व्यवहार्यता

ग्रामीण स्व-रोजगार प्रबंधक—प्रश्न, उत्तर और उसकी व्यवहार्यता पर एक लेख संलग्न है।

स्वरोजगारी ग्रामीण प्रबन्धक का प्रशिक्षण

भारतीय अर्थव्यवस्था, विशेषकर ग्रामीण अर्थव्यवस्था, को अनेक चुनौतियों का सामना करना पड़ रहा है, इनमें से जो ज्वलन्त हैं वे हैं गरीबी एवं बेरोजगारी। इन दोनों समस्याओं से निबटने हेतु ग्रामीण एवं सामाजिक क्षेत्र का विकास परम आवश्यक है। ग्रामीण विकास यद्यपि एक विशाल क्षेत्र है तथा अनेकानेक बिन्दुओं को समाहित करता है, फिर भी उसमें उत्पादन एवं उत्पादकता, आय एवं साधनों का दोहन एवं उन्नयन, स्वरोजगार, संस्थागत एवं गैर-संस्थागत वित्त सुविधाएं, विपणन में सहायता तथा खाली महीनों में अतिरिक्त रोजगार के अवसर जुटाया जाना प्रमुख रूप से सम्मिलित हैं। ग्रामीण अर्थव्यवस्था के अन्तर्गत सामाजिक विकास का तात्पर्य है मूलभूत न्यूनतम सेवायें, जिसमें शिक्षा, स्वास्थ्य, परिवार कल्याण, पेयजल, स्वच्छता, मकान, ग्रामीण सड़कें, अनुसूचित जाति/अनुसूचित जनजाति तथा अन्य पिछड़े वर्गों तथा महिलाओं एवं बच्चों का कल्याण सम्मिलित हैं।

पंचायती राज संस्थाओं के सशक्तिकरण के कारण इस समस्या ने नये आयाम जोड़े हैं। उत्तर प्रदेश शासन ने हाल में सत्ता के विकेन्द्रीकरण हेतु नीतिगत निर्णय लेते हुए भविष्य के लिए नये आयाम निश्चित किये हैं। समय की मांग है कि ऐसी संस्थाओं या उनके प्रतिनिधियों को आगे आने को प्रोत्साहित किया जाए जो लाभकारी कार्यक्रम ले सकें और निचले या स्थानीय स्तर पर उनको क्रियान्वित करा सकें। उक्त के परिप्रेक्ष्य में सेण्टर फॉर डेवलपमेन्ट एक्शन, दीन दयाल उपाध्याय, राज्य ग्राम्य विकास संस्थान, बख्शी का तालाब, लखनऊ ने डॉ. राम मनोहर लोहिया अवध विश्वविद्यालय, फैजाबाद के अर्थशास्त्री एवं ग्रामीण विकास विभाग के सहयोग से स्वरोजगारी, ग्रामीण प्रबन्धन का 15 दिन, दो माह व 5 माह का प्रशिक्षण सत्र चलाये जाने का निर्णय लिया है। यह प्रशिक्षण कार्यक्रम दीन दयाल उपाध्याय, राज्य ग्राम्य विकास संस्थान, बख्शी का तालाब, लखनऊ से संबंधित 10 क्षेत्रीय ग्राम्य विकास संस्थानों यथा—गोरखपुर, गाजीपुर, फैजाबाद, प्रतापगढ़, चिरगांव—झांसी, बकेवर-इटावा, बिचपुरी-आगरा, बुलन्दशहर, हरिद्वार एवं बख्शी का तालाब, लखनऊ में चलाया जायेगा।

उन संस्थानों पर एक प्रशिक्षण सत्र में 20–25 प्रशिक्षार्थियों को सम्मिलित किया जाएगा। प्रशिक्षार्थियों की न्यूनतम शैक्षिक अर्हता पर प्रतिबन्ध नहीं है। फिर भी प्रशिक्षार्थी प्रतिभावान, सबका भला चाहने वाला, ग्रामीण प्रबन्धक की समय, सोच व विश्लेषण करने की क्षमता तथा कुछ करने की महत्वाकांक्षा रखता हो। प्रशिक्षण में भाग लेने वाले अभ्यर्थियों के चयन में इस बात का ध्यान रखा जाएगा कि एक गाँव से एक समय/सत्र में केवल एक ही प्रशिक्षार्थी को लिया जाए। अभ्यर्थी की इस बात में अभिरुचि होनी चाहिये कि वह स्वयं स्वरोजगारी होते हुए दूसरों को भी स्वरोजगार हेतु प्रेरक एवं सहायक के रूप में कार्य करेगा। वह न केवल अपने लिए प्रोजेक्ट बनाएगा, अपितु ग्राम के निवासियों तथा पंचायतों हेतु प्रोजेक्ट निर्माण का कार्य करेगा और प्रोजेक्ट निर्माण से एक पूर्व निश्चित आय प्राप्त करेगा।

ग्रामीण प्रबन्धकों के संभावित प्रश्न एवं उत्तर

1. **ग्रामीण प्रबन्धकों के प्रशिक्षण का कार्यक्रम एस.आई.आर.डी. क्यों कर रहा है?**
   - स्वरोजगारी, ग्रामीण पूंजीनिवेश व दोनों में सहायक होगा।
   - नई चुनौतियों का सामना कर सकेगा।
   - ग्रामों में सलाहकार की भूमिका की प्रबल सम्भावनाओं के कारण।
2. **यह कार्य क्यों करें?**
   - समग्र ग्रामीण विकास के लिये।
   - स्वरोजगार तथा स्वावलम्बन हेतु।
   - विकल्प ही यही है, नौकरी संभव नहीं है।
   - इसी में स्वाभिमान एवं आत्मसम्मान छिपा है।
   - गाँव के संसाधन के उपयोग के लिये।
   - गाँव के सशक्तिकरण हेतु।
   - पंचायतों की वर्तमान अपेक्षाओं की पूर्ति।
   - बैंकों में अनुपयुक्त धनराशि के उपयोग हेतु।
3. **कैसे करें?**
   - गाँव एवं पंचायतों के सहयोग।
   - बैंकों से समन्वय।
   - गाँव में वायबिल प्रोजेक्ट की संरचना करते हुये बैंकों द्वारा ऋण।
   - ग्रामीण उत्पादों के विपणन को बढ़ाते हुये।
   - गाँव के उपयोग हेतु सूचनाओं के आदान-प्रदान द्वारा।
   - ग्रामीण विकास से संबंधित संगठनों में समन्वय स्थापित करते हुए।

4. **ग्रामीण प्रबन्धकों को मान्यता कौन देगा?**
   - आपके कार्य की गुणवत्ता एवं परिणामदायक प्रयास।
   - गांव पंचायतों एवं गांव के निवासी।
   - वित्तीय संगठन।
   - विपणन केन्द्र।
   - अप्रवासी गांव वासी।
   - संभावित स्वरोजगार एवं स्वाबलम्बी लोग।
5. **इससे ग्रामीण प्रबन्धकों को क्या मिलेगा?**
   - स्वरोजगार।
   - स्वावलम्बन, मान-सम्मान तथा आत्मविश्वास।
   - आर्थिक एवं सामाजिक प्रतिष्ठा।
   - कार्य के अनुसार धनोपार्जन।
6. **ग्रामीण प्रबन्धक क्यों?**
   - क्योंकि पंचायतों के पदाधिकारी समयाभाव तथा जानकारी के अभाव के कारण प्रोजेक्ट बनाना, उनका संचालन कठिन है। साथ ही ग्रामीण प्रबन्धक गांव में उद्यमियों के लिए भी प्रोजेक्ट बनायेगा तथा उन्हें परामर्श देगा।
   - अभी प्रदेश में गांव स्तर पर ग्रामीण उद्योगों को परामर्श देने के लिये कोई संस्था व्यापक स्तर पर कार्य नहीं कर रही है। ग्रामीण प्रबन्ध स्वयं सहायता समूहों का गठन, बचत तथा बीमा के कार्य भी पंचायत तथा ग्रामीणों के लिये कर सकेगा।
7. **ग्रामीण प्रबन्धक कौन?**
   - कोई भी व्यक्ति जो प्रोजेक्ट बनाने की इच्छा रखता हो।
   - उसमें दूरदृष्टि हो तथा स्वरोजगारी बनना चाहता हो। स्वरोजगारी ग्रामीण प्रबन्धक का प्रशिक्षण प्राप्त कर सकता है।
8. **प्रशिक्षण कहाँ?**
   - दूरस्थ शिक्षा का प्रशिक्षण प्रंशिक्षार्थी घर पर तथा शेष 15 दिन, दो माह व पांच माह में कार्यक्रम के लिये राज्य/क्षेत्रीय ग्राम्य विकास संस्थानों में आना पड़ेगा।
9. **हम क्या करें और क्या न करें?**

क्या करें	**क्या न करें**
– गांव की जाति, वर्ग तथा व्यवसाय आदि से उठकर।	संकीर्णता एवं जाति तथा वर्गवाद में न फंसें।
– सभी का सहयोग, सभी के लिये उपयोगी कार्यक्रम	किसी की उपेक्षा न करें।

– कार्यक्रम को अर्थ से जोड़ना	अलाभदायक कार्य की सलाह न दें और न उसे प्रोत्साहित करें।
– सफल मॉडलों का सृजन	सफलताओं पर उत्साहित तथा असफलताओं पर हतोत्साहित न करें।
– स्वरोजगार एवं स्वावलम्बन की योजना की संरचना	सरकारी एवं सरकारी तंत्र पर निर्भरता न करें।

ग्रामीण परियोजना प्रबन्ध : परियोजना प्रबन्ध की अवधारणा, क्रियान्वयन, परामर्श, अनुश्रवण, (PERT-CPM, कार्यकलाप विश्लेषण एवं कार्यकलाप सूची) करना कार्य विभाजन, नेतृत्व, टीम भावना, समन्वय, कुल गुणवत्ता प्रबन्धन, सामान्य प्रबन्धन सिद्धान्त एवं विधियों की नवीनतम उपलब्धियाँ।

इकाई चार

व्यवसाय प्रबन्ध—ग्रामीण अर्थशास्त्र की नीतियां, व्यवसाय परिवेश, नियम कानून व विधि नियम, ग्रामीण विपणन, विपणन वास्ते स्थानीय संस्थान, ग्रामीण व्यवसाय में वित्त प्रबन्धन एवं लेखा प्रणाली पूंजीनिवेश विश्लेषण।

- आय उत्पादक कार्यों का प्रारम्भ हेतु आय उत्पत्ति के विचारों की पहचान, आय सृजन के प्रकार, सफल आय सृजन की आवश्यकताएं।
- आय सृजन कार्य के लिए स्वामित्व के प्रकार।
- आय सृजन कार्य का संचालन, उत्पादन प्रक्रिया, उत्पादन चक्र, कच्चे माल का प्रबन्ध, क्रय तथा भंडारण तकनीकी तथा कुशल कारीगरों का प्रबन्ध।
- व्यवसाय व्ययों की गणना जिससे सामग्री आधारभूत ढाँचा, परिवहन, कार्य बल, प्रशिक्षण तथा साख सम्मिलित होंगे।
- उत्पाद का मूल्य निर्धारण।
- विपणन व्यवस्था तथा वितरण, लाभ-हानि की गणना, कार्यशील पूंजी का निर्धारण तथा अभिलेखों का रख-रखाव।
- उद्यमिता तथा प्रबन्ध के कौशल, ग्रामीण क्षेत्रों में संचार प्रबन्ध, उत्पाद, प्रबन्ध, ग्रामीण व्यापार के अनुसंधान की विधि।

इकाई पांच

मूल्य संवर्धन की तकनीकियां—ग्रेडिंग, पैकेजिंग, भंडारण, शीतगृह, इन्सूलेटेड बैग/कन्टेनर्स, रेफ्रिजिरेटर, परिवहन, प्रसंस्करण, उप-उत्पाद उद्योग, प्रचार प्रसार, मूल्य निर्धारण, सौदेबाजी, उपभोक्ता, ग्रामीण के व्यवहार का अध्ययन।

सत्र संचालन समिति

- डॉ. कमल टावरी, आई.ए.एस., निदेशक, संरक्षक
- डॉ. एच.एल. यादव, संयुक्त निदेशक, सदस्य
- डा. वरदानी, संयुक्त निदेशक, सचिव
- एवं अन्य विशिष्ट क्षेत्रों के विशेषज्ञ।

अकादमिक सहयोग : श्री पी.के. सिन्हा, विभागाध्यक्ष, अर्थशास्त्र एवं ग्रामीण विकास संकाय, राम मनोहर लोहिया विश्वविद्यालय, फैजाबाद।

स्वरोजगारी ग्रामीण प्रबन्धक प्रशिक्षण हेतु आवेदन पत्र

1. आवेदक का नाम ....
2. पिता का नाम ....
3. जन्म तिथि (01.01.1999 को आयु............................
4. स्थायी पता :—

   ग्राम .... पंचायत ....

   .... विकास खण्ड ....

   जनपद ....
5. पत्र व्यवहार का पता ....

   ....
6. कार्यक्रम जिसमें भाग लेना है :—

   1. 3 दिन अभिमुखीकरण 2. 15 दिन का प्रशिक्षण कार्यक्रम

   3. 2 माह का प्रशिक्षण कार्यक्रम 4. 5 माह का पत्राचार के माध्यम से प्रशिक्षण
7. धनराशि का विवरण :—

   नगद रु. .... बैंक ड्राफ्ट संख्या ....

   बैंक का नाम .... दिनांक ....
8. शैक्षिक योग्यताएं:—

क्रम संख्या	उत्तीर्ण परीक्षा	बोर्ड/वि.वि.	वर्ष	प्रतिशत
1.				
2.				

9. ग्रामीण विकास/स्वरोजगार में अनुभव ....
10. प्रशिक्षण केन्द्र हेतु वरीयता क्रम 1 .... 2 .... 3 ....
11. अन्य योग्यता, यदि कोई हो ....
12. संलग्नों की संख्या

दिनांक .... आवेदक के हस्ताक्षर

नोट: प्रत्येक अभ्यर्थी को एक संक्षिप्त रूपरेखा जो अधिक से अधिक एक पृष्ठ की हो, में यह लिख कर देना होगा कि वह इस प्रशिक्षण का किस प्रकार उपयोग करेगा, जिससे वह स्वरोजगारी बन सके।

अनुबंध-XXII

श्री बबनीलाल, संयुक्त निदेशक का पत्र

पंचायती राज संस्थाओं को सुदृढ़ बनाने में अंतर्राज्यीय परिषद द्वारा निभायी जा सकने वाली भूमिका के संबंध में श्री रणबीर सिंह, उप सचिव, अंतर्राज्यीय परिषद सचिवालय, विज्ञान भवन, एनेक्सी, नई दिल्ली को बबनीलाल, संयुक्त निदेशक (पी.आर.), ग्रामीण विकास मंत्रालय, ग्रामीण विकास विभाग, भारत सरकार द्वारा तारीख 9 दिसम्बर, 2002 को लिखा गया पत्र संलग्न है।

बबनीलाल
संयुक्त निदेशक (पी.आर.)

ग्रामीण विकास मंत्रालय
ग्रामीण विकास विभाग,
भारत सरकार, कृषि भवन,
नई दिल्ली।
टेलीफैक्स: 23383006(का.)
फैक्स: 23385873
ईमेल: babnilal@urlal.delhi.nic.in

अश.शा.सं. एन-11011(3)/3/2002-पीआर, दिनांक दिसम्बर 09, 2002

प्रिय श्री सिंह,

देश में पंचायती राज संस्थाओं को सुदृढ़ बनाने में अंतर्राज्यीय परिषद की भागीदारी के संबंध में कृपया डा. कमल टावरी, सलाहकार, अंतर्राज्यीय परिषद के दिनांक 30 सितम्बर, 2003 तथा दिनांक 9 अक्टूबर, 2002 के तथा अपने पत्र दिनांक 7 नवम्बर, 2002 के श्री एन.एल. लखनपाल, सचिव, अंतर्राज्यीय परिषद (आई.एस.सी.) के दिनांक 20 नवम्बर, 2002 के अं.शा.पत्र सं. 11/16/98-आईएससी का अवलोकन करें। इस संबंध में देश में पंचायती राज संस्थाओं को सुदृढ़ बनाने में अंतर्राज्यीय परिषद की भूमिका पर एक टिप्पणी संलग्न है।

यह नोट अपर सचिव (पी.आर.) के अनुमोदन से जारी किया गया है।

सादर,

आपका,
(बबनीलाल)

श्रीरणबीर सिंह,
उपसचिव,
अंतर्राज्यीय परिषद सचिवालय
विज्ञान भवन एनेक्सी,
नई दिल्ली–110011.

पंचायती राज

देश में पंचायती राज संस्थाओं को सुदृढ़ बनाने में अंतर्राज्यीय परिषद की भूमिका

स्थानीय स्व–शासन राज्य का विषय है। फिर भी भारत के संविधान के अनुच्छेद 40 के शासनादेश के अनुसार राज्य (अर्थात केन्द्र और राज्य सरकारें) ग्राम पंचायतों की स्थापना के लिए कदम उठाएंगी तथा स्व–शासन की इकाईयों के रूप में कार्य करने के लिए उन्हें सक्षम बनाने हेतु उन्हें आवश्यक शक्तियां एवं प्राधिकार देंगी। चूंकि पचास के दशक से इस दिशा में विभिन्न प्रयास किए जा रहे हैं। अंततः 1992 में संविधान (73वां संशोधन) अधिनियम, 1992 द्वारा पंचायती राज प्रणाली को संवैधानिक दर्जा प्रदान किया गया है तथा एक ऐसा ढांचा कार्यान्वित किया गया, जिसके अन्तर्गत राज्य पंचायती राज संस्थाओं को अधिकार प्रदान करने के लिए विधान बना सकते हैं।

संवैधानिक संशोधन पारित किए जाने के दस वर्षों के बाद प्रगति की जानकारी लेने तथा भविष्य के लिए कार्यवाही किए जाने कि सिफारिश करने के लिए पंचायती राज प्रणाली को पुनर्जीवित करने तथा उसे सुदृढ़ बनाने हेतु आवश्यक उपायों के संबंध में सर्वानुमति तैयार करने के लिए 5 अप्रैल, 2002 को दिल्ली में एक अखिल भारतीय पंचायत अध्यक्षों का सम्मेलन आयोजित किया गया। सम्मेलन में स्थानीय स्व–शासन के लिए राष्ट्रीय घोषणा को स्वीकार किया गया, जिसके अन्तर्गत कार्यवाही किए जाने के लिए 15 बिन्दुओं की पहचान की गई, ये बिन्दु निम्नलिखित हैं-

1. पंचायतों का नियमित और समय पर चुनाव सुनिश्चित करने के लिए राज्य सरकारें सभी आवश्यक उपाय करेंगी। जहां चुनाव होने हैं, वहां 31 दिसम्बर, 2002 तक चुनाव करा लिए जाएंगे।
2. सभी राज्य सरकारें पंचायती राज संस्थाओं (पीआरआई) को निधियों, कार्यों एवं कार्यकर्ताओं को शामिल करने के लिए 31 दिसम्बर, 2002 से पहले कार्यवाही करेंगी। ऐसा करते समय पंचायती राज संस्थाओं को अधिकारों और कार्यों के हस्तांतरण के संबंध में कार्यबल की अनुशंसाएं राज्य सरकारों का मार्गदर्शन करेंगी।

3. पंचायती राज संस्थाओं के उत्तरदायित्वों और संसाधनों के बीच बहुत बड़ी असंगति है। राज्य सरकारें 31 दिसम्बर, 2002 तक यह सुनिश्चित करने के लिए आवश्यक कार्य करेंगी कि पंचायती राज संस्थाओं के पास अपेक्षित वित्तीय संसाधन और अधिकार हैं। विशेष रूप से वे,
   —राज्य वित्त आयोग की अनुशंसाओं को कार्यान्वित करेंगी
   —पंचायती राज संस्थाओं को पर्याप्त संसाधन जुटाने में समर्थ बनाएंगी।
4. इसके अतिरिक्त, पंचायती राज संस्थाओं को पर्याप्त परिपक्वता, अवधि वाले ऋणों के रूप में महत्वपूर्ण गैर-बजटीय संसाधन प्रदान करने के लिए संघ सरकार से उपयुक्त तंत्र तैयार करने का अनुरोध किया जाता है, विशेष रूप से वैसी ही विकासात्मक परियोजनाओं के लिए, जो पंचायती राज संस्थाओं द्वारा स्वयं तैयार एवं उसे कार्यान्वित की जाती है।
5. राज्यों को यह सुनिश्चित करना होगा कि पंचायती राज संस्थाएं अधिकांशतः विकास कार्यों की योजना तैयार करने तथा उन्हें कार्यान्वित करने की पर्याप्त क्षमता रखते हुए कार्यात्मक संस्थाओं के रूप में कार्य करने के लिए सक्षम हैं। कार्यकारिणी को पंचायतों को हटाने की शक्तियों का प्रयोग अपवाद रूप में करना चाहिए तथा ऐसा इस संबंध में शिकायतों की जांच एक नामोदिष्ट ओमबुड्स मैन, (जिसका अध्यक्ष सेवानिवृत्त न्यायाधीश होगा), जिसकी स्थापना 31 दिसम्बर, 2002 तक की जानी है, द्वारा किए जाने के बाद ही किया जाएगा।
6. राज्य सरकारें 31 दिसम्बर, 2002 से पूर्व कार्यकर्ताओं की सेवाएं पंचायतों को सौंप देंगी। स्टाफ के नियंत्रण और उनके निरीक्षण के लिए पंचायतों को पर्याप्त अधिकार सौंपे जाएंगे। भविष्य में नियुक्तियां पंचायती राज संस्थाओं द्वारा निर्धारित प्रक्रिया के अनुरूप की जाएंगी।
7. सभी राज्य सरकारों को यह सुनिश्चित करना होगा कि जिला योजना समितियां 31 दिसम्बर, 2002 तक पूर्ण रूप से अपना कार्य प्रारंभ कर दें/जिला पंचायत का अध्यक्ष जिला योजना समिति (डीपीसी) का अध्यक्ष होगा।
8. राज्य सरकारें यह सुनिश्चित करने के लिए 31 दिसम्बर, 2002 से पूर्व कार्यवाही करेंगी कि समान संस्थाएं, यदि कोई हैं, विशेष रूप से ग्राम स्तर की संस्थाएं, पंचायतों की देख-रेख के अधीन कार्य करती हैं।
9. ग्राम पंचायत तथा ग्राम सभा की संस्थाओं को सुदृढ़ किए जाने की आवश्यकता है। ग्राम सभा की एक वर्ष में कम से कम चार बैठकें प्राथमिकता 26 जनवरी, 1 मई, 15 अगस्त, और 2 अक्तूबर को होंगी। ग्राम सभा की बैठकों में संबंधित सरकारी कार्यकर्ता भाग लेंगे, जिसके लिए राज्य प्रशासन उपयुक्त अनुदेश जारी करेंगी तथा उनका अनुपालन सुनिश्चित करेंगी।

10. प्रत्येक ग्राम पंचायत में एक पंचायत योजना समिति होगी, जिसके सदस्यों में सरपंच, पंचायत के सदस्य तथा प्रयोक्त ग्रुप (स्वयं सहायता ग्रुप) जल संभरण विकास समितियां, विद्यालय समितियां आदि) होंगे। समिति पंचायतों को विकास योजनाएं तैयार करने में सहायता प्रदान करेगी तथा कार्यक्रमों के कार्यान्वयन एवं पर्यवेक्षण में सहायता करेंगी।
11. पंचायतों को प्राकृतिक संसाधनों—भूमि, जल, लघु वन उत्पाद तथा खनिजों के ऊपर पर्याप्त नियंत्रण दिए जाने की आवश्यकता है। राज्य सरकारें 31 दिसम्बर, 2002 से पहले, इन विषयों को अभिशासित करने वाली विधियों और नियमों में उपयुक्त प्रावधान और संशोधन करेंगी।
12. पंचायतों का कार्य 4 सूत्रीय कार्यनीति—जागरूकता, सहभागिता, पारदर्शिता तथा सामाजिक लेखा परीक्षा के अनुरूप होगा। इस संबंध में राज्यों द्वारा आवश्यक कानूनी प्रावधानों को 31 दिसम्बर, 2002 से पूर्व लागू किया जाएगा।
13. प्रशासन की गति एवं गुणवत्ता में सुधार के लिए केन्द्रीय एवं राज्य सरकारों की भागीदारी से पंचायतों को सूचना प्रौद्योगिकी की सुविधा, दसवीं पंचवर्षीय योजना अवधि के दौरान विस्तार किया जाएगा।
14. केन्द्रीय एवं राज्य सरकारों को यह सुनिश्चित करने के लिए पर्याप्त प्रावधान करना चाहिए कि पंचायती राज संस्थाओं के निर्वाचित प्रतिनिधियों के साथ ही अन्य सभी कार्यकर्ताओं को प्रभावी प्रशिक्षण दिया जाएगा।
15. पंचायतों के उत्कृष्ट कार्य निष्पादन को मान्यता प्रदान करने तथा प्रोत्साहित करने के लिए विशेष रूप से स्वीकृत सामाजिक विकास संकेतकों में किए गए सुधारों के संबंध में, राज्य एवं केन्द्र सरकारों द्वारा प्रोत्साहनों का एक उपयुक्त ढांचा लागू किया जाना चाहिए।

पंचायती राज संस्थाओं को वित्तीय एवं प्रशासनिक अधिकारों के त्वरित एवं प्रभावी हस्तांतरण के लिए संविधान में उपयुक्त नया संशोधन किए जाने की आवश्यकता पर विचार-विमर्श के लिए माननीय प्रधानमंत्री के बहस प्रस्ताव का स्वागत किया गया। काफी विचार-विमर्श के पश्चात् सम्मेलन के प्रतिनिधियों ने संविधान में अति आवश्यक संशोधन करने की प्रक्रिया तत्काल आरंभ करने के लिए एकमत से संघ सरकार से अनुरोध करने का संकल्प पारित किया गया। सम्मेलन में सभी राजनैतिक दलों और संसद सदस्यों द्वारा संशोधन को पारित करने तथा पंचायती राज सुधारों के संबंध में दूसरे चरण की शुरुआत करने का भी अनुरोध किया गया।

जहां तक राष्ट्रीय घोषणा के व्यवहार्य रूप मे बिन्दु सं. 4, 14, एवं 15 का संबंध है, ग्रामीण विकास मंत्रालय द्वारा अनुवर्ती कार्यवाही आरंभ की जा चुकी है। राष्ट्रीय घोषणा के अन्य बिन्दुओं पर राज्य सरकारों द्वारा तत्काल कार्यवाही किए जाने की आवश्यकता है।

राष्ट्रीय घोषणा की प्रतियां सभी राज्यों/संघ राज्य क्षेत्रों को अवेषित की जा चुकी हैं। केन्द्र और राज्य सरकारों के बीच पारस्परिक क्रिया का फोरम होने के नाते अंतर्राज्यीय परिषद इन बिन्दुओं पर राज्य सरकारों को तत्काल कार्यवाही करने के लिए दबाव डाल सकती है। अंतर्राज्यीय परिषद इस संबंध में केन्द्र एवं राज्य सरकारों के बीच सेतु के रूप में भी कार्य कर सकती हैं। परिषद विभिन्न राज्यों में सर्वोत्तम कार्य करने को प्रचारित करने में भी सहायता कर सकती है, ताकि विचारों का बेहतर आदान-प्रदान हो सके और अनुभवों को आपस में बांटा जा सके।

"व्यवस्था का प्रतिरोध जारी" दस वर्ष बाद

दिनांक 27.12.02 को *टाईम्स आफ इंडिया* तथा दिनांक 27.12.02 को द *हिन्दू* में प्रकाशित क्रमश: इस्टेब्लिशमेंट कन्टीन्यूज टू रेसिस्ट तथा टेन इयर्स आन से संबंधित प्रेस की कटिंग सलग्न है।

—*टाईम्स आफ इंडिया* 27.12.2002

ईस्टेब्लिशमेंट कन्टीन्यूज टू रेसिस्ट (व्यवस्था का प्रतिरोध जारी)

शबनम मिनवाला
टाइम्स न्यूज नेटवर्क

मुम्बई: दिसम्बर 1992 में 73वां संविधान संशोधन पारित किए जाने के तुरंत बाद जार्ज मैथ्यू ने मूक क्रांति की भविष्यवाणी करते हुए एक लेख लिखा। आज अकादमिक अध्ययनकर्ता यह स्वीकार करते हैं कि उनकी भविष्यवाणी गलत साबित हुई। भारत के अनेक भागों में मूक क्रांति रक्त रंजित हो चुकी थी। ग्रामीण भारत को पंचायती राज की क्षमता का बोध हो गया है तथा उसने यह महसूस किया है कि यह विद्यमान शक्ति ढांचे को उलट सकती है। मैथ्यू के अनुसार इसी वजह से इसे मारने की इतनी अधिक कोशिशें हुई हैं।

वास्तव में संवैधानिक दर्जा प्रदान किए जाने के 10 वर्ष बाद भी देश की पंचायतें बड़े शत्रुओं से जूझ रही हैं, जिनमें रोजगार योजना निधियों को संकुचित करने के लिए प्रतिबद्ध निम्नस्तरीय नौकरशाहों से लेकर अपनी नव-निर्वाचित पत्नियों की स्वतंत्रता का विरोध करने वाले पति शामिल हैं।

प्रतिरोध के कारण विकेन्द्रीकरण स्पष्ट रूप से बाधित हुआ है तथा कई स्थानों पर विकेन्द्रीकरण सिर्फ नाम का है। अभी तक सिर्फ कर्नाटक ने (और कुछ हद तक तमिलनाडु, केरल, राजस्थान और सिक्किम ने) विधेयक में सूचीबद्ध 29 क्षेत्रों में अधिकारों एवं निधियों का हस्तांतरण किया है।

वास्तव में अभी भी अधिकांश पंचायतें स्थानीय नौकरशाहों की दया पर निर्भर हैं। "स्वयं शिक्षा प्रयोग" के प्रेम गोपालन के शब्दों में सूचना की विशाल और अधूरी मांग है। पंचायतों को यह पता नहीं है कि संसाधनों तक कैसे पहुंचा जाए तथा सेवाओं का प्रबंध कैसे किया जाए।

जाति के नाम पर सर्वाधिक हत्या संबंधी लड़ाइयां लड़ी गई हैं। मैथ्यू के शब्दों में "सदियों से ग्रामीण जीवन पर हाबी उच्च वर्ग के सदस्य यह सहन नहीं कर सकते, कि उनके पूर्वजों की कुर्सी पर कोई दलित बैठे"।

गांव की आवाज

- ग्रामीण भारत को पंचायती राज की विशाल क्षमता का बोध हो चुका है।
- नौकरशाह, राज नेता विकेन्द्रीकरण का प्रतिरोध कर रहे हैं।
- लेकिन पुराने पदानुक्रम एवं सोच बदल रहे हैं, महिला सरपंच बदलाव ला रही हैं।

लेकिन पदानुक्रम एवं सोच टूट रहा है। एक तिहाई आरक्षण की नीति ने 10 लाख से अधिक महिलाओं को सार्वजनिक जीवन में ला दिया है—तथा पिटाई एवं तलाक की धमकियों के बावजूद अनेकों ने चमत्कारी कार्य किए हैं। मैथ्यू के शब्दों में "महिला सरपंचों वाले गांवों से उल्लेखनीय कहानियां सामने आ रही हैं।"

देहरादून के निकट अट्टक ग्राम पंचायत के पुष्पा राणा ने स्वयं के लिए सम्मान अर्जित किया है। उदाहरणार्थ, जब भी राणा स्थानीय ब्लाक कार्यालय गयी, अधिकारी एवं लिपिक वर्ग ने उन्हें बैठने का स्थान नहीं दिया। एक दिन उन्होंने प्रश्न किया, "क्या अगली बार जब मैं ब्लाक कार्यालय आऊं, मुझे अपनी कुर्सी स्वयं लानी होगी। "गोपालन के अनुसार सरपंच के रूप में एक महिला का यह शक्तिशाली वक्तव्य है"।

(यह पंचायती राज के दस वर्षों का अवलोकन करने की श्रृंखला में दूसरा लेख है)

द *हिन्दु*—27.12.02 टेन इयर्स ऑन (दस वर्ष बाद)

—जार्ज मैथ्यू

जब दस वर्ष पूर्व 22 तथा 23 दिसम्बर, 1992 को लोकसभा तथा राज्य सभा ने दो संविधान संशोधन विधेयक (73वां तथा 74वां) पारित कर पंचायतों और नगरपालिकाओं को "स्व-शासन की संस्था" बनाया था, तब इसे ऐतिहासिक करार दिया गया था तथा इसे मूक क्रांति का युग आरंभ माना गया था। सभी दृष्टियों से अपने रूप एवं विषय वस्तु में यह मूल-भूत विधान था। अब इसकी स्थिति क्या है?

प्रारंभिक तौर पर शुरूआती दौर का 10 वर्ष पूर्णतया निराशाजनक नहीं था। गंभीर सामाजिक एवं राजनैतिक अवरोधों- सामाजिक असमानता, जाति प्रथा, पितृसत्तात्मक व्यवस्था, सामंती ढांचा, निरक्षरता, असमान विकास जिसके अन्तर्गत इसे कार्य करना था, के दृष्टिगत ऐसे कई पहलू हैं, जिन पर गर्व किया जा सकता है। आज प्रत्येक पांच वर्ष में स्थानीय स्व-शासन की संस्थाओं का चुनाव एक परंपरा बन चुकी है, जबकि आरंभिक

वर्षों में सभी राज्यों ने चाहे वहां किसी भी पार्टी की सरकार हो, उसने अपने अधीन सभी अधिकारों के द्वारा संवैधानिक प्रावधान का उल्लंघन किया था। जब नागरिक सामाजिक संगठनों ने लोकहित याचिका दायर करके संघर्ष करने की पहल की, तो न्यायपालिका ने विभिन्न स्तरों पर प्रभावी हस्तक्षेप किया।

यह तथ्य कि राज्य चुनाव आयोगों तथा राज्य वित्त आयोगों जैसे संवैधानिक निकाय सुस्थापित हैं, यह अपने आप में एक महत्वपूर्ण उपलब्धि है। राज्य चुनाव आयोगों ने पंचायत चुनावों को गंभीरता से लिया है, जिससे आधारभूत स्तर की प्रजातांत्रिक व्यवस्था को विश्वसनीयता मिली है। बिहार, उत्तर प्रदेश, उत्तरांचल, महाराष्ट्र और गुजरात जैसे राज्यों में राज्य चुनाव आयोगों ने एक और पहल की है। उन्होंने उम्मीदवारों के आपराधिक पूर्ववृत्त परिसंपत्तियों तथा देयताओं से संबंधित निर्वाचकों के सूचना के अधिकार के संबंध में दिनांक 3 मई, 2002 के सर्वोच्च न्यायालय के अनुदेशों को जारी किया है। पिछले दस वर्षों में गांव स्तर से जिला स्तर तक निर्णय करने की प्रक्रिया की दिशा में निरंतर प्रगति भी देखने को मिली है। महिलाओं को अधिकतम सुविधा मिली है। आज 10 लाख से अधिक महिलाएं प्रत्येक पांच वर्ष में इन निकायों के लिए निर्वाचित होती हैं तथा इस तिगुणी संख्या में महिलाएं चुनाव लड़ती हैं यह हमारे जैसी अनुक्रम में तथा पुरुष प्रभुत्व वाले समाज में कोई औसत दर्जे की उपलब्धि नहीं है। यह आम मान्यता है कि महिला निर्वाचित सदस्यों को, परिवारों के पुरुष नियंत्रित करते हैं, यह आंशिक रूप से सत्य हो सकती है, लेकिन अध्ययन यह दर्शाता है कि स्थिति तेजी से बदल रही है। विभिन्न स्तर की सभी पंचायतों तथा नगरपालिकाओं की एक तिहाई महिला ही अध्यक्ष हैं। वर्ष बीतने के साथ ही सामान्य निर्वाचन क्षेत्रों से चुनकर आने वाली महिलाओं की संख्या बढ़ रही है। अनुसूचित जातियां और अनुसूचित जन जातियां भी समान रूप से अपना हिस्सा प्राप्त कर रही हैं।

देश भर में स्थानीय स्व-शासन निकायों के अस्तित्व में आने के साथ ही उनका कार्य भी जांच के अन्तर्गत आ गया है। लोगों के दरवाजे पर शासन को ले जाने का सौहार्दपूर्ण माहौल धीरे-धीरे तैयार हो रहा है। इस प्रक्रिया की एक महत्वपूर्ण उपलब्धि यह है कि संरक्षण धीरे-धीरे परम्परागत जातियों एवं परिवारों से हटकर राजनैतिक दलों एवं आदर्शों की ओर जा रहा है। वर्तमान स्थिति का लाभ उठाते हुए अनेक राज्यों ने स्थानीय स्व-शासन योजना तथा ग्रामीण विकास में नवीन प्रयोग किए हैं। केरल में जनता की योजना इसका एक उदाहरण है।

फिर भी, दस वर्षों के पश्चात् बैलेंस शीट शून्य है। यह विडम्बना है कि जिन हाथों से पंचायतों एवं नगरपालिकाओं का सृजन हुआ, वही हाथ उन्हें मरणतुल्य करने का प्रयास कर रहे हैं। परिणामस्वरूप, देश के अनेक भागों में मूक क्रांति "रक्त रंजित" क्रांति में परिवर्तित हो गई है।

न तो सांसद और न ही विधायक पंचायतों एवं नगरपालिकाओं को उनका वाजिब हक दे रहें हैं। वास्तव में सांसद एवं विधायक स्थानी स्व-शासन संस्थाओं के वैधानिक

स्थल को हड़पने का प्रयास कर रहे हैं। हजारों करोड़ रुपए की सांसद स्थानीय क्षेत्र विकास योजनाएं (एम.वी.एल.ए.डी.) तथा विधायक निधियां स्थानीय संस्थाओं के साथ धोखा है। आर्थिक विकास एवं सामाजिक क्षमता की योजनाएं तैयार करने एवं क्रियान्वित करने के लिए पंचायतों का निर्माण किए जाने के पश्चात सांसदों एवं विधायकों को स्थानीय क्षेत्र के विकास के लिए राज कोष से करोड़ों रुपए क्यों दिये जाएं? निश्चय ही इसका उद्देश्य इन संवैधानिक संस्थाओं को हाशिए पर लाना तथा उन्हें अस्थिर करना है?

पंचायतों ने कोई आश्चर्यजनक कार्य नहीं किया है, लेकिन एक छोटी सी शुरुआत हो चुकी है। यह सफलता सांसदों एवं विधायकों द्वारा उनका महत्व कम करने के लिए किए गए अत्यधिक प्रयासों के बावजूद प्राप्त हुई है।

सभी केन्द्रीय प्रायोजित योजनाओं (सी.एस.एस.) द्वारा पंचायतों के बजट से बाहर खर्च करने तथा डी.आर.डी.ए. को जिन्दा रखने एवं उसे गतिमान रखने में सांसदों, विधायकों तथा नौकरशाहों की उत्सुकता एक अन्य उदाहरण है। योजना आयोग की पंचायती राज संस्था संबंधी टास्क फोर्स ने (दिसम्बर 2001) यह मत व्यक्त किया है कि केन्द्र एवं राज्य सरकारों ने केन्द्रीय प्रायोजित योजनाओं (सी.एस.एस.) की कार्यनीति बनाने एवं योजना तैयार करने में पंचायती राज संस्थाओं को शामिल करने के लिए कोई ठोस कदम नहीं उठाया है तथा कार्यक्रम अनिवार्यत: ऊपर से नीचे की ओर (ऊर्ध्वाधर) नौकरशाही तंत्र के माध्यम से कार्यान्वित किए जाते हैं। राज नेता, नौकरशाह एवं ठेकेदार के बीच अपवित्र साठ-गांठ के कारण निधि का मुख्य भाग इनके पेट में जा रहा है। (केन्द्रीय प्रायोजित योजना के अन्तर्गत 11वीं अनुसूची के विषयों के लिए वार्षिक बजट 2000-01 के लिए योजना परिव्यय 31,575.87 करोड़ रुपए रखा गया है)

पंचायतों को सुदृढ़ करने की बजाय वे उन पर ऊंगली उठाकर रहे हैं कि इस व्यवस्था में सब कुछ भ्रष्ट है। लेकिन नेता, नौकरशाह गठजोड़ यह तथ्य भूल जाता है कि उन्होंने ही आदर्श मॉडल का निर्माण किया है। हम भ्रष्टाचार एवं दुराचार के विशाल समुद्र में ईमानदारी एवं सत्यनिष्ठा के साथ द्वीपों का निर्माण किस प्रकार कर सकते हैं? पंचायतों की अक्षमता एवं अकुशलता के बारे में हमेशा तुरही बजायी जाती है। लेकिन उनकी कुशलता में सुधार के लिए क्या किया गया है? व्यवहार्यत: कुछ भी नहीं। क्या ऐसा निधियों की कमी के कारण हुआ है? नहीं। न सिर्फ हमारे पास पर्याप्त संसाधन हैं, बल्कि बहुपक्षीय एवं द्विपक्षीय संस्थाएं भी मानव पूंजी विकास में निवेश करने के लिए तैयार हैं। लेकिन केन्द्र एवं राज्य सरकारों की इनमें बहुत ही कम रुचि है। पंचायती राज संस्थाओं का मामला संचालित करने का ग्रामीण विकास मंत्रालय का तरीका किसी घोटाले से कम नहीं है। जबकि 2-5 लाख ग्राम पंचायतों, 6000 पंचायत समितियों तथा 600 जिला पंचायतों के अनुवीक्षण एवं मार्ग निर्देशन के लिए मंत्रालय में एक पूरे प्रभाग की अत्यन्त आवश्यकता है, लेकिन पंचायती राज के लिए सचिव स्तरीय एक भी अधिकारी नहीं है, संयुक्त सचिव स्तर की तो बात ही नहीं है। संयुक्त सचिवों को अतिरिक्त प्रभार मिला हुआ है।

प्रधानमंत्री ने हाल ही में यह कहा है कि संविधान की समीक्षा किए जाने की न्यायाधीश वेंकटचलैया आयोग की अंनुशंसाओं के आलोक में अनुच्छेद 243 को तीव्र एवं प्रभावशाली बनाने के लिए इसमें संशोधन किए जाने की आवश्यकता है। लेकिन किसी भी संबंधित महत्वपूर्ण व्यक्ति में मामले को गंभीरतापूर्वक नहीं लिया है। कोई भी राज्य सरकार राज्य वित्त आयोग की सिफारिश को उनका वाजिब महत्व नहीं दे रही है। राज्य चुनाव आयोग जो कि स्वतंत्र संवैधानिक निकाय है, कठोर सीमाओं के अंतर्गत कार्य कर रहे हैं। राज्य सरकारें उनकी बांह मरोड़ने का प्रयास करती है, मामला चाहे चुनाव क्षेत्र सीमा निर्धारण का हो या चुनाव तिथियों की घोषणा का हो अथवा कोई अन्य संबंधित मुद्दा हो। जिला आयोग समितियां या तो अस्तित्व में नहीं है अथवा नाममात्र के लिए गठित की गई हैं। राज्यों में कोई पंचायत संवर्ग नहीं है न ही उनको विकसित किए जाने की कोई योजना है। अंतर्विभागीय संघर्ष जारी है तथा निर्वाचित स्थानीय निकायों के अपने विभागों के अधिकारियों और कर्मचारियों के साथ संबंध के बारे में कोई स्पष्टता नहीं है।

यह आश्चर्य का विषय है कि क्या सांसदों एवं विधायकों को उस समय राजनीति पर इसके पूर्ण अर्थों एवं संरचनात्मक प्रभावों का पूरा पूरा ज्ञान था, जब उन्होंने दोनों संविधान संशोधनों को अनुमोदित किया। अब जबकि उन लोगों को अधिकार प्रदान करने की पूरी क्षमता का ज्ञान हो गया है, वे पंचायतों को स्वशासन की संस्था तथा वास्तविक शासन की तीसरी श्रेणी के रूप में उन्हें विकसित होने की प्रक्रिया को रोकने के प्रयास किए जा रहे हैं। दस वर्षों की यात्रा कम है। पंचायतों ने कोई आश्चर्यजनक कार्य नहीं किया है लेकिन छोटी शुरुआत हो चुकी है। यह सफलता सांसदों एवं विधायकों द्वारा उनका महत्व कम करने के लिए किए गए अत्यधिक प्रयासों के बावजूद मिली है। यदि मामला राजनेताओं एवं नौकरशाहों पर छोड़ दें तो पंचायती राज का सपना ही रह जाएगा। सिर्फ क्रांति ही निराशाजनक परिदृश्य को बदल सकती है।

अनुबंध–XXIV

कार्य करने वालों के लिए अंतिम आशा

लोग नासमझ हैं, अविवेकी स्व–केन्द्रित हैं
फिर भी उन्हें प्यार दें
यदि आप अच्छा कार्य करेंगे तो लोग आरोप लगाएंगे
कि आप स्वार्थी हैं, आपके इरादे ठीक नहीं
फिर भी आप अच्छा कार्य करें।
यदि आप सफल हैं, तो आपको झूठे मित्र
एवं सच्चे शत्रु मिलेंगे
फिर भी आप सफलता के मार्ग पर बढ़ते रहें
ईमानदारी और स्पष्टवादिता आपको मेघ बनाएगी
फिर भी आप ईमानदार एवं स्पष्टवादी बने रहें
आपके द्वारा किए गए अच्छे कार्य कल भुला दिए जाएंगे
फिर भी आप अच्छे कार्य करते रहें
उच्च विचारों वाले व्यक्तियों को
तुच्छ विचार वाले ओछे व्यक्तियों द्वारा
परास्त किया जा सकता है
फिर भी आप उच्च विचार रखें।
लोग शोषित लोगों का तो पक्ष लेते है
किन्तु अनुसरण केवल जीतने वालों का ही करते हैं
लेकिन आप हमेशा शोषितों का ही साथ देते रहें
आपके द्वारा वर्षों में किया गया कार्य रात भर में
नष्ट हो सकता है
फिर भी आप निर्माण कार्य में जुटे रहें
दुनिया को आप अपना सर्वोत्तम दे दें
दुनिया फिर भी आप पर प्रहार करेगी
फिर भी आप दुनिया को वह दें जो सर्वोत्तम है।

—डा. रबर्ट शुलर
अमरीकी समाचार लेखक

डा. कमल टावरी की ओर से शुभकामनाओं सहित

अनुबंध-XXV

सुझाई गई पठन सामग्री

1. पंचायत बॉडीज मस्ट टोन अप वर्किंग- श्री पंत 13.12.2000 को द *हिन्दु* में प्रकाशित
2. पब्लिक-प्राईवेट पाटनरशिप फार रूरल प्रासपेरिटी- *पावरफूल विलेज,* पावरफुल इंडिया - एसोचैम एंड रूरल डेवलपमेंट, गवर्नमेंट आफ इंडिया- 16 अक्तूबर, 2001
3. पब्लिक-प्राईवेट पार्टनरशिप - व्हाट द इंडस्ट्री केन डू फार रूरल प्रापेरिटी
4. आब्जर्वेशन आन द न्यू पंचायती राज एक्सपीरियंस, उना, मध्य प्रदेश -श्री सी. एन. सुब्रमण्यम।
5. बैकग्राउण्ड पेपर- द *एग्रीकल्चरल सिनेरियो आफ द इंडियन इकोनामी* - श्री एम. के. अग्रवाल
6. *फाइटिंग हंगर एंड पावेर्टी*—ए मिलेनियम फ्री आफ हंगर, यू एन पेपर
7. पी.एम. सीक्स कम्यूनिटी शेल इन रूरल डेवलपमेंट- इम्पावरमेंट आफ पंचायती राज इंस्टीट्यूशन ओनली वे टू रीमूव पावर्टी-पी.एम., पी.टी.आई. द्वारा द *आब्जर्वर* में प्रकाशित
8. पंचायती राज इंस्टीट्यूशन नीड टू बी फर्दर इम्पावर्ड—जीपलन्थुर ए.एफ.—द *फाइनेसियल एक्सप्रेस* 21.9.2001
9. ईज द सेंट्रल गवर्नमेंट कट इन ए डेविट ट्रैप- डी.आर. पेंडसे- द *इकोनॉमिक टाईम्स डेअज* 28.1.2001
10. ग्राम स्वराज में शेक रूरल वाडिज इन एम.पी.- एम.पी. टू.वाई. आईडियाज टू इम्प्रूव गवर्नेंस - श्री अनिल सासी-द *बिजनेस स्टेंडर्ड* 22.1.2001
11. ट्रांसफार्मिंग पंचायट्स- इलेवन्थ फाइनेंस कमीशन - श्री महिपाल, *इकोनामिक एंड पालिटिकल वीकली* - दिसम्बर 09, 2000
12. एट लास्ट, गवर्नमेंट वेक्स अप टू हर्बल काज पायनियर न्यूज सर्विस- द *पॉयनियर* 21.9.2001
13. राव अप रूरल इंडिया - इंडीजिनस रूट टू कन्वेनियट क्रेडिट इमान घोष द *टाईम्स आफ इंडिया* 4.4.2001
14. बिहार गवर्नमेंट डेवलप्स पावर टू पंचायट्स- द *स्टेट्समैन* 24.9.2001

15. डीसेंट्रलाईजेशन–द नागालैण्ड वे–डा. वी.एन. सहाय, योजना, जनवरी 26, 1989
16. पंचायत एंड पीपल - नीड फार कांस्टैंट विजिलेंस- वालेंटरी एक्शन
17. पंचायत एंड द एन.जी.ओ. : अलायंस नीडेड- जार्ज मैथ्यू- वालेंटरी ऐक्शन
18. लोकल गवर्नमेंट इन बंगलादेश- ए ब्रीफ ओवरव्यू- वालेंटरी ऐक्शन
19. ह्वाट इन नीडेड एट आल टाईम्स एंड साईमलटेनियसली इज एन एक्टिव सोशल फोर्स एंड मिलियंस आफ सोशल एक्टीविस्ट्स, श्री प्रदीप राणाडे- वालेंटरी एक्शन
20. *प्रोजेक्ट ग्राम भारत*- श्री रंजन मुखर्जी
21. पैनल फार मोर पावर्स टू पंचायती राज इंस्टीट्यूशन - श्री जे. वेंकटेशन- द *हिन्दु* 8.10.01
22. बिहार पंचायत मूव डाउनसाईज एम एल ए क्लाउट- श्री नवीन उपाध्याय- द *पायनियर* 5.10.2001
23. गवर्नर्स पालिटिशियन्स, कोर्ट- श्री राजीव धवन- द *हिन्दू* 05.10.2001
24. रीफार्मस लांग ओवरड्यू इन द एग्रीकल्चर सेक्टर- द *इकोनामिक टाईम्स* 08.1.2001
25. पी एम- स्लोडाउन ग्रेव, स्पीड अप रोमिउज- हाई टारगेटस् टू काल फाल ए स्टीप क्लाईम्ब- द *टाईम्स आफ इंडिया* 10.9.01
26. द हेड फार नम्बर्स- श्री एस.एल. राव- द *टेलीग्राफ* 10.9.01
27. द रीयल डिसास्टर बीहाईंड डिसास्टर-विजन 2020 - द *बिजनेस टाइम्स* 12.2.2001
28. न्यू हाईट फार हायर एजूकेशन- एक्सट्रक्टस फ्राम द गवर्नमेंट आफ इंडिया 1997/कन्सेप्ट पेपर आन एजूकेशन रीफार्मस: इश्यू आफ प्रीयोरिटी- द *टेलीग्राफ* 3.10.2001
29. द मिल्क ऑफ काऊ आफ हायर एजूकेशन, अमरीक सिंह द्वारा द *हिन्दू* 5.10.2001
30. *डिसास्टर मैनेजमेंट एंड इन्श्यूरेंस,* फरवरी 1-2, 2002, नेशनल सेंटर फार डिसास्टर मेनेजमेंट।
31. पॉवर्टी, अनईम्प्लायमेंट, नान-फार्म सेक्टर एंड ससटेनेबल ह्यूमन डेवलपमेंट– डा. कमल टावरी
32. रेसिस्टेंस टू ई गवर्नेंस- द *इकोनामिक टाईम्स*
33. आईडियाज फार सेल्फ क्रिटिसिज्म एंड रिफार्म- मि. माजौरी केली
34. कन्ज्यूमर प्रेशर टू मेकिंग कार्पोरेट्स सोसली रिस्पांसिबल आक्सफेम-चीफ सेज द नार्थ इंडूल्लेल इन डबल स्टैंडर्ड्स
35. डिसास्टर मैनेजमेंट एंड पंचायती राज इंपावरमेंट- इंडिया रोड क्रास सोसाईटी

36. संपूर्ण सामग्री स्वरोजगार क्रांति- सेल्फ इम्प्लायमेंट रूरल इन्वेस्टमेंट मिशन- एस.ई.आर.आई.एम.
37. वर्किंग ग्रुप आन डिसास्टर मैनेजमेंट—कम्यूनिटी लेवल डिसास्टर मैनेजमेंट, आई आई पी ए।

कुछ पुस्तकें/शोधपत्र

1. ईम्पावरिंग द ह्यूमन रिसोर्सेज आफ द रीजन टू सस्टेन द डेवलपमेंट प्रौसेस- हिमालयन एक्शन रिसर्च सेंटर
2. *आंध्र प्रदेश विजन 2020*- स्ट्रेटजी फार सस्टेनेबल एग्रीकल्चरल ग्रोथ- श्री बी. मेरम राज , श्री एन.जी.पी. राव
3. इंस्ट्रूमेंटेशन एंड मानिटरिंग वर्क एट कैलाश्वर लैण्डसलाईड जोन, गढ़वाल हिमालया- एच.सी. नैनवाल एंड सी प्रसाद, डिपार्टमेंट आफ जियोलोजी, एच.एन.बी. गवर्वे यूनिवर्सिठी, श्री नगर, इंडिया
4. रिपोर्ट आफ नेशनल कमीशन टू रिव्यू द कांस्टीट्यूशन आफ इंडिया, विधि मंत्रालय, भारत सरकार, नई दिल्ली
5. *आंध्र प्रदेश, डिसास्टर मिटिगेशन प्रोजेक्ट* (ए.पी.डी.एम.पी.) - सी.ए.आर.ई.
6. *प्लानिंग फार मैनेजमेंट एंड मिटिगेशन आफ साईक्लोन एंड पक्लूड डिसेस्टर्स* इन आंध्र प्रदेश- बी.के. थपलियाल, के.आर. शास्त्री, ए.वी.एस. रेड्डी
7. *अर्थक्वैक डिसास्टर इन द गढ़वाल रीजन*- बी.के. थपलियाल, के.आर. शास्त्री, एम.पी. जहांगिरदार, ए.वी.एस. रेड्डी, सेंटर फार डिसास्टर मैनेजमेंट एंड रूरल रीकन्स्ट्रक्शन
8. *कम्यूनिटी बेस्ड डिसास्टर प्रिपेयर्डनैस*—ए हैंडबुक आफ कानस्प्टस एंड टेक्निक्स।
9. बिकिंग न्यू ग्राउण्ड- आंध्र प्रदेश रूरल लिवलीहुड्स प्रोग्राम 2002
10. *वलनरेबिलिटी एटलस आफ इंडिया*- एन इन्ट्रोडक्शन-बिल्डिग मेटेरियल्स एंड टेक्नोलॉजी प्रोमोशन काउंसिल
11. स्टडी रिपोर्ट आन विजन डाकूमेंट फार क्रिएशन आफ नेशनल सेंटर फार डिसास्टर मैनेजमेंट (एन.सी.डी.एम.)/नेशनल डिसास्टर मैनेजमेंट ब्यूरो (एन.डी.एम.बी.) ए.वी.एस. रेड्डी
12. डीवोल्यूशन आफ पावर्स, फंक्शंस, फंक्शनरीज एंड फाइनेसेज टू पंचायती राज इंस्टीट्यूशन—विलेज पंचायत्स—सेंटर फार इंस्टीट्यूशन बिल्डंग फार ट्रेनिंग, एन आई आर डी, हैदराबाद
13. डीवोलूशन आफ पावर्स, फंक्शंस, फंक्शनरीज एंड फाइनेसेज टू पंचायती राज इंस्टीट्यूशन- डिस्ट्रिक्ट पंचायत्स- सेंटर फार इंस्टीट्यूशन बिल्डिंग फार ट्रेनिंग, एन आई आर डी, हैदराबाद।

14. डीवोलूशन आफ पावर्स, फंक्शंस, फंक्शनरीज एंड फाइनेंसेज टू पंचायती राज इंस्टीट्यूशन- इंटरमीडिएट पंचायत्स- सेंटर फार इंस्टीट्यूशन बिल्डिंग फार ट्रेनिंग, एन.आई.आर.डी., हैदराबाद।

15. सरकारिया कमीशन रिपोर्ट आन सेंटर-स्टेट रिलेशंस-पार्ट-I, गृह मंत्रालय।

16. सरकारिया कमीशन रिपोर्ट आन सेंटर-स्टेट रिलेशंस-पार्ट-II, गृह मंत्रालय।

17. स्कीम फ्रेमवर्क आफ रूरल गोडाउन नेशनल इंस्टीट्यूट आफ एग्रीकल्चरल एक्सटेंशन मैनेजमेंट (मैनेज), हैदराबाद

18. *डिसास्टर मैनेजमेंट*-टूवर्डस ए नेशनल रेस्पांस सिस्टम, जे.सी. पंत

19. रिपोर्ट आन टास्क फोर्स आन डीवोलूशन आफ पावर्स एण्ड फंक्शंस अपान पंचायती राज इंस्टीट्यूशनस- भारत सरकार, ग्रामीण विकास मंत्रालय, ग्रामीण विकास विभाग।

20. शर्मा, विनोद के. (एडिटर), *डिसास्टर मैनेजमेंट,* आई.आई.पी.ए., नई दिल्ली, 1994, पेज 371

21. इंडियन इंस्टीट्यूट आफ टेक्नोलॉजी, मुम्बई, रिसेंट ट्रेंड्स इन ड्राउट एसेसमेंट, मानिटरिंग एंड मैनेजमेंट, आर्गेनाईज्ड बाई सेंटर आफ स्टडिज इन रिसोर्सेज इंजीनियरिंग आई आई टी, मुम्बई, 28-30 जून, 2002।

22. सेंट्रल वाटर कमीशन, प्रोसीडिंग्स आफ सिम्पोरियम आन प्रीपेर्डनेस मिटिगेशन एंड मैनेजमेंट आफ नेचुरल डिसास्टर, खंड।, नई दिल्ली, 2-4 अगस्त, 1989

23. सेंट्रल वाटर कमीशन रिपोर्ट आफ द वर्किंग ग्रुप आन फ्लूड कंट्रोल प्रोग्राम फार द टेन्थ प्लान, नई दिल्ली, अगस्त, 2001, पेज 273

24. सुल्ज, ई.एफ. कोईल्जर, बी.ए. एण्ड महमूद खालिद (एडिटर्स) "प्रोसिडिंग्स आफ द सेकेन्स इन्टरनेशनल सिम्पोसियम इन हाईड्रोलोजी-*फ्लूडस एंड टाउट्स,* सितम्बर 11-13, 1972, वाटर रिसोर्सेज पब्लिकेशन्स, कोलोराडो, संयुक्त राज्य अमरीका, पेज 677

25. वर्ल्ड फेडरेशन ऑफ इंजीनियरिंग आर्गेनाईजेशंस, प्रोसिडिंग्स ऑफ वर्ल्ड कांग्रेस आन नेचुरल हजार्ड रिडक्शन, नई दिल्ली, 10-14 जनवरी, 1992, टेक्निकल पेपर्स (खंड-I)

26. इंडियन इंस्टीट्यूट आफ पब्लिक एडमिनिस्ट्रेशन, प्रोसिडिंग्स आफ वर्कशाप आन हिमालयन ईका-डेवलपमेंट एंड नेचुरल डिसास्टर रिडक्शन, नवम्बर 27-28, 1995, नई दिल्ली।

27. रिपोर्ट आन द वर्कशाप- कम्पोजिट क्रेडिट मैकेनिज्म फार द अर्बन पूअर हैबिटेट पालिटेक स्पोंसर्ड बाई इंटरनेशनल लेबर आर्गेनाईजेशन

28. प्रपोजल फार डीम्ड रूरल यूनिवर्सिटीज सिमिलर टू आई.आई.आई.टी. इंडियन इंस्टीट्यूट आफ रूरल टेक्नोजाजी, नेशनल काउंसिल आफ रूरल इंस्टीट्यूट (एन.सी.आर.आई.), हैदराबाद

29. *पॉलिटिकल इकोनामी आफ डब्ल्यू टी ओ रिजिम– सम आस्पेक्ट आफ ग्लोबलाईजेशन एंड गवर्नेंस,* डा. नरसिम्हा रेड्डी, सुरजीत सिंह, डाली अरोड़ा द्वारा इंडियन पालिटिकल इकोनामी एसोसिएशन।
30. कलेक्टर्स सीरीज– बेस्ट कालम्स– विजनेस वर्ल्ड (मैगजीन आफ द न्यू *इकोनॉमी*)
31. *पंचायत हेल्थ नेटवर्क*
32. ट्रेनिंग नीड एनालिसिस– रिपोर्ट आफ डिपाटमेंट आफ पंचायत एंड रूरल डेवलपमेंट, मध्यप्रदेश सरकार, डा. एच.एम. मिश्र द्वारा
33. केपेसिटी बिल्डिग फार सेक्टर रीफार्म्स– द रूरल प्रोग्राम इंडियन कंट्री टीम डी एफ आई डी द्वारा
34. रिपोर्ट आफ द टाक्स फोर्स आन मिडवाईफरी एजूकेशन इन मध्य प्रदेश, मध्य प्रदेश सरकार द्वारा जन स्वास्थ्य एवं परिवार कल्यान विभाग, भोपाल।
35. रिपोर्ट आफ द वर्कशाप आन स्ट्रेंथेनिंग आफ मिडवाईफरी, सर्विसेज इन मध्य प्रदेश, मध्य प्रदेश सरकार, स्वास्थ्य एवं परिवार कल्याण विभाग, भोपाल।
36. रिपोर्ट आफ द वर्कशाप आन क्वालिटी आफ केयर इन मेटेरनिटी सर्विसेज इन मध्य प्रदेश, मध्य प्रदेश सरकार, स्वास्थ्य एवं परिवार कल्याण विभाग, भोपाल।
37. *मध्य प्रदेश पंचायिका*– मासिक पत्रिका
38. एनुअल रिपोर्ट आफ मध्य प्रदेश अकादमी आफ एडमिनिस्ट्रेशन, भोपाल।
39. *क्रिटिकल ईशूज– इम्प्लायमेंट अपॉर्चुनिटीज* – डा. महेश शर्मा।
40. क्राईम इन इंडिया– 2000 बाई नेशनल क्राईम रिकार्ड ब्यूरो, गृह मंत्रालय।
41. *एग्रीकल्चरल क्रेडिट—एन अनपार्कोनेबल फ्राड विद फार्मर्स विल द रूलर्स*—डा. बी.डी. शर्मा द्वारा।
42. द *लिटिल लाईट्स इन टिनी गुड पोट्सडेफी 50 ईयर्स आफ एंटी पंचायती राज,* डा. बी.डी. शर्मा द्वारा
43. कंट्री प्रोग्राम आउटलाइन फार इंडिया 2003–2007 एक्जीक्यूटिव बोर्ड आफ द यूनाईटेड नेशन्स डेवलपमेंट प्रोग्राम एंड आफ द यूनाईटेड नेशन्स पापुलेशन फंड।
44. द रेसपांस– *क्वालिटी न्यूजलेटर*– उड़ीसा स्टेट डिसेस्टर मिटिगेशन अर्थॉरिटी।
45. रिपोर्ट आफ द कांफ्रेंस आन सस्टेनेबल रिकवरी एंड बुलनरेबिलिटी रिडक्शन, गुजरात सरकार द्वारा।
46. आर्गनाईज नेचुरली फार बेस्ट रिजल्टस (द *टाईम्स ऑफ इंडिया* 7 अक्तूबर, 2002)
47. द *इंडियन जर्नल्स आफ पब्लिक एडमिनिस्ट्रेशन*—क्वार्टर्ली जर्नल ऑफ द इंडियन इंस्टीट्यूट आफ पब्लिक एडमिनिस्ट्रेशन
48. *हिन्दु फोलिया*

49. *हाउ टू इम्पावर एन आर्गेनाईजेशन*—अनलेश द लेटेन्ट पावर ऑफ योर वर्कफोर्स फ्राम गोयल्स टू एक्शन, टेक्स - एलमिडे द्वारा।
50. *इंडिया क्लाईमेट जस्टिस फोरम फैक्ट शीट*- क्लाईमेट चेंज एंड द इंडियन सबकांटिनेंट।
51. *पीपुल्स इंस्टीट्यूशंस इन माईक्रोफाइनेंस एण्ड इम्पावरमेंट*, वी. स्वरूप एंड कनिका बसु द्वारा
52. *केरीनिंग टू वर्ड्स ए क्लाईमेट ऑफ डीस्पेयर*
53. कुरूक्षेत्र (नवम्बर 2002 इशू)
54. *सीटीजंस इनीसिएटिव इन डिसास्टर मैनेजमेंट—ए रिपोर्ट बेस्ड आन गुजरात एक्सपीरियंस*, अशोक मोटवानी, डा. सतीश मोघ और रतन शारदा द्वारा।
55. एन.जी.ओ. इन रीकंस्ट्रक्शन आफ हाऊसिंग - श्री विवेकानंद रिसर्च एंड ट्रेनिंग इंस्टीट्यूट
56. सक्सेज सागा—ए स्पेशल फीचर्स—द *फाइनेसियल एक्सप्रेस* (अक्टूबर,2002)
57. *रोल आफ सरपंच इन वाटरशेड* (संपादक-अपूर्वाराय)
59. मानवता से दूर, कवि प्रभाकर ब्रोकर वेदरत्न द्वारा, नागपुर
60. श्री अयोध्या प्रसाद गुप्त, कुमुद जालौन, उरई द्वारा संकलित और संपादित बुंदेलखण्ड पर आधारित गीतों व लोकोक्तियों का यह संकलन उन सभी के लिए अत्यंत अनुशासित संकलन है जो जन साधारण में पाए जाने वाले ज्ञान के उच्चतम स्तर को देखना चाहते हैं। इनमें से अनेक ने हमारे तथाकथित निरक्षर लोगों में आधारभूत बुद्धिमता के संबंध में मेरी सोच में वास्तव में व्यापक वृद्धि की है। मैं जोरदार तरीके से वैज्ञानिक व्यावहारिक मूल्य वाली आम कहावतों के झंडे के अंतर्गत विशेष प्रलेखन के आयोजन का इच्छुक हूं। मैंने श्री कुमुद जी से पहले ही अनुरोध किया है कि वे आगे आएं और अपनी व्यापक विशेषता के आधार पर देखें कि बेहतर योजना बनाने और कार्यान्वयन प्रक्रिया विकास के लिए आम लोगों के पास ज्ञान और विशेषज्ञता को शामिल किया जा सके। चूंकि यह सार प्रासंगिक साहित्य हिन्दी या क्षेत्रीय भाषाओं और पंचायत सशक्तिकरण रणनीति, बुद्धिमत्ता, अनुभव स्थानीय लोगों के पास स्थानीय संसाधन उपलब्ध रहें—इस बात का ध्यान रखें। इस चुनौती को केन्द्रीयकृत प्रणाली से कभी पूरा नहीं किया जा सकता। इसके लिए कोई विकल्प नहीं है, लेकिन इसमें स्थानीय संस्थाओं, समुदाय आधारित संगठनों, पंचायती राज संस्था को शामिल किया जाए और आत्मनिर्भरता विकास प्रणाली के माध्यम से उन्हें पुरस्कार देने संबंधी प्रणाली का विकास करें। यहां पुन: आत्मनिर्भरता, आत्म सम्मान, अन्य पर निर्भरता, बाहर से उधार लेने की सीमाओं आदि का प्रशिक्षण, प्रबंधन और मानव संसाधन विकास रणनीति में शामिल करना होगा।

61. नीरज द्वारा *जागृतिकरण या नवी गुलामगिरि*– अलगर प्रकाशन। मराठी में यह पुस्तक उदारीकरण के विभिन्न पहलुओं को उजागर करती है और किस प्रकार यह दूरगामी रूप से स्थानीय कृषि, स्थानीय व्यवसाय, स्थानीय संस्कृति, कला शिल्प को नष्ट कर सकती है और अत्यधिक निर्भरता व दासता की ओर ले जा सकती है। जबकि कोई भी इन सभी विश्लेषणों से सहमत नहीं हो सकता, परन्तु फिर भी यहां कुछ ऐसे बिन्दु हैं जिन पर गंभीरता से विचार किए जाने की आवश्यकता है। एक रास्ता है इस तथ्य को स्वीकार करने का कि उदारीकरण को आधारभूत संस्थाओं में आत्मनिर्भरता और आत्मसम्मान के सुदृढ़ीकरण द्वारा प्रभावशाली तरीके से संभाला जा सकता है। एक शब्द वाली अनेक चुनौतियों से प्रभावी रूप से निपटा जा सकता है। यदि मानव संसाधन विकास, स्थानीय संसाधन, भाईचारा, पारिवारिक रिश्तों, पारिवारिक ज्ञान आदि को स्वरोजगार और पारिस्थितिकीय नीतियों को मिला दिया जाए। यह कहने की आवश्यकता नहीं है कि सभी नीतियों को इस समय लक्ष्योन्मुखी करना होगा।
62. डा. शीला टावरी द्वारा *कम्यूनिकेशन इन स्कूल्स*– रीजेंसी प्रकाशन– इस पुस्तक में संचार के क्षेत्रों की विशेषतया बड़े समूहों और बच्चों के संदर्भ में दर्शाया गया है। आपदा प्रबंधन और पंचायती राज सशक्तिकरण के लिए संदेशों को विद्यालयों में प्रभावी संचार विज्ञान के माध्यम से पूरी गति देनी होगी।
63. हेनरिक स्कोली मोवस्की द्वारा *डांसिंग, शिवा इन द इकोलाजिकल एज*– 21वीं सदी में पारिस्थितिकीय पुनर्निमाण के प्रारंभ की घोषणा। मुझे पिछले दो वर्षों में दो बार दिल्ली में हेनरिक से मिलने का अवसर मिला था। मैंने उन्हें पोलेंड में जन्म लेने वाला आधुनिक गांधी पाया। उनके साथ जीवन के संबंध में आपसी निर्भरता, श्रद्धा और सद्‌जीवन के मुद्दों पर चर्चा करते हुए बड़ी प्रसन्नता हुई। हमारे संरक्षण और प्रसन्नता की पारिस्थितिकीय नींव जन साधारण के लिए आदर्श रूप में, कल्पना, आशा और साहस के साथ प्रारंभ हुई। लेखक के अनुसार इस पुस्तक का सार निम्न है—

जीवन का जाल

– मैंने भूतकाल व वर्तमान में धर्मतत्वों को पढ़ा है।
– मैंने उनकी बुद्धिमत्ता और दिव्य अंतर्दृष्टि की प्रशंसा की है।
– वे बड़ी विद्वता के साथ तत्व की बात करते हैं और प्रमाणीकरण को प्रशिक्षित करते हैं।
– वे व्यक्ति के विचार के आसपास स्मारक ढांचा खड़ा करते हैं।
– उन्हें हमारी अबोध्य आत्मा का बड़ा गहरा ज्ञान है।

- फिर भी हर बार कुछ तो गायब है।
- हमारी वर्तमान वास्तविकता और हमारे शोक सब गायब हैं।
- बेबी सीलों का वध।
- और अमेजन में दुर्लभ प्रजातियों का वध।
- और हमारी आत्माओं का वध।
- और हमारी मित्रता व प्यार का वध।
- उसी दुख भरे पारिस्थितिकीय पराजय के अंग हैं।
- हमारे पारिस्थितिकीय युग के बारे में भूतकाल के धर्म विज्ञान मूक है।
- हे फ्रांसिस, हमारे कल्पना को ज्योति व प्रेरणा दो।
- ताकि हमारा नया धर्म विज्ञान सही पारिस्थिकीय में मिल जाए।
- हे फ्रांसिस हमें पढ़ाओं कि हम पक्षियों से कैसे बात करें।
- रलोमड़ तथा काले कौवे के साथ अपने भाईयों की तरह कैसे व्यवहार करें।
- हम नए ईश्वर की पूजा नहीं करना चाहते।
- परन्तु दिव्य जीवन हम अपने हृदय में संजोए रखना व श्रद्धा से उसकी पूजा करना चाहते हैं।
- क्योंकि यह ईश्वर की प्रतिमा में है।
- जीवन का जाल हमारा नया पवित्र उत्पत्ति स्थान है।
- भगवान एक है और एकजुटता ही ब्रह्म है।
- अनवरत खगोलीय सूर्य के नीचे हम सब प्राणियों की पारिस्थितिकीय एकता में हमारा नया धर्म विज्ञान हो।

64. 5वीं सदी ई.पू. आदि शंकराचार्य द्वारा प्रश्नोत्तर रत्न मल्लिका।
65. भतृहरि नीत शतम- *नीति शतक*
66. *रामायण* अयोध्या कांड से अक्षित सर्ग।
67. कोलंबिया विश्वविद्यालय के डी.आई.आर.के.एस. द्वारा मन की शांति
68. मिस्र के प्रो. सैड एडवर्ड द्वारा प्राच्य विद्या
69. स्कूमेकर- छोटा सुदर होता है।
70. अनिल गुप्ता—आई.आई.एम., अहमदाबाद
71. वंदना शिव
72. समग्र ग्रामीण विकास हेतु पूंजी निवेश के कदम (बनाए रखे जा सकने वाले वास्तविक ग्रामीण विकास के लिए निवेश संबंधी उपाय)। यह 151 शृंखलाओं वाला एक भाग है जिसे डा. कमल टावरी और उनकी टीम ने लिखा है, जब वे ग्रामीण विकास संस्थान लखनऊ में तैनात थे। सोच यह थी कि विभिन्न विषय वस्तुओं को लिया जाए और उन्हें विश्लेषणात्मक तथा कार्यान्वयन योग्य कार्य

योजना में बांट दिया जाए ताकि अल्पकालीनता के माध्यम से स्पष्टता प्राप्त की जा सके व उसकी गति बढ़ाई जा सके। आपदा प्रबंधन और पंचायती राज सशक्तिकरण में लुप्त आयामों को समझने के साथ में सभी श्रृंखलाएं लुप्त संपर्कों को समझना सरल बना सकती हैं।

73. सफल अभिशासन पहल और सर्वोत्तम व्यवहार- भारतीय राज्यों, योजना आयोग और यू.एन.डी.पी. के अनुभव। इस संकलन के श्री राजन कटोच, संयुक्त सचिव, राज्य आयोजना के साथ परिचर्चा बहुत लाभकारी सिद्ध हुई। यह बेहतर होगा कि भावी पहल में लागत प्रभावोत्पादकता, प्रस्तुक्तरता, नीतिगत परिवर्तन, रोजगार सृजन संभाव्यता, प्रौद्योगिकी मदे, महिला पारिस्थितिकी अनुकूलन आदि भी शामिल किए जाएं। आपदा प्रबंधन और आधारभूत सुदृढ़ीकरण के भाग के रूप में इन पहलों का अनुकरण करने के लिए काफी है।

74. योजना आयोग के सदस्य डा. एस.पी. गुप्ता की अध्यक्षता में मई, 2002 में प्रकाशित प्रतिवर्ष एक करोड़ रोजगार का सामारिक दस्तावेज। संभवत: योजना आयोग द्वारा रोजगार सृजन के क्षेत्रों में खोज के लिए पहली बार किया गया गंभीर प्रयास है। वास्तव में निधि पोषण, अनुवीक्षण प्रणाली, पंचायत की भूमिका और समुदाय आधारित संगठन जैसे लुप्त संपर्क हैं कि भारत सरकार का प्रत्येक विभाग और मंत्रालय रोजगार सृजन आदि के विभिन्न क्षेत्रों की खोज कैसे करें। सरकारी रोजगार से स्व-रोजगार, ग्रामीण रोजगार, स्व-रोजगार के माध्यम से मंत्रालयवार रोजगार ऐसे क्षेत्र हैं जिन पर और ध्यान देने की आवश्यकता है। एक गैर सरकारी मंच की आवश्यकता है। जिसके पास उधारकर्ताओं के साथ बेहतर व्यवहार्य बनाए रखी जा सकने वाली, वसूली योग्य बैंकिंग के संबंध में प्रत्यक्ष पहुंच है। स्थानीय संसाधनों, कम प्रयुक्त आधारभूत ढांचा, व्यक्तियों और समाज की आपदाओं का मुकाबला करने की क्षमता, कार्यवाही, कार्यान्वयन, अभिसरण की योजना के माध्यम से लोगों की क्षमता का विकास करने में समय लगेगा। श्री गुप्ताजी इसके लिए बधाई के पात्र हैं।

75. सामाजिक तनाव प्रशासनिक और राजनीतिक प्रतिक्रिया संबंधी आई.आई.पी.ए. की विशेष संख्या उन लुप्त आयामों को सामने लाती है, जिन पर अब तक मुश्किल से विचार किया गया है। मैं चाहता हूँ कि अकादमिक संस्थाओं और बुद्धिमान व्यक्तियों के पास उपलब्ध ज्ञान को लागत प्रभावोत्पादकता और सफलता के अन्य पैरामीटरों के माध्यम से क्रियान्वित किया जा सकता है। इस तरह यहां संकल्पवाद को प्रोत्साहन दिए जाने की आवश्यकता है। जहां अध्यापक, लेखक अनुसंधान के विद्यार्थी सभी मिलकर एक ब्लाक अथवा एक जिला अपनाएं और वास्तविक कार्ययोजना कार्यान्वित करें। गैर सरकारी संगठनों को भी दत्र (अंब्रेला) निकायों के रूप में काम करना चाहिए और स्वयं सेवकों को आगे पीछे के संपर्क

उपलब्ध करने चाहिए ताकि जो लिख सकते हैं व सोच सकते हैं, उन्हें एक अवसर दिया जाए कि वे अपने विचारों को जमीन से जोड़कर क्रियान्वित करें। जहां तक मेरा संबंध है हाथ से बने कागज के माध्यम से मैने इन्हीं के अनुरूप अपने अनुभवों को प्रलेखबद्ध किया है जिसके लिए में सरकार, गैर सरकारी संगठनों और समुदाय आधारित संगठनों का आभारी हूँ।

76. *सस्टेनेबल डेवलपमेंट*– लर्निंग एंड पर्सपेक्टिव फ्रॉम इंडिया बेस्ड आन नेशनवाईड कन्सुलेटिव प्रोसेस—पर्यावरण एवं वन मंत्रालय, भारत सरकार द्वारा सहयोग प्रदत्त।
77. एफ.आई.ए.एन. सक्सेसेज अगेन्स्ट हंगर एंड मलन्यूट्रेशन, फिएन इंटरनेशनल सेक्रेटेरिएट द्वारा
78. कैलेण्डर आफ ट्रेनिंग प्रोग्राम– जनवरी–दिसम्बर, 2003, नेशनल इंस्टिट्यूट आफ फाइनेंसियल मैनेजमेंट, फरीदाबाद, एन आई एस ओ 9001 आर्गेनाईजेशन।
79. फाउंडेशन फार इकोलॉजिकल सेक्यूरिटी– एनुअल रिपोर्ट 2001–2002
80. टूवर्डस पीपल्स सेल्फ डेवलपमेंट– मानवोदय एजुअल रिपोर्ट 2001–2002
81. पोलिटिकल रीफार्मस फार गुड गवर्नेन्स– अ पालिसी ब्रीफ, सु. सी. कश्यप द्वारा
82. कोलोकियम आन आईंस, रिलिजन एंड डेवलपमेंट–साईंस रिलिजन एंड डेवलपमेंट– नवम्बर, 21–24, 2002, नई दिल्ली
83. ग्रड गवर्नेस इशूज बाई द नेशनल स्पिरिचुअल एसेम्बली आफ द बहाइज आफ इंडिया
84. *पोस्ट ग्रेजुएट प्रोग्राम इन ह्यूमन राईट्स*, आई.आई.एच.आर., नई दिल्ली
85. गांव, गाय, ग्रामोद्योग, स्वाभिमान
86. आर.सी.वी.पी. नैरोनहा प्रशासन अकादमी, भोपाल—प्राकृतिक आपदा प्रबंधन पर प्रशिक्षण् प्रोग्राम 7.1.02 से 11.2.02 पशुपालन विभाग।
87. ए न्यू गन आन रूरल हायर एजूकेशन फ्रॉम चौस टू आर्डर, नेशनल काउंसिल आफ रिमूरल इंस्टीट्यूट्स
88. एडवांसमेंट आफ रूरल लाईवलीहुड उो द इंस्ट्रूमेंट आफ एजूकेशन फार सस्टेनेबल ग्राम स्वराज – महात्मा गांधी, चित्रकूट ग्रामोदय विश्वविद्यालय
89. जी.एस.एस.– ए प्रोफाईल – ग्राम स्वराज संस्थान, पन्ना, मध्य प्रदेश।
90. ग्राम स्वराज से स्वावलम्बन– ग्राम स्वराज संस्थान, पन्ना, मध्य प्रदेश।
91. पन्ना में ग्राम स्वराज संस्थान, पन्ना, मध्य प्रदेश।
92. स्वस्थ समाज की ओर– ग्राम स्वराज संस्थान, पन्ना, मध्य प्रदेश।
93. पेपर्स रिगार्डिंग अभिभावक राज्य संसाधन केन्द्र, भोपाल, बसर कर्वा रोड, भोपाल, ओ.आर.जी. सेंटर फार सेसल रिसर्च, भोपाल, नालेज लिंक प्राईवेट लि., गाजियाबाद, सिप, भोपाल।

अनुक्रमणिका